**作者简介**

　　熊文钊，男，1962年3月出生于湖北黄冈。法学博士、国家二级教授，博士生导师。现任中央民族大学民族法学专业博士生导师、法治政府与地方制度研究中心主任。兼任中国人类学民族学研究会法律人类学专业委员会副主任、中国宪法学研究会常务理事、中国行政法学研究会常务理事、中国法学会法学教育研究会理事、中国财税法学研究会理事；全国律协行政法专业委员会副主任、北京市宪法学研究会常务理事；北京大学、中国人民大学、国家行政学院、中国政法大学等高等院校兼职教授。著有《大国地方——中央与地方关系宪政研究》、《大国地方——中国民族区域自治制度的新发展》、《大国地方——中央与地方关系法治化研究》、《中国民族法制60年》、《中国少数民族受教育权保护研究》、《公法原理》、《现代行政法原理》等学术著作十余部及学术论文数百篇。

**内容简介**

　　本教材对民族法律制度进行了全面系统的梳理和介绍，系统阐述了民族法学的基础知识、基本理论、基本方法、基本范畴、基本权益和基本制度，是一部反映学科前沿水平的新兴特色教学用书。全书分为五编二十三章，分别对民族法的涵义、民族关系的法律调整机制、民族法的制定、民族法的实施、民族法的体系、民族区域自治制度、少数民族人权保障、少数民族习惯法以及比较民族法等基本问题进行了系统的阐述。本教材主题鲜明、内容全面、资料翔实，汇集了近年来民族法学研究的最新成果和资料，适用于民族法学及其相关领域的高校师生及研究者。

21世纪法学系列教材

特色课系列

# 民族法学

熊文钊 主　编
田　艳 副主编

图书在版编目(CIP)数据

民族法学/熊文钊主编. —北京:北京大学出版社,2012.9
(21 世纪法学系列教材)
ISBN 978 - 7 - 301 - 16279 - 8

Ⅰ.①民… Ⅱ.①熊… Ⅲ.①民族事务 - 法学 - 中国 - 高等学校 - 教材 Ⅳ.①D922.154

中国版本图书馆 CIP 数据核字(2012)第 197790 号

书　　　名：民族法学
著作责任者：熊文钊　主编
责　任　编　辑：李燕芬
标　准　书　号：ISBN 978 - 7 - 301 - 16279 - 8/D · 3163
出　版　发　行：北京大学出版社
地　　　址：北京市海淀区成府路 205 号　100871
网　　　址：http://www.pup.cn
电　　　话：邮购部 62752015　发行部 62750672　编辑部 62757785　出版部 62754962
电　子　信　箱：law@ pup.pku.edu.cn
印　刷　者：北京大学印刷厂
经　销　者：新华书店
　　　　　　730 毫米×980 毫米　16 开本　31.75 印张　600 千字
　　　　　　2012 年 9 月第 1 版　2012 年 9 月第 1 次印刷
定　　　价：56.00 元

未经许可,不得以任何方式复制或抄袭本书之部分或全部内容。
版权所有,侵权必究
举报电话:010 - 62752024　电子信箱:fd@ pup.pku.edu.cn

# 目 录

绪论 ································································· (1)

## 第一编 民族法学基础理论

### 第一章 民族法现象及其基本理论 ···························· (17)
第一节 民族法概论 ············································ (17)
第二节 民族关系的法律调整 ································· (25)
第三节 民族法基本原则 ······································ (37)
第四节 民族法的表现形式 ··································· (44)

### 第二章 民族法的制定 ········································ (51)
第一节 民族立法概述 ········································· (51)
第二节 中央民族立法 ········································· (62)
第三节 民族自治地方立法 ··································· (72)
第四节 一般地方的民族立法 ································· (80)

### 第三章 民族法的实施 ········································ (84)
第一节 民族法实施的主体 ··································· (84)
第二节 民族法实施的措施 ··································· (87)
第三节 民族纠纷及其处理 ··································· (94)
第四节 民族法的监督保障机制 ······························ (104)
第五节 民族法律责任 ········································· (108)

### 第四章 中国历史上的民族法 ································ (111)
第一节 中国古代民族法 ······································ (111)
第二节 中国近代民族法 ······································ (120)
第三节 中国当代民族法 ······································ (129)

## 第二编 民族区域自治制度

### 第五章 民族区域自治制度概述 ····························· (139)
第一节 民族区域自治的概念 ································· (139)
第二节 民族自治地方 ········································· (145)
第三节 民族自治地方的自治机关 ··························· (152)

### 第六章 民族自治地方的自治权 ····························· (156)
第一节 民族区域自治权概述 ································· (156)

第二节　政治类自治权 …………………………………… (161)
　　第三节　经济类自治权 …………………………………… (167)
　　第四节　文化类自治权 …………………………………… (174)
　　第五节　其他类自治权 …………………………………… (181)
**第七章　上级国家机关的职责** …………………………………… (187)
　　第一节　上级国家机关职责的概述 ……………………… (187)
　　第二节　上级国家机关的职责原则 ……………………… (190)
　　第三节　上级国家机关的职责的方式 …………………… (193)

## 第三编　少数民族人权保障

**第八章　中国少数民族政治权利** ………………………………… (213)
　　第一节　少数民族政治权利概述 ………………………… (213)
　　第二节　少数民族的平等权 ……………………………… (217)
　　第三节　少数民族的选举权和被选举权 ………………… (219)
　　第四节　少数民族的参政权 ……………………………… (222)
**第九章　中国少数民族经济权利** ………………………………… (226)
　　第一节　少数民族经济权利一般理论 …………………… (226)
　　第二节　少数民族经济权利体系的基本构成 …………… (229)
　　第三节　少数民族经济权利的法律保障 ………………… (240)
**第十章　中国少数民族文化权利** ………………………………… (244)
　　第一节　少数民族文化权利概述 ………………………… (244)
　　第二节　少数民族文化权利的立法保障 ………………… (251)
　　第三节　少数民族文化权利的司法保障 ………………… (256)
　　第四节　少数民族文化权利的行政保障 ………………… (259)
**第十一章　中国少数民族语言权利** ……………………………… (263)
　　第一节　少数民族语言权利概述 ………………………… (263)
　　第二节　少数民族语言权利的法律保障 ………………… (268)
**第十二章　中国少数民族宗教权利** ……………………………… (279)
　　第一节　少数民族宗教权利立法保护 …………………… (279)
　　第二节　少数民族宗教权利司法保护 …………………… (285)
　　第三节　少数民族宗教权利行政保障 …………………… (288)
**第十三章　中国少数民族受教育权** ……………………………… (291)
　　第一节　少数民族受教育权概述 ………………………… (291)
　　第二节　少数民族受教育权保护的现状 ………………… (293)
　　第三节　我国少数民族受教育权保障完善的路径分析 … (298)

**第十四章　中国散居少数民族法律制度** ……………………(307)
 第一节　散居少数民族法律制度概述 ………………………(307)
 第二节　散居少数民族的合法权益及其保护 ………………(310)
 第三节　城市散居少数民族工作法制建设 …………………(318)
 第四节　民族乡散居少数民族法制工作建设 ………………(324)

## 第四编　少数民族习惯法

**第十五章　少数民族习惯法概述** …………………………………(335)
 第一节　少数民族习惯法的表现形式 ………………………(335)
 第二节　少数民族习惯法的形成 ……………………………(337)
 第三节　少数民族习惯法的特点 ……………………………(340)
 第四节　少数民族习惯法的功能 ……………………………(343)

**第十六章　少数民族习惯法的内容** ………………………………(347)
 第一节　社会组织与头领习惯法 ……………………………(347)
 第二节　生产习惯法 …………………………………………(353)
 第三节　民事习惯法 …………………………………………(356)
 第四节　宗教及社会交往习惯法 ……………………………(364)
 第五节　纠纷解决习惯法 ……………………………………(368)

**第十七章　少数民族习惯法的当代变迁** …………………………(375)
 第一节　少数民族习惯法和国家制定法的融合与发展 ……(375)
 第二节　少数民族习惯法与国家法的冲突 …………………(381)

## 第五编　比较民族法

**第十八章　比较民族法概述** ………………………………………(389)
 第一节　美洲和大洋洲民族立法 ……………………………(389)
 第二节　俄罗斯民族立法 ……………………………………(396)
 第三节　亚非民族立法 ………………………………………(399)

**第十九章　国际文件中的少数人权利保护** ………………………(402)
 第一节　国际上少数人权利保护的法律文件 ………………(402)
 第二节　种族平等权利的国际保护 …………………………(406)
 第三节　国际法上少数人权利保护的内容 …………………(410)
 第四节　少数人权利保障机制和救济机制 …………………(416)

**第二十章　保留地** …………………………………………………(422)
 第一节　保留地制度概述 ……………………………………(422)
 第二节　发达国家的保留地制度 ……………………………(424)

第三节　发展中国家和地区的保留地制度 …………………… (435)
**第二十一章　世界各地的多元文化主义** ………………………… (439)
　　第一节　多元文化主义理念 ………………………………… (439)
　　第二节　加拿大多元文化主义 ……………………………… (443)
　　第三节　美国多元文化主义 ………………………………… (451)
　　第四节　澳大利亚多元文化主义 …………………………… (454)
**第二十二章　世界各地的肯定性行动** …………………………… (462)
　　第一节　肯定性行动相关理论 ……………………………… (462)
　　第二节　肯定性行动在各国的实践 ………………………… (466)
　　第三节　中国特色的"肯定性行动" ………………………… (477)
**第二十三章　世界各地的民族自治** ……………………………… (480)
　　第一节　民族自治理论 ……………………………………… (480)
　　第二节　民族自治的实践 …………………………………… (485)

**后记** ………………………………………………………………… (496)

# 绪　　论

**一、民族法学的性质**

民族法学是什么？这是每一个初学民族法学的人首先会遇到的问题。事实上，民族法学的定义科学与否，直接关系到整个民族法学学科的基础与发展——至少本学科内绝大多数重要学术问题的回答要以此为基础，当然也包括回答"民族法学性质为何"的问题。对于民族法学的定义，学界的观点大同小异。有学者认为："民族法学是研究一切多民族国家内部如何用法律手段处理和调整民族关系的学科。"① 也有学者认为："民族法学是以调整民族关系的法律现象为研究对象的科学。"② 简言之，一国以法律的手段对民族关系及其相关问题进行调整，以这一现象为研究对象的法学学科就是民族法学。③

对于民族法学的性质，与其进行通常的语言描述，不如通过学界一个著名的争论来呈现更为生动。长久以来，学界对于民族法学的独立性问题展开了旷日持久的争鸣，从学科耆宿到术业新兵，许多人都曾加入到这场大讨论之中。有学者认为："民族法仅是一个法域范畴，而并非调整某一特定性质的社会关系的部门法"④。也有学者认为民族法是一个独立的部门法。"民族法以一个独立的部门法的面貌出现，使它在我国社会主义法律体系中占有一席之位，从而一门以民族法为研究对象的新兴学科民族法学即应运而生。"⑤ "民族法是以民族关系为主要调整对象的法律部门。"⑥

从民族法学发展的角度而言，我们可以深切体会民族法学者对于民族法作为一个独立法律部门、民族法学作为一门独立法学学科的渴望。但是，抛开狭隘学科门户视角来看，民族法或者民族法学独立性的争论的关键在于厘清对法律部门和法学学科两个基本概念的认知。有学者认为："在法学体系之中，有在部门法基础之上建立的法学学科，也有在其他部门法的法域范畴基础之上建立的法学学科，如经济法、民族法、军事法等，或是在其他法学范畴基础之上建立的法

---

① 史筠：《关于民族法学问题》，载《中国法学》1991年第5期，第38页。
② 吴宗金：《民族法学导论》，广西民族出版社1990年版，第7页。
③ 需要注意的是，民族法学与民族法在学界被混用的状况比较明显，但两者在实质上是完全不同的概念。我们将在本书第一章第一节详细论述二者的区别。
④ 熊文钊：《论民族法学的性质问题》，载《中央民族大学学报》2000年第2期，第128页。
⑤ 吴大华：《试论民族法学的研究对象方法和任务》，载《贵州民族研究》1990年第1期，第112页。
⑥ 吴宗金、张晓辉主编：《中国民族法学》，法律出版社2004年版，第5页。

学学科,或边缘学科,如法理学、法史学、证据学、法医学等。我们应当将法律体系与法学体系、法律部门与法学学科等区分开来,使法律体系、法学体系、法律部门与法学学科遵从各自的内在发展规律。"①这可以说是对民族法学性质问题极为客观的描述。因为就法律部门与法学学科的关系而言,主要有如下几点:其一,法律部门的存在是以制定法规范的存在为前提的,对法律关系加以规制的法律规范共同构成统一的法律部门,而法学学科是对于特定法律关系进行深入研究的理论集合,其划分虽然在许多时候与特定的法律部门相对应,但却并非完全的一一对应关系。例如,与作为法律部门的民法(在我国以《民法通则》为代表)相对应的是民法学,而所谓的经济法学所研究的经济法律关系,其法律规范则散见于民商法和行政法规范的序列之中。其二,法律部门的独立性和法学学科的独立性是两个不同的概念。法律部门的划分除了以所调整的法律关系的区分为要素之外,还常常与一国的法制框架和法律传统有关。而法学学科的独立性则更多地由学科发展规律所决定,只要具备了共同的理论基础、法域范畴等基本要素,并经过严密的论证,作为法学学科的独立就能够基本实现。民族法学的研究虽然起步较晚,但是早在20世纪90年代初就成立了国家级的学术研究团体——中国法学会民族法学研究会,随后获得了国务院的正式承认,明确载入《中国法律年鉴》的法学学科目录之中,并于2003年创建了博士授权点,可见,民族法学事实上已经成为一个独立法学学科而客观存在了。其三,我国一直沿用大陆法系的法理传统,而大陆法系之所以又被称之为法典法系,其根本原因就在于依据不同的调整对象、分析框架将不同的法律关系及其调整规范明晰化、类型化,从而形成了较为严格的法律部门的划分。这种划分进行了长期的法学实践而逐渐被确定下来,具有极强的稳定性。其民法、刑法、行政法三大实体法律部门的分野,在可以预见的相当长的一段时期内是不会发生改变的。因此,法学学科可以随着实践的发展逐渐形成,然而却未必能够由此导致与之相对应的法律部门的出现。经济法学的发展史就是这一论断的生动注脚。反言之,没有独立的法律部门相对应,并不影响相关法学学科的独立性的证成。综上,民族法学是一门独立的法学学科,而非独立的法律部门。

就民族法学而言,否认其作为一个独立的法律部门存在恰恰能够使之摆脱不必要的束缚,充分发挥其作为具有开放式理论框架的交叉学科的综合性优势。作为民族法学主要研究对象的民族关系,在实践中几乎同所有法律关系都具有交叉存在的可能,因此,不论是民法、刑法、行政法还是诉讼法,其中都或多或少地包含了一些调整民族关系的法律规范。这些法律规范虽然分属不同的法律部门,却无一例外地都属于民族法学的研究对象。可见,作为一个独立法学部门的

---

① 熊文钊:《论民族法学的性质问题》,载《中央民族大学学报》2000年第2期,第127页。

民族法学,其研究的样本除了通常意义上理解的以民族区域自治法为代表的民族法律规范之外,还包括其他各法律部门中涉及民族关系调整的法律规范,因而是一个宏大的、开放的综合性学科体系。倘若出于狭隘的立场强调民族法学作为一门独立的法律部门而与既有的各法律部门并行存在,势必将在民族法与其他部门法之间划出一道明确界分的鸿沟,这反而限制了民族法学对相当一部分寄身于其他部门法中的民族关系调整规范的研究,不论是对于民族法学本身还是其他部门法而言,都是有百害而无一利的。

因此,本书的结论是,民族法学的性质在于:民族法学是一门综合性的法学学科。

**二、民族法学的理论体系**

(一) 现有观点列举

由于学科建立时间不长,许多基本问题共识的达成还需要研究的进一步拓展和深化。因此,目前学界对于民族法学理论体系的总结归纳都不尽相同。

观点一:民族法学应注重研究我国边疆、闭塞山区、牧区的少数民族特点与现代化法制之间的相互对立与统一,民族法学应把民族区域自治、民族自治地方的法制建设以及各民族的成文法和习惯法作为一个整体进行认识和研究。①

观点二:民族法学的研究既包括特殊群体和区域的法律问题,又要研究涉及法律的民族问题。

观点三:民族法学既是应用学科又是民族法文化学科,应在学科研究中把应用服务与传统法文化的整理服务功能结合起来。因此包括应用的民族法学科和文化的民族大学科。前者又可细分为民族法律法规、民族法律制度、民族法律规范、民族法律实施、民族纠纷处理、民族法律关系、民族法制原则等;后者则可包括民族习惯法学和民族法律史学两个部分。

观点四:民族法学学科包括三个方面的研究范围:一是原始社会的法;二是中国特色的民族区域自治法律制度;三是中国法律在少数民族地区的实施。②

观点五:民族法学是关于多民族国家调整国内民族关系法律规范的学说,其研究核心是民族区域自治法学建设,民族法学应以民族关系的法律现象为其主要研究对象。③

所谓"有一千个观众就有一千个哈姆雷特",这一现象也是学科发展过程中的必经阶段,无须过分苛求。但是,对既有的观点进行分析,找出它们的优劣得

---

① 吴大华:《民族法学通论》,中国方正出版社1997年版。转引自潘怿晗:《略论我国民族法学学科体系的构建》,载《铜仁学院学报》2007年第1期,第15页。
② 徐中起:《民族法学研究的理论意义》,载《思想战线》1994年第4期,第57页。
③ 宋才发:《论我国民族法学学科体系的构建》,载《民族研究》2004年第5期,第4—6页。

失,无疑对我们科学归纳民族法学的学科体系具有重要的价值。

(二)民族法学理论体系构建应当注意的问题——兼评既有观点

对一门学科体系的归纳其实是一个见仁见智的问题,特别是在学科的初创时期。本书认为,对民族法学学科体系的归纳应当注意如下几个方面的问题:

第一,从范围的概括上,应当准确描述民族法学的研究领域与学科边界,既不能过大,又不能过小,这是构建民族法学学科体系的首要目标。从这一角度而言,一方面,观点四对于"原始社会的法"的表述有将民族法学科体系边界人为扩大之嫌。我们知道,中国的第一部民族法规范《属邦律》出现在秦代,在此之前甚至连存在民族法的证据都尚未找到,又何来民族法学的研究?另一方面,观点一对民族法学包括"民族区域自治"、"民族自治地方的法制建设"和"各民族的成文法和习惯法"的表述则远不能周延民族法学的应然范畴,因为将民族法学基本理论、民族法律史等作为学科基础研究范畴的重要内容就被排斥在外,很难称得上是科学的结论。

第二,从内在组成部分的相互逻辑上,应当彼此间具有严密的关联和相对清晰的界分,即各组成要素之间避免内涵上的交叉。从学科体系构建而言,各构成要素之间的内在关联也是我们必须严加考量的问题。要素之间应当是既紧密联系又明显区别。一方面,各个构成要素之所以都被纳入到民族法学的框架之下,说明它们之间具有紧密的内在关联;另一方面,各个要素又是彼此独立的,因此它们各具独特的内涵和相对明晰的边界。而观点三就没有很好地体现这一要求,原因如下:其一,民族法律法规与民族法律规范两者之间并无本质的区别。其二,民族法律法规与民族法律规范事实上同属于民族法律制度的二次细分,而吴宗金研究员却将三者并列处理。同理,民族纠纷处理和民族法制原则的表述也存在类似问题。其三,民族法律关系是整个民族法的直接调整对象,即其他并列要素的共同作用对象,显然不能简单地将其与别的要素简单并列。此外,观点四将"中国特色的民族区域自治法律制度"和"中国法律在少数民族地区的实施"的并列处理亦为不妥。因为这两种表述存在一定理论和制度上的交叉,如"全国性法律在民族自治地方的变通适用"问题。

第三,每一个构成民族法学理论体系的要素都应当有自身明确的内涵和概念。民族法学体系是由不同的要素有机结合而成的,因此,从某种意义上说,只有明确了各个要素的内涵,才有可能对整个民族法学体系进行准确、深入的了解。基于此,观点二就值得推敲。"特殊群体和区域的法律问题"和"涉及法律的民族问题"两点归纳充其量只是指出了一个大概的方向和轮廓,却没有对其进行准确的进一步表述,使得读者极易对如下问题产生迷惑:"特殊群体和区域"是否是指少数民族和民族区域?除此外有无其他的指代?"涉及法律的民族问题"究竟有哪些?判断是否属于这类问题的标准为何?其与"特殊群体和区域的法律问题"又有何内在关联？等等。

第四，体系的归纳应当具备一定的开放性。随着研究的深入和国际交流的加深，民族法学的学科体系应当体现为一种动态的稳定，即一方面能够保持自身学科构架的相对稳定，另一方面又不排斥对新兴研究领域和新研究成果的随时吸纳。上述几种观点中，除了观点二之外，其他表述都或多或少地将民族法学的体系严格限定了，并无明显的开放性处理的痕迹。然而，根据上文的论证，观点二的"开放性"却又是以牺牲了概念的明确性为代价的。从目前看来，国际民族法、比较民族法、外国民族法等研究视角的加入无疑对民族法学理论体系产生了新的影响。

（三）应然的民族法学体系

本书认为，民族法学的理论体系主要由三大部分组成，即民族法学理论、民族法律制度和民族法文化。

1. 民族法学理论

我们认为，民族法学理论主要是指构成民族法学的学科基础、阐释学科特点、描述学科发展路径等相关内容。这主要包括民族法学的基本理论问题和民族法律史。

第一，民族法学的基本理论问题。民族法学的基本理论问题是关于民族法学作为一门法学学科所必备的客观存在要素，既是民族法学研究的起点，又是民族法学研究的最高升华；既是对民族法现象的理论回应，又是对民族法制度发展的基础指导。一般说来，本书在绪论部分探讨的民族法学的内涵、性质、理论体系、发展历程、同其他学科的关系以及研究方法等，都属于民族法学基本理论的范畴。[①]

第二，民族法律史的研究目的在于归纳、描述和总结民族法现象、民族法制度乃至于民族法学科产生、发展的基本历史脉络，一方面为民族法学研究提供历史上的参照与借鉴，另一方面使得我们能够较为科学地总结过去的发展规律最终预测未来的发展趋势。对于民族法律史，首先，从时间上可以分为古代民族法、近代民族法和现代民族法。本书第四章内容将对此做一相对清晰的梳理。其次，从研究视角上可以将民族法律史分为国家制定法、地区制定法和民族习惯法。国家制定法是指由国家中央机关对全国范围的民族法制度所做的确认和规定，我国最早的关于民族法律制度的国家制定法可以追溯到秦代的《属邦律》；地区制定法是指国家内部某一区域内实施的民族法律制度；而民族习惯法是指某个民族内部根据本民族的生产、生活特点所总结并代代流传的处理特定法律

---

① 部分归纳可参见张文香：《论民族法学的几个基本问题》，载《中央民族大学学报》（哲学社会科学版）2009年第3期，第8页。

问题的习惯性制度,习惯法具有悠久的历史,迄今仍在许多民族聚居区扮演着重要的定纷止争的角色。值得一提的是,许多人对于民族法律史研究的重要性认识不足。事实上,当前许多面临实践困境的制度空白在民族法律史中都具有可资借鉴的珍贵样本。①

2. 民族法律制度

民族法律制度指的是现行的民族法律规范有机结合而成的统一的框架体系,主要指向我们通常所说的民族类"实定法"。鉴于其重大的时间作用,这是使它也成为当前我国民族法学的主要研究对象。②

第一,从纵向的角度来说,主要包括宪法、基本法律、法律、行政规章、地方性法规、地方政府规章以及自治法规等。③ 这一体系是与我国当前的法制体系完全对应的。也就是说,当前的民族法律制度规范已经呈现出完整的层级性特征。根据宪法和立法法的规定,这些民族法律规范层级有异,侧重有别,彼此间互相配合、协调,共同构成了今天我们看到的框架较为完整的民族法律制度体系。

第二,从横向的角度来说,包括民族区域自治法律制度和散居少数民族权益保障法律制度。有学者认为与以上两点相并列的类型至少还包括少数民族经济法律制度、少数民族干部法律制度等④,我们认为是有问题的。首先,从我国当前少数民族的分布状态而言,主要有聚居和散居⑤两种类型,与之分别对应的民族法律制度就是民族区域自治制度和散居少数民族权益保障制度。其中前者已经于20世纪80年代就出台了全国性的基本法律《民族区域自治法》,而后者目前仅表现为以国务院相关条例为首的法律规范汇总,统一的立法尚在酝酿之中。其次,所谓的少数民族经济法律制度和少数民族干部法律制度等专项法律制度无论是在民族区域自治制度中还是散居少数民族权益保障制度中均有涉及,因此它们属于民族区域自治法律制度和散居少数民族权益保障法律制度分类项下的综合分类细目,不宜与前两种主要的横向分类相并列。

第三,从载体形式的角度来说,民族法律规范主要由专门的民族法律规范和散见于其他法律规范之中的民族法律规范组成。所谓专门的民族法律规范,是指专门针对民族法律问题的规制所制定的法律规范,虽然形式上统一,但是数量

---

① 如2009年勇救落水儿童的三名大学生因船家见死不救而罹难的事件所引发的关于见死不救入罪和见义勇为立法问题的讨论,就可以在一千多年前的吐蕃立法中找到制度参照。参见郑毅:《吐蕃"见死不救制度"立法经验的借鉴与启示——从大学生因"见死不救"溺亡的事件说起》,载《黑龙江省政法管理干部学院学报》2010年第5期,第136—140页。

② 目前学界有部分学者认为民族法律制度等同于民族法学的研究对象,其视角无疑过于狭隘。

③ 杨剑波、鱼波:《民族法概述》,载《今日民族》2004年第8期,第55页。

④ 彭谦:《论董必武的法制思想及其对我国民族法体系的影响》,载《满族研究》2003年第4期,第15页。

⑤ 通常所谓的"散杂居"是"散居"和"杂居"的合称,但事实上"杂居"也是属于"散居"的一种特定表现。因此本书第十四章也才只是采用"散居"这种单一的表述。

不多,通常立法位阶也不高;而所谓散见于其他法律规范之中的民族法律规范,是指没有统一、完整的立法形式,只是不同的部门法中对所涉及的民族性法律制度进行部分规制的法律规范,形式上非常分散,但是数量众多。截至2011年底,除宪法和民族区域自治法外,其他227件现行有效的法律中涉及民族区域自治制度及其相关规定的为69件;近600件现行有效的行政法规中涉及民族问题规定的为67件;民族自治地方已制定了139个自治条例、777个单行条例、76个变通和补充法律法规的规定;辖有自治州、自治县的省和直辖市也制定了22个实施民族区域自治法的地方性法规和规章。其中,民族区域自治法、自治条例、单行条例和变通规定属于专门的民族法律规范,其他规定则属于散见于其他法律规范之中的民族法律规范。

3. 民族法文化

民族法文化主要是民族法意识和民族习惯法。第一,民族法意识是指人们在民族法律体系中对于民族法本身的理解、认知等主观印象的综合。它涉及民族法的权威、价值、内核等较为根本性的要素。和其他文化现象一样,民族法文化对于特定区域内人们关于民族法律制度的思维、行为都产生了深远的影响。其一般是由外在的氛围逐步内化为内心的一种确认乃至于信仰。如许多早期的民族法现象反映出的其实是特定民族传统道德的制度化并以外在强制为实施方式的、不同于传统道德作用发生机理的质变过程。第二,民族习惯法是少数民族在发展过程中逐渐将一些风俗、习惯以法律的形式(不一定是成文法的方式)固定下来,并在实践中发挥法律规范作用的民族法现象。如纳西族的《东巴经》、彝族的老彝文经典中有习惯法规范的记录,傣族的《奴隶法规》、《司法文簿》、《民刑法规》、《孟连宣抚司法规》等。[①] 正如法国著名思想家卢梭所说:"除了根本法、公民法和刑事法之外,还存在着第四种法,而且是最重要的法;它既没有铭刻在大理石上,也没有铭刻在铜表上,而是铭刻在公民们的内心里;它是国家真正的宪法;它每天都在获得新的力量;当其他法律过时或消亡时,它会使它们恢复活力或代替他们,它会维持人民的法律意识,逐渐用习惯的力量取代权威的力量。我们说的就是风俗、习惯,尤其是舆论;这是我们的政治家所不认识的部分,但其他所有部分的成功却又依赖于它。它正是伟大的立法家似乎局限于制定具体规章时内心所注意到的部分。具体的规章不过是拱顶上的拱梁,而缓慢诞生的风俗习惯才是拱顶上难以撼动的基石"。[②]

---

[①] 马雁:《我国西南地区的民族法学研究》,载《云南民族大学学报》(哲学社会科学版)2006年第4期,第52页。

[②] 转引自张晓辉:《民族法律文化论》,见张晓辉主编:《中国法律在少数民族地区的实施》,云南大学出版社1994年版,第270—271页。

值得一提的是,国际民族法的逐渐兴起已经引起了学界的关注。① 一方面,由于改革开放的需要,外国民族法制、比较民族法制的研究开始进入我们的视野;另一方面,由于民族问题的国际化趋势的发展,加之我国先后加入了《消除一切形式种族歧视国际公约》、《禁止并惩治种族隔离罪行国际公约》等一系列有民族问题和人权保障规定的公约,承担了有关国际人权保护、反对种族歧视的义务,而且我国民族法学界已有一些学者加入了国际人类学协会,参加该协会组织的一些学术活动,由此逐渐对域外民族法有了一定的认知。因此,国际民族法、外国民族法、域外民族法、比较民族法等概念也逐渐为学界所接受。由于这类研究成果往往兼涉基本理论、法律制度、文化等多方面的领域,因此特将其与以上三类并列表述。但在事实上,其与以上三类的类型化基础是截然不同的。

根据上述分析,本书将编章安排如下:绪论主要介绍民族法学的前提性问题,作为全书的导言。第一编民族法理论将为全书的分析介绍提供理论基础。第二编和第三编分别为民族区域自治制度和少数民族人权保障,是民族法制度内容的主干。第四编安排介绍少数民族习惯法的问题。最后第五编为比较民族法的内容。因此,全书的结构基本按照应然的民族法学体系编排,但是考虑到一些章节容量的基本均衡等具体的技术性因素,在细节上做了略微调整。

### 三、民族法学的发展历程

虽然我国最早的民族法可以追溯到秦代的《属邦律》,而"民族法"的正式称谓则是源于恩格斯1884年在《家庭、私有制和国家的起源》一文中提及的"英雄时代"的"雅典民族立法"②,但是与民族法相对悠久的历史不同,民族法学作为一门学科出现则只有短短几十年的历史,而且"民族法学"的学科概念也是在我国最早产生的。

这里读者或许有个疑问,本书第四章专章探讨了"中国历史上的民族法"的问题,这和本章的部分有何区别呢?归根结底,其区别就在于"民族法"和"民族法学"两个概念的关系。所谓民族法,大致是指关于民族问题的法律规范与法律制度的总称,属于国家立法的层面。因此可以说,只要有了相关民族关系的国家立法(即使只是一个条文)出现,民族法的发展历程也就展开了。而民族法学是以民族法律规范和法律制度为研究对象的法学学科,属于社会科学的门类,它的开端要远晚于作为其研究对象的民族法。这是由于,法学作为一门具有深刻理论基础的社会科学学科,其产生和发展需要有一定的社会发展程度背景为基

---

① 吴大华:《中国民族法学:历史、现状与展望》,载《法学家》1997年第4期,第25页。
② 恩格斯:《家庭、私有制和国家的起源》,载《马克思恩格斯选集》(第4卷),人民出版社1992年版,第105—106页。

础,亦即只有在特定的法现象具备了一定的规模和影响后,才有可能引发人们对其进行研究并进而确立为独立的社会科学门类。而我国古代早期的民族法,虽然有关的规范自先秦就已出现,但这只是当时人们对处理民族关系与民族问题的一种经验的反映,很难说已经具备了"学"的要素,更遑论以完备的理论研究转化为指导民族法实践的助推器。因此,至少在新中国成立之前,民族法的实践充其量只能称为民族法制,很难上升到"民族法学"的学科与理论高度。

对于民族法学创立的初衷,有学者认为主要有二:一是以服务于民族法制建设即民族法律制度建设和民族法律法规体系建设的需要而孕育;二是以服务于民族法律法规运行实施和依法治国与民族法治化的需要为动力。① 至于民族法学的发展历程,可分为如下阶段逐一表述。②

第一阶段(1949—1956),创立与发展时期。这是新中国民族法学历史上极为重要的一个时期,它既为以后民族法学的发展奠定了基础,又为民族法学曲折的命运埋下了伏笔。这一时期又可分为两个阶段:第一,从1949年到1952年,是新中国民族法学的创建阶段。1949年9月,共同纲领就把中国共产党的民族政策以法律形式加以固定,成为新中国成立初期民族立法的法律基础,标志着新中国民族法学开始迈步。这一阶段,由于中苏关系处于"蜜月期",因此翻译出版了一些苏联民族学、法学教科书,正是通过这些教科书,我们学习了马克思主义民族与法律理论。第二,从1952年至1956年,是新中国民族法学初步发展的阶段。1952年,中央人民政府委员会颁布了《中华人民共和国民族区域自治实施纲要》,标志着民族区域自治驶入法制轨道。而1954年宪法根据新中国成立以来废除民族压迫制度和建立各民族平等、友爱、互助的关系,以及少数民族地区政治、经济和文化事业开始逐步发展的经验,对民族区域自治和少数民族的政治、经济及文化的建设,做了比共同纲领更进一步的规定。

第二阶段(1957—1976),萧条与停滞时期。这一时期也可以分为两个阶段:第一,1957年到1965年,我国民族法学经历了一个从暂时繁荣到萧条的变化过程。这一阶段民族立法的特点是,虽然时间较长但立法数量不多,而且内容涉及范围也比较狭窄,除涉及民族自治地方财政管理的内容外,其他大都是内容上基本雷同的民族自治地方组织条例。此外,这一阶段在"左倾"思想影响下,一些重要的民族立法工作被迫停顿下来。第二,1966年至1976年10月。这一阶段是我国民族工作被取消、民族立法工作处于全面停止时期。1975年宪法如

---

① 吴宗金:《略论中国民族法学的命运与使命》,载《西南民族大学学报》(人文社科版)2005年第3期,第32—34页。
② 前三个阶段的归纳可参见吴大华:《中国民族法学:历史、现状与展望》,载《法学家》1997年第4期,第19—20页。

实地记录了我国民族区域自治制度被破坏的实际状况。它虽然保留了"民族区域自治"和"民族自治地方的自治机关"的条款,但是取消了1954年宪法规定的各项自治权的具体内容。很明显,取消了自治权等于取消了自治机关,也就等于取消了民族自治地方。

第三阶段(1976—1991),复苏与繁荣时期。以1976年10月粉碎"四人帮"为标志,我国开始进入了一个新的历史时期,民族法学研究也出现了新的转机。这一时期仍可分为二个阶段:第一,从1976年10月粉碎"四人帮"以后至1978年社会主义法制逐渐恢复,我国民族法学研究开始复苏。第二阶段,从1979年至1991年,是新中国民族法学研究的鼎盛阶段。党的十一届三中全会的召开,为民族立法提供了思想上、理论上和组织上的保证。1982年宪法继承和发展了1954年宪法关于民族问题的基本原则,全面奠定了新时期民族立法的法律基础;民族区域自治法的制定和施行,民族区域自治法草案从1980年开始起草,经过大量调查研究,广泛征求意见,反复研究修改,于1984年10月1日起正式施行。此后,民族立法逐步增加,民族法制体系也逐步完善。1991年中国法学会民族法学研究会在北京正式成立,民族法学终于有了正式的、全国性的研究团体,此后,多民族省份也陆续建立了民族法学或民族法制的学会或研究会。

第四阶段(1992至今),进一步发展时期。1992年中国民族法学会举行第一届年会,全国的民族法学者集聚一堂,共同研讨中国民族法学的发展大计。中央民族大学、云南大学、西南政法大学、内蒙古大学、贵州民族学院、西南民族学院等高等院校成立了民族法学研究所或民族法学研究室。1996年8月,由司法部、国家民委联合举办了首届全国民族法师资培训班,来自各政法院校、民族院校和司法、民族工作部门的54名学员参加了系统培训。此后,民族法学研究成果、著作如雨后春笋般涌现,民族法学研究呈现出一派从未有过的盛世图景。此间,国务院正式承认了民族法学作为一门法学学科的独立地位,隶属于中国法学会的中国法律年鉴社出版的《中国法律年鉴》在法学学科建设部分也依据官方态度把"民族法学"列为独立学科。2003年4月,中央民族大学和云南大学获得民族法学博士学位授予点,标志着中国的民族法学及其学科建设已经驶入了跨越式发展的快车道。据学者的不完全统计,截止到2008年,我国已经培养民族法学(或民族法学相关方向)博士91人,硕士215人,有两位博士后(分别来自中国人民大学和华东师范大学)的出站报告以民族法学为方向。这些论文、报告除了来自于中央民族大学、云南大学、中南民族大学、广西民族大学等设有民族法学专业学位点的高校,还来自于北京大学、中国人民大学、中共中央党校、中国社会科学院、中国政法大学、外交学院、西南政法大学、华东政法大学、南京大学、复旦大学、武汉大学、中山大学、吉林大学、山东大学、厦门大学、兰州大学、四川大学、华中科技大学、辽宁大学、山西大学、内蒙古大学、黑龙江大学、西南大学、贵州大学、湘潭大学、苏州大学、新疆大学、暨南大学、延边大学、华东师范大学、东北师范大学、南京师范大学、陕西师范大学、四川师范大学、河北师范大学、广西师范大学、天津师范大学、浙江师范大学、湖北师范大学、云南师范大学、内蒙古师范大学甚至解放军外国语学院等数十所高等院校中的民族法学相关专业。①

**四、民族法学与其他学科的关系**

民族法学是一门交叉学科，其诞生直接源自于法学、民族学等相关学科研究范畴的互相渗透和发展。但是，发展成为一门独立学科之后的中国民族法学，又与这些传统学科体现出既互相关联又互相区别的态势。我们在此仅从如下方面进行简要分析。

（一）民族法学与民族学

民族学是研究民族形成、发展和消亡规律的一门综合性的社会科学，它也研究民族法律关系以及民族政治、历史等，但不占重要地位。民族法学从民族学中分离出来以后，就以古今民族法律关系和法律制度为主要研究对象。因此，民族法学在其创立和发展过程中，始终要以民族学的基本理论和研究方法为基础，同时又为民族学的充实和发展提供丰富的材料。②

（二）民族法学与民俗学

民俗学是研究民间传统文化的学科，它研究的范围包括民间文学、风俗习惯、饮食服饰、道德标准、婚嫁礼仪、宗教信仰等。民族法学要研究民族法律制度在其形成和实施过程中与当时当地的民族行为规范、风俗习惯、婚嫁礼仪、宗教信仰等的相互渗透、相互补充的作用。③ 其实，这里所谓民俗的内容，其中相当一部分已经在一定程度上升华至"少数民族习惯法"的范畴。作为民族法文化的重要组成部分之一，少数民族习惯法历来是民族法学研究所注重的基本范畴领域，但是通过前文对民族法学体系的分析就可以得出，少数民族习惯法与民族法学是根本不能简单等同的。回到民俗的层面，当这部分民俗仅仅以"风俗"的形式传承至今时，与民族法学的研究基本是无涉的；但是当这部分民俗已经演变为"习惯法"时，其就成为了民族法学中民族法文化的重点研究客体之一。

（三）民族法学与宪法学及其他部门法学

宪法学可以称得上是法学学科中与民族法学的关系最为密切的。一方面是

---

① 参见熊文钊主编：《中国民族法制60年》，中央民族大学出版社2010年版，第605—623页。
② 参见白明政：《论我国民族法学的研究对象及原则》，载《贵州民族研究》1994年第4期，第54页。
③ 同上。

由于民族问题的根本性和重要性决定了其相关法律制度须由宪法加以明确;另一方面由于作为民族法律制度主要研究对象之一的《民族区域自治法学》在学理上也是属于传统宪法学的研究范畴。法学界曾经流行的"把民族法视为宪法中的一个问题,只能在宪法中作为专题来研究"①的观点,一定程度上也是处于两个学科之间的密切联系之故。实际上,宪法学是以宪法规范及其所调整的社会基本关系为研究对象的法律学科。宪法是国家的根本大法,是构成民族法的最高法渊。只有在认真研究宪法学的基础上来研究民族法学,才能从中领略宪法规定的民族法的内容、效力,以及制定和修改程序。

除了宪法学以外,民法学、刑法学等部门法学作为研究调整各种不同性质的法律规范的科学,民族法学的产生和发展,与这些相邻学科的产生和发展也有着密切的联系,甚至有的条款是相互交叉的,有的虽无交叉却互相影响、相互制约着。② 前文在以载体形式为视角来分析民族法律规范的时候,也把"散见于其他法律规范之中的民族法律规范"作为其中一项重要的类型,这其实就是民族法学同其他部门法学之间密切联系的制度反映。

(四)民族法学与法人类学③

法人类学的历史始于19世纪,是西方国家为统治其占领的殖民地的需要,开始调查了解和研究这些地区与宗主国不同的法结构和异质的法文化样态,以便对不同地区、不同种族进行有效的统治,减少因异质法之间的冲突而造成阻力,其研究的初始对象主要涉及无文字状态下原始民族的社会法律制度,采用的是人类学研究的整体性跨文化比较以及田野调查的方法。④ 民族法学与法人类学的关系是十分紧密的,在许多西方国家,甚至就把法人类学作为与我国民族法学相对应的学科。两者不但都将"法文化"视为本学科的重要研究对象,而且法人类学将人类学的方法(如田野调查的实证研究方法、典型事例的深入分析的方法、跨文化比较研究的方法等)应用到法学研究之中,这与民族法学是极为相似的。⑤ 当然,法人类学与民族法学仍是具有本质上的区别的。法人类学是文化人类学之下的分支学科,其关注的对象是整个人类的法律文化现象,一方面强调"人类"的宏观概念,另一方面强调"文化"中心主义。而民族法学的研究视角仅限于特定的民族(在我国更多时候特指"少数民族")范围之内,且把焦点置于

---

① 参见吴大华:《中国民族法学:历史、现状与展望》,载《法学家》1997年第4期,第23页。
② 参见白明政:《论我国民族法学的研究对象及原则》,载《贵州民族研究》1994年第4期,第54页。
③ "法人类学"一般是英美学者的称谓,欧洲学者则一般称之为"法民族学"。参见吴宗金主编:《中国民族法学》,法律出版社1997年版,第24—25页。
④ 马雁:《实证路向视角下的民族法学与社会法学的学科关系》,载《玉溪师范学院学报》2009年第7期,第17页。
⑤ 廖敏文:《探索人类文化:从"非我"反观"自我"——谈人类学研究对民族法学研究的启示》,载《云南大学学报》(法学版)2008年第2期,第125页。

"法"而非"文化",法文化(特指民族法文化)只是民族法学研究范畴的一部分而已。可见,虽然法人类学和民族法学在一定程度上存在交叉领域,但是两者在视角、关注点、范畴等多方面都是存在本质差异的。

(五)民族法学与法社会学

前文已经指出,民族法学是一个中国化的学科体系,是在民族学、法学、政策学和人类学等多个学科整合基础上形成的交叉性学科。社会法学则来源于西方学术传统,产生于19世纪末20世纪初,是在实用主义和怀疑主义等社会思潮影响下,西方国家内部的社会本位法权要求日益高涨,社会需要新的法学理论针对性地解决社会问题是应运而生的。两者虽然产生的背景截然不同,但是在许多方面体现了一些共性。如,民族法学注重研究的民间立场、民间视野、经验研究是这种学术立场的具体体现;而社会法学也强调经验主义与常人方法论。再如,民族法学的研究习惯从宏观视野开拓研究领域,并打破正统的法的分类理论,具有较大的包容性;而社会法学以社会学的观点和方法来研究法律,强调法律是社会现象,法律与其他社会因素相互作用,强调法律的"社会化",强调从"个人本位"转向"社会本位",等等。但是,两者毕竟是不同的学科,除了产生与发展背景、发展规律、关注分析的视角、专业旨趣等不同之外,还体现出一些具体的细节不同。如,民族法学一般采用深入的描述性的民族志方式,主要关注法秩序问题;而社会法学往往倾向于采用中等或者大规模的对象调查方式,其关注的领域比民族法学广阔。

**五、民族法学研究方法**

民族法学是一门正在发展中的学科,其随时都在借鉴其他学科的优秀研究方法为己所用,这在很大程度上也是民族法学研究能够在较短时间内取得巨大成就的原因之一。因此,从发展的角度而言,民族法学的研究方法是不断充实变化的,但是从历史唯物主义的视角看来,其在不断变化的方法之中又有一些是属于核心的、契合学科本质特征的内核型的研究方法。因此,这里对于民族法学研究方法的归纳主要从较为深层的维度切入,以揭示这些内核型的研究方法为主要目的。

本书把民族法学的研究方法分为两大类:第一,民族法学研究的思维方法。这主要是指民族法学研究思维以及方向的定位所必需的认知问题的方法,其含义有三:其一,即是上一段提到的"马克思主义在民族方面的辩证唯物主义和历史唯物主义的世界观和方法论、毛泽东思想在民族方面的中国特色理论",可以称为是民族法学研究思维的出发点。其二,是时刻以民族问题的特殊性、重要性和民族关系的圆满解决为切入点的思维方法,其贯穿于民族法学研究的整个过程,具有重要的过程性价值。其三,与民族法律制度实践相结合的方法,即是指民族法学研究的根本任务在于科学地指导民族法律制度实践,这是一切民族法学研究活动的根本宗旨和最终归宿,可以称为是民族法学研究思维的落脚点。第二,民族法学研究的实践方法。这是指在民族法学研究的具体过程中所使用的方法,其范围基本等同于前文的第三种方法,即所谓的"一般方法"的主要范畴。

# 第一编　民族法学基础理论

民族法学和民族法制研究对民族法制建设实践具有提供理论依据和进行理论指导的作用。当前理论研究的滞后与民族法制建设实践对理论的渴求的矛盾相当突出,从广义上说,我们对民族理论的研究是滞后的,民族法制理论作为民族理论的一个重要组成部分,其研究也是很滞后的。民族法学和民族法制理论研究的滞后主要表现在:一是基础理论研究滞后。二是对当前民族法制建设面临的重大实践问题缺乏深入研究,未能把这些问题上升到理论高度。对一些重大的理论问题和现实问题缺少前瞻性的研究,未能为民族法制建设提供强有力的理论支持。因此,要重视和加强民族法学和民族法制理论研究,营造更好的研究环境,培养更多的研究人才,使其更好地为民族法制建设的实践服务。

民族法学研究,主要包括基本理论研究、基本制度研究和基本问题研究三个主要方面。所谓基本理论研究,是指探求民族法制构建、实施完善的学理性基础;所谓基本制度研究,是指在基本理论研究的既有成果的基础上,探求如何将这些理论思考制度化并付诸实现;所谓基本问题研究,是指针对在民族法制理论探索、制度实施的过程中所体现出的困难和挑战进行充分归纳、总结与评估,借鉴古今中外的优秀经验,寻求妥善的解决方案。基本理论是基本制度的基础,基本制度是基本理论的客观体现;基本问题是对基本理论和基本制度的现实回应,并且在整个民族法制研究过程中具有极强的指引性和方向性价值。民族法基础理论研究是整个民族法制工作的基础与前提。制度未建,理论先行。这是任何制度构建、运行、完善的客观规律与必然要求,民族法制建设不外如是。民族法制基本理论研究的广度与深度,在很大程度上就直接决定了民族法制建设的规范性、合理性和科学性。只有用理论的武器把我们的头脑充分地武装起来,才能够在民族法制实施过程中找到正确的进路,从而实现制度资源的良好整合和优化配置。

# 第一章 民族法现象及其基本理论

## 第一节 民族法概论

**一、"民族法"的语源**

(一) 中国古代的"民族法"

虽然中国古代并没有"民族法"一词的记载,但是民族法现象却至少可以追溯到奴隶制时期。大约在公元前21世纪,黄河流域各氏族部落先后告别了"天下为公"的时代,成为初具国家形态的邦国,建立了第一个国家共同体——夏朝。夏朝立国伊始就是一个多民族国家。夏朝建立后,有扈氏不服,为启所灭,于是"天下咸服。"所谓"天下咸服",不仅是夏通过武力镇压使国家得到巩固,也是夏实施"民族法"调整国内民族关系的结果。可见,夏代就已经有了以民族法思维调整民族关系的先例。[①]

而成书于战国时期的《禹贡》,可以说是我国历史最早的、成文的有关民族法著作。它创造了以民族特点来确定管辖区域的政策,使"声教讫于四海",用赋税多少来调整中央政府与周边少数民族的关系。它规定中原民族与周边少数民族是民族关系的主体,即承认各少数民族为国家的合法成员,在国家活动中享有合法的权利并承担应尽的义务。从而把民族关系纳入国家的一种法律关系。[②]

20世纪70年代在湖北云梦睡虎地出土的秦代竹简上记载了我国目前最早的成文民族法典《属邦律》。《属邦律》开创了中国封建社会民族立法的先河,对后来历代民族立法有着十分重大的影响。其中确定的诸多法律原则,如和亲通婚、民族自治、维护少数民族上层首领的特权与民族同化等,也成为日后封建王朝民族立法所遵循的基本原则。[③]

秦代以后,我国历朝历代都对民族法律规范做了相应的规定,如汉代以建立管辖少数民族的行政体制——属国制和边郡制为民族立法的核心。又如唐代在民族地方实施"羁縻府、州、县"制,《唐律疏议》中对"化外人"犯罪所做的详尽规定。再如元代以《至元新格》在民族地区设立行省制和土司制,等等。清代时

---

[①] 参见张文山:《论中国古代社会的民族法》,载《思想战线》1997年第1期,第49页。
[②] 张文山:《论中国古代社会的民族法》,载《思想战线》1997年第1期,第49页。
[③] 同上。

我国古代民族法制发展的巅峰,不但在《大清律例》中明确了"化外人有犯条"的规定,而且针对一些风俗习惯不同的少数民族在不违背《大清律例》的原则下分别制订适合少数民族地区的单行法,形成了以《大清律例》为母法和适用于不同民族的单行法及《理藩院则例》为子法的民族法体系。①

可见,虽然没有明确的"民族法"称谓,但是我国古代却已创造了丰富多彩的民族法律制度。

(二) 近现代"民族法"的语源

根据学界的考证,"民族法"一词最早出现在马克思主义经典著作之中。恩格斯在1884年发表的《家庭·私有制和国家起源》一书中,对雅典国家最早的法律制度做了这样的描述:"相邻的各部落的单纯的联盟,已经由这些部落融合为统一的民族(Volk)所代替了,于是就产生了凌驾于各个部落和氏族的法权习惯之上的一般的雅典民族法;只要是雅典的公民,即使在非自己部落的地区,也取得了确定的权利和新的法律保护。但这样一来就跨出了摧毁民族制度的第一步,因为这是后来容许不属于全阿提卡任何部落并且始终都完全处于雅典氏族制度以外的人也成为公民的第一步。"②

然而,不得不指出的是,恩格斯当时所谓的"民族法"是与我们今天所说的民族法具有本质区别的。原因在于对"民族"的理解不同。民族至少有广义和狭义两种解释。广义的民族是就国家整体的层面而言的,如所谓的"中华民族"、"大和民族"、"德意志民族"等,它在某种程度上指代整个国家;而狭义的民族缺失是针对国家内部的构成民族而言的,它在很多情况下构成广义民族的下位概念,如我国的汉族和55个少数民族共同构成了"中华民族"。据此,恩格斯所谓的"民族法"指的其实就是作为一个城邦国家的雅典国家法,"是相对于构成雅典国家民族的各氏族、部落的习惯法而立的国家法"③。而我们现在所说的民族法显然是针对于国家内部各民族之间相互关系的法律调整而言的,采用的是狭义的"民族"概念。

对于"民族法因何而产生"的问题,学者们有各种分析。比较一致的看法是,民族法首先作为法,它是阶级矛盾不可调和之产物,这说明民族法的产生与阶级、国家相关。其次作为民族法,它又是多民族国家民族矛盾不可调和之产物。只有阶级矛盾而没有民族矛盾,就不会有民族法的出现。这说明民族法的产生与民族问题的存在具有内在的必然联系,调整民族关系的特殊需求,是民族

---

① 张文山:《论中国古代社会的民族法》,载《思想战线》1997年第1期,第49页。
② 参见《马克思恩格斯选集》(第4卷),第106页。转引自吴宗金、张晓辉主编:《中国民族法学》,法律出版社2004年版,第103页。
③ 杨剑波、鱼波:《民族法概述》,载《今日民族》2004年第8期,第54页。

法产生的主要动力和价值基础。①

**二、民族法的含义**

(一) 列举数种具有典型代表性的民族法定义

虽然民族法学在近年来获得了飞速的发展,但是正如前文所指出的,许多基础性的理论问题尚存在争议。民族法的定义问题也是如此。下面列举几种具有代表性的定义,以对学界的观点做一整体的梳理和把握。

定义一:民族法是指多民族国家内部调整民族关系的法律。②

定义二:民族法是指国家或其授权机关制定和认可的,调整民族之间以及国家与民族地区之间的权利义务关系的法律规范的总和。③

定义三:民族法是指专门调整和处理国内民族关系的法律规范的总和,是多民族国家调整国内民族关系、管理民族事务的普遍而又重要的方式。④

定义四:民族法是国家权力机关和管理机关在对民族关系、民族问题进行调整、处理等活动中的法律规范的总和。⑤

定义五:还有学者针对社会主义民族法专门做了定义,认为社会主义民族法是体现无产阶级领导下的全国各族人民共同意志和根本利益,由社会主义国家制定和认可的,并由国家强制力保障实施的,专门调整民族关系的社会行为规范体系。其目的是建立、维护和发展平等、团结、互助的社会主义民族关系,促进全国各民族的共同繁荣。⑥

定义六:民族法是社会主义民族发展的结果,是专指按照民族平等的原则调整民族关系的法律规范的总和。⑦

定义七:民族法是国家有关民族关系、少数民族权利、义务的法律规范的总称。⑧

(二) 简析

通过上述概念的罗列可以看出,虽然学界对于民族法概念中的一些基本行

---

① 牛文军:《略论民族法与民族立法——历史、概念及关联性》,载《西南民族大学学报》(哲学社会科学版)2007年第8期,第96页。
② 吴宗金、张晓辉:《中国民族法学》(第2版),法律出版社2004年版,第104页。
③ 陈洪波、王光平:《当前我国民族立法工作中存在的主要问题、成因及对策研究》,载《民族研究》2001年第2期,第1页。
④ 牛文军:《论民族立法存在的基础与空间》,载《广播电视大学学报》2005年第2期,第84页。
⑤ 吴大华:《民族法律文化散论》,民族出版社2004年版,第179页。
⑥ 敖俊德:《民族立法和民族区域自治法的修改问题》,载吴大华主编:《民族法学讲座》,民族出版社1997年版,第25页。
⑦ 王天玺:《民族法概论》,云南人民出版社1988年版,第1页。
⑧ 张文香:《论民族法学的几个基本问题》,载《中央民族大学学报》(哲学社会科学版)2009年第3期,第5页。

问题已经初步达成了共识,但是在切入角度、表述技巧、侧重点等许多方面仍是见仁见智。初步归纳一下,得出较为科学、严谨的民族法定义至少需要注意如下几个方面的问题:

首先,定义内容上的问题。主要有二:第一,民族法的调整对象究竟是什么?上述定义中体现出民族关系、国家与民族地区之间关系、民族问题等多种理解。但民族关系是学者普遍给予认可的,由于下文将对这一问题做进一步的探讨,故此处不予展开。简单来说,民族问题的归纳涵盖范围过广,且在很大程度上僭越了政策手段的调整领域,因此不予采纳。而民族关系和国家与民族地区之间关系在内涵上互不交叉、外延上互为补充,应是民族法调整的对象。第二,民族法是否全是由国家立法机关制定的?总的说来,绝大多述民族法确是如此,但是近年来随着国际性公约的大量签署,众多国际公认的民族法规定已逐渐进入到我国的民族法范畴之中,它们的确立包括国家立法机关的立法转化和直接确认两种方式。此外,大量的民族习惯法在地区纠纷结果过程中依然占有重要的地位,其性质更加近似于行政法中所谓的"软法",既非国家立法机关制定,亦非依靠国家强制力保障实施。综上,仅仅表述为"由国家立法机关制定"是不够完整的。

其次,表述技巧上的问题。第一,对于法的一般特征是否需要重复?如定义五中提到的"全国各族人民共同意志和根本利益,由社会主义国家制定和认可的,并由国家强制力保障实施",即属于这一类。我们认为,出于定义精炼的考虑,对于这种法的一般特征的描述,可以省略。第二,对于民族法的原则问题,是否应该在定义中提及?若是提及,应该怎样表述?定义六中提到的"民族平等原则"是民族法的最为重要的原则之一,但并非唯一的原则。根据我们的归纳,除平等原则外至少还有国家统一原则、团结互助原则、各民族共同繁荣原则等等。因此,大可以不在定义中涉及原则问题,以突出那些最为基本的定义要素。第三,定义五中"其目的是建立、维护和发展平等、团结、互助的社会主义民族关系,促进全国各民族的共同繁荣"的补充说明是否必要?我们认为,定义应是一句完整的陈述,添加过多的补充说明会影响整个表述的完整与统一。因此,倘若补充的内容不具有根本重要性或者不能将其很好地与定义主干融为一体的,应舍弃。

综上,我们认为,定义二的表述是较为科学的,即民族法是指国家或其授权机关制定和认可的,调整民族之间以及国家与民族地区之间的权利义务关系的法律规范的总和。

### 三、民族法调整对象

(一)民族关系——民族法调整的主要对象

从上文对学界关于民族法定义的列举可知,当前理解民族法调整对象的通说是民族关系。① 这是具有一定合理性的,但又不完整。我们认为,传统认知上的民族关系仅是民族法调整的主要对象,而非全部。原因如下。

首先,民族关系在当前历史条件下体现为少数民族与汉族之间、少数民族与少数民族之间以及特定少数民族内部的权利义务关系。这种关系的调整手段主要是政策手段和法律手段,前者一般是指国家有关部门制定、颁布的民族政策,而后者就是指民族法律规范,亦即民族法。因此,民族法的主要任务就在于调整各类民族关系中所体现出的权利义务关系。其次,民族法在产生之初就是以调整民族关系为己任的。前文所述对我国古代民族法的起源之所以可以追溯到《属邦律》甚至《禹贡》,其重要原因就在于这些古代典籍中所记述的规范是以调整民族关系为主要目的的,这与现代民族法的价值与意义在本质上别无二致。最后,法治社会建设需要以民族法作为调整民族关系的主要手段。法治的前提是法制,而法制在民族关系调整领域的具体要求即在于以民族法成为调整民族关系的制度基础和主要手段。目前我国的民族法制初具雏形,而民族法治仍任重道远,因此就需要进一步将民族关系明确为民族法的主要调整对象,这是法治社会建设对民族关系处理的基本要求。

以民族关系作为民族法的主要调整对象,就要求民族立法、民族执法、民族司法等民族法各个实施环节都应以在法律框架下调整协调民族关系、解决民族纠纷为主要出发点和归宿点。

(二) 国家与民族地区间的关系——民族法调整的另一重要对象

民族关系是民族法的主要调整对象,但绝不是唯一调整对象。根据前文对民族法的定义,我们认为,国家与民族地区之间的关系也是民族法调整的重要对象之一。其依据有三:

第一,从制度上来看,虽然我国民族法是以民族关系为主要调整对象,但作为当前民族法律制度核心部分的民族区域自治法却是兼有调整国家与自治地方民族关系和国家与自治地方关系两方面的内容。这是由于民族区域自治地方既是一级地方政府机关,又是当地民族实施区域自治的自治机关。因此,民族关系的归纳并不能完全包容民族区域自治制度,自然也就无法周延整个民族法的调整对象问题。

第二,从理论上来说,有学者认为"国家与民族区域自治地方的关系"可以包容到"国家与民族区域自治地方民族的关系"之中,这是有失偏颇的。民族区域自治地方的民族成分至少可以分为三种:汉族、实施区域自治的少数民族以及不实施民族区域自治的少数民族。"国家与民族区域自治地方民族的关系"正是在国家与这三种少数民族关系的层面上而言的,属于"国家与民族"的关系。

---

① 参见吴宗金:《论民族法调整对象》,载《中央民族学院学报》1992年第3期。

但是,"民族区域自治地方"和"民族区域自治地方的民族"两个概念却是不能等同的。正如民族区域自治法中规定的国家的帮扶义务,其对象是民族区域自治地方整体,而非该地方各类少数民族的简单叠加。因此,"国家与民族区域自治地方的关系"实质上属于一类特殊的"中央与地方关系",与"国家与民族关系"具有本质的区别。

第三,从现实案例来看讲,诸如 2008 年拉萨"3·14"事件、2009 年乌鲁木齐"7·5"事件之类的引发民族关系紧张的案例,虽然其中夹杂了汉族与少数民族,以及各少数民族之间的冲突的成分,但是在使用民族法规范加以解决时,却都额外体现出了国家与受害民族群众的安抚救助关系、国家对违法犯罪人员的惩处与被惩处关系,中央对特定地方局势的控制关系等不具有民族关系性质的法律关系因素。这些因素在实际处理一些现实案例的时候往往发挥了重要的作用。因此,仅以"民族关系"作为民族法的调整对象是不科学的,更是不符合实践的。

(三) 对民族法调整对象的进一步分析

1. 对于民族法的主要调整对象——民族关系

有学者将民族关系进一步解释为:"(1) 国家和民族自治地方主体民族之间的社会关系;(2) 各民族自治地方之间的民族关系;(3) 汉族和少数民族之间的民族关系;(4) 民族自治地方内各民族之间的民族关系;(5) 杂散居少数民族的民族权益关系;(6) 民族乡境内各民族之间的民族关系等等。"①这种细化分析的思路是好的,但是在具体归纳时却存在一些瑕疵,如散杂居少数民族分为城市散杂居少数民族和农村散杂居少数民族(又可细分为民族乡散杂居少数民族和狭义的农村散杂居少数民族)②,因此最后两种归纳在范围上是存在交叉的。又如,汉族和少数民族之间的民族关系几乎可以具体化为其他任何一种民族关系的范围中去,其划分层次存在差异。

事实上,对民族关系的细分可以根据不同的标准来操作,并无统一的定式。但是在标准的选择上应当兼顾体系的完整性和内部的协调性,前者主要指分类应当穷尽民族关系的所有类型,后者指各细类之间应当互不交叉、彼此协调。本书只以汉族和少数民族两大民族分类对民族关系做一细分。

第一,汉族与少数民族之间的关系。汉族是我国的主体民族,其人口数量、分布、整体经济文化水平等各方面都相对于 55 个少数民族而言具有较大的优势。因此,汉族与少数民族的关系就成为民族关系的重要类型之一。调整这一关系的主要方面如下:其一,坚决贯彻民族平等原则,杜绝大汉族主义,在政治、

---

① 马玉龙:《试析我国民族法的内涵》,载《内蒙古工业大学学报》(哲学社会科学版)2007 年第 1 期。

② 对于这一分类,可参照本书第十四章的相关内容。

经济、文化等各个方面适当向少数民族倾斜,通过合理差别的制度给予少数民族以更为平等的发展平台和更为宽阔的发展空间。这在宪法序言以及相关条文中有明确的依据。当然,也应对地方民族主义保持时刻的警惕。其二,坚决贯彻各民族共同繁荣的原则,利用汉族的各种优势对少数民族的发展给予大力帮助、扶持,牢固树立只有各民族共同繁荣、共同发展才能从根本上实现中华民族繁荣发展的正确观念。其三,充分关注与尊重少数民族在传统、风俗、文化等方面的特殊性,不能用汉族的标尺对少数民族的相关事项加以简单衡量,要帮助少数民族维持、发展本民族的特点,防止过激的汉化趋势,确保民族文化多元性的格局进一步巩固和完善。

第二,少数民族与少数民族之间的关系。我国有55个少数民族,各民族之间在诸多方面体现出重大的差异性。人口多寡、是否实施区域自治、分布地域、风俗文化传统等方面都是这种差异性产生的重要原因。调整这一关系的主要方面如下:其一,各少数民族要遵循团结互助、共同繁荣的原则,与兄弟民族和谐相处,共同发展。既不能把自己的文化、价值、理念、风俗强加给其他民族,也不能拒绝同其他民族之间的有机互动与交流,促进少数民族之间关系的和谐发展。其二,较大的少数民族要适当帮助、扶持较小的少数民族,防止个别少数民族的发展差距过于巨大。其三,国家对待各个少数民族一视同仁,不能因人口、发展程度等方面的差异而亲疏有别——不论差异多大,各少数民族在政治地位上是完全平等的,都有从国家获得同样的照顾、帮扶的权利。

第三,少数民族内部的关系。在某一少数民族内部也可能因为某些原因而存在不同的利益共同体,使得少数民族内部关系也成为民族法所调整的民族关系的重要组成部分之一。如,许多少数民族内部按照聚居地点不同分为不同的支系,又如许多少数民族可以因居住形式的不同分为聚居和散居两种,而散居中又可以分为城市散居和农村散居等等。调整这一关系的主要方面如下:其一,要根据具体特点的不同制定具有针对性的调整规范。如特定少数民族不同支系间由于居住地域、环境的不同而在许多方面体现出差异,应当重点关注这些差异的作用,实现同一民族内部不同支系的协调发展。其二,要对相对处于劣势的特定少数民族内部的某一群体给予更多的关照,以提高全民族的整体发展水平。其三,要从整体上对特定少数民族进行考量,在本民族共同性和内部不同群体差异性中寻找科学的制度平衡,确保该少数民族的民族根本特色能在确保完整传承的前提下实现多样化发展。

2. 民族法的重要调整对象——国家与民族地区间的关系

前文已经指出,国家与民族地区之间的关系主要体现在我国的民族区域自治制度之中。我国宪法、民族区域自治法对于这一关系做了较为完整的规定。其思路主要是,对于民族区域自治地方首先视为一类地方层级,对其基本的组织、职权等加以明确;同时,融入民族性色彩,对于某些方面给予不同于一般地方主体的、特殊的规定。由于民族区域自治地方兼具不同地方层级和民族性双重特征,因此为国家与民族地区间的关系作为民族法调整对象的判断提供了坚实的实践基础和制度基础。

当然,国家与民族地区间的关系并非仅仅体现在民族区域自治制度之中。我国宪法还明确规定了"民族乡"的基层建制,虽然它并不属于民族区域自治制度的序列,但是作为民族区域自治制度的补充形式,它在很多方面也同国家之间构成了直接的法律关系。国务院于1993年颁布的《民族乡行政工作条例》就对这一关系做了集中的调整。对于此,本书第十四章将有较为系统的论述。

**四、民族法的性质——从法域范畴的视角**

本书在绪论部分已经对民族法学的性质做了相应的探讨,而民族法的性质从一定程度上来说是在同民族法学的性质的比较之中凸显的。我们的基本认知是,民族法并不是一个独立的法律部门。

所谓法律部门,是指一个国家根据一定的原则和标准划分的本国同类法律规范的总和。其主要特征有三:第一,部门法作为一国法律体系的组成部分,各个部门法之间应当是相互协调,相互统一的,以宪法为基础和前提,在宪法的根本原则下共同构成一国法律体系的有机整体。那种用"交叉渗透"来解释民族法作为一个法律部门的独立性的观点未免牵强,因为"交叉渗透"学说是科学范畴中划分新型学科的理论,而能适用于法律规范范畴中法律部门的形成和划分。第二,各个部门法之间是相互独立的,不能设想在法制统一的国家里,同一性质的法律关系可以被若干法律重叠交叉调整。因为各个法律部门适用的原则和制裁方式不同,这种重叠交叉势必会导致各法律规范之间的冲突、重复甚至相互矛盾。第三,部门法产生的基础既有其客观基础,又有其主观因素。作为社会关系的调整工具,法律的制定和实施是社会关系发挥到一定历史阶段的客观产物,社会关系的形成、演变和分类,也是法律形成、演变和法律部门形成的客观依据。在人类生活中,由于人类本身主观意志的能动作用,法律在另一方面又表现为立法者主观活动的产物,法律部门的产生也带有主观因素的印记。① 但是在部门法划分的问题上,必须坚持主观服从客观的原则。

因此,民族法"部门法说"的观点引发了法学部门分类的理论危机。因为民族关系以及国家与民族地区间的关系均是按照社会关系的部类来划分的,而任何一个部类的社会关系的性质都不是单一的。因此,我们不可能采用某一部门的法律原则和方法去调整纷繁复杂的各种民族关系以及国家与民族地区间的关

---

① 熊文钊:《论民族法学的性质问题》,载《中央民族大学学报》2000年第2期。

系,反过来说,调整这种关系的法律规范也不是任何一个部门法所能周延的。因此,我们应当这样理解民族法的性质:民族法是宪法、刑法、民法、行政法等部门法在调整性质各异的民族关系以及国家与民族地区间的关系的过程中所形成的各种法律规范的总和,是一个法域范畴,而非调整某一特定社会关系的部门法。传统部门法与民族法的划分标准是不一致的,我们不能用狭隘的部门法观念来看待民族法问题。①

## 第二节 民族关系的法律调整

民族关系是民族法的主要调整对象,而调整民族关系的法律机制也就构成了民族法制的主体内容。当然,国家与民族地区间的关系作为民族法的重要调整对象,也是构成民族法制的重要组成部分。但是由于这部分内容大多集中于民族区域自治制度领域,具有一定的特殊性。因此本节对民族法制的论述切入点仍选为"民族关系的法律调整",但在涉及国家与民族地区间关系的调整之时,也会做相应的介绍。

### 一、民族关系的法律调整机制

(一) 民族关系的调整机制概述

民族关系的调整关乎多民族国家的稳定与发展。族际关系的协调、有序将转化成巨大的潜在发展力,推动国家各方面事业的积极发展;相反,族际关系失调、紊乱,将对国家整体竞争力造成巨大的内耗。因此,民族关系就需要一套科学、有效、全方位的制度来加以调谐,而这种制度模式的有机体系化,就是民族关系的调整机制。

当前,我国对民族关系的调整手段与调整其他社会关系的手段在类型划分上基本一致,即主要可以分为政策调整和法律调整两种方式,亦即民族关系的政策调整机制和法律调整机制。这种机制格局的确立主要基于如下原因:首先,政策手段和法律手段是我国调整各种社会关系的最基本手段,在调整各类社会关系的实践中已经积累了丰富的经验并取得了良好的效果,民族关系也不例外。其次,政策手段和法律手段互有所长也互有所短,其良好配合能够最大限度地实现扬长避短,在民族关系调整的实际过程中互相配合、缺一不可。其中,相对于法律手段而言,政策手段的最大优势在于能够契合民族问题复杂、多变的特点,从而得以针对客观实际的变化作出及时、有效的调整,且上传下达的传统实现方式也使得政策手段在效率问题上具有良好的优势。最后,我国早在建国之初就

---

① 参见熊文钊:《论民族法学的性质问题》,载《中央民族大学学报》2000 年第 2 期。

基本确立了以法律手段为主、以政策手段为辅的调整民族关系的基本制度框架，这一框架随着我国法制的不断发展而愈发完善，已经在实践中打下了良好的制度基础。

（二）民族关系的法律调整的内涵与特点

所谓民族关系的法律调整，是与民族关系的政策调整相对而言的，是指通过法律手段对各类型民族关系进行理顺、调谐、维护，使其保持在相对稳定、和谐的状态下的法律制度的总和。民族关系法律调整的特点可归纳为如下几个方面：

首先，权威性、稳定性。权威性和稳定性是法律相对于其他社会关系调整手段而言最为突出的特点之一。在我国，法律的权威性是源于其是由国家权力机关（立法机关）制定并通过的，而在人民代表大会制度下国家权力机关具有广泛而坚实的人民意志的基础，亦即法律的规定是人民意志的集中体现，因此具有最高的权威性。而法律的稳定性一方面是由于维系法律的权威性的需要，因为一部被频繁修改的法律是很难保持权威的，而另一方面是由于我国立法法对于法律的修改和变通规定了极为严格的程序，一般说来很难实现经常性的修改，即刚性较强。

其次，体系性。法律具有体系性是法理学的基本问题之一，具体到民族法的体系性而言，其表现为如下方面：第一，民族法是构架我国民族关系制度体系的主要形式。目前，我国民族法体系已经初具雏形，绝大多数核心的民族问题已基本纳入了民族法的调整范畴。以法律为主干的民族关系调整机制初步建立。第二，在民族法内部也呈现出鲜明的体系性特征。一方面，从横向的维度而言，我国各大部门法均在相关领域对特定民族问题的处理给予了足够的关注，这也是本节接下来所要论述的主要问题；另一方面，从纵向的维度而言，我国的民族法已经初步具有了从高阶到低阶、从中央到地方、从普遍适用的法律规范到限于特定区域适用的自治条例、单行条例、变通立法等法律规范的层级有别的立法体系。

再次，以国家强制力保障实施，确保调整效果的实现。国家制定法的普遍性特点之一，就是以国家强制力为直接后盾确保其顺利实施。申言之，倘若出现违反民族法规范的行为，有关国家机关得依照法律规定对其进行责任追究与制裁。当然，国家强制力带来的不利后果并非维系民族法律秩序的唯一要素。从法的作用的角度而言，除了制裁作用之外，告示、指引、评价、预测、教育[1]等都是民族法的重要功能，因此，在立法与适法实践中，也并非所有的民族法律规范都体现出强势的硬法特征，在一定情况下也呈现出软法的特点。

最后，民族关系的法律调整是社会主义法制的重要组成部分。第一，理论地

---

[1] 张文显主编：《法理学》，高等教育出版社、北京大学出版社1999年版，第200—202页。

位上,是社会主义法制的重要组成部分。事实上,虽然民族法学作为一门法学学科的发展史并不长,但民族法律制度却是从新中国成立之初就作为我国社会主义法治的重要组成部分而发展至今的。从客观上来讲,民族法律制度从来都是我国社会主义法制的必要内涵和基本要素。第二,在内在构成上,遵循社会主义法制的一般特征(法律部门、层级)。以民族区域自治法律制度为代表的一系列具有中国特色的民族法律制度已经在我国当前处理民族问题、调谐民族关系、制定民族政策的过程中扮演着极为重要的角色。

**二、民族关系的宪法调整**

(一) 基本原理

作为一国的根本大法,宪法是我国调整民族关系的最高法律规范。因此,民族关系的宪法调整具有根本性、最高性、概括性等特征。在此不做赘述。一般说来,宪法对民族关系的重要事项的规定可分解为如下方面:

第一,对于民族关系基本问题的确认。宪法中对于我国民族状况、民族问题的本质、定性、影响民族关系发展的因素和趋势等有关民族关系的基本问题给予确认,从而为我国民族问题的处理定下总的基调。第二,对于调整民族关系的基本制度的确立。我国民族从分布态势上分为聚居和散杂居两种,其中对于聚居的少数民族,我国确立了民族区域自治制度作为基本的政治制度。第三,对于调整民族关系的重要制度的抽象规定。民族关系的调整涉及的范畴十分广泛,宪法不可能一一回应,但是对于其中一些重要的问题仍做了相应的抽象规定。其一,规定了处理民族关系的若干基本原则,如民族平等原则;其二,民族区域自治的基本问题,如自治区、自治州、自治县有关自治机关的设立、组织等;其三,非民族自治地方的少数民族聚居区的有关问题,如民族乡人民代表大会的特殊权力等;其四,相关国家制度的民族地区的特殊设计,如司法制度中民族语言的使用等。

(二) 现行规定[①]

宪法中对于民族关系进行调整的规范并非均以集中规定的方式体现,有的规范可能散见于其他条文之中。此处仅举几处具有典型性的规定。

1.《宪法》序言第十三段规定:"中华人民共和国是全国各族人民共同缔造的统一的多民族国家。平等、团结、互助的社会主义民族关系已经确立,并将继续加强。在维护民族团结的斗争中,要反对大民族主义,主要是大汉族主义,也

---

[①] 需要强调的是,民族区域自治法、立法法等宪法性法律中亦存在大量调整民族关系的规范,这部分规范平时也基本得到了足够的关注,但限于篇幅,本章不再逐一列举。而仅以宪法文本中调整民族关系的相关规范作为分析的样本。故此处的"宪法"对应的英文应是"the constitutional law",而非"congstitutional laws"。

要反对地方民族主义。国家尽一切努力,促进全国各民族的共同繁荣。"

2.《宪法》第4条第1款规定:"中华人民共和国各民族一律平等。国家保障各少数民族的合法权利和利益,维护和发展各民族的平等、团结、互助关系。禁止对任何民族的歧视和压迫,禁止破坏民族团结和制造民族分裂的行为。"第2款规定:"国家根据各少数民族的特点和需要,帮助各少数民族地区加速经济和文化的发展。"第3款规定:"各少数民族聚居的地方实行区域自治,设立自治机关,行使自治权。各民族自治地方都是中华人民共和国不可分离的部分。"第4款规定:"各民族都有使用和发展自己的语言文字的自由,都有保持或者改革自己风俗习惯的自由。"

3.《宪法》第三章"国家机构"第六节专门规定了"民族自治地方的自治机关"。本节共11个条文,对民族自治地方自治机关的范畴、组成、职权以及国家的帮扶义务等诸多方面做了相对具体的规定,构建了我国民族区域自治制度的基本制度体系。

4.《宪法》第134条第1款规定:"各民族公民都有用本民族语言文字进行诉讼的权利。人民法院和人民检察院对于不通晓当地通用的语言文字的诉讼参与人,应当为他们翻译。"第2款规定:"在少数民族聚居或者多民族共同居住的地区,应当用当地通用的语言文字进行审理;起诉书、判决书、布告和其他文书应当根据实际需要使用当地通用的一种语言或者几种文字。"

此外,民族关系调整规范还散见于其他宪法条文之中,如第五节中关于民族乡的若干规定等。

(三) 评价

我国自1954年宪法至今,历部宪法都对民族问题给予了一定的重视。[①] 1982年《宪法》实施至今已有三十年,其对于民族关系调整的诸多规定也基本上经受住了实践的考验。事实证明,我国对于民族关系的处理在宪法的指导下,已经步入了发展与完善的快车道。民族法体系不断完善,民族法律制度不断细化,民族法研究的理论地位不断提升。

但是,从长远的眼光看来,现行宪法至少在如下方面还具有进一步完善的空间。第一,从民族法的体系看来,虽然民族区域自治制度获得了充分的发展,但是与之相对应的《散居少数民族权益保障法》却一直尚付阙如。宪法规范应对这一领域予以关照。第二,对于一些具体的制度性问题尚有待明确和发展。如宪法中多次提及民族乡的建制,甚至还专门规定了民族乡人民代表大会的特殊职权,但是对民族乡的性质、定位等却无界定。第三,进入21世纪以来,我国民

---

[①] 1975年宪法在许多规定上有所倒退,1978年宪法做了部分修正,但仍存在诸多缺陷。参见周叶中:《宪法学》(第2版),高等教育出版社、北京大学出版社2005年版,第77—78页。

族法同国外学术界与实务界的交流不断加深,我国也成为许多国际的民族权利公约的正式缔约国。然而这些代表世界民族法最新理念的公约条款却并未得到宪法的积极回应,阻碍了民族法制的进一步发展。可见,对于民族关系的调整,宪法仍在诸多方面需要完善。当然,修改宪法并非是唯一的完善路径选择,有权机关对于宪法解释权充分、积极的行使也将起到很好的效果。

### 三、民族关系的刑法调整

(一) 基本原理

刑法是我国法律体系中最为严厉的部门法,其规制对象是违法性达到了特定程度的行为——犯罪行为。刑法调整民族关系的主要理论点如下:第一,作为处罚犯罪行为的"兜底性质"的法律部门,刑法兼具调整"权利—权利"和"权利—权力"两类法律关系的功能,这为刑法对民族关系的调整提供了范畴上的可能。因为民族关系极可能涉及同民族或不同民族公民、团体或其他组织个体间的法律关系,也有可能涉及少数民族公民、组织、其他团体和国家机关之间的法律关系。第二,当某一行为不仅损害了特定的民族关系,而且还造成民族问题扩大化的影响,使得族际关系、社会秩序、国家安全、人民利益等重要问题也遭受波及时,这种造成严重后果的行为就应当适用最为严厉的法律部门——刑法加以规制,也只有这样才能充分体现出民族法对于上述行为正确而适当的评价、定位以及制裁,这为刑法对民族关系的调整提供了实践上的可能。第三,对于一般的民族关系问题的调整,给予其内在性质的不同而一般适用民法、行政法的有关规定加以调整。但是当行为的严重性超出了违法的范畴,就自动通过民法、行政法中的"指示条款"而直接进入了刑法调整的范畴。因此,民法、行政法中大量桥梁式的"指示条款"的存在,为刑法对相应民族关系的调整提供了制度上的可能。

(二) 现行规定

我国《刑法》一方面对于民族自治地方的变通适用权做了规定,集中在第90条;另一方面专门针对民族关系调整的罪名设置较为集中,主要体现在第249条、第250条和第251条。

1. 第90条:"民族自治地方不能全部适用本法规定的,可以由自治区或者省的人民代表大会根据当地民族的政治、经济、文化的特点和本法规定的基本原则,制定变通或者补充的规定,报请全国人民代表大会常务委员会批准施行。"

2. 第249条的"煽动民族仇恨、民族歧视罪",规定为:"煽动民族仇恨、民族歧视,情节严重的,处3年以下有期徒刑、拘役、管制或者剥夺政治权利;情节特别严重的,处3年以上10年以下有期徒刑。"

3. 第250条的"出版歧视、侮辱少数民族作品罪",其规定为:"在出版物中刊载歧视、侮辱少数民族的内容,情节恶劣,造成严重后果的,对直接责任人员,处3年以下有期徒刑、拘役或者管制。"

4. 第251条的"非法剥夺公民宗教信仰自由罪、侵犯少数民族风俗习惯罪",其规定为:"国家机关工作人员非法剥夺公民的宗教信仰自由和侵犯少数民族风俗习惯,情节严重的,处两年以下有期徒刑或者拘役。"

(三) 评价

直观看来,我刑法对民族关系调整的范畴集中在少数民族权益的保护方面。除了破坏民族关系和谐的行为外,民族平等权和少数民族风俗习惯权是刑法特别重视的领域。自1979年颁布实施至今,动用刑法对于民族关系的调整与其他法律部门法相比并不算多,这与刑法自身的价值和定位有关。但是,频次的差异并不能抹杀刑法在民族关系特别是重要民族关系调整上的巨大作用。以当前的眼光看来,刑法在如下方面需要做进一步的调整:

第一,就针对民族关系调整的三个既有条文而言,对犯罪的客观方面估计不足、对犯罪主体规定过窄是最为突出的问题。一方面,损害民族关系的行为多种多样,目前区区三个条文的涵盖范围实在有限;另一方面,即使在现有的三个条文中,对于犯罪主体也做了重重限制,很难满足实践的需要。第二,在实践中,破坏民族关系的行为可能更多地以危害国家安全、危害公共安全、侵犯财产、侵犯社会管理秩序等形式出现,其中夹杂着破坏民族关系的因素。但是以目前刑法的规定来看,上述罪名的设置并未考虑夹杂民族因素的情形。事实上,由于存在民族因素,使得一般犯罪行为的危害性更为巨大,需要通过对这类情况给予适当的关照来体现出刑法对于破坏民族关系行为的严厉态度。第三,刑法的修改及相关司法解释的制定工作对于民族关系调整的关注有限。可以说,从1979年新中国第一部刑法颁布至今,并没有哪一次修改或制定司法解释能充分体现对民族问题的重视。严重些说,刑法对民族关系的调整规范已经三十多年未变,很难适应实践发展的需要。

**四、民族关系的民法调整**

(一) 基本原理

从立法使命的角度来看,民法(这里指的是"大民法"概念)是以调整私主体之间关系为主要任务的。其中就包含了私主体一方或双方具有少数民族身份的可能。因此,体现为"权利—权利"模式的民族法律关系是由民法的相关规范进行调整的。

(二) 现行规定

1.《民法通则》第151条规定:"民族自治地方的人民代表大会可以根据本法规定的原则,结合当地民族的特点,制定变通的或者补充的单行条例或者规定。自治区人民代表大会制定的,依照法律规定报全国人民代表大会常务委员会批准或者备案;自治州、自治县人民代表大会制定的,报省、自治区人民代表大会常务委员会批准。"

2.《商标法》第 10 条规定:"下列标志不得作为商标使用:……(六)带有民族歧视性的。"

3.《婚姻法》第 50 条规定:"民族自治地方的人民代表大会有权结合当地民族婚姻家庭的具体情况,制定变通规定。自治州、自治县制定的变通规定,报省、自治区、直辖市人民代表大会常务委员会批准后生效。自治区制定的变通规定,报全国人民代表大会常务委员会批准后生效。"

4.《继承法》第 36 条规定:"民族自治地方的人民代表大会可以根据本法的原则,结合当地民族财产继承的具体情况,制定变通的或者补充的规定。自治区的规定,报全国人民代表大会常务委员会备案。自治州、自治县的规定,报省或者自治区的人民代表大会常务委员会批准后生效,并报全国人民代表大会常务委员会备案。"

5.《收养法》第 32 条规定:"民族自治地方的人民代表大会及其常务委员会可以根据本法的原则,结合当地情况,制定变通的或者补充的规定。自治区的规定,报全国人民代表大会常务委员会备案。自治州、自治县的规定,报省或者自治区的人民代表大会常务委员会批准后生效,并报全国人民代表大会常务委员会备案。"

6.《妇女权益保障法》第 60 条第 2 款规定:"民族自治地方的人民代表大会,可以依据本法规定的原则,结合当地民族妇女的具体情况,制定变通的或补充的规定。自治区的规定,报全国人民代表大会代表常务委员会批准后生效;自治州、自治县的规定,报省、自治区、直辖市人民代表大会常务委员会批准后生效,并报全国人民代表大会常务委员会备案。"

(三)评价

通过以上六个条文的归纳,可以得出现行民法规范对民族关系调整的特点。第一,除了《商标法》的规定外,其余五个条文的切入点均是民族自治地方变通规定权的规定。因此,变通规定成了民法规范调整民族关系的主要立法形式。第二,由于这些变通规定条款的"指示作用",因此民法规范对于民族关系的调整规则主要并不是集中在民事法律中,而是散见于相关的地方立法(补充规定、变通规定)之中。第三,民法规范对民族关系的调整在规则设定上较为宽泛和抽象,从规定本身很难获得哪些方面有民族因素介入的可能、如何介入、又应当如何规制等基本立法信息。第四,虽然主要是规制私权利主体之间关系的规范,但是民法对民族关系调整的规范却大量涉及公权力的介入,如商标行政管理机关对商标图案的监管、民族自治地方立法机关对有关变通规定的制定、报送审批或备案等。

存在的问题主要有如下几点:第一,如上文指出的,绝大多数调整民族关系的民法条款都是关于变通规定的说明,范围过于狭窄,并不能充分回应实践的需要。第二,针对民族问题引发的变通适用,其对象均为民族自治地方的立法机关。因此现行条文的规定完全是对民族区域自治制度框架下的立法思路,根本没有考虑到除此之外的民族关系的调整。第三,一些重要规定的缺失造成了整个法律体系结构相互协调的不顺。如《刑法》第250条对于出版带有民族歧视、侮辱少数民族内容的出版物的情节严重的行为做了规制,然而著作权法却对该领域视而不见,造成了两法在结构上的脱节。第四,部分条文未根据实际情况做适时的修正。如对于自治州和自治县制定的补充规定和变通规定,《商标法》、《婚姻法》和《妇女权益保障法》规定审批或备案的机关为"省、自治区、直辖市人民代表大会常务委员会",而《民法通则》、《继承法》和《收养法》则规定为"省或者自治区的人民代表大会常务委员会"。究其原因,是由于后三者颁布实践较早,未能根据重庆市作为直辖市设立的实际情况而作出适时的调整。

**五、民族关系的行政法调整**

(一) 基本原理

行政法由于其调整关系的广泛性和自身体系的特点,在诸多方面、诸多层次存在对民族关系进行调整的空间和可能。这里所指的"民族关系的行政法调整",实际上指的是在民族法规范中对民族关系具有调整作用的若干规定,因此需要区别于"民族行政法"的概念。所谓的民族行政法,基本上将有关于民族地区行政的组织、职权、事项、程序、方式等所有相关的法现象甚至部分民族习惯法现象都纳入研究的视野,因此上到宪法,下到地方政府规章,都可能成为其探讨的对象。[①] 这种以民族地区行政问题为中心的视角,完全不同于本书以行政法规范中对民族问题的规制为中心的视角,因此要予以特别注意。由于行政法自身的体系较为庞杂,且至今尚不存在一部统一的行政法典,故此处对于相关现行规定的列举仅选取部分代表性的规范,希望能以此管窥行政法对民族关系调整机制的全貌。

(二) 现行规定

1. 行政法律中对于民族关系调整的规范。在全国普适的行政法律中,专门对民族关系进行调整的规范并不多见,典型的如《治安管理处罚法》第47条:"煽动民族仇恨、民族歧视,或者在出版物、计算机信息网络中刊载民族歧视、侮

---

① 参见刘巍:《我国民族行政法特点初探》,载《中南民族学院学报》(哲学社会科学版)2001年第5期。

辱内容的,处 10 日以上 15 日以下拘留,可以并处一千元以下罚款。"可以看出,该条与《刑法》第 249 条煽动民族仇恨、民族歧视罪,第 250 条出版歧视、侮辱少数民族作品罪是具有对应关系的。

2. 行政法规中对于民族关系调整的规范。这类规范较为典型,其代表如 1993 年 9 月 15 日颁布的《城市民族工作条例》和《民族乡行政工作条例》。前者在《散居少数民族权益保障法》至今仍未出台的情况下,基本担负起了对散居少数民族的重要组成部分——城市散居少数民族权益给予保障的重任,虽然历经二十余年的实施,诸多条款已显露弊端,但至今仍发挥着重要的作用。后者主要针对的是农村散居少数民族权益的保障,某种意义上与《城市民族工作条例》相互配合。更为重要的是,《民族乡行政工作条例》是迄今对于民族乡问题作出最为细致规定的法律规范,在一定程度上弥补了宪法对于民族乡问题语焉不详的缺憾。

3. 部门规章中的调整民族关系的规范。典型的如 2006 年 3 月 29 日由公安部发布并实施的《公安机关办理行政案件程序的规定》第 7 条规定:"公安机关办理行政案件,在少数民族地区或者多民族共同居住的地区,应当使用当地通用的语言进行询问。对不通晓当地通用语言文字的当事人,应当为他们提供翻译。"其实,类似的规定在三大诉讼法中都存在,体现了程序法对于少数民族语言文字的一贯关怀。

4. 地方政府规章。这类规章数量多,规定繁杂,一般由少数民族人口较多的省、市人民政府制定。在内容上,一般是对上位法的确认、强调和细化。省级的政府规章如 1988 年 3 月 1 日实施的《黑龙江民族工作条例》、1996 年 9 月 1 日起实施的《贵州省实施〈民族乡行政工作条例〉办法》、2004 年 10 月 1 日起实施的《云南省民族乡工作条例》等。市级的政府规章如 1995 年 3 月 11 日起实施的《昆明市贯彻〈云南省民族乡工作条例〉实施办法》等。

(三)评价

应该说,在我国民族立法尚处于发展期的今天,大量的行政法律规范在处理各类民族关系的问题上的确发挥了应有的积极作用。而且从自身体系来看,也基本形成了一套完整的规范结构。但是,其中体现出的问题也是比较明显的。第一,行政法律层面对于民族问题的关怀有限。当然,从理论上说,行政法律作为规制全国行政机关行为的规范,能够体现民族问题方面本就有限,然而立法现状难以满足现实中的需求却也是实情。第二,行政法规范大致也可分为实体法规范和程序法规范,目前统一的《行政程序法》尚付阙如,因此大量行政程序的规范是散见于各行政法规范之中的,但是这些规范对于行政程序中少数民族权益的保护问题却关注不足。诸如《行政许可法》、《行政处罚法》等都是既有实体规范和程序规范的行政法律,其中对于民族问题有意无意的忽视是不尽合理的。

第三,目前行政法对于民族问题进行调整的规范条文普遍层级不高,这与现实的需求构成巨大反差。此外,许多重要的相关行政法规范由于实施日久,逐渐显现出的一些问题,也应当引起足够的重视。

**六、民族关系的诉讼法调整**

(一) 基本原理

对于民族关系的法律调整,不仅体现在实体法领域,更体现在程序法领域。作为与民法、刑法、行政法分别相对应的程序法,我国三大诉讼法中也对涉及的民族关系的调整做了相应的规定。当然,从工具主义的视角出发,诉讼法并非我国对民族关系进行法律调整的主要方式,其调整作用更多地体现出一种辅助性的价值。亦即,主要通过正当司法程序的设计和执行确保实体法中有关规范对民族关系调整的法律效果的产生,当然诉讼法也必须兼有对在诉讼过程中产生的民族问题的适时调整。对于前者,从某种意义上来说三大诉讼法的绝大多数规定都可以称得上是以此目标为核心而展开的,但是这就很难体现出典型的民族法规范的特征。因此,这里所探讨的诉讼法对民族关系进行调整的规范,则更多地局限在对诉讼过程中的民族关系的调整,在范畴上有一个狭隘化的过程。

(二) 现行规定

1.《民事诉讼法》第11条规定:"各民族公民都有用本民族语言、文字进行民事诉讼的权利。在少数民族聚居或者多民族共同居住的地区,人民法院应当用当地民族通用的语言、文字进行审理和发布法律文书。人民法院应当对不通晓当地民族通用的语言、文字的诉讼参与人提供翻译。"

2.《民事诉讼法》第17条规定:"民族自治地方的人民代表大会根据宪法和本法的原则,结合当地民族的具体情况,可以制定变通或者补充的规定。自治区的规定,报全国人民代表大会常务委员会的批准。自治州、自治县的规定,报省或者自治区的人民代表大会常务委员会批准,并报全国人民代表大会常务委员会备案。"

3.《刑事诉讼法》第9条规定:"各民族公民都有用本民族语言文字进行诉讼的权利。人民法院、人民检察院和公安机关对于不通晓当地通用的语言文字的诉讼参与人,应当为他们翻译。在少数民族聚居或者民族杂居的地区,应当用当地通用的语言进行审讯,用当地通用的文字发布判决书、布告和其他文件。"

4.《行政诉讼法》第8条规定:"各民族公民都有用本民族的语言、文字进行行政诉讼的权利。在少数民族聚居或者多民族共同居住的地区,人民法院应当用当地民族通用的语言、文字进行审理和发布法律文书。人民法院应当对不通晓当地民族通用的语言、文字的诉讼参与人提供翻译。"

## （三）评价

正如前文所指出的,民族关系通过诉讼法进行调整的情形有限,因此相关的规范也就体现出数量少、问题集中、表述趋同的特征。三大诉讼法中,只有《民事诉讼法》规定了变通适用的规则,此外都是集中在对诉讼过程中少数民族语言、文字权利的保障问题上。诚然,语言、文字权利是少数民族公民参与诉讼时需要迫切保护的问题,但这并不意味着诉讼中的民族关系仅限于该层面。事实上,破坏民族团结、侵害少数民族风俗习惯等情况也一定程度上存在,对于这类情形一般由诉讼法维持法庭秩序的条款进行规制,并未明确突出民族性特征。但是这种立法方式在不同诉讼法之间存在差别,《刑事诉讼法》第 161 条第 2 款将被侵害对象规定为"司法工作人员或者诉讼参与人",比较全面,但《民事诉讼法》第 101 条第 3 款和《行政诉讼法》第 49 条都仅将被侵害对象规定为"审判人员"或"司法工作人员",保护的范围未免有失狭窄。

## 探索思考

### 为何三大诉讼法中只有《民事诉讼法》规定了变通适用条款?

细心的读者可能发现,三大诉讼法对少数民族公民权益的保护除了共同的语言文字保护之外,只有《民事诉讼法》还额外对变通适用进行了规定。那么,为什么只有《民事诉讼法》规定了变通适用条款?

事实上,学界注意到该问题的人并不多,所做的研究也比较有限。一种观点认为,其实三大诉讼法对于变通适用的态度是一致的,只是《民事诉讼法》在制定过程中出于某种特殊的考虑而对其明确加以规定而已。也有观点认为,《刑事诉讼法》和《行政诉讼法》过多地关注国家公权力的介入,变通的空间有限,而《民事诉讼法》主要是调整私权利间的法律关系,因此更有变通的需要和可能。

笔者认为,虽然这种现象出现的原因究竟为何目前难下定论,但是其中暗含了立法者特殊的考虑是毋庸置疑的。第一种"无差别说"的观点很难找到现行法依据。《宪法》第 115 条规定自治机关有权依照宪法、民族区域自治法和其他法律的规定根据本地方的实际情况贯彻执行国家的法律、政策——这是变通适用的最高依据——对法律进行变通或得具有民族区域自治法的依据,或得有相应法律的授权。而《民族区域自治法》第 20 条又明确将变通执行的对象局限为决议、决定、命令和指示。因此,《民族区域自治法》本身并未赋予自治地方国家权力机关以变通适用法律的权力。也就是说,由于各自缺乏明确规定,《刑事诉讼法》和《行政诉讼法》是不具有在民族自治地方被变通适用的可能的。

### 七、民族关系的国际法调整

从理论上说,国际法体系由国际公法(狭义的国际法)、国际私法和国际经济法构成。但是由于后两者调整范畴的特性,因此涉及民族关系调整的国际法规范基本集中在国际公法的领域中。不同于国内法体系,国际法体系一般是由若干国家就在某一问题上达成的共识,以公约、条约、协议的方式确定下来的,既无超然的立法机关,又无以强制力保障实施的可能。但是在通常情况下,国际法都能够很好地为缔约国所遵守,这体现出国际公法作为典型的软法规范而具有的特殊内在实施机制。①

需要指出的是,民族关系的国际法调整不同于某些学者所谓的"国际民族法"。我们认为,民族关系的国际法调整的着眼点在于将国际法中有关调整民族关系的规范引入国内,借鉴其积极意义或者直接使其成为我国民族法律规范的一部分,其主旨基本局限在国内的范畴。而国际民族法的研究视野除了国际法中的相关规范之外,还对其他国家的民族法(学)给予足够的关注,因此其研究视角基本限于国外的范畴。与此相类似的还有"比较民族法"的概念,这是基于我国民族法律制度与国际民族法中相关内容的比较分析,最终汲取有利于我国民族法律发展与完善的研究视角。兼有国内和国外两个视域的考察,对于我国民族法实践的作用无疑更为巨大。也正是基于这种考虑,本书最后一部分设置专编对比较民族法的问题进行探讨。

民族关系的国际法调整问题的核心内容在于既有国际公约、条约、协议对于民族关系进行调整的条款汇总与分析。这类国际法文件种类繁多,如在联合国文件中包括《世界人权宣言》、《经济、社会、文化权利国际公约》和《公民权利和政治权利国际公约》,及联合国通过的12个防止歧视的宣言、公约、议定书,以及《1989年土著和部落公约》、1992年《少数人权利宣言》、2007年《联合国土著民族权利宣言》;在区域国际组织文件中包括如1992年《欧洲区域性或少数人语言宪章》,1995年《少数民族保护框架公约》、《美洲人权公约》、《非洲人权和民族宪章》等公约;在其他国际组织文件中包括如1996年《关于少数民族教育权的海牙建议书》、《关于少数民族语言权利的奥斯陆建议书》和《关于少数民族有效参与公共生活的隆德建议书》;等等。

---

① 《布莱克法律词典》对软法一词的解释有二:"(1)指那些不具有严格的法律拘束力但又非完全缺乏法律意义的规则;(2)在国际法中指确立行为准则但又不具有法律约束力的指导原则、政策宣言或法典。"转引自毕雁英:《社会公法中的软法责任——一种软法及其责任形式的研究》,载罗豪才等:《软法与公共治理》,北京大学出版社2006年版,第259页,注释③。

**探索思考**

**民族关系的软法调整——以《民族区域自治法》中的软法规范为例**

目前,在《民族区域自治法》中存在大量的软法规范,主要有三种:其一,《民族区域自治法》的序言部分是典型的软法。其二,《民族区域自治法》中那些在表述本身就不具有严格强制性的条款,即以"可以"、"自主""有权"的范式表述的规范。其三,虽然具备诸如"应当"、"必须"等强制性的表述,但由于缺乏相应的罚则而被归入软法范畴的条款。

产生这一现象的原因主要可归结为四点:其一,部分内容更多地强调宣示性以及法律对某一事项的正式确认,具体的实施并非立法的侧重点所在,由此产生了部分的软法规范。其二,部分内容在客观上只能以软法的形式出现。其三,部分事项依靠软法的自身功能就可以确保实现,因此没有必要再制定硬法规范,浪费立法成本。其四,《民族区域自治法》在许多问题上其立法目的就在于确立民族区域自治制度的法律框架、体系,而非对较强的微观适用价值的追求,而框架、体系的构建本身就倾向于以软法的形态体现出来。

《民族区域自治法》中软法规则的实施机制主要有五种:其一,依靠上下级国家机关之间内部的"命令—服从"、"监督—被监督"关系实施。其二,依靠国家机关之间的监督机制实施,这主要是以民族自治地方的人民政府及其组成部门为监督对象的。其三,依靠相关政策手段的辅助实施。其四,依靠执政党的推动和监督实施。其五,依靠软法自身特有的实施机制。

《民族区域自治法》中的软法规范的存在既有其合理性,又在某种程度上体现出立法选择的无奈;既在调整民族关系的过程中发挥了积极的作用,却又无法克服软法规范自身的缺陷。因此,我们应当以客观的、发展的眼光审视这一现象。毕竟,直接依靠国家强制力保障实施的硬法规范在实施效率和实施效果上要表现得更好。

## 第三节 民族法基本原则

关于民族法的基本原则,目前学界的理解各异,除了国家统一、民族平等等公认的表述之外,还有一些原则的归纳呈现出见仁见智的特点。我们认为,对于民族法基本原则的归纳,应当考虑如下因素:第一,应当贯穿民族法规范的始终,在民族法体系内体现绝对的普遍性特征。第二,在内容上能够对民族法的创制、运行、实施、评价提供切实有效的指导作用。第三,相对于其他部门法规范而言,能够在某种程度上体现出民族法独特的视角和关怀,即具有一定的特殊性。第四,既然体现出"基本",则需要对诸多原则作重要性的划分,只有那些尤为重要的方能定位"基本原则",这与一般原则的归纳时存在差异。由此,本书将民族法的基本原则归纳为如下五项,并依照其"前提—核心—实现—目标—强调"的内在逻辑关系做如下展开。

### 一、前提:国家统一原则

维护国家统一,反对民族分裂是民族法的神圣职能。我国自秦汉以来就是一个统一的多民族国家,历史上虽然出现过几经分合的局面,但是国家的团结统一始终是发展的主流。我国《宪法》序言明确指出:"中华人民共和国是全国各族人民共同缔造的统一的多民族国家"。《民族区域自治法》也把维护国家统一作为一项重要的原则确定下来。其第5条规定:"民族自治地方的自治机关必须维护国家的统一,保证宪法和法律在本地方的遵守和执行。"如果没有国家的统一,我国的许多少数民族不可能很快从落后的生产面貌中解放出来、跨越一个或几个历史阶段,直接进入社会主义,也不可能从根本上改变长期受压迫剥削的地位,真正成为国家的主人。①

鉴于国家统一和民族区域自治之间的关系在形式上可能会存在误读,故特将两者关系分析如下。首先,维护国家统一需要民族区域自治的制度支撑。我国许多少数民族聚居区生活在边疆地区,长期以来同汉族政治、经济、文化、社会、生活方式等存在诸多不同。因此,为了维护国家的统一,就必须使这些少数民族群众能够在特定的范围内实施一定程度的自治,以民族传统和地域特殊性作为变通执行国家统一法律、政策的依据,实施民族区域自治。实施民族区域自治在形式上将民族自治地方从国家整体中做特殊化处理,其实质是为了国家统一局面能够更好地实现。第二,实施民族区域自治要以国家统一为基本前提。虽然民族区域自治是国家处理民族关系的基本政治制度和法律制度,但是这并不意味着可以无限制地强调民族自治而忽略国家的统一。因此,实施民族区域自治制度,必须要严格遵守宪法与民族区域自治法的相关规定,时时将维护国家统一作为制度实现的最高原则。

综上,国家统一原则也就成为了整个民族法原则体系的根本性前提,其余原则都是在这一前提的基础上展开的。

### 二、核心:民族平等原则

民族平等是我们党根据马列主义民族观解决民族问题的基本观点和基本立

---

① 白明政:《论我国民族法学的研究对象及原则》,载《贵州民族研究》1994年第4期。

场,是国家制定民族法律、法规、规章的基础。由于历史、社会和自然条件等原因,造成我国少数民族相对落后的状态,存在着民族间事实上的不平等。我国的民族法就是要把民族平等的原则贯穿到解决民族问题的各个领域。① 中国共产党早在建党初期就提出了"各民族一律平等"的主张,并为切实推行民族平等政策进行了大量卓有成效的工作。在新中国成立后,党和国家一直把民族平等作为解决民族问题的基本原则和根本政策,从1949年起临时宪法作用的《共同纲领》,到1982年宪法中都明确规定了中国"各民族一律平等"。

  民族平等是我国社会主义民族关系中最为基本的一个内容。现行《宪法》在序言中规定:"平等、团结、互助的社会主义民族关系已经确立,并将继续加强。"此外,《宪法》第4条规定:"中华人民共和国各民族一律平等。"一般认为,所谓民族平等,是指各民族不分人口多少、历史长短、先进与落后,他们在国家政治、经济、文化和社会生活等各个方面都须一律平等。② 民族平等的内容极为广泛,主要体现在如下三点:第一,政治上的平等,这是指各民族国家政治制度和政治生活即各民族在共同管理国家事务上的平等权问题。在宪法、组织法、选举法等法律规范中,都对民族平等做了明确的规定。第二,经济上的平等。这是指各民族在经济生活领域中的完全平等。其主要表现有二:一是宪法规定了国家根据各少数民族的特点和需要,帮助各少数民族地区加快发展的职责;二是国家基本建立了民族经济法律制度。③ 第三,文化上的平等。这是指各民族在历史上发展形成的语言文字、风俗习惯、文学艺术、教育科技、医药卫生体育宗教等文化传统的传承、发展上一律平等。这也可以细分为两个方面:一是相对于汉族文化而言,各少数民族的文化要重点保护与发展;二是国家对各少数民族文化要给予平等的保护和发展。④

  提到平等就不能忽略差别对待的问题,这也是形式上的平等与实质上的平等的根本分野所在。因此,为了避免单纯地对形式平等的一味强调,对于许多弱势群体和相对落后地区需要给予特别的关怀。第一,相对于汉族而言,国家要对少数民族给予更多的关照与倾斜,这是实现少数民族与汉族间实质平等的重要保障。第二,相对于人口较多的少数民族而言,国家还要对人口较少的少数民族给予更多的关照与倾斜,这是实现各少数民族之间实质平等的重要保障。第三,相对于经济、社会发展程度较高的汉族地区而言,国家要对各方面发展相对落后的少数民族地区给予更多的关照与倾斜,这是通过实现区域发展的平衡间接实现民族平等的目标。第四,相对于得到了民族区域自治法律规范重点保护的聚

---

① 白明政:《论我国民族法学的研究对象及原则》,载《贵州民族研究》1994年第4期。
② 吴宗金、张晓辉主编:《中国民族法学》(第2版),法律出版社2004年版,第119页。
③ 对于这一问题,可参见宋才发:《中国少数民族经济法通论》,中央民族大学出版社2006年版。
④ 吴宗金、张晓辉主编:《中国民族法学》(第2版),法律出版社2004年版,第121—123页。

居少数民族而言,国家要对散居的少数民族给予更多的关怀和照顾,这是实现本民族内部不同居住形态的少数民族群众之间实质平等的重要保障。

由上可知,在我国这样的多民族国家,建设一切民族事业的核心就在于对民族平等的理念和规则的充分贯彻。倘若脱离了这一核心,国家包括民族法制建设在内的所有民族工作都将失去根本意义。

### 三、实现:民族团结互助原则

《民族区域自治法》第9条规定:"上级国家机关和民族自治地方的自治机关维护和发展各民族的平等、团结、互助的社会主义民族关系。禁止对任何民族的歧视和压迫,禁止破坏民族团结和制造民族分裂的行为。"由此可知,民族团结互助原则实际上包含着民族团结与民族互助两方面的内涵。

关于民族团结原则,是指全国各族人民同心同德、齐心协力地为维护祖国的统一完整而并肩战斗,为建设中国特色的社会主义现代化和衷共济。[1] 毛泽东同志就曾指出:"国家的统一,人民的团结,国内各民族的团结,这是我们的事业必定要取得胜利的基本保证。"[2]由此可见,加强各民族之间的团结,对于我们这个多民族国家的稳定和发展是极为重要的。民族法的重要功能之一,就是通过调整各民族之间的关系,正确处理民族内部矛盾,来促进各民族人民大团结的实现。就目前的现状看来,维护民族团结主要分为反对大民族主义(主要是大汉族主义)和反对地方民族主义两个方面。

关于民族互助原则,是指我国包括汉族在内的56个民族应当亲如兄弟、团结互助,在建设社会主义强大中国的历史进程中互相扶持、互相帮助、共同发展。民族间的互助主要体现在如下几个方面:第一,汉族对于少数民族的帮助。相对于绝大多数少数民族而言,汉族作为中华民族的主体民族,各方面发展水平较高,处于优势地位,因此,汉族应当注重对少数民族的发展提供大力的帮扶。第二,人口较多、发展程度较好的少数民族对人口较少、发展程度较差的少数民族的帮助。就少数民族内部而言,各民族间的发展也存在巨大的差异与不均衡,因此,"优势"少数民族应当在力所能及的范围内对于"弱势"少数民族的发展提供必要的帮助。

民族团结和民族互助之间具有天然的紧密联系。民族团结为民族互助提供了良好的背景与环境,是民族间实现互助的前提;而民族互助则能够通过各民族间良性互动的过程进一步推动民族团结态势的发展,使得民族团结的实质内涵更为丰富,也更为深化。

---

[1] 吴宗金、张晓辉主编:《中国民族法学》(第2版),法律出版社2004年版,第129页。
[2] 《毛泽东选集》(第2卷),人民出版社1970年版,第710页。

由此,民族团结和民族互助是实现民族法制过程中的重要实践面向,是作为核心的民族平等原则得到践行的现实载体,更是对国家统一和民族平等两个相对高阶、抽象的民族法原则的深化、补充和进一步发展。在整个民族法原则体系中具有举足轻重的作用。

**四、目标:各民族共同繁荣原则**

在社会主义阶段,是各民族全面发展、团结进步和共同繁荣的历史时期。所谓各民族的繁荣,主要包括物质文明和经济文明两个部分。前者是指解放生产力、发展生产力,消灭剥削、消除两极分化,最终实现各民族的共同富裕;后者是指大力发展民族的文化教育、科学技术、卫生体育等民族精神文明建设事业,提高全民族的思想、道德和科学文化素质,弘扬民族优秀的传统文化,繁荣和发展社会主义内容和民族形式相结合的社会主义新文化。①

申言之,主要有如下两方面的内容:第一,社会主义是各民族共同繁荣的时期,社会主义初级阶段是各民族共同繁荣的重要发展阶段。社会主义社会是消灭了一切剥削的民主社会,在这样一种先进的社会制度的影响下,各民族之间的关系将体现出极大的和谐性与一致性。随着各民族之间关系的重构、民族发展差异的逐渐缩小,从而逐渐具备了实现各民族共同繁荣即中华民族实现全面发展、进步的条件与可能。第二,各民族共同繁荣是我国民族政策的根本立场。这句周恩来总理的著名论断②,已经成为我国民族政策乃至民族法制中所奉行的一个基本原则。长期以来,各民族共同繁荣的原则均贯彻我国民族法制建设的始终。《宪法》序言第 11 段最后一句话明确指出:"国家尽一切努力,促进全国各民族的共同繁荣",这是各民族共同繁荣原则的最高法律依据。《民族区域自治法》序言第二段也指出:"实行民族区域自治,体现了国家充分尊重和保障少数民族管理本民族内部事务权利的精神,体现了国家坚持实行各民族平等、团结和共同繁荣的原则。"这是各民族共同繁荣原则的法律依据。

显然,在经过前提的明晰、核心的确认以及实现的践行后,民族法原则体系的逻辑进路就自然指向了整个体系的最终目标——各民族的共同繁荣。事实上,民族平等、民族团结和各民族共同繁荣三大原则之间存在天然的内在关联性。这三大原则的紧密联系在民族立法、民族政策领域都有鲜明的诠释。因此,在践行民族法制的过程中,我们应当既要认识到三大原则各自的独立性,又要认识它们之间的内在一致性,只有这样,才有可能促成"1 + 1 + 1 > 3"的民族法制实施目标的最终实现。

---

① 吴宗金、张晓辉主编:《中国民族法学》(第 2 版),法律出版社 2004 年版,第 126—127 页。
② 参见《周恩来选集》(下卷),人民出版社 1984 年版,第 263 页。

**五、强调:重视民族特殊性原则**

该原则在目前的研究中并未引起足够的重视。本书之所以提出该原则,主要目的是为了强调民族特殊性在民族法制工作中的重要性。事实上,这一原则的部分内容在前面四项原则的内涵中都有或多或少的体现。

对于重视民族特殊性原则的内涵,可从认识论和实践论两个角度进行解读。第一,从认识论的角度而言,该原则的要点有二:其一,理解民族特殊性的前提是对民族平等的深刻把握。亦即民族的特殊与民族间不平等绝无实质的关联。民族特殊性原则强调的是在民族平等的前提下对于不同民族不同特点所产生的客观认识,并不能为民族不平等提供任何意义上的参照。其二,理解民族特殊性的关键是对民族间差异的认知。这种差异可能体现在政治、经济、生活、传统风俗文化、社会发展程度等诸多方面,而且差异的程度各有不同。第二,从实践论的角度而言,其要点亦有二:其一,重视民族特殊性就是要促成民族间的形式平等向实质平等的转化。申言之,民族特殊性的客观存在是对弱势民族进行合理差别对待(或曰"重点帮扶")以实现其同其他民族在实质上平等或者想实质平等的转化发展的过程。其二,重视民族特殊性就是要注重法律制度的普遍性和实施环境的特殊性之间的有机结合。全国通行的民族法律制度不可能完全适用于国家的每一个角落,因此在具体操作上要求民族法律从制定到实施到最终实现的过程必须因地制宜,考虑适用地区的特殊因素,确保其在每个地方都能体现出最大的适用性。

现行民族法律制度对于民族特殊性的照顾主要体现在两个方面:第一,许多法律规范对在民族自治地方的使用规定了补充或变通的规则。一方面,规定了变通意味着充分考虑到民族特殊性客观存在的因素;另一方面,将制定补充规定和变通规定的权限下放给民族自治地方权力机关,为将当地的特殊性充分反映到相关民族法规中提供了制度可能。第二,在司法实践中,对于当地民族习惯法的有限承认也体现出对于民族特殊性给予了充分的考量。当然,这种国家制定法对于民族习惯法的承认是极为有限的,并以不侵犯制定法的基本原则为前提。一个真实的案例是,1989年秋天,马山县白山镇一个妇女与家住大化瑶族自治县贡川街的一个壮族弟弟打官司,案由为房屋遗产继承纠纷。根据我国有关法律规定,这个壮族弟弟自愿委托笔者担任他的诉讼代理人。开庭前,律师到贡川街调查取证。料想不到的是,贡川壮族有一条不成文的习惯法规:嫁出去的女子不能回来继承遗产。作为被告的弟弟以及知情人均以这条习惯法为理由,反对原告回来继承遗产。为此,律师对被告宣传《继承法》。在法庭上,审判人员主持调解,双方当事人达成调解协议,原告终于依法得到她那份应该继承的遗产。可见,虽然应当关注民族的特殊性,但是对于民族习惯法的承认仍要以制定法的基本精神为原则。

和其余四项原则相比,重视民族特殊性原则显得更为抽象,从实施的层面上说,反映该原则的很多具体制度往往兼有其他原则的含义和背景。然而,对于少数民族群众的法制关怀又常常是以重视其民族特殊性为逻辑起点的。因此,重视民族特殊性原则作为民族法律制度一项原则本身就是具有特殊性的,它需要我们从一个更为宏观的视角加以审视,也只有这样才能发挥其在指导民族法制工作实践中的最大作用。

## 探索思考

### 民族自决权是中国民族法制的原则吗?

与民族自治相类似的一个问题是民族自决。什么是民族自决?列宁做了明确的解释:"马克思主义者的纲领所说的'民族自决',除了政治自治,即国家独立,建立民主国家以外,不能有什么别的意义。"[①]"所谓民族自决权就是民族从异族集体的国家分离,就是组织独立的民族国家。"[②]19世纪末,资本主义世界殖民体系最终形成。无产阶级政党,根据殖民地附属国被压迫民族解放斗争日益兴起的现实,出于无产阶级国际联合的根本利益的需要,明确承认了民族自决原则。中国共产党也在早期的部分文件中使用了"民族自决"的概念。

对此我们应当有如下三点清醒的认识:第一,这里说的"民族自决",不能简单地等于脱离汉民族主体民族而独立建国。第二,提出"民族自决"的主张是直接针对帝国主义、殖民主义的民族压迫和民族剥削的,也针对国民党大汉族主义的反动统治和各少数民族内部的剥削阶级,明显带有政治号召和宣传色彩,主要目的在于动员少数民族群众投入反帝反封建斗争。第三,中国共产党在成立初期对于中国民族状况的认识还不够深刻,对于如何运用马克思主义理论处理中国自身的民族问题,还缺乏系统理论,"民族自决"的三种选择,都只是不成熟的理念和可能的方案。

在随后的发展中,中国共产党随着实践的变化以及理论的深入,在"民族自决"的主张中,逐渐加重了"自治"、"自己管理自己的事务"等提法,并"在解放区试行民族区域自治"。1949年10月5日,中共中央关于少数民族"自决权"问题给二野前委的指示中指出:"关于党的民族政策的申述,应根据人民政协共同

---

[①] 中共中央马克思恩格斯列宁斯大林文献编译局:《列宁全集》(第20卷),人民出版社1990年版,第400页。

[②] 同上书,第379页。

纲领中民族政策的规定。又关于各少数民族的'自决权'问题,今天不应再去强调……为了完成我们国家的统一大业,为了反对帝国主义及其走狗分裂中国民族团结的阴谋,在国内民族问题上,就不应再强调这一口号,以免为帝国主义及国内各少数民族中的反动分子所利用,而使我们陷于被动的地位。"①可见,随着实践的发展,民族自决已经在我国当前失去了存在的基础与空间,取而代之的民族区域自治制度才是我们应当建设与维护的处理民族关系的基本政治制度。

这可视为对民族法原则问题的最后一点补充。

## 第四节 民族法的表现形式

所谓民族法的表现形式,实际上就是通常所谓的民族法的渊源。根据法理学对于法的渊源的理解,民族法的表现形式是指民族法的外部表现形态。② 本书认为,我国民族法的渊源主要可以分为两类,即国内渊源和国际渊源,前者又可以细分为国家制定法和民族习惯法,后者则主要体现为国际法律文件。

**一、国家制定法**

(一)宪法

作为我国的根本的大法,宪法是民族法的最高依据和表现形式。我国《宪法》在序言即正式条文中都对民族法的制度、原则等基本问题做了抽象性归纳。如序言第十三段、第4条第1款、第三章"国家机构"第六节、第134条第1款等都可以视为我国民族法的直接依据。鉴于本章第二节已经对相关问题做了较为详细的论述,此处不再赘言。

(二)法律

这里的法律是狭义的法律,即由全国人民代表大会及其常务委员会制定的在全国范围内普遍使用的基本法律。由于法律兼有较高的位阶和较为切实的实践价值,因此在我国整个民族法制体系中扮演着重要的角色。通常看来,法律中的民族法规范主要分为两类。

第一,专门的民族法律。这类法律目前比较少见,最为典型的是于1984年10月1日起施行、并于2001年2月28日进行了修订的《民族区域自治法》。该法分为序言、总则、民族自治地方的建立和自治机关的组成、自治机关的自治权、民族自治地方的人民法院和人民检察院、民族自治地方内的民族关系、上级国家

---

① 中共中央文献研究室:《建国以来重要文献选编》(第1册),中央文献出版社1992年版,第24页。
② 参见张文显主编:《法律学》,高等教育出版社、北京大学出版社1999年版,第58页。

机关的职责以及附则共八个部分,其中序言六段,正式条文74条。该法是我国基本政治制度之一——民族区域自治制度的直接法律依据,对于民族区域自治相关法律问题做了明确的规定。

第二,一般法律中的民族法律条款。这类条款并无统一的形式,散见于相关的法律规范之中。由第二节相关内容可以看出,我国诸多法律中都规定有专门的民族法律条款,几乎涉及民法、刑法、行政法、诉讼法、环境与资源保护法等主要的法律部门。从规范形式上而言,这类条款又分为两类:其一,直接对少数民族相关权益的保障性规定。如三大诉讼法对少数民族诉讼参与人适用本民族语言、文字权利的保护,《治安管理处罚法》中对于侮辱少数民族、破坏民族关系行为的处罚等等。其二,为了兼顾少数民族或少数民族地区的特殊性而规定的以变通适用为内容的指向性条款。这类条款实际上代表着法律对于特定领域内民族自治地方权力机关的变通适用权做了概括性的授予,将具体的立法任务交给民族自治地方的法律规范来完成。如第二节中提到的《民事诉讼法》、《婚姻法》等法律的相关条款。

(三) 法规

从法律位阶上来看,法规是仅次于法律的全国性法律规范,是由国务院制定并颁行的,也具有较高的权威性和普遍适用性。从理论上说,法规的主要作用有二:一是针对法律的不足而制定暂时的替代性规范;二是对法律的相关规定进行细化阐释,使其具备更强的实施性。但是从目前的立法实践看来,我国既有法规对于法律的解释和细化作用体现得并不明显,与此相对应的,针对法律制定的不完善所造成的制度漏洞甚至制度空白的弥补成了当前民族法性质的法规的主要任务。

现行典型的此类法规如1993年9月15日颁布的《城市民族工作条例》和《民族乡行政工作条例》。前者在《散居少数民族权益保障法》至今仍未出台的情况下,基本担负起了对散居少数民族的重要组成部分——城市散居少数民族权益给予保障的重任,虽然历经二十余年的实施,诸多条款已显露弊端,但至今仍发挥着重要的作用。后者主要针对的是农村散居少数民族权益的保障,某种意义上与《城市民族工作条例》相互配合。更为重要的是,《民族乡行政工作条例》是迄今对于民族乡问题作出最为细致规定的法律规范,在一定程度上弥补了宪法对于民族乡问题语焉不详的弊端。此外,2005年3月1日起施行的《宗教事务条例》对于少数民族群众的宗教信仰权也做了较为明确的规定,在立法意义上而言同样是暂时填补了相关法律缺位所产生的制度漏洞。

对于民族性法规的发展与完善,两条切实的进路是:其一,在填补上位法空白的领域继续发展,以相关制度的基本建立为阶段性目标,最终再择其重要者实现向法律的转化;其二,进一步充分发挥解释、深化相关民族法律的功能,为重要的民族性法律制定具体的实施细则,切实提高其适用性。尤其是当前民族区域自治法中充斥着大量的软法条款而极大影响了既定效用的发挥,通过相关实施条例的制定也将在很大程度上缓和这一问题。

(四) 规章

"规章"是"行政规章"的简称,是指国务院主管部门和地方、省级人民政府、省政府所在地的市政府以及国务院批准为较大的市的市政府,根据并为了实施法律、行政法规、地方性法规,在自己权限范围内依法制定的规范性行政管理文件。① 我国目前较大的市包括唐山市、大同市、包头市、大连市、鞍山市、抚顺市、吉林市、齐齐哈尔市、青岛市、无锡市、淮南市、洛阳市、宁波市、淄博市、邯郸市、本溪市、徐州市、苏州市;四个经济特区所在地的市包括:深圳市、珠海市、汕头市和厦门市。这些市目前尚无关于民族问题的规章出台。因此,目前有关民族问题的行政规章只有国务院部委制定的部门规章、省级人民政府制定的规章以及省会、首府所在地的市制定的规章三种。

第一,国务院部委关于民族问题的部门规章。这类规范众多,规定行使较散,几乎各行政领域内涉及的民族问题都有包含,很难逐一列举。但是总的说来,此类规章中相关条款的制定思路大多是以注重民族问题的特殊性为出发点、并以保障少数民族相关合法权益为落脚点。第二,省级人民政府制定的相关规章。这些规章一般集中在辖区内少数民族分布较多的省份。如前文提到过的1988年3月1日实施的《黑龙江民族工作条例》、1996年9月1日起实施的《贵州省实施〈民族乡行政工作条例〉办法》、2004年10月1日起实施的《云南省民族乡工作条例》等。这类省级政府规章的出台甚至要早于国家级相关规范,集中体现了基层民族法制运行的直接需求,是调整民族关系法律制度的重要组成部分。第三,较大的市的相关规章。这类规章并不多见,其主旨多为对上级相关规范的贯彻和细化规定,其典型代表如《昆明市贯彻〈云南省民族乡工作条例〉实施办法》等等。

(五) 自治条例与单行条例

《宪法》第116条规定:"民族自治地方的人民代表大会有权依照当地民族的政治、经济和文化的特点,制定自治条例和单行条例。自治区的自治条例和单行条例,报全国人民代表大会常务委员会批准后生效。自治州、自治县的自治条例和单行条例,报省或者自治区的人民代表大会常务委员会批准后生效,并报全国人民代表大会常务委员会备案。"这是我国关于自治条例和单行条例的最高法律依据。

所谓自治条例,是指规定民族自治地方自治机关的组织和活动原则、民族自

---

① 熊文钊:《现代行政法原理》,法律出版社2000年版,第285页。

治权等内容的综合性的规范性文件,可以称得上是民族自治地方的"小宪法"。而单行条例则是指在民族自治权范围内规定某一方面问题的规范性文件。①《立法法》第 66 条第 2 款对自治条例和单行条例的立法权限做了特别规定:"可以依照当地民族的特点,对法律和行政法规的规定作出变通规定,但不得违背法律和行政法规的基本原则,不得对宪法和民族区域自治法的规定以及其他有关法律、行政法规专门就民族自治地方所做的规定作出变通规定。"

目前我国自治条例数量较多,但是集中在自治州和自治县一级,五大自治区至今尚未出台一部自治区的自治条例。其内在因素十分复杂,本节末尾将作为探索思考问题进行简述。反观自治州和自治县的自治条例,虽然数量巨大,但是内容上的趋同现象十分严重,已成为阻碍我国自治条例立法质量提高的主要问题之一。可见,无论是量的方面还是质的方面,我国自治条例的发展都还存在着极大的空间。

关于单行条例,在民族自治地方的立法总量中所占比重较少。其中,自治区、自治州、自治县三级自治地方均有代表性的单行条例。由于具有极强的针对性,故单行条例在我国民族法律制度的具体事实上也扮演着重要的角色。

### 二、国际法律文件

前文已经指出,国际法律文件一直是作为我国民族法的重要渊源形式而存在的。对于这一问题,由于第二节已经做了相应的涉及,这里只做提示,不做展开。

一个需要注意的问题是,并不是我国签署的所有国际法律文件中的相关条款都会成为我国民族法的渊源。

另外要强调的是,作为民族法渊源的国际法律文件与所谓的国际民族法的范畴既相互联系又存在区别。简单说来,国际民族法的研究范围除了国际法律文件中具有民族意义的规定之外,还包括对外国民族法制的探究和考察,在范围上要宽于作为民族法渊源的国际法律文件。另外,国际民族法的研究视角集中于域外民族法律制度、思想的研究,而作为民族法渊源的国际法律文件从本质上说其着眼点仍是我国民族法律制度的发展与完善。

### 三、民族习惯法

(一) 概念

所谓习惯法,是相对于国家制定法而言的,依靠某种社会组织、社会权威而实施的具有一定强制性的行为规范。是独立于国家制定法之外的,依据特定社

---

① 参见周叶中:《宪法学》(第 2 版),高等教育出版社、北京大学出版社 2005 年版,第 244 页。

会组织和权威,以习惯权力和习惯义务为内容的,具有一定强制性、惩罚性的行为规范的总称。①

对于习惯法产生及传承的原因,有学者归纳为如下三种:第一,统治者鞭长莫及。在封建时代,少数民族活动区域虽然都属于中国的领土,但与朝廷、官府始终能够保持着地理、心理乃至制度上的距离,羁縻制、吐司制正是这种现象的典型表现。由于社会发展水平、风俗习惯不同,封建朝廷的法制即使传到了少数民族地区,亦难以奏效。第二,法制不健全。由于立法水平的限制,我国封建法典的体系不完善、规制不健全导致了现实中许多法律关系没有相应的规范加以调整,这一点在民族地区体现得尤为突出。因此,民族习惯法的出现在很大程度上弥补了制定法的不足,从而在解决纠纷、维持秩序等方面发挥了重要而积极的作用。第三,中央王朝制定法与民族习惯法相辅相成。在封建时代,少数民族地区大多在一定程度上实施"自治",使得民族习惯法与中央王朝的制定法具有了相辅相成的可能。事实上,在某些朝代,中央王朝的制定法明确承认了少数民族习惯法的相应效力,唐代《唐律疏议》的"化外人"条即是对这一现象的生动注脚。②

(二) 形式

民族习惯法的形式即指其表现形式,在新中国成立之前,我国各少数民族的发展水平各不相同,原始社会、奴隶社会、封建社会具有涉及。加上分布较散、风俗习惯传统各异等综合因素的作用,使得各少数民族习惯法的表现形式也存在较大的差别。

从范畴上看,习惯法主要涉及家族、婚姻、财产、丧葬等方面;从制度上看,习惯法的一般围绕族长(家长)及巫师的权威、纠纷解决方式等实物展开;从表现形式上看,有的属于典型的成文法,如苗族的《苗例》,而侗族习惯法有的则刻在石碑上称为"款碑条";有的则属于不成文法,如彝族习惯法多以"尔比尔吉"的方式表达。

(三) 内容

民族习惯法虽然条文不多,精细程度也有限,但是仍体现了初步的法律部门的划分。根据有关研究成果,主要体现为如下几点③:

第一,刑事规范。这主要集中在侵犯人身权利罪、侵犯财产罪、性犯罪等方面。少数民族习惯法中规定的犯罪,一般有罚款、逐除、囚禁、肉刑、抄家、死刑等。在各类刑罚种类中,存在不同形式,但总体说来都较为严酷。

---

① 吴宗金、张晓辉主编:《中国民族法学》,法律出版社2004年版,第66页。
② 同上书,第67—68页。
③ 同上书,第72—76页。

第二,民事规范。主要包括生产与分配、所有权、债权、人身权等方面。由于少数民族生产水平普遍较低、生产方式较为单一,因此民法规范较为简单、集中。如猎物的分配、生产资料的占有、土地租佃、身份等级制度等。

第三,婚姻家庭规范。这类规范对于相亲、结婚、生育、离婚、继承等问题的程序、条件、手续诸多方面做了一定的规定。

第四,社会组织规范。社会组织法是特定社会得以运行的基本框架。从少数民族习惯法看来,一般是对于首领、头人、家长等首脑人物的产生、权力、威望等事项作出规制,其中体现出浓郁的本民族特征。

(四) 功能

虽然民族习惯法与国家制定法尤其是现代意义上的国家制定法存在本质的不同,但是从本质上说民族习惯法的功能与国家制定法基本相似。主要分为如下几点[①]:

第一,告示功能。民族习惯法虽不是国家权威机关所制定并颁行的,但是却具有广泛而坚实的群众基础,即相关的规范是经过本民族群体一致认同的、具有历史实践价值的普适性规则,并借此向整个群体传达能或不能为某种行为,或者特定事项应当如何处理的信息,起到告示的作用。如丢失物品后喊村的习惯法,即失主向全村高喊所丢之物,命偷窃者在规定期限内放在某处,否则一经查处,加倍惩罚。这一习惯法所告示的就是"匿赃不交,加倍处罚"的信息。

第二,指引功能。这里的指引有两种情况:一是确定的指引,即通过义务的规定要求人们为或不为特定的行为;二是不确定的指引,即通过授予权利,给予特定人某种选择的机会。

第三,评价功能。习惯法作为一种标准和尺度,具有判断、衡量人们行为的作用。通过责众评价,影响特定群体内人们的机制观念和是非标准。

第四,预测功能。由于习惯法具有权威性的广泛的接受性,因此得以作为一种规范标尺稳定地存在。更具习惯法的内容,人得以预先知晓或者估计到自身的行为是否合乎习惯法的价值判断、是否适当、是否会引发相关的制裁,从而能够在具体行为之前就对行为的后果作出准确的预测。

第五,教育功能。这是指帮助人们正确认识个人与他人,个人与社会的关系,明确自己的权利与义务,让人们懂得区分善与恶并学会做人的道理。其教育的主要内容有二:一是教育人们深刻了解习惯法规范本身在社会生活、家庭生活中的重要地位;二是教育人们应当遵守习惯法的相关规定,规范自己的日常行为。

---

① 参见张文显主编:《法理学》,高等教育出版社、北京大学出版社1999年版,第200—202页;吴宗金、张晓辉主编:《中国民族法学》,法律出版社2004年版,第76—79页。

第六,强制功能。习惯法的强制作用在于制裁违背习惯法的行为。从本质上说,习惯法的实施机制更趋近于一种内在的推动作用。罪感、耻感、熟人社会压力、被排挤出特定社群的恐惧等因素使得习惯法在排斥了国家强制力的前提下能够体现出强大的制裁作用。制裁的后果大概包括:对人身权、财产权的限制或剥夺、对相关人权利的限制或剥夺、背负社群其他成员的否定性评价乃至驱逐出社群等等。

# 第二章 民族法的制定

## 第一节 民族立法概述

**一、民族立法的含义**

(一)民族立法概述

将立法一词作为学术研究过程中的一个概念或范畴加以定义和诠释,是在立法学作为一门独立学科而萌芽生长起来以后的事。当代西方学者有关立法概念的界说主要有两种:一是过程和结果两义说。认为立法既指制定和改变法的一个过程,又指在立法过程中产生的结果,即所制定法的本身。二是指活动性质和活动结果两义说。认为立法是制定和变动法,因而有别于司法和行政的活动,同时又是这种活动的结果,而这种结果又和司法决定不同。民族立法也叫民族法律的制定,它是指具有立法权的国家机关依照法定的权限,按照法定的程序,应用一定的技术,制定、认可、修改、补充和废止有关处理民族关系的法律和其他规范性文件的活动。目前我国的法学理论中,对民族立法一词有广义和狭义之分,广义的民族立法指最高国家权力机关和它的常设机关、特定的地方权力机关和它的常设机关,以及特定的国家行政机关等依据法定权限和程序制定、修改、废止有关处理民族关系的法律及其他规范性文件的专门活动。狭义的民族立法仅指国家权力机关及其常设机关,依据法定的权限和程序,制定、修改、废止有关处理民族关系的法律和其他规范性文件的活动。本书探讨的民族立法主要指广义的民族立法。

民族立法作为立法的一种类型,具有立法的共同特征,也有自身的一些特征。民族立法的特征主要表现为:

1. 民族立法是特定主体进行的专门活动。立法是以政权的名义进行的活动,政权机关是由许多不同职能、不同级别、不同层次的专门机关构成的一个体系,不是这个体系中所有的政权机关都享有立法,而只能是其中特定的机关才能立法。在我国,民族立法的主体包括国家权力机关,即全国人民代表大会及其常务委员会,也包括省、自治区和直辖市人民代表大会及其常务委员会,省、自治区人民政府所在地的市、国务院批准的较大市的人民代表大会及其常务委员会,自治地方人民代表大会及其常务委员会;也包括行政机关,即国务院、国务院各部委,省、自治区、直辖市人民政府及其省、自治区人民政府所在地的市、国务院批准的较大市的人民政府。

2. 民族立法只能在职权内进行。我国的各类立法主体在职权上不同,因而其制定的民族法律法规在内容、法律地位、适用范围上都有差别。立法职权是由法律规定的,各民族立法主体只能在法定的权限和范围内立法,否则就是越权无效的立法。

3. 民族立法必须遵循一定的法定程序。立法要依据一定的程序进行,现代立法一般要经过立法准备、由法案到法和立法完善各阶段,立法要依据一定的程序进行,才能保证立法具有科学性、严肃性、权威性和稳定性。民族立法作为一种特殊的立法,法律对民族立法也做了特殊的规定。因此,民族立法除要遵循一般的立法程序外,还要遵循这些特殊的程序规定。

4. 民族立法是应用一定技术进行的活动。立法是一门科学,在现代社会,要使所立的法发挥作用,不能不重视立法技术问题。民族立法技术属于立法技术的范畴,民族立法技术对民族立法制度的完善有着非常重要的作用,它能从技术规则方面促进民族立法成为科学的立法,从而更好地反映立法者的意图。

5. 民族立法是制定、认可、修改、补充和废止有关民族问题的法律和其他规范性文件的活动。立法的主要特征在于它是直接产生和变动法的活动,一项包括制定法、认可法、修改法、补充法和废止法等一系统活动的系统工程。民族立法也包括了制定、认可、修改、补充和废止等方面和环节。另外,民族立法是关于处理民族关系的法律或规范性文件,这是民族立法区别于其他立法的重要特点,民族法的存在形式可以是独立的法律,如民族区域自治法和民族地方制定的自治法规等,也可以是非独立而与其他法律合一的调整民族关系的法律条文,如宪法、民法、刑法等法律中调整民族关系的法律条文。

(二) 民族立法的现状

立法产生的历史悠久,在国外,早就有了诸如公元前24世纪西亚的《萨麦法典》,公元前22世纪乌尔第三朝的《乌尔纳姆法典》,公元前18世纪的巴比伦王朝的《汉穆拉比法典》等。在中国,自秦汉以至明清,历代封建王朝都有体系庞大的成文法典。我国自古以来就是一个多民族国家,我国历史上丰富的法制包括了民族法制,对我国历史上不同的民族立法进行历史考察,有助于我们借鉴历史上不同类型立法制度的经验教训,有助于我们完善现行的民族立法制度,有助于解决我国还存在的各种民族问题。中国的民族问题始终是中国革命和建设的一个重大问题,历来受到中国共产党的高度重视。用法律手段调整我国的民族关系,一直是党和国家处理民族问题的重要手段,通过颁布法律法规和各种规范性文件,保障少数民族在政治、经济、教育、语言文字、风俗习惯、宗教信仰等方面的权利。新中国成立以来,我国的民族立法可以大致分为以下几个阶段:

1. 1949年至1952年,是新中国民族法制的创建阶段。1949年9月,中国人民政治协商会议通过了当时起临时《宪法》作用的《共同纲领》,把中国共产党的民族政策用法律形式加以固定,标志着新中国民族法制正式起步。这一阶段制定的重要法律、法规有:1950年政务院批准的《培养少数民族干部试行方案》和《筹办中央民族学院试行方案》,1951年政务院《关于处理带有歧视或侮辱少数民族性质的称谓、地名、碑碣、匾联的指示》和《关于加强少数民族教育工作的指示》等。这些法规虽然是政治运动的产物,但毕竟是以法的形式出现的,表明了社会对民族法制建设的需要,这也是新中国民族法制建立的社会政治基础。这一阶段,随着中苏关系的全面热化,翻译出版了一些苏联民族学、法学教科书。通过这些教科书,我们学习和接受了马克思主义关于民族与法律问题的基本理论。同时期,中央组织大批民族工作干部以及专家、学者进行大规模的民族调查,这些工作为后来的民族识别和正确处理民族问题积累了全面系统的科学资料。在这些材料中,不乏大量民族法学的原始材料。

2. 1952年至1956年,是新中国民族法制的初步发展阶段,也是民族立法工作的一个黄金时期。1952年,中央人民政府委员会颁布了《民族区域自治实施纲要》,明确规定各少数民族聚居的地区应实行民族的区域自治,按照民族聚居的人口多少和区域大小,分别建立各种民族自治机关。这是根据当时的历史条件以及内蒙古自治区等民族自治地方的经验,首次对民族区域自治制度的基本问题作出的比较详细的规定。《实施纲要》的诞生,标志着中华人民共和国民族区域自治驶入法制轨道。1954年,共和国第一部《宪法》诞生。《宪法》根据新中国成立以来废除民族压迫制度,建立各民族平等、友爱、互助的关系,民族地区政治、经济和文化事业开始逐步发展的经验,对于民族区域自治,对于少数民族的政治、经济和文化的建设,做了比《共同纲领》更进一步的规定。这一阶段,还颁布了《政务院关于保障一切散居的少数民族成分享有民族平等权利的决定》等行政法规。

3. 1957年到1976年,我国民族立法除了1957年至1958年有暂时的繁荣以外,留下了一段长长的空白岁月。这一时期可以分为两个阶段:

第一阶段,从1957年到1965年,我国民族立法经历了一个从暂时繁荣到萧条的变化过程。这一时期,民族立法仍然在进行,除全国人大常委会批准48个民族自治地方组织条例外,还通过了《民族自治地方财政管理暂行办法》等重要法律。这一阶段民族立法的特点是:第一,时间虽长但立法数量不多;第二,内容涉及范围较狭窄。除涉及民族自治地方财政管理的内容外,其他大都是民族自治地方组织条例,并且这些组织条例内容基本雷同。这一阶段,在"左"的指导思想影响下,一些重要的民族立法工作停顿下来了。例如《民族区域自治法》,1954年第一届全国人大设立民族委员会后,做了大量的调查研究工作,并会同有关部门着手起草,到1959年上半年就写出了8稿,但迫于后来反右斗争的政治形势而被搁置。

第二阶段,1966年至1976年10月,因受"左"的思想影响,我国民族工作被取消,民族立法工作处于全面停滞时期。

4. 从1977年至1978年,我国民族立法开始从漫长的冬眠中复苏。1978年《宪法》关于民族区域自治制度的规定比1975年《宪法》略有进步,如恢复了1954年《宪法》有关民族自治地方的自治机关的一些内容,恢复了自治机关制定自治条例和单行条例的自治权。尽管如此,这个时期仍明显地保留有"文化大革命"给民族区域自治制度造成的伤痕。在这一阶段,基本上没有民族法律、法规问世。

5. 1978年至今,是我国民族法制建设繁荣阶段。十一届三中全会的召开,标志着我国民族立法工作进入了新的黄金时期。该阶段,我国民族立法工作重大发展的显著标志是:

(1) 1982年《宪法》继承和发展了1954年《宪法》关于民族问题的基本原则,全面奠定了新时期民族立法的法律基础。1982年第五届全国人民代表大会第五次会议通过了《中华人民共和国宪法》,对民族区域自治的法制建设作出了原则性的规定。1982年《宪法》恢复和发展了1954年《宪法》中关于民族区域自治制度的重要原则,并根据社会主义建设新时期国家情况的变化,作出了一系列重要的修改和补充,明确规定了民族自治机关多方面的自治权利,充分体现了尊重和保障各少数民族管理本民族内部事务的民主权利的精神。关于民族区域自治制度、民族自治地方的自治机关及其组成、自治机关的自治权、国家对民族自治地方的职权和责任都在这部《宪法》中做了较为全面的规定。

(2)《民族区域自治法》的制定和施行。1984年5月31日,《民族区域自治法(草案)》经六届全国人大二次会议审议通过和颁布,并于1984年10月1日起正式施行。《民族区域自治法》是对我国民族区域自治制度实施经验的科学总结,是我国社会主义民族法制建设的一项重要成就,标志着我国民族区域自治制度和民族法制建设进入了一个新的发展阶段,为创立中国特色的民族法律体系奠定了坚实的基础。这部法律规定了民族区域自治的基本原则和基本内容,是实施《宪法》规定的民族区域自治制度的基本法律。它的颁布实施,为各民族真正实行民族区域自治,为民族区域自治制度健康发展提供了法律保证,标志着我国的民族区域自治走上了有法可依,必须依法办事的新阶段。1991年,国务院发布了《关于进一步贯彻实施〈中华人民共和国民族区域自治法〉若干问题的通知》,指出:建立和发展平等互助、团结合作、共同繁荣的社会主义民族关系,坚持和完善民族区域自治制度,维护祖国统一,增强中华民族的凝聚力,是我们党和国家在民族问题上的基本立场,也是建设有中国特色社会主义的一项重要原则。在新的形势下,按照实现社会主义现代化建设的第二步战略目标的要求,民族地区要继续贯彻自力更生、艰苦奋斗、勤俭办一切事业的方针,发挥资源优势,增强自我发展能力。国家要大力支援、帮助民族地区加速发展经济文化事业,逐步改变其相对落后的状况,使之与全国的经济和社会发展相适应,促进各地区的协调发展和各族的共同繁荣。1993年,国务院批准发布实施《民族乡工作条例》、《城市民族工作条例》,这对于调整我国城市民族关系、加强散杂居地区民族工作具有很好的规范性作用,为散杂居民族工作提供了可靠的法律依据,使我国的散杂居民族工作取得突破性进展。我国在协调民族关系、加强民族工作法制化建设方面不断取得新的进展。党中央、国务院及有关部门多次发布文件和颁布法规,妥善地处理了民族关系方面的一些新问题。在1997年修订通过的新《刑法》中,关于民族、宗教方面在原有的基础上又增加了新的内容,以法制手段调整民族关系,充分维护少数民族的正当权益。我国在《宪法》规定了民族区域自治制度,专门颁布了《民族区域自治法》基础上,还加强了民族区域自治配套法制建设。

在全国人民代表大会及其常委会制定的法律中,有80多件法律对民族问题作出了规定,还有一些法律中有专门条款授权民族自治地方可以作出"变通规定"。各民族自治地方也制定和颁布了一些自治条例、单行条例和变通法规以及补充规定;国务院于2005年5月31日起施行了《国务院关于实施〈中华人民共和国民族区域自治法〉若干规定》。

(三)民族立法的作用

论及立法的必要性、任务和作用,许多思想家、政治家和法学家将其同理性、正义、善德、人权、治国和维护社会秩序等相联系起来,并做了深入的论述。民族立法作为立法制度的重要内容,其作用根据不同的标准可以做不同的划分,而根据民族立法理论,民族立法具有社会作用和规范作用。

1. 民族立法的社会作用。(1)确立和巩固统治阶级的统治。在阶级对立的社会中,阶级矛盾和冲突是社会中最大和最深刻的冲突,这种矛盾和冲突是一般道德和习惯不能解决的。任何一个阶级掌握国家政权之后,都要靠立法来给予确立和巩固,通过法律来调整统治阶级与被统治阶级、统治阶级内部、统治阶级与同盟者之间的关系来维护统治阶级的统治。民族立法作为整个立法体制中的一部分,也要充分反映统治阶级的民族思想、民族政策,通过民族法制的形式来维护民族关系,巩固阶级统治。(2)管理民族地区公共事务。公共事务是指由一切社会的性质所决定的具有普遍社会意义的事物,比如兴修水利、保护环境等。这些事物是因为社会存在而存在的,管理这些事物是任何社会都需要而不是某一阶级的特别需要。随着社会的发展,法律在管理公共事务方面的作用越来越重要,在现代国家,立法者总是通过法律的创制来实现对公共事务的管理。因民族地区的特殊性和复杂性,民族公共事务的管理更需要民族立法来给予保护。

2. 民族立法的规范作用。法律作为一种行为规范,是通过人的行为和影响社会关系发生作用的,它除了确立和巩固阶级统治、管理公共事务外,还具有规范作用。(1)指引和预测作用。指引是指民族立法通过对民族权利和民族义务的规定,提供人们社会活动的行为模式,引导人们在社会生活中作出或者不作出一定的行为。通过法律提供的行为模式,人们可以预测社会活动中相互间的行为及法律后果,由此可以对行为作出合理的安排。(2)评价和教育作用。民族立法为人们的行为提供了评价的标准,根据法律的规定,人们能够评价行为的性质和意义,评价该行为是合法还是违法、是否具有法律效力等。同时,通过立法形式把处理民族问题的价值取向和各种标准固定为行为模式,使人们了解和接受,并培养人们的行为习惯,达到教育的目的。(3)制裁和约束作用。民族立法具有权威性、严肃性和有效性,这种权威性、严肃性和有效性来源于民族立法,是按照执政阶级的利益和要求而进行的,违反民族立法的行为将会受到相应的制裁。

## 二、民族立法的基本原则

立法基本原则是立法主体据以进行立法活动的重要准绳,是立法指导思想在立法实践中的重要体现,是贯穿于整个立法活动的基本准绳。坚持一定的立法原则,有助于使立法在经过选择的思想理论指导下沿着立法主体确定的方向或代表的基本倾向发展,有助于立法主体既注重从大局上把握立法,将整个立法作为一盘棋来运作,又注意集中地、突出地、强调地体现立法主体的某些意志,有助于立法主体统一立法的主旨和精神,使各种立法活动以及立法与其调整对象之间,有一种一以贯之的精神品格在发挥作用,也有助于实现立法的科学化,使立法活动按规律进行。[1] 民族立法作为国家立法的重要组成部分,必须坚持和遵守《立法法》规定的基本原则,与其他立法相比具有共同的基本原则,也有基于民族问题的特点而独有的原则。概而言之,民族立法应该遵循如下一些基本原则:

(一)民族立法的法治原则

在依法治国、建设社会主义法治国家的进程中,首先面临的问题就是立法的法治化问题。民族立法应当在法治的意义上来展开,必须要做到民族立法的法治化。(1)权限的法治化。民族立法作为国家特定机关职权内的专门活动,宏观上要民主、科学地划分各立法主体的立法权限,即各立法主体能立哪些法、这些法的地位如何等,并使之法制化,微观上要求法案的提案权、审议权、表决权和

---

[1] 参见彭谦:《中国民族立法制度研究》,中央民族大学出版社2008年版,第15页。

法律的公布权的归属和界限应由法律明确规定,清楚可行,具有可操作性。(2)内容的法治化。立法内容的合法性首先体现为立法内容的合宪性,宪法是民族立法的最高依据,民族立法要符合宪法的精神和依据,不能违反宪法的规定和与之相抵触。民族立法内容的合法性还要求立法内容的统一,在等级有序的立法体系中,不同阶位的立法应该保持协调一致,低位的法不能与高位的法律相抵触,阶位相同的不同立法之间不要相互冲突。因民族立法的复杂性、敏感性,在民族立法中尤其要坚持立法的内容合法,处理好各种法律法规之间的关系,真正做到立法的协调和统一。(3)程序的法定性。坚持法定的立法程序,避免各种人为因素影响立法。

(二)民族立法的民主原则

在现代国家和现代社会,立法应该坚持民主原则,是各国立法的共同之处。在我国,坚持民族立法的民主原则,是实现人民主权的需要,是反映人民意志和客观规律的需要,是对立法实行有效监督、制约和实现民族平等的需要。坚持民族立法的民主原则,要求做到:(1)立法主体的广泛性,即各族人民是立法的主人,立法权在本质上属于各族人民,由人民来行使。(2)立法内容的人民性。要以维护各族人民的利益为根本宗旨,注意确认和保障各族人民的权利。(3)立法活动的过程和立法程序的民主性。要走群众路线,采取各种有效方式发动群众,让群众知晓立法、参与立法,发挥各族人民群众的积极性和聪明才智,从而提高立法的质量。

(三)民族立法的科学性原则

现代立法应该是科学立法,坚持科学立法,有利于克服立法中的主观随意性和盲目性,有利于提高立法的质量和产生良法,增强法的有效性和实用性。民族立法要坚持科学性,也就是:(1)观念上把民族立法作为一门科学来看待。要加强民族立法的理论研究,用科学的观念来影响、指导立法,对立法实践中出现的问题和经验教训,要以科学解答和理论总结。(2)建立科学的立法体制。民族立法权限的划分、立法主体的设置、立法的运行模式等要符合立法发展规律、合符国情和民族地区实际,做到合适、合理、完善。(3)注重立法技术。既要处理好从民族地区实际出发和坚持民族立法理论指导之间的关系,又要处理好民族立法的实用性、稳定性与超前性的关系,科学合理地确定民族立法的指标、立法形式、立法内容及法案起草等内容,做到所立的法协调统一、可操作。

(四)民族立法的从实际出发原则

马克思指出:"立法者应该把自己看着一个自然科学家,他不是在创造法律,不是在发明法律,而仅仅在表述法律,他把精神关系的内在规律表现在有意识的现行法律之中,如果立法者用自己的臆想来代替事物的本质,那么我们就应该责备他极端任性"。① 无论政治的立法还是市民的立法,都只是表明和记载经济关系的要求而已,不管是民族自治地方的民族立法,还是其他民族立法主体有关民族问题的立法,都要坚持从民族的实际和民族地方的实际出发,以客观实际为依据,适应客观实际需要。民族立法坚持从实际出发,尤其应该做到:(1) 客观反映民族地区的现状。要加强对少数民族地区的过去、现在、未来的研究,认真总结过去,研究现在,预测未来,通过对少数民和少数民族地区的客观分析,从中找出规律性并反映在法律中,以规范各族公民的行为,规范民族地区的公共秩序,促进民族地区的发展。(2) 重视民族特殊性及民族地区的特点。民族立法作为中国立法制度的重要组成部分,必须能动地反映和适应民族及民族地区的政治、经济、文化、风俗习惯和民族关系的特点,民族地区经济、社会发展状况的特点,民族文化和民族心理的特点,反映民族及民族地区的实际情况。

### 三、民族立法的权限

民族立法权限主要指立法主体行使民族立法职权的法定范围和限制,包括对民族法律立、改、废等一系列专门活动的限制。在多民族国家中,民族立法是处理民族关系的一项重要活动,国家依照各民族的意志和各民族的特点,通过立法将各民族的共同利益和少数民族的特殊利益,按照一定的程序上升为国家意志,制定为法律。根据我国"一元性两级多层次"的立法体制,民族立法权限是在中央和地方两级进行配置的,并由相应的机关分别行使。"一元性"是指调整民族关系的基本法律和其他法律,统一由全国人民代表大会及其常委会制定、修改、补充、解释和废止,其他国家机关没有这个权力。"两级"是指中央和地方两级国家机关,有权根据宪法和法律制定调整民族关系的法律、法规和规章。"多层次"是指全国人大及其常委会、国务院、国家各部委、省、自治区、直辖市的人大及其常委会和人民政府,省会市和经国务院批准的较大市的人民代表大会及其常委会、人民政府,自治州、自治县的人大,都有权根据宪法和法律,在各自权限内制定调整民族关系的法律和法规。我国宪法、立法法及各级组织法均对各立法主体的立法权限进行了明确的规定。

根据我国《宪法》、《立法法》及相关法律的规定,我国的民族立法主体有:全国人大及其常委会,国务院,国家各部委,省、自治区、直辖市的人大及其常委会和人民政府,省会市和经国务院批准的较大市的人民代表大会及其常委会、人民政府,自治州、自治县的人大。各立法主体因其立法地位的不同,也享有不同的立法权限。民族立法权限的关系包括中央民族立法主体与地方立法主体权限之间的关系,中央各民族立法主体相互之间立法权限的关系,地方各民族立法主体

---

① 《马克思恩格斯全集》(第 1 卷),人民出版社 1956 年版,第 183 页。

立法权限之间的相互关系,以及各民族立法主体立法权限相互之间的关系等,虽然各民族主体的立法权限是由法律明确规定的,但因各立法主体地位的不一样,他们之间的关系显得相当的复杂。现择其要者而述之。

1. 民族自治地方立法权与一般地方立法权的关系。(1) 享有立法权的主体不同。除自治区既享有民族区域自治立法权,又享有一般地方的立法权外,其他民族区域自治立法权的主体是自治州和自治县的人民代表大会,而享有一般地方立法权的主体是省、自治区、直辖市人民代表大会及其常委会,省、自治区、直辖市所在地的市和国务院批准的较大市的人民代表大会及其常委会,省、自治区、直辖市人民政府,省、自治区、直辖市所在地的市和国务院批准的较大市的人民政府也有权制定地方政府规章。(2) 权限范围不同。一般地方性法规的制定,应在法律规定的权限范围内,根据本行政区域的具体情况和实际需要,遵循不同宪法、法律、行政法规相抵触的原则,地方性法规不能变通法律和行政法规。而自治立法权中的自治条例和单行条例却可以根据当地民族的特点,对法律和行政法规的规定作出变通规定,即在某些情况下可以同法律或者行政法的规定不一致。因此,自治条例和单行条例的权限范围要大于一般地方性法规的权限。①

2. 民族自治地方立法权与经济特区立法权的关系。《立法法》第 65 条规定:"经济特区所在地的省、市人民代表大会及其常务委员会根据全国人民代表大会的授权决定,制定法规,在经济特区范围内实施。"因此,经济特区也有相应的立法权。与民族自治立法权相比,两者的区别是:(1) 立法的法律依据和性质不同。民族自治地方立法中除变通规定和补充规定属于授权立法外,自治条例和单行条例立法权则来源于宪法、民族区域自治法的明确规定,属于职权立法的范畴。而经济特区立法的法律根据则是全国人大的授权决定,属于授权立法,具有从属性、受限制性、随机性和临时性。② (2) 立法的目的和范围不同。民族自治地方的立法目的主要是为了保证民族区域自治机关行使自治权,体现的是宪法规定的"各民族一律平等"原则。③ 民族自治地方的立法范围包括了当地民族的政治、经济、文化和其他社会生活的方方面面,而且还可以结合当地民族的实际情况作出变通规定。而"授权经济特区制定法规的范围就应当限于特区经济体制改革和对外开放的事项。全国人大及其常委会对几个经济特区的授权范围,都允许经济特区所在地的市的权力机关根据具体情况和实际需要制定经济特区法规。具体情况和实际需要是指经济特区内的具体情况和实际需要。经济

---

① 参见乔晓阳主编:《立法法讲话》,中国民主法制出版社 2000 年版,第 14 页。
② 康耀坤、马洪雨、梁亚民:《中国民族自治地方立法研究》,民族出版社 2007 年版,第 95 页。
③ 参见乔晓阳主编:《立法法讲话》,中国民主法制出版社 2000 版,第 257 页。

特区法规的内容是把国家给经济特区的特殊政策具体化,在经济体制改革和对外开放方面制定具体的措施和办法。而经济特区的其他事项,如有关城市管理的事项,就不属于授权的范围。"①因此,两者的不同是显而易见的。

**四、民族立法的程序**

民族立法程序,是指有民族立法权的机关在制定、认可、修改、补充和废止法的活动中所应遵循的法定的步骤和方法。我国《宪法》、《民族区域自治法》、《立法法》和有关机关工作程序的规范性文件中,对法律的拟定、提出、审议、讨论、表决、批准、备案、公布的具体规定和原则,均适用于民族立法。特别是2000年3月15日第九届全国人民代表大会第三次会议通过颁布的《立法法》,对立法权限的划分和立法程序作出了统一而具体的规定,根据《立法法》的规定和民族立法的实践,民族立法程序由于立法机关的不同和立法内容的不同,分为一般的立法程序和特殊的立法程序,现分述之:

(一)一般的民族立法程序

民族立法的一般程序即为立法的共同程序。我国民族立法的一般程序,大体上可以为以下几个阶段:

1. 民族立法案的提出。这是指被授予专门权限的机构和人员向立法机关提出民族法律、法规草案,使草案列入议事日程,成为立法机关讨论的对象。按照我国法律的规定,涉及民族问题的宪法修改议案,由全国人民代表大会常务委员会或者1/5以上的全国人民代表大会的代表提出;国家基本法律的法律案,可由全国人民代表大会主席团、常委会、国务院、中央军委、最高人民法院、最高人民检察院、全国人民代表大会各专门委员会,以及全国人民代表大会一个代表团或者30名以上的代表联名提出;

2. 民族立法案的审议。这是指立法机关对列入议事日程的法律、法规草案进行正式的审查和讨论。根据《立法法》的规定,民族立法案的审议主要包括五种情形:一是分组审议。即由全国人民代表大会各代表团或者全国人代表大会常务委员会的委员分组对法律案进行审议。二是由专门委员会审议。即由有关专门委员会对列入全国人民代表大会会议议程的法律案进行审议,再向主席团提出审议意见,并印发会议。三是统一审议制。即全国人民代表大会法律委员会负责对列入全国人民代表大会或者常务委员会会议议程的法律案进行统一审议,并提出审议结果报告和法律草案修改稿。四是联组审议制。即全国人民代表大会或者常务委员会在审议法律案时,主席团常务主席可以根据需要召开各代表团团长会议或者各代表团推选的有关代表会议,常务会员可以召开联组会

---

① 参见乔晓阳主编:《立法法讲话》,中国民主法制出版社2000年版,第95页。

议或者全体会议,就法律案的相关内容进行讨论。五是三次审议制。即列入全国人民代表大会常务委员会会议议程的法律案,一般应经过三次常委会讨论后再交付表决。地方性法规和自治条例、单行条例的立法审议程序一般由地方立法或自治条例予以规定。

3. 民族立法案的表决和通过。这是指立法机关对法律草案表示正式同意,从而使法律草案变成法律。根据我国法律的规定,宪法的修改需经全国人民代表大会全体代表 2/3 以上多数的通过;基本法律由全国人民代表大会全体代表的过半数通过;其他法律由全国人民代表大会常务委员会全体组成人员的过半数通过;地方性法规的制定、修改、废止由地方人民代表大会全体代表的过半数通过或者同级地方人民代表大会常务委员会全体组成人员的过半数通过。

4. 民族法律法规的公布。指立法机关在一定的专门刊物上,将通过的法律法规给予正式的公布。民族法律法规根据不同的法律权限和规定,有不同的做法。属于宪法和法律的,由中华人民共和国国家主席予以公布;行政法规由国务院公布;部门规章由部门首长签署命令予以公布;地方法规和自治法规由制定机构即地方人民代表大会主席团或常委会予以公布;地方政府规章由省长、自治区主席、市长签署命令予以公布。公布的方式必须为在立法机关的刊物上或在指定的其他刊物上。

（二）特殊的民族立法程序

民族立法除必须遵循上面提到的民族立法案的提出、民族立法案的审议、民族立法案的表决和通过、民族法律法规的公布程序外,地方民族立法还必须有批准和备案程序。特殊的民族立法程序属于国家立法程序的范畴,实践中因地方民族立法主体不同、民族立法的形式（自治条例和单行条例）不同,其批准和备案的程序也不相同,在下面相应的章节中我们将分别予以探讨。

**五、民族立法的技术**

立法技术与立法原理、立法制度是立法学的重要组成部分,也是立法理论研究的重要内容。关于立法技术的定义,学术界还没有完全一致的意见,主要存在广义活动和狭义细则说、制定和表述说、法律结构说、过程说、有关规则说、方法和技巧等诸说[①],而目前较多地认为立法技术是立法活动中所遵循的用以促使立法臻于科学化的方法和操作技巧的总称。[②] 根据这一定义,立法技术具有如下特征:第一,立法技术是一种方法和操作技巧。立法技术不同于立法,也不同于立法制度,而是兼具有两者某些特征的一个概念、一种事物。第二,立法技术

---

① 参见彭谦:《中国民族立法制度研究》,中央民族大学出版社 2008 年版,第 182 页。
② 周旺生:《立法学教程》,北京大学出版社 2006 年版,第 403 页。

是立法活动中所遵循的方法和技巧。立法技术产生于立法实践,服务于实践,但又有相对的独立性。第三,立法技术是用以促使立法臻于科学化的一种方法和操作技巧。立法技术的功能在于尽可能地使立法既能达到立法者或执政者满意,又能尽可能地符合立法的客观规律。立法技术可以从不同的角度进行分类,主要有:(1)宏观的立法技术、中观的立法技术、微观的立法技术。宏观立法技术是指立法的一般方法或原则;微观的立法技术指立法活动中具体的操作技巧和方法;中观的立法技术指具体程度介于两者之间的立法技术。(2)纵向的立法技术、横向立法技术。纵向立法技术即把立法看做一个活动过程,在这个过程的各个阶段及各个阶段的具体步骤上,立法所遵循的方法和技巧;横向立法技术即从平面的角度观察立法,这种立法所应遵循的方法和技巧。(3)立法活动运筹技术、法的结构运营技术。当然,他们之间存在交叉重叠的关系,不是截然分开的。①

民族立法技术即为民族立法中所要遵循的立法技术,他具有立法技术的一般特征,也要遵循一般立法技术的规律。民族立法较其他立法来说是一个新项目,基础较为薄弱,立法的技术也较为粗糙,加强民族立法技术的研究,深入把握民族立法技术的规律,对提高民族法律的科学性具有重要的意义。

## 第二节 中央民族立法

民族法的立法主体分为全国性民族法的立法主体和地方性的民族立法主体两大类,全国性民族立法主体制定的民族法在全国内均具有效力。根据我国《宪法》、《立法法》的规定,中央民族立法主体有全国人大及其常委会、国务院、国务院各部、委员会和国务院直属机构,他们分别有权制定法律、行政法规和部门规章,故中央民族立法主要有宪法、基本法、行政法规和部门规章。现分述之:

### 一、宪法

宪法是国家根本大法、总章程。它综合性地规定和调整国家、社会和公民生活中带有根本性、全面性的关系或事项,有最高的效力等级,由行使最高立法权的全国人民代表大会以特殊的程序制定和变动。自新中国成立以来,我国先后于1954年、1975年、1978年和1982年制定了四部《宪法》。1954年的《宪法》是我国第一部社会主义性质的宪法,这部《宪法》对民族区域自治制度做了比较全面的规定,规定了民族自治机关及其享有的自治权等,应该说1954年《宪法》对我国的民族法制建设起到了典范和指导的作用。1975年修改了《中华人民共和

---

① 周旺生:《立法学教程》,北京大学出版社2006年版,第404页。

国宪法》，因受左的思想影响，该部宪法对民族区域自治制度作了简单笼统的规定，对1954年的《宪法》的规定的许多自治权给予取消，只简单规定自治机关"可以依据法律规定的权限行使自治权"，并对其他相关内容做了大幅度的删减，1975年《宪法》较1954年《宪法》是一个倒退。① 1978年3月5日中华人民共和国第五届全国人民代表大会第一次会议通过了1978年《宪法》，1978年《宪法》恢复了1975年《宪法》删去的内容，调整民族问题的条文有所增加，内容较之更为丰富，但因当时拨乱反正还未全面结束，很多问题在政治上、理论上还没有结论，1979年的第五届全国人民代表大会第二次会议和1979年的第三次会议又对《宪法》进行了部分修改。1982年12月4日第五届全国人民代表大会通过并颁布了新中国成立以后的第四部《宪法》，即1982《宪法》。该《宪法》继承了1954年《宪法》的正确原则，较前三部《宪法》对民族问题规定的内容更为完善和具体，对我国当前的民族问题、民族关系、自治地方、自治机关、自治权利等重大问题作出了明确规定，在《宪法》的108个条文中，有28个条文的规定涉及民族问题和民族关系的内容。

我国1982年《宪法》有关民族问题和民族关系的规定，体现在：第一，《宪法》的原则规定奠定了我国民族区域自治的根本基础。《宪法》作为我国的根本大法，在总纲部分规定了关于民族问题的根本原则，其序言中规定："中华人民共和国是全国各族人民共同缔造的统一的多民族国家。平等、团结、互助的社会主义民族关系已经确立，并将继续加强。在维护民族团结的斗争中，要反对大民族主义，主要是大汉族主义，也要反对地方民族主义。国家尽一切努力，促进全国各民族的共同繁荣。"《宪法》第4条规定了中华人民共和国各民族一律平等。第52条规定了中华人民共和国公民有维护国家统一和全国各民族团结的义务。这些规定，明确了我国是多民族缔造的统一的单一制国家。第二，《宪法》的具体规定增强了民族区域自治的可操作性。《宪法》第4条第3款对民族区域自治作了总的原则规定，并明确规定了"自治区、自治州、自治县都是民族自治地方"的行政建制。在国家机构的章节中，规定各级国家机关有关民族区域自治的职权和义务。《宪法》第112、113、114条规定了民族自治机关的组织活动原则，第115条规定了民族自治地方的自治机关享有同级国家机关的职权。《宪法》第116、117、118、119、120条规定了民族自治地方享有多方面的自治权。

总之，1982年的《宪法》坚持从实际出发，实事求是地、客观地反映我国的实际情况，吸取了新中国成立以来我国社会主义宪政实践探索和宪法发展的成功经验，是科学和可行的。

---

① 金炳镐：《中国共产党民族政策发展史》，中央民族大学出版社2006年版，第164页。

## 二、民族区域自治法

### （一）民族区域自治法的调整对象

法律是以特定的社会关系为调整对象，民族区域自治法的调整对象，一是民族关系，二是民族区域自治关系。

1. 民族区域自治法是调整民族关系的基本法律。民族关系是多民族国家固有的一种社会关系。调整民族关系，可以采取多种手段，如行政手段、经济手段、法律手段。用法律手段调整民族关系，首先是通过法律形式确认民族关系的基本原则和基本内容，然后将其基本原则和基本内容形成一系列的法律规范。然而，调整民族关系的法律，既可以是一个法律规范，也可以是若干个法律规范。无论是哪一种民族法律的立法，都是以调整民族关系为前提，而后是具体规定调整民族关系的某个方面或若干个层面。如果没有民族关系的存在，就没有民族法的必要。由于民族关系是一个复杂的多层面的社会关系，所以，调整民族关系的民族法，将由若干个法律去完成，而民族区域自治法，是这若干法律中的重要一部。

2. 民族区域自治法是调整民族区域自治关系的基本法律。在民族区域自治关系方面的主体关系，有国家与民族自治地方的关系，即聚居少数民族申请建立民族自治地方与国家审批的关系；有自治机关与国家和上级国家机关的关系，实际上是国家利益与民族自治地方的利益关系。主要体现在国家规定自治机关的自治权限、自治机关行使自治权与上级国家机关保障自治权的关系；有民族自治地方与非自治的一般地方的关系，包括国家和上级国家机关对待和处理两者的利益关系、协调两者的协作和互助关系等。就民族区域自治法调整的民族关系和特定任务而言，其调整民族关系的表现形式主要是通过以下层面来实现：

第一个层面，国家与聚居少数民族的关系。主要表现为，国家把民族区域自治作为解决国内民族问题的基本政策和基本政治制度，从而形成解决民族问题基本原则的权利义务关系问题。这种民族关系，首先是调整汉族与少数民族的关系，同时也是调整各少数民族之间的关系。从民族区域自治制度而言，实质上就是调整国家利益与民族自治地方的利益关系问题，但这种利益调整关系具有一定的民族关系因素。

第二个层面，国家与少数民族的关系及少数民族的平等关系。少数民族既有大聚居区，又有小聚居区。这些民族既可以建立大的自治区，也可以建立自治州和自治县，但是，还有若干小聚居的少数民族，有的民族仅有几千人，国家为了保障各少数民族平等的民族区域自治权利，即使是只有几千人的少数民族，也可以和其他民族联合建立自治地方。这就是民族区域自治法调整国家与少数民族的关系及少数民族平等关系的具体体现。

第三个层面,民族自治地方内的民族关系。在民族自治地方,相对而言实行区域自治的民族是主体民族。因此,民族区域自治法专章规定了民族自治地方内的民族关系的基本原则和基本规范,也就是规定了实行自治的民族与其他民族的法律关系,主要是与汉族和其他少数民族在民族区域自治若干问题上的关系调整问题。

(二) 民族区域自治法的制定依据

1. 民族区域自治法制定的法律依据。我国《民族区域自治法》第1条明确规定:"中华人民共和国民族区域自治法,根据中华人民共和国宪法制定",本条是对民族区域自治法制定法律依据的规定,即民族区域自治法制定的法律依据是宪法。制定法律必须依据宪法,这是一切立法必须遵循的首要原则。这是因为:第一,宪法是国家的根本大法,是治国的总章程,具有最高的法律效力。依法治国,首先就是要依宪法治国,维护法律的权威,首先就要维护宪法的权威。这就要求一切立法必须根据宪法,而不能背离宪法、违反宪法。第二,宪法规定了国家的根本制度、根本任务和国家生活中最重要的原则,这是一切立法都要遵循的原则。第三,宪法为民族区域自治法的制定提供了直接和具体的法律依据。作为制定民族区域自治法直接依据的有《宪法》序言第1、第2和第11自然段,条文有第4、15、30、33、36、112、113、114、115、116、117、118、119、120、121、122和124条,民族区域自治法中的相当多的内容都直接引用了上述内容,是引用宪法条文最多的一部基本法。

2. 民族区域自治法制定的客观依据。民族区域自治法制定的客观依据是我国的民族现状,即我国是一个多民族的统一国家,各民族呈现大杂居、小聚居的特点。我国《宪法》序言规定:"中华人民共和国是全国各族人民共同缔造的统一的多民族国家",民族区域自治法序言的第一句话也作了如是规定,这一方面深刻地总结了我国是多民族国家,各民族是国家的主人,是平等的,另一方面说明了我国是统一的多民族国家,我们要旗帜鲜明地反对各种以民族问题为由分裂国家的行为。但因历史发展水平的差异,我国各民族还存在着差距,特别是民族聚居的地区,为切实解决这些实际问题,实现各民族的共同繁荣,我国实行了民族区域自治制度,制定了民族区域自治法。

(三) 民族区域自治法的基本内容

民族区域自治法是我国除宪法之外第一部有序言的基本法,2001年修订后的《民族区域自治法》除序言外,共有7章74条。《民族区域自治法》系统地规定了民族自治地方与国家的关系,民族自治地方内各民族关系等,其基本内容主要有:

1. 关于民族自治地方的建立。一是规定了建立民族自治地方的条件和形式;二是规定了民族自治地方名称的组成要素;三是规定了建立民族自治地方的程序。

2. 关于民族自治地方自治机关的组织。一是规定了民族自治地方自治机关的机构组成,即民族自治地方的人民代表大会和人民政府;二是规定了民族自治地方自治机关的民族组成,包括民族自治地方人民代表大会及其常务委员会的民族组成,民族自治地方行政首长的民族成分和民族自治地方人民政府及其组成人员的民族组成,以及自治机关所属部门工作人员的民族组成。

3. 关于民族自治地方自治机关的自治权和义务。一是规定了民族自治机关的自治立法,变通或者停止执行上级国家机关决议、决定、命令和指示,语言文字,培养当地少数民族人才,自主地发展经济和科学技术、文化、教育、卫生、体育等方面的自治权;二是规定了民族自治地方的自治机关维护国家统一和民族团结,保证宪法和法律在本地方的遵守和执行等方面的义务。

4. 关于民族自治地方内的民族关系。一是规定了民族自治地方的自治机关处理民族自治地方内的民族关系要遵循的民族平等和民族团结的原则;二是规定了民族自治地方的自治机关帮助本地方的其他少数民族发展政治、经济、文化的职责。

5. 关于上级国家机关的职责。一是上级国家机关领导民族自治地方必须从民族自治地方的实际情况出发,实行分类指导;二是规定上级国家机关要保障民族自治地方自治机关行使自治权,为自治机关自治权的行使提供便利和条件;三是规定了上级机关要从财政、税收、投资、信贷、技术、人员等方面帮助民族自治地方发展经济和文化。

(四) 民族区域自治法的修改

《民族区域自治法》修订的重大意义有:

1. 正式确立了民族区域自治制度作为我国一项基本政治制度的法律地位。在序言中,将民族区域自治表述为中国共产党运用马克思列宁主义解决我国民族问题的基本政策,是国家的一项基本政治制度。这对坚持和完善民族区域自治制度,维护祖国统一,加强民族团结,促进各民族共同繁荣,具有重大而深远的理论意义和实践意义。

2. 充分体现了社会主义市场经济的特点。明确指出要"努力发展社会主义市场经济","坚持公有制为主体、多种所有制经济共同发展的基本制度,鼓励发展非公有制经济",这些原则在有关章、条、款中得到了具体体现。这些规定对民族自治地方建立与社会主义市场经济体制有机结合的民族区域自治体制具有重要意义。

3. 充分体现了"发展"这个主题,体现了邓小平同志"实行民族区域自治,不把经济搞好,那个自治就是空的"的重要思想。加大了上级国家机关对民族自治地方的支持力度,强调从基础设施建设、经济建设、科技、教育、文化、卫生等方面加强对民族自治地方的扶持,并在投资、财政、金融、税收、外贸和利用外资等方面作了新的规定。这些规定对加快民族自治地方的发展具有十分重要的意义。

**三、法律**

（一）政治类立法

1. 关于少数民族参与管理国家事务的立法。主要有以下几部法律：

《全国人民代表大会组织法》第37条规定："民族委员会还可以对加强民族团结问题进行调查研究，提出建议，审议自治区报请全国人民代表大会常务委员会批准的自治区的自治条例和单行条例，向全国人民代表大会常务委员会提出报告。"

《第五届全国人民代表大会第五次会议关于第六届全国人民代表大会代表名额和选举问题的决议》规定："全国少数民族应选全国人民代表大会代表的名额，应占全国人民代表大会代表总名额的20%左右。为了保证人口特少的地区、人口特少的民族和各方面代表人士比较集中的地区都有适当的代表名额，在全国人民代表大会总名额中，应有一定的名额由全国人民代表大会根据情况分配给有关的省、自治区、直辖市进行选举。"

《台湾省出席第六届全国人民代表大会代表协商选举方案》规定，"协商选举台湾省出席第六届全国人大代表，要发扬民主，酝酿候选人时要考虑到各方面的优秀人物和代表人物，同时要适当注意到中青年、妇女、少数民族等方面的比例。"

2. 关于少数民族立法及相关变通权的规定，主要涉及以下几部法律：

《刑法》第90条规定："民族自治地方不能全部适用本法规定的，可以根据当地民族的政治、经济、文化的特点和本法的规定，制定变通或者补充的规定，报请全国人民代表大会常务委员会批准施行。"

《立法法》第2条规定："法律、行政法规、地方性法规、自治条例和单行条例的制定、修改和废止，适用本法。"第8条第（三）项规定："下列事项只能制定法律：民族区域自治制度、特别行政区制度、基层群众自治制度。"从这些规定我们不难看出民族区域自治制度在立法地位上的重要性。《民法通则》第151条规定："民族自治地方的人民代表大会可以根据本法规定的原则，结合当地民族的特点，制定变通的或者补充的单行条例或者规定。自治区人民代表大会制定的，依照法律规定报全国人民代表大会常务委员会批准或者备案；自治州、自治县人民代表大会制定的，报省、自治区人民代表大会常务委员会批准。"

《继承法》第35条规定："民族自治地方的人民代表大会可以根据本法的原则，结合当地民族财产继承的实际情况，制定变通的或者补充的规定。"

《民事诉讼法》第17条规定："民族自治地方的人民代表大会根据宪法和本

法的原则,结合当地民族的具体情况,可以制定变通或者补充的规定。自治区的规定,报全国人民代表大会常务委员会批准。自治州、自治县的规定,报省或者自治区的人民代表大会常务委员会批准,并报全国人民代表大会常务委员会备案。"

《老年人权益保障法》第49条规定:"民族自治地方的人民代表大会,可以根据本法的原则,结合当地民族风俗习惯的具体情况,依照法定程序制定变通的或者补充的规定。"

《未成年人保护法》第3条规定:"未成年人不分性别、民族、种族、家庭财产状况、宗教信仰等,依法平等地享有权利。"

3.《刑法》中关于侵害民族合法权利,破坏民族关系的规定。第249条规定:"煽动民族仇恨、民族歧视,情节严重的,处3年以下有期徒刑、拘役、管制或者剥夺政治权利。情节特别严重的,处3年以上10年以下有期徒刑。"第250条规定:"在出版物中刊载歧视、侮辱少数民族的内容,情节恶劣,造成严重后果的,对直接责任人员,处3年以下有期徒刑、拘役或者管制。"第251条规定:"国家机关工作人员非法剥夺公民的宗教信仰自由和侵犯少数民族风俗习惯,情节严重的,处二年以下有期徒刑或者拘役。"

(二) 经济类立法

《森林法》第9条规定:"国家和省、自治区人民政府,对民族自治地方的林业生产建设,依照国家对民族自治地方自治权的规定,在森林开发、木材分配和林业基金使用方面,给予比一般地区更多的自主权和经济利益。"第48条规定:"民族自治地方不能全部适用本法规定的,自治机关可以根据本法原则,结合民族自治地方的特点,制定变通或者补充规定,依照法定程序报省、自治区或者全国人民代表大会常务委员会批准施行。"

《矿产资源法》第10条规定:"国家在民族自治地方开采矿产资源,应当照顾民族自治地方的利益,做出有利于民族自治地方经济建设的安排,照顾当地少数民族群众的生产和生活。民族自治地方的自治机关根据法律规定和国家的统一规划,对可以由本地方开发的矿产资源,优先合理开发利用。"

《电力法》第8条规定:"国家帮助和扶持少数民族地区和贫困地区发展电力事业。"第47条规定:"国家对农村电气化实行优惠政策,对少数民族地区、边远地区和贫困地区的农村电力建设给予重点扶持。"

《乡镇企业法》第6条规定:"国家鼓励和重点扶持经济欠发达地区少数民族地区发展乡镇企业,鼓励经济发达地区的乡镇企业或者其他经济组织采取多种形式支持经济欠发达地区和少数民族地区举办乡镇企业。"

《公路法》第5条规定:"国家帮助和扶持少数民族地区、边远地区和贫困地区发展公路建设。"

### （三）文化类立法

《刑事诉讼法》第9条规定："各民族公民都有用本民族语言文字进行诉讼的权利。人民法院、人民检察院和公安机关对于不通晓当地通用的语言文字的诉讼参与人，应当为他们翻译。在少数民族聚居或者多民族杂居的地区，应当用当地通用的语言进行审讯，用当地通用的文字发布判决书、布告和其他文件。"

《全国人民代表大会组织法》第19条规定："全国人民代表大会举行会议的时候，应当为少数民族代表准备必要的翻译。"

《民事诉讼法》第11条也规定了少数民族用本民族语言参与诉讼的权利："各民族公民都有用本民族语言、文字进行民事诉讼的权利。在少数民族聚居或者多民族共同居住的地区，人民法院应当用当地民族通用的语言、文字进行审理和发布法律文书。人民法院应当对不通晓当地民族通用的语言、文字的诉讼参与人提供翻译。"《国家通用语言文字法》第5条："国家通用语言文字的使用应当有利于维护国家主权和民族尊严，有利于国家统一和民族团结，有利于社会主义物质文明建设和精神文明建设。"第8条："各民族都有使用和发展自己的语言文字的自由，少数民族语言文字的使用依据宪法、民族区域自治法及其他法律的有关规定。"

《文物保护法》第2条规定了受国家保护的文物范围，其中包括"（五）反映历史上各时代，各民族社会制度、社会生产、社会生活的代表性实物。"

《会计法》第22条规定："会计记录的文字应当使用中文。在民族自治地方，会计记录可以同时使用当地通用的一种民族文字。"

《行政诉讼法》及《民事诉讼法》规定："各民族公民都有用本民族语言文字进行诉讼的权利，在少数民族聚居或者多民族共同居住的地区，人民法院应当用当地民族通用的语言文字进行审理和发布法律文书。人民法院应当为不通晓当地民族通用语言文字的诉讼参与人提供翻译。"

《监狱法》第52条规定："对少数民族罪犯的特殊生活习惯，应当予以照顾。"

### （四）教育、科技类立法

《义务教育法》第4条规定："凡具有中华人民共和国国籍的适龄儿童、少年，不分性别、民族、种族、家庭财产状况、宗教信仰等，依法享有平等接受义务教育的权利，并履行接受义务教育的义务。"第6条规定："保障农村地区、民族地区实施义务教育。"

《教育法》第6条规定："国家在受教育者中进行爱国主义、集体主义、社会主义的教育，进行'理想、道德、纪律、法制'、国防和民族团结的教育。"第10条规定："国家根据各少数民族的特点和需要，帮助各少数民族地区发展教育。国家扶持边远贫困地区发展教育事业。"第12条规定："汉语言文学为学校及其他教育机构的基本教学语言文字。少数民族学生为主的学校及其他教育机构,可以使用本民族或者当地民族通用的语言文字进行教学。学校及其他教育机构,可以以本民族通用的语言文字进行教学。"第 56 条规定:"国务院及县级以上地方各级人民政府应当设立教育专项基金,重点扶持边远贫困地区、少数民族地区实施义务教育。"

《体育法》第 6 条规定:"国家扶持少数民族地区发展体育,培养少数民族体育人才。"第 15 条规定:"国家鼓励支持民族民间传统体育项目的发掘整理和提高。"

《科技成果转化法》第 6 条规定:"国务院有关部门和省、自治区、直辖市人民政府定期发布科技成果目录和重点科技转化项目指南,优先安排和支持下列项目的实施……(五)加速少数民族地区边远贫困地区社会经济发展的。"

《职业教育法》第 7 条规定:"国家采取措施,发展农村职业教育扶持少数民族地区边远贫困地区职业教育的发展;国家采取措施,帮助妇女接受职业教育,组织失业人员接受各种形式的职业教育,扶持残疾人职业教育的发展。"

(五)干部、人事类立法

《法官法》第 21 条规定:"法官职务的任免,依照宪法和法律规定的任免权限和程序办理。在民族自治地方设立的地方各级人民法院院长,由民族自治地方各级人民代表大会选举和罢免,副院长、审判委员会委员、庭长、副庭长和审判员由本院院长提请本级人民代表大会常务委员会任免。"

《劳动法》第 12 条规定:"劳动者就业;不因民族种族性别宗教信仰不同而受歧视;"第 14 条规定:"残疾人、少数民族人员、退出现役的军人的就业,法律法规有特别规定的,从其规定。"

《妇女权益保障法》第 12 条规定:"国家重视和选拔少数民族女干部。"

《村民委员会组织法》第 7 条规定:"多民族村民居住的村,村民委员会应当教育和引导村民加强团结,互相尊重,互相帮助。村民委员会由主任副主任和委员共 3 至 7 人组成。村民委员会中,妇女应当有适当的名额,多民族村民居住的村应当有人数较少的民族的成员。村民委员会不脱离生产,根据情况,可以给予适当补贴。"

四、行政法规

(一)政治综合类

《国务院关于行政区划管理的规定》第 8 条规定:"各级民政部门分级负责行政区划的管理工作,在承办民族自治地方的行政区划变更工作时,应同民族自治地方的自治机关和有关民族的代表充分协商拟定。"

《地名管理条例》第 5 条规定:"地名的更名应遵循下列规定:(一)凡有损我国领土主权和民族尊严的,带有民族歧视性质和妨碍民族团结的,带有侮辱劳动人民性质和极端庸俗的,以及其他违背国家方针政策的地名,必须更名。"第 7 条规定:"少数民族语地名的汉字译写,应当做到规范化。译写规则,由中国地名委员会制定。"

《人民调解委员会组织条例》第 3 条规定:"多民族居住地区的人民调解委员会中,应当有人数较少的民族的成员。"

《民族乡行政工作条例》和《城市民族工作条例》表明我国的民族工作更加具体更加深化。

(二) 经济类

《中华人民共和国金银管理条例》第 23 条规定:"边疆少数民族地区和沿海侨眷比较集中地区的个体银匠,经县或者县级以上中国人民银行以及工商行政管理机关批准,可以从事代客加工和修理金银制品的业务,但不得收购和销售金银制品。"

《固定资产投资方向调节税暂行条例》第 15 条规定:"少数民族地区投资方向调节税的优惠办法另行规定。"

《企业所得税暂行条例》第 8 条规定:"对下列纳税人,实行税收优惠政策:(一) 民族自治地方的企业,需要照顾和鼓励的,经省级人民政府批准,可以实行定期减税或者免税;(二) 法律行政法规和国务院有关规定给予减税或者免税的企业,依照规定执行。"

(三) 文化类

《实施国际著作权条约的规定》第 10 条规定:"将外国人已经发表的以汉族文字创作的作品,翻译成少数民族文字出版发行的,应当事先取得著作权人的授权。"

《殡葬管理条例》第 6 条规定:"尊重少数民族的丧葬习俗;自愿改革丧葬习俗的,他人不得干涉。"

《广播电视管理条例》第 4 条规定:"国家扶持民族自治地方和边远贫困地区发展广播电视事业。"

《导游人员管理条例》第 12 条规定:"导游人员进行导游活动时,应当遵守职业道德,着装整洁,礼貌待人,尊重旅游者的宗教信仰和生活习惯。"

《国务院实施〈中华人民共和国民族区域自治法〉若干规定》(以下简称《若干规定》)是国务院为实施民族区域自治法颁布的第一部行政法规。《若干规定》贯彻各民族"共同团结奋斗,共同繁荣发展"的主题,明确规定了上级国家机关帮助民族自治地方加快经济社会发展、培养各类人才的法律责任,并就建立健全监督机制等方面作了具体规定。《若干规定》是坚持和完善民族区域自治制度的又一具有里程碑意义的重要法规,是我国民族法制建设的重大成果。《若干规定》的颁布实施,对于加快少数民族和民族地区经济社会发展,全面建设小康社会,对于巩固各民族大团结、构建社会主义和谐社会,具有重大的现实意义和深远的历史意义。

**五、部门规章**

(一) 政治综合类

《国家民委、国务院第四次人口普查领导小组、公安部关于中国公民确定民族成分的规定》、《中华人民共和国保守国家秘密法实施办法》第 4 条规定:"某一事项泄露后会造成下列后果之一的,应当列入国家秘密及其密级的具体范围(以下简称保密范围)……(二)影响国家统一、民族团结和社会安定。"

(二) 经济类

《财政部关于商业企事业实行利改税财务处理问题的暂行规定》中的第 6 项规定"对民族贸易企业,继续实行'三项照顾'政策。"

《上缴中央外汇额度管理办法》第 4 条中规定"少数民族地区外汇确有困难的,国家酌情给予适当补助。"

《有限责任公司规范意见》第 10 条规定"民族区域自治地区和国务院确定的贫困地区,经国家工商行政管理机关批准,其公司注册资本最低限额可按本条规定的金额降低 50% 。"

《中国农业银行少数民族地区乡镇企业贴息贷款管理暂行办法》则是专门针对少数民族地区颁布的。

(三) 文化类

《国家语言文字工作委员会、新闻出版署关于广播电影电视正确使用语言文字的若干规定》规定"二、县市以上(包括县市)的播音,除少数民族聚居地区和其他特殊情况者外,都应逐步达到全部使用普通话。现在使用方言播音的节目,要根据当地普通话推广的实际情况,逐步改用普通话播音。""六、民族地区的广播电台(站)除使用当地民族语言播音外,根据当地的实际需要和可能,可适当增加使用普通话播音的节目。"

## 第三节 民族自治地方立法

**一、民族自治地方立法概述**

民族自治地方立法这一概念的含义,目前我国立法界、民族法学界存在两种理解:一是把民族自治地方制定自治法规称为民族自治地方立法,即狭义说[①];

---

① 参见敖俊德:《民族自治地方立法问题》,载吴大华主编:《民族法学讲座》,民族出版社 1997 年版,第 55 页。

二是指民族自治地方凡是有立法权的国家机关,依照各自的立法权限,按照一定的立法程序制定法律的活动,即广义说。① 广义上的民族自治地方立法不仅包括民族自治地方制定自治法规,还包括自治区、自治区政府所在地的市制定地方法规和政府规章的行为。狭义说较为准确和合理,即民族自治地方立法,是指民族自治地方的自治机关根据宪法和法律的规定,依照当地民族的政治、经济和文化的特点,通过一定程序制定、修改和废止自治条例、单行条例、变通规定和补充规定等自治法规活动的总称。民族自治地方立法具有如下一些特征②:一是地方性。民族自治地方立法的立法主体只能是实施民族区域自治的各级地方权力机关,立法的内容是适应地方的实际情况,为解决地方事务而制定的,效力只限于本行政区域。二是民族性。我国的民族区域自治是解决国内民族问题的基本政治制度,民族自治立法制度是民族区域自治制度的重要组成部分。三是民族自治地方立法具有从属与自主两重性。四是民族自治地方立法有特定的表现形式。五是民族自治地方立法权是特定的立法权。六是民族自治地方立法具有优先适用的效力。民族自治地方立法是我国立法的一个重要组成部分,他对健全我国法律体系、保证社会和政治稳定、促进经济和社会发展都具有积极的作用。

**二、民族自治地方立法的形式**

(一) 自治条例

自治条例是民族自治地方的人民代表大会根据宪法、立法法和民族区域自治法,依照当地民族的政治、经济和文化的特点,按照一定的程序制定的,调整民族自治地方基本社会关系的综合性自治法规。自治条例是宪法有关民族区域自治制度和民族区域自治法的民族化与区域化相结合的法律规范性文件。自治条例是构成我国法律体系的重要组成部分,制定自治条例是宪法赋予民族自治地方自治机关的一项法定权力,是构成民族区域自治机关自治权的重要内容。

(二) 单行条例

单行条例是指民族自治地方的人民代表大会根据宪法、民族区域自治法和立法法,依照当地民族的政治、经济、文化的特点制定的,用以调整民族自治地方内某一方面社会关系的自治法规。单行条例是调整民族自治地方内某一方面社会关系的自治法规,根据其调整社会关系具体方面的标准,可分为国家机构组织与活动、刑事、民事、婚姻家庭、自然资源管理等单行条例。单行条例具有既是民族立法的重要组成部分,也是民族区域自治法的配套立法——"金字塔"型配套

---

① 陈绍凡:《我国民族自治地方立法若干问题新探》,载《民族研究》2005 年第 1 期。
② 康耀坤、马洪雨、梁亚民:《中国民族自治地方立法研究》,民族出版社 2007 年版,第 2—9 页。

立法模式系统的子系统的双重性。①

（三）变通或补充规定

首先，变通、补充规定的概念。变通规定是指民族自治地方享有立法权的机构，根据宪法、民族区域自治法和其他法律的授权和当地民族的特点，以变通规定的形式，保证国家法律在本地区正确贯彻实施的一种地方性民族自治法规。补充规定是指民族自治地方享有立法权的机构，根据宪法、民族区域自治法和其他法律的授权与当地民族的特点，以补充规定的形式，保证国家法律在本地区正确贯彻实施的一种地方性民族自治立法。民族自治地方享有变通规定、补充规定的权力来源于宪法、民族区域自治法、立法法及专门的部门法的授权。补充规定和变通规定在我国大部分时候是混在一起并用的，在规定变通的时候也往往做补充的内容，因此有学者称之为"变通补充法律自治权"。② 也有学者根据《立法法》第66条第2款的规定，认为应将"变通补充法律制度"改为"变通法律制度"。③ 考虑到我国各部门法的授权立法中较多地使用"变通规定和补充规定"这一字眼，这里还是继续使用变通规定和补充规定这一概念。

其次，变通、补充规定的依据。变通、补充规定，具有法律依据，也有事实依据。从法律依据看，我国《宪法》第115条明确规定了民族自治地方的自治机关享有立法自治权，《立法法》第66条第2款规定了："自治条例和单行条例可以根据当地的民族特点，对法律和行政法规的规定作出变通规定"，此外，《刑法》、《民法通则》、《继承法》、《民事诉讼法》等部门法也对民族自治地方的变通和补充规定进行了授权。民族地方政治、经济、文化的特点，是民族自治地方变通、补充规定的客观依据。当然，变通不是任意不受限制的，为了维护国家法制的统一，以下领域是不能作出变通规定的：（1）不能对宪法作出变通性规定；（2）不能对法律和行政法规的基本原则进行变通；（3）不得对民族区域自治法进行变通；（4）不得对其他有关法律、行政法规专门就民族自治地方所做的规定进行变通规定。

最后，变通、补充规定与自治条例、单行条例的关系。变通、补充规定与自治条例、单行条例都是民族自治地方立法权的主要内容，他们之间具有共性，也有特殊性，有共同的地方，也有不同的地方。其相同之处主要体现为：（1）制定机关有相同的方面。民族自治地方人大有权制定自治条例和单行条例，一些部门也授权民族自治地方人大有权制定变通、补充规定。（2）制定的客观依据相同，都是民族地区的政治、经济、文化特点。（3）制定的目的相同，都是为了保证国

---

① 张文山：《突破传统思维的瓶颈——民族区域自治法配套立法问题研究》，法律出版社2005年版，第230—237页。
② 参见宋才发主编：《民族区域自治法通论》，民族出版社2003年版，第145页。
③ 参见吴宗金、张晓辉主编：《中国民族法学》（第2版），法律出版社2004年版，第392页。

家法律、行政法规、地方性法规在民族地区得到更好的执行。

当然,变通、补充规定与自治条例、单行条例也存在着差别,主要体现在:(1)制定机关不完全相同。自治条例、单行条例的制定机关目前只限定为自治地方的人民代表大会,其常委会均无权制定。变通、补充规定的制定机关主要看部门法的授权情况,有五种情形:一是民族自治地方人民代表大会有制定权。这方面授权规定的法律有《继承法》、《民法通则》、《民事诉讼法》、《妇女权益保障法》、《老年人权益保障法》、《婚姻法》。二是既规定人民代表大会,也规定其常委会有制定权。如《收养法》第32条的规定。三是只规定自治区人民代表大会有制定权。如《刑法》第90条的规定。四是规定了民族自治地方自治机关享有制定权。如《森林法》第48条的规定。五是只规定自治区人大常委会有制定权。《全民所有制工业企业法》、《传染病防治法》。(2)制定的程序不完全相同。自治区制定的自治条例、单行条例必须报全国人民代表大会常务委员会批准,自治州、自治县的自治条例和单行条例报省、自治区、直辖市人民代表大会常务委员会批准后生效,并报全国人民代表大会常务委员会和国务院备案。而变通、补充规定的制定程序相对比较复杂,具体有以下几种情况:一是必须要报全国人民代表大会批准后生效,如《婚姻法》。二是批准或者备案。如《民法通则》第151条规定:"民族自治地方的人民代表大会可以根据本法规定的原则,结合当地民族的特点,制定变通的或者补充的单行条例或者补充规定。自治区人民代表大会制定的,依照法律规定报全国人民代表大会常务委员会批准或者备案;自治州、自治县人民代表大会制定的,报省、自治区人民代表大会批准。"三是只需报全国人民代表大会常务委员会备案,如《妇女权益保障法》、《收养法》、《继承法》。四是没有明确关于报批和备案程序的,如《老年人权益保障法》第49条的规定。(3)制定的目的不完全相同。制定变通、补充规定的具体目的是为了保证某一个法律在民族自治地方的遵守和执行,所以变通具有针对性。而自治条例、单行条例的制定目的是为了依法行使自治权,解决自治地方政治、经济、文化发展中需要解决的问题。

### 三、自治条例和单行条例的制定程序

(一)自治条例和单行条例议案的提出

《立法法》规定:地方性法规、自治条例和单行条例议案的提出、审议和表决程序,根据中华人民共和国地方各级人民代表大会和地方各级人民政府组织法,参照本法第二章第二节、第三节、第五节的规定,由本级人民代表大会规定。根据国家法律和民族自治地方有关制定自治条例和单行条例的规范性文件,以及民族自治地方行使立法自治权的实践,制定自治条例和单行条例的程序大体如下:自治条例和单行条例的制定,首先要由有提出议案权的主体,向自治地方的

人大或它们的常委会提出属于其职权范围内的议案。提出议案的主体可以是一定数量的自治地方人大代表、常委会委员，或者自治地方人大常委会、人民政府等国家机。

(二) 自治条例和单行条例草案的审议

立法机关对列入议事日程的自治条例和单行条例草案进行正式的审查和讨论，条例的正式审议应在民族自治地方召开的人民代表大会的会议上进行，在立法实践中有些单行条例是由民族自治地方的人大常委会审议通过的。但是，自治条例必须要由民族自治地方的人民代表大会进行审议。如《内蒙古自治区人民代表大会议事规则》规定，列入会议议程的自治条例、单行条例，大会全体会议听取说明后，由各代表团审议。法规审查委员会根据各代表团的审查意见进行审查修改，提出审议结果的报告和草案修改稿，经主席团通过后印发会议，并将修改后的自治条例、单行条例和地方性法规提交大会全体会议表决，或者由自治区人民代表大会常务委员会再广泛征求意见进行修改，提出草案修改稿和修改说明，提请人民代表大会下一次会议审议。

(三) 自治条例和单行条例的通过和批准

自治条例和单行条例草案经过民族自治地方人民代表大会或人大常委会会议正式审议后，一般情况下条例草案经过人大代表1/2或者常委会全体组成人员过半数，条例草案通过。有的地方关于自治条例的修改通过做了更为严格的规定。例如，延边朝鲜族自治州自治条例规定，自治条例的修改，要由自治州人民代表大会以全体代表的2/3的多数通过。

按照宪法、民族区域自治法、立法法和其他法律的有关规定，自治条例和单行条例经过自治地方的人大或者人大常委会通过后，还不属于发生法律效力的规范性文件，仍需要履行立法监督程序。宪法和民族区域自治法明确规定，自治区的自治条例和单行条例，要报全国人民代表大会常务委员会批准后生效。自治州、自治县的自治条例和单行条例，要报省、直辖市或者自治区的人民代表大会常务委员会批准后生效，并报全国人民代表大会常务委员和国务院备案。报国务院备案是2001年修正的《民族区域自治法》第19条新内容。之所以增加国务院是因为自治州、自治县的自治条例和单行条例经过法定的程序可以变通国务院制定的行政法规，因而要报"国务院"备案接受监督。严格自治法规的审查批准制度，有助于维护社会主义法制的统一权威，又能够切实提高自治条例和单行条例的制作水平和立法质量。同1954年宪法关于自治地方的自治条例和单行条例，必须报请全国人大常委会批准的规定相比较，现行宪法和民族区域自治法把报请自治州、自治县的自治条例和单行条例的审批权下放到省、自治区和直辖市人大常委会的规定，体现了这一法律制度的灵活性和现实性。

### （四）自治条例和单行条例的公布

公布自治条例和单行条例是制定自治法规的最后一道工序。自治条例和单行条例经过审查批准后，要由制定其法律文件的自治地方的人民代表大会或者人大常委会，以公布、决议等形式予以正式公布，同时宣告条例的生效日期。《立法法》第 69 条规定，自治条例和单行条例报经批准后，分别由自治区、自治州、自治县的人民代表大会常务委员会发布公告予以公布。《立法法》第 70 条还就公布形式作了明确的规定。自治区的自治条例和单行条例公布后，及时在本级人民代表大会常务委员会公报和在本行政区域范围内发行的报纸上刊登。在常务委员会公报上刊登的自治条例和单行条例文本为标准文本。

### 四、自治条例和单行条例的区别

自治条例和单行条例都是民族自治地方的自治法规，但二者是有区别的：

#### （一）调整社会关系的范围和方面有所不同

自治条例调整民族自治地方内政治、经济、文化等诸方面的社会关系，具有调整社会关系的全局性。单行条例则调整民族自治地方内某一具体社会关系，因而具有调整社会关系的局部性。

#### （二）制定的主体和程序不完全相同

按照宪法和民族区域自治法的规定，自治条例应由本地方的人民代表大会制定。有的自治地方的自治条例还做了专门的规定。例如《延边朝鲜族自治州自治条例》第 12 条规定，自治条例须由州人民代表大会以全体代表的 2/3 的多数通过。自治条例的修改，由自治州人民代表大会常务委员会或者 1/5 以上的州人民代表大会代表提议，并由自治州人民代表大会全体代表的 2/3 的多数通过。

根据单行条例制定的实践来看，单行条例的立法主体既可以是自治地方的人民代表大会，也可以是自治地方人民代表大会的常务委员会。事实上许多单行条例是由自治地方人民代表大会制定的。例如，《西藏自治区实行婚姻法的变通条例》，《黔西南布依族苗族自治州执行选举法的变通规定》，《云南德宏傣族景颇族自治州禁毒条例》，等等。

#### （三）立法依据的直接来源不完全相同

自治条例立法的直接依据是《宪法》和《民族区域自治法》，从已经制定的自治条例来看，地方自治条例仿照民族区域自治法的痕迹便是证明。单行条例其立法依据除了《民族区域自治法》之外，其直接的立法依据是国家刑事、民事、婚姻家庭、经济等法律中的专门规定。例如，《民法通则》第 151 条规定，民族自治地方的人民代表大会可以根据本法规定的原则，结合当地民族的特点，制定变通的或者补充的单行条例或者规定。所以，单行条例有相当一部分是对国家法律变通或者补充的结果。

**五、民族自治地方立法的完善**

(一) 完善民族自治地方立法主体

1. 赋予自治州人大常委会制定单行条例的权力。根据目前的法律,有权制定单行条例的机关是自治地方的人民代表大会,而自治地方的人大常委会没有该项权力。实践中我国自治州人民代表大会每年只召开一次会议,这样自治法规的立法效率极低,从计划立项、起草到形成草案、提请常委会审议草案,征求相关部门意见、最后到提请人大会审议,要相当长的时间。而且自治州人大召开的会期一般是3—7天,时间紧,用于研究、讨论立法的时间有限。从横向来看,与自治州平级的省会市的人大常委会有地方立法权。因此,赋予自治州人大常委会的立法权,有利于民族自治地方更好地行使自治权,提高立法的效率。同时,考虑到民族单行条例的特殊性,自治县的单行条例仍由人民代表大会行使较为恰当。

2. 统一民族自治地方的立法主体。根据《宪法》第117条至第122条和《民族区域自治法》第21条至第45条的规定,民族自治地方享有广泛的立法权,应该说,对民族自治地方的立法权的归属方面,《宪法》、《民族区域自治法》和《立法法》的规定是相一致的。我国现行其他法律也存在授权民族自治地方变通立法的规定,但较为混乱,主要表现为:一是授权民族自治地方的人民代表大会,如《民法通则》、《民事诉讼法》等;二是授权民族自治地方的人民代表大会及其常委会,如《婚姻法》、《收养法》;三是授权民族自治地方的自治机关,如《森林法》、《国旗法》;四是授权自治区人民代表大会和辖有自治地方的省人民代表,如《刑法》;五是授权自治区和省人民代表大会常委会,如《传染病防治法》;六是授权自治区人民代表大会常务委员会,如《全民所有制工业企业法》。此外,行政法规如《婚姻登记管理条例》授权民族自治地方人民政府可以结合当地民族婚姻登记管理的具体情况,制定变通或者补充规定。上述法律、法规的授权规定存在不一致,尤其是立法主体上混乱,这是立法不规范、不严谨的表现,应当给予纠正,民族自治地方要严格按照《立法法》第66条的规定,行使好立法权。同时,其他法律也应在修改时,也应改造协调统一的原则,予以统一。如新修订的《婚姻法》就将授权条款修改为"民族自治地方的人民代表大会有权结合当地民族婚姻家庭具体情况,制定变通规定。"

(二) 完善民族自治地方的立法程序

1. 做好民族立法规划的编制和调研。民族立法规划的编制不是民族立法的必经程序,但它对做好民族立法具有重要的作用,好的民族立法规划,有利于明确立法重点,提高立法效率和质量,增强民族法的实用性和可操作性。民族自治地方在民族立法规划的编制过程中要做到如下几个方面:一是做好民族立法调查研究。民族自治地方的立法要立足于民族地区的经济、政治和社会实际,要深入民族地区进行调查研究,了解民族地区和少数民族群众需要什么,盼望什么,哪些问题要用法律来调整等,只有在扎实调研的基础上,才能提出具有针对性和可操作性的立法规划。二是要做好民族立法的论证分析。在编制立法规划过程中,不仅要做好调查研究,而且要对调查中获得的各种有用材料进行深入的分析研究,以便准确把握社会生活对立法的需求。同时,还要对立法的可行性和必要性,立法的主要内容及其调整范围,国内外类似法规的有关资料及人民群众的接受程度等进行论证,增强立法的合理性和可行性。

2. 完善民族自治地方立法的运行。民族立法的运行包括民族自治地方立法的起草、草案的提出、审议、表决、报批和批准等各环节。民族立法运行程序的完善,包括民族自治地方立法的起草、草案的提出、审议、表决、报批和批准等环节的完善。在民族自治立法的起草阶段,要完善法案的起草论证制度。即要采取听证会、调查会等多种形式,注意征求利益关系者的意见,注意征求有关专家和学者的意见,而不只是注重领导的意见。在民族自治立法的提出阶段,要保证有提案权的主体充分行使提案权,发挥好各方的力量,提高草案的质量。规范立法草案,明确法案的名称、基本框架、目的或者宗旨、主要原则、主要条款及其内容等。在民族自治立法的审议阶段,要充分发挥各专门委员会在审议过程中的作用,特别是要发挥好法制委员会和民族委员会的作用,要将立法议案提前送达审议人员,保障审议人员的知情权。在民族自治立法的表决阶段,要充分听取和尊重人大代表的发言,适时引入立法辩论制,使立法能尽可能地体现大多数代表和常委组成人员的意志,促进立法的民主化,增强法规内部的科学性、合理性和正当性。最后,建议改自治条例和单行条例的报批制为备案制,使民族自治地方立法机关能更好地行使好立法自治权。

(三) 完善民族自治地方的立法技术

1. 树立"立法技术是一门科学"的概念。立法原理、立法制度和立法技术是构成立法学的主要内容,虽然与前两者相比,立法技术的研究还处于薄弱的环节,但学术界已经开始重视、探讨立法技术的相关问题。立法技术是一门科学,好的立法技术对于提高立法质量,增强法的可操作性等均具有重要作用。民族立法也应该树立民族立法技术是一门科学的观念,注重民族立法活动过程的安排、调动、策划和控制,以及法案的起草、语言及应用等技术,使民族立法成为技术先进、科学、合理的民族立法。

2. 民族立法科学性问题,需要处理好以下六个方面的问题。[①]

第一,原则问题的确定性。即民族立法,要在总的指导思想和总的根本性原

---

① 参见吴宗金:《民族法制的理论与实践》,中国民主法制出版社1998年版,第105—106页。

则的统帅下,对制定某一个民族法律法规,还需要研究其所要解决的中心问题的指导思想和基本原则问题。这是关系到能否制定好民族法律法规的一个重要原则。

第二,总体结构的规范性。即在对某一个民族法律法规的制定之前,需要对该法律文件与民族法体系的内部结构和外部结构的基本问题进行充分论证。如法律依据、客观依据和其他依据问题,避免矛盾或不必要的重复。

第三,法律关系的科学性。即要对该法律法规的法律关系问题进行科学的设计。制定出一个法律法规,除了基本原则问题以外,需要全面衡量整个民族法律关系的结构和某一个民族法律法规的法律关系问题。即主体及其权利义务的内容以及客体问题等。

第四,体例结构的合理性。即一个法律法规自身体例结构的是否合理,对该法主体的权力义务问题的设定影响很大,或是可能出现该规定的内容不便规定进去,或不该规定的内容又硬拉了进去。结构合理的法律法规文件,是内容和规范合理的重要基础。

第五,法律规范的衔接性。是指民族法律规范,要把宪法规定的基本原则,贯彻落实到基本法和其他法律法规,达到衔接科学。既不能照搬宪法和法律,又不能有头无尾,或者相互矛盾。要做到实务操作方便。

第六,法律语言的准确性。即立法的一个重要目的,是便于执法和司法准确适用。如果达不到这个目的,就说明该立法不够科学和完善。从目前的民族法规语言来看,在整体的法律体系中,其法律语言的准确性和科学性问题,相对其他法规来说,毛病较多。表现为:一是纵横的重复性太大,照搬照抄硬套;二是用词不严谨,歧义太多,给执法和司法实践带来不便。

(四) 提高民族自治地方立法者素质

民族自治地方立法的基础是拥有一支优良的立法队伍,这就涉及地方人才的培养问题。当前,关键要加大民族自治地方相关工作人员的培训力度,使其在了解当地民族的政治、经济和文化特点的基础上,又掌握丰富的法律知识和立法技术,这样才能结合本地实际情况,制定出既不违反法律基本原则,又有创新内容,具有前瞻性和可操作性的民族自治地方法规。

## 第四节 一般地方的民族立法

### 一、一般地方性民族立法的主体

地方性民族立法是指特定的地方国家机关,依法制定和变动效力不超过本行政区域范围的涉及民族问题的规范性法律文件活动的总称。地方民族立法是相对于中央民族立法而言的立法,是构成国家整个立法的一个重要方面。在我国地方立法体系中,目前地方立法由一般地方立法、民族自治立法、特区地方立法所构成,特区地方立法又分经济特区的立法和特别行政区的立法。因民族自治立法的特殊性,我们已在前节予以论述,这里所指的一般地方的民族立法,包括一般地方和经济特区涉及民族因素的立法。

一般地方的民族立法是宪法和立法法授予地方国家机关的一项重要立法权,行使好一般地方的民族立法权,对自主解决应当由立法解决的各种问题,保障辖区内的各民族权益,促进辖区社会经济协调发展等均具有重要的作用。根据我国《宪法》《立法法》的相关规定,一般地方民族立法的主体主要有:

(一)省、直辖市、自治区人民代表大会及其常委会,省、自治区人民政府所在地的市和经国务院批准的较大的市的人民代表大会及其常务委员

省、直辖市、自治区以及省、自治区人民政府所在地的市和经国务院批准的较大的市的人民代表大会及其常务委员是制定地方性法规的主体,他们有权根据宪法、法律和上级立法机关制定的其他法律法规,制定地方性法规,其中省、自治区人民代表大会常务委员会还有权批准下级立法机关地方立法的权利。上述立法主体在其权限内,制定了许多地方性法规,其中若干是涉及民族方面的法规。如湖南省人大常委会于1987通过、并于1997年进行了修订的《湖南省散居少数民族工作条例》就属这种情况。

(二)省、直辖市、自治区人民政府以及省、自治区人民政府所在地的市和经国务院批准的较大的市的人民政府

省、直辖市、自治区人民政府以及省、自治区人民政府所在地的市和经国务院批准的较大的市的人民政府是制定行政规章的主体,我国宪法、立法法均规定他们可以根据法律、行政法规和本省、自治区、直辖市的地方性法规,制定规章,享有立法权。其中相当行政规章涉及民族问题,因此上述机关也是一般地方的民族立法主体。

**二、一般地方民族性立法的调整范围**

(一)一般地方民族法规的调整范围

根据《立法法》第64条的规定,地方性法规可以就下列事项作出规定:(1)为执行法律、行政法规的规定,需要根据本行政区域的实际情况作具体规定的事项;(2)属于地方性事物需要制定地方性法规的事项;(3)除应当由法律规定的事项外,其他事项国家尚未制定法律或行政法规,根据本地方的具体情况和实际需要,可以制定地方性法规的事项。根据上述规定,地方立法机构可以下列涉及民族问题的事项作出规定:

第一,关于本行政区域内政权建设的某些事项。第二,关于本行政区域民主

与法制建设的事项。包括在本行政区域内保证宪法、法律、行政法规和上级人大及其常委会的决定的遵守和执行情况等。第三,关于本行政区域经济建设事项。第四,关于本行政区域内教育、科学、文化、卫生、民政、民族工作中重大的即带有全局性、长远性的事项,以及决定授予地方的荣誉称号等其他事项。

（二）一般地方性民族政府规章的调整范围

根据《立法法》第73条的规定,地方政府规章所能规定的事项包括:(1)为执行法律、行政法规、地方性法规的规定需要制定规章的事项;(2)属于本行政区域的具体行政管理事项。为有效地执行上述规定,一般地方性民族政府规章可以就下列涉及民族问题的具体事项进行规定:

1. 执行本级人大及其常委会的决议和上级国家行政机关的决定和命令、规定行政措施,发布决定和命令方面的事项。

2. 领导所属各部门和下级政府的工作;改变或者撤销所属各部门的不适当的决定、命令;依照法律的规定任免、培训、考核和奖励国家行政机关工作人员方面的事项。

3. 执行国民经济和社会发展计划、预算,管理本行政区域内的经济、教育、科学、文化、卫生、体育事业、城乡建设事业和财政、民政、公安、民族事务、司法行政、监察、计划生育等行政工作方面的事项。

4. 保护公有财产和公民私人所有的合法财产,维护社会秩序,保障公民的人身权利、民主权利和其他权利;保障农村集体经济组织应有的自主权;保障少数民族的权利和尊重少数民族的风俗习惯,帮助本行政区域内少数民族聚居的地方依法实行区域自治,帮助各少数民族发展政治、经济和文化的建设事业;保障宪法和法律赋予妇女的男女平等、同工同酬和婚姻自由等各项权利发面的事项。

5. 办理上级国家行政机关交办的其他事项。

### 三、一般地方民族性立法的程序

一般地方民族性立法的程序,是指有权的地方国家机关在制定、认可、修改、补充或者废止地方性法规时必经的阶段及必须遵循的步骤和方法。一般性地方民族性立法可以从不同的角度,按照不同的标准加以分类。按照行使立法权的主体不同,可以分为人民代表大会立法程序和人大常委会的立法程序,其中人民代表大会的立法程序又可以分为省级人民代表大会的立法程序和省级人民政府所在市和经国务院批准的较大市的人民代表大会的立法程序;人大常委会的立法程序也可分为省级人大常委会的立法程序和省级人民政府所在市和经国务院批准的较大市的人大常委会的立法程序。按照工作环节和内容的不同,可以将其分为编制立法规划程序、起草法案的程序、审议法案的程序、修改法案的程序、表决和通过法案的程序以及公布法的程序等。

地方性民族性立法程序既要遵循民族立法的一般程序,同时,也要遵循一些特殊的程序,主要为:(1)省、自治区、直辖市的人民代表大会及其常务委员会制定的地方性法规,只需报全国人民代表大会常务委员会和国务院备案。(2)较大的市的人民代表大会及其常务委员会根据本市的具体情况和实际需要,在不同宪法、法律、行政法规和本省、自治区的地方性法规相抵触的前提下,可以制定地方性法规,报省、自治区的人民代表大会常务委员会批准后施行。较大的市的人民代表大会及其常务委员会制定的地方性法规,由省、自治区的人民代表大会常务委员会报全国人民代表大会常务委员会和国务院备案。(3)地方政府规章报国务院备案,应当同时报本级人民代表大会常务委员会备案,较大的市的人民政府制定的规章应当同时报省、自治区的人民代表大会常务委员会和人民政府备案。

# 第三章　民族法的实施

"徒法不足以自行",法律的实施历来受到法律实效研究的高度重视,更有学者将立法与法律实施在法的实效中的比例用1:9的比例来形容,即在考察法的实效的时候,法的制定所起的作用只占到10%,而法的实施所起的作用占到90%。民族法也不例外,它的实施同样是整个民族法制环节中的重要一环。本章将从民族法实施的主体、民族法实施的措施,以及民族纠纷的解决等几个方面来探讨一下民族法的实施问题。

## 第一节　民族法实施的主体

### 一、国家机关

（一）自治机关

民族自治地方自治机关是指民族自治地方设立的国家权力机关和国家行政机关,即自治区、自治州和自治县的人大及人民政府。民族自治地方自治机关的组成和工作,由当地人大通过的自治条例和单行条例规定。民族自治地方的自治机关除具有一般地方国家机关的职权外,还拥有大于一般地方国家机关的自主权,体现在民族区域自治权的内容上。民族自治地方的人民代表大会和人民政府依照宪法、民族区域自治法和其他法律规定的权限,根据本地方实际情况贯彻执行国家的法律、法规、政策,自主管理本地方各民族内部事务和地方性事务的一种特定的权力。宪法规定,我国的法制是统一的,所以,民族自治地方的司法机关即法院和检察院都不属于自治机关。

在原则上,民族自治地方人大的组成和一般地方人大一样,都由当地人民选举产生。自治县的人大由选民直接选举的代表组成;自治区、自治州的人大由下一级人大间接选出的代表组成。但是,根据民族区域自治法的规定,民族自治地方人大中少数民族代表应占特定的名称和比例,即实行区域自治的民族和其他少数民族代表的名额和比例,应根据选举法等法律规定的原则,由省级人大常委会决定,并报全国人大常委会备案。民族自治地方人大常委会中应当有实行区域自治的民族的公民担任主任或者副主任。也就是说,常委会主任可以由实行自治的民族的公民担任,也可以由其他民族包括汉族的公民担任。如果主任是其他民族的公民担任,则副主任中必须有自治民族的公民;如果主任是自治民族的公民,则副主任中仍不能排斥自治民族的公民。

(二) 上级国家机关

《民族区域自治法》第六章以专章的形式规定了上级国家机关的职责,即民族自治地方的所有上级国家机关都有实施民族区域自治法的职责,都是民族法实施的主体。随着少数民族散居化趋势的加速,散居少数民族的权益保护问题也早已纳入各级政府的工作安排之中,因而,事实上所有的国家机关都是民族法实施的主体。只是因各地情况的差异,各国家机关工作职责的不同而在民族法实施的职责方面有比较大的区别而已。上级国家机关对民族自治地方的领导和帮助是民族区域自治制度的重要方面。上级国家机关对民族自治地方的领导和帮助,要体现从实际出发,制定和发布的有关决议、决定、命令和指示,必须符合民族地区的特点,适合民族地区的实际情况,切实可行。上级国家机关对民族自治地方的帮助,主要体现在财政、物资、技术、人才、教育等方面。

此外,为了更好地贯彻民族法,根据我国民族事务管理的实际情况,当前很重要的一点,就是加强各级人民代表大会民族委员会以及各级民族事务委员会的职能。目前的各级人民代表大会民族委员会的主要职能之一就是"讨论、决定本行政区域内的有关民族问题工作中的重大事项";各级民族事务委员会的职能主要集中在"监督实施和完善民族区域自治制度建设,监督办理少数民族权益保障事宜,对政府系统民族工作进行业务指导"等协调性事项,该两个部门可以说是《民族区域自治法》最重要的执行部门,其在国家的民族事务的整个运行体系以及少数民族权益保障事业中发挥着举足轻重的作用,是其他任何机关和部门不能比拟的。国务院办公厅(国办发〔2008〕61号)文件《国家民族事务委员会主要职责内设机构和人员编制规定》中对国家民族事务委员会的职责进行了相应的调整,其中重点提到加强对民族法律法规、民族政策和少数民族发展相关规划贯彻执行的督促检查职责。同时,为了整合职能、进一步理顺内部机构职责关系,在国家民族事务委员会的内设机构中新增设监督检查司。新增设的监督检查司主要承担民族法律法规和民族政策执行情况的督促检查工作;承担协调、指导民族区域自治法贯彻落实的具体工作;研究民族关系重大突发事件的预警、应急机制问题,承担有关协调处理工作;研究提出协调民族关系的工作建议;推进民族事务服务体系和民族事务管理信息化建设。制定关于自治权的部门规章:完善自治权的相关规定,对"什么是少数民族内部事务"和"什么是与民族地区有关的事务"做出界定。

二、企业

企业是社会的产物,作为一个社会"人",企业占有社会上大部分的资源,相应地,也必须承担相应的社会责任。对企业社会责任的发展历程与内涵分析中可以看出,目前的企业社会责任的关注范围主要限于劳工权益保护、环境保护、企业文化、消费者权益保护等一些方面,从企业到社会甚至联合国都对该问题给予了极大的关注,已成为可持续发展的一个重要内容。

民族自治地方由于地理位置、政策法规、经济发展水平和人文环境等因素的特殊性,民族地区企业在承担社会责任方面必然有其特殊性。将企业社会责任的最新理论成果引入民族自治地方企业履行社会责任进程,在民族区域自治的制度背景下去考虑民族地区企业社会责任现状,寻求民族自治地方政府、企业和各民族公众关系的良性互动,为推动各民族共同繁荣提供现实科学依据具有很强的理论价值和现实意义。以企业为主的法人在民族法实施方面的责任主要包括如下几个方面:

(一)尊重少数民族风俗习惯

民族风俗习惯是各个民族在长期的历史发展过程中形成的生活方式,具体表现在饮食、服饰、居住、婚庆、节日、禁忌、礼仪等许多方面。民族风俗习惯与一个民族的心理、文化、思想感情有着密切联系,具有敏感性的特点,一个民族往往会把其他民族对待本民族风俗习惯的态度看做是对待自己民族的态度。《消费者权益保护法》第14条规定,消费者在购买、使用商品和接受服务时,享有其人格尊严、民族风俗习惯得到尊重的权利。

(二)尊重少数民族语言文字权利

企业尊重少数民族的语言文字权利首先体现在企业名称的使用应遵守民族自治地方的相关规定。此外,民族地区的企业或者产品销往民族地区的企业的产品标识标注除按照国家的相关规定使用规范中文、汉语拼音、外文之外,还要注意少数民族文字的使用,即尽可能地在企业的外包装上使用少数民族文字,这既是对少数民族语言文字权利的尊重,也会使该产品在民族地区消费者中产生良好的社会影响,促进产品的销售,相应地增加企业的利润。

还需要强调的是企业的工作语言方面,如果某企业中的少数民族员工达到一定的数量,那么该企业的工作语言中可以考虑增加使用少数民族语言。

(三)尊重少数民族文化

《公司法》第5条第1款规定,公司从事经营活动,必须遵守法律、行政法规,遵守社会公德、商业道德,诚实守信,接受政府和社会公众的监督,承担社会责任。事实上,对少数民族权利侵犯的最大可能来自于企业,如果企业在经营过程中加强对少数民族权利的保障,有利于企业维持良好的公众形象并获得长期利润。承担社会责任,符合公众对企业的期望,有利于建立良好的公众形象,赢得社会广大消费者和投资者的认同,并最终给企业带来长期的、潜在的利益。尊重少数民族的文化尊严、文化产权、生活方式等传统文化因素,必将会使企业树立良好的社会形象,对企业凝聚力的增强与企业远期竞争力的提升具有不可忽视的作用。

### (四) 少数民族特需用品供应

对从事少数民族特需用品生产的企业,给予政策上的优惠;对具有清真饮食习惯的民族给予充分的尊重,还从政策上扶助清真食品业的发展;对少数民族传统节日给予相应的假期;对少数民族丧葬习俗给予尊重并提供必要的帮助;《刑法》第251条规定,国家工作人员侵犯少数民族风俗习惯,情节严重的,处2年以下有期徒刑。

### 三、自然人与其他组织

党的十七大报告中强调,坚持国家一切权力属于人民,从各个层次、各个领域扩大公民有序政治参与,最广泛地动员和组织人民依法管理国家事务和社会事务、管理经济和文化事业;要健全民主制度,丰富民主形式,拓宽民主渠道,依法实行民主选举、民主决策、民主管理、民主监督,保障人民的知情权、参与权、表达权、监督权。

在少数民族参与国家事务的管理方面,中国规定了一系列的制度和措施。目前比较完善的是少数民族在国家权力机构中的特别代表制度,在全国和地方各级人大中都对少数民族代表的参政议政规定了具体的保障措施。其他制度在中国的相关立法和实践中也都有所体现,比如,自治机关以及民族自治地方检察院和法院工作人员的配备等。其他的具体制度还需要根据新形势下对参与方式的不同要求来进行完善。比如,少数民族有权按其自身意愿通过自己决定的程序充分参与制订对其可能有影响的立法或行政措施。国家在通过和执行这种措施之前,应事先征得有关少数民族的自由和知情的同意。

## 第二节 民族法实施的措施

### 一、推动《民族区域自治法》的配套立法

在《民族区域自治法》的配套立法方面,我们取得了比较大的成绩:中央层面的配套立法主要有:国务院关于进一步贯彻实施《中华人民共和国民族区域自治法》若干问题的通知、国务院实施《民族区域自治法》若干规定、国务院办公厅《少数民族事业"十一五"规划》、国家民委等5个部委《关于扶持人口较少民族发展规划》、教育部《关于贯彻落实〈国务院实施民族区域自治法若干规定〉的通知》、国务院扶贫办《关于认真贯彻落实〈国务院实施民族区域自治法若干规定〉的通知》、卫生部《关于贯彻落实民族区域自治法,进一步加强民族地区卫生工作的通知》、国家开发银行《关于贯彻〈国务院实施中华人民共和国民族区域自治法若干规定〉的实施意见》、商务部《关于加快民族贸易发展的指导意见》、

国家民委、科技部、农业部、中国科协《关于进一步加强少数民族和民族地区科技工作的若干意见》等。

（一）中央层面的配套立法

《非物质文化遗产保护法》的配套立法应对少数民族或民族地区的非物质文化遗产保护作出特别规定，国家级非物质文化遗产代表作名录体系应向少数民族倾斜，已经公布的两批名录中少数民族的非物质文化遗产过少。并设立专项的少数民族传统文化发展基金。少数民族的传统生活方式在当今社会面临着环境恶化、旅游开发、工程建设等多方面的挑战，已经成为民族自治地方未来发展的一个瓶颈。《经济、社会和文化权利国际公约》第 15 条和《公民权利和政治权利国际公约》第 27 条确认了少数民族享有自己的文化、信奉和实行自己的宗教或使用自己的语言的权利。从国际人权法的角度，文化权利的一个重要方面就是少数人群体（包括少数民族）保持其固有生活方式及文化特性的权利，我们称之为"少数民族基本文化权利"，这也需要通过配套立法的方式加以解决。

此外，中央层面的配套立法还应包括《民族特需用品生产企业促进法（条例）》，其中应规定国家保障民族特需用品的生产，是保障少数民族权益、完善民族区域自治的重要手段之一。从民族特需用品生产企业的发展状况看，龙头企业少，知名品牌少，产业化程度低，这些企业与其他行业的企业相比处于弱势，因此，该法中主要应规定，政府对民族特需用品生产企业的扶持措施与管理措施，但以前者为主。政府必须通过政策和资金倾斜来促进民族特需用品生产企业的发展，比如降低经营的税费、贷款上的扶持、技术上的帮扶等。

进入新世纪之后，国家再次将民族教育的发展提上议事日程，制定了很多具体的鼓励民族教育发展的措施，如 2000 年《国家民委、教育部关于加快少数民族和民族地区职业教育改革和发展的意见》、2002 年《国务院关于深化改革加快发展民族教育的决定》、2004 年《教育部国家发展改革委国家民委财政部人事部关于大力培养少数民族高层次骨干人才的意见》、2005 年《国家民委教育部关于进一步办好民族院校加快民族高等教育发展的意见》等政策，有力地促进了少数民族高等人才的培养和民族地区政治经济和文化的发展。当前有必要将这些相关法律文件合并成为一部《民族教育促进法》。

《民族地区环境资源法》也应成为《民族区域自治法》重要的配套立法之一，我们认为，民族自治地方环境资源方面的最重要的问题，也是有别于一般地区的重大问题之一就是民族自治地方获得利益补偿的权利，《民族区域自治法》关于利益补偿的相关规定的具体内涵应进一步明确。该法主要解决以下问题：一是民族地区利益补偿；二是适合西部的环境影响评价；三是民族地区生物安全；四是归民族地区所有的资源权利的产权认定与登记制度；五是少数民族文化对环境特殊的依赖关系；六是适合民族地区的特色自然资源管理制度。

## （二）地方层面的配套立法

地方层面的配套立法也进展很快。就目前情况而言，155个民族自治地方，制定了135件自治条例、489件单行条例。自治州、自治县基本上完成了自治条例的制定，其他22个自治州和自治县的自治条例还在讨论中；较遗憾的是5个少数民族自治区的自治条例，易稿有的几十次，历时十几载，但始终不能出台。

地方层面的配套立法需要加强的是各省的贯彻实施《民族区域自治法》办法或《（散居）少数民族权益保护条例》；各民族自治地方已有自治条例的修订，尤其是五大自治区自治条例的创制；各地充分运用这一专有立法权，根据民族自治地方的实际情况，灵活制定单行条例等。

## （三）民族法的解释

全国人大常委会还应加强对《民族区域自治法》的解释工作。目前，民族区域自治法律、法规、规章及自治条例和单行条例在实施过程中存在的问题很多，有的甚至得不到有效执行，究其原因有的是法律规范本身在立法技术上存在问题，有的是法律规范的内容与客观现实脱节，要解决这些问题，除及时通过法定程序进行修改、补充外，对其中只是因立法技术产生的问题可以通过法律解释的方法来解决。

各级人大和政府应依法追究违反《民族区域自治法》的法律责任。比如，上级财政截留民族自治地方财政资金问题的法律责任；上级国家机关不履行相关对民族自治地方的帮助职责的法律责任等。

最高人民法院与最高人民检察院出台相关的司法解释，对各级司法机关在审理与民族有关的案件时，灵活适用相关法律，保护少数民族的合法权益。如对违反《民族区域自治法》、侵害少数民族权益的案件，可以根据《民族区域自治法》以及相关法律法规作出判决。对少数民族习惯法给予相应的尊重。只要不违反国际公认的基本人权，应尊重少数民族的特有纠纷解决机制。对涉及少数民族文化的纠纷或诉讼咨商本民族或当地有威望、有影响的民间人士。

各级人大常委会制定本常委会的工作制度，经常性地检查《民族区域自治法》的贯彻实施情况，对监督检查中发现的各种问题，督促有关部门及时加以整改。

国务院和地方各级政府定期听取所属职能部门贯彻实施《民族区域自治法》的工作汇报，对所属民族工作部门，要在人员编制和工作条件方面给予大力支持，增加工作经费，强化工作手段，以便更好地推进《民族区域自治法》的实施。

## 二、加大民族法的执法力度

国家的各级行政管理机关是实施民族法的主要国家机关，由于民族法具有特殊的内容、对象和目标,因此,在实施民族法的过程中,国家行政管理机关应当针对民族地区的实际情况,提高政府工作中的民族法制观念,严格依法行政,保障民族自治地方的自治机关行使自治权,改革民族地区的政府机构,提高行政效率。[①] 同时,还要依法管理民族地区的各项社会事务,如依法管理民族宗教事务,加强对民族地区经济和社会的法制管理等,进而促进民族地区经济和社会的全面发展。

再如,《民族区域自治法》第 20 条规定,上级国家机关的决议、决定、命令和指示,如有不适合民族自治地方实际情况的,自治机关可以报经该上级国家机关批准,变通执行或者停止执行;该上级国家机关应当在收到报告之日起 60 日内给予答复。同样没有规定如果上级国家机关不履行其职责应承担什么法律责任。然而,如果上级国家机关在收到报告之日起 60 日内仍不答复,该上级机关这种不履行职责的行为应承担何种法律责任呢?这时,应该明确规定该上级国家机关需承担的法律责任以及当事人的相应救济程序,在未来的《行政程序法》中应该规定具体的责任追究程序及与此相关的法律后果。故在民族区域自治法或其配套法规中专门针对不同主体的不同的违法行为设定严格的法律责任是民族区域自治法达到法治要求的重要措施。

此外,还应确定《民族区域自治法》中"法定公务协助"的范围。法定公务协助关系是法律、法规明确规定的应当进行的公务协助关系,很明显,《民族区域自治法》中规定的很多公务协助都属于这一范畴。如在第六章"上级国家机关的职责"部分,有不少关于上级国家机关应当怎么做的条文,第 55 条中规定,上级国家机关应当帮助、指导民族自治地方经济发展战略的研究、制定和实施,从财政、金融、物资、技术和人才等方面,帮助各民族自治地方加速发展经济、教育、科学技术、文化、卫生、体育等事业。第 58 条中规定,上级国家机关从财政、金融、人才等方面帮助民族自治地方的企业进行技术创新,促进产业结构升级。这些关于上级国家机关应当怎么做的条文就属于《民族区域自治法》规定的"法定公务协助"的范围,即上级国家机关必须按照法律的规定履行相应的作为义务。

### 三、加强对少数民族人权的保障

(一) 少数民族的公民权利与政治权利

在民族平等权方面,早在 1952 年,政务院《关于保障一切散杂居的少数民族成分享有民族平等权利的决定》中指出:一切散杂居少数民族,在社会生活的各个领域,均有自由保持或者改革其民族的生活方式、宗教信仰和风俗习惯的权利,别人不得干涉,并须加以尊重和照顾。此后,又有一系列的保障少数民族平

---

① 吴宗金、张晓辉:《中国民族法学》(第 2 版),法律出版社 2004 年版,第 193—194 页。

等权的法律规定,这也是我国保障少数民族公民权利的具体体现。

少数民族参与行使国家权力的权利受到特殊保障。为了保障少数民族行使选举权与被选举权,一方面要保证少数民族享有与汉族同等的选举权与被选举权,而在另一方面,又应当对少数民族行使该项权利予以特殊的照顾,对此我国的《宪法》、《选举法》、《民族区域自治法》均有明确规定,并集中表现在历届全国人民代表大会对少数民族代表的名额都制定了明确的分配方案。历届全国人民代表大会中,少数民族代表占代表总数的百分比,都为少数民族占全国总人口的比例一倍左右。即便是人口只有几千人的珞巴族、赫哲族、门巴族等,在全国人大也都有其代表。我国的《选举法》规定:"有少数民族聚居的地方,每一聚居的少数民族都应有代表参加当地的人民代表大会",同时还对各少数民族代表的选举作了特殊照顾性的规定。

这些法律规定落实到具体的各个民族自治地方,表现为少数民族有权在国家机关任职,自主管理本民族、本地区的内部事务。我国155个民族自治地方的人民代表大会常务委员会都由实行区域自治的民族的公民担任主任或副主任,自治区主席、自治州州长、自治县县长则全部由实行区域自治的民族的公民担任。民族自治地方的自治机关所属工作部门的其他组成人员中,依法合理配备实行区域自治的民族干部和其他少数民族干部。截止到2008年5月,全国少数民族干部总数已经达到了291.5万人。

(二) 少数民族的经济权利与社会权利

在少数民族的经济权利方面,2009—2010年,国家投入少数民族发展资金20亿元以上,促进经济社会加快发展,其中投入近10亿元,用于帮助人口较少民族聚居地区的基础设施建设、茅草房危旧房改造、群众生产生活条件改善、产业发展、群众增收和社会事业发展。继续支持边境地区经济社会发展,重点解决边境地区群众民生方面的特殊困难。优先解决少数民族特困村的贫困问题,基本实现具备条件的特困村通路、通电、通电话、通广播电视,有学校、有卫生室、有安全的人畜饮用水、有安居房、有稳定解决温饱的基本农田或草场的目标。[1]

同时,在工作权方面,国家重点强化对包括少数民族地区等经济困难、身体残疾、长线专业等有求职困难的毕业生的服务,选择部分经济欠发达、未就业毕业生数量大的城市作为重点联系城市,并确定与发达地区间建立跨地区招聘,开展劳务输出,促进毕业生就业。同时支持民族地区发展经济扩大就业,开展创业培训,完善就业服务体系,加大对民族地区就业再就业的资金支持。

此外,党和国家十分重视少数民族干部的培养和使用,155个民族自治地方的少数民族干部比例,普遍接近或超过少数民族人口占当地总人口的比例。人

---

[1] 《国家人权行动计划》(2009—2010年)。

事部已下发规范性文件,要求各地在公务员招录中,要采取为少数民族考生确定专门录用计划和职位、降低少数民族考生的报考资格条件、给予加分或降分照顾、使用民族语言文字进行考试等措施,对少数民族报考者给予适当的政策倾斜。

在少数民族的社会权利方面,国家建立和完善了养老、失业、医疗、工伤、生育保险制度,形成与当地经济和社会发展水平相适应的社会保障体系。2007年,卫生部支持西藏、内蒙古、宁夏、青海、云南率先实现新型农村合作医疗制度覆盖全省(区)农牧民,确保广西、新疆覆盖80%以上,还专门安排了西藏农牧民免费医疗资金,并把中西部地区中农业人口占人口比例高于70%的市辖区也纳入补助范围。

(三)少数民族的文化权利

1. 少数民族的风俗习惯权利得到了切实的保障。包括尊重少数民族生活习惯,尊重和照顾少数民族的节庆习俗,保障少数民族特殊食品的经营,扶持和保证少数民族特需用品的生产和供应以及尊重少数民族的婚姻、丧葬习俗等。同时,提倡少数民族在衣食住行、婚丧嫁娶各方面奉行科学、文明、健康的新习俗。《国务院办公厅关于严格执行党和国家民族政策有关问题的通知》(国办发[2008]33号)中重点强调了对少数民族风俗习惯的保障是各部门各地方政府的重要职责。

2. 参加文化生活的权利

国家积极创造各种条件,促进少数民族群众参加文化生活,享受文化成果。广电总局2006年安排1.8亿元更新改造5个自治区和四川、贵州、云南、甘肃、青海的中央广播电视覆盖工程基础上,2007年又安排9.27亿元对上述地区的电视发射机等设备进行更新维护,到2010年底前全面实现20户以上已通电自然村村村通广播电视。

3. 受教育权利

2006年3月起,国家率先在西部地区实施农村义务教育经费保障机制,仅2007年就安排资金619亿元。截至2006年年底,全国已有13个省、自治区21个民族的1万余所学校使用少数民族语言或双语授课,在校生达到600多万人,使用的少数民族语言达60余种、文字20多种,有10个省、自治区建立了相应的民族文字教材编译、出版机构,每年编译出版的少数民族文字教材达3500多种,总印数达1亿多册。

4. 语言文字权利

在中国,无论在司法、行政、教育等领域,还是在国家政治生活和社会生活中,少数民族语言文字都得到广泛使用。现在,中国共产党全国代表大会、全国人民代表大会和中国人民政治协商会议等重要会议上都提供蒙古、藏、维吾尔、哈萨克、朝鲜、彝、壮等民族语言文字的文件和同声传译。内蒙古、新疆、西藏等民族自治地方,都制定和实施了使用和发展本民族语言文字的有关规定或实施细则。

5. 宗教权利

民族自治地方的自治机关根据宪法和法律的规定,尊重和保护少数民族的宗教信仰自由,保障少数民族公民一切合法的正常宗教活动。截至2003年年底,西藏自治区共有1700多处藏传佛教活动场所,住寺僧尼约4.6万人;新疆维吾尔自治区共有清真寺23788座,教职人员26000多人;宁夏回族自治区共有清真寺3500多座,教职人员5100人。

**四、夯实民族法实施的物质基础**

民族地区经济社会的全面发展是民族法实施的物质基础,国家加大力气促进民族地区经济社会全面发展的同时,也夯实了民族法实施的物质基础。国家加大对民族地区的投入,民族地区的经济实力迅速增强。目前已将155个民族自治地方全部纳入中央财政直接转移支付范围,2007年对民族地区的转移支付额比去年增加54亿元,增长34.6%。

在具体措施方面,国家发改委在批复"十一五"期间有关地方建设规划、安排投资计划时,适当减免了民族地区配套资金,在农业和电力设施等项目上对少数民族集中的中西部地区实行较低的地方配套资金。交通部将在"十一五"期间进一步加快少数民族地区交通建设步伐,民族地区境内的国道主干线将于2007年全部贯通,西部开发省际公路通道2010年将基本建成。

2006年,国家安排中央预算内投资2亿元,专项用于扶持22个人口较少民族加快发展,此项投资持续至2010年。国家发改委2007年继续安排25亿元以工代赈资金支持民族地区,安排民族地区易地扶贫搬迁资金约7亿元,搬迁贫困人口14万人。国务院扶贫办继续安排北京等实力较强的10省市对口帮扶民族省区,继续执行全国帮助西藏的政策。

此外,商务部已经于2008年5月制定了《关于加快民族贸易发展的指导意见》,提出了加快民族贸易发展所面临的主要任务包括健全民族地区市场体系、保障民族地区生活必需品市场供应、培育民族贸易骨干企业、促进民族特色商品生产与流通、鼓励外商投资民族地区、加大民族地区贸易促进工作力度以及整顿和规范民族地区市场经济秩序,具体的促进民族贸易发展的措施包括落实民族贸易优惠政策、继续完善和实施重要商品储备政策、加大民族地区商务领域信息化支持力度、搞好民族贸易人才培训等多个方面。

在加强对民族地区经济发展的扶持力度的同时,更加重视对西部地区生态环境与资源的保护。财政部2007年继续安排西部地区退牧还草任务1.5亿亩,对退牧还草工程区给予围栏投资和饲料粮补助,加大对草原灭鼠、防火、飞播牧草等方面的支持力度。

**五、促进民族法的遵守**

1982年《宪法》第4条第3款规定:"各少数民族聚居的地方实行区域自治,设立自治机关,行使自治权。各民族自治地方都是中华人民共和国不可分离的部分。"第5条规定:"一切国家机关和武装力量、各政党和各社会团体、各企业事业组织都必须遵守宪法和法律。一切违反宪法和法律的行为,必须予以追究。任何组织或者个人都不得有超越宪法和法律的特权。"《民族区域自治法》在序言中也庄严地宣布:"《中华人民共和国民族区域自治法》是实施宪法规定的民族区域自治制度的基本法律,任何法律、法规、行政规章不得与之相抵触。"

民族法制建设是一项长期的系统工程,它的实施必然涉及少数民族和民族地区的政治、经济、文化等社会生活的各个方面,必然会产生一些新问题、新情况,同时,我国的民族问题的长期性、复杂性、重要性的特点依然存在。因此,必须加强民族政策教育,经常检查民族政策和有关法律的遵守和执行,为民族法制工作的顺利进行营造良好和谐的民族关系。《民族区域自治法》第72条明确规定,"上级国家机关应当对各民族的干部和群众加强民族政策教育,经常检查民族政策和有关法律的遵守和执行。"

## 第三节 民族纠纷及其处理

**一、民族地区纠纷的特点**

1. 纠纷总量呈上升趋势。主要原因是少数民族多居住在农村,在传统社会向现代社会转型的过程中,造就了农村传统和现代化的并存、融合与对抗。尤其是20世纪80年代以来改革开放和市场经济对传统的冲击,已使传统的力量变得十分弱小,农民在熟人社会中理性行动的逻辑及他们与此相适应的特殊的公正观,已不再受到诸如传统的组织力量与文化力量的约束,村庄社会关联度大为降低,农民成为原子化的个人。①

2. 传统纠纷仍然突出。婚姻、家庭、邻里、房屋、田地、山林、水利、债务等纠纷发生率高。例如,首先,婚姻纠纷发生的数量多、比重大。据统计,贵州省少数民族人口占75.38%的黔东南苗族侗族自治州,1991年共发生婚姻纠纷3482件,占全部纠纷总数的17.66%,居于首位。海南省少数民族地区199:年共发生

---

① 贺雪峰:《熟人社会的行动逻辑》,载《华中师范大学学报》(人文社会科学版)2004年第1期。

婚姻纠纷1604件,占全部纠纷数的19.9%,亦居各类纠纷之首。云南省西双版纳傣族自治州的5个乡婚姻纠纷占全部纠纷数的65%—92%,该比例是惊人的。其次,山地、林地纠纷频繁。少数民族地区多山水相连,加上有些地方对山林地界划分不细,实行承包责任制后,经常因此产生纠纷。①

3. 纠纷类型呈多元化趋势。改革开放以来,经济社会转型过程中,社会群体之间的利益出现多元化,由此导致纠纷的多元化和复杂化。除了传统常规性纠纷外,非常规性的纠纷如征地拆迁、知识产权、土地承包引发的纠纷也不断出现。如何综合有效地解决新出现的非常规性社会纠纷成为一个重要的新课题。

4. 纠纷敏感性强、易激化。由于少数民族地区的民间纠纷有的民族性特征明显,内含民族矛盾的因素,十分复杂。这类矛盾纠纷敏感性强,容易被各种因素所激化,引起大的纷争,甚至影响民族关系。比如有的族群之间很小的民间纠纷,如果没能及时得到处理或者处置不当,两人之间或两家之间的矛盾就可能演化成宗族之间或村寨之间的大规模械斗,后果十分严重。

正是由于民族纠纷的这些特点,也使得民族地区在纠纷解决的实践中探索出了不同的纠纷解决方式,主要有自行解决纠纷机制、民间纠纷解决机制、仲裁、行政解决纠纷机制、司法解决纠纷机制等,下面逐一加以论述。

**二、自行解决纠纷机制**

自行解决纠纷的方式一般有两种:一是消极解决——自我弃权;二是积极解决,包括自助行为、双方谈判、协商、和解等,有的也会利用社会力量来解决。这是一种古老的方式,在各少数民族群体中都广泛存在,它简单、快捷,占用社会资源少,只要其在合法范围内,国家干预较少。尤其在一些偏远欠发达地区,当纠纷当事人无法及时寻求到国家和社会权力的救济时,自行解决纠纷仍是人们解决纠纷的重要方式。采取第一种方式,不管是出于"退一步海阔天空"的宽阔胸怀抑或各种现实利弊的考量,有理的一方一旦主动放弃伸张自己的权益,纠纷往往随之化解。第二种方式下,有各种不同的表现形式,而且往往都带有很强的民族特色和地域特色,我们试举例说明:

通过动用社会力量协助个人自助行为的情况我们可以通过"邓进文耕牛被盗案"进行解读。云南省金平苗族瑶族自治县十里乡乡平村村民邓进文于1999年的一天清晨发现自己为防止在畜圈被盗而藏在山林之中的一头耕牛被盗。邓进文立即召集村中亲友10余人包括邓进文的侄女婿邓天有商议寻牛。约定按"老规矩"处理,即寻到牛和小偷后,先暴打小偷一顿,然后处以小偷2000元罚款,再用罚款宴请众帮忙者一顿饭,并把剩余的钱均分给众人作为误工补偿。众

---

① 刘力群:《少数民族地区人民调解工作浅述》,载《当代法学》1993年第1期。

人于当天赶赴越南,在越南寻到被盗的耕牛。其他人即先回平村,邓进文则为了赶牛留在越南过夜。众人才离开,越南人即向邓进文揭发邓天有是盗牛者之一。邓进文到达平村之后,发现邓天有已经因惧怕被打而外逃。于是众人到邓天有家中强行逼退要了2000元钱。邓进文用罚款宴请了众人,但是邓进文与其妻看到所剩余款数额颇大,于是违背前约,只发给众人每人20元钱作为酬劳,把剩下的钱据为己有。现在村民每每论及此事意见颇大,表示今后不再帮助邓进文。一个月之后邓天有回到平村,带了礼物向邓进文赔罪,邓进文没有殴打邓天有。①

在我国少数民族地区,还有一种特殊的纠纷解决方式:神明裁判。从学者对云南25个少数民族村寨的民间法调查来看,神判原来是少数民族普遍使用的一种审判方式,在哈尼族、独龙族、景颇族、瑶族、壮族、藏族、阿昌族、傣族、拉祜族、布依族的村寨调查中,都记录了神判的变迁,除了被调查的独龙族、瑶族和拉祜族村寨尚保留着神判传统外,其余各民族村寨中,神判已经成为历史。

必须要说的是,那种野蛮的以牙还牙、以眼还眼的血亲复仇和决斗等极端的"私了"方式是现代社会所反对的,也是国家法律所不允许的。还有那种弱肉强食,仗着己方实力压迫他人屈服的做法,由于给社会稳定埋下了隐患,也容易造成社会不公,因此也是我们所反对的。

### 三、民间社会解决机制

民间社会解决纠纷机制主要是民间社会各种力量对纠纷当事人的斡旋、劝导和调解。调解是一种在第三方参与、主持下,根据双方当事人的合意解决纠纷的方式。在该过程中,"纠纷主体在一名或多名中立者的协调下,系统地对纠纷中的争点进行分析。考虑各种可能的解决办法,最终达成一个能满足各方需要的解决方案。"②调解往往要依据的民间法包括:禁忌、习俗、习惯、习惯法、村规民约、宗教教规戒条等民间规范,它们是乡土社会的"活法"。解决纠纷的主体使各种社会权威,在不同的地域,各种权威的地位和影响力各不相同。不同权威之间往往还呈合作态势。

作为一种古老、传统的解决民间纠纷的方式,民间权威调解靠的是权威者的威信、血缘地缘关系、宗法制度、乡规民约、村规民约等,所遵循的是传统的礼仪道德规范和民习良俗,一旦调解成功,纠纷双方即自觉遵守。少数民族在传统上有自己的民间权威,少数民族群众把这些民间权威的教导视为金科玉律。

(一) 亲友邻里调解

家庭内部出现纠纷时,一般都在内部自己解决,"不外扬"。有时候民事纠

---

① 王启梁:《社会控制与秩序——农村法治秩序建构的探索》,云南大学2005年博士论文。
② 齐树洁:《纠纷解决机制的演变与ADR的发展》,载《福建法学》2002年第1期。

纷和轻微的刑事纠纷也由亲友或者邻里中的长者、有威信的人出面说和、调停，规劝双方当事人谅解、让步，由于邻里和亲友与当事人交往较多，平时了解较深，这种调解往往能及时有效地化解矛盾，是民间调解的重要组成部分。例如，2000年对贡山县丙中洛乡小茶腊社25户独龙族的调查就显示出上述纠纷解决选择趋势：家庭内部产生纠纷时，由家庭内部自己解决的占62.5%，乡亲邻居调解的占12.5%。与邻里在生产生活中产生纠纷时，由双方家庭和解的是25%，乡亲邻里调解的是50%，村干部调解的是16.67%，家庭中长辈调解的是8.33%，法院调解途径为零。[①] 对于家庭内部的纷争，有些民族通常还由母舅运用"舅权"来主持调解纠纷，"天上的雷公、地上的舅公"，母舅在不少民族中有着特殊的地位。

（二）家族（宗族）调解

家族（宗族）中的族长、威望长者调解族内邻里纠纷是传统的解纷方式之一。虽然严格的宗法制度已经被破除，但是这一调解方式在农村仍然比较普遍。家族（宗族）调解是以少数民族社会中的血缘关系为基础的，因此我们可以看到一种现象：在同一民族的聚居区民间调解解决纠纷情况较普遍且成功率较高，而在多民族杂居区其比例要低一些，且成功率也要低。

（三）部落、村寨头领调解

历史上，少数民族部落、村寨的头领在解决本部落、本村寨内部纠纷中发挥过重要作用。例如，壮族的"寨老"、苗族的"榔头"、瑶族的"石牌头人"、侗族的"理老"、傣族的"寨父寨母"、藏族的"寨首（错米）"等等，他们是民间纠纷的天然调停者。尽管这些"寨老"、"师公"们现今的地位已经远不如前，但是他们对村寨中的公共事务仍然发挥着或大或小的作用。例如有些地区的哈尼族夫妻在离婚时仍然遵守着"砍木休妻"的习俗，即离婚时夫妻双方通常会找有威望的老者作为见证人，然后将一段小木棍砍成两截，各取一半，以此作为离婚的证明，而所找的见证人往往就是村中的"寨老"。而且，"寨老"还会通过参与到村委会的人民调解中发挥影响。

（四）宗教调解

作为一种历史文化现象，宗教仍将伴随着人类社会的发展而长期存在。我国很多少数民族都有宗教信仰，发生纠纷时，通过宗教组织和宗教人士调解解决的不在少数。在云南的一些苗族村落里，苗族群众倾向以"大事化小，小事化了"的方式来化解矛盾，很多人表示从未有过上法院的念头。在问卷调查中，选择通过自行谅解来解决纠纷的占17.9%，另有56.4%的村民选择找村委会，

---

[①] 郑维川：《独龙族》，云南大学出版社2001年版，第100页。

28.2%村民愿意寻求教会方面的调解。① 穆斯林之间发生纠纷时,也经常在清真寺排解纠纷,评判曲直。"伊协"、清真寺等宗教团体和组织以及阿訇、"活佛"等各类宗教神职人员在少数民族群众中有一定的威望,发挥他们在化解矛盾纠纷方面的作用,能使问题尽早尽快地得到解决,有利于社会的和谐稳定。

### 四、现代民间调解

#### (一)人民(调解委员会)调解

人民调解是指在人民调解委员会的主持下,依法对民间纠纷当事人说服教育、规劝疏导,促使他们在平等协商、互相谅解的基础上达成协议,从而消除纷争的一种群众自治活动。人民调解委员会是村民委员会和居民委员会下设的调解民间纠纷的群众性组织,在基层人民政府和基层人民法院指导下进行工作。人民调解是我国特有的一种解决民间纠纷的制度,是现行调解制度的一个重要组成部分,在整个矛盾纠纷解决机制中,发挥着基础性作用。

民族地区的很多村委会还懂得利用民间传统权威的力量来化解纠纷。村委会或者村委会下属的调解委员会在调解纠纷方面经常依靠传统民间权威的配合来完成工作。以贵州省贵阳市花溪区石板镇的镇山村为例。镇山村是城市郊区的一个布依族聚居村寨,其自治组织——村民委员会依照国家法律合法选举产生。镇山村村民委员会在对民间纠纷的调解过程中都会邀请村中有一定威信的前辈参与,这实际上是传统上寨老调解纠纷制度的延续,使村民委员会调解与寨老调解制度很好地结合起来,深得纠纷当事人的信任,保证了调解的成功以及调解协议的顺利实现。②

但是,问题也不是没有的。人民调解制度作为一项深受广大人民群众欢迎的具有浓厚中国特色的法律制度,却在近二十年来呈现出萎缩的趋势。据法律年鉴资料统计,在20世纪80年代,调解与诉讼的比例约为10∶1(最高时达到17∶1),到2001年却降至1∶1。③ 而且,在有些民族地区,传统与现代之间似乎并没有实现很好地衔接。

#### (二)社团(行业)组织调解

简言之,社团调解就是由社会团体进行的纠纷调解活动。社会团体又称社团组织、非政府组织、社会中介组织等。根据我国1998年10月25日发布的《社会团体登记管理条例》第2条的规定,社会团体"是指中国公民自愿组成,为实

---

① 徐少君、王启梁:《少数民族社区宗教传统与法律意识的个案研究》,载《云南大学学报》(法学版)2005年第6期。
② 罗英姿、班林涛:《镇山村民族民间纠纷调解问题的调查与思考》,载《贵州民族研究》2008年第2期。
③ 江伟、廖永安:《简论人民调解协议的性质与效力》,载《法学杂志》2003年第2期。

现会员共同意愿,按照其章程开展活动的非营利性社会组织。国家机关以外的组织可以作为单位会员加入社会团体。"可见,社会团体是群众性组织,对自己的成员负责。对于成员间或者成员和其他个人、单位间发生纠纷,团体一般会出面进行调解,解决争议。社团调解属于民间调解的一种。目前,有的地区正在探索和尝试在社团组织内建立调解委员会,专门调解纠纷。

在少数民族地区,除了一般的社会团体以及各类行业组织外,有些民族还有自己的社会团体,如广泛存在的少数民族联谊会等,这类团体是政府与少数民族群众之间的桥梁和纽带,对于处理民族地区民间纠纷甚至民族纠纷都起着积极作用。

**五、仲裁**

仲裁是解决争议的一种方式,即双方当事人在争议发生前或争议发生后达成协议,自愿将争议交给仲裁机构作出裁决,该裁决对双方都有约束力。仲裁制度在我国家确立后,对于我国的纠纷解决机制的多元化起到了重要作用。我国的仲裁委员会在受理争议案件时,还充分发扬了我国传统的调解做法,将调解与仲裁相结合,在当事人双方自愿的前提下,能调则调,但调解并不是仲裁的必经程序。那么,仲裁制度在我国少数民族地区的实施状况又如何呢?我们这里以土家族为例说明。

我们认为,仲裁制度在以土家族为代表的少数民族地区运用较少的原因可能有:其一,我国《仲裁法》规定的仲裁范围限于合同纠纷和其他财产权益纠纷,而部分不涉及财产请求的公民名誉权和隐私权的侵权纠纷则显然被排除在外了;其二,《仲裁法》第3条规定,婚姻、收养、监护、继承纠纷不能仲裁,而这些纠纷又恰恰都是包括土家族在内的各民族经常发生的纠纷;其三,由于民族地区群众大多对仲裁制度确实缺乏足够了解,也很难达成合意选择仲裁这一纠纷解决方式;其四,目前仲裁手续仍较为繁琐,收费标准也高于法院诉讼;其五,"一裁终局"是把"双刃剑",一方面它有高效便捷的优点,另一方面,当事人一旦遭到不公正对待,只能去法院申请撤销裁决,而如果法院判决不予撤销,当事人又不能上诉,最终将造成难以挽回的损失。另外,仲裁机构自身没有强制执行权,一旦一方当事人不主动履行仲裁裁决,另一方当事人最终还得去法院申请执行,这也导致当事人遇到争议的第一反应往往是"上法院"而非"找仲裁"。因此,要充分发挥仲裁制度在民族地区纠纷解决机制中的地位和作用,就必须努力提高少数民族群体的整体文化素质,加大法律的宣传普及力度,同时要进一步完善有关的制度建构,使当事人有足够的信心选择仲裁。

## 六、行政解决机制

行政性纠纷解纷机制,是指由行政机关解决各种纠纷的机制,包括行政调解、行政裁决、行政复议、信访等多种形式。通过行政机关解决纠纷,既能保证处理纠纷的权威性,又能减轻司法机关日益增大的压力。

## 案例分析

行政机关在调解具体纠纷的过程中,除了依靠国家法律和政策外,也往往要考虑到民间风俗、习惯法等民间规范,例如2004年1—2月发生在云南省临沧市临翔区下某乡两个自然村关于一块"仙石"的纠纷解决过程就说明了这一点。2004年1月该乡下A村村民把B村境内一块传说是有"仙气"的石头抬到A村村口,以获好运。B村村民知道此事后情绪激动,很快结群成队,当夜就到A村索要"仙石"。在争吵中A村村民打伤了B村村民。于是导致两个自然村出现群众情绪激动,若处理不当就会导致两村大规模械斗。当地政府及相关部门介入此案后,首先在所有权权属上进行确认,认为"仙石"所有权确属B村。对此两村都没有争议,问题是应如何把"仙石"抬回原处,B村提出A村应举行仪式,并在A村抬回的路上要放鞭炮。这一要求A村村民不能接受,因为按照本地民间信仰,这将对A村产生不利影响。同时"仙石"本应由A村村民抬回放回原处。但当地政府担心,若A村村民在抬"仙石"回去的路上出现"仙石"损坏等问题,纠纷将更为激化。最后选择由相邻的C村村民来抬,因为C村与B村相近,且有共同利益,但在此纠纷中没有卷入,同时满足A村的要求,在抬"仙石"出A村时不放鞭炮,但A村得杀猪请客向B村道歉。此纠纷最后得到顺利解决的根本原因在于灵活运用了国家法与传统习惯,解决程序上也认可了民间的一些方式。[①]

当然,需要指出的是,过去相当长一段时间以来关于行政调解的性质以及行政调解的效力的争论一直还在延续,由此产生的影响也在继续,行政调解的作用没有得到充分的发挥。

在我国少数民族地区,通过行政裁决来解决纠纷也广泛地存在,其中最常见的是森林、土地、草原、矿产、水面、滩涂等自然资源的权属方面的争议。以林权纠纷为例,少数民族地区林权纠纷的原因比汉族地区更复杂,类型多样,既有村

---

① 胡兴东:《西南少数民族地区多元化纠纷解决机制的构建》,载《云南社会科学》2007年第4期。

民之间的纠纷、也有村民与集体之间的纠纷,还有集体与集体之间的纠纷;村内、乡内的纠纷居多,但也有县际、州际甚至省际纠纷,涉及面极广。尤其在我国林权制度改革的大背景下,如何综合妥善处理好少数民族群体间的林权纠纷已成为当务之急。行政裁决较司法诉讼更柔性,较行政调解和民间调解又更具刚性,因此,有些纠纷可以通过协商解决,有些可以通过"族长"、"寨老"、村委会等民间权威调解解决,有些则适合由各级行政机关进行有效地调解,而有些纠纷必要的时候还得靠行政机关作出具有"权威性"的行政裁决。当然,行政机关的行政裁决权是一种国家行政权,使用它处理民族地区的纠纷时要保持谨慎,要充分吸收利用民族习惯法因素,以取得最佳的效果。

**七、司法解决纠纷机制**

现代社会强调司法权强化与统一,司法诉讼已成为解决纠纷的最后但也是经常用的途径。随着少数民族权利意识的增强,进入新世纪以后,总体而言,少数民族民众运用司法诉讼途径维护自己权益的频率在逐步增加。在所有的纠纷解决手段和制度中,诉讼的数量和所占的比例也在迅速提高。司法解决纠纷主要是法院调解和法院判决两种形式。

(一) 法院调解

法院调解,又称诉讼中调解,是一种特殊的调解活动,是指诉讼中双方当事人在法院审判人员的主持和协调下,就争议的问题在自愿、平等的基础上进行协商,从而解决纠纷的活动和诉讼制度。一般认为,法院调解只存在于民事诉讼中和刑事附带民事诉讼中,行政诉讼和刑事诉讼不能调解。

除法院调解外,其他方式的调解如民间调解、人民调解、行政调解、仲裁调解等,都不具有诉讼性质,调解所达成的协议一般不具有强制执行的效力。法院调解是一种诉讼内纠纷解决机制,它既是法院的一种诉讼活动,也是法院结案的一种方式,这是法院调解与民间调解的一项最根本的区别。少数民族当事人选择法院调解一个重要动力就在于法院调解的权威性和强制执行力。

调解制度强调纠纷的彻底解决,重视当事人与法院的合作以及当事人之间的协商,追求的是一种妥协的正义,同时注重成本的降低,而判决过程则并不必然要求当事人完全的合作,追求的是法定的正义。比如当事人不出庭时,法官可以作出缺席判决。这是调解与判决的一个重大差异。

民族地区法院的调解与一般地区法院的调解本质上并无不同,但是具有自己的特点,即比较注重依当地的风俗习惯来进行调解。

## 案例分析

以法院调解解决的社会纠纷的一个典型是发生在 2004 年 10 月孟连县傣族拉祜族佤族自治县某傣族村的一案件。该县内某村寨中一位傣族男性公民 A 认为该村另一村民 B 强奸了其妻子,当地派出所与司法部门调查后认为证据不足,不予受理。为此,当事人 A 不服,在村寨内传播 B 村民有强奸行为,损坏了 B 村民的名誉,导致 B 村民和其妻子不能正常生活。虽然当地司法部门对 A 进行了批评教育,当事人 A 还是不服,并宣称要与 B 一命抵一命。无奈 B 村民只好向当地法院起诉。受理后法庭在调解时仍然不能解决,反而有激化矛盾的趋势。2005 年 3 月法院提出按当地习俗来解决,当事人双方立即同意,最后按照当地习俗由法官主持进行了"请客"解决。①

很多法院在探索和尝试吸纳民间的权威参与到调解当中,以求调解收实效。例如,宁夏回族自治区海原县人民法院结合民族地区特点,大胆探索人民法院重大案件多元化调解方式。2007 年 5 月,海原县法院制定的《特邀调解员实施办法》规定,现担任自治区、市、县人大代表、政协委员的宗教界知名人士,可参与调解人民法院重大交通肇事、刑事附带民事赔偿案;涉及众多群众房屋拆迁和征地补偿和法院多次调解未果、且在当地有影响的民商事和刑事附带民事赔偿案件。办案法官在案件诉讼过程中,经过三次调解未果,认为邀请特邀调解员有调解可能,在报告主管院长或院长同意后,特邀调解员在法官的主持下,凭"人民法院邀请函"参与案件调解。② 实践证明,这种以依法调解为主导,集法院调解与民间调解与一体的诉讼调解方式,更易于被民族地区的群众所理解和接受,调解成功率高,社会效果好。可见,国家力量与民间的力量有效整合对于解决纠纷具有十分重要的意义。

(二) 法院判决

有些纠纷当事人之间冲突较深,分歧较大,难以达成调解,就必须"当判则判"了。尤其是对于一些新型的纠纷,传统的纠纷解决机制难予以解决的,这时就不得不诉诸法律,依靠现代诉讼的方式来解决纠纷、维护自己的合法权益,而这类纠纷的当事人之间往往在观念上差异较大,难以达成调解,最后只能用判决的方式结案。典型的如我国首例涉及少数民族民间文学艺术作品保护问题的《乌苏里船歌》案。

---

① 官波:《法律多元视野中的西南少数民族习惯法》,云南大学 2005 年博士学位论文,第 41 页。
② 周崇华、刘学军:《邀宗教人士参与案件调解》,载《法制日报》2007 年 7 月 10 日,第 5 版。

这一案件的处理符合"能调则调,当判则判,调判结合,案结事了"的审判原则。另外,"乌苏里船歌案"是少数民族民间文艺作品著作权纠纷的典型案例,同时该案也把少数民族文化保护的重要性和紧迫性展示在世人面前。关于该纠纷的解决,值得一提的是,据学者对赫哲族群众的调查访谈发现,虽然官司赢了,但是仍然有部分群众对此持保留意见,有的甚至认为"不应该起诉,郭颂对赫哲族是有贡献的"。当地赫哲族人的心情是矛盾的,一方面是民族的文化遗产,祖祖辈辈留下来的东西让人占有;一方面是自己的"恩人",究竟该怎么办?但他们明白,这首歌是赫哲族世世代代流传下来的,郭颂是"赫哲族荣誉渔民",对赫哲族有很大的贡献,是他们的恩人,应该予以肯定。但也决不允许这些艺术家侵犯他们的民族权利。这表明,他们是有很强的权利意识的,知道自己的权利受到了侵犯,也知道应该拿起法律武器保护自己民族的东西。[①] 在整个案件的审理过程中,赫哲族人民尊重历史,尊重事实,文明打官司,没说过一句过头话,没讲过一句损伤友情的言语,因而得到世人的支持和赞许。就是在案件胜诉之后,双鸭山市赫哲族研究会会长吴慧仍然表示:尽管我们赢得了法律的认可,但在感情上,《乌苏里船歌》一案的出现,是我们每位赫哲族人都不愿看到的事实。在长期交往中,赫哲族人民对郭颂老师都是十分景仰的,热爱之情难于言表,今后我们一如既往地爱戴这位老歌唱家、艺术家,我们衷心地希望这小小的不愉快不会影响我们建立四十年的浓厚感情,愿它像乌苏里江水上的一片落叶一样,随波而逝。吴慧的话,道出了全体赫哲族人的心声,展示了赫哲族人宽宏的胸怀。[②] 这同样反映了赫哲族人在解决纠纷方面的文化态度,正式的司法诉讼是他们最后的无奈选择。

需要指出的是,解决纠纷的具体程序并非每一个纠纷解决所必经的,有的纠纷在前一阶段就已解决,并不进入下一阶段;有的可能越过中间的阶段直接进入了下一阶段。有的到了该阶段之后就不用进入下一阶段,比如仲裁实行的是"一裁终局",经过仲裁后纠纷就已解决,一般不再提起诉讼;有的地区还设有村公所作为乡镇政府在村里的派出机构,纠纷在提到乡镇之前可能还会经过村公所的调处;而且,按照对法院审理案件要"案结事了"的要求,即使法院最终对一个纠纷作出了裁判,该纠纷如果仍然没有得到平息,为了防止矛盾的激化,有可能还要回到前面的某一阶段。例如在个别情况下,当事人没有经过前面各阶段的处理,直接向法院提起了诉讼,一旦某一方对诉讼结果不满引起矛盾激化,有可能还得依靠其他的途径来化解。

---

① 田艳:《〈乌苏里船歌〉案与少数民族文化权利保障研究》,载《广西民族研究》2007年第4期。
② 田丰:《乌苏里江源远流长》,载姚中绪、王吉厚:《赫乡散记》,天马出版有限公司2005年版,第321页。

## 第四节 民族法的监督保障机制

正如列宁同志指出的,国家制定法律法规后,要使其得到有效实施,一是对法律的实行加以监督,二是对不执行法律的加以惩办。随着我国民族法制建设的不断完善,作为我国法制监督体系组成部分的民族法制监督体系也日趋完善,初步形成了以国家机关监督、社会舆论监督和人民群众监督为主的社会主义民族法制监督体系。民族法律法规的执行和实施的监督工作在民族法制建设中同样具有重要作用,也是当前民族法制建设的一个薄弱环节。

### 一、民族法监督的含义

民族法监督也称民族法实施的监督,它是指由国家机关、社会组织和公民对民族法实施活动的合宪性、合法性、合理性所进行的监察和督导的活动的总称。有法可依为民族区域自治法制建设顺利进行提供了必备条件,民族立法要想达到立法者最初设计的目的,必须借助完善民族法实施监督机制来完成,否则国家的民族法制体系是不健全和不完善的,立法的目的也无法实现。民族法制的监督是民族区域自治法制建设的重要环节,但在现实中却又是最薄弱的环节。因此,完善民族法制监督就成为完善民族区域自治法制建设的主要内容。自《民族区域自治法》颁布以来,民族立法无论从内容上还是数量上都取得了瞩目的成绩,立法体系进一步完备,但是在监督环节上,存在着民族法监督方面的法律规定过于笼统、操作性不强、程序约束不力等状况,致使有的地区监督流于形式。我国宪法明确规定,国家维护社会主义法制的统一和尊严。但是,我国的民族法制建设,在实施过程中,还存在许多影响民族法实施效果的问题,加强民族法制监督体系的建设是我国社会主义法制建设尤其是民族法制建设的重要任务。因此,增强社会的民族法制意识,树立民族法的权威,健全民族法制监督体系,明确监督主体,明确监督标准和准则,完善审查监督机制和实施争议解决机制等等,都是民族法制监督体系建设解决的重要问题。

### 二、民族法制的宣传与普及

加强民族法制的宣传与普及,做好普及民族法制工作是贯彻民族区域自治制度,推进依法治国的需要。民族法制建设是依法治国的重要方面,加强民族法制的宣传与普及工作,可以促进汉族地区和少数民族地区基于法律基础之上的良性互动,争取社会各方面的理解、配合和支持,从而推进民族法治建设的进程。但是由于种种原因,民族地区干部群众的法制观念相对淡薄,维权意识较差,不能充分利用国家法律法规赋予民族地区和少数民族的特殊权利谋利益,民族地区的干部群众的法律意识、权利意识、责任意识都有待提高。作为我国协调和处理民族关系的主要方式,民族法律法规涉及的范围和层次十分宽泛,并不仅局限于少数民族和民族自治地方,在一定程度上,甚至还会涉及社会的各个领域,故此,搞好民族法制的宣传教育工作具有非同寻常的意义。

通过"一五"普法(1986—1990年)到"三五"普法(1996—2000年)十多年的普法教育,特别是从"三五"开始至今,我国一直将《民族区域自治法》纳入全国普法计划,民族法的普及和宣传教育工作取得了较大进展。"经过十多年的普法宣传和教育,全国约8亿以上普法对象参加了民族法律、法规的学习,为民族法制建设,特别是自治法的实施打下了坚实的思想基础和创造了良好的社会环境。

**三、民族法制监督体系**

我国的民族法制监督体制建设工作,作为我国法制尤其是民族法制建设的一个重要组成部分,经过多年的建设,特别是1992年中央民族工作会议上,江泽民同志提出"到本世纪末,要形成比较完备的社会主义民族法规体系和监督机制"。加快了民族法制监督体系建设的步伐,初步形成了以国家立法机关、行政机关、社会团体和公民特别是各民族干部群众监督为主的民族法制监督体系。

(一)民族立法监督

我国民族立法监督是指有权的监督主体,依照法定的职权和程序,对民族立法活动进行监督和检查的活动的总称。现行立法监督体制中,有权实施立法监督活动的主体可以分为两大类:权力机关和行政机关。

1. 立法机关的监督。民族立法监督的内容主要包括:(1)全国人民代表大会有权改变或撤销全国人民代表大会常务委员会不适当的有关处理民族关系的决定;(2)全国人民代表大会常务委员会在全国人民代表大会闭会期间,对全国人民代表大会制定的民族法进行部分补充和修改,但是不得同该法律的基本原则相抵触;(3)全国人民代表大会常务委员会有权撤销国务院制定的同宪法、法律中有关民族法的内容相抵触的行政法规、决定和命令;(4)全国人民代表大会常务委员会有权撤销省、自治区、直辖市国家权力机关制定的与宪法和法律有关民族法的内容相抵触的地方性法规和决议;(5)省、直辖市和省、自治区人民政府所在地以及经国务院批准的较大的市的人民代表大会及其常务委员会的地方立法不得与宪法、法律、行政法规以及上级人民代表大会制定的地方法规中有关民族法自治区制定的规定相抵触;并要经过法定的备案或批准程序;(6)自治条件和单行条例,报全国人民代表大会常务委员会批准后生效;自治州、自治县的自治条例和单行条例,报省或自治区的人民代表大会常务委员会批准后生效,并报全国人民代表大会常务委员会备案。

2. 行政机关的立法监督。国务院的立法监督职权主要有：有权改变或撤销其所属各部门发布的不适当的命令和指示；有权改变或撤销地方各级国家行政机关的不适当的决定和命令；有权改变或撤销不适当的部门规章和地方政府规章；制定地方性法规要以不同宪法、法律、行政法规相抵触为前提；部门规章规定的事项应当属于执行法律或国务院的行政法规、决定、命令的事项；地方政府规章规定的主要事项之一应当属于执行法律、行政法规、地方性法规的事项；部门规章之间、部门规章与地方政府规章之间对同一事项的规定不一致时，由国务院裁决；地方性法规、自治条例和单行条例、部门规章和地方政府规章，均应当报国务院备案。国务院在中国立法体制中的地位，决定了国务院的立法监督权在中国这样的单一制国家对保持法制统一特别是立法的统一，有重要的意义。从监督方式上看，"改变"和"撤销"，是事后监督法律文件的不同的两种方式。而"批准"和"备案"，是事先审查法律文件的不同的两种方式。2001年修改的《民族区域自治法》增加了自治州、自治县的自治条例和单行条例向国务院备案的规定。

（二）行政监督

我国《宪法》规定了国务院有"领导和管理民族事务，保障少数民族的平等权利和民族自治地方的自治权利"的职权。可以说长期以来，民族法制的实施效果并不是十分理想，除了立法等原因外，缺乏外部的检查监督也是一个极为重要的原因。民族法的执法检查工作通过汇聚各地贯彻实施《民族区域自治法》、《草原法》等的成功经验，发现存在的各种问题，听取各方面意见和建议，并通过执法检查对少数民族地区的群众进行民族政策、民族法律知识宣传教育，增强了当地群众的民族法治意识，民族法的执法检查工作为民族立法工作、民族法的贯彻实施、完善的民族法律实施监督检查机制等方面积累了素材和依据。通过执法检查工作，旨在发现和解决民族地区的法律、法规在实施当中存在的突出问题，对《民族区域自治法》及其配套法规的贯彻落实形成了极大的促进和推动。但是我们要也看到，执法检查的内容仅限于诸如《草原法》及散居少数民族权利保障等特定方面，涉及的规模和领域还比较窄，监督的力度也不强，威慑力不高。

（三）司法监督

民族法的司法监督，主要由人民法院和人民检察院对违反民族区域自治法律、法规的案件，依法起诉，依法审理。人民检察院是国家的法律监督机关，受理破坏民族法制的案件，受理有关公民对违反《民族区域自治法》的单位和个人提出的控告，行使检察权；人民法院是国家审判机关，通过审理违反《民族区域自治法》的案件，教育公民自觉地遵守《民族区域自治法》。在这一时期，民族地区各级司法机关采取了各项有力措施，对破坏民族区域自治制度的犯罪活动予以严厉打击，同时，在处理民族地区民族纠纷过程中，坚持原则性和灵活性的统一，从团结的愿望出发，向群众宣传民族宗教政策，宣传法律，注意联系当时特点，把民事纠纷、刑事案件与民族、宗教问题区分开来,对这类纠纷注重调解,发生在民族地区的严重刑事犯罪活动既不是民族问题,也不是宗教问题,依法打击。这些举措极大地维护了民族地区的社会稳定,保障了人民生产生活秩序。

(四)社会监督

社会监督范围不断扩大,人民法律意识不断增强。民族法涉及社会关系的各个方面,民族法的社会监督机制是人民群众对民族法实施的监督,但这种监督的作用是不容忽视的,民族法的社会监督是国家机关民族法监督机制的必要补充。民族法的社会监督主体主要包括社会团体、大众传媒和公民个人等。他们对民族法制的实施进行监督的内容有:向有权国家机关提出批评、建议、申诉、控告、检举和起诉,进而促使行政机关依法行政;揭露和曝光违法行为,为有权国家机关的监督提供信息,使之采取有法律效力的监督措施和监督行为,进而实现对国家机关及其工作人员的有效监督。

民族法的监督是多样化的。既有权力机关的监督,通过各级人民代表大会及其常务委员会的活动,对民族法的实施进行有效的监督,还有行政监督,特别是人民群众的参与所进行的社会监督。同时,从法律监督层次讲,有宪法监督,还有《民族区域自治法》和相关配套法律的法律监督;从监督方式讲,"批准"和"备案"、"改变"和"撤销"等方式。可以说民族法的监督体系已初步形成。

**四、民族法的执法检查**

民族法实施监督是我国法制监督的重要组成部分,对于民族法的有效贯彻落实具有重要作用,而执法检查又是民族法实施监督的最重要的手段之一。根据《国务院机构改革方案》(1998)和《国务院关于机构设置的通知》(国发[1998]5号)的规定,1998年设置了国家民族事务委员会,主要职能主管国家民族事务,其中最重要的一项具体职能就是:监督实施和完善民族区域自治制度建设、监督办理少数民族权效力保障事宜,组织指导民族自治地方逢10周年庆祝活动;同时《国家民族事务委员会"三定"方案》规定了国家民委有"管理有关民族区域自治制度的建设和贯彻实施《民族区域自治法》的事宜",并"会同有关部门……检查民族政策、法律的执行和实施情况"的职责。按照上述规定,国务院和国家民委多次深入民族地区进行视察和检查工作。执法检查、听取和审议专题工作报告,国家行政机关监督的主要形式。为了及时发现民族区域自治法实施中的问题及听取修订的相关意见,1998年,全国人大民族委员会组成7个视察组到10个省、自治区检查《民族区域自治法》的贯彻实施情况,同时,召开座谈会,征求了这10个省、自治区及其所辖的15个自治州、17个自治县对《民族区域自治法》的修改意见。

2006年,全国人大常委会22年来首次检查《民族区域自治法》实施情况,标志着民族法实施监督工作迈上新台阶,是我国民族法实施监督的里程碑。以全国人大常委会首次检查《民族区域自治法》实施情况为契机,加强和完善民族法实施监督,为少数民族和民族地区全面建设小康社会、构建和谐社会和建设社会主义新农村提供强有力的民族法制保障。

2006年7月至9月,全国人大常委会组织执法检查组,对《民族区域自治法》实施情况进行了检查。这是该法颁布实施22年来,由全国人大常委会组织的第一次执法检查。检查的重点是上级国家机关帮助民族自治地方加快经济社会发展情况和《民族区域自治法》的配套法规建设情况。

国务院各有关部门针对《执法检查报告》所提问题和建议,结合本部门职责,提出了许多具体的改进措施,主要有:关于民族地区配套资金减免;关于财政转移支付;关于资源开发补偿;关于生态建设和环境保护补偿、关于扶贫开发;关于教育、卫生和社会保障等事业发展;关于公务员招考;关于制定实施自治法和《若干规定》配套规章和政策文件。2007年7月27日,国家民委对前述工作进行了总结,形成"关于落实全国人大常委会检查组对民族区域自治法实施情况意见和建议的报告",通过国务院办公厅向全国人大常委会办公厅进行了汇报。

## 第五节　民族法律责任

如果对我国现行《民族区域自治法》进行分析,就会发现,目前我国《民族区域自治法》无论在形式上还是在内容上,都不足以实现现代法治目标。就其法律责任制度而言,我国《民族区域自治法》虽然广泛赋予民族自治地方自治权,但却没有规定违法行为以及违法行为应承担的法律责任。从民族区域自治法法律关系的主体来看,它包括民族自治地方自治机关、民族自治地方的人民法院和人民检察院、上级国家机关、少数民族和少数民族公民以及国家。这些主体在民族区域自治法中享有不同的权力或权利,对于民族自治地方、人民法院和人民检察院、上级国家机关和国家而言,其权力的行使严格受到法律的制约,不仅不能转让,而且不能抛弃和懈怠。

### 一、刑事责任

《刑法》第249条规定了煽动民族仇恨、民族歧视罪,第250条规定了出版歧视、侮辱少数民族作品罪,第251条规定了非法剥夺公民宗教信仰自由罪和侵犯少数民族风俗习惯罪。这些都是从国家刑事立法的角度规定的对侵害少数民族权利的行为进行惩处,也是从事后惩罚与补救的角度规定对少数民族权利的保障。此外,《出版管理条例》第26条中规定了任何出版物不得含有煽动民族仇恨、民族歧视,破坏民族团结,或者侵害民族风俗、习惯以及危害民族优秀文化传统的内容。第 56 条、第 57 条中规定了对上述行为及其相关行为的具体惩罚措施。

2000 年 12 月 8 日,山东省阳信县河流镇发生一起违反民族政策、伤害回族群众感情的事件。12 月 12 日,在少数人的串联、组织下,河北省孟村回族自治县数百名回族群众乘车前往阳信县,在阳信县境内与劝阻民警发生冲突。冲突中,有 6 名群众死亡,19 人受伤,13 名民警受伤。事件发生后,党中央、国务院指示全力抢救伤员,妥善处理善后,尽快查明事实真相,依法严肃处理。公安部当日即派员赶赴现场调查。山东、河北省委、省政府立即组织救治伤员,处理善后,并依法对事件进行调查。死者已按回族习俗安葬,受伤人员全部得到有效治疗。群众情绪稳定,社会秩序正常。

有关司法机关和纪检监察部门在认真调查的基础上,分别对有关责任人员进行了处理,负有领导责任和直接责任的阳信县县委副书记吕耀珍、公安局局长王天河、公安局副局长吴保利,刑警队教导员王秀东,孟村县县长韩恩来、县委副书记张洪基,以及煽动组织非法游行示威的孟村县村民冯元申被依法追究刑事责任,对负有领导责任的滨州市委副书记贾崇福、市公安局局长王兴发,阳信县委书记刘成文、县长王力,孟村县委书记赵国权等人给予了党纪政纪处分,对直接责任人员追究了刑事责任。

### 二、民事责任

在民族法的民事责任方面,我们特别需要加强,尤其是在少数民族传统文化开发中的利益分配方面要强化相关主体的民事责任。在《乌苏里船歌》案中,2002 年 12 月,北京市第二中级人民法院依照《中华人民共和国民法通则》第 4 条、第 134 条第 1 款第 9 项和修正前的《中华人民共和国著作权法》第 12 条之规定,对黑龙江省饶河县四排赫哲族乡政府诉郭颂、中央电视台、北京北辰购物中心侵犯民间文学艺术作品著作权纠纷,作出认定《乌苏里船歌》系根据赫哲族民间曲调改编而成的一审判决,主要内容包括:郭颂、中央电视台以任何方式再使用音乐作品《乌苏里船歌》时,应当注明"根据赫哲族民间曲调改编";郭颂、中央电视台于本判决生效之日起 30 日内在《法制日报》上发表音乐作品《乌苏里船歌》系根据赫哲族民间曲调改编的声明;北京北辰购物中心立即停止销售任何刊载未注明改编出处的音乐作品《乌苏里船歌》的出版物;郭颂、中央电视台于本判决生效之日起 30 日内各给付黑龙江省饶河县四排赫哲族乡人民政府因本案诉讼而支出的合理费用 1500 元;驳回黑龙江省饶河县四排赫哲族乡人民政府的其他诉讼请求。被告郭颂及中央电视台不服一审判决,提出上诉。2003 年 12 月 17 日,北京市高法终审维持了二中院的一审判决。①

---

① 《最高人民法院公报》2004 年第 7 期。

该判决主要是确认了赫哲族对《乌苏里船歌》的著作权,同时要求被告方赔礼道歉、恢复名誉、消除影响,但并没有支持原告方诉讼请求的第二项:关于经济赔偿的诉讼请求,即赔偿原告经济损失人民币40万元,精神损失人民币10万元。

### 三、行政责任

按照行政责任的一般分类,主要有惩罚性行政责任和补救性行政责任两种。前者包括通报批评、行政处分、行政处罚,后者包括承认错误赔礼道歉、恢复名誉、消除影响、履行职务、撤销违法、纠正不当、返还利益、恢复原状、行政赔偿等。[①] 在民族法律责任研究的范畴中,上述行政责任类型自然不可能完全涉及,在此谨举数例以为管窥。

《治安管理处罚法》第47条规定:"煽动民族仇恨、民族歧视,或者在出版物、计算机信息网络中刊载民族歧视、侮辱内容的,处10日以上15日以下拘留,可以并处一千元以下罚款。"这主要体现为行政处罚的行政责任承担形式。

《商标法》第10条规定:"下列标志不得作为商标使用:……(六)带有民族歧视性的。"针对违反此条的责任问题,《商标法》第48条明确规定:"使用未注册商标,有下列行为之一的,由地方工商行政管理部门予以制止,限期改正,并可以予以通报或者处以罚款:……(二)违反本法第10条规定的。"这主要体现为通报批评和行政处罚的行政责任承担形式。

《文物保护法》第2条规定:"在中华人民共和国境内,下列文物受国家保护:……(五)反映历史上各时代、各民族社会制度、社会生产、社会生活的代表性实物。"与之相对应,该法在"法律责任"的章节,则规定了行政处罚等多种行政责任承担方式。

需要指出的是,总的来说,目前涉及民族问题规制的行政法规范对于法律责任的设置都稍显单薄,但这并不意味着违反这些规范的行政相对人就能够逃脱对相关行政责任的承担。而作为行政法律责任的重要组成部分之一,行政责任规范的完善则无疑是强化行政责任规制功能的核心路径。

---

① 熊文钊:《现代行政法原理》,法律出版社2000年版,第562页。

# 第四章 中国历史上的民族法

## 第一节 中国古代民族法

### 一、古代民族法的历史演进

所谓中国古代民族法，概言之，即是指从多民族国家诞生之日直至清末，历代王朝政权为实现其有效统治和管理各民族的需要而制定和形成的调整民族关系的法律规范的总称。中国自古以来就是一个统一的多民族国家，民族问题是长久萦绕于中华大地的亘古话题。悠悠五千年的历史长河中，民族问题始终是中原王朝面临的复杂棘手的难题，为了保证政权的长治久安，迫使执政者依据当时的不同民族态势和势力对比，采取和制定与之相对应的调整民族关系的政策与法律。同时，古代中国叱咤风云的匈奴、鲜卑、突厥、契丹、女真、党项、蒙古等少数民族曾建立过地方性割据政权乃至全国性统一政权，作为中华法律文明的共同参与者和缔造者，他们有着自己独特的民族传统法律文化和独辟蹊径的民族法制发展历程。因而，在多元一体的民族格局下无论政权由哪个民族执掌，调处民族关系的政策与法律的成败得失，将直接关系到各民族之间的友好往来，民族地区的安定团结、繁荣昌盛甚至是王朝政府的兴衰存亡。不仅如此，古代民族法制早在华夏文明步入国家形态之始就与中华法制一同诞生，如影相从走过了千年岁月，她早已成为博大精深、灿烂辉煌的中华法系中一朵美艳绝伦的奇葩。慎终追远！稽古鉴今！认真梳理中国古代民族法制历程，对于研究中华法系的产生、发展和演变规律乃至当代中国民族法制的前世今生、所向何方都具有重大的理论价值与指导意义。

中国古代民族法历史悠久、推陈出新、形式多样、内容丰富，但又陈陈相因、脉络清晰、自成一体、有章可循，在沧桑历史画卷上勾勒出一条从低级到高级、从简单到复杂、从模糊到规范、从零散到完备的演进轨迹。就其整个历史发展进程而言，大致可以划分为以下六个阶段：

（一）先秦时期的民族法

史籍上华夏诸部对周边民族开拓征服的记载俯拾皆是。为了争夺黄河中下游的控制权，炎黄部落与东夷蚩尤部落激战于涿鹿之野；尧舜禹时期也曾频繁对少数民族用兵，史载"流共工于幽州，放驩兜于崇山，窜三苗于三危，殛鲧于羽山,四罪而天下咸服"①,并且舜在命皋陶制刑时就明确道出其目的在于防范"蛮夷滑夏,寇贼奸宄"②;商朝常年对北方民族大举征伐,甲骨卜辞中有不少关于商王征讨夷方、鬼方、尸方等诸部族的记载;周武灭商,东方徐、奄、蒲姑等少数民族助武庚叛周,周公两次东征予以清剿。除刑之外,上古民族法的另外一种表现形式是礼。礼最初只是用来规范本民族内部成员行为的,后来随着华夏部族的崛起,四周民族纷纷内附,礼随之发生外移,也用以规范外族与中央王朝的关系了。史载大禹"施之以德,海外宾伏,四夷来王"③,"合诸侯于涂山,执玉帛者万国"④。

夏王朝建立后,实现了"九州攸同,四奥既居"⑤,统治者从而创造了以各地区土壤好坏与物产不同来确定贡赋等级,用赋税多少来调整中原王朝与周边民族的"五服"制度,其中明确规定"蛮夷要服,戎狄荒服"⑥。到了西周,"五服"制度得到了进一步发展完善:"甸服者祭,侯服者祀,宾服者享,要服者贡,荒服者王。日祭,月祀,时享,岁贡,终王。先王之训也,有不祭则修言,有不享则修文,有不贡则修名,有不王则修道,序成而有不至,则修刑。于是有弄不祭,伐不祀,征不享,让不贡,告不王。于是乎有刑罚之辟,有攻伐之兵,有征讨之备,有威让之令,有文告之辞。布令陈辞而又不至,则增修于德而无勤民于远,是以近无不听,远无不服"⑦。从中可见,要服者必须向周王室进贡,荒服者应当承认周天子的"共主"地位,周边少数民族不贡不朝者,经过"修言"、"修文"、"修名"、"修道"之后仍然执意违背,则将"修刑"乃至"攻伐征讨"。由此可见,关于祭祀、朝拜、纳贡方面的"礼法",关于甲兵、征伐方面的"大刑"以及"五服"制度,是上古民族法的主要内容。

除此而外,先秦时期中原王朝已设有专门负责处理周边民族事务的机构。商代在中央设置"宾",专司诸侯酋领进京朝觐、进贡和受封等事宜。周代设立"小行人"总司民族事务,下设通民族语言的"象胥"、负责款待的"掌客"、执掌民族识别和物产的"职方氏"等。⑧ 但需要指出的是,先秦时期王朝政权对周边民族主要实行"修其教不易其俗,齐其政不易其宜"⑨的政策,周边民族并不受中原王朝的直接管辖,中原王朝也不过问其内部事务,皆由其自行处理。

---

① 《尚书·舜典》。
② 《尚书·舜典》。
③ 《尚书·大禹谟》。
④ 《春秋左传正义》卷58。
⑤ 《史记·夏本纪》。
⑥ 《尚书·禹贡》。
⑦ 《国语·周语上》。
⑧ 李鸣:《中国民族法制史论》,中央民族大学出版社2008年版,第16页。
⑨ 《礼记·王制》。

（二）秦汉时期的民族法

秦汉是中国古代民族法的形成时期。秦首创了中央集权制的国家模式，推行科层式行政官僚体制和全国性统一法律。在行政体制上，秦在中央设置典客与典属邦之职，"掌诸归义蛮夷"①；在民族地区设立专门的政权机关——道，"县有蛮夷曰道"②，区别与内地的郡县制管理。在法律方面，秦制定实施了我国迄今为止可考的最早成文民族立法——"属邦律"。此外，云梦秦简《法律答问》中亦有不少关于少数民族权利和义务的官方法律解释。秦"属邦律"开创了王朝政权运用法律手段治理少数民族的先例，其中确立的中央监督下的民族"自治"、保障少数民族酋领法律特权、和亲通婚以及民族同化等成为历代王朝制定民族法律所遵循的基本原则和制度框架。

汉承秦制，并有所损益。首先，汉庭将典客更名大鸿胪，"掌诸侯及四方归义蛮夷"③。下设三名属官：译官，执掌翻译；别火，执掌伙食；郡邸长丞，执掌住宿。其次，汉代在秦郡县制的基础上有所发展，在少数民族聚居区设立道、边县、边郡，主要参酌变通汉法约束管理。同时，对于势力较大的归附民族推行属国制，存其国号君长，各依其民族习惯法治理，并专设护乌桓校尉、护羌校尉、匈奴中郎将、属国都尉等进行警戒和统驭，可谓开后世羁縻制度之先河。再次，对北方实力强大的匈奴诸部，汉庭在国力不济时，往往采取和亲、交质等保守政策，待国力强盛之时，则坚决予以武力涤荡，形成"恩宠"与"专杀"两种对立并用的民族政策法制原则。④ 而对于相对分散弱小的南方民族，汉代专门颁行"蛮夷律"进行政治统治与经济控制。汉代这种基于民族态势不同而在民族法制上采取"南北异制"的做法对后世王朝产生了深远影响。

（三）魏晋南北朝时期的民族法

公元2世纪末至6世纪末长达四百年的时间，天下分裂、战乱不息，除西晋昙花一现外，长期形成地方割据政权对峙的局面。由于当时政权更迭频繁，社会动荡不安，故而稳定且成体系化的民族法制难以出现，但在民族大融合的历史背景下北方少数民族纷纷入主中原，民族文化大放异彩，极大地丰富了古代民族法的内涵。

三国时期各政权对边远民族多采取笼络抚慰政策使之宾服，其中最为成功的当属蜀汉诸葛亮对南中诸部族的经略。史载诸葛亮平定南中叛乱后，复用其渠帅，深得民心，终亮之世南中不复叛，而且成为蜀国稳定的兵粮基地。唐人张柬之对这种"使其渠帅自相统属，不宠汉官，亦不留兵镇守"的民族政策大为称

---

① 《汉书·百官表》。
② 《史记·孝文本纪》。
③ 《后汉书》志25。
④ 李鸣：《中国民族法制史论》，中央民族大学出版社2008年版，第3页。

赞,认为其"妙得羁縻蛮夷之术"①。晋代因之,对周边民族亦采取恩威并济的政策,对臣服民族上层授予爵禄封号笼络之。西晋南迁后逐步在蛮越聚居之地设立左郡、左县,宋齐梁陈四朝承袭之。确立此制其义有二,一则冠之以郡县之名,表明蛮越之地已非"化外"之域;二则加"左"字,表明其具体管理又与正式郡县不同,享有财税减免等诸多方面的优惠权利。② 与南朝对峙的北方少数民族政权在法制革新方面贡献卓著,所谓"南北朝诸律,北优于南"③。北朝政权不仅大刀阔斧地进行立法改革和制度创新,加速推动自身封建化和中华法系"导礼入律"的历史进程,而且在民族法制方面也匠心独具,根据统治需要和不同民族情势因地制宜地采取不同的羁驭策略。一种基于"黎元应抚,夷狄应和"④的民族同化主张,审慎处理民族矛盾,在政治法律方面全面"汉化"。推行"汉化"政策的主要有氐人的前秦政权、羌人的后秦政权以及鲜卑族所建的北魏、北齐政权;另一种则采取"胡汉两制"的民族分治政策,即"以汉地官制治汉,以单于台制治胡",首创二元化民族管理模式,如匈奴的汉赵政权和羯人创立的后赵政权。

(四)隋唐时期的民族法

隋唐时期不仅是中国古代法制的完备和定型阶段,同时亦是古代民族法制发展的重要节点,奠定了运用法制手段调控民族关系的初步基础。其一,确定了相对平等的民族法制指导思想。其二,在职官设置方面,隋唐仿魏晋旧制,中央专设鸿胪寺"掌宾客及礼仪",并设典客署掌"四夷归化在藩者之名数"。⑤ 同时,唐令规定汉人到民族地方任职,须"达蕃情识利害",避免因地方大员不通蕃务而激发民族矛盾。其三,唐廷在承袭秦汉属国制度的基础上,对归附民族推行一套"怀柔远人,义在羁縻"⑥制度化的羁縻府州体制。终唐之世,唐廷共设羁縻府州856处⑦,规模庞大、地域广袤。这一制度主要包括三项内容:(1)羁縻府州的都督、刺史、县令均由归附民族酋领担任,且职位由其子孙世袭,但须经朝廷"诏册立其后嗣"⑧。(2)各羁縻府州隶属大唐版图,应对唐廷履行相应的法律义务。政治上,奉唐"正朔"并遵守朝廷纲纪;经济上,定期向中央进奉朝贡;军事上,俱负守土之责,军队须服从唐廷调遣与节制。(3)羁縻府州在政治、财税、司法方面享有较大的自治权,可依本部族的传统方式处理内部事务。以税赋为例,唐代对内附民族实施特惠政策。在征税方式上,区别于汉地的计丁征税,推

---

① 《旧唐书·张柬之传》。
② 张冠梓:《浅论中国古代的民族法制及其精神》,载《学术界》2003年第5期。
③ 程树德:《九朝律考》。
④ 《晋书》卷113。
⑤ 《旧唐书·职官志三》。
⑥ 《册府元龟》卷170。
⑦ 《新唐书·地理志七》。
⑧ 《通典》卷200。

行按户征缴。唐令规定"诸蕃胡内附者,亦定为九等,四等已上为上户,七等已上为次户,八等已下为下户。上户丁税钱十文,次户五文,下户免之"①。此外,在征税额度方面明确规定"夷僚之户皆从半输(减半)"②。其四,对迁居内地的散居少数民族,唐律体现了对其习俗规范的充分尊重。

(五)宋元时期的民族法

宋朝统治者为防止重蹈唐末"尾大不掉"的藩镇乱局,在立国之初便采取"强干弱枝"、"务内虚外"强化中央集权的措施,着意削减地方的事权、财权和兵权,终而酿成"积贫积弱"之困局。囿于国力所限,宋代的民族法制"南北异制"的特征十分突出。面对北方强大的游牧民族政权,宋廷屡战屡败之下转而采取妥协退让、屈全邻好的策略,先后与辽、西夏、金等少数民族政权订立盟约、岁岁输银。而对于南方弱小民族,宋廷除沿用唐代"以夷制夷"的羁縻制度外,还刻意颁行调处民族关系的专门立法,如《蛮夷门》、《蕃官法》、《蕃兵法》、《蕃丁法》、《茶马法》等。稳定的法典律文而外,有宋一朝普遍适用的具有机动灵活、因事制宜优势的"敕令格式"和"条法事类"也成为当时民族立法的重要形式。如太宗雍熙元年(984)颁敕"黔南言溪峒夷獠疾病,击铜鼓、沙锣以祀鬼神,诏释其铜禁"。③

统一始终是中国历史的主旋律,13世纪兴起于斡难河流域的蒙古族用了80年的时间缔造了第一个由少数民族执政且创版图之最的全国性政权。由于蒙古人口稀少,即使鼎盛时亦不过百万之众,面对"土宇旷远,诸民相杂"④的国情,统治者在民族法制上不遗余力地推行民族歧视和分治策略。(1)公开确认和维护民族间的不平等,元廷将国人划分为四等:蒙古人、色目人、汉人、南人,赋予蒙古人优厚的法律特权,达到其"分而治之"的目的。(2)官吏擢用方面刻意维护蒙古贵族对权力的垄断。中书省、枢密院、御史台最高长官"非国姓不以授",地方政府均设蒙古掌印"达鲁花赤"为监临官执掌权柄。(3)在司法上实行蒙汉区别管辖。汉人、南人犯罪官府均可鞫讯,而蒙古人、色目人犯法则须专司勘查,地方交由各级"达鲁花赤",京师交付大宗正府审理。(4)律法上蒙汉民族同罪异罚。元律"禁汉人聚众与蒙古人斗殴"⑤;蒙古人殴打汉人,汉人不准还手,违者科以刑律;汉人打死蒙古人即处死刑,并责令家属赔付烧埋银,而蒙古人"因争及乘醉殴死汉人者",只需"全征烧埋银"⑥。(5)"联夷制汉",在边远民族地区

---

① 《唐令拾遗·赋役令》。
② 《通典》卷6。
③ 《宋史·蛮夷传一》。
④ 《鲁斋遗书》卷7。
⑤ 《元史·世祖本纪》。
⑥ 《元史·刑法志》。

推行土官制度,争取当地豪酋听命中央,以维护蒙古天下共主之地位。

（六）明清时期的民族法

元廷的黑暗窳败和民族高压政策使其不及百年寿终正寝,继之而起的朱明王朝以元为鉴,开国之初便"刑用重典"严惩贪墨,在民族法制上拨乱反正,转而采取抚和恩惠的和缓政策。首先,明沿袭隋唐旧制设羁縻府州72处。其次,明代在前元土官制的基础上对西南民族推行充实而完善的土司制度,凡218所。明王朝为了征得民族地区的人力与财富,采用封建分封的方式,充分利用民族地区既有政治资源,赐其名爵封号充任当地长官,依其旧俗统辖属民。这样既"抚绥得人",保留世居民族酋领的权威和旧有统治方式,同时又"恩威并济",从官衙的编制、称谓以及土司的任免、升迁、奖惩等诸方面逐步纳入国家正式官僚体制,并留兵震慑防止少数民族离心叛乱。后人称赞明代土司制度使西南诸族"谨守疆土,修贡职,供征调,无相携贰"①。

清政府是中国历史上由少数民族缔造的第二个全国性政权,古代封建法制在清代发展到顶峰阶段,民族法制亦是其中不可或缺的重要组成部分。在行政制度方面,中央设立理藩院"掌外藩之政令,制其爵禄,定其朝会,正其刑罚"②,成为管理少数民族政治、法律事务的最高国家机关;此外,中央向民族地方派驻大臣、将军、都统等官员,与民族酋领共执权柄。鉴于王朝力量的勃兴,清廷决定"改土归流",逐步废除土司制度,推行"保甲制",将民族地方划分为若干里,里下设甲,作为基层行政单位,直接隶属各地州县。"改土归流",以流官取代世袭土司之制基本上消弭了土司间割据混战、横征暴敛的状态,加强了中央对边疆的控制,密切了民族地区与内地的经济文化联系,有力地保障了少数民族的社会安定。在民族立法方面,清代坚持法制统一原则,"凡化外人犯罪者,并依律拟断"③,即便少数民族也一律适用大清律。但与此同时,清廷又在不违背国家纲纪法则的前提下,博采各民族习惯规范,先后分别制定施行于各民族地方的单行法,形成了以《理藩院则例》为基本,集《蒙古律例》、《钦定西藏章程》、《钦定回疆则例》、《西宁青海番夷成例》、《苗律》于一炉,数量众多、内容庞杂、结构完备、体系严谨的民族法律体系,达到了古代民族立法的最高水平。

## 二、古代民族法的精神特质

通观上启三代、下迄明清四千余年的古代民族法,历代王朝从未放弃对少数民族的政治影响和针对民族地方的法制实施。虽然由于时代背景不同、民族态

---

① 《明史·职官五》。
② 《大清会典》。
③ 《大清律例·名例律下》。

势各异,加之民族关系的敏感复杂性,因而各朝对待民族问题的具体法制政策略有差异。但总体而言,稳定而连续的古代民族法演进历程中突出体现出以下一些普遍而鲜明的精神特质。

（一）维护多民族国家统一的立法精神

早在先秦时期,古老中国就形成了以华夏族为核心融合周边各部族松散式的多民族统一国家的雏形,三代之族源虽然各异,但都承认自己是黄帝的后裔,表明三支不同族源的人们开始形成共同的民族意识。"华夷一统"的观念渐次孕育萌发,到西周有了"普天之下,莫非王土;率土之滨,莫非王臣"①的"中华一体"观念,秦汉中央集权制的正式确立使得"天下一家"的思想更加丰富和完善,集中反映汉代统治政策的《盐铁论》将胡汉关系贴切形象的描述为唇齿相依的关系,"中国与边境,犹肢体与腹心也……唇亡齿寒,肢体伤则心惨怛。故无手足则肢体废,无边疆则内国害"。② 秦汉以后的漫长历史长河中,不论是何民族统御宇内都以中华正统自居,自觉把维护国家统一和主权完整作为王朝民族法制的首要精神。诸葛亮"隆中对"提出"西和诸戎,南抚夷越"的最终目标仍是"北抗曹操,以图中原"。③ 十六国时期,创建大夏国的匈奴人赫连勃勃自称禹的后裔,立志扫清六合、一统中原。北魏皇室拓跋氏亦认为鲜卑源自黄帝一脉,素怀统一中国的强烈愿望。清康熙帝也以"卜世周垂历,开基汉启疆"④的诗句祭祖诰天,明言大清乃承继三代、汉唐之正统。所谓"华夷一统"落实到具体制度上,就是要求国内各民族承认皇权至高无上的统治权威和自身的藩属或从属地位,谨遵中央的纲纪法令,享有和履行自己在统一政治实体内诸如爵禄、和亲、赏赐、优抚、纳贡、赋税、兵役等法定权利和义务。⑤ 从三代的五服制、两汉的"蛮夷律",到唐宋的羁縻政策、明清的土司制度,无不渗透着浓厚的"中华一体"的民族统一观。总之,历代王朝都恪守天下一统的职责,始终把凝聚各民族力量、培育中华民族向心力放在国家统一的重要战略地位上,这是古代民族立法始终不渝坚持的主导精神和根本准则。

（二）坚持各民族不平等的立法原则

囿于历史时代、阶级局限和封建政权本质等诸多原因,决定了无论哪一民族攫取了最高统治权力,其奉行民族政策法制的基本出发点俱是维护民族间的不平等并将其合法化。汉族居于统治地位之时,凭借自身社会文明进程的发达,对四方蛮荒民族嗤之以鼻,"尊夏贱夷"的民族歧视观念随之而生,所谓"内诸夏而

---

① 《诗经·小雅·北山》。
② 《盐铁论·诛秦》。
③ 《三国志·诸葛亮传》。
④ 《康熙御制文》卷36。
⑤ 张冠梓:《浅论中国古代的民族法制及其精神》,载《学术界》2003年第5期,第166—168页。

外夷狄"①,"戎狄豺狼,不可厌也,诸夏亲暱,不可弃也"②都是其具体体现。在这种观念支撑下,只要国力充实,统治者便奉行"刑以威四夷"的武力征服政策。秦汉北定匈奴、南平百越以及对西域诸部的经略,隋唐征高丽、破突厥都是历史上宣武政策的持续。除武力而外,立法上亦坚持华夷不平等,诸如:政治上汉主夷藩,少数民族须向中央王朝称臣纳贡;经济上极力盘剥民族地区的人力财力和奇珍异宝;文化上奉儒学为宗,实行民族同化政策。而当少数民族九五称尊、雄霸天下之时,鉴于自身种群数量有限,为了确保统治秩序的稳固,同样把维护本民族特权作为民族立法的根本原则。"五胡乱华"政权更迭时的民族仇杀,胡汉两制的民族分治政策,元代公开宣布的"四等人"制度其实质都是为了巩固本民族的统治优势。到了清代,歧视性民族政策更是发展到登峰造极的地步,清军入关后旋即推行"崇满抑汉"的政策。政治上"以满为宗",央地决策、行政、监督、军事等核心权利均由满人执掌;文化上大兴文字狱,对文人中存在的反清情绪和民族意识予以严酷镇压;生活方式上强迫其他民族一律着满族服饰,剃发蓄辫,并颁布"留头不留发,留发不留头"血淋漓的"剃发令";司法方面专设管辖旗人案件的机构,并赋予旗人诸多的司法特权,《大清律例》规定旗人犯罪享有"换刑"(换重为轻)、"减等"(量刑例减一等)之特权,且在刑罚执行上也区别对待,旗人有罪不入监狱,平头小民入内务府监所,宫室亲贵则入宗人府空房。③

(三) 因俗而治的民族法特色

中国疆域历来辽远广阔,生息繁衍其间的各民族生产生活方式和风俗习惯各异,政治经济文化发展水平参差不齐,若"速欲改其习性,同此华风,于事为难,理必不可"④。基于此种国情,王朝政权难以在民族地区推行与内地统一化的科层官僚体制和整齐划一的法制模式,于是乎"以夷制夷"、"因俗而治"便成为实现民族有效治理最为经济的方式和基本指导原则。汉族统治者对于势力强大的北方诸族或地处偏远少数民族的治理"不用天子法度"⑤,而是采取"分命行人,就申好睦"⑥间接式的羁縻统治。即中央政府尊重其世袭酋领的政治地位,授予其官禄名爵,使其"复长其民",因其故俗而治,保持部族原有的社会结构、语言习俗、宗教信仰与社会规范,以避免发生类似新莽政权试图以强力在民族地方推行"王化"而激起匈奴、西南诸夷的强烈反抗,终而倾覆的历史悲剧。另一方面,借鉴汉家典章制度,少数民族政权也广泛运用羁縻手段解决民族问题,只

---

① 《公羊传·成公十五年》。
② 《左传·闵公元年》。
③ 曾代伟:《中国法制史》,法律出版社2001年版,第214—215页。
④ 《唐会要》卷73。
⑤ 《汉书·严助传》。
⑥ 《册府元龟》卷170。

不过适用对象转变为其域内统属的汉族及其他少数民族。魏晋时期的胡汉分治政策、辽国"定诸契丹及诸夷之法，汉人则断以律令"[①]的二元化民族法制、辽金西夏的藩汉官制皆是"因俗而治"民族法制原则的生动体现。时至清代，"汉夷两制"、"分而治之"的原则被进一步法制化，清廷通过颁行专门立法针对不同民族地区实施不同的行政法制，如西南诸族的土司制度、蒙古的盟旗制度、回疆的伯克制度和头人制度以及西藏的达赖、班禅和驻藏大臣制度。

（四）政策和法律并用的羁控模式

政策和法律是古代王朝调处民族关系的两种主要手段，二者有机统一于"因俗而治"的羁縻制度中。之所以如此，主要基于两方面考虑：一是基于少数民族社会形态的多样性及其与中原文化的巨大差异，加之当时王朝政权统驭能力有限，对边远民族往往鞭长莫及，重重主客观因素的叠加致使统治者难以在民族地区实施周密详尽的法制化管理。二是中原王朝与周边民族的实力对比经常处于剧烈的变动之中，如果出台细致严密的民族立法，可能会因民族态势格局的变化而出现民族法制与之不相适应的境况，这既不利于朝廷至高权威的维护，也会造成中央对少数民族羁控方式上的"作茧自缚"。而若将政策与法制两种调控手段优化组合、合理衔接，在不背离既定民族法制原则的基础上，结合不同时期、不同地域的具体民族情势充分发挥政策调控迅即、灵活、机动的特点，则更便于在民族治理实践中取得最佳的羁控实效。但随着王朝中央权势的膨胀和统治经验的丰富，其对民族地方的管理和对民族事务的处理也逐步走向制度化。就管理模式而言，在"五服制——属国制——羁縻制——土司制——改土归流"的演进历程中，中央和少数民族的法定权利义务关系不断得以明晰与强化；就法律适用而言，先是奉行属人主义的"各依本俗法"，继而是属地主义的"并依律拟断"，最后发展到中央政府对民族地方专门立法，可见王朝法制对少数民族的渗透影响不断加深。概言之，政策和法律在规制古代民族关系、发挥有效羁控功能方面功不可没，与此同时，政策制度化和法律化趋势也成为古代民族法制进程中不可逆转的历史潮流。

（五）兼收并蓄、多元一体的民族法格局

经过数千年的碰撞整合，中华民族早已形成以汉族为主体融合其他少数民族血脉相通、多元一体的架构格局。中华民族族源的多重性深刻决定了中国文化的多元共存，"兼收并蓄"、"海纳百川"自古就是华夏文明的显著特征，并成为其持续发展的主要推动力。不言而喻，作为传统文化重要组成部分的古代法律文明亦是各民族法律文化相互影响和共同智慧的结晶。少数民族对璀璨瑰丽的中华法系和古代民族法制的形成发展做出了巨大贡献。其一，少数民族法文化

---

① 《辽史·刑法志》。

是古代法律文明的重要渊源,某些典型法律制度直接发轫于民族习惯法。上古时代,苗蛮部落较早地掌握了冶铁技术,并发明了残酷的肉刑,激起民怨,史载"苗民弗用灵,制以刑,惟作五虐之刑曰法。杀戮无辜,爰始淫为劓、刵、椓、黥"①,于是尧率华夏部落乘机荡平苗蛮,灭其族而用其刑,奠定了古代奴隶制五刑(墨、劓、刖、宫、大辟)的基础。进入国家形态后,中原文明持续领先,但也不乏向周边民族借鉴法律文化之举,赵武灵王"胡服骑射"学习戎狄兵制就是其中典型事例。其二,少数民族法制度是古代民族法的有机组成部分。由于中国古代长期奉行"因其习俗抚驭之"的羁縻政治和国家法、民间法二元并行的法律格局,为少数民族法律发展提供了广阔空间。少数民族割据政权的民族法制、民族地方政府的"自治"立法以及偏远部族习惯法层出不穷,极大地丰富了古代民族法的内容和范畴。其三,少数民族对加速中华法系的形成和定型居功至伟。从历史上看,每一次民族大融合都有力地推动了中华法制的革新进程。春秋时期的民族融合开创了古代成文立法的新纪元;魏晋南北朝少数民族法律封建化对古代律学思想、立法技术、法典编撰体例和律典内容均产生了深远影响,基本上完成了中华法制的儒家化;宋元明清的民族融合更是实现了古代民族法从二元法制到一体多元的历史性飞跃。因此,不了解古代民族法制历史,就无法揭示中国传统法律的全貌,更不可能深刻理解中华法系的多元化特色。

通过对四千年古代民族法发展历程的钩沉及其精神特质的总结提炼,我们不难发现中国古代民族法制既形成自己别具一格的独特发展轨迹,又有机统一于多元一体的中华法制体系之中;既充分尊重和发掘少数民族自身的法律文化,又强调民族凝聚力和国家领土、主权的统一;既注重政策和法律双重羁控手段的优化配置,又极力促使对民族地方的制度化法制管理;既赋予少数民族宽泛的"自治"权利,又逐步推进国家法律在民族地区的渗透实施。总之,古代民族法有效地维护了边疆民族地区的稳定,加强了各民族之间的经济文化交往,对实现多民族古代中国的安定团结、繁荣昌盛裨益良多。

## 第二节 中国近代民族法

近代中国解决民族问题的历史任务不外有二:一是打倒帝国主义野蛮的殖民压迫,赢得中华民族整体的独立解放和多民族国家主权的完整统一;二是推翻国内封建专制政制和民族歧视政策,实现各民族间的真正平等,充分赋予少数民族自我管理的民族自治权。

与此同时,近代民族理论也因现实需要应运而生,并根据民族实践发展不断

---

① 《尚书·吕刑》。

修正完善,经历了从"驱逐鞑虏,恢复中华"到"五族共和",从"单一民族"到"三民主义边疆政策"、从"民族自决"到"联邦制"再到"民族区域自治"的复杂变迁历程,经过几代仁人志士前赴后继的摸索矫正,中国近代民族理论逐步从模糊走向清晰、从幼稚走向成熟、从偏颇走向完善。① 民族理论与政策的推陈出新、"西学东渐"下民族权利意识的滋生萌发、民主宪政困局中的艰难求索,共同推动着近代民族自治法制的实施进程,其间虽几多波折、几多遗憾,却也有所建树、收获颇多,为以后新中国民族法制实践积累了宝贵经验、奠定了坚实基础。

**一、清末的民族法**

清代前中期历代帝王"能够以一种全新的角度和视野对待和处理少数民族问题,比任何其他王朝都重视民族自治法规的制定、推行和完善,19世纪上半叶清朝对蒙古、新疆、西藏等少数民族地区的统治达到全盛时期"②。但从鸦片战争开始,在西方"炮舰政策"的威逼下,中国门户次第洞开,边疆民族地方也难得幸免,日益严重的民族情势使得原先制定的民族立法渐次失效。因而清末仿行立宪、革新官制和修订法律之时,清廷着手针对民族问题展开新兴立法,虽然这些民族法规几乎未曾得以实施,但毕竟迈出了民族法制近代化的第一步,客观上起到了挽救民族危亡、维护国家主权的积极作用。清末政府在革新民族法制方面做出的努力主要有:

1. 道光二十四年(1844)颁行《酌拟裁禁商上积弊章程二十八条》。这是继《钦定藏内善后章程二十九条》之后清廷颁布的又一部治藏基本法规,重新界定了中央与西藏地方政府的关系,其主要内容有:(1)政治上规定驻藏大臣与达赖、班禅平等,而非与代办的呼图克图平等;(2)外交上鉴于"西藏地方与廓尔喀、布鲁克巴、哲孟雄、洛敏达、拉达克各部落接境,外番人等或来藏布施,或遣人通问,事所常有……均呈明驻藏大臣代为酌定发给,不准私自接受";(3)人事上规定驻藏大臣不得保奏达赖的正、副师傅,而且规范了官品升补的程序;(4)经济上放弃清廷和驻藏大臣对西藏商上财政权的监督;(5)军事上中央放弃了驻藏大臣的巡边权,将部分军事指挥权让与地方。③ 制定该章程的主要目的原本是为了削弱商上在西藏事务中的控制权,革除当时清政府西藏统治政策的弊端。但由于琦善的妥协,清廷放弃了驻藏大臣的一些重要职权,西藏地方政府特别是商上喇嘛通过章程获得了较大自治权利。

2. 在民族地区推行"新政"。光绪二十七年(1901),清政府迫于边疆地区

---

① 李鸣:《中国近代民族自治法制研究》,中央民族大学出版社2008年版,第4页。
② 〔美〕费正清、刘广京编:《剑桥晚清中国史:1800—1911年》,中国社会科学文献出版社1985年版,第343页。
③ 孙镇平:《清代西藏地方法制研究》,知识产权出版社2004年版,第281—282页。

民族危机日渐加深的重重压力,决定改弦易辙,宣布在民族地区推行"新政",为清末民族法制留下了浓墨重彩的一笔。清王朝在民族地区推行"新政"的主要内容有二:一是"招民放垦"。清廷撤销对蒙古地区的封禁令,开放蒙地、移民实边,剥夺蒙旗传统的自主权益。二是建省置县。清王朝坚持拥有对边疆民族地区的主权,并陆续废除新疆、台湾、东三省原先的政治体制,设立与内地一致的行省制度。①

光绪三十二年(1906)清廷厘定官制,改"理藩院"为"理藩部",增设调查、编纂两个附属局,着手筹办"藩部"新政事宜,提出包括牧政、开垦、铁路、矿产、森林、渔业、盐务、学校、兵制、商务等十四项内容的调查提纲,组织派员对蒙旗进行政治、经济、军事、文化教育等诸方面的调查,以期为新形势下的民族立法提供一手参考资料。同年,清廷派肃亲王善耆到蒙古东部地区进行实地考察,之后以"经营之策"八条向朝廷提出在蒙古施行新政的具体建议。中央还指令京城政要、边省督抚和各路办事大臣、将军、都统以及蒙古王等,根据民族地区的实际情况,向朝廷上报施行新政的革新方案。光绪三十二年,内阁中书钟镛提出"蒙古事宜十四条",具体包括建议会、移建理藩院、变通理藩院官制、行殖民策、移八旗兵饷于蒙古、复围猎之制、借债筑路、开设银行、铸造银铜元、兴矿产之利、屯垦之利、畜牧之利、森林之利、榷盐之利。② 光绪三十四年(1908),内蒙古卓索图盟喀喇沁扎萨克多罗都楞郡王贡桑诺尔布提出八条新政措施,包括设立银行、速修铁路、开采矿山、整顿农工商、普及教育、编练新军、创办巡警等内容。③

3. 制定《新治藏政策大纲十九条》等民族法规。光绪三十二年,清廷派张荫棠"领副都统"衔,以查办大臣的身份进藏"查办藏事",提出"治藏大纲二十四款",次年清廷在此基础上制定《新治藏政策大纲十九条》。该法的主要内容有:(1)仿照印度藩王制,优待达赖喇嘛,恢复藏王体制,以汉官监之;(2)加强中央对西藏地方的控制,废除驻藏大臣之职,以行部大臣代之,"所有达赖、班禅等,均归节制"④;(3)设银行,收回地方铸币权;(4)改革司法制度;(5)增设税关、酌定税则等。

总体而言,由于边疆民族地区不具备实施新政各种充分的主客观条件,"新政"说得闹热,实际上没有多少成效。值得一提的是,在光绪三十四年(1908)和宣统三年(1911)清廷先后颁布的《钦定宪法大纲》与《重大信条十九条》两部宪法性文件中,没有就民族问题作出任何规定。由此可见,清末"新政"与立宪,并没有使广大少数民族民众的社会地位和生活境况得到改善。

---

① 孙镇平:《清代西藏地方法制研究》,知识产权出版社2004年版,第281—282页。
② 《清德宗实录》卷555。
③ 《清德宗实录》卷568。
④ 《使藏纪事》卷5。

## 二、南京临时政府时期的民族法

1912年1月1日中华民国临时政府在南京成立,孙中山就任临时大总统。孙中山一贯主张废除清朝政府的民族歧视和民族压迫政策,全国各族人民一律平等。宣布:"合汉、满、蒙、回、藏诸地为一国,即合汉、满、蒙、回、藏诸族为一人,是谓民族之统一"①。还宣称:"从今以后,五大民族,同心协力,共策国家之进行","相亲相爱,如兄如弟,以共享共和之幸福"。这一时期,民族法制的主要内容包括:

1. 制定《中华民国临时约法》,首次在宪法性文件中详尽阐明资产阶级民族法制观念。其一,确定中华民国为资产阶级民主共和国。第一章"总纲"明确宣告:"中华民国由中华人民组织之"。(第1条)"中华民国之主权,属于国民全体"。(第2条)其二,确定中华民国是一个主权独立的统一多民族国家。第一章"总纲"在中国领土问题上采取列举主义原则作出规定:"中华民国领土,为二十二行省、内外蒙古、西藏、青海。"(第3条)肯定主要由少数民族居住的内外蒙古、青海、西藏都是中华民国领土不可分割的部分,同时又承认其是与一般行省不同的具有特殊性的部分。强调了反对侵略、反对分裂,坚持民族团结、国家统一的严正立场。其三,确定了民族平等权利和少数民族政治权利。《临时约法》充分强调了民族平等权和少数民族参政议政的权利,并明确规定这两项权利不得以任何理由或条件加以限制和剥夺。第二章"人民"规定:"中华民国人民,一律平等,无种族、阶级、宗教之区别"。(第5条)承认各民族人民一律平等,少数民族平等享有国民应享有的一切权利。第三章"参议院"规定:"参议员,每行省、内蒙古、外蒙古、西藏各选派五人,青海选派一人;其选派方法,由各地方自定之。参议院会议时,每参议员有一表决权。"(第18条)按照《临时约法》的规定,国家立法权归属参议院,参议员由地方选派,少数民族地区也享有法定代表名额,参与国家政治。民族平等权和参政权是历代封建王朝所忽略与排斥的,针对这一现状,《临时约法》对此加以肯定和强调,这正是南京临时政府民族法制的创新之处,其意义非同一般。

《临时约法》是中国近代民族立法史上一座不朽丰碑,它首次将民族关系作为国家根本大法的一项内容。尽管《临时约法》没有民族自治条款的陈述,但统一的多民族国家格局、民族平等权、少数民族参政权的确立不失为民族自治奠定了前提和基础。在中国制宪史上,《临时约法》首次涉及少数民族的权利问题,尽管少数民族享有的平等权、参政权以及风俗习惯、宗教信仰被尊重的权利十分

---

① 中国第二历史档案馆编:《中华民国史档案资料汇编》(第2辑),江苏人民出版社1981年版,第1—2页。

有限,但毕竟标志着对少数民族权利的宪法保护之路从此扬帆起程。

2. 颁行优待清朝皇室以及前清各族王公世爵的法律文件,如《关于大清皇帝辞位之后优待之条件》、《关于清皇族待遇之条件》、《关于满、蒙、回、藏各族待遇之条件》等。① 这些文件主要规定清帝逊位后民国政府保护皇室贵族与各族公爵享有原有的礼仪、经济条件和生活待遇,以稳定这部分人的情绪,力图稳定当时政局。同时也蕴含了倡导民族平等、取消民族歧视、尊重少数民族宗教信仰等进步主张。

3. 1912 年 4 月 1 日,临时大总统公布《参议院法》。② 该法进一步保障民族地区享有的参议员分配名额,确保各少数民族与汉人享有同等的立法权和参政权。同时,考虑到民族地区地处偏远、交通不便,《参议院法》还特别规定:"参议员必须于选定到院后的六十天内报道,不报到者,应即取消,由院咨请另选。甘肃、新疆、西藏、青海、内外蒙古各处参议员,不在此限。"(第 7 条)以示对民族地区的特殊照顾。

**三、北洋政府时期的民族法**

从 1912 年 4 月袁世凯篡权直至 1928 年 6 月张作霖退出北京,北洋军阀统治中国长达 16 年。北洋政府统治期间,内战频仍,民不聊生,民族矛盾日渐尖锐,给近代中国带来了深重灾难。北洋政府在处理民族问题时表面上因循孙中山提出的民族理论,事实上却是以"民族平等"为幌子奉行民族压迫政策,加之缺乏权利的实施保障机制和相关物质基础,少数民族难以真正享受到民族立法中所许诺的种种空头权利。北洋政府统治时期民族方面的相关立法主要包括:

1. 制宪过程中沿袭《临时约法》关于国家政体和民族问题的原则立场。
2. 在制定国会选举法时,注意吸纳少数民族代表参政议政。
3. 制定了大量的民族法规。如 1912 年《蒙藏事务局官制》。③

总体而言,北洋政府统治时期的民族立法是在孙中山"五族共和"民族理论的影响下,在"共和政体"的制约下,认识到边疆民族地区是国家不可分割的一部分,为增强边疆少数民族的凝聚力和向心力,保证民族地区的稳定,维护国家主权统一而制定的。与帝制时代的民族法制政策相比的确成绩斐然,但不容否认,北洋政府的民族立法也存在某些明显缺陷。第一,它赋予少数民族诸多法定权利但同时又附加种种限制条件,导致这些权利在实践中难以为广大少数民族民众充分享有,体现了其民族法制的虚伪性和肤浅性;第二,它希冀通过给予蒙

---

① 中国第二历史档案馆编:《中华民国史档案资料汇编》(第 2 辑),江苏人民出版社 1981 年版,第 73—75 页。
② 同上书,第 122—131 页。
③ 1912 年 7 月 24 日,经参议院决定,将蒙藏事务处改为蒙藏事务局并公布官制。

古、西藏上层僧俗贵族某些特权,使其在政治上倒向政府而不去投靠外国势力,从而忽视了对少数民族普通民众的权利保障;第三,北洋政府的民族法制政策是近代国内外激烈民族矛盾斗争最终妥协的产物,它缺乏长远的政治目标和清晰的纲领规划,从而在实践中更多地表露出政治上的欺骗性和政策上的摇摆性。

### 四、南京国民政府时期的民族法

1927年4月南京国民政府成立,其民族理论由孙中山的民族自决、民族解放原则转向坚持奉行一个"国族"的原则,并在此基础上提出"三民主义边疆政策"。在该政策的指导下,南京国民政府在民族立法方面积极有为、颇多建树。

1. 在历次制宪活动中,形式上拥护共和政体、推行民族平等原则,肯定少数民族参政权利,积极摸索民族地方自治模式。

2. 制定国民代表大会选举法时积极吸纳少数民族代表参与国政。1947年国民政府公布《国民代表大会选举罢免法》中规定:"(国民代表大会代表)蒙古各盟旗选出者,共57名;西藏选出者,共40名;各民族在边疆选出者,共17名;内地生活习惯特殊之国民选出者,共10名"。(第4条)"选举票及选举公告,在边疆各地得兼载各该地通用文字"。(第27条)

3. 国民政府及其相关部门也制定了一些民族法规、规章。如:1929年《待遇蒙藏学生章程》、《蒙藏委员会保送蒙藏学生办法》和《以后对于西藏民族不得再沿用蛮夷等称谓以符中华民族一律平等之旨》;1930年司法院训令司法行政部公布的《改进蒙古司法办法大纲》;1931年《修正蒙藏委员会组织法》、《蒙古喇嘛寺庙监督条例》、《蒙古盟部旗组织法》;1933年《西陲宣化使公署组织条例》、《蒙古自治办法原则》;1936年蒙藏委员会公布的《喇嘛转世办法》;1947年《西藏建设计划纲领》等。

### 五、新民主主义革命时期的民族法

中国共产党领导下的新民主主义革命政权十分重视国内少数民族问题,从建党伊始陆续提出民族自决、民族联邦制和民族区域自治等解决民族问题的一系列纲领、政策,并在此基础上颁布一系列宪法性文件、法令,开启了中国民族立法史上新的一页。新中国成立之前革命根据地的民族法制是中国共产党民族区域自治政策的努力探索和积极实践时期,为新中国民族区域自治制度的最终创立积累了宝贵经验。

#### (一)土地革命战争时期

这一时期是中国共产党领导的新生工农革命政权解决旧中国民族问题的初步摸索阶段。早在建党之初,中国共产党就密切关注解决国内民族矛盾的重要性,所以在党的历次重大会议上都提及如何认识和解决当时中国面临的突出民族问题。但由于受苏联、第三共产国际和党内"左"倾错误路线的影响,革命政权的宪法性文件中采用了民族自决和民族联邦的理论,主张对蒙古、西藏、新疆采取民族自决和联邦制的方式来解决各民族事实上的不平等,在解决国内民族问题上照搬"苏联经验",出现了脱离中国实际的偏差。

1922年7月中国共产党第二次代表大会通过《关于国际帝国主义与中国和中国共产党的决议案》,首次提出自己解决国内民族问题的纲领:"统一中国本部(包括东三省在内)为真正民主共和国;蒙古、西藏、新疆三部实行自治,成为民族自治邦;在自由联邦制原则上统一联合蒙古、西藏、新疆,建立中华联邦共和国"。[①]

1928年中国共产党第六次全国代表大会《政治决议案》提出:"统一中国,承认民族自决权"。[②] "在苏维埃政权领域内,工人、农民、红色战士及一切劳苦大众和他们的家属,不分男女、种族、宗教,在苏维埃法律面前人人平等,皆为苏维埃共和国的公民"。

1931年11月7日中华苏维埃第一次全国代表大会通过《关于中国境内少数民族问题的决议案》,这是革命政权制订的有关民族法制方面的首个专门性法律文件。文件指出:"中华苏维埃共和国绝对地无条件地承认这些少数民族自决权。这就是说,蒙古、西藏、新疆、云南、贵州等一定区域内,居住的人民有某种非汉族而人口占大多数的民族,都由当地这种民族的劳苦群众自己去决定:他们是否愿意和中华苏维埃共和国分离而另外成立自己的国家,还是愿意加入苏维埃联邦或者在中华苏维埃共和国之内成立自治区域"。[③] "自治区域"概念的提出是中国共产党人对马克思主义民族法制理论的一个重要贡献。

1934年1月第二次全国工农兵代表大会修订通过《中华苏维埃共和国宪法大纲》。在首部红色宪法中进一步确立:"中华苏维埃政权承认中国境内少数民族的民族自决权,一直承认到各弱小民族有同中国脱离,自己成立独立的国家的权利。蒙、回、藏、苗、黎、高丽人等,凡是居住在中国的地域内,他们有完全自决权:加入或脱离中国苏维埃联邦,或建立自己的自治区域。中国苏维埃政权在现在要努力帮助这些弱小民族脱离帝国主义、国民党、军阀、王公、喇嘛、土司的压迫统治,而得到完全自主。苏维埃政权,更要在这些民族中发展他们自己的文化和民族语言"。[④]

---

[①] 中共中央统战部:《民族问题文献汇编》,中共中央党校出版社1991年版,第18页。
[②] 中央档案馆编:《中国共产党第二至第六次全国代表大会文件汇编》,人民出版社1981年版,第56页。
[③] 中共中央统战部:《民族问题文献汇编》,中共中央党校出版社1991年版,第166页。
[④] 同上书,第209页。

1935年12月20日和1936年5月25日中华苏维埃政府分别发布《对内蒙古人民宣言》和《对回族人民的宣言》，两个宣言着重宣传中国共产党和苏维埃政权团结各少数民族共同抗战的民族政策，既强调民族自决，建立民族独立自主的政权，又提出建立民族自治政府，自己管理自己民族内部的事务。1936年10月，中国历史上第一个县级自治政权——陕甘宁省豫海县回民自治政府成立，同时颁布了首部民族自治法规——《豫海县回民自治政府条例》。这表明党在民族理论和具体法制实践方面前进了一大步。

（二）抗日战争时期

第二次国共合作期间，出于统一战线的考虑，抗日民主政权奉行团结一切力量共同抗日的政策，于是在民族法制内容上作出了某些合乎实际的相应变化。

1937年8月中国共产党发布《抗日救国十大纲领》，提出："动员蒙民、回民及其他少数民族，在民族自决和自治的原则下，共同抗日"。[①]

1938年9月毛泽东在中央六届六中全会上作了题为《论新阶段》的报告，该报告从国内民族的实际情况出发，找到了解决民族问题的正确途径和对策，放弃"联邦制"，主张在国家统一的前提下推行民族区域自治政策。随后，陕甘宁边区和其他根据地内的少数民族聚居区纷纷建立起不同级别的民族自治区。

1941年5月中共中央政治局批准《陕甘宁边区施政纲领》。《纲领》第17条规定："依据民族平等原则，实行蒙、回民族与汉族在政治、经济、文化上的平等权利，建立蒙、回民族的自治区，尊重蒙、回民族的宗教信仰与风俗习惯"。[②] 并根据蒙、回自治区的要求，先后在盐池、定边、新正、靖边县和三边、陇东专属的回民聚居区建立了民族自治乡（镇）。

（三）解放战争时期

解放战争时期是中国共产党民族区域自治理论的初步形成和快速发展时期，这一阶段人民民主政权民族法制建设取得了不少成绩。

1945年4月24日毛泽东在中国共产党第七次代表大会上通过的政治报告《论联合政府》中明确提出："要求改善少数民族的待遇，允许各少数民族有民族自治权利"。[③]

1945年9月发布的《晋察冀边区行政委员会施政要端》中规定："对边区境内蒙、回、藏少数民族一律平等待遇，并帮助其在政治上、经济上、文化上的解放和发展，尊重其语言、文字、风俗、习惯及宗教信仰"。

1946年4月陕甘宁边区第三届参议会第一次会议通过的《陕甘宁边区宪法

---

[①] 《毛泽东选集》（第2卷），人民出版社1991年版，第335页。
[②] 中共中央统战部：《民族问题文献汇编》，中共中央党校出版社1991年版，第678页。
[③] 同上书，第742页。

原则》中规定:"边区人民不分民族,一律平等"。"边区各少数民族,在居住集中地区,得划分民族区,组织民族自治政权,在不与省宪抵触原则下,得订立自治法规"。① 在中国民族立法史上首次提出"自治法规"的概念,是人民民主政权的伟大创举。

1947年4月27日内蒙人民代表会议通过《内蒙古自治政府施政纲领》和《内蒙古自治政府暂行组织大纲》,四天之后内蒙古自治政府宣告成立,成为中国共产党民族区域自治政策及其法制的首次成功预演。

1949年9月29日中国人民政治协商会议第一届全体会议通过《共同纲领》,其中专列"民族政策"一章对民族区域自治制度作出明确部署,其中规定:"中华人民共和国境内各民族一律平等,实行团结互助,反对帝国主义和各民族内部的人民公敌,使中华人民共和国成为各民族友爱合作的大家庭。反对大民族主义和狭隘民族主义,禁止民族间的歧视、压迫和分裂各民族团结的行为。(第50条)各少数民族聚居的地区,应实行民族的区域自治,按照民族聚居的人口多少和区域大小,分别建立各种民族自治机关。凡各民族杂居的地方及民族自治区内,各民族在当地政权机关中均应有相当名额的代表。(第51条)中华人民共和国境内各少数民族,均有按照统一的国家军事制度,参加人民解放军及组织地方人民公安部队的权利。(第52条)各少数民族均有发展其语言文字、保持或改革其风俗习惯及宗教信仰的自由。人民政府应帮助少数民族的人民大众发展其政治、经济、文化、教育的建设事业。(第53条)"这些规定把中国共产党在新民主主义革命时期一贯坚持的切合实际且行之有效的民族政策,用法律的形式固定下来,更便于在实践中遵守和依循。

综上所述,在近代"五朝"政府(清末政府、南京临时政府、北洋政府、南京国民政府、新民主主义革命政权)百余年民族法制沿革历程中,为了应对极其复杂的统治局势,执政者在民族理论方面不断"更古附新"、"脱亚入欧",在民族法制方面争先鼓吹"平等"、"自由"与"自治",无奈多是闻其声响如震雷,观其行静若磐石,几无实效。相形之下,共产党领导的新民主主义革命政权始终为谋求中华民族的独立解放进行着艰苦卓绝的抗争,始终为实现国内各民族间的真正平等和少数民族诸项权利的充分享有苦苦求索,在为帮助少数民族实现自我管理和引导其迅速走上繁荣发展道路的摸索中创造性的创立了符合中国国情的民族区域自治制度。

---

① 中共中央统战部:《民族问题文献汇编》,中共中央党校出版社1991年版,第1047页。

## 第三节 中国当代民族法

### 一、新中国民族法制的发展历程

中国共产党十分重视国内少数民族问题的解决,把民族问题视为整个中国革命和建设进程中的重要组成部分。新中国成立后,党和国家开始了运用法制这一更高层次文明的国家治理方略创造性地解决民族问题的伟大实践,注重运用法律形式保障少数民族的诸项权益,不断推进民族法制建设的发展。新中国的民族法制之路并不平坦,其间有曲折、有教训,但"阳光总在风雨后",乘着改革春风民族法制走上自身良性发展的轨道,奔向更加灿烂辉煌的明天。鉴于往事,有资于治道!新世纪新的历史阶段,认真梳理新中国民族法制整整一甲子的艰难历程,深刻总结其中的经验和教训,对于进一步繁荣民族法制,推进依法治国的整体进程,推动广大民族地区政治经济文化事业的全面进步,具有重大的理论价值和深远的现实意义。

60 年来,我国的民族法制建设走过了一条从初步创立、曲折前进到逐步萧条、陷于停滞,最终恢复重建、走向完善不平凡的发展历程。

（一）初步创立时期(1949.10—1956.8)

1949 年 9 月,在当时通过的起临时宪法作用的《共同纲领》中就明确废除了延续数千年的民族歧视和剥削、压迫制度,推行国内各民族"均有平等的权利和义务"的原则,开辟了民族平等、团结、互助新型社会主义民族关系的新时代,并把民族区域自治政策确立为解决我国民族问题的一项政治制度。但由于多重原因,当时的民族成分及其分布情况混杂不清,全国各地所报自称或他称的民族名称多达 400 余个[①],这种状况严重制约着民族法制的制定实施。为此,在《共同纲领》指导下,1950 年起在全国开展了大规模的民族调查和民族识别工作。经过认真识别,截至 1953 年我国先后确认 38 个少数民族[②],为当时的民族立法和民族区域自治政策的落实提供了现实依据。

随着社会主义民族关系的确立巩固和民族识别工作的顺利展开,中央在推行各种有效政策措施的基础上先后制定一系列民族法令保障少数民族广泛权益的实现。如:政务院 1950 年批准《培养少数民族干部试行方案》和《筹办中央民族学院试行方案》,随后颁行《关于伊斯兰教的人民在其三大节日屠宰自己食用的牛羊应免征屠宰税并放宽检验标准的通令》;1951 年发布反对民族歧视的《关

---

① 费孝通:《中华民族多元一体格局》(修订本),中央民族大学出版社 1999 年版,第 355 页。
② 至 1979 年,我国又新确认单一少数民族 17 个,至此全国被确认的民族族称共计 56 个,民族识别工作基本完成。

于处理带有歧视或侮辱少数民族性质的称谓、地名、碑碣、匾联的指示》,推动民族贸易的《关于批准中贸部民族贸易会议报告并通知执行的指示》;1952年又通过《各级人民政府民族事务委员会试行组织通则》《关于地方民族民主联合政府实施办法的规定》,这些法令的出台彻底涤荡了旧社会遗存下来的种种民族歧视,有力地改善了少数民族的政治待遇和社会境况。

建国初期,我国在民族法制建设方面取得的主要成果包括以下五项[①]:一是1952年8月8日中央人民政府委员会批准通过《民族区域自治实施纲要》(下称《实施纲要》),首次对民族自治区的设立、区划、行政地位,自治机关的组成和隶属关系,自治机关的自治权利,调整民族自治区内的民族关系原则以及上级政府对民族自治区的领导原则等方面作出规定,迈出了我国民族区域自治法制化的坚实一步。二是1952年2月政务院发布《关于保障一切散居的少数民族成分享有民族平等权利的决定》,首次提到一切成分的人民均与当地的汉族人民享有平等的权利,并享有加入当地各种人民团体及参加各种职业的权利等,弥补了民族区域自治在维护散杂居少数民族权利方面的遗漏,使少数民族权利保护的领域更加宽阔。三是1953年2月中央人民政府委员会颁行《全国人民代表大会及地方各级人民代表大会选举法》,其中专列第四章"各少数民族的选举",对全国人大少数民族代表名额的分配及其比例、民族自治地方和散杂居少数民族代表的产生办法作了专门规定。根据该选举法选出的第一届全国人大少数民族代表178人,占代表总数的14.52%,这一比例是当时少数民族人口占全国总人口6%的两倍还多。四是1954年制定的新中国首部宪法对有关民族问题作出明确的根本法规定。《宪法》"总纲"规定:"中华人民共和国是统一的多民族的国家","各民族自治地方都是中华人民共和国不可分离的部分";《宪法》还进一步规范了民族区域自治制度,将原先的五级民族自治地方修改为自治区、自治州和自治县(旗)三级;同时要求各级政府尽力扶持少数民族政治、经济、文化各项事业,不断推进民族地区的政治改革和社会变革。五是1955年国务院发出的《关于建立民族乡若干问题的指示》,要求"凡是相当于乡的少数民族聚居的地方,应该建立民族乡",并对民族乡的建立条件、相关程序和职权行使时应注意的问题作了相应规定。

此外,各自治区和多民族省份也根据1954年《宪法》和《实施纲要》的规定,颁布一系列调处民族事务的法令、条例和单行法规,具体包括民族自治区人民政府的施政纲要或施政方针,民族自治区各界人民代表会议、各界人民代表会议协商委员会、人民政府的组织条例、单行条例和实施细则、办法等。[②] 这些地方性

---

① 李鸣:《新中国民族法制史论》,九州出版社2010年版,第14页。
② 戴小明:《新中国民族法制建设:世纪之交的回顾与前瞻》,载《民族研究》1999年第5期。

民族法令的颁布实施有效地调整了当地民族关系,有力地推动了民族区域自治在民族地方的深化落实。

(二) 萧条停滞时期(1956.9—1976.9)

1956年9月中共八大在北京胜利召开,会议适应国内主要矛盾的变化作出解决民族问题的关键在于促进其经济和文化上的全面进步,渐次消除民族间事实上的不平等现象,为此需要进一步加强"人民民主的法制","逐步地系统地制定完备的法律"。① 八大对于我国民族问题的本质、民族工作主要任务和加强民族法制建设的认识无疑是正确的。

然而由于受反右扩大化和急躁冒进发展路线的影响,党内"左"倾和法律虚无主义思想逐步蔓延,八大正确的民族工作方针路线被抛弃,不仅民族立法工作陷入停顿,甚至新中国成立后制定的一系列民族法律法规在实践中也被束之高阁,失去实施效力。在这样的社会背景下,民族法制领域出现了严重的"开倒车"现象。民族地方民主改革过程中不顾客观实际,出现了严划阶级成分并开展残酷的"反地方民族主义"斗争;盲目改变当地生产关系和社会结构、强迫少数民族放弃宗教信仰和改变风俗习惯;兴起取消、合并自治地方的"民族融合风",取缔大批民族中、小学校,民族地方的自治权利遭到严重侵害。即便如此,在广大民族干部的辛勤工作下,民族法制工作仍在逆境中曲折前行。民族自治地区仍在新建,1959年至1965年,国家先后成立包括西藏自治区在内的10个自治地方。此外,这一时期,全国人大常委会批准自治地方组织条例48件(其中自治区6件、自治州22件、自治县20件)②,一批组织条例的实施一定程度上保障了自治机关的正常运转。中央政府也制定了为数甚少的民族法规,如1958年6月国务院发布的《民族自治地方财政管理暂行办法》等。总之,从八大到"文革"前夕十年之中,国家民族立法数量极少,且类型同一、范围狭窄、内容雷同,正常的民族法制发展进程受到严重干扰。

1966年6月开始,长达十年浩劫的"文化大革命"又为深陷困境的新中国民族法制雪上加霜。"文革"期间社会主义法制横遭破坏,公民言论自由被取缔,人身权利几无保证,原先立法形同空文,全国上下一片"无法无天"的混乱局面。国家法制尚破败如此,民族法制更厄运难免。在"无产阶级专政下继续革命"和"民族问题实质是阶级问题"的极"左"路线干扰下,民族工作被否定、工作机构被撤销、大批民族干部、学者惨遭纠斗迫害、冤假错案层出不穷;已成立的民族自

---

① 中共中央文献研究室编:《建国以来重要文献选编》(第9册),中央文献出版社1994年版,第350—351页。
② 全国人大常委会秘书处秘书组、国家民委政法司编:《中国民族区域自治法律法规通典》,中央民族大学出版社2002年版,第197页。

治地方被随意撤销或合并，如内蒙古自治区的东三盟和西三旗①被分别划给邻近的黑龙江、吉林、辽宁、宁夏、甘肃五省区，云南的怒江、迪庆、德宏、西双版纳四个自治州也一度归并地方；各项民族优惠待遇政策均被取消，民族语言文字的使用受到严格限制，民族风俗习惯和民间传统文化被视为"四旧"而遭清除。1975年《宪法》更以最高法的姿态取消了民族地方各项自治权的规定，取消了自治权利，也就意味着民族区域制度和民族法制"名存实亡"。

（三）发展完善时期（1976年10月至今）

1976年10月粉碎"四人帮"之后，通过在民族工作领域进行全面拨乱反正，民族事务机构全面重建，大量冤假错案得到平反，重新恢复了"文革"前民族地区的行政区划，党和国家重申了原先正确的民族政策，在彻底否定极"左"路线的基础上确认"各民族间的关系都是劳动人民间的关系"②。1978年12月党的十一届三中全会深切总结新中国成立以来社会主义法制建设正反两方面的经验和教训，提出加强社会主义法制建设的战略任务，新中国民族法制建设迎来新的曙光，步入了重建与恢复阶段。这一时期，国家除紧锣密鼓地发布《关于做好杂居、散居少数民族工作的报告的通知》、《全国民族贸易和民族用品生产工作会议纪要》和《关于建立民族乡若干问题的通知》等大量政策性文件推动民族工作外，民族立法也一派生机盎然的景象。1979年7月五届全国人大二次会议通过的《地方各级人民代表大会和地方各级人民政府组织法》、《地方各级人民代表大会和地方各级人民政府选举法》、《刑法》、《刑事诉讼法》、《人民法院组织法》、《人民检察院组织法》六部法律以及1980年的《婚姻法》③等，明文规定了依法保障少数民族民主选举、语言文字、风俗习惯和宗教信仰方面的诸多权利。

为适应新形势的需要，1982年我国对宪法进行了全面修改，其中对民族区域自治作了更为详细的规定，不仅恢复了1954年《宪法》有关民族区域自治的重要原则和制度，而且增加了一些富有时代特征的崭新内容。1982年《宪法》关于民族自治地方领导的民族成分、国家对民族地方的帮扶以及更为广泛自治权利的赋予等方面的明确规定，充分体现了国家尊重和保障少数民族自主管理本民族内部事务的权利，为民族区域自治制度重要地位的恢复与重建奠定了宪法基础。

---

① 东三盟是指位于内蒙古东部的呼伦贝尔盟、哲里木盟和昭乌达盟，西三旗是指位于内蒙古西部的额济纳旗、阿拉善右旗和阿拉善左旗。

② 国家民族事务委员会、中共中央文献研究室编：《新时期民族工作文献选编》，中央文献出版社1990年版，第34页。

③ 本小节所引用的法律法规名称、具体条文以及不同法律位阶民族立法数目的统计，除特别注明外，均源自全国人大民委编：《中华人民共和国民族法律法规全书》，中国民主法制出版社2008年版。

除民族区域自治法制而外,散杂居少数民族权益保护也是我国民族法制建设的重要内容。随着各民族间交往的日益频繁,保障散杂居和流动少数民族权益成为维护民族团结和社会稳定的重要任务。1993年8月29日国务院批准《城市民族工作条例》,条例对加强城市民族工作,保障城市少数民族的合法权益,促进适应城市少数民族需要的经济、文化、教育事业的发展等方面作了明确规定。与《城市民族工作条例》同日获得批准的《民族乡行政工作条例》对促进民族乡发展经济、教育、科技、文化、卫生等事业,保障少数民族合法权益,增强民族团结等方面也作了原则规定。上述两条例以行政法规的形式,为新形势下我国散杂居民族工作提供了切实的法制保障。

列宁曾指出:"保障少数民族权利的问题,只有在不离开平等原则的彻底的民主国家中,通过颁布全国性的法律才能解决。"[1]截至2007年底,除《宪法》、《民族区域自治法》外,全国人大及其常委会制定和修改调处民族关系的全国性法律共计94件之多。

改革开放以来,国务院根据民族自治地方社会发展的现实需求,积极履行宪法赋予的"领导和管理民族事务,保障少数民族的平等权利和民族自治地方的自治权利"职责,制定颁行了一系列关于民族问题的行政法规。特别是步入新世纪以后,为进一步细化支持民族地区加快发展的各项举措,使扶助措施更为具体、更具操作性,国务院相继发布《扶持人口较少民族发展规划》、《少数民族事业"十一五"规划》、《兴边富民行动"十一五"规划》、《兴边富民行动"十二五"规划》和《关于进一步繁荣发展少数民族文化事业的若干意见》等,从项目、资金、政策等多方面加大对少数民族和民族地区的支持力度。

少数民族的权益保障不仅是内国法律问题,同时也是国际人权领域的重要内容。十一届三中全会以来,为适应形势发展的需要,我国陆续加入多个少数民族国际人权保护公约,积极参与国际少数民族人权保护的交流与合作。1982年加入《消除一切形式种族歧视国际公约》;1983年加入《禁止并惩治种族隔离罪行国际公约》和《防止及惩治灭绝种族罪行公约》,并多次向联合国有关机构提交该公约在中国的执行情况报告;积极参与起草《在民族或族裔、宗教和语言上属于少数群体的人的权利宣言》;此外中国政府还先后签署《经济、社会、文化权利国际公约》(1997年)与《公民权利和政治权利国际公约》(1998年)。这些国际人权保护公约的签署和加入,对于拓宽我国少数民族人权保护的领域范围,加大我国少数民族人权保障的扶持力度,健全和发展有中国特色少数民族人权保护制度方面具有重要意义。[2]

---

[1] 《列宁选集》(第20卷),人民出版社1958年版,第28页。
[2] 李鸣:《新中国民族法制史论》,九州出版社2010年版,第159页。

## 二、新中国民族法制的历史成就

**(一) 民族区域自治成为国家一项基本政治制度**

中国共产党在总结新民主主义革命时期民族工作经验的基础上,抛弃了"民族自决"和"联邦制"原则,也未简单采取"地方自治"和"文化自治"的方式,而是将马克思主义民族理论与中国具体实际紧密结合创造性地实行了民族区域自治。即在最高国家机关的统一领导下,各少数民族人民依照《宪法》和《民族区域自治法》的规定,在其聚居的区域内建立民族自治地方,设立自治机关,并按照民主集中制原则行使各项自治权,自主管理本民族内部事务和本地方社会事务,行使当家做主权力的一种政治制度。1984年《民族区域自治法》"序言"总结近半个世纪民族区域自治发展历程后指出:"民族区域自治是中国共产党运用马克思列宁主义解决我国民族问题的基本政策,是国家的一项基本政治制度"。1997年党的十五大上,民族区域自治制度和全国人民代表大会制度、中国共产党领导的多党合作与政治协商制度一道并列为我国三大基本政治制度。2005年5月,胡锦涛在第四次中央民族工作会议上进一步强调:"实践证明,民族区域自治制度符合我国国情和各族人民的根本利益,具有强大生命力;民族区域自治,作为党解决我国民族问题的一条基本经验不容置疑,作为我国的一项基本政治制度不容动摇,作为我国社会主义的一大政治优势不容削弱"。①

截至目前,全国共建立5个自治区、30个自治州、120个自治县(旗),共155个少数民族自治地方。全国55个少数民族中,已有44个实行了民族区域自治,民族自治地方面积占全国国土总面积的64%,实行区域自治的少数民族人口占全国少数民族总人口的71%。② 同时,作为民族区域自治的重要补充,国家还在散杂居民族地区建立了1125个民族乡,建乡少数民族达到47个。③ 通过实行民族区域自治,使我国人口多寡不一的各少数民族建立了不同行政区划的自治地方,设立了相应的自治机关行使自治权。民族区域自治将民族自治与地方自治相结合,体现了国家对少数民族管理本民族、本地区内部事务权利的尊重。60年实践检验证明民族区域自治是符合我国国情解决民族问题的正确选择,为世界其他国家和地区提供科学处理内国民族矛盾可资借鉴的成功典范。

---

① 胡锦涛:《在中央民族工作会议暨国务院第四次全国民族团结进步表彰大会上的讲话》,载《人民日报》2005年5月28日。
② 国务院新闻办公室编:《〈中国的民族区域自治〉白皮书》,载《人民日报》2005年3月1日。
③ 国家民族事务委员会经济发展司、国家统计局国民经济综合统计司编:《中国民族统计年鉴(2007)》,民族出版社2008年版。

## （二）中国特色社会主义民族法制体系初步形成

经过60年的艰辛探索与实践,我国的民族法制以自己独特的调整对象、立法原则和程序初步形成了以《宪法》为基础、以《民族区域自治法》为主干,包括各项国家调整民族关系的法律、行政法规和规章以及地方性法规、民族自治条例、单行条例、变通规定、补充规定和有关规范性文件在内的民族法制体系。这个体系在内容上涉及少数民族的政治、经济、文化、教育、科技、卫生、体育等社会生活领域各个方面;在调整对象上有适用于全国范围的法律法规,有适用于民族自治地方的法律法规,也有适用于散杂居少数民族的法律法规;从制定主体来看,有中央层面的基本法律法规,也有地方各级立法主体制定的地方性法律文件。中国特色社会主义民族法制体系的初步形成,有力地保障了少数民族平等权利与合法权益的实现,促进了少数民族和民族地区各项社会事业的快速发展,对于维护国家统一和民族团结,巩固平等、团结、互助、和谐的社会主义民族关系发挥着重要作用。

## （三）全社会民族法制意识不断提升

民族法制的有效实施离不开公民民族法制意识的普及。改革开放以来,随着法律权威的重新确立,国家在全国范围内广泛开展了以《宪法》为基础、以《民族区域自治法》等法律为主要内容的法制宣传教育活动。1987年司法部还专门针对民族地区开展普法工作,分别召开了东北、西北、华北和西南地区少数民族法制宣传教育座谈会和经验交流会。1996年11月,根据中央精神并结合少数民族地区法制宣传教育实际,国家民委又制定实施《法制宣传教育第三个五年规划》。经过二十多年的普法教育,全国8亿多人民群众参加了民族法律法规的学习,这为中国特色民族法律法规的实施打下了坚实的观念基础,创造了良好的社会环境。

## （四）民族法制实施监督机制不断强化

党和国家重视民族立法的同时高度关注民族法制实施监督机制的建设,到目前为止初步形成了以国家机关监督、社会舆论监督和人民群众监督为主的中国特色民族法制实施监督体制。胡锦涛同志在2005年中央民族工作会议上强调要经常检查《民族区域自治法》贯彻执行情况,有针对性地研究和解决存在的问题。同年5月,国务院颁布的《若干规定》更明确规定:"各级人民政府民族工作部门对本规定的执行情况实施监督检查,每年将监督检查的情况向同级人民政府报告,并提出意见和建议"。为此国家不断加大执法检查力度。2006年7至9月,全国人大常委会专门组成执法检查组,分别由4位副委员长带队赴内蒙古、宁夏、新疆、青海、甘肃、广西、贵州、云南、西藏、四川等11省区检查《民族区域自治法》的实施情况;对没有安排实地检查的另外9个省市,委托当地省市人大常委会在辖区内自行检查。此外,全国人大民委又分别组织6个小组赴国务院14个部委进行部门规章制定情况和落实《民族区域自治法》情况的执法检查。这次执法检查是《民族区域自治法》实施22年来,首次由最高国家监督机关组织开展的执法检查,有力地推动了各项民族法律法规的贯彻落实。[①]

　　总之,新中国成立以来我国的民族法制建设取得了巨大成就。民族区域自治制度发展成为我国的一项基本政治制度;人民群众民族法制意识不断提高,民族法已成为调整我国新型民族关系、处理民族地区重大事件的主要手段;有中国特色的民族法律法规体系初具规模,民族法的实施监督机制不断加强;民族法制体系框架的初步形成有力地促进了民族地区各项事业的发展,极大地保障了少数民族的各项权益;少数民族的人权保障事业取得了长足进展。回顾新中国60年发展历程,民族法制走出了一条从无到有、从简单粗糙到相对完善、由政策调整到法律调整的不平凡道路。历史雄辩地证明,在第三次民族主义浪潮风起云涌,西方敌对势力加紧"和平演变"的复杂国际形势下,我们国家之所以能够成功地处理好各种民族问题,实现中华民族的整体复兴,关键在于党和国家一贯坚持民族平等团结、共同繁荣的基本原则,始终不渝地健全和完善有中国特色的社会主义民族法制。实践表明,我国的民族法制在理论上是成熟的,实施上是成功的,是适合当代中国国情和世界发展趋势的。我们坚信在党和国家的正确领导下,有中国特色社会主义民族法制将会更加健全和完备,少数民族公民所享有的各项权益将会更为广泛和充分。

---

① 朱玉福:《新中国民族法制建设60年》,载《广西民族研究》2009年第4期。

# 第二编　民族区域自治制度

我国在长期的历史发展过程中,各民族频繁迁徙,逐渐形成了大杂居、小聚居的分布格局,从我国民族分布、居住的状况考察,大体存在着四个方面的民族关系,即少数民族和汉族之间的关系;实行区域自治的民族间的关系,包括各个不同的实行民族区域自治的地方的民族之间的关系,某一民族自治地方内高一级的民族自治地方含有低一级的民族自治地方的不同少数民族之间的关系,在同一个民族自治地方中,同级的其他民族的自治地方的民族之间的关系,共同建立自治地方、联合实行自治的民族之间的关系;实行自治的民族与未实行自治的少数民族之间的关系;未实行自治的少数民族相互之间的关系。在社会主义革命和建设的过程中,各民族结成平等、团结、互助的新型社会主义民族关系,马克思主义认为,坚持民族平等是实现民族团结的前提和基础,没有民族间的平等,就不可能有真诚的民族团结。民族团结是实现民族平等的客观要求,也是民族平等关系发展的必然结果。民族团结反过来又是促进民族平等发展,争取革命胜利,实现各民族共同发展繁荣和进步的基本保证。

# 第五章 民族区域自治制度概述

## 第一节 民族区域自治的概念

### 一、民族区域自治的定义

1954年召开的第一届全国人民代表大会,把民族区域自治制度载入了《中华人民共和国宪法》之中。此后,我国历次宪法修改,都载明坚持实施这一制度。2001年修改颁布的《中华人民共和国民族区域自治法》则明确规定:民族区域自治制度"是国家的一项基本政治制度"。作为我国解决民族问题的一项基本政策和基本政治制度,《中华人民共和国民族区域自治法》序言中指出:"民族区域自治是在国家的统一领导下,各少数民族聚居地方实行区域自治,设立自治机关,行使自治权。"因此,民族区域自治包含以下几个因素:

第一,民族区域自治的前提是国家的统一领导。

国家统一是实行民族区域自治的前提条件,少数民族在统一国家内实行区域自治,建立民族自治地方,这是党长期以来坚持的建立民族自治地方的一个根本性的原则。《宪法》和《民族区域自治法》明确规定,各民族自治地方都是中华人民共和国不可分离的部分,从而将国家统一建立民族自治地方的原则法制化。1991年12月8日国务院《关于进一步贯彻〈中华人民共和国民族区域自治法〉若干规定的通知》明确指出:"在我国,国家统一是实施民族自治的前提。"[1]由于中国是全国各民族人民共同缔造的统一的多民族国家,单一制是国家结构和政体的根本特点之一,民族自治地方与国家的关系是整体与部分的关系,民族自治地方是整个国家的有机组成部分,国家在各民族自治地方行使主权,维护国家统一和领土完整,而各民族自治地方的自治机关是地方国家机关,接受中央国家政权机关的统一领导,担负维护国家统一和领土完整,保证宪法、法律和总的方针、政策等在本地方的遵守和执行,完成中央和上级机关下达的各项任务的职责。

第二,实施民族区域自治的自治主体是各少数民族。

汉族作为中国占人口绝大多数的主体民族,不论其居住的地理条件如何能够满足建立民族自治地方的条件,都不享有民族自治的权利。也就是说,中国的民族区域自治制度是保障除汉族之外所有55个少数民族自治权利的制度。我

---

[1] 中央新疆维吾尔自治区委员会党史研究室编:《中国共产党与民族区域自治制度的建立和发展》(上册),中共党史出版社1998年版,第270页。

国共有 55 个少数民族,根据 2000 年第五次全国人口普查,在 55 个少数民族中,有 44 个建立了自治地方,实行区域自治的少数民族人口占少数民族总人口的 70% 以上,民族自治地方的面积占全国国土总面积的 64% 左右。之所以只有一部分少数民族实行了区域自治,而另一部分少数民族却没有实行区域自治,完全是由建立民族自治地方的地理界域的条件决定的,绝不存在对任何少数民族在自治权利方面的歧视状况。鉴于中国的一些少数民族聚居地域较小、人口较少并且分散,不宜建立自治地方,《宪法》规定通过设立民族乡的办法,使这些少数民族也能行使当家做主、管理本民族内部事务的权利。1993 年,我国颁布了《民族乡行政工作条例》,以保障民族乡制度的实施,根据 2008 年行政区划统计,我国共建立了 1096 个民族乡。

第三,民族区域自治以区域为载体。

实行自治并非是将自治权抽象的赋予每一个少数民族,而必须有地域载体。"离开了民族,民族区域自治当然无从谈起。但是区域也是必定要有的。否则,自治就成了空中楼阁。"[1]在一个国家的政治实体内,尤其是在一个错综复杂的多民族共同生活的格局内,民族自治实施起来绝非易事,要真正地实现民族自治,必须辅之以其他条件,其中最便利的条件之一,与地域结合起来,在某一个具体的地域范围内,建立自治机关,通过自治机关来实际行使自治权。因此,民族区域自治是民族自治与区域自治相结合的制度。民族区域自治,既有民族自治的因素,也有区域自治的因素。在长期的历史发展中,形成各民族大杂居、小聚居的分布格局。各少数民族大多有自己范围大小不等的聚居地区。他们各自以自己的聚居地区为基础实行区域自治。因此,"区域"并不是一般意义上的地理概念,而是有特定条件的,即在"各少数民族聚居的地方实行区域自治",可见"聚居"就是"区域"特定的限制条件。只有达到一定绝对或相对密集人口的少数民族地区,才能建立民族自治地方,实行区域自治。

第四,民族区域自治制度中,"自治权"是其核心要素。

"自治权"是民族区域自治的核心问题,是少数民族人民当家做主,管理本民族内部事务的标志,是衡量民族区域自治程度的根本尺度,也是实现民族平等团结的重要手段和加速发展少数民族经济文化,实现民族共同繁荣的根本保证。自治权是民族自治地方的自治机关依照《宪法》、《民族区域自治法》和其他法律规定的权限,根据本地方的实际情况,贯彻执行国家的法律、政策,自主地行使管理本地方经济文化建设事业和本民族内部事务的权利。行使自治权的主体是民族自治地方的自治机关,即人民代表大会和人民政府。在民族自治地方,只有自治机关才具有行使自治权的资格,才能行使自治权,其他机关、单位、团体和个人

---

[1] 王天玺:《民族法概论》,云南人民出版社 1998 年版,第 225 页。

均不具有行使自治权的资格,不能行使自治权。各族人民管理本地方内部的事务和实行区域自治的民族管理本民族内部的事务的权利,是通过自治机关行使的。自治机关的自治权是法定的权利,即国家《宪法》、《民族区域自治法》和其他法律所赋予的权利,包括法律授予的权利和法律委托的权利,民族自治地方的自治机关不存在也不允许有超越法律规定的权限的自治权。

### 二、民族区域自治与其他类型自治的比较

（一）民族区域自治与特别行政区的高度自治的区别

我国现行《宪法》第31条规定："国家在必要时得设立特别行政区。在特别行政区内实行的制度按照具体情况由全国人民代表大会以法律规定。"特别行政区是指在我国行政区域内,根据我国宪法和法律的规定,专门设立的具有特殊法律地位,实行特殊的社会、政治和经济制度的行政区域。它是中华人民共和国不可分离的部分,但又具有特殊的法律地位。

民族区域自治制度和特别行政区制度的不同之处表现在：

1. 确立的时间、地区不同。1949年新中国成立前夕,制定的《中国人民政治协商会议共同纲领》中,正式确定我国实行民族区域自治制度。截至1998年,我国在少数民族聚居地方先后共建立了5个自治区、30个自治州、120个自治县。全国有44个少数民族建立了自治地方,在少数民族杂散居住地区还建立了1200多个民族乡;1990年4月和1993年3月制定的香港、澳门特别行政区基本法确定了特别行政区制度。1997年7月1日和1999年12月20日,我国对香港、澳门恢复行使主权,建立了香港、澳门特别行政区。

2. 设立的目的不同。为了解决单一制国家结构形式下的民族问题,处理好民族之间的关系,充分尊重各少数民族自身的特点,实现少数民族人民当家做主,管理本民族内部地方性事务的权利,而设立民族区域自治制度;为了维护国家的统一和领土完整,运用和平方式解决历史遗留问题,保持港、澳、台地区的繁荣与稳定,而设立特别行政区制度。

3. 社会制度不同。特别行政区与民族自治区域的根本区别在于它们所实行的基本社会制度不同。民族自治区域实行社会主义制度和政策;而香港、澳门特别行政区不实行社会主义制度和政策,保持原有的资本主义制度和生活方式,50年不变。

4. 自治层次不同。在我国的政权体系中,省、自治区、直辖市、特别行政区都是最高的一级地方政权。省、自治区下设自治州、县、自治县、市、乡、民族乡、镇。我国的民族自治地方分为自治区、自治州、自治县三级,相应的自治机关有自治区、自治州、自治县的人民代表大会和人民政府三层。它们在各自的权限和范围内,履行职责;而特别行政区只有一级政府、一级政权、特别行政区政府不再

下设任何政权单位,本身就是直接联系市民的政权组织。香港特别行政区所保留的区域组织(如市政局),澳门特别行政区所保留的市政机构(如市政厅)都是非政权性的区域组织,它们具有管理香港或澳门地方政治事务的权力。

5. 自治程度不同。特别行政区享有高度自治权是其区别于我国民族区域自治地方的主要标志。高度自治权主要包括:(1)行政管理权。除国防、外交以及其他根据基本法应当由中央人民政府处理的行政事务外,特别行政区有决定政策和发布行政命令权、人事任免权、社会治安管理权、有关经济、文化和社会事务管理权、中央人民政府授权特别行政区依照基本法自行处理的对外事务权。(2)立法权。特别行政区有权制定、修改和废除除有关外交、国防和其他按基本法规定不属于特别行政区自治范围,不能自行制定的法律以外的其他所有民事的、刑事的、商事的和诉讼程序方面的适用于特别行政区的法律,制定的法律只需报全国人大常委会备案,备案不影响该法律的生效。(3)独立的司法权和终审权。特别行政区法院独立进行审判,不受任何干涉;特别行政区的终审法院为最高审级,该终审法院的判决为最终判决。但特别行政区各级法院对国防、外交等国家行为无管辖权。

民族自治机关享有"一定的自治权",主要表现在:(1)民族自治地方的人大有权制定自治条例和单行条例,按法定程序经上级机关批准后生效;对不适应民族自治地方实际情况的国家法律、政策,自治机关可以报经上级国家机关批准变通执行或停止执行。(2)依照国家财政体制属于民族自治地方的财政收入,都由民族自治地方的自治机关自主地安排使用。(3)在国家计划指导下自主地安排和管理地方性的经济建设事业,经国务院批准享有一定的对外贸易自主权。(4)自主地管理教育、科学、文化、卫生、体育事业。(5)依照国家军事制度和当地的实际需要,经国务院批准,可以组织维护社会治安的公安部队。(6)使用本民族的语言文字。通过比较可以看出,特别行政区的自治权比较高、比较大。

6. 实施的法律体系不同。我国的民族区域自治地方实施社会主义法律体系,执行全国统一的法律和国务院颁布的行政法规及自治机关制定的自治条例和单行条例;在国家统一领导下,行使法律赋予的自治权,保证宪法和法律在本行政区内贯彻执行;而中华人民共和国法律总体上不在特别行政区实施,就是国家的根本大法——宪法,也并不完全适用于特别行政区。具体地说,凡是宪法关于维护国家主权统一和领土完整的规定,必须适用于特别行政区;凡是宪法关于社会主义制度和政策的规定,都不适用于特别行政区。在特别行政区实施的法律为特别行政区基本法,不与特别行政区基本法抵触的港、澳原有法律,特别行政区立法机关制定的法律以及少量特定的全国性法律(如国籍法、国旗法、国徽法、领海法及毗连区法、外交特权与豁免条例、中华人民共和国香港、澳门驻军法等)。这几类不同来源的法律构成了整个特别行政区的法律体系。①

(二) 民族区域自治与我国基层群众性自治制度的区别

基层群众性自治组织是指依照有关法律规定,以城乡居民(村民)一定的居住地为纽带和范围设立,并由居民(村民)选举产生的成员组成的,实行自我管理、自我教育、自我服务的社会组织。

民族区域自治制度与基层群众性自治制度的区别表现在:

1. 确立的时间、建立的原则和程序不同。

基层群众性自治组织这一概念出于1982年设立的现行宪法。我国《宪法》第111条规定:"城市和农村按居民居住地区设立的居民委员会或者村民委员会是基层群众性自治组织。"然而,作为基层群众自治组织的一种形式,居民委员会早在20世纪50年代就已经存在了。1954年制定的《城市居民委员会组织条例》规定:"为了加强城市中街道居民的组织和工作,增进居民的公共福利,在市辖区、不设区的市人民委员会或者它的派出机关指导下,可以按照居住地区成立居民委员会,居民委员会是群众性的居民自治组织。"

居委会和村委会的建立并非居民或村民自主、自动的过程,一方面要依据国家法律,另一方面则要由基层国家机关协助建立。法律规定的设置总原则是便于居民或村民自治,考虑居民或村民的居住状况、人口多少等因素。

2. 实行自治的机关和组织的性质不同。

民族自治地方的自治机关具有双重职权,一方面,它们是国家的一级地方政权机关,在各级人民代表大会和人民政府的组织和活动原则、产生、任期、职权、工作制度、派出机构和领导机制的设置等方面,与普通行政地方的人民代表大会和人民政府基本相同;另一方面,它们又是民族自治地方的自治机关,依法行使自治权。现行宪法和民族区域自治法对于民族自治地方的自治机关的组成、自治权等都作了专门的规定,以利其行使自治权。

而基层群众性自治组织是群众性的社会组织,不同于国家政权组织和其他政治、经济等社会组织。国家政治组织是以一定的行政区划为基础设立的,以实现国家职能为目的的社会组织。其他政治、经济组织是基于特定的政治、经济目的而建立的社会组织。基层群众性自治组织是以居民和村民的居住地为基础,基于一定范围的居民和村民社会生活需要而建立的,其目的是解决居住地范围内的公共事务和公益事业方面的社会问题。它不是以行政区划为基础设立的,也不具有特殊的政治经济目的。所以它是群众性的社会组织。它也区别于按性别、年龄、职业、专业等组织起来的群众团体。

---

① 赵叔强:《民族区域自治制度与特别行政区制度之比较》,载《政治教育》2002年第11期。

3. 自治机关或组织与人民政府的关系不同。

基层群众自治组织和基层人民政府的关系包括两个方面：一是基层人民政府对基层群众性自治组织的指导关系；二是基层群众性自治组织对基层人民政府的协助关系。二者之间的指导和协助关系保证了基层群众性自治组织在与基层人民政府的关系中保持了自己的独立性。它表明：基层群众性自治组织不是隶属于基层人民政府的下级行政机关，基层人民政府不可对其采取直接的行政命令；基层人民政府对基层群众性自治组织的工作进行指导，但这种指导不具有法律上的约束力，基层群众性自治组织可以根据需要决定是否采纳；基层群众性自治组织有义务协助基层人民政府或其派出机关或有关部门进行工作，但应与其自治性相适应。在实践中这种指导与协助关系能否顺利实现是基层群众性自治组织能否成为真正的基层群众性自治组织的关键。[①]

4. 自治权内容不同。

根据《村民委员会组织法（试行）》的规定，村民委员会的自主权涉及财产自治、财务自治、人事自治、管理自治、教育自治和服务自治等方面。自治权也是《城市居民委员会组织法》赋予城市居民委员会的一种权利，这种权利主要是用来处理与居民利益有关的事务。在法律性质上它不同于国外一些国家中自治组织或者自治团体所享有的自治权力，城市居民委员会的自治权不属于国家权力的范畴，而是宪法所保障的公民权利的扩大和延伸，是城市居民委员会处理本居住地区居民的自治事务所必需的。根据《城市居民委员会组织法》的规定，城市居民委员会是居民自我管理、自我教育、自我服务的基层群众性自治组织，因此，城市居民委员会的自治权也是围绕着"自我管理、自我教育、自我服务"这三项自治事务而展开的。

### 三、民族区域自治制度的优越性

实行民族区域自治，对发挥各族人民当家做主的积极性，发展平等、团结、互助的社会主义民族关系，巩固国家的统一，促进民族自治地方和全国社会主义建设事业的发展，都起了巨大的作用。

第一，民族区域自治制度的实行通过有效地保障少数民族的权利，激发了少数民族当家做主的积极性。

第二，有利于发展平等、团结、互助的社会主义民族关系。

第三，促进民族自治地方和全国社会主义建设事业的发展。

第四，维护了国家的统一。

按照宪法和民族区域自治法的规定，中华人民共和国是一个统一的多民族

---

① 焦洪昌主编：《宪法学》，中央广播电视大学出版社2004年版，第253页。

国家,而民族区域自治是在国家统一领导下实行的。这就是说各民族自治地方都是中华人民共和国的一部分,并且是不可分割的一部分,都要接受国家的统一的领导,各民族自治地方既要保证国家的法律、方针、政策在本地方贯彻执行,又享有宪法和法律赋予的各种自治权利。这种原则,就把国家的集中统一和民族的自主、平等结合起来,从制度上保证了国家的统一。同时,民族区域自治法的实施,使各少数民族人民真正感到自己既是本民族的主人,又是国家的主人,从而激发他们爱自己的民族、爱自己祖国的深厚感情,使国家的统一从根本上得到了保证。与当代一些多民族国家的民族动乱和战争仍形成强烈反差的中国,由于民族区域自治制度的制定与实施,国家形成统一、安定、民族团结的大好局面,这是中国各民族人民一个值得骄傲和珍惜的宝贵财富。

## 第二节　民族自治地方

### 一、民族自治地方建立及区域变动的原则、条件和程序

（一）民族自治地方建立的条件

《民族区域自治法》第 12 条规定:"少数民族聚居的地方,根据当地民族关系、经济发展等条件,并参酌历史情况,可以建立以一个或者几个少数民族聚居区为基础的自治地方。民族自治地方内其他少数民族聚居的地方,建立相应的自治地方或者民族乡。民族自治地方依据本地方的实际情况,可以包括一部分汉族或者其他民族的居民区和城镇。"明确规定民族自治地方建立的条件是:

第一,民族自治地方必须建立在少数民族聚居的地方。

这是实现民族区域自治的前提和基础。我国的民族区域自治不是单纯以民族作为自治单位,也不是单纯以地域作为自治单位,而是二者的有机结合。所谓聚居是指集中居住在一定区域。长期以来,我国形成了"大杂居、小聚居"的民族居住状况,各少数民族都有其相对集中的聚居区。建立民族自治地方的少数民族聚居区,必须有一定的规模,即具备自治所必需的人口、地域、经济等基本要素。规模太小的民族聚居区,不能建立民族自治地方。

以少数民族聚居区为基础,并不能简单地认为是以某一个或某几个少数民族在当地人口中所占的比例为基础。由于大杂居、小聚居的人口分布状况,以及有些少数民族人口很少或特少的人口特点,有些少数民族人口在当地总人口中所占的比例很小。如果简单地以人口比例为基础,那么,就有不少的少数民族不能建立自己的民族自治地方。从保障所有的少数民族平等地享有区域自治权出发,有些少数民族的人口在当地尽管占很小的比例,但只要具备一定的条件,就应当为该民族建立相应的自治地方。

第二,有利于处理民族关系。

民族关系是指在少数民族聚居区的民族构成、民族特点和当地各个民族之间在政治、经济、文化和社会生活等各方面的相互关系。根据当地的民族关系状况,包括两个方面:一是要充分考虑拟建立民族自治地方的少数民族聚居区的民族关系的历史状况。二是要综合考虑民族自治地方建立后有利于巩固和发展民族平等、民族团结、共同繁荣的民族关系。在历史上,一定行政区域内的各族人民共同劳动、共同生活、互相交往,结成了密切的关系,在建立民族自治地方时,就要尊重历史事实以及该地区各族人民的意愿,使他们在新的社会条件下共同行使区域自治权。

第三,有利于当地经济的发展。

实行民族区域自治,建立民族自治地方,其目的就是为了保障民族平等,加速发展少数民族地区的经济,促进民族地区政治、经济、文化和社会的全面进步,促进各民族的共同繁荣。建立民族自治地方,在确定它的区域界限时,一定要从当地的地理环境、自然资源分布、交通运输和经济结构状况出发,以便有利于自治地方经济、社会和文化的发展,同时也要有利于整个国家的经济管理和经济布局。

第四,要参酌历史情况。

指建立民族自治地方时,一定要参酌和尊重该地区历史上的政治、经济、文化和社会各方面的问题,我国各民族在漫长的历史过程中,虽然存在过民族压迫和民族剥削的制度,各民族间存在隔阂,甚至存在过民族压迫和民族剥削的制度,彼此间发生过战争,但从主流上看,各民族在经济、文化和政治上的相互接触,相互帮助,从未中断过,促进了边疆和中原地区的经济发展。主要表现为:在历史上形成的行政隶属关系、行政管理模式,在多民族共同体中各民族所处的地位和发挥的作用;在共同的生产和生活实践中,形成的比较稳定的经济关系、民族语言和习惯,以及宗教信仰等。全面考量这些因素,对于民族自治地方的设立,是非常必要的。

(二)民族自治地方建立的程序

《民族区域自治法》第14条规定:"民族自治地方的建立、区域界线的划分、名称的组成,由上级国家机关会同有关地方的国家机关,和有关民族的代表充分协商拟定,按照法律规定的程序报请批准。"这是民族区域自治法对民族自治地方建立的程序规定。包括两道程序:

一是协商拟定。民族自治地方的建立不仅关系国家政权的建设,而且直接关系当地少数民族人民当家做主管理本地方内部事务,发展本地方经济事业,与少数民族的切身利益密切相关。因此,在建立什么样自治地方的一系列重大问题上,必须与当地有关民族的代表充分协商,征求各民族的意见,然后作出决定。

此外，在确定民族自治地方的区域界线的时候，往往涉及该民族自治地方与其他地方的关系，这也需要通过协商，取得相邻地方的谅解和支持。由于中国各民族杂居情况特别显著，绝大多数少数民族都与其他少数民族和汉族交错居住，建立民族自治地方时，必须认真贯彻民族平等原则，与各少数民族代表充分协商，慎重处理好民族关系，做到各民族的自愿联合，这样才能加强民族团结，齐心协力，共建民族自治地方。

二是依法报请批准。民族自治地方是国家的一级地方政权建置，因此，在共同协商拟定的基础上，还要按照法律规定的程序报请批准。不同级别的民族自治地方的建立，审批的主体各不相同。《宪法》第62条和第89条分别规定，全国人民代表大会"批准省、自治区和直辖市的建置"，国务院"批准省、自治区、直辖市的区域划分，批准自治州、县、自治县、市的建置和区域划分"。可见自治区建置审批权归属全国人民代表大会，自治州、自治县的建置审批权归属国务院。而三级自治地方的区域划分审批权都由国务院行使。至于申报主体，则分别为：有关自治区建置的申请，由国务院向全国人民代表大会上报；有关自治州、自治县的建置和区域界线划分的申请，由该自治州、自治县所在的省、自治区、直辖市向国务院上报。

（三）民族自治地方区划变动的原则和程序

1. 民族自治地方区划变动的原则

《民族区域自治法》第14条第2款规定："民族自治地方一经建立，未经法定程序，不得撤销或者合并；民族自治地方的区域界线一经确定，未经法定程序，不得变动；确实需要撤销、合并或者变动的，由上级国家机关的有关部门和民族自治地方的自治机关充分协商拟定，按照法定程序报请批准。"

首先，民族自治地方及其区域界线一经确定后，必须保持相对的稳定性。原因在于：一是为保障民族自治地方的正常生产和正常秩序的需要，是国家政治、经济建设的需要。因此民族自治地方区域的稳定性，必须通过法律的稳定性来加以保障。二是针对历史教训而作的法律上的规定。三是民族自治地方的确立，区域界限的划分，是依据宪法的规定，按照法定的程序报请批准的；民族自治地方报经批准建立，区域界限的划定被确定后，就受到国家法律的保护。非经法律程序批准，任何组织和个人都不得随意变更，否则就侵犯了民族自治权益的法律规定。

其次，变动的前提是"确实需要撤销、合并或者变动"。也就是说，在相对稳定的原则下，根据需要是可以变动的。这种变动一是根据国家建设的需要，二是有利于少数民族发展繁荣的需要。

### 2. 民族自治地方区划变动的程序

在地方区划变动时,上级国家机关必须与民族自治地方的自治机关进行充分的协商,协商的主体为上级国家机关的有关部门和民族自治地方的自治机关。协商的主体与建立民族自治地方时有所变更。上级国家机关的有关部门为按照区划变更的相关程序的有关部门,这在下面的法定程序讲解中有所涉及,而民族自治地方的自治机关则是指民族自治地方的人民代表大会和人民政府,自治机关是行使民族自治权力的机关,协商的结果是要取得该民族地区各民族的自愿和最高程度的共识。在协商的过程中,要避免形式主义,走过场,违背民主原则,也不要久议不决,通过协商,要认真处理好当地的民族关系,确保该地区的稳定,促进该地区的发展。

## 二、民族自治地方的类型

### (一) 以民族自治地方的行政区划为标准

行政区域划分是国家为了进行分级管理而实行的国土和政治、行政权力的划分。根据《宪法》第30条和《民族区域自治法》第2条的规定,我国的民族自治地方分为三级:

#### 1. 自治区

自治区是与省、直辖市平行级别的行政单位。目前,我国共有5个自治区。1947年,在中国共产党领导下,已经解放的蒙古族地区就建立了中国第一个省级少数民族自治地方——内蒙古自治区。中华人民共和国成立后,中国政府开始在少数民族聚居的地方全面推行民族区域自治。1955年10月,新疆维吾尔自治区成立;1958年3月,广西壮族自治区成立;1958年10月,宁夏回族自治区成立;1965年9月,西藏自治区成立。

#### 2. 自治州

自治州是中国行政区划中为保证少数民族的平等权利而划分的一种特殊形式。三级民族自治地方中有些有对应的普通行政区划,如自治区是与省、直辖市平行级别的行政单位。自治州则有一点特殊性,没有完全对应的普通行政区划单位。在实际工作中,通常把它与地区并列,其实两者是不同的。地区行政区划单位是省人民政府的派出机构,不是一级政权组织。从我国整个行政区划的设置来看,我国是三级行政区划单位,即省、县、乡,自治州则是一种比较特殊的区划单位,是适应聚居少数民族建立相应自治地方的需要而设置的,是省级以下、县一级以上的行政区划,相当于省内行政公署一级。因为有些聚居的少数民族,组建一个自治区不够,建立自治县又太大,自治州则照顾到了这种情况,它体现了国家对聚居少数民族实现自治的充分考虑。

3. 自治县

自治县是和县平行的一级行政区划单位。按照中华人民共和国宪法的规定,自治县与一般县相比具有更多的自治权限。

一个民族有多处大小不同的聚居区,可以建立多个不同行政地位的自治地方,如回族在全国建立有宁夏回族自治区、甘肃宁夏回族自治州、河北孟村回族自治县等多个不同行政地位的民族自治地方。

另外,民族乡不属于民族自治地方,而是民族区域自治的一种补充形式。民族乡是与普通乡同级的特殊基层地方政权,是现行《宪法》中提出的概念,民族乡比普通乡有更多的自主权或特殊的职权,设置民族乡的目的就是要更好地保障少数民族的平等权利。现行《宪法》第99条第3款规定:"民族乡的人民代表大会可以依照法律规定的权限采取适合民族特点的具体措施",1993年9月15日,国务院批准、国家民委发布《民族乡行政工作条例》,对民族乡的成立、运转、自主权以及相关扶持政策进行了规定,赋予了民族乡特殊的自主权。因此,民族乡虽然不属于民族自治地方,但它是我国民族区域自治的补充形式,是保障杂散居少数民族平等权利的一种途径,保障了少数民族的自主权,是一种特殊的政权形式。

(二)以民族自治地方的民族组成为标准

1. 以一个少数民族聚居区为基础建立的自治地方。

如宁夏回族自治区是以回族为基础建立的自治区,西藏自治区是以藏族为基础建立的自治区,另外如凉山彝族自治州、伊犁哈萨克自治州、乐方黎族自治县、宽城满族自治县、长白朝鲜族自治县等。其主要特点是实行区域自治的少数民族只有一个。在这一类民族自治地方内,虽然是以一个少数民族为实行民族区域自治的自治民族,但也包括汉族或其他少数民族人口。

2. 以一个人口较多的少数民族聚居区为基础建立的民族自治地方或几个人口较多的少数民族聚居区为基础建立的民族自治地方中,包含以一个或几个人口较少的其他少数民族聚居区为基础建立民族自治地方。

一个民族自治地方内其他少数民族聚居的区域,可以建立相应的自治地方,如新疆维吾尔自治区是以维吾尔族为基础建立的自治区,但在自治区范围内还包括伊犁哈萨克族自治州;博尔塔拉蒙古族自治州;昌吉回族自治州;克孜勒苏克尔克孜族自治州;巴音郭楞蒙古族自治州等5个以其他少数民族为基础建立的自治州。红河哈尼族彝族自治州还包括河口瑶族自治县、屏边苗族自治县、金平苗族瑶族傣族自治县三个自治县。黔南布依族苗族自治州境内有一个三都水族自治县。

3. 以两个或多个少数民族聚居区为基础联合建立的自治地方。

如恩施土家族苗族自治州,是由土家族、苗族两个民族的聚居区为基础联合建立起来的一个自治地方;海西蒙古族藏族自治州,是由蒙古族、藏族两个民族的聚居区为基础联合建立起来的自治州;琼中黎族苗族自治县是以黎族、苗族两个民族的聚居区为基础联合建立的自治县;双江拉祜族佤族布朗族傣族自治县是以拉祜族、佤族、布朗族、傣族四个少数民族的聚居区为基础联合建立的自治县。

### 三、民族自治地方的名称

《民族区域自治法》第13条规定:"民族自治地方的名称,除特殊情况外,按照地方名称、民族名称、行政地位的顺序组成。"也就是说,民族自治地方的名称一般包括三个因素,即地方名称、民族名称、行政地位,而这三者的排列顺序是法定,不可随意更改的。

按照《民族区域自治法》第13条的规定,民族自治地方的名称,除了一般按照地方名称、民族名称、行政地位顺序组成外,还有一些特殊情况,采取的特殊的命名,现实存在,也为法律所允许,大致包括如下几种情况:其一,按照地方名称、民族名称、行政地位顺序组成民族自治地方的名称,但族名省略了"族"字。如新疆维吾尔自治区、巴音郭楞蒙古自治州、博尔塔拉蒙古自治州、克孜勒苏柯尔克孜自治州、伊犁哈萨克自治州、鄂伦春自治旗等。其二,没有地方名称,只有民族名称和行政地位。没有地方名称的有两种情况:一种是族名由地名演变而来的,族名与地名统一。如"东乡族自治县"中的"东乡"既是地名,又是族名;另一种根本不包含地名,如鄂温克族自治旗、鄂伦春族自治旗都属于这种情况。因为这些民族居住比较集中,而且在全国本民族也只建立了一个自治地方,不存在和别的同一民族自治地方区别的问题。为了简明起见,这些自治地方只标明县、旗名,不用地名。其三,在历史上地方名称和民族名称已经合一,只用地方名称,不加民族名称,人们也清楚包含民族名称,如"内蒙古自治区"和"西藏自治区"两个民族自治地方名称中的"内蒙古"作为地名也含有蒙古族的族名,"西藏"作为地名也包含有藏族的族名。如果再加族名,反而显得有些累赘。其四,内蒙古自治区内的三个县级民族自治地方(包括鄂伦春自治旗、鄂温克族自治旗和莫力达瓦达斡尔族自治旗)的名称中的行政地位,不称"自治县"而采用"自治旗",这是因为自治区建立后,各少数民族经济的县级地方建置的名称都演绎了历史沿袭下来的"旗"的称谓。上述特殊的情况下民族自治地方的命名,或者鉴于历史传统和习惯称谓,或者出于少数民族的意愿,因此《民族区域自治法》作为特殊情况予以确认,这充分体现了国家把原则性和灵活性结合起来,对历史传统习惯和少数民族意愿的尊重。

《民族区域自治法》第14条规定:"民族自治地方的建立、区域界线的划分、名称的组成,由上级国家机关会同有关地方的国家机关,和有关民族的代表充分协商拟定,按照法律规定的程序报请批准。"民族自治地方的名称的确定同样要严格按照法定的程序进行,不能随意确定或更改。

## 拓展

### 民族自治地方的区划改革

一、我国民族地区行政区划的基本形成为新时期民族政策的实施提供了平台

新中国成立至今 60 多年间,我国民族地区行政区划经历了多次调整,从一律称为自治区到自治区、自治州、自治县和民族乡多级模式,有些民族自治地方经还历了从设立到撤销再到设立多次调整的过程。自进入新世纪后,我国民族地区的行政区划趋于稳定,变化不大,可以认为,具有中国特色民族地区行政区划已经基本形成。民族地区行政区划的基本确立为党和国家的民族政策的实施提供了平台。

二、现阶段出现的撤自治县设市(区)暴露了民族地区行政区划体系中存在的问题

我国现行《宪法》和《民族区域自治法》规定民族自治地方由自治区、自治州、自治县组成,没有有关"民族自治市"的设置。1993 年 5 月国务院批转了民政部《关于调整设市标准的报告》(国发[1993]38 号),该份文件对于由县改为县级市,县级市改为地级市的要求做了详细说明。自治县属于县级市,因此自治县有改为县级市的权利。有些自治县在达到了国家规定的设市标准后,采取了撤销自治县设市的方式。民族自治地方撤销设市(区)的原因主要有两种,一种是自治地方经济和社会发展到一定程度,达到了国家规定的撤县设市的标准,主动提出要撤县设市(区);另一种是被动接受行政区划调整的需要,服从上级领导安排进行撤县设市(区)。

我国目前处于社会主义初级阶段,也是社会的转型时期,在当前和今后相当长的时期内,我国的政治、经济、社会发展的趋势及特征主要体现在政治民主化、经济市场化和乡村城市化。城市化是社会经济发展的必然产物,是社会文明的标志,是各个国家和民族现代化的必由之路。目前,发达国家早已完成了这个历史过程。由于特定的社会经济条件和历史原因,我国城镇化进程相对比较缓慢,且发展极不平衡。民族自治地方作为我国城市化的重要主体之一,其城市化水平相对于东部发达省区乃至全国平均水平有着不小的差距。城市化是民族地区发展的必然趋势,民族地区要加快城市化进程,应该创新民族区域自治制度的实现形式,在对"民族自治市"的问题进行充分立法研究的基础上,在宪法和相关法律中增设"民族自治市"行政建制。

## 第三节 民族自治地方的自治机关

### 一、民族自治地方自治机关概述

(一) 民族自治地方自治机关的概念

聚居少数民族实行区域自治,是通过设立自治机关,行使自治权来实现的。《民族区域自治法》第3条第1款规定:"民族自治地方设立自治机关,自治机关是国家的一级地方政权机关。"民族自治地方自治机关是指在民族自治地方设立的,能够行使法律所赋予的自治权的一级地方政权机关。《宪法》第112条:"民族自治地方的自治机关是自治区、自治州、自治县的人民代表大会和人民政府。"《民族区域自治法》第15条也作出了同样的规定。"自治机关"是民族区域自治制度的专有名词。也就是说,只有在建立民族区域自治的地方,才可以设立自治机关。自治机关由代表机关和执行机关共同构成,缺一不可。中国政权的基本组织是议行合一,上述规定就是从这一原则出发的,包括了决议和执行两个机关。除了民族自治地方的人民代表大会和人民政府之外,其他机关都不享有法律规定的自治权,都不属于自治机关。民族自治地方的人民法院和人民检察院不存在自治的问题。

(二) 民族自治地方的自治机关实行民主集中制原则

《民族区域自治法》第3条第2款规定:"民族自治地方的自治机关实行民主集中制的原则。"自治机关和其他国家机构一样,实行民主集中制的原则。我国《宪法》第3条规定:"中华人民共和国的国家机构实行民主集中制的原则。"这里的国家机构既包括了中央国家机关,又包括了地方国家机关,因此民族自治机关也要贯彻执行这一原则。民主集中制是指在民主基础上的集中,在集中指导下的民主,是民主和集中的辩证统一。全国人民代表大会和地方各级人民代表大会都由民主选举产生,对人民负责,受人民监督。国家行政机关、审判机关、检察机关都由人民代表大会产生,对它负责,受它监督。中央和地方的国家机构职权的划分,遵循在中央的统一领导下,充分发挥地方的主动性、积极性的原则。

(三) 民族自治地方自治机关的性质

《宪法》第115条规定:"自治区、自治州、自治县的自治机关行使宪法第三章第五节规定的地方国家机关的职权,同时依照宪法、民族区域自治法和其他法律规定的权限行使自治权,根据本地方实际情况贯彻执行国家的法律、政策。"

《民族区域自治法》第4条规定:"民族自治地方的自治机关行使宪法第三章第五节规定的地方国家机关的职权,同时依照宪法和本法以及其他法律规定的权限行使自治权,根据本地方的实际情况贯彻执行国家的法律、政策。"

国家法律赋予了民族自治地方的自治机关的双重职权,我国民族区域自治的特点决定了自治机关的双重性。自治机关的双重性是在一般性和特殊性、民族性和地方性的统一的基础上确定的。表现在:一方面,它们是国家的一级地方政权机关,在各级人民代表大会和人民政府的组织和活动原则、产生、任期、职权、工作制度、派出机构和领导机制的设置等方面,与普通行政地方的人民代表大会和人民政府基本相同;另一方面,它们又是民族自治地方的自治机关,依法行使自治权。现行宪法和民族区域自治法对于民族自治地方的自治机关的组成、自治权等都做了专门的规定,以利其行使自治权。

**二、民族自治地方的人民代表大会**

《民族区域自治法》第 15 条第 2 款、第 3 款规定:"民族自治地方的人民政府对本级人民代表大会和上一级国家行政机关负责并报告工作,在本级人民代表大会闭会期间,对本级人民代表大会常务委员会负责并报告工作。各民族自治地方的人民政府都是国务院统一领导下的国家行政机关,都服从国务院。民族自治地方的自治机关的组织和工作,根据宪法和法律,由民族自治地方的自治条例或者单行条例规定。"

自治区、自治州和自治县的人民代表大会是中国民族自治地方的国家权力机关。它是实行区域自治的民族人民和居住在本行政区域的各民族人民管理国家事务和本民族内部事务最好和最重要的组织形式。它同一般地方各级人民代表大会和全国人民代表大会构成我国权力机关系统。

自治区、自治州和自治县的人民代表大会常务委员会是本级人民代表大会的常设机关。是本级人民代表大会闭会期间行使民族自治地方国家权力的机关,是本民族自治地方权力机关的组成部分,从属于同级人民代表大会,向本级人民代表大会负责并报告工作。

自治区、自治州的人民代表大会由下一级人民代表大会选举代表组成,这和普通的省、市相同,是间接选举。自治县的人民代表大会的产生和普通县一样,由选民直接选举代表组成。由于民族自治地方民族成分一般都比较复杂,除了实行区域自治的民族外,都包括一定数量的汉族和其他少数民族。因此,在民族自治地方的人民代表大会中,实行区域自治的民族代表必须有相当比例。同时还应当包括本自治地方的各民族的代表。人口特少的少数民族,它的代表名额和比例分配,应当得到适当照顾,至少应有一名代表。各级民族自治地方人民代表的名额,以及实行区域自治的民族和其他少数民族代表的名额和比例,根据法律规定的原则,由省、自治区的人民代表大会常务委员会决定,报全国人民代表大会备案。

民族自治地方人民代表大会常务委员会由主任一人、副主任若干人、秘书长和委员若干人组成。他们由同级人民代表大会从代表中选举产生。自治地方的人民代表大会常务委员会,按宪法和民族区域自治法的规定,应当由实行区域自治的民族公民担任主任或者副主任。

自治区、自治州、自治县人民代表大会每届任期5年。人民代表大会常务委员会的任期和本级人民代表大会相同。

总之,自治区、自治州、自治县人民代表大会作为实行区域自治的地方国家权力机关,享有两重性质的职权。一方面要行使一般地方国家权力和机关的职权,主要是保障宪法、法律、行政法规在本行政区域内的贯彻执行;决定本行政区域内的各种重大事项以及监督本级人民政府、人民法院和人民检察院的工作等等。同时,又依照宪法和民族区域自治法享有广泛的自治权。这两种性质职权在行使的过程中是密切联系在一起的,也是和民族自治地方国家权力机关的性质和地位相适应的。

### 三、民族自治地方的人民政府

民族自治地方各级人民政府作为地方国家行政机关,行使同级地方人民政府的职权,主要是执行本级权力机关的决议和上级行政机关的决定、命令;管理本地方经济、教育、科学文化、城乡建设、民政、公安、民族事务、司法行政、监察等工作;领导所属工作部门和下级人民政府的工作,等等。作为民族自治地方的自治机关,又依法享有自治权。

民族自治地方的人民政府对本级人民代表大会及上级国家行政机关的负责关系适用于中国普通人民政府对本级人民代表大会及上一级国家行政机关之间的负责关系。按照《民族区域自治法》第15条的规定,民族自治地方的人民政府对本级人民代表大会和上一级国家行政机关负责并报告工作,在本级人民代表大会闭会期间,对本级人民代表大会常务委员会负责并报告工作,各民族自治地方的人民政府都是国务院领导下的国家行政机关,都服从国务院。

民族自治地方人民政府每届任期和本级人民代表大会相同。自治区、自治州、自治县人民政府每届任期5年;民族自治地方的人民政府实行自治区主席、自治州州长、自治县县长负责制,即分别由主席、州长、县长主持民族自治地方各级人民政府的工作。

**拓展**

## 民族自治地方的司法机关

《中华人民共和国民族区域自治法》第四章专门就民族自治地方的人民法院和人民检察院作了规定。

**第 46 条**　民族自治地方的人民法院和人民检察院对本级人民代表大会及其常务委员会负责。民族自治地方的人民检察院并对上级人民检察院负责。

民族自治地方人民法院的审判工作,受最高人民法院和上级人民法院监督。民族自治地方的人民检察院的工作,受最高人民检察院和上级人民检察院领导。

民族自治地方的人民法院和人民检察院的领导成员和工作人员中,应当有实行区域自治的民族的人员。

**第 47 条**　民族自治地方的人民法院和人民检察院应当用当地通用的语言审理和检察案件,并合理配备通晓当地通用的少数民族语言文字的人员。对于不通晓当地通用的语言文字的诉讼参与人,应当为他们提供翻译。法律文书应当根据实际需要,使用当地通用的一种或者几种文字。保障各民族公民都有使用本民族语言文字进行诉讼的权利。

# 第六章 民族自治地方的自治权

民族自治地方的自治权是民族区域自治制度的核心。我国法律赋予了民族自治地方广泛的自治权,内容涉及民族自治地方的政治、经济、文化及其他社会领域。民族自治地方要充分行使自治权,发展民族地方的经济、文化等各项事业;要正确行使自治权,为民族团结、繁荣、进步做出应有的贡献。

## 第一节 民族区域自治权概述

### 一、民族区域自治权的含义、特点

（一）含义

民族区域自治权即民族自治地方的自治权（以下简称自治权）,是民族自治地方的自治机关依照宪法和法律的规定,根据当地民族的政治、经济和文化的实际,自主地管理本地方、本民族内部事务的一种特定权力。对此可以从如下几个方面来理解：

第一,行使自治权的主体只能是"民族自治地方的自治机关"。《宪法》第115条规定："自治区、自治州、自治县的自治机关行使宪法第三章第五节规定的地方国家机关的职权,同时依照宪法、民族区域自治法和其他法律规定的权限行使自治权,根据本地方实际情况贯彻执行国家的法律、政策。"因此,自治权的行使主体只能是民族自治地方的自治机关,而不能是一般地方国家机关或其他非自治机关。

第二,自治权的内容是"在宪法、民族区域自治法和其他法律明确规定的权限"内依法管理本地方、本民族内部事务,自治权的行使,决不能超越上述法律规定的权限范围。

第三,自治权的施行客体,只能是民族自治地方的"本地方、本民族的内部事务"。少数民族地区在经济和文化的发展上,在风俗习惯、生活习惯、人口分布、地理环境和语言文字等方面各有特点。在民族自治地方进行社会主义现代化建设,必须从那里的实际出发。民族自治地方的自治机关要根据民族自治地方的实际情况贯彻执行国家法律和政策,自主管理本民族内部的各项事务。

这三个要素相互联系、相互贯通,构成完整的具有法律效力的自治权。

（二）特点

民族区域自治权的特点主要表现为自治权各种关系的辩证统一。

1. 广泛性与有限性的统一

民族区域自治法规定了民族自治地方的自治机关享有广泛的自治权,充分体现了自治权的广泛性。在民族区域自治法"自治机关的自治权"一章,规定了自治机关有十个方面的"自主权",五个方面的"自主安排权",四个方面的"自主管理权",三个方面的"自主决定权"和五个方面的"自主发展权"。民族区域自治权的广泛性充分体现了少数民族自己管理本民族、本地区内部事务,当家做主的权利。但同时,自治权又是有限的,它只能在宪法、民族区域自治法和其他法律规定的权限范围内行使,在管理本民族内部事务和本地区地方性事务方面行使,并在最高国家政权机关的统一领导下,为维护祖国的统一、保证国家的法律、政策在本地方遵守和执行而行使。

2. 从属性与自主性的统一

自治权是国家授予的,从属于国家权力,但自治机关在行使自治权时,也有很大的自主性,有许多管理地方性事务的自主权。自治权的从属性与自主性的统一,一方面使自治机关在行使自治权上能自觉服从国家的统一领导和监督,得到上级国家机关的领导和帮助,另一方面也使自治机关在行使自治权上能充分发挥自己的主观能动性,根据本民族自治地方的民族特点和实际需要,带领本地方各族人民,逐步把本民族地方建设成为民族团结、社会稳定、经济繁荣、文化发达、人民富裕的美好地方。

3. 民族性与地方性的统一

民族性主要是指自治权是基于民族自治地方的特点而设立的,是民族的历史因素和现实因素的综合考虑。从自治权的主体来看,自治权主要是由一个或几个少数民族占据主导地位的自治机关来行使的;从自治权的内容来看,民族区域自治法大部分条款都是基于民族特性而规定的,例如《民族区域自治法》第19条规定:"民族自治地方的人民代表大会有权依照当地民族的政治、经济、文化特点,制订自治条例和单行条例。"从自治权的目的看,自治权主要是保障少数民族在单一制国家结构下的自主权。民族区域自治权的地方性是指它是一种仅仅适用于民族自治地方的地域性权力,只有民族自治地方的自治机关才能行使。它说明了自治权只能在民族自治地方的范围以内才具有法律效力,它所规范的是民族自治地方内本民族、本地区的政治经济文化等各种自治事务。

4. 自治权与地方国家机关职权的统一

自治机关同时是一级地方国家机关,它管理的本区域内各种事务构成一个整体,它管理这些事务的权力也构成一个整体。因此,自治权和地方国家机关的职权在实践中是结合在一起的,难以截然分开。自治机关行使自治权与行使地方国家机关职权的相互统一表明自治权不是自治机关行使地方国家机关职权之外的权力。自治机关要把行使自治权同行使地方国家机关的职权紧密结合起来,既要向国家的根本利益负责,又要向民族自治地方各族人民的利益负责。①

**二、民族区域自治权的意义**

民族区域自治权是民族区域自治的核心。民族区域自治权作为民族区域自治制度的核心之所在,是衡量民族区域自治程度的尺度,是实现少数民族当家做主的重要标志,也是实现民族平等、团结和共同繁荣的重要保证,对于我国民族问题的解决具有极其重要的意义。

1. 民族区域自治权是少数民族当家做主,管理本民族、本地区内部事务的重要标志。民族区域自治权的基本内容就是要在单一制国家体制之下,保证各少数民族根据本民族的宗教信仰、语言文字等特点来管理和处理本民族、本地区的内部事务。民族区域自治权的享有程度,从一定意义上来说就表示着少数民族在多大程度上能够享有自主权。没有广泛的现实的自治权,就无所谓民族区域自治。

2. 民族区域自治权是民族平等原则的重要体现。民族平等是指各民族不论人口多少,经济社会发展程度高低,风俗习惯和宗教信仰异同,都是中华民族的一部分,具有同等的地位,在国家和社会生活的一切方面依法享有相同的权利,履行相同的义务,反对一切形式的民族压迫和民族歧视。各少数民族在经济、文化、语言文字、生活习惯等方面存在着差异,民族区域自治权赋予各民族自治地方能够根据实际的情况来执行国家法律、法规,来组织本地方自治条例和单行条例,制定本地区经济发展计划等,充分体现了民族自治地方的特色和实际情况,是民族平等原则重要体现。

3. 民族区域自治权是改变民族自治地方落后面貌,实现各民族共同繁荣的重要保证。由于历史发展和自然地理条件限制等原因,我国各民族、各地区间的发展很不平衡,大多数少数民族地区还处于贫穷落后的状况。个别地区和一些少数民族至今没有解决温饱问题,与内地特别是沿海发达地区的发展差距,有越来越大的趋势。民族区域自治权使自治机关可以根据各民族的愿望和本地方的实际情况,贯彻执行国家的法律、政策,在不违背宪法和法律的前提下,有权采取特殊政策和灵活措施,加速发展民族自治地方的经济和文化建设事业。

4. 民族区域自治权是衡量民族区域自治程度的尺度。民族区域自治,是通过在少数民族聚居的地方建立民族自治地方,设立自治机关,行使自治权来实现的。自治权权能的多少、范围的大小、运用的好坏,反映着民族自治地方实行自治的程度。自治权的权能多、范围大、运用状况良好,表明自治程度高;反之,则表明自治程度低。自治机关充分享有自治权是不断发展和完善民族区域自治制

---

① 陈云生:《民族区域自治法:原理与精释》,中国法制出版社2006年版,第230页。

度的基础和关键。

### 三、民族区域自治权的分类

对自治权的划分,可以从不同角度进行。如果从实体权属上划分,有应该享有的自治权、实际享有的自治权;从行使机关上划分,有自治区的自治机关、自治州的自治机关、自治县的自治机关的自治权;从法律层次上划分,有宪法规定的自治权、自治法规定的自治权、自治条例规定的自治权。这里我国根据自治机关的自治权内容及类别进行划分。根据《民族区域自治法》第三章的规定,可以归纳为四个方面:

（一）政治类自治权

政治性自治权是指自治机关管理本地区的政治性事务的自治权,包括:立法自治权,即制定自治条例和单行条例的权力及对上级国家机关决议、决定、命令和指令,自治区人民政府有变通执行权;语言文字方面的自治权;人事管理方面的自治权;公安部队自治权。

（二）经济类自治权

经济性自治权是指自治机关管理本地区的民族经济建设、财政税收等经济方面的自治权,包括:经济管理自治权、自然资源管理自治权、地方财税管理自治权等。

（三）文化类自治权

文化性自治权指自治机关对本地区民族文化教育事业方面的自治权,包括:民族教育管理自治权、民族文化管理自治权、科技管理自治权、民族体育管理自治权及对外文化交流自治权等。

（四）其他类自治权

其他类自治权主要包括流动人口管理自治权、计划生育管理自治权、环境管理自治权等。

### 四、自治权行使的基本原则

（一）维护国家统一原则

民族区域自治是指在国家统一领导之下,在少数民族聚居的地方,设立自治机关,行使自治权,让少数民族当家做主管理本民族内部事务。这种自治权在宪法上体现为"自治区、自治州、自治县的自治机关行使宪法第三章第五节规定的地方国家机关的职权,同时依照宪法、民族区域自治法和其他法律规定的权限行使自治权,根据本地方实际情况贯彻执行国家的法律、政策"。因此,行使民族区域自治权必须维护国家统一。这种"统一"在宪法上体现为"中华人民共和国是全国各族人民共同缔造的统一的多民族的国家"。各个民族自治地方是中华人民共和国不可分割的一部分。没有国家的统一,会导致国家的分崩离析,谈不上民族的区域自治。这也是民族区域自治法规定"民族自治地方的自治机关要把国家的整体利益放在首位,积极完成上级国家机关交给的各项任务"的原因所在。

(二) 坚持发展的原则

社会主义现代化建设的根本目的是满足人民群众日益增长的物质和文化需求,当然包括民族自治地方的少数民族的合法利益。但由于历史的、自然的、社会的原因造成的地区差异、民族差异是客观存在的,正是考虑到这些差异,所以实行民族区域自治制度,赋予民族自治地方政治、经济、财政税收、文化、体育、卫生等广泛的自治权。自治机关行使自治权应当遵循发展的原则,民族自治地方的自治机关领导各族人民集中力量进行社会主义现代化建设。为此民族自治地方的自治机关可根据本地方的情况,在不违背宪法和法律的原则下,有权采取特殊政策和灵活措施,加速民族自治地方经济、文化建设事业的发展。民族自治地方的自治机关在国家计划的指导下,从实际出发,不断提高劳动生产率和经济效益,发展社会生产力,逐步提高各民族的物质生活水平。

总之,确立民族区域自治制度,授予自治机关自治权就是使自治机关能够更好地制定符合本民族、本地方实际情况的方针政策,促进各少数民族社会、经济、文化等方面的全面发展,达到各民族共同繁荣的目的。行使民族区域自治权应当坚持发展的原则。

## 百家争鸣

### 民族区域自治权的法律属性[①]

关于民族区域自治权的法律属性,学界有不同看法,主要有:

——民族权利派生说。认为自治机关的自治权,是基于民族权利派生的。民族权利则源远流长,著名法学家、思想家梅因在其著作《古代法》中写道:"我们在社会的幼年时代中,发现有这样一个特定的团体成员。……他们的个性为其'家族'所吞没了。……一个'家族'在事实上是一个法人,而他就是它的代表,或者我们甚至可以称他为它的'公务员'。他享有权利,负担义务,但这些权利义务在同胞的期待中和在法律的眼光中,既作为他自己的权利和义务,也作为集体组织的权利和义务。"在以群体民族权利为本位的法律制度中,个体民族权利只是群体民族权利的延伸,群体民族权利是个体民族权利的前提和基础。所

---

① 张文山:《论自治权的法理基础》,载《西南民族学院学报》(哲学社会科学版)2002年第7期。

以,承认民族区域自治权利是民族权利的一种,而民族的产生与存在先于民族国家产生,多民族国家所面临的国家结构形式,即负有处理民族关系的权利和义务。因此,民族自治权利是民族权利派生的。

——国家权力派生说。认为自治机关的自治权,实际上是一种国家权,不存在民族利益的属性。即国家利益是第一位的,而民族利益是第二位的。民族利益必须服从国家利益,国家利益决定民族利益,只有国家主权的存在,才有民族利益的存在。多民族国家应该是保障民族权利的基础。因此,民族自治权利是国家权力派生的。

——特殊利益与特殊权力说。认为民族区域自治法是一部特殊法,即是规范一般与特殊的社会关系,调整一般与特殊利益的基本法律。它是民族权利与自治权利的特殊表现,是国家权力在民族自治地方的一种特殊形式,也是多民族国家调整民族关系和处理民族问题的一种特殊方式。因而自治权是一种特殊利益与特殊权力。

——特别授权说。认为自治机关的自治权,是一种国家特别授权。理由是在现行的一些法律中,在很多条文中规定了自治机关自主行使自治权的特别职权,而一般地方国家机关却没有得到授权。

——国家权力地方分权说。认为自治机关的自治权,是一种国家权力的地方分权。当然,不同意此种意见的认为,分权是属于联邦制国家结构形式的属性,并不是单一制国家结构形式下的民族区域自治制度的属性。

——民族性与区域性说。认为民族区域自治,是民族自治与区域自治的结合。把自治权单纯地归结为民族自治或区域自治都是不正确的。民族性与区域性的有机结合体现了国家尊重少数民族自主管理本民族内部事务权利的精神,它有利于民族自治地方的经济和文化建设的发展。

——历史性与现实性说。认为民族自治地方的自治权,是基于我国历史传统和现实因素的充分体现。即民族区域自治是缩小民族差距的一项政治制度,是国家解决国内民族问题的基本政策,同时也是我国民族工作的基本任务。

## 第二节 政治类自治权

### 一、立法自治权

立法自治权是指民族自治地方的自治机关依照宪法和法律的规定,按照社会主义的法制原则,根据本自治区域的实际情况,制定民族自治地方性法规的一种立法权力。宪法、民族区域自治法都把立法自治权放在首要位置,是自治权力体系中重要的组成部分,立法自治权是否充分行使是检验自治权落实情况的重要标准。同时,民族自治地方立法为民族自治地方享有其他自治权提供必要的法律保障,为其他自治权行使提供可靠的制度环境。

(一) 制定自治条例和单行条例的自治权

民族自治地方自治机关的立法自治权,首先就是制定"自治条例"和"单行条例"的自治权。《民族区域自治法》第19条规定:"民族自治地方的人民代表大会有权依照当地民族的政治、经济和文化的特点,制定自治条例和单行条例。自治区的自治条例和单行条例,报全国人民代表大会常务委员会批准后生效。自治州、自治县的自治条例和单行条例报省、自治区、直辖市的人民代表大会常务委员会批准后生效,并报全国人民代表大会常务委员会和国务院备案。"详细内容请参见本书第二章。

(二) 变通执行和停止执行的自治权

1. 概念及法律依据

变通执行和停止执行的自治权是指自治机关对于不适合本地方实际情况的上级国家机关的规范性文件,在征得上级国家机关同意后,可以变通执行或停止执行的权力。变通执行是经过对上级国家机关的规范性文件的变更、修改,使其符合民族自治地方的特点和实际。停止执行就是一种结果上的不执行,不存在变更、修改的问题。但须经过一定的法律程序完成。该项权力来源于《民族区域自治法》第20条规定:"上级国家机关的决议、决定、命令和指示,如有不适合民族自治地方实际情况的,自治机关可以报经该上级国家机关批准,变通执行或者停止执行;该上级国家机关应当在收到报告之日起60日内给予答复。"

2. 程序

依据《民族区域自治法》第20条的规定,自治机关行使变通执行或停止执行自治权的程序基本可分成两个阶段。

提出变通执行或停止执行的申请阶段。在该阶段,自治机关根据上级国家机关的决议、决定、命令和指示,结合本民族自治地方的实际情况,具体分析该规范性文件的适宜性,决定是否需要变通执行或停止执行的意向。如经过分析研究自治机关决定变通执行或停止执行,就需要制作变通执行或停止执行的申请报告书,写明变通执行或停止执行的事实和理由。如果是变通执行的,还需要提出具体的变通方案或意见。

审查批准阶段。制定决议、决定、命令和指示的上级国家机关,在接到自治机关提出的变通执行或停止执行的申请报告后,要认真加以审查变通执行或停止执行的事实和理由,必要时应及时派出工作组深入到民族自治地方进行调查研究。在此基础上,上级国家机关应对自治机关提出的具体请求事项作出合理的答复。为了切实有效地行使此项自治权,法律明确规定上级国家机关对于民族自治地方请求变通执行或停止执行该上级国家机关的决议、决定、命令和指示的答复期限为 60 日,即在收到自治机关申请书后 60 日内给出是否批准变通执行或停止执行的答复。

## 二、语言文字自治权

### (一) 概念及法律依据

语言文字自治权是指自治地方的自治机关在执行职务时使用当地通用的一种或几种语言文字的权力。根据一般的看法,我国少数民族语言有 80 种以上,分属汉藏语系、阿尔泰语系、南岛语系、南亚语系、印欧语系等 5 个语系。其中共有 20 个少数民族 30 种文字。语言文字是人们交际的重要工具,是民族文化的载体,是民族文化底蕴的重要部分和民族特征。所以,在使用多民族语言文字的国家和地区,民族语言文字工作在调整民族关系、维护民族团结和社会稳定、促进民族发展进步方面有重要的作用,为此我国《宪法》第 121 条规定:"民族自治地方的自治机关在执行职务的时候,依照本民族自治地方自治条例的规定,使用当地通用的一种或者几种语言文字";《民族区域自治法》第 21 条规定:"民族自治地方的自治机关在执行职务的时候,依照本民族自治地方自治条例的规定,使用当地通用的一种或几种语言文字;同时使用几种通用的语言文字执行职务的,可以以实行区域自治的民族的语言文字为主。"这些规定明确赋予民族自治地方语言文字自治权。

### (二) 与语言文字自由权的关系

语言文字自治权是民族自治地方的自治机关在执行职务时使用民族语言文字的法定权利。语言文字自由权是各民族公民自由地使用和发展自己的语言文字的法定权利,来源于《宪法》第 4 条规定,即:"各民族都有使用和发展自己的语言文字的自由",两者既有区别也有联系。

它们的区别主要体现在:

第一,权利行使的主体不同。语言文字自治权的行使主体是民族自治地方的自治机关,也就是自治区、自治州、自治县的人民代表大会和人民政府;而语言文字自由权的行使主体是各民族及其公民。

第二,权利的性质不同。语言文字自治权既是自治机关的职权也是职责,也即自治机关在执行职务过程中,必须依照本民族自治地方自治条例的规定,使用当地通用的一种或几种语言文字;而语言文字自由权有一定的随意性,比如,在日常生活中,他可以使用民族语言也可以不使用民族语言。

第三,权利行使的范围不同。自治机关行使语言文字自治权必须是在其职权范围内,并且是执行职务时;而各民族公民只要在中华人民共和国领域内,在任何时间都可以广泛地行使语言文字自由权。

第四,权利产生的条件不同。民族语言文字自治权是在法定程序中产生的;

而民族语言文字自由权是在民族语言文字的基础上产生的。

它们的联系主要表现在:语言文字自由权是语言文字自治权的基础,语言文字自治权是语言文字自由权的保障。如果一个民族连使用、发展自己的语言文字的自由都没有,何来语言文字的自治权? 同时如果没有语言文字自治权,一个民族发展、使用自己的语言文字就缺少了法律保障。

(三) 主要内容

鉴于我国多民族语言文字的现状,自治地方的自治机关应当慎重、民主和务实地行使语言文字自治权。语言文字自治权主要体现在三个方面:

1. 自治机关在执行职务时所选定的语言文字必须以该民族自治地方自治条例的形式加以确定。因为自制条例是由自治地方的人民代表大会制定和通过的,并报省或自治区或直辖市全国人民代表大会常务委员会批准后生效的,所以它所确定的内容具有权威性、代表性、民主性和法律效力。

2. 自治机关在执行职务时所选定的语言文字必须是当地通用的语言文字。由于我国有 56 个民族,而且他们多属小聚居,交错杂居,所以民族自治地方的民族成分是多元的。为了便于行使职权,履行职责,自治地方的自治机关本着民族平等与务实的态度,必须在执行公务时使用"当地通用"的语言文字。

3. 自治机关在执行职务时所选定的语言文字必须体现在自治机关职务活动的各个方面。它必须涵盖民族自制地方的自治机关行使职权、履行职责的所有工作方式或活动——制作发布各种文件,召开各种会议,进行调查研究、考察、视察活动,接待人民群众来信来访等。此外,法律规定的"执行职务",还包括自治机关组成人员和机关工作人员的职务行为,如发表谈话、接待群众、参加上级国家机关展开的会议、举办的各种活动,以及其他公务活动等。

### 三、人事管理自治权

(一) 概念及法律依据

自治机关的人事管理自治权,是指民族自治地方的自治机关依照法律规定,自主地采取各种措施,从当地民族中大量培养和充分使用各级干部、各种专业人才和技术工人,自主地依法按照适当照顾的政策,采取特殊措施,优待和鼓励各种专业人员,参加本地方各项建设事业的一种法定权力。这些权力来源于《民族区域自治法》第 22 条、第 23 条的规定。民族自治地方人事管理自治权是国家人事管理制度的重要内容之一。民族自治地方的自治机关在行使其人事管理自治权时,只要不违背有关原则和规定,一般都享有对各类人员进行自主选拔、聘任、调动、调配、定岗定编、晋职降职等各种人事安排的权利。当然,自治机关的人事管理自治权是我国政府旨在重点培养少数民族干部和人才的人事管理权利。

（二）主要内容

人事管理自治权的主要包括如下内容[①]：

1. 民族自治地方的自治机关有权采取各种措施，从"当地民族"中大力培养和使用各级干部和各种专业人才（包括少数民族妇女干部和人才）。民族自治地方的自治机关有权根据当地实际和各项事业发展的需要，通过不同渠道，采取各种措施，大力举办不同层次、不同种类的学校，培养少数民族各级干部和各类专业人才。譬如举办民族师范学校、民族中等职业学校、民族职业学校、民族干部进修学院、民族教师进修学院、民族学院、民族大学等，也可以争取国家和外地的帮助，在全国的一些重点大学和某些外地的高等院校，举办民族班、民族预科班、少数民族研究生班，专门招收民族自治地方的少数民族学生，并采用定向招生、定向分配等办法，为民族自治地方的政治、经济、文化等各项事业的发展，提供各级干部和各类专业人才。

2. 民族自治地方的自治机关有权优先招收少数民族人员。《民族区域自治法》规定，民族自治地方的企业、事业单位在招收人员的时候，要优先招收少数民族的人员，并且还可以放宽条件，到农村和牧区少数民族人口中去招收。优先招收少数民族人员是一种法定的特权，它并不违反民族平等的原则。这是因为无论从全国范围来看，还是从多数民族自治地方来看，少数民族干部和专业人才以及职工队伍占本民族总人口的比例相对较汉族低。要从根本上改变这种情况，就必须对少数民族采取优惠照顾的政策和措施，否则就不利于少数民族的长足发展。从全局上看，也不利于全国的整体快速发展。所以优先招收少数民族人员，拓宽少数民族干部和职工队伍的来源渠道，不但不违反民族平等的原则，而且体现了党和国家的民族平等政策。

3. 民族自治地方的自治机关有权采取特殊鼓励措施引进并优待各种专业人才。由于民族自治地方经济发展和文化建设都相对落后，通过自己努力培养出来的各种专业人才也相对较少，因而也就更加需要留住本地人才，引进外地各种专业人才来参加民族自治地方的各项建设。党中央作出的西部大开发的战略决策，从政策、措施等各个方面向西部地区倾斜，少数民族比较集中而又贫困落后的西部地区，正面临着前所未有的大发展机遇。西部各民族自治地方的自治机关，应当按照《民族区域自治法》赋予的特殊优待、鼓励措施等权利和政策，想方设法地留住人才、吸引人才，为各种人才的合理调配和使用创造有利条件，进而为西部大开发从人力资源上提供保障。

---

[①] 吴宗金主编：《民族区域自治法学》（第2版），法律出版社2004年版，第99—101页。

### 四、组织地方公安部队的自治权

**（一）含义及法律依据**

民族自治地方组织地方公安部队的自治权是指自治机关依照国家的军事制度和当地的实际需要，组织本地方维持社会治安的公安部队的自治权。我国现行《宪法》第120条规定："民族自治地方的自治机关依照国家的军事制度和当地的实际需要，经国务院批准，可以组织本地方维持社会治安的公安部队。"《民族区域自治法》第24条对宪法的规定进行了再次重申。该项权力是民族自治地方自治机关的一项重要的也是专有的权力。它来源于1949年起临时宪法作用的《中国人民政治协商会议共同纲领》第52条，即："中华人民共和国境内的各少数民族，均有按照统一的国家军事制度，参加人民解放军及组织地方人民公安部队的权利。"1954年《宪法》第70条第3款规定："自治区、自治州、自治县的自治机关依照国家的军事制度组织本地方的公安部队。"但1975年宪法取消了这一规定，1982年宪法重新恢复了1954年宪法的规定。我国许多民族自治地方都处于祖国的边陲，地处国防前线，建立民族地方的公安部队，可以协助国家保卫边疆，抵抗侵略。我国历史上内蒙古、新疆、凉山等曾组建过本地方的公安部队。

**（二）主要内容**

依据法律的规定，自治机关组织地方公安部队自治权主要包括几个方面的内容：一是要根据当地的实际需要来决定是否组织地方公安部队；也即只有有实际需要时才可组建地方公安部队，如果没有实际需要就不得组建；二是自治机关如果初步决定要组建地方公安部队，必须报经国务院，由国务院最终决定是否需要组建地方公安部队，自治机关没有独立的决定权；三是在确定要组建地方公安部队的前提下，民族自治地方的自治机关必须依照国家的军事制度来组织地方公安部队，不得任意创设公安部队的制度；四是自治机关组建的地方公安部队是用来维护社会治安的，是保障本地方社会主义现代化建设事业顺利进行的。

**（三）民族自治地方组织的公安部队的性质及特点**

1. 民族自治地方依法组织的公安部队是在依据国家军事制度组织的，是我国武装力量的组成部分

民族自治地方的组织依据是"国家的军事制度"，对国家的军事制度国防法做出了明确的规定。《国防法》第5条规定：国家对国防活动实行统一的领导。第22条规定：中华人民共和国的武装力量，由中国人民解放军现役部队和预备役部队、中国人民武装警察部队、民兵组成。我国的军事制度要求必须坚持党对军队的绝对领导，必须坚持军事权集中统一。民族自治地方依法组织的公安部队是我国武装力量的组成部分，虽然与主体的武装力量有所不同但从性质上绝不是地方武装，必须坚持国家的统一领导。宪法中规定它的组织必须经过国务

院的批准就是坚持国家的统一领导的一种体现。它也必须执行我军的条例条令和相关的法律。民族自治地方依法组织公安部队规定是与我国在坚持国家统一的原则性和民族自治地方的灵活性相结合的产物,是自治与统一原则的体现。

2. 民族自治地方依法所组织的地方公安部队属于中国人民武装警察部队

中国人民武装警察部队是中国武装力量的重要组成部分。它创建于 1950 年,历称中国人民公安部队、中国人民解放军公安军、中国人民解放军独立师等。1982 年制定宪法时,中国人民武装警察部队被列为中国人民解放军的组成部分,没有作出单独的规定。《关于〈中华人民共和国兵役法〉(修改草案)的说明》明确指出,中国人民武装警察部队,包括按照宪法 120 条组织的民族自治地方公安部队。因此民族自治地方依法组织的公安部队,属于中国人民武装警察部队,民族自治地方公安部队应当由中国人民武装警察部队按照规定对民族自治地方的公安部队进行管理。不同层次的民族自治地方所组建的公安部队应当纳入现行武装警察部队的组织体系,进行管理。

3. 民族自治地方的公安部队有其不同于中国人民武装警察部队的特点

虽然民族自治地方依法组织的公安部队从性质上看上属于中国人民武装警察部队,但它有其自身的特点:从地域分布上看民族自治地方的公安部队只能在民族自治地方组织;从组织的主体来看,民族自治地方的公安部队的组织主体是民族自治地方的自治机关;任务上看,民族自治地方依法组织的公安部队的任务明确而单一,就是维护社会治安。

## 第三节　经济类自治权

### 一、经济管理自治权①

自治机关的经济管理自治权,就是民族自治地方的自治机关在国家计划的指导下,根据地方特点和需要,依法自主管理和发展本地方经济事务的权力。经济管理自治权是民族自治地方加快经济建设事业发展的根本保证,是自治机关各项自治权的重心。它对于调动民族自治地方经济建设的主动性,加快民族地方经济事业的发展,实现各民族共同繁荣,增强民族团结,保持社会稳定,维护祖国统一有着重要的意义。经济管理自治权的内容非常丰富,主要包括如下几个方面:

(一) 自主安排和管理本地方经济建设事业权

自主安排和管理本地方经济建设事业权是指自治机关在国家宏观计划的指

---

① 本部分参考宋才发等:《中国民族自治地方经济社会发展自主权研究》,人民出版社 2009 年版,第 250—276 页。

导下,根据本地方的实际情况制定国民经济和社会发展规划,以及在执行国民经济和社会发展计划中制定各种具体的落实办法和措施。发展经济建设事业的大计,当首推制定正确的经济建设的方针、政策和计划。对于发展民族自治地方的经济建设事业也不例外。所以我国《宪法》第118条第1款规定:"民族自治地方的自治机关在国家计划的指导下,自主地安排和管理地方性的经济建设事业。"《民族区域自治法》第25条也规定:"民族自治地方的自治机关在国家计划的指导下,根据本地方的特点和需要,制定经济建设的方针、政策和计划,自主地安排和管理地方性的经济建设事业。"由于民族自治地方的国民经济和社会发展计划,事关当地一定时期内经济建设所要达到的总目标和各项建设的具体目标,以及实施的阶段、步骤、措施等重大问题,因而也是民族自治地方的自治机关经济管理自治权最重要的实施对象,是其经济管理自主权是否得到充分体现的主要表现。

(二) 市场经济发展自治权

市场经济发展权是指自治机关根据市场经济发展的要求,结合本地方的实际调整生产关系和经济结构的权力。对此,《民族区域自治法》第26条规定:"民族自治地方的自治机关在坚持社会主义原则的前提下,根据法律规定和本地方经济发展的特点,合理调整生产关系和经济结构,努力发展社会主义市场经济。民族自治地方的自治机关坚持公有制为主体、多种所有制经济共同发展的基本经济制度,鼓励发展非公有制经济。"

合理调整生产关系和改革经济管理体制,是每一个地方都拥有的职权。但是对民族自治地方来说,由于受多种因素影响,长期形成的生产关系和经济管理体制上的痼疾较多,"调整"与"改革"的难度与一般地方不同,概括地说主要体现在如下几个方面:(1)针对解决农民和农村问题是民族地区发展的根本问题这一实际,深化山区、田区、林区和牧区的农村生产关系和经营体制改革。(2)改变公有制经济比重过大、牵涉面过广,其他经济成分比重偏低的所有制结构,大力发展多种经济成分,放手让其进行公平竞争。(3)调整与转化产业结构。经济的快速发展是与其产业结构的不断适时调整、优化和升级分不开的。就已经实行沿边、沿江开放的自治地方来说,一是要将长期奉行的以农、林、牧为主的传统产业,逐步改变为走农工贸、林工贸、牧工贸三位一体发展的新路子。否则,仅凭单调的产业和产品,很难进行交换而形成市场。二是在加快资源开发的同时,发展加工工业,提高加工深度,把附加值较低的产业变为附加值较高的产业,变原料供应地为现代的工业区。此外,在各民族自治地方,人们对投资体制、价格体制和企业经营机制等也在进行逐步的改革和完善。

(三) 基本建设项目管理自治权

基本建设项目管理自治权是指自治机关自主安排本地方基本建设项目的权力。基本建设项目是社会经济发展的基础条件,是该地区经济建设的基础性工程。民族地区的基本建设规模大小,在很大程度上影响到当地经济未来发展的规模、速度和后劲。一方面,民族地区的基本建设非常薄弱,无论交通、邮电、工业基本设施、企业技改程度,还是农田水利、市政设施,都远远落后于东中部发达地区。另一方面,民族地区能作为基本建设投入的财力、物力都极其有限。为此《民族区域自治法》第29条规定:"民族自治地方的自治机关在国家计划的指导下,根据本地方的财力、物力和其他具体条件,自主地安排地方基本建设项目。"

当然,民族地区的基本建设必须与国家的宏观调控相协调。国家计划体现着国家的全局利益、长远利益和根本利益,民族自治地方进行基本建设要根据本地方的财力、物力和其他具体条件,要自觉地接受国家计划的指导,避免重复建设和其他浪费。同时民族自治地方的自治机关应当依法积极争取上级国家机关的理解和支持,在法律允许的范围内千方百计地多从事基本建设项目的建设。

民族地区在运用基本建设自主权方面,已做了大量的工作,为民族地区的经济腾飞和进一步发展奠定了坚实的基础。此外,在国家的重点帮助和扶持下,举世闻名的三峡工程、西气东输工程、南水北调工程、青藏铁路建设等基础设施建设项目,基本上也都与民族地区有着密切的关联。这些工程一旦建成并投入使用,不仅会带动民族地区的经济建设快速发展,而且还会带动我国整个国民经济的快速发展。

(四)企业、事业管理自治权

企业、事业管理自治权是指自治机关享有的对隶属于本地方的企业、事业单位自主管理的权力。对此,《民族区域自治法》第30条明确规定:"民族自治地方的自治机关自主地管理隶属于本地方的企业、事业。"这部分内容在《民族区域自治法》的"上级国家机关的职责"一章中也有相应规定。但是,在过去相当长的一段时期内,一些民族自治地方的上级国家机关对自治地方的自治机关的自治权尊重不够,对隶属于民族自治地方的企业、事业干涉过多,甚至把民族自治地方的盈利企业收上去,而把亏损的企业放下来,严重地影响了民族自治地方的自治机关管理企业、事业的积极性。民族自治地方的企业、事业是自治地方社会经济发展的重要活动主体。只有当民族自治地方对这些企业、事业拥有自主管理权时,民族自治地方才能在国家计划的指导下,根据地方的实际制定出切实可行的社会经济发展方针、政策和措施,才能充分发挥自治地方的积极性和主动性。落实自治地方企业、事业管理的自治权,可以使之充分利用本地方的经济优势,大力挖掘经济潜力,活跃市场,增加商品生产和财政收入,从而推动经济发展;可以使民族自治地方有针对性、有选择地发展本地方急需、适合本地特点的教育、文化、医药卫生等各项社会事业,以实现社会的全面发展。为了保障自治机关自主地管理隶属于本地方的企业、事业的自治权,《民族区域自治法》第68条还明确规定:"上级国家机关非经民族自治地方自治机关同意,不得改变民族自治地方所属企业的隶属关系。"

(五) 对外经济贸易管理自治权

1. 概念及法律依据

所谓对外经济贸易管理自治权是指自治机关依照国家规定开展对外经济贸易活动和在对外经济贸易活动中享受国家政策优惠的权力。对外经济贸易是国民经济的推进器。一个地方的对外贸易状况与当地经济建设发展有着密切关系,我国也非常重视少数民族自治地区的对外贸易。为此《民族区域自治法》第31条规定:"民族自治地方依照国家规定,可以开展对外经济贸易活动,经国务院批准,可以开辟对外贸易口岸。""与外国接壤的民族自治地方经国务院批准,开展边境贸易。""民族自治地方在对外经济贸易活动中,享受国家的优惠政策。"正式确立了民族自治地方的对外贸易管理的自治权。我国实行全方位的对外开放——其中包括实施沿边大开放的条件已经成熟,我国绝大多数陆地边境和部分海岸线都在少数民族地区。民族自治地方开展对外贸易、边境贸易活动具有天时、地利、人和以及政策与法律上的诸多有利条件。

2. 主要内容

该项权力的主要内容包括:(1) 开辟对外贸易口岸自治权。根据《对外贸易法》第2条的规定,对外贸易包括货物进出口、技术进出口和国际服务贸易。民族地区本身的商品、资金、技术、管理的有限性,意味着它与外界存在着很大的互补性;同时也决定了它对外开放、加强交流以及在交流中求发展的必然性。对于地处边境的少数民族地区来说,开展以边贸为主的对外贸易,还具有兴边富民的重要意义。(2) 开展边境贸易自治权。边境贸易既可以带来地方的经济效益和其他积极作用,也可能因管理不到位或者其他境内外因素,给边境秩序和国家安全带来威胁,甚至会影响到边防的巩固。所以,与外国接壤的民族自治地方凡需要开展边境贸易的,都必须报经中央人民政府批准。我国80%以上的少数民族和95%以上的民族自治地方,大都分布在沿边地区,凭借这一天然优势,可以开展以"边贸"为先导,进而放开"地贸",再进一步促进"国贸"的对外贸易活动,并争取在当地产生连锁的积极效应。(3) 享受国家优惠政策的贸易管理权。《民族区域自治法》第61条还以"上级国家机关的职责"的形式规定:"国家制定优惠政策,扶持民族自治地方发展对外经济贸易,扩大民族自治地方生产企业对外贸易经营自主权,鼓励发展地方优势产品出口,实行优惠的边境贸易政策。"《民族区域自治法》的这些规定,不但赋予了民族自治地方贸易管理自治权,而且使民族自治地方享有的民族贸易优惠政策具体化、扩大化,并且获得了有效的法律保障。同时,在具体政策层面,国家相关部门还制定许多具体的税收政策和措施,对民族自治地方的对外贸易发展起到了极其重要的推动作用。

（六）金融建设管理自治权

金融建设管理自治权是指自治地方依法设立管理地方金融机构的权力。为此《民族区域自治法》赋予了民族自治地方金融建设管理自治权。《民族区域自治法》第35条规定："民族自治地方根据本地方经济和社会发展的需要，可以依照法律规定设立地方商业银行和城乡信用合作组织。"为保障金融管理自治权的行使，《民族区域自治法》第57条进一步进行了阐释。《国务院实施〈中华人民共和国民族区域自治法〉若干规定》第11条也从国家机关职责的角度规定："国家帮助民族自治地方拓宽间接和直接融资渠道，加大对民族自治地方的金融扶持力度。国家合理引导金融机构信贷投向，鼓励金融机构积极支持民族自治地方重点建设和农村发展。上级人民政府安排的国际组织和国外政府赠款以及优惠贷款，在条件许可的情况下，向民族自治地方倾斜。"

目前，民族自治地方金融发展面临着以下困难：一是发展经济的资金匮乏。表现在资本市场发育滞后、储蓄资金短缺以及外资流入很少。二是资金流失严重。随着市场化进程的加快，各种生产要素开始打破地域、行业和企业的界限，遵循市场经济规律流向效益高的地方。东部沿海地区资本的收益高于民族自治地方，使得民族自治地方的资金在短缺的同时，又出现了严重的流失现象。三是金融体系不合理，信贷资产质量较低，信用环境较差。民族自治地方金融业务大量集中于国有商业银行，中小金融机构和股份制商业银行所占市场份额较少，信贷资金潜在风险大，制约了金融支持的力度。

我国民族自治地方金融发展落后的现状严重阻碍了民族自治地方市场经济的全面、协调、可持续发展。我们要以多种手段来保障民族自治地方深化金融发展战略的实施，要以多种方式来创新和完善民族自治地方金融管理法律制度。

**二、自然资源管理自治权**

（一）概念及法律依据

自然资源管理自治权是指自治机关依法管理、保护和合理利用本地方草场、森林等自然资源的权力。自然资源是社会生产发展和布局的基础，是国家实现经济现代化的物质条件，它关系着民族的生存和社会的发展。保护和合理开发利用自然资源，几乎是所有国家都特别重视的问题，各国都通过立法加以规范，使自然资源的开发利用趋于合理。为了使民族自治地方的自然资源能够得到有效的保护和充分的开发利用，《民族区域自治法》第27条规定："民族自治地方的自治机关根据法律规定，确定本地方内草场和森林的所有权和使用权。民族自治地方的自治机关保护、建设草原和森林，组织和鼓励植树种草。禁止任何组织或者个人利用任何手段破坏草原和森林。严禁在草原和森林毁草毁林开垦耕地。"第28条规定："民族自治地方的自治机关依照法律规定，管理和保护本地方的自然资源。民族自治地方的自治机关根据法律规定和国家的统一规划,对可以由本地方开发的自然资源,优先合理开发利用。"赋予了自治地方资源管理自治权。

（二）主要内容

自然资源管理自治权主要包括如下内容:

1. 确定本地方自然资源的所有权和使用权

我国《宪法》第9条第1款规定:"矿藏、水流、森林、山岭、草原、荒地、滩涂等自然资源,都属于国家所有,即全民所有;由法律规定属于集体所有的森林和山岭、草原、荒地、滩涂除外。"《民法通则》第81条规定:"国家所有的森林、山岭、草原、荒地、滩涂、水面等自然资源,可以依法由全民所有制单位使用,也可以依法确定由集体所有制单位使用,国家保护它的使用、收益的权利;使用单位有管理、保护、合理利用的义务。""国家所有的矿藏,可以依法由全民所有制单位和集体所有制单位开采,也可以依法由公民采挖。国家保护合法的采矿权。""公民、集体依法对集体所有的或者国家所有由集体使用的森林、山岭、草原、荒地、滩涂、水面的承包经营权,受法律保护。承包双方的权利和义务,依照法律由承包合同规定。""国家所有的矿藏、水流,国家所有的和法律规定属于集体所有的林地、山岭、草原、荒地、滩涂不得买卖、出租、抵押或者以其他形式非法转让。"我国2007年10月1日实施的《物权法》也规定了相应的内容。也就是说,有些自然资源可以由少数民族群体享有所有权;有些自然资源虽然归国家所有,但可由其他单位使用。考虑到森林和草场等自然资源是少数民族和民族地区公民的重要的生产资源和生活源泉,因而确定民族自治地方自然资源的所有权和使用权,对民族自治地方和少数民族的发展关系极大。它不仅关系到森林与草场的保护,关系到国家森林工业和畜牧业的发展,而且还关系到林区和牧区少数民族人民的生产和生活,关系到林业和畜牧业的经济发展水平和少数民族人民生活水平的提高。

2. 对本地方自然资源的优先使用权

自治地方的自治机关对可以由本地方开发的资源,有优先开发利用的权利,与自治机关充分"发挥本地方优势",组织管理经济建设的法律原则是相吻合的。要变资源优势为经济优势,民族自治地方的自治机关可以根据法律规定和国家的统一规划,优先合理开发利用可以由本地开发的自然资源,不能在开发利用自然资源时破坏和浪费自然资源。

3. 管理、保护本地方自然资源

民族地区的矿产、林业、水利、草原、森林以及旅游等资源,均在全国占有极其重要的地位。管理好、保护好本地方的自然资源,既是这些资源得以开发利用的先决条件,也是自治机关合理开发利用资源的题中应有之义。

### 三、地方财税管理自治权

地方财税管理自治权是指在现行的国家财税体制下,民族自治地方依法享有国家财政优待,并由自治机关依法自主管理本自治地方财税事务的权力。它是民族自治地方自治权的重要内容,是民族自治地方政治、经济、文化等各方面健康发展的关键。依照我国法律的有关规定,该权力主要包括如下内容:

#### (一) 制定适合本地方的财政制度和政策

由于民族自治地方在许多方面具有自己的特殊性,通行全国的各项财政制定和政策,往往并不完全适合民族自治地方的特殊情况。为了充分照顾少数民族地区的特殊性,使各项财政制定和政策更适合民族自治地方的实际情况,《民族区域自治法》第33条规定:"民族自治地方的自治机关对本地方的各项开支标准、定员、定额,根据国家规定的原则,结合本地方的实际情况,可以制定补充规定和具体办法。自治区制定的补充规定和具体办法,报国务院备案;自治州、自治县制定的补充规定和具体办法,须报省、自治区、直辖市人民政府批准。"

当然,由于开支标准、定员、定额等涉及国家的财政支出、机构编制、经营管理体制等一系列问题,所以规定了必要的报批和备案程序。自治区制定的补充规定和具体办法,需报国务院备案;自治州、自治县制定的补充规定和具体办法,须报省、自治区、直辖市人民政府批准。

#### (二) 自主安排属于本地方的财政收入

国家财政是发展国民经济,满足文化、教育、科学、卫生等事业发展的需要,保障国家建设和行政管理需要的重要手段。为了发展民族自治地方的政治、经济、文化等事业,就有必要在民族自治地方建立一级地方财政,并使民族自治地方的自治机关享有管理地方财政的自治权。因此《宪法》第117条规定:民族自治地方的自治机关有管理地方财政的自治权。凡是依照国家财政体制属于民族自治地方的财政收入,都应当由民族自治地方的自治机关自主地安排使用。《民族区域自治法》第32条作出了细化的规定。依据这些规定,民族自治地方的自治机关享受管理地方财政自治权主要体现在:

第一,凡是依照国家财政体制属于民族自治地方的财政收入,就应当由自治机关自主地安排使用。对于这一部分财政收入,上级国家机关不应随意下达支出指标,以免加重民族自治地方的财政负担。

第二,民族自治地方的财政收入和财政支出的项目,由国务院按照优待民族自治地方的原则规定。这是指在划分中央和地方,以及地方之间的财政收支时,对哪些项目的收入和支出划给民族自治地方,由国务院按照优待原则确定,以保证民族自治地方的自治机关管理财政收支的范围大于一般地区。

第三,民族自治地方依照国家财政体制的规定,财政收入多于财政支出的,定额上缴上级财政,上缴数额可以一定几年不变;财政收入不敷支出的,由上级财政机关补助。

第四,民族自治地方的财政预算支出,按照国家规定,设机动资金,预备费在预算中所占比例高于一般地区。按照国家规定,自治区、自治州、自治县的预备费分别按支出预算总额的 5%、4%、3% 计算,分别比一般省、地、县高 2%。

第五,对于执行财政预算过程中收入的超收和支出的结余资金,则由民族自治地方的自治机关自行安排使用。上级国家财政机关不得随意收缴。

### (三) 税收项目减免自治权

税收是财政收入的主要来源,同时也是调节经济的重要杠杆。为了增加民族自治地方的财政收入,刺激民族经济,特别是民族工业的发展,国家对民族自治地方实行特殊的税收政策,并让民族自治地方的自治机关掌握一定的减税或者免税权,是完全必要的。为此,《民族区域自治法》第 34 条规定:"民族自治地方的自治机关在执行国家税法的时候,除应由国家统一审批的减免税收项目以外,对属于地方财政收入的某些需要从税收上加以照顾和鼓励的,可以实行减税或者免税。自治州、自治县决定减税或者免税,须报省、自治区、直辖市人民政府批准。"

行使税收项目减免自治权要注意如下几点:一是只能针对属于地方财政收入的项目;二是针对的项目有照顾和减免的必要,比如对于那些关系到本地方经济发展的重点工商业、农牧业、急需扶植和发展的民族生产、生活特有的手工业、商业等,可以实行减税或者免税;三是要履行法定的程序,自治州、自治县决定减税或者免税,须报省、自治区、直辖市人民政府批准。

## 第四节　文化类自治权

民族自治地方的全面发展和繁荣,是物质文明和精神文明的高度发展和繁荣。民族自治地方在大力发展经济的同时,必须大力发展科技、教育和文化事业,只有物质文明和精神文明建设齐头并进,相互促进,才能加速民族自治地方现代化进程。为此,《宪法》第 119 条规定:"民族自治地方的自治机关自主地管理本地方的教育、科学、文化、卫生、体育事业,……。"赋予自治地方广泛的文化方面的自治权。

### 一、民族教育管理自治权

#### (一) 概念及法律依据

所谓自治机关民族教育管理自治权,是指民族自治地方的自治机关依照法律的规定,遵循国家的教育方针,结合本地方的实际,在国家大力支持下,自主管理和发展民族教育的权力。民族教育是我国教育事业的重要组成部分,也是民族工作的重要内容。发展民族教育,对于提高少数民族人口素质,促进民族地区社会经济文化的全面发展,增强民族团结,维护祖国统一,都具有重要的作用。为此,《民族区域自治法》第36条规定:"民族自治地方的自治机关根据国家的教育方针,依照法律规定,决定本地方的教育规划,各级各类学校的设置、学制、办学形式、教学内容、教学用语和招生办法。"第37条对发展民族教育也作了规定。赋予了自治地方民族教育管理自治权。

(二) 主要内容

根据我国法律的相关规定,民族教育管理自治权主要包含如下内容:

1. 自治机关可以根据国家的教育方针和法律规定,决定本地方有关教育的一切事项,如本地方的教育规划,各级各类学校的设置、学制、办学形式、教学内容、教学用语和招生办法等。这是民族教育管理的基本方面。虽然国家对教育制度已经制定了很多法律,但由于少数民族地区的实际情况,民族地区的教育必须采取针对本地方民族特点的措施,制定适应本地方需要的教育制度。

2. 民族自治地方的自治机关自主地发展民族教育,扫除文盲,举办各类学校,普及九年义务教育,采取多种形式发展普通高级中等教育和中等职业技术教育,根据条件和需要发展高等教育,培养各少数民族专业人才。这是《民族区域自治法》第37条第1款规定的内容。这是民族教育的一项基本任务。主要包括两方面:一是普及九年义务教育,扫除文盲;二是举办各类学校,发展高中、中等职业技术教育和高等教育,培养少数民族人才。

3. 民族自治地方的自治机关为少数民族牧区和经济困难、居住分散的少数民族山区,设立以寄宿为主和助学金为主的公办民族小学和民族中学,保障就读学生完成义务教育阶段的学业。这是《民族区域自治法》第37条第2款规定的内容。该条款规定了发展民族教育的特殊形式,即为少数民族牧区和经济困难、居住分散的山区,设立寄宿为主和助学金为主的公办民族小学和民族中学。为了有效贯彻这一规定,《民族区域自治法》同条还规定:"办学经费和助学金由当地财政解决,当地财政困难的,上级财政应当给予补助。"这就从经费上提供了法律保障。

4. 招收少数民族学生为主的学校(班级)和其他教育机构,有条件的应当采用少数民族文字的课本,并用少数民族语言讲课;根据情况从小学低年级或者高年级起开设汉语文课程,推广全国通用的普通话和规范汉字。这是《民族区域自治法》第37条第3款规定的内容。该条款规定了实行双语教学,发展民族教育,即招收少数民族学生为主的学校,有条件的应当采用少数民族文字的课本,并用少数民族语言讲课。

5. 为了保证教学中教学资料的运用,各级人民政府要在财政方面扶持少数民族文字的教材和出版物的编译和出版工作。

## 二、民族文化管理自治权

### (一) 概念及法律依据

所谓自治机关文化管理自治权,是指民族自治地方的自治机关依照法律的规定,结合本地方的实际,在国家大力支持下,自主管理和发展具有民族特点的少数民族文化事业的权力。民族文化在民族社会结构中所占比重的大小,民族文化发展程度的高低,民族文化社会功能的强弱,都直接关系到一个民族的进步和发展。因此,民族文化是衡量民族素质的一个重要标志。为此《民族区域自治法》第38条规定:"民族自治地方的自治机关自主地发展具有民族形式和民族特点的文字、艺术、新闻、出版、广播、电影、电视等民族文化事业,加大对文化事业的投入,加强文化设施建设,加快各项文化事业的发展。""民族自治地方的自治机关组织、支持有关单位和部门收集、整理、翻译和出版民族历史文化书籍,保护民族的名胜古迹、珍贵文物和其他历史文化遗产,继承和发展优秀的民族传统文化。"

### (二) 主要内容

自治机关文化管理自治权主要包括如下内容:

1. 发展民族文化事业。少数民族文化的内容包括少数民族的文学艺术、新闻出版、广播影视等。新中国成立后,国家制定了一系列旨在提高各民族文化素质,弘扬民族优秀传统文化的民族文化政策。自治机关应坚持弘扬民族优秀传统文化的原则,通过各种渠道,大量而快速培养少数民族的文化人才和文化干部,为弘扬和繁荣民族优秀传统文化造就一支生力军和后备力量;加大自治地方文化事业的经费投入,重点解决文化设施建设问题,改善本地区的文化基础设施,建立民族文化网络基地,为提高人民群众的文化生活水平,促进民族文化事业的发展,创造物质基础;积极保护和合理开发民族文化资源,一方面,对民族传统文化,特别是对那些即将消失或濒临灭绝的民族优秀文物进行保护和抢救,另一方面,鼓励民族地区合理利用和开发其独特的民族文化资源和文化生态环境。

2. 保护民族优秀传统文化遗产。自治机关要充分重视民族古籍的保护工作,并在人力、物力、财力等方面给予大力支持。一是加强对少数民族古籍的搜集和整理,并设立专门机构,组织专业人员对重要古籍进行科学研究;二是对各民族的古代文物、考古文物、近现代文、革命文物以及代表民族优秀历史文化传统遗产的著名建筑物进行抢救和保护;三是编纂和出版民族优秀传统文化书籍,为深入研究中国民族文化遗产提供翔实、完整的资料;四是促进少数民族文化遗产特别是非物质文化遗产的保护与传承。

### （三）行使原则

民族文化是各民族人民在社会实践中创造出来的,弘扬民族优秀传统文化是繁荣和发展民族文化事业的基础,是丰富社会主义新文化的需要。自治机关应加强对本地方各项文化事业的管理,大力弘扬民族优秀传统文化,具体原则是:维护国家统一和民族团结,不能借口所谓"民族形式"、"民族特点"进行非法活动,更不允许一小撮民族分子以发展"民族文化"为名,进行分裂国家、破坏民族团结;坚持民族平等原则,尊重、理解、支持和发展各民族文化;对待民族传统文化强调批判性的继承原则,取其精华,去其糟粕;在尊重少数民族群众意愿的条件下,推陈出新,对一些民族传统文化进行改革和创新,使民族文化无论在艺术内容和表现形式上都逐渐趋于成熟和完美,使民族各项文化事业百花齐放、百家争鸣。

### 三、科技管理自治权

#### （一）概念及法律依据

所谓自治机关科技管理自治权,是指民族自治地方的自治机关依照法律的规定,结合本地方的实际,在国家大力支持下,自主管理和发展民族自治地方的科学技术的权力。为此,根据《宪法》第 20 条的精神,《民族区域自治法》第 39 条规定:"民族自治地方的自治机关自主地决定本地方的科学技术发展规划,普及科学技术知识。"赋予了自治机关科技管理自治权。民族自治地方由于诸多因素影响,科学技术发展状况普遍比较落后,工业化程度低,农业经济发展的程度也不高。因此,民族自治地方大力发展科学技术,普及科学技术知识,比全国一般地方显得更为重要和迫切。民族自治地方和自治机关加强科学技术知识的普及工作,这是根本改变民族自治地方科学技术落后状况的根本途径。

#### （二）主要内容

科技管理自治权主要包括如下内容:

1. 制定本地区科技发展规划

由于我国民族自治地方存在着自然、社会、历史、文化、族群等方面的差别,因而,自治机关在制定本地区科学技术发展规划时,一定要实事求是,因地制宜。从宏观的角度来看,自治机关制定本地方科学发展规划主要涉及以下方面的内容:一是制定实施科学技术发展中长期计划和规划。二是运用科技力量,促进本地区经济发展。三是发展高新技术产业,加快科技成果转化,使科学技术真正成为现实生产力。自治地方要发展高新技术,并实现其产业化,培植高新技术产业增长点,使高新技术产业的管理逐步走上科学化、法制化和规范化的道路。四是继续深化改革,大幅度增加全社会科技投入,建立有利于经济发展和科技进步的新体制。五是加快科技队伍的建设,扩大国内外的科技合作与交流。

### 2. 加强科技知识的普及工作

加强科学技术的普及工作,增强全社会科技意识,提高科技决策地位和公民的科学文化素质,是实施"科教兴国"和"可持续发展"战略,推动经济发展和社会进步的重要环节,是社会主义物质文明和精神文明建设的重要内容。从宏观角度看,自治机关对科普工作的管理主要有以下方面的内容:(1)加强和改善对科普工作的领导,使科普工作规范化和法制化。各级自治地方应根据《宪法》和《科普法》等国家法律法规,制定本地区专项法规或实施细则,加快科普工作立法的步伐,使科普工作尽快走上规范化、法制化、制度化的轨道。(2)科普工作要讲求时效。根据民族自治地方经济、社会发展的具体情况,当前科普工作的重点应放在两个方面。一方面,从科普工作的内容上讲,要从科学知识、科学方法和科学思想的教育普及三个方面推进科普工作。另一方面,从科普工作的对象上讲,要把重点继续放在青少年、农村干部群众和各级领导干部身上。(3)促进科普工作的体制改革,鼓励全社会兴办科普公益事业。(4)加强对科普工作的监督管理。各级文化、宣传部门要进一步加强对新闻出版等大众传媒中科技内容的监督管理,创造科学、文明的社会氛围。

### 四、民族医药卫生管理自治权

**(一)概念及法律依据**

民族医药卫生管理自治权是指自治机关自主管理本地方医药卫生事务尤其是发展民族传统医药的权力。医学是人类生存智慧的体现,是人类文化的重要组成部分。我国民族传统医药有着悠久的历史和理论体系,如藏、蒙、傣、维吾尔等民族医药学都具有鲜明的民族特色和地方特点,形成了自己较为系统的医学理论和丰富的临床经验。这些民族医药学与汉族医药学构成了博大精深的中华民族传统的中医药学,成为宝贵的人类文化遗产,在世界医药迅速发展的今天,显示出其特有的科学价值和发展前景。

**(二)主要内容**

1. 加强民族医药学的科研工作,发掘和整理民族医药经典著作。在我国历史上,民族医药为民族地区的繁荣和发展做出了重要的贡献,并留下了许多经典著作。为继承民族医药学的宝贵遗产,加强民族医药学的科学研究工作,发掘、整理、编译出版这些历史悠久、典籍浩瀚、诊疗独特、自成体系的民族医药经典著作就成为当务之急。近年来,全国建立了多所民族医院,少数民族聚居的省(区)也相继建立了一批民族医药科研机构,并成立了一些高中等民族医药专科学校,培养出一批民族医药专业人员和研究人员。民族医药学的科学研究不断深入,内容日益广泛,研究涉及本草学、生药学、植物学、化学、药剂学、药理学等学科和领域。同时,各地加强对古代医疗经典著作的整理和翻译工作,抓紧名医论著的选编和民间验方的搜集和整理,出版了一批有影响的民族医药历史文献,如藏族的《晶珠本草》,蒙古族的《四部医典》,维吾尔族的《维吾尔药志》,傣族的《档哈雅》等。

2. 开发和利用民族医药。我国民族地区很多是著名的"植物王国""动物王国"和"基因宝库",具有生态环境多样性、资源多样性、民族多样性、医药文化多样性的特点,发展民族医药产业有着得天独厚的优势。自治机关应积极扶持对本地区民族医药的开发和应用,建立了民族医药产业发展专项计划和发展资金,采取拨款补助、贴息贷款、国家项目配套等方式,鼓励和支持对民族医药产业的科技投入,促进民族医药技术创新和产业化,使之成为民族自治地方新的经济增长点。

3. 推动传统民族医药现代化。民族医药现代化的内涵十分丰富,既有理论问题,也涉及标准、方法、工程技术等实践问题,既有医学问题,也有药学、农业科学问题,也有资源保护、产业化和可持续发展等战略问题。对这样一个复杂的问题,必须进行深入探索和大胆实践。推动民族医药现代化有几个切入点:中药材的标准化种植;中药提取物的产业化、商品化及扩大出口;用新技术改造名优中成药传统工艺,按现代药学理论制定新的质量标准;推广免煎饮片;利用生物技术,生产濒危和稀缺中药材。政府相关部门应组织民族医药现代化专项,从各个方面落实重点新产品的试产、重大技术创新和重点技术项目的改造,促进民族医药的快速发展。

4. 做好预防保健工作。我国民族地区是一些地方病、传染病的高发区,如地甲病、克叮病、氟中毒、大骨头节病、布氏杆菌病、鼠疫、地方肝炎、肺结核以及高原病等,主要发生在少数民族地区。因此,要加强预防控制,做好预防保健的科普工作。同时,做好妇幼卫生保健工作,倡导优生优育,提高人口素质。

**五、民族体育管理自治权**

(一) 概念及法律依据

民族体育管理自治权是指自治机关自主管理本地方体育事业发展民族传统体育的权力。民族传统体育是中国体育事业的重要组成部分,是中华民族宝贵的文化遗产。民族传统体育运动把竞技与娱乐巧妙地结合起来,既是群众性的文化娱乐活动,又有益于增强人们的体质,同时还蕴含着丰富的中国传统哲学、美学、伦理、医学、民俗、宗教、文学、历史与军事等方面的基本理论与基本知识,因此,它深受各族人民的喜爱,成为少数民族传统文化的重要组成部分。为此,根据《宪法》第21条的精神,《民族区域自治法》第41条规定:"民族自治地方的自治机关自主地发展体育事业,发展民族传统体育运动,增强各族人民的体质。"本条款包括两方面内容:一是民族自治地方的自治机关有权依据本地区实际情况自主地发展体育事业；二是民族自治地方的自治机关应大力发展群众喜闻乐见的民族传统体育运动，把世界通行的现代竞技体育运动和少数民族特有的民族传统体育运动有机结合起来，丰富人们的生活，增强人们的体质。

（二）主要内容

1. 保护和发展少数民族传统体育运动。总的来说，民族体育工作的任务是：积极开展民族传统体育和现代体育活动，提高少数民族的健康水平和体育运动水平，活跃群众文化生活，促进民族团结，建设社会主义精神文明，为社会主义现代化服务。自治机关应结合地方特点和民族特点，制定了发展体育事业的规划，大力开展少数民族传统体育和现代体育活动。同时，应建立相应的民族体育工作机构和研究机构，积极培养少数民族体育人才，加强民族传统体育运动研究，剔除某些不科学、具有迷信色彩的成分，弘扬传统养生、娱乐健身、健康向上、科学合理的优秀文化内涵，并赋予其新时代竞争与奋进的精神内涵，积极向学校体育及大众健身娱乐推广，使其在广泛开展的基础上走向完善发展的道路，最终成为现代体育的有机组成部分及现代社会文化交流的重要形式。

2. 举办少数民族传统体育运动会。举办少数民族传统体育运动会是保护、继承和发展少数民族传统体育文化的重要措施之一。

3. 发挥民族传统体育运动的综合作用。在知识经济时代，人类体质面临急剧下降的危险，人类有意识地用体育来维护自身的体质和健康已成为不可逆转的事实。因此，发展民族传统体育，提高体育文化素养，促进体育意识与习惯的形成，这对于实现全民健身战略和体育强国目标都有积极作用。随着市场经济的发展，民族传统体育作为民族传统文化的一部分，它还带动了民族地区经济、旅游、商贸的综合发展，促进了民族地区社会经济的繁荣。

**六、对外文化交流自治权**

（一）概念及法律依据

对外文化交流自治权是指自治机关在教育、科学、文化、卫生等方面和其他地方或外国开展交流协作的权力。加强民族文化的交流和传播，激励不同文化的碰撞和改革，使民族文化在交流中相互吸收、交融、变异，以促进民族文化的发展繁荣，这是文化发展的必然规律。尤其是在全球化的今天，要加快社会各项事业的发展步法，文化交流尤为重要。为此《民族区域自治法》第42条规定："民族自治地方的自治机关积极开展和其他地方的教育、科学技术、文化艺术、卫生、体育等方面的交流和协作。""自治区、自治州的自治机关依照国家规定，可以和国外进行教育、科学技术、文化艺术、卫生、体育等方面的交流。"赋予了民族自治机关对外文化交流自治权。

### （二）主要内容

自治机关对外文化交流自治权从地域上看,有如下两个部分:一是民族自治地方包括自治区、自治州、自治县,都可以与国内的其他地方在教育、科学技术、文化艺术、卫生、体育等方面,开展广泛的交流,互相学习,取长补短;二是民族自治地方包括自治区、自治州、自治县,都可以与国外进行教育、科学技术、文化艺术、卫生、体育等方面的交流。从交流内容上看,包括教育交流、科技交流、医药卫生交流、体育交流等。自治机关应根据本地区社会各项事业的发展实际和优势特点,扩大与国内外互相交流的领域和范围,彻底改变长期以来民族地区的封闭或半封闭状态,学习、吸收其他民族的精华,同时也向世人展示本民族、本地区在教育科技、文化艺术、卫生体育等方面先进和优势的一面,取长补短,开拓创新,持续发展。开展丰富多样的文化交流活动,如:文化节、文化周、艺术周、电影周、电视周、文物展、博览会以及各类演出、展览等,进一步提升少数民族文化国际影响力。大力推动少数民族文化与海外华人华侨、台湾同胞、港澳同胞的交流,增强中华文化的认同感,为促进国家和平统一服务。

## 第五节 其他类自治权

### 一、流动人口管理自治权

#### （一）概念及法律依据

所谓流动人口管理自治权,是指自治机关依照法律的规定并结合本地方的实际,制定管理流动人口办法并管理流动人口的权力。我国人口分布很不平衡,民族自治地方地广人稀,我国人口流动的总的趋势,是沿海和内地人口稠密地区的汉族人口向地广人稀的民族自治地方流动,向民族自治地方流动的人口大致有两种方式:一种是我国有计划地组织的移民,包括人口稠密地区的农民、灾区的灾民、复员退伍的军人和城市知识青年,这部分人占少数。另一种是自行流动人口,这部分人占绝大多数。事实上,庞大的流动人口就像一把双刃剑,在为民族地区的发展和壮大做出突出贡献的同时,也给流动人口的管理带来了巨大的挑战。因此,《民族区域自治法》第 43 条规定:"民族自治地方的自治机关根据法律规定,制定管理流动人口的办法。"国家赋予了民族区域自治机关流动人口管理的自治权。

#### （二）主要内容

自治机关流动人口自治权主要包括如下内容:

1. 自治机关必须根据法律规定制定管理办法。意味着自治机关制定的管理办法必须符合现行法律法规和政策的基本原则。我国现阶段已经形成了一套比较完整的规章制度。如国家颁布的《居民身份证法》、《公民出境入境管理法》,国务院颁布的《流动人口计划生育工作管理办法》、《中共中央国务院关于进一步加强社会治安综合治理意见》,公安部颁布的《关于城镇暂住人口管理的暂行规定》、《暂住证申领办法》、《关于处理户口迁移的规定》等重要法律法规。自治机关在制定流动人口管理办法时要依据或参考这些规范性文件。

2. 自治机关有制定管理流动人口办法的权力。这是要求自治机关根据本地的实际情况,以促进民族地区稳定与发展为目的,制定出符合本地实际的且行之有效的管理办法。制定符合规定的管理办法的同时,还要考虑以下几个问题:

一是重视民族政策发展,尤其是民族平等问题。民族地区本身就有许多民族,再加上不断流入的人员,使之民族成分更加多元化。各民族在相互联系和交往中,难免会有摩擦,加上文化、宗教信仰等方面的差异,使民族关系更为复杂。而且有些民族关系一开始并不直接表现为民族关系问题,而可能表现为不同民族成员间的一般摩擦,若处理不当,也往往成为影响民族关系的不稳定因素。所以自治机关在制定管理办法时应尽量考虑到语言文字、风俗习惯和宗教信仰等差异,秉承民族政策合理处理。

二是注意"流入"与"流出"人口的比例,实现有序合理的人口流动。我国的民族地区由于历史经济等多重因素,一般属于经济较落后的地区。这样就会不可避免地出现两种流动,一方面民族地区的一些人才流向经济发达地区,另一方面城乡差别,大量的外地农村剩余劳动力可能会盲目涌入。这样不仅会影响民族地区的整体人口素质结构,使原本就缺乏人才的民族地区人力资源更为缺乏,还会给民族地区带来一些预想不到的负担和后果。所以自治机关一方面要严格控制不正常的人才外流并要尽量保证合理外流的人才返回民族地区,另一方面也要严格管理进入民族地区的外地农村剩余劳动力,不致使民族地区人满为患。除此以外,由于改革开放对民族地区的一些优惠政策以及民族地区的沿边地理优势,各种投资商也会到民族地区投资办场、开发资源,自治机关要结合流入流出的比例、民族地区的承载能力及可持续发展的能力等情况,慎重考虑和筛选,不能盲目发展。

三是强化政府管理职能,增强管理,减少盲目流动。把流动人口的权益保障和管理的责任落实到流出、流入地政府。流出地政府要对本地的劳动力资源进行认真分析,尽可能科学安排一些劳动力就地择业。对外出人员要依靠农村组织及时登记,掌握外流数量、基本流向和个人情况等。收集外地劳动力需求信息,并对外出人员开展必要的劳动技能、法律知识和城市生活常识培训,提高就业能力和流动的组织化程度。流入地政府要针对本地流入人员的数量,利用本地资源,及时发布用工信息,为外来人员提供就业服务。同时,作为流动人口创造价值的主要受益者,流入地政府还要以科学发展观为指导,加强管理,为确保外来人员的生存和发展支付必要的社会成本,协调利益关系,构建和谐相处环境。流出地政府和流入地政府还要加强配合,增加信息交流。

四是建立健全法律法规,依法保障流动人口的合法权益。法律是维护社会秩序的有力武器,也是保障公民权利实现的最后一道防线。自治机关要结合《民族区域自治法》,制定相关的规章及管理办法,对流动人口入住、子女教育、权利保障、计划生育、社会治安和享有政治权利等方面的权利和义务以法律的形式予以明确。提高立法层次,规范管理行为,使流动人口正确行使个人权利,履行个人义务。要对各自治区针对流动人口的政策和法规进行清理,及时废除过时的法规,保证社会各方面的协调有序。

**二、计划生育管理自治权**

(一) 概念及法律依据

所谓计划生育管理自治权,是指自治机关依照法律的规定并结合本地方的实际,制定实行计划生育办法的权力。当今世界,人口问题已经受到人们的普遍重视。新中国成立以来的经验证明,我们在发展经济的同时,必须有计划地控制人口增长,使人口的发展与经济和社会发展相适应。我国是一个多民族国家,55个少数民族和汉族一样,也存在着程度不同的人口与计划生育管理问题。因为历史、地理、经济、文化以及风俗习惯等方面的原因,少数民族在人口与计划生育管理方面的问题更为复杂。同时,由于少数民族人口与计划生育问题关系到各民族自治地方的现代化建设,更关系到各民族的兴旺发达,因此,为了对民族自治地方的人口与计划生育进行有效管理,《民族区域自治法》第44条明确规定:"民族自治地方实行计划生育和优生优育,提高各民族人口素质。民族自治地方的自治机关根据法律规定,结合本地方的实际情况,制定实行计划生育的办法。"赋予了民族自治地方的自治机关计划生育管理自治权。

(二) 主要内容

计划生育管理自治权主要包括如下内容:

1. 民族自治地方必须实行计划生育。计划生育是我国的一项基本国策。《宪法》第25条规定:"国家推行计划生育,使人口的增长同经济和社会发展计划相适应。"民族自治地方也应当实行计划生育。这样做,不仅对控制民族自治地方少数民族人口数量、提高民族素质具有重要意义,而且有利于实现劳动力与生产资料的结合,在民族自治地方建立起良性经济循环。

2. 根据实际情况进行计划生育管理。相对于非民族自治地方计划生育管理而言,民族自治地方的计划生育管理有其特殊性。这是由于千百年来我国少数民族形成了各具特色的民族文化,其中包含着大量人口与生育文化的内容。这些民族文化在产生和发展过程中形成了物质的、精神的、社会的多层面的完整复合体,是其生存方式、思维方式、信仰方式、道德习俗的历史积淀和知识系统,对各少数民族具有重要的影响力,甚至成为某一少数民族共同的价值取向和潜意识中的社会心理趋势。因此,计划生育管理应从各少数民族和民族自治地方的实际情况出发,充分考虑并照顾各民族不同的人口与生育文化背景、风俗习惯和宗教信仰因素,因地制宜、因族制宜进行管理。

3. 要制定计划生育管理办法。民族自治地方的自治机关应当根据国家关于计划生育管理的相关法规在其职权范围内,为落实民族区域自治法规定的民族自治地方人口与计划生育管理自治权分别制定相应的管理规章、具体措施和办法。总之,没有民族自治地方人口与经济、社会、资源、环境的协调和可持续发展,就不可能实现全国人口和计划生育工作的稳定、健康发展;也不可能实现人口增长与经济和社会协调发展。

### 三、环境管理自治权

(一) 概念及法律依据

环境管理自治权是指自治机关管理和保护民族自治地方生活环境和生态环境的权力。《宪法》第26条第1款规定:"国家保护和改善生活环境和生态环境,防治污染和其他公害。"作为一级地方国家机关的自治机关也有责任和义务保护和改善生活环境和生态环境,防止污染和其他公害。这是从一般情况来说的。从特殊情况来讲,民族自治地方地大物博,地上地下自然资源非常丰富。随着我国社会主义现代化建设事业的发展,这些资源必将得到广泛的开发利用。在利用开发这些资源的时候,就有一个如何保护和改善生态环境,防治污染和其他公害的问题。为此《民族区域自治法》第45条规定:"民族自治地方的自治机关保护和改善生活环境和生态环境,防治污染和其他公害,实现人口、资源和环境的协调发展。"《民族区域自治法》第27条也就草原和森林作出规定:"民族自治地方的自治机关保护、建设草原和森林,组织和鼓励植树种草。禁止任何组织或者个人利用任何手段破坏草原和森林。严禁在草原和森林毁草毁林开垦耕地。"赋予了民族自治地方管理本地区环境的自治权。

(二) 主要内容

归纳起来,环境管理自治权的内容主要有以下几项:

1. 环境规划自治权

环境规划是指在根据国家和本民族地方的环境资源状况和社会经济发展的需要,对一定时期和一定范围内的生态资源的开发、利用、保护和改善活动的安排。这样就可以做到合理利用环境和资源,协调人口、资源、环境三者间的关系。生态环境规划的主要内容包括:土地利用规划、自然资源开发利用规划和生态环境保护和建设规划。

2. 制定民族自治地方环境资源标准权

环境标准是为了保护人体健康、社会物质财富和维持生态平衡,对大气、水、土壤等环境质量、污染源、监测方法等,按照一定程序制定和批准发布的各种标准的总和。主要包括环境质量标准、污染物排放标准、环境监测方法标准。这些标准的制定及执行,就可以建设良好的生活环境,保障人民的健康。

3. 环境监督权

自治机关可通过环境保护行政主管部门或者其他授权的部门,根据当地经济建设和社会发展情况编制环境影响报告书,监督执行建设项目"三同时"制度;征收环境资源税费(自然资源税、自然资源费、排污费等);发放与生态环境管理有关的许可证如林木采伐许可证、采矿许可证等。通过这些手段监督、督促自治区域内的企业、个人改善环境,防止污染环境和生态破坏。

(三) 行使环境管理自治权的原则和方法

自治机关行使环境管理自治权必须坚持如下原则和方法:

1. 可持续发展原则

可持续发展原则是指在环境管理中应当将实现人类社会、经济的可持续发展作为所要实现的理想目标,使人类的思想和行为要在要着眼于未来的发展而不是当下的发展、持续的发展而不是一时的发展。与传统的"发展"观念相比,可持续发展在对发展概念的理解上更为强调更新人类伦理道德和价值观,从而更新人类的生产、生活方式。可持续发展观将环境与发展统一起来,既迎合了许多需要发展的意愿,同时也符合环境与资源保护这一全人类的长远利益。

2. 建立完善的利益补偿机制

《民族区域自治法》第 66 条第 2 款规定:"民族自治地方为国家的生态平衡、环境保护作出贡献的,国家给予一定的利益补偿。"该条确立了我国少数民族自治地方获得补偿的制度。2005 年《国务院实施〈中华人民共和国民族区域自治法〉若干规定》第 8 条规定:"国家征收的矿产资源补偿费在安排使用时,加大对民族自治地方的投入,并优先考虑原产地的民族自治地方。国家加快建立生态补偿机制,根据开发者付费、受益者补偿、破坏者赔偿的原则,从国家、区域、产业 3 个层面,通过财政转移支付、项目支持等措施,对在野生动植物保护和自然保护区建设等生态环境保护方面做出贡献的民族自治地方,给予合理补偿。"目前,我国对少数民族自治地区的生态补偿主要有三种形式:一是国家财政补偿;二是征收生态环境补偿税费;三是重点项目支持,如退耕还林工程、生态公益林补偿项目、退牧还草工程。但是,我国目前还没有一部专门的生态补偿法。对少数民族区域的生态补偿涉及很多环境保护法律和地方法律,这些法律对生态补偿的利益主体和责任主体的界定不清晰。当前,完善对少数民族地区的生态补偿,还要在完善立法、国家资金投入、调整少数民族区域产业结构等方面进一步努力。

3. 科学合理开发利用环境资源

资源开发导向型的经济增长缓慢,我国民族自治地方自然资源型经济的比重比较大,产业技术层次低,这是经济发展缓慢、环境问题突出的重要原因。民族自治地方要发展社会经济建设事业,首先要对本地区的资源环境状况进行全面的勘察和统计,并科学地制定开发、利用和保护的规划、政策;其次要有重点、有选择地开发环境资源,依靠科学技术促进产业升级,推行清洁生产,实行经济效益和环境效益的结合;最后要建立多元化的开发利用保护机制,按照"谁投资谁受益"的原则,鼓励和吸引社会资本、国外资本投资环境资源的开发、利用、保护和建设项目。

此外,还有完善有关环境保护和管理方面的立法,将一些成功的做法、经验及政策法律化,做到环境保护有法可依。

# 第七章 上级国家机关的职责

## 第一节 上级国家机关职责的概述

中华人民共和国建国后,中国的少数民族获得了新生,在政治上取得了平等的权利。经过六十多年的建设,少数民族地区的经济和文化事业取得了巨大进步,各民族人民的物质文化生活水平显著提高。但是,由于历史的原因,少数民族地区的经济和文化等事业仍然赶不上先进地区的发展水平。为了尽快改变这一现状,消除这种历史上遗留下来的民族间的事实上的不平等,要实现这一点,除了各民族发扬自力更生、艰苦奋斗的精神外,还必须有国家的大力帮助。

为此,为了保障少数民族的平等权利,巩固和发展良好的民族关系,发展少数民族地区和全国范围内的经济、文化等事业,上级国家机关有责任加强领导和帮助民族自治地方的建设。《中华人民共和国民族区域自治法》(以下简称《民族区域自治法》)第六章就是从法律上确认了上级国家机关的职责,也体现了民族区域自治法的重要特点。

### 一、"职责"的法理分析

目前,学界普遍认为,"职责"是公职系统内一定职务所要履行的责任。职责与职权相伴而生,并且职责随职权的变更而发生变化,随职权的消灭而消灭。职责属于公务员的义务,但仅限于执行公务、行使职权时的义务,公务员的义务范围大于职责的范围。在执行公务、行使职权之外,公务员还必须履行其他法定的义务,比如不得兼职、不得经商等。职责包括作为的责任和不作为的责任,公务员的职责散见于行政法律法规之中,归纳起来主要有五个方面:(1) 履行职务、不失职;(2) 遵守权限,不越权;(3) 行为符合法定目的,不滥用职权;(4) 遵循程序、避免瑕疵;(5) 公务合理、避免失当。其核心是"依法执行公务"。职责作为一种义务不能抛弃,否则要承担相应的法律或纪律责任。[①]

从上可以看出,"职责"是"职权"的对称,是国家机关及其公职人员依照法律规定必须履行的责任。职责与职权是相互联系的,一定的职责是以一定的法定职权为前提的,职责又是行使职权的体现。没有无职权的职责,也没有无职责

---

[①] 肖蔚云,姜明安主编:《北京大学法学百科全书·宪法学行政法学》,北京大学出版社1999年版,第707页。

的职权。例如,法官有法律赋予的判决案件的职权,而这种职权只有通过具体审理案件的行为才能得到实现。可见,法官对案件进行依法审判又是法官的职责,如果不审判案件或者枉法裁判就是未尽职责,而不尽职责也就使其职权失去意义。对于未尽职责,或者尽责不善,就要依法承担相应的责任或后果。

### 二、"上级国家机关职责"的法律属性

如上所述,职责是职权与责任的结合。国家机关在履行管理国家事务和各项社会事务的过程中,必须具有相应的职权,否则,其权力的行使将缺乏法律权威和政治权威而难以开展。但在行使职权的同时,国家机关又须承担相应的责任。

1. 在《民族区域自治法》中,所谓上级国家机关是有所特指的。《民族区域自治法》第六章第55条第3款规定:"上级国家机关在制定国民经济和社会发展计划的时候,应当照顾民族自治地方的特点和需要"。从这一条文来看,上级国家权力机关理所当然包含在"上级国家机关"之中。《民族区域自治法》第六章的其余条款则基本上以规定上级国家行政机关的职责为主,没有出现上级国家司法机关负有什么样的职责的规定。也就是说,上级国家机关仅仅包括权力机关和行政机关,而无司法机关。①

2. 主体的特定性和内容的确定性是上级国家机关职责的两个重要特征。《民族区域自治法》中的上级国家机关职责有确定的指向——民族自治地方,有确定的内容——各民族自治地方的经济、教育、科学技术、文化、卫生、体育等事业。

因此,上级国家机关的职责与一般意义上的国家机关的职责是有区别的:一是在主体和内容上,前者较后者要窄;二是在程序上,前者需经民族自治地方的自治机关这一中间环节将上级国家机关的帮助落到实处,而后者可以依照法定职权范围和程序径行履行自己的职责。

此外,在强调上级国家机关职责的同时,不应忽略上级国家机关的职权。其职权既是它履行帮助义务的能力所必须,又是在帮助的过程中监督民族自治地方将帮助的事项化为行动的法定权力来源。因此,上级国家机关帮助在法律属性上是一种国家帮助义务和监督权力的结合。

### 三、对"上级国家机关职责"规定的简要评价

2001年2月28日第九届全国人民代表大会常务委员会第二十次会议通过

---

① 王淼:《从法理角度看自治法中上级国家机关的职责》,载《中国民族报》2004年12月24日,第六版。

了《关于修改〈中华人民共和国民族区域自治法〉的决定》。其中有关经济社会发展方面条文的修改,主要集中在"上级国家机关的职责"一章中。该章原来共有13条,这次有7条做了删除性修改,同时又新增写了7条。该章的标题也由原来的"上级国家机关的领导和帮助",修改为"上级国家机关的职责",强调了上级国家机关帮助民族自治地方的法律责任,明确规定了经济发达地区必须对口支援民族自治地方。

《民族区域自治法》将原第六章的名称"上级国家机关的领导和帮助"修改为"上级国家机关的职责",使上级国家机关的义务法定化,在弱化上级国家机关帮助的道德义务的同时,突出其义务的法律内涵。应当说这样的修改是与我国政治文明的进程相适应的:去除了原有规定的模糊性,新的规定使国家机关职责更为明晰;原有规定主要突出的是上级国家机关的权威,重在领导,是否给予帮助则有很大的随机性,而新规定则使上级国家机关的帮助成为一种稳定的制度。

上级国家机关帮助的实现主要在于上级国家机关切实履行《民族区域自治法》规定的职责。但这也并不是说仅此就可以实现立法目标,使民族自治地方的各项事业都顺利地发展起来。还有几个因素是我们应当考虑的:一是民族自治地方的积极进取,二是上级国家机关的帮助还需与民族自治地方的经济发展水平和人才现状相适应。如长期以来,在基础建设方面,上级国家机关往往要求民族自治地方承担一定的配套资金,但由于一些民族自治地方的经济发展滞后,自有可供支配资金极其有限,加之一些投资项目周期长、见效慢,地方官员也缺乏积极性,结果是发达地方反而更易从上级国家机关的帮助中获得实惠;三是立法本身存在的不足。修订后的《民族区域自治法》在多方面取得了进展,但也存在不足之处,主要表现在法律规范的逻辑结构不完整。这一点在《民族区域自治法》第六章中表现得尤为明显。细细考察起来,《民族区域自治法》中法律规范的模式主要有两种,即禁止型和命令型,其中以命令型为主。但这些规定只有行为模式,如"上级国家机关应当帮助民族自治地方怎样"或"上级国家机关不得怎样",却没有不帮助或不应为而为之时如何处理的规定,这就使上级国家机关职责有落空的危险。[①]

---

[①] 王淼:《从法理角度看自治法中上级国家机关的职责》,载《中国民族报》2004年12月24日,第六版。

## 第二节 上级国家机关的职责原则

### 一、坚持从民族自治地方的实际情况和特点出发的原则

实事求是,一切从实际出发,这是执政党和国家的思想路线,在国家的民族工作中,也必须认真贯彻执行这条思想路线。

过去,由于受"左"的思想的影响,国家在帮助少数民族地区发展经济建设的过程中,一度忽视了我国各少数民族地区的政治、经济、文化、语言、生活习惯、资源分布以及地理环境等情况的不同特点,以及各项经济计划、经济政策、经济措施的可行性研究,从而影响了少数民族地区经济的快速发展,给民族自治地方的工作造成被动甚至招致损失的情况,应该坚决避免。因此,《民族区域自治法》规定上级国家机关在履行职责的过程中,必须注意调查研究,从少数民族的实际情况和特点出发,因地制宜、扬长避短,不搞"一刀切"。

如《民族区域自治法》第54条规定:"上级国家机关有关民族自治地方的决议、决定、命令和指示,应当适合民族自治地方的实际情况。"上级国家机关在作出有关民族自治地方的决议、决定、命令和指示的时候,一定要充分考虑有关民族的特点和民族自治地方的实际情况,使有关的决议、决定、命令和指示尽可能地适合当地情况。同时,他们的负责人一定要不断提高自己的民族政策观念,加强调查研究,使自己作出的决议、决定、命令和指示,尽量适合民族自治地方的情况。

在《民族区域自治法》的第55条、第57条、第60条,也有类似的规定,即上级国家机关在制定国民经济和社会发展计划的时候,应当照顾民族自治地方的特点和需要。国家根据民族自治地方的经济发展特点和需要,综合运用货币市场和资本市场,加大对民族自治地方的金融扶持力度。上级国家机关根据国家的民族贸易政策和民族自治地方的需要,对民族自治地方的商业、供销和医药企业,从投资、金融、税收等方面给予扶持。

上级国家机关涉及民族自治地方的决策,应当适合民族自治地方的实际情况。但是,如果他们做出了不适合甚至完全不适合民族自治地方实际情况的决策时,应该如何处理呢?《民族区域自治法》对此确定的法律救济形式是:上级国家机关的决议、决定、命令和指示,如有不适合民族自治地方实际情况的,自治机关可以报经该上级国家机关批准,变通执行或是停止执行;该上级机关应当在收到报告之日起60日内给予答复。

### 二、坚持上级国家机关的帮助与少数民族地区自力更生相结合的原则

履行"上级国家机关职责"应防止两种错误倾向:一是上级国家机关包办代

替,二是民族自治地方的等、靠、要思想。坚持国家利益与少数民族利益相结合的原则。

由于历史原因,我国少数民族地区的经济和文化发展水平较低,这是历史上遗留下来的民族之间的事实上的不平等。为了尽快改变这一状况,就必须要有上级国家机关的大力帮助。这种帮助不论过去、现在和将来都非常重要。但是,也应该指出,改变少数民族经济和文化事业不发达的状况,首先需要依靠少数民族地区人民的共同努力。这是因为,一个民族的发展进步,归根结底,还是要靠本民族人民的自力更生和艰苦奋斗。经济文化发展先进的民族对经济发展后进的民族的帮助,不是包办代替,也不是慈善性质的"帮助"而主要是帮助该民族提高自力更生的能力。同样,对于后进民族来说,要赶上先进民族,就要奋发图强、自力更生。一切民族自古以来的生存和发展,靠的都是自力更生。社会主义的民主制度,社会主义的民族关系,已经并将继续为各民族更充分地发挥自力更生的能力提供更好的条件。一个民族不会用自己的脚走路,这个民族是不会得到发展的。正如斯大林同志所指出的:学会用自己的脚走路——实行自治的目的就在这里。

新中国成立以来,国家从财政、金融、物资、技术和人才等方面大力帮助和扶持少数民族地区的经济和文化等事业的发展,其目的就是为了提高少数民族地区自己更生的能力。如果没有少数民族人民自力更生、艰苦奋斗的革命精神,即使国家的援助力度再大,也不可能取得应有的经济效益,无益于少数民族地区经济和文化等事业持续、深入地发展。因此,《民族区域自治法》在规定上级国家机关对少数民族地区的帮助的同时,在第6条中还规定:"民族自治地方的自治机关领导各民族人民集中力量进行社会主义现代化建设。"在序言中也强调:"民族自治地方必须发挥艰苦奋斗的精神,努力发展本地方的社会主义建设事业,为国家建设做出贡献。"总之,加快发展少数民族地区经济文化建设,必须坚持实行上级国家机关帮助和少数民族地区自己更生相结合的原则。

### 三、履行"上级国家机关职责"应立足全局、统筹兼顾

履行"上级国家机关职责"应立足全局、统筹兼顾。上级国家机关在行使帮助职责时要立足全局,统筹兼顾。一方面应当从加入WTO、西部大开发战略和民族自治地方的经济结构现状出发,在实施帮助时有所为,有所不为。另一方面,又要在东部地区做好宣传工作,使群众认识到对民族自治地方进行帮助不仅仅是还历史欠账,更是实现可持续发展的必然抉择。而不是以牺牲东部地区的发展来换取民族自治地方的发展,在加速民族自治地方发展的同时,推进东部地区的发展,保证综合国力的提升。

加快少数民族和民族地区发展,关键是要以科学发展观统领经济社会发展

全局,按照"五个统筹"的要求,科学确定发展思路和发展目标,充分发挥自身优势,走民族地区各具特色的加快发展的新路子。《民族区域自治法》在规定"国家机关的职责"的时候,始终注意体现出,要立足全局、统筹兼顾的原则,坚持国家利益与少数民族利益相结合。

一是履行职责时,始终坚持以经济建设为中心,努力把民族地区经济搞上去。在《民族区域自治法》的"上级国家机关的职责"这一章里,不管是在制定经济发展战略,还是安排基础设施建设,以及运用货币、金融、财政、税收政策等方面,都提出,应加快少数民族地区经济的发展。同时,还提出要调整和优化产业结构,大力发展特色经济和优势产业。有特色、有优势,才有竞争力。此外,还格外突出应抓好民族地区的扶贫开发工作。

二是履行职责时,始终坚持实施可持续发展战略,促进人与自然协调发展。良好的生态环境,是实现可持续发展和提高各民族人民生活质量的重要基础。民族地区要实现生产发展、生活富裕、生态良好,就必须彻底改变以牺牲环境、破坏环境为代价的粗放型增长方式,决不能以牺牲环境为代价换取暂时的经济增长。民族区域自治法根据宪法的原则,在第65条规定:"国家在民族自治地方开发资源、进行建设的时候,应当照顾民族自治地方的利益,作出有利于民族自治地方经济建设的安排,照顾当地少数民族的生产和生活。国家采取措施,对输出自然资源的民族自治地方给予一定的利益补偿。"

三是履行职责时,坚持实施科教兴国战略,大力发展教育事业。教育在民族地区发展中具有基础性、先导性作用。《民族区域自治法》第71条中明确提出,国家不仅要加大对民族自治地方的教育投入,加强民族地区师资队伍建设,积极引导和鼓励其他地区的教师和师范院校毕业生到民族地区基层中小学任教和支教。办好在内地举办的各类民族班(学校),积极促进民族地区职业技术教育和高等教育,办好民族院校,对少数民族考生适当放宽录取标准和条件,对人口特少的少数民族考生给予特殊照顾。

四是履行职责时,坚持改革开放,以改革开放促发展繁荣。改革开放是加快民族地区发展的强大动力。通过进一步扩大对内对外开放,依托重点工程、优势产业和特色经济,吸引外商以及国内发达地区企业到民族地区投资,支持民族地区充分发挥地缘优势,发挥同一民族、语言相近等优势,扩大与周边国家的经贸往来和区域经济合作。要对商贸、投资、金融等方面提供支持,鼓励民族地区的企业"走出去"。如《民族区域自治法》第61条规定,国家制定优惠政策,扶持民族自治地方发展对外经济贸易,扩大民族自治地方生产企业对外贸易经营自主权,鼓励发展地方优势产品出口,实行优惠的边境贸易政策。

#### 四、检查和监督上级国家机关履行职责的原则

建立完备的社会主义民族法律体系和监督检查机制,是建设社会主义法治国家的重要组成部分。上级国家机关经常性地对民族法律政策的遵守和执行情况进行检查就属于这一监督机制的重要组成部分。

在《民族区域自治法》第72条明确规定:"上级国家机关应当对各民族的干部和群众加强民族政策的教育,经常检查民族政策和有关法律的遵守和执行。"如果说前面所论及的主要围绕"上级国家机关职责"的"有法可依",那么这里更多强调的是"违法必究"。

在《国务院实施〈中华人民共和国民族区域自治法〉若干规定》的第30条、第31条及第32条,更是对"检查和监督上级国家机关履行职责"作出了具体规定。

其中,各级人民政府民族工作部门对本规定的执行情况实施监督检查,每年将监督检查的情况向同级人民政府报告,并提出意见和建议。对违反国家财政制度、财务制度,挪用、克扣、截留国家财政用于民族自治地方经费的,责令限期归还被挪用、克扣、截留的经费,并依法对直接负责的主管人员和其他直接责任人员给予行政处分;构成犯罪的,依法追究刑事责任。各级人民政府行政部门违反本规定,不依法履行职责,由其上级行政机关或者监察机关责令改正。各级行政机关工作人员在执行本规定过程中,滥用职权、玩忽职守、徇私舞弊,构成犯罪的,依法追究刑事责任;尚不构成犯罪的,依法给予行政处分。

从中可以看出,一旦上级国家机关及主管人员和其他直接责任人员如果违反规定,将依法追究其刑事责任或是给予其行政处分。特别是对违反国家财政制度、财务制度,挪用、克扣、截留国家财政用于民族自治地方经费的,或是不依法履行职责,滥用职权、玩忽职守、徇私舞弊的,不再只是作出原则性的规定,而具有了具体可操作性。

## 第三节 上级国家机关的职责的方式

### 一、政策优惠

(一) 对民族贸易的优惠政策

1. 何谓民族贸易

民族贸易,是指涉及我国少数民族和民族地区所发生的贸易活动,是商品流通在少数民族地区的特殊表现形式。具体是指我国沿海、内地和少数民族地区之间、各少数民族地区之间、各民族之间、各民族内部所进行的贸易活动。

民族贸易与国内一般贸易以及和对外贸易、边境贸易相比，除具有一定的共性外，还有其特殊性：一是政策性。民族贸易企业所从事的经营活动既是一种经济行为，又是党和国家民族政策的具体体现，是我国民族工作的重要内容和手段。二是民族性。民族贸易的服务对象主要是少数民族群众，民族贸易商品的品种和结构具有显著的民族特色。三是区域性。民族贸易的传统交易场所主要在少数民族聚居地区。

十一五"期间，国家加大了对我国民贸县中民贸企业的政策优惠力度，2006年，将"十五"期间对民贸企业增值税"先征后返50%"的征收方式改为现今的全额免征增值税的优惠政策。后由于部分地方反映103号文件中对民贸企业界定存在困难，所以又出台了有关执行细则，进一步将党和国家对少数民族地区的扶持落到实处。

2. 对民族贸易优惠政策的评价

我国传统的民族贸易政策，是在几十年的实践中被证明了的，有利于民族经济发展和巩固民族团结的，但是随着国家各项改革的不断推进，民族贸易和民族用品生产也遇到了许多问题和困难。

（1）优惠政策效果减弱

民贸优惠贷款额明显减少。一是随着四大国有商业银行改革力度加大，在民族地区大刀阔斧地撤销营业网点，在某些民族贸易县市中只有农行还设有分支机构，这一现状造成了民贸企业和民族用品定点生产企业资金链的大断裂，贷款难的现象非常突出。二是在2003年以后大部分企业进行了改制，由于改制后部分企业经营管理不善，不能按时归还到期贷款，信用评级低，使得其难以再获得银行类金融机构的贷款。

民贸企业利息补贴减少。随着民族贸易优惠贷款的不断萎缩，企业获得的利差补贴也相应减少。一方面优惠利率贷款政策中所规定的"优惠贷款利率不得上浮"，在很大程度上制约了银行贷款的积极性，在市场经济的规则下，四大商业银行对整个民族地区的贷款数额大幅减少，而对举步维艰的民族贸易企业和民族用品生产企业更是拒之门外，这样极大地减少了民族贸易生产经营企业的贷款额，于是就相应减少了企业的利息补贴额。另一方面银行实行商业运作、效益优先的原则，因而随着利率市场化改革的不断深入，民族贸易和民族用品市场化贷款的各承贷行对贷款采取了有差别的灵活的利率浮动，再加上近年来，随着央行的不断加息，贷款基准利率上升较快，贴息比例没有得以相应提高，企业的贷款利息支出不断加重。[①]

享受优惠政策的民贸企业减少。由于民族贸易优惠贷款的不断萎缩，民贸

---

① 张安群、段凤婷：《民族贸易优惠政策调整初探》，载《大众商务》2009年5月，第17页。

企业获得的利差补贴相应减少,加之少数民族地区生产、生活用品趋于市场化,固有的民族特需用品逐渐减少,且民族贸易企业组织结构不合理、经营观念落后和资本积累和投入不足,民族企业大量转产、倒闭民族贸易网点大幅萎缩。同时,当前财政、税务、银行对原民贸企业和民族定点企业改革改制后产生出的民营经济主体享受民族优惠政策的资格的认可存在分歧,这也使得享受优惠政策的民贸企业大量减少。

(2) 民族贸易优惠政策执行不一

虽然对民族政策已有正式的文件,但各个民族地方在执行上还是也差别,对多项政策执行的口径不一。根据财税[2006]103号财政部、国家税务总局《关于继续对民族贸易企业销售的货物及国家定点生产和经销单位经销的边销茶实行增值税优惠政策的通知》精神,这一新规定是在财税[2001]69号文财政部、国家税务总局《关于继续对民族贸易企业执行增值税优惠政策的通知》基础上延伸的,而财税[2001]69号文对民族贸易企业的界定为:县级国有民族贸易企业和供销社以及县以下国有民族贸易企业和基层供销社。这两份文件的区别:一是"县级国有民族贸易企业和供销社实际缴纳增值税额先征后返50%"改为免征增值税;二是执行时间由2005年底止延长至2008年底止。对于享受税收优惠对象并没有重新作出界定,还是"县级和县以下的民族贸易企业和基层供销社"。而根据桂国税函[2007]237号的规定,享受税收优惠对象为"除石油、烟草公司以外的所有从事商贸经营的商贸企业"①,而云南省是对民族贸易县的所有民贸企业(不分县级以上和以下企业、不分国有、集体和个体私营企业)。②

3. 对民族地区制定贸易优惠政策的依据和调整方向

(1) 改变贴息方式

建议由人民银行间接补贴改为直接补贴给企业。经办银行可与享受优惠利率政策的企业签订一般贷款合同,执行基准利率。人民银行根据企业出示的贷款合同和付息凭证,按规定直接将贴息支付给企业。贷款到期后,在企业未出示新的贷款合同及付息证明的情况下,人民银行停止贴息。③ 这样一方面可以缩短企业获得贴息的时间,有利于企业及时组织生产,另一方面在企业贷款逾期的情况下,贷款银行只需将其视为一般逾期贷款管理。

(2) 适当调整优惠利率贷款政策

一是取消"优惠贷款利率不准上浮"的规定,允许利率适当上浮,优惠利率贷款经办行根据企业资产质量、资金运营状况以及生产经营等情况自行决定贷

---

① 龙小兰:《谈民族地区政策的深化与广西经济增长》,载《商业时代》2008年第24期。
② 云南省民委经济发展处:《民族贸易和民族特需商品生产优惠政策解析》。
③ 张安群、段凤婷:《民族贸易优惠政策调整初探》,载《大众商务》2009年5月,第17页。

款优惠利率浮动水平,提高经办行的贷款积极性,最大限度地落实优惠利率贷款政策,达到企业与银行互惠互利,从而支持民族经济发展的目的。二是鉴于民族贸易和民族用品生产企业的特殊性,适当的调整优惠利率贷款的期限,对中长期流动资金贷款也实行优惠利率政策,同时不断扩大少数民族地区享受优惠政策的覆盖面,加大政策的扶持力度。

(3) 加大政策的落实力度

首先,在制定优惠政策时,应注意其具体政策之间的衔接,某些可能产生冲突或是误解的地方,应有明确的说明;其次,上级国家机关的工作人员应认真准确解读民贸政策及其运作程序,并要加大宣传力度,让相关的各级领导干部、企业管理人员等都了解国家新的政策及操作过程。再次,上级国家机关应加大督察和协调力度,人民银行要加大对各商业银行执行民族优惠政策的监管力度,财政、税务等政策执行单位应增强服务意识和"双赢"意识,增加执行政策的透明度。

(4) 提高金融机构服务水平

上级国家机关应协调银行机构防范信贷风险的前提下,信贷政策应适当向民族贸易和民族用品生产企业倾斜,合理下放贷款审批权限,简化程序,提高贷款审批效率,努力为企业发展提供合理的流动资金需求。

(二) 税收优惠

税收优惠是国家为了实现一定的经济目标,对某些纳税人或特定事项给予鼓励和照顾所作的一项特殊规定。作为税制构成要素,税收优惠政策不仅是改善投资环境、引导资金流向的主要杠杆,也是促进区域经济特定地区投资协调发展的重要手段。由于民族地区大多数位于我国的西部地区,各民族地区政府纷纷依照西部大开发的税收优惠政策出台了一些扶持本地行业、企业和产品发展及适用于本地招商引资的税收优惠政策。但是,某些缺乏统一、规范、科学的税收优惠政策将会抑制民族地区经济的协调发展。

1. 对我国少数民族地区税收优惠政策的梳理

**在所得税方面**,对设在西部地区国家鼓励类产业的内资企业和外商投资企业,在 2001 年—2010 年期间,减征 15% 的税率征收企业所得税。经省级人民政府批准,民族自治地方的内资企业可以定期减征或免征企业所得税,外商投资企业可以减征或免征地方所得税。中央企业所得税减免的审批权限和程序按现行有关规定执行。对在西部地区新办交通、电力、水利、邮政、广播电视企业,上述项目业务收入占企业总收入 70% 以上的,可以享受企业所得税如下优惠政策:内资企业自开始生产经营之日起,第一年至第二年免征企业所得税,第三年至第五年减半征收企业所得税;外商投资企业经营期在 10 年以上的,自获利年度起,第一年至第二年免征企业所得税,第三年至第五年减半征收企业所得税。

2008年《中华人民共和国企业所得税法》第四章第25条规定"国家对重点扶持和鼓励发展的产业和项目,给予企业所得税优惠"。第29条规定"民族自治地方的自治机关对本民族自治地方的企业应缴纳的企业所得税中属于地方分享的部分,可以决定减征或者免征。自治州、自治县决定减征或者免征的,须报省、自治区、直辖市人民政府批准"。同时,还规定了非居民企业从居民企业取得的股息、红利等权益性投资收益;环境保护、节能节水项目;小型微利企业;需要重点扶持的高新技术企业;创业投资企业等给予减税免税、投资抵免、税额扣除、加速折旧等优惠处理。

在农业特产税方面,对为保护生态环境,退耕还林(生态林应80%以上)、草产出的农业特产收入,自收得收入年份起10年内免征农业特产税。

在耕地占用税方面,对西部地区公路国道、省道建设用地,比照铁路、民航建设用地免征耕地点用税。享受免征耕地占用税的建设用地具体范围限于公路线路、公路线路两侧边沟所占用的耕地,公路沿线的堆货场、养路道班、检查站、工程队、洗车场等所占用的耕地不在免税之列。

在关税、进口环节增值税方面,对西部地区内资鼓励类产业、外商投资鼓励类产业及优势产业的项目在投资总额内进口的自用设施,除《国内投资项目不予免税的进口商品目录(2000年修订)》和《外商投资项目不予免税的进口商品目录》所列商品外,免征关税和进口环节增值税。

2. 民族地区税收优惠政策存在的主要问题

我国实行税收优惠政策,按时间、区域的不同,效果也大不相同。改革开放初期,国家首先在东部沿海地区实行税收优惠政策。开辟广东的深圳、珠海、汕头和福建的厦门作为首批经济特区,国家出台了一系列法律法规及相关政策,包括税收优惠政策。第一轮税收优惠政策广度和力度,是空前的也是以后出台的同类政策不能比及的。随着改革开放的深入发展,14个沿海港口城市相继开放,海南经济特区的设立,浦东开发和沿边、沿江的开放,国家出台了第二轮税收优惠政策。随着西部大开发战略的提出,第三轮税收优惠政策也相继出台。但这一轮的税收优惠政策区域范围更加扩大,投资主体更加增多,但对企业性质更加严格,时间限定也有所缩短。新税法对税收优惠政策进行了统一,实行"产业优惠为主、区域优惠为辅",对民族地区明显不利。

概括地讲,民族地区优惠税收政策基本上只是过去对东部沿海地区优惠政策的重复,不足以构成像当年东部地区那样的税收优势。经济特区的经济管理权限远远超出民族自治地方的权限,东部经济特区和沿海地区,尤其是东部经济特区的发展占尽"天时、地利、人和"的优势,无论是市场经济的先机、"双轨制"的便利,还是经济发展的基础莫不如此。而广大西部地区,起步时已经远远落后,市场经济的先机、"双轨制"的好处已经完全不再,加之进入WTO的因素、市场经济竞争激烈,同时面对国内国际的双重竞争,税收优惠减弱,一系列的因素形成马太效应,致使西部与东部经济发展的差距越来越大。

3. 国家对民族地区制定税收优惠政策的依据和调整方向

第一,民族地区税收优惠政策要与民族区域自治政策相协调。

自从1994年税制改革以来,国家税收政策中民族自治地方例外条款长期缺位,使得民族区域自治政策也长期处于空置状态。民族区域自治政府应该充分利用相关的政策措施制定有利于本地经济发展的税收优惠政策。一方面,有别于东部地区,不应该把税收优惠政策的重点集中在企业所得税的减免上,要注重优惠手段多元化。由于民族地区的企业效益欠佳,企业所得税在地方财政收入所占比例不高,而增值税所占比例相对较高,"生产型"增值税要逐步转向"消费型"增值税,所以应该注重间接税收优惠,如税额扣除、税项扣除、加速折旧等。另一方面,应扩大民族自治地方的税收管理权限。我国现行的税收管理体制,除了经济特区、特别行政区等特殊经济区域之外,民族地区仅享有有限的地方税减免权,其他税收管理权与非民族地区并无区别。实际上,民族地区是一个特殊经济区域,应该与其他经济特区一样享有同样的税收管理权限。

第二,民族地区税收优惠政策要与区域经济政策相协调。

区域差别的税收政策在激励投资、促进区域经济协调发展方面起到非常重要的作用,特别是在经济启动阶段,运用区域差别的税收优惠政策手段能够激活这一地区的经济竞争潜力,形成独特的经济竞争优势,达到繁荣经济的目的。在西部大开发中,税收优惠政策在适用于民族地区的同时,应该在此基础上进一步优惠民族地区才能显现出民族地区的优势。要想尽快完成民族地区的现代化和工业化,必须依靠中央的扶持政策及与多方面进行合作,确保民族地区税收优惠政策与区域经济政策相协调。①

第三,民族地区的税收优惠政策要与WTO规则相协调。

由于边疆地区绝大部分是少数民族聚居区,制定民族自治边境地区的边境自由贸易区、自由港等特殊经济区的税收优惠政策的细则条款就显得非常必要。民族地区的边境贸易主要以边民互市贸易和小额贸易为主。首先,民族地区要把国家的边贸税收优惠政策落到实处,国家对边境贸易实行的税收优惠政策是海关对进口货物减半征收进口环节增值税和对边贸企业出口实行退税政策。其次,民族地区要实行更加优惠的边境贸易税收政策,要放宽对从事边境贸易企业的种种限制,落实好边境小额贸易的税收优惠政策,保证出口商品正常办理出口

---

① 谢逊:《促进我国民族经济发展的税收优惠政策研究》,华中师范大学2008年硕士学位论文,第40页。

退税①。最后,中长期的税收优惠政策要以完善边境地区投资环境为重点,促进边境地区的区域经济技术合作,有效发挥兴边富民的效应。同时,民族地区重点选择区位条件相对较好的、特色经济发展具规模的或科技实力相对雄厚的地区设立保税区等,区内实行相应的税收优惠政策,加大民族地区的对外贸易,确保民族地区税收优惠政策与 WTO 规则相协调。

**二、经济扶持**

(一)财政转移支付

我国发展少数民族地区经济主要通过两条途径来实现:一是赋予民族自治地方经济自治权,二是国家和民族自治地方的上级国家机关采取特殊措施帮助民族自治地方发展经济。其中,国家对少数民族省区的支持主要是通过财政转移支付制度实现的。财政转移支付是民族自治地方财政自治权中极为重要的一项。这反映在《民族区域自治法》的有关具体条文之中。《民族区域自治法》第32条中规定:"民族自治地方在全国统一的财政体制下,通过国家实行规范的财政转移支付制度,享受上级财政的照顾"。我国现行中央对地方的财政转移支付主要可分为两类:一是财力性转移支付,主要目标是促进各地方政府提供基本公共服务能力的均等化;二是专项转移支付,旨在实现中央的特定政策目标。专项转移支付是指中央或上级政府为了控制地方实现其政策目标,以及对委托下级政府代理的一些事务进行成本补偿,而设立的专项补助资金,资金接受者需按规定用途使用资金。专项转移支付将在下节中详述。

1. 财政转移支付的具体内容

分税制下少数民族地区财政转移支付的现状主要有如下几个方面:

一是国家对少数民族地区实行民族优惠政策转移支付。

1994年分税制财政体制改革后,民族优惠政策转移支付是在少数民族地区享受了一般性转移支付的基础上额外实施的照顾性转移支付,主要包括两项照顾:一是计算财政收支标准时,充分考虑少数民族地区的特殊情况;二是给予少数民族地区民族优惠政策转移支付。此外,考虑到各个少数民族地区之间经济发展水平的差异性,在过渡期转移支付中,国家根据各个少数民族地区的财政困难程度,分档确定了少数民族地区民族优惠政策转移支付的补助系数。以1995年为例,一般性转移支付补助系数全国统一定为收支差额的6%,而民族优惠政策转移支付补助系数则从4%到1%不等。现行民族地区转移支付制度的基本结构包括两个层面,即中央对民族地区各省区的转移支付和民族地区各省区以

---

① 张冬梅:《民族地区税收优惠政策的分析与调整》,载《延边大学学报》(社会科学版)2007年第6期。

下转移支付。

二是国家对少数民族地区实行多种形式的转移支付。

国家对少数民族地区的转移支付方式主要有：税收返还、体制补助、过渡期转移支付等。国家还给予了少数民族地区更多的专项补助，主要用于少数民族地区基础设施建设、生态环境建设、扶贫攻坚、机关事业单位在职职工工资和离退休人员离退休费等方面；同时，国家制定了这些专项补助资金的具体用途，其支出列入中央财政支出，下节详述。

三是国家给予少数民族地区的转移支付比重仍然偏小。

虽然实行分税制以后，国家财政收入有所增加，但中央财力毕竟有限，而少数民族地区地域广、贫困面大、数量多、自身财政收入能力较弱，还要顾及中部地区，转移支付也是僧多粥少。因此，分税制财政体制改革后中央对少数民族地区的转移支付补助相对于少数民族地区的财政困难和经济发展来说是杯水车薪无济于事，不仅绝对数量很少，而且仅有的转移支付补助在全国总补助中的比例呈逐步下降趋势。

2. 上级国家机关在民族地区财政转移支付方面职责的调整

（1）根据事权与财权相统一的原则保障地方政府财权

针对当前政府间在财政转移制度上的职责存在"越位"与"缺位"的现象，必须明确各级政府职责范围，以法律形式合理界定中央政府和地方政府的事权范围。其中地方政府的事权主要是履行地方政府职能和发展地区教育、文化事业、社会保障事业发展以及其他不属于中央政府管理体制的事权。应该根据这种明晰的事权划分来相应地调整财权划分。具体操作过程中，要兼顾效率和公平原则，从税收的征收入手，不断增强地方政府的财政实力，特别是经济落后，社会发展缓慢的民族地方。

（2）加快立法进程，使对民族地区的财政转移支付有法可循

建立更高层次的民族地区财政转移支付法律制度。上级国家机关应积极组织制定出台如《中华人民共和国财政转移支付法》这样一些全国性法律，将专项财政转移支付制度的内容、具体用途、监督形式、法律责任等，以人大立法的形式明确下来，使得针对民族地区的专项转移支付制度有法可依。与此同时，还应该加快民族地区立法，加快民族地区财政转移支付相配套的法规体系的建设。《民族区域自治法》第73条规定："自治区和辖有自治州、自治县的省、直辖市的人民代表大会及其常务委员会结合当地实际情况，制定实施本法的具体办法"。辖有自治地方的省、自治区、直辖市的人大及其常委会，应当结合当地情况，抓紧抓好制定实施《民族区域自治法》的具体办法。具体来说，民族自治地方一定要根据宪法和自治法的精神，结合当地的实际，积极进行制定或修改本自治地方有关自治条例和单行条例的工作，增强自治法在实际工作中的针对性和可操作性。

制裁转移支付违法行为的立法。当前,转移支付违法问题的大量出现非但影响国家机关形象,而且可能进一步加剧地方财政失衡,最终形成严重的社会问题。对违法行为做出明晰规定是财政转移支付立法的当务之急,而关键是对违法行为的种类有一些清晰的认识。应用法律条例明确列出各种情况的违法违规行为,转移支付违法违规行为应当包括转移支付资金获取过程中的违法行为。同时,还应对转移支付制度中的违法行为制定专门的处罚措施。针对违法行为表现形式及其查处法律依据与处罚标准、对违规违法的一级政府或部门,进行相应的处罚;对直接责任人规定行政处分方式,与此同时建议修改刑法,对转移支付中构成犯罪的严重违法行为,规定相应的刑事处罚措施,予以严厉制裁。

(3) 设置专门机构对转移支付进行管理

我国目前各项转移支付之间目标不统一,标准不合理,没有专门机构进行统一的安排和管理,政策目标实现难以保证。根据国外经验和我国实际情况,可以成立一个专门机构来进行财政转移支付方案的确定和支付资金的拨付,具有一定的行政职能而非纯粹的咨询机构。该机构还可负责对财政转移支付的最终效果进行调查、追踪、反馈、监督和考评,使其社会效益和经济效益尽可能统一,不断提高财政转移支付资金的使用效率。[①]

建立专门的监督机构之后,还应进一步完善财政转移支付的监督约束机制。一是提高监督人员的工作能力,包括学历、职称、所从事的专业、能力、工作年限,具备条件的要通过财政部监督人员资格考试确定任期。二是明确各级监督机构职责,制定权力、义务和监督标准,并制定监督工作量化考核办法。三是实行监督责任追究制度,对监督人员失职行为实行责任追究,监督人员调离工作岗位时,进行离任审计,对违反规定的行为进行相应处罚。同时,还要进行相应的司法和审计检查,建立比较完善的监督、约束机制,对违法者进行制裁,保证转移支付立法、司法、和审计上的统一,确保转移支付的实施效果。

(二) 专项资金和补助专款

少数民族地区专项资金主要是为支持民族地区的经济、文化建设,解决少数民族的某些特殊困难,在国家预算中每年安排的在正常经费以外用于解决有关少数民族一些特殊开支的专款。专项资金是一项有特定范围、投放内容的补助专款,它体现了党和国家对少数民族地区的关怀,扩大了党的政策的影响,增强了民族凝聚力,调动了全国55个少数民族建设社会主义的积极性,对逐步缩小各民族间事实上的不平等,有着积极的意义。

---

[①] 林红:《民族自治地方财政转移支付的立法现状及对策研究》,延边大学2009年硕士学位论文,第42页。

1. 民族专项资金和补助专款的具体规定

少数民族地区专项资金能否发挥其应有的经济和社会效益,最关键的一条是管理问题。对该项资金的管理,国家民委、财政部早在1962年3月就制定了《关于少数民族地区补助费分配使用的几点意见》,明确规定了补助专款的使用原则、范围。在此基础上,国家民委、财政部又于1964年2月发文,进一步明确规定了其使用原则:用于解决少数民族地区人民在生产、生活、文教、卫生等方面国家拨给正常经费内无法解决的某些特殊困难的补助款项,必须按照专款专用和重点安排、照顾一般的原则使用,不得挪用和顶替正常经费,应该在国家预算中归口而未归口的经费。少补费投放的重点,一般放在发展农牧业集体生产方面。

随着国家社会主义建设步伐的加快,少数民族地区社会生产力也得到了较快的发展,资金投入增加,各项补助增多。国家民委、财政部于1979年7月再次制定了《少数民族地区补助费的管理规定》,明确提出:(1)补助费使用的指导思想和总的要求是:在新时期总路线和总任务的指导下,照顾少数民族的特点,解决少数民族的特殊需要,体现党的民族政策,增强民族团结,调动少数民族人民的社会主义积极性,促进少数民族地区社会主义建设。(2)补助费的使用范围:重点用于少数民族发展生产、文化教育、医疗卫生方面的某些特殊困难的补助开支,对于少数民族的生活和其他一些特殊困难的补助开支做一般照顾。(3)每年的补助费指标,由国家民委向财政部提出建议,指标确定后,再由国家民委、财政部分配给有关省、市、自治区预算数;具体的安排使用,由各省、市、自治区民族事务部门提出具体方案,与财政部门协商一致,共同下达。

2. 少补费使用管理中上级国家机关职责的调整

由于种种因素,少补费使用管理中,经济效益还不理想;到期资金的回收率不高,各级民委管理人员的素质还需巩固和提高,不同程度地存在重争取、轻管理的错误倾向,部分地县的选项及产业布局均有待改进;还有相当多的地方资金到位迟,往往钱到已是跨过了年度;同时,由于资金牵涉到两、三个部门,管理程序有所不同,因而很难避免部门之间的配合会不出差错。另外,个别地方,分管人员调动频繁,执行制度不严,管理偏于松懈,致使部分项目失误或产生坏账,以致无法收回。少补费使用管理中上级国家机关职责的调整主要体现在如下方面:

一是实事求是,更新观念。民族专项资金的使用,一定要结合当地的实际情况,坚持效益优先,择优选投,力争见效的原则。在没有条件的地方,超前提出中大型项目,或在最急需解决温饱的地方,却要先上一、两个基建项目等等。此类做法,都不符合民族地区的实际情况的。

二是加强管理,提高质量。加强对民族专项资金的管理,从现实来说,具有广博深厚的内涵,需要从多棱的视角来理解和融通。综观这些年来的资金管理经验,凡对项目管理得好、抓得紧的地方,就比那些差的单位易出效益,项目的内在质量也就高于一般的水平。反之亦然。当然,项目前提条件的具备与否、诸多制度的完善程度、市场的销售状况如何,等等,无疑均是影响项目成效的重要因素,呈现纵向的展示状态。

三是相对集中,独有建树。对过去的资金运作进行一般性的分析,从中可以看到一种现象,即少补费(还有其他一些民族专项资金)的投放过程,几乎呈一种单兵作战、势单力薄的态势,既没有和其他资金的联合投入,也未形成产生综合性效益的基础,人选的项目几乎都以小、单、弱为特点。从宏观上看,资金总量投入相当可观,而从微观上分析,投放过程分散杂乱、面面俱到,难于建成对当地经济具有一定推动力的产业群体和主导企业,仅是一种撒胡椒面、社会慈善的成分居多。

(三) 民族机动金

民族机动金是根据1963年国务院批转财政部、国家民族事务委员会《关于改进民族自治地方财政管理的规定》([1963]国财字第844号)而设立的。根据规定,为适当增加民族自治地方的机动财力,"国家在核定年度预算收支的时候,按照民族自治地方上年的经济建设事业费、社会文教事业费、行政管理费及其他事业费(不包括基本建设拨款和流动资金)的支出决算数,另加百分之五作为民族自治地方机动金"。规定并明确指出"云南、青海两省少数民族人口较多,机动金的安排,可以比照民族自治区给予照顾"。

1980年国家财政体制改革后,财政部在《关于财政包干后民族自治地方的各项特殊照顾的通知》([1980]财预字第40号)中指出:"以前有关民族自治地方的各项特殊照顾,包括比一般地区……多百分之五的机动金等,均已纳入地方包干范围。各地在编制预算时,要参照财政部和国家民委的有关规定进行安排,以利正确贯彻党的民族政策"。1984年颁布的《中华人民共和国民族区域自治法》第33条(2001年修正后的第32条)规定:"民族自治地方的财政预算支出,按照国家规定,设机动资金,预备费在预算中所占比例高于一般地区"。

关于民族机动金的计算方法,1964年在财政部《关于计算民族自治地方百分之五机动资金的具体规定》([1964]财预算字第75号)中,对支出项目和范围,具体规定如下:(1)经建事业费:包括工业、农垦、农牧业、林业、水利、水产、气象、交通、粮食、商业、城市公用、测绘和其他经济建设事业费等。(2)社会交通文教事业费:包括文化、教育、科学、通讯和广播、体育、卫生事业费和抚恤救济费等。(3)行政管理费。(4)其他事业费:包括工业、交通、农垦、拖拉机站、水产……和文教企业的四项费用;地质勘探费和其他支出。除以上各项支出外,因灾害追加的特大防汛、抗旱经费;自然灾害救济费和医药救济费;以及支援人民公社投资、水库移民建房……职工办农场、拖拉机站和职工生活困难补助等项支出,有些是属于临时性的开支,有些是属于基本建设和流动资金性质的开支,因此,均不能包括在百分之五机动资金的支出数内。

### 三、对口支援和经济技术协作

(一) 对口支援和经济技术协作的具体规定

对口支援和经济技术协作,经过几年的发展,更加趋向成熟。如果我们深入观察,就可以发现,它有如下一些特点:

1. 技术支援和协作已成为主要内容

对口支援和经济技术协作,最初的形式是简单的物物交换,即相互调剂物资余缺。但是,这种形式已不能满足少数民族地区经济发展的需要,少数民族地区最急切的需要显然是先进的生产技术和管理方法。只有用这些先进技术和管理方法改造那里的老企业,开拓新的生产领域,少数民族地区经济才会有质的变化。这些年来,技术支援和协作的比重一天天增大。支援和协作领域广泛,形式多样,如转让技术、技术改造、一条龙服务、技术服务队、人才交流和培训等。这些做法,投入少,效益高,极有利于改善民族地区企业素质。

2. 从简单的调剂式合作,走向联合开发经营

对少数民族地区来说,更多地希望资源优势转化成产品优势、商品优势,希望发达地区以技术和资金的优势同自己联合开发资源。发达地区着眼于能源、原材料的需要,也乐于这种开发。上海、江苏、天津、北京等许多省市同云南、广西、甘肃、新疆、内蒙古等省区、已经签订不少协定,合作开发煤、磷、有色金属、畜牧、土特产、中药材等资源。这既有利于民族地区经济发展,又有利于发达地区经济发展后劲的增强。联合经营的另一种形式,便是发达地区名优产品向民族地区的转移。民族地区尽管有得天独厚的资源优势,但因为没有先进的技术和管理方法,往往不能生产出优质产品。同时,发达地区由于受能源和原材料的限制,一些名优产品不能扩大生产,因此,他们把一部分拳头产品,或耗能高的产品转向民族地区,这就拓宽了道路,带动起民族地区工业的发展。实践证明,联合开发经营是经济合作的一种好形式,这种形式,将随着对口支援和经济技术协作的发展,越来越显示出它的强大威力。

3. 从组织形式上说,对口支援和经济技术协作已形成跨地区、跨行业、跨所有制的多形式、多渠道、多层次横向经济网络。

对口支援和经济技术协作的初期,人们只把它们看成是计划经济的补充形式。现在看来,远非如此,随着商品经济的发展,它冲破条块分割,行政管理的高度集中计划体制,在我国社会经济生活中成为无所不在、无处不发挥重要作用的经济活动形式。当然对口和协作不是不要领导,具有随意性,相反在宏观上、整

体上要同国民经济发展相协调。

（二）对口支援和经济技术协作的缺陷与不足

1. 对口支援和经济技术协作法律制度之间缺乏协调性

法律制度的协调性和稳定性是法律制度有效实施和发挥作用的前提。目前，对口支援和经济技术协作法律制度的体系，主要是以《民族区域自治法》、《长江三峡工程建设移民条例》为主导，其他包括国家有关部门出台的法律法规和政策性文件以及参与这项活动的省、市、区制定的规范性文件。这些法律法规和其他规范性文件之间，特别是各个政府部门出台的法律制度之间还存在一些矛盾和冲突，彼此之间缺乏协调性。这种状况阻碍了对口支援和经济技术协作法律制度效能的发挥，损害了我国社会主义法制的尊严和权威。

2. 对口支援和经济技术协作法律制度在实施中具有较大的随意性

虽然《民族区域自治法》以及《长江三峡工程建设移民条例》具有较强的稳定性，但总体来说都是一些原则性的规范，实践操作性不强。

其一，对口支援和经济技术协作的资金以及物资的数量确定没有既定的规则和程序，导致数量的不确定性，对于同样的需求情况，往往因领导人的意志而具有很大差异。其二，用于支援的资金和物资的筹集机制缺乏，没有形成一个稳定的资金筹集制度和政府间财政横向转移支付制度。其三，智力和人才支援上没有形成一个稳定的干部和人才的选拔机制，导致干部选拔和人才选拔上的随意性较大。其四，政府对对口支援和经济技术协作的制度安排和激励机制还不到位，致使很多发达地区的企事业单位以及有关人员参与这项活动的积极性不太高。①

3. 对口支援和经济技术协作法律制度实施的效果还不太理想

对口支援和经济技术协作实施以来，发达地区给予广大民族地区较多的资金和物资帮助，在民族地区顺利完成了一大批对口支援项目。但是，其中也存在较多问题：一是短期项目投资协作较多，长期项目投资协作较少，这就导致对民族地区经济发展的带动和促进作用十分有限。二是有很多项目在签订后却难以落实，也有很多在实施过程中夭折。这种情况在三峡库区的对口支援项目中也同样存在。② 三是有些项目在建成后没有后续服务。过去，对民族地区进行对口支援和经济技术协作的绝大部分项目是由东部发达地区财政投入并派出人员来完成的，这些项目建成后便交给民族地区政府部门管理，此后便失去了后续联系，这样往往导致在东部技术和管理人员撤离后不久该项目便垮掉。

---

① 杨道波：《对口支援及经济技术协作的法律对策研究》，载《中央民族大学学报》2006 年第 1 期。
② 李盛全：《三峡库区移民工程的进展、问题及对策》，载《重庆商学院学报》1998 年第 3 期。

（三）完善口支援和经济技术协作的对策

1. 加强对口支援和经济技术协作的立法协调，逐步形成一套和谐统一的法律体系

目前，我国对口支援和经济技术协作法律制度体系内部存在较为严重的不协调性，它严重地制约着我国对口支援和经济技术协作法律制度的实施。所以，建立协调一致的对口支援和经济技术协作法律制度是我国社会主义法治建设的紧迫任务。（1）应当加强《民族区域自治法》、《长江三峡工程建设移民条例》以及西部开发有关法律文件之间的协调。主要是在《长江三峡工程建设移民条例》和西部开发法律文件中进一步具体落实《民族区域自治法》中的有关规定。（2）应当加强国家各个机关如国家民族事务委员会、国务院扶贫办等所制定的规章之间的协调性，以克服政出多门、矛盾冲突迭出的情况。（3）应当加强国家法律法规和地方政府规章之间的协调，以保证国家有关对口支援和经济技术协作法律法规的权威性，实现国家法律法规的统一实施。

2. 建立对口支援和经济技术协作法律制度的实施机制

（1）将这项活动纳入整个国民经济和社会发展规划，并制定具体援助计划

经济和社会发展计划是规定国家、部门和地方的经济社会发展战略目标、方向、主要任务以及实施措施的指导性文件。① 2004年9月下发的《西部开发促进法》（征求意见稿）第5条，已经对承担对口支援任务的经济相对发达地区的省级人民政府作出了明确要求，要求这些地方政府制定专门援助计划。这些地方政府应当根据国民经济和社会发展计划，将之纳入省级经济和社会发展计划之中，然后据此制定专门援助计划。只有这样才能使对口支援和经济技术协作法律制度在纵向上更具有统一性和明确性。

（2）上级国家机关应建立稳定的资金与物资筹集管理制度

发达地区政府对民族地区无偿援助，需要建立稳定的资金和物资筹措机制。发达地区政府对口支援的资金和物资来源主要涉及两类：一类是财政资金，另一类是社会募集资金和物资。就财政资金而言，承担对口支援的发达地区人民政府和国家有关部门应当在本级财政中设立专项资金，专款专用。就社会募集资金和物资而言，国家有关部门以及承担对口支援的发达地区人民政府应当建立一个长期的资金和物资募集机制，设立募集机构，专门募集对口支援资金和物资，充分动员社会积极集资集物，动员海内外同胞、侨胞、华人、企业家、实业家积极赞助。无论是财政资金还是社会募集资金都要对其实行专户存储，还要建立专门的管理部门，负责资金和物资的使用和管理，确保专款专物的专用。②

---

① 漆多俊：《宏观调控法研究》，中国方正出版社2002年版，第43页。
② 杨道波：《对口支援及经济技术协作的法律对策研究》，载《中央民族大学学报》2006年第1期。

(3) 上级国家机关应建立完善的引导和激励制度

对口支援和经济技术协作是一种补充性制度安排,需要上级国家机关强有力的引导和鼓励。首先,对口支援和经济技术协作是一项复杂的系统工程,涉及政府、部门、企业及社会各界,横跨东中西以及从中央到地方的广大地域,必须加强统一的组织与协调,并建立相应的工作协调制度,形成领导有力、协调及时、运转有序的工作机制。① 其次,构筑省际协作载体,组织企业参与洽谈会、考察活动,组织企业开拓西部市场,积极配合民族地区企业在本地招商引资。再次,最为关键的就是尽快建立稳定的对口支援和经济技术协作的优惠制度。《民族区域自治法》第 64 条规定:"上级国家机关应当组织、支持和鼓励经济发达地区与民族自治地方开展经济、技术协作和多层次、多方面的对口支援。"同时第 65 条还规定:"国家引导和鼓励经济发达地区的企业按照互惠互利的原则,到民族自治地方投资,开展多种形式的经济合作。"但是国家对向民族地区提供对口支援和经济技术协作单位的专门鼓励措施一直没有出台。2001 年《国务院办公厅转发国务院西部开发办关于西部大开发若干政策措施实施意见的通知》,在投资融资、财政税收、产业布局、社会发展等方面,规定了一系列扶持和优惠政策,在地区经济技术协作优惠措施上提出了"比照外商投资的有关优惠政策"。

3. 建立市场化的跨地区企业协作机制和支援项目的跟踪协调制度

2004 年 3 月国务院发布的《国务院关于进一步推进西部大开发的若干意见》指出:"加强西部与东部、中部地区之间的经济交流与合作,建立市场化的跨地区企业协作机制把东部、中部地区的资金、技术和人才优势与西部地区的资源、市场和劳动力优势结合起来,实现优势互补,互惠互利,共同发展。加大东部地区和中央单位对口支援西部地区的工作力度。"这一规定表明,市场化的跨地区企业协作机制是西部民族地区和东、中部地区企业之间经济交流与合作的重要机制,对推进对口支援和经济及技术协作有重要意义。在这种机制的建立中,东、中部与西部地区的政府应该充分发挥积极的引导作用,进一步加强政府间交流,构筑"政府搭台、企业唱戏"的平台,进一步加强本省内外企业联合会的组建,构筑企业合作平台。但政府不能越俎代庖,这项活动的主体应当是东、中部地区的企业中介组织。只有如此,才能切实体现这种协作机制的市场化特征。对口支援和经济技术协作项目的跟踪协调制度是保证这一项目持续存在并发挥作用、避免中途夭折的重要措施。这个机制的建立主体既包括东部地区的政府和有关企事业单位,也包括西部民族地区的政府和企事业单位,但主要是东西部地区的有关政府。支援方和受援方政府应当制定专门的对口支援和经济技术协作项目的后续跟踪协调制度,明确双方在支援项目建设中、建设后的责任。在支援项

---

① 山东省计委地区处:《我省参与西部大开发问题研究》,见山东省计划委员会网站 2005 年 3 月 25 日。

目协议签订后,支援方应当积极采取各种措施,在资金、物资以及人员等各方面做好项目实施的准备,受援方应当做好相关的配套工作,积极配合项目的落实。在项目建成后,西部受援方还应当继续做好项目运转所需要的一切工作。同时,东部支援方应当做好项目交接后的技术和人员的支持,以防止出现项目建成后因没有后续服务而相继垮掉的状况。[①]

### 四、人才培养

人才作为当今世界经济和社会发展最宝贵的资源,是国家在激烈的国际竞争中立于不败之地的重要保障。实践证明,谁拥有人才,谁就拥有发展的优势。加快少数民族人才的培养,对推动民族地区经济快速发展有着重要的意义。

(一) 当前民族地区人才培养的现状

改革开放以来,我国少数民族地区充分利用国家赋予的优惠政策,积极发展民族教育,培养了一大批少数民族人才,促进了民族地区经济建设和社会的全面发展。但由于民族地区群众思想观念落后、经济基础差等因素的影响和制约,民族教育明显滞后,主要表现在:

1. 教育思想观念落后

一些干部群众思想观念落后,没有形成正确的人才观,存在着"读书就是为了跳农门"的传统思想。国家教育改革,实行教育并轨,读书特别是读大学、中专费用相当高。少数民族地区经济发展相对滞后,农业基础比较薄弱,农产品价格偏低,工业经济疲软,干部群众收入低,负担不起昂贵的读书费用。近几年进行机构改革,政府机关和事业单位基本停止进人。民族地区适龄青年就业压力大,一些大中专毕业生毕业后就业没有保障。因此,社会上产生新的"读书无用论",一些学生家长,特别是农民家长不愿送子女上学。

2. 基础教育水平低

基础教育是人才培养的起始阶段,这一阶段教育的效果如何,直接决定了人才成长的质量。目前,困扰少数民族地区教育发展最大的问题是经费紧缺、教育设施落后、教学质量低、优秀师资力量不足、中小学生辍学率较高、基础教育水平低。少数民族地区教育仍然偏重数理化等基础知识的应试教育,目标依然是上大、中专院校,这种应试教育,难以培养出更多的少数民族优秀实用人才。

3. 中等教育跟不上社会发展的要求

我省中等教育学校和各类职业培训中心虽然不少,培养学生也很多,但少数民族生比汉族生少得多。一些学校所设课程不紧跟时代步伐,学生往往在走上社会以后,出现"学非所用,用非所学"的现象,这与现代社会科学技术日新月异

---

[①] 杨道波:《对口支援及经济技术协作的法律对策研究》,载《中央民族大学学报》2006年第1期。

的发展形势极不协调。

4. 少数民族地区专业技术人员少,学科不全,科技人才青黄不接

以海南省为例,少数民族地区人口总数占全省人口总数的33%,而少数民族地区的专业技术人员总数占全省专业技术人员总数的8%,且学科不全,农林牧副渔、工交、卫生等人才奇缺。比如琼中县现有科技人员2242人,其中高级职称27人、中级职称405人、初级职称1800人,今年又有91人退休,科技人才将出现青黄不接的现象。

5. 人才培养专业知识结构不合理

民族地区紧缺化工、生物、食品加工、水产、养殖、旅游等门类的专业人才。中国加入WTO,致力于发展出口创汇农业的民族地区同样缺少熟知并善于运用WTO规则、精于管理和营销的人才。这一现状影响了少数民族地区资源的开发利用,制约了经济的快速发展。

6. 人才的培养与引进仍缺乏力度,人才流失严重

民族地区要培养少数民族人才,重要的是引进优秀复合型人才,以"传、帮、带"的形式传授各种专业知识。但由于众所周知的民族山区经济发展缓慢、待遇低、生活工作条件差、教研设备差等原因,民族地区在引进人才方面缺乏配套的优惠政策,导致人才引进的力度不大,且人才流失严重。以海南为例,如20世纪60年代末70年代初,琼中县共引进人才82人,80年代以后,这些人才纷纷流向本省经济发达地区和兄弟省市,目前仅有6人在琼中工作。[①]

(二) 加快少数民族地区人才培养的举措

1. 加大宣传力度,转变落后思想观念

加大党和政府关于培养少数民族人才的方针、政策和相关法律法规特别是《教育法》的宣传力度,大力倡导"党以重教为先,政以兴教为本,民以助教为乐,师以执教为荣"的良好社会风尚。努力转变部分干部群众"读书无用论"、"读书—就业—当干部—光宗耀祖"的落后思想程式,形成"技术就是财富"的思想观念,这是民族地区发展科技事业和振兴经济的有效途径。各级领导干部要加深对少数民族人才培养重要性、必要性和紧迫性的认识,牢固树立"人才资源是第一资源"的思想,形成"技术就是财富"、"本领就是人才"的新观念。

2. 加大资金投入,改善办学条件,保证产出效益

民族地区经济落后,地方财政困难,投入不足,直接导致教育基础设施薄弱、师资力量不足、办学环境差等不利因素的出现。国家在资金投入上应当给予少数民族地区政策倾斜,增加投入,从扶贫专项资金中划出一部分作为智力发展基金,扶持贫困地区教育科技事业的发展。

---

[①] 符跃兰:《加快少数民族人才培养的几点思考》,载《亚洲人才战略与海南人才高地——海南省人才战略论坛文库》2001年,第133—134页。

各级政府要紧缩开支,优先保证教育投入,力求做到"三个增长"。实行特殊的扶助政策,鼓励社会各界捐资、单独或联合办学,形成社会各界参与培养少数民族人才的热潮。同时,强化资金管理,充分发挥有限资金的效益,努力改善办学条件。政府及有关部门应尽可能为贫困山区教师创造良好的工作条件,健全激励机制,给他们较为优厚的工资福利待遇,使他们安心在民族地区工作。

3. 坚持因地制宜,培养复合型人才

少数民族人才培养应以经济发展为依据,开发和配置与产业结构调整相适应的人才资源。少数民族地区经济的发展主要依靠农业,而农业中又以种养业为主,能否把得天独厚的农业资源优势转化为经济优势,关键是对农村的少数民族种、养技术人才进行开发和培养。为此,少数民族地区要端正办学思想,把贫困人口包袱变为"人才资源"。抓好教育结构的调整,实行基础教育、职业教育、成人教育"三统筹",农科教三结合,采取举办"9+1"职业培训班、"小康班"等长、中、短期相结合的培训班培养人才,尤其是培养少数民族人才。在课程的设置等教学安排上,职业教育不要分块管理。要针对当前少数民族地区的实际,面向市场,面向农村,以农业种养的开发与管理为主,兼顾加工、营销、管理等各类实用技术,培养一批工农业技术人才。

4. 创新培养方式,开发人才资源

少数民族地区开发人才资源仍存在方式单调、管理松散等落后因素。为此,一是要在培养方式上,呈多样化趋势发展。依靠优势,依托各大专院校和科研单位,引进外地科学技术人才,推进横向经济合作,使各个技术联合体既成为经济开发龙头,又成为人才培训中心;二是分期选派有一定基础的党政干部、科研人才、农村种养专业户外出到发达地区学习、考察、培训,拓宽视野;三是利用现有师资力量和教学设施,实行分层分级培训,增大农函大、小康班、职业技术学校等育人量。同时在普通中小学开设职业技术和劳动技术课;四是通过特殊政策,扶持农民专业技术研究会、协作会的发展,充分利用他们的技术实力,开办农民技术夜校,培训农村技术人员。在管理上,要改变以往分散、缺位、重复的管理状况。各级政府要高度重视,统筹安排本地区的培训机构、基地、资金。设置专门培训机构、专业师资队伍、专门示范基地、专项周转资金,保证专人专职、专款专用,最大限度开发少数民族地区的人才资源;五是通过立法,为社会营造一个尊重知识、注重教育、重视人才的氛围。依据民族区域自治法规定的权力,结合实际,制定单项条例、法规和一系列优惠政策,为人才成长及作用发挥提供良好的工作和生活条件,使优秀人才乐意在少数民族地区建功立业,为民族地区的经济发展做出贡献。[①]

---

[①] 符跃兰:《加快少数民族人才培养的几点思考》,载《亚洲人才战略与海南人才高地——海南省人才战略论坛文库》2001年,第134—135页。

# 第三编　少数民族人权保障

　　我国加入了21个保障人权的国际公约,保障人权是我国的一项国际义务。《宪法》第33条规定的"国家尊重和保障人权"是对我国过去人权保护的总结,也为进一步推进我国的人权保障提供了宪法基础。少数民族人权是人权的重要组成部分,在我国人权保障法律制度和人权理论研究中占有不可或缺的地位。将为党和国家在少数民族权利保护方面的决策及有关法律的制定与实施提供理论咨询服务,促进少数民族人权保障,维护国家统一和民族团结平等,也有利于我国各项民族事业的发展。

　　开展少数民族人权保障研究,有利于开展国际人权领域的少数民族人权保障对话,加深相互之间的理解与交流,回击对我国的无端攻击。开展少数民族发展与人权保障研究,有助于更好地保障少数民族人权和推进少数民族地区的发展,巩固民族团结,孤立"三种势力",消除国家安全隐患。目前我国尚未批准国际人权公约中保护少数人权利的主要国际法文件《公民权利和政治权利国际盟约》,现在提前进行研究,做好未来批准后的准备工作,应当是一项重要研究任务。站在国家利益的立场上,有组织有计划地开展少数民族权利保障和国际法上的少数人保护研究,对有关国际法中关于少数人权利的规定和理论进行深入研究,通过对我国法律中关于少数民族人权保障的规定与国际法文件中的约定进行细致的比较,对其相同性和差异性做出判断,提出应对的政策建议,通过对有较大话语差别的国内法中少数民族人权保障和国际法上的少数人保护进行法理分析和法解释学分析,建立起有机衔接机制,为党和政府处理全球化背景下的民族问题,尤其是为民族事务行政管理机关处理相关事务提供理论支持和政策建议,以利我国掌握少数民族人权保障水平的提高以及整个人权事业的进步。

# 第八章 中国少数民族政治权利

## 第一节 少数民族政治权利概述

### 一、政治权利的概念和范围

（一）政治权利的概念

我国《宪法》和有关的法律并没有对政治权利下定义，而是采用列举的办法罗列所谓的公民的政治权利。由于《宪法》和法律文本本身存在对政治权利理解的局限①，导致理论上的混乱和芜杂。比如，现行《宪法》在第34条规定了选举权和被选举权，第35条规定了言论、出版、集会、结社、游行、示威的自由之后，紧接着的第36条规定了宗教信仰自由；据此，有些人认为宗教信仰自由也属于政治权利。按照权威学者对《公民权利和政治权利国际公约》（CCPR）的解读，《公民权利和政治权利国际公约》（CCPR）所谓的政治权利，严格意义上仅指第25条所列举的权利②；而广义的政治权利则包含了意见自由、表达自由、信息自由、媒体自由、集会自由和结社自由等对于民主决策过程具有根本重要性的其他权利。③ 可见，理解政治权利的关键不在于《宪法》和法律文本怎么表述，而是在于政治权利对于个体和特定的集合体涉及政治参与的各种积极的和消极的自由与权利的内容，尽管有人将"政治权利"区分为"宪法文本中公民的政治权利"、"公民的政治权利"和"与政治有关的权利"三个不同的范畴，并且认为《宪法》第35条规定的公民自由"不仅可以运用于政治活动中，还可以运用于其他经济、社会和文化活动中，很难定性为政治权利，实际是'与政治有关的权利'"。④但是，正因为这六大自由同样涉及政治参与的内容，因而有必要从政治权利的角

---

① 熊文钊、张伟、鲁延法：《宪法中"政治权利"与刑法中"政治权利"的比较分析》，载中国宪政网，http://www.calaw.cn/article/default.asp? id=3577，访问时间：2010年6月4日。

② 《公民权利和政治权利国际公约》（CCPR）第25条【政治权利】规定："每个公民都应享有以下权利和机会，而不受第2条所述的区分以及不合理的限制：（甲）直接或通过其自由选择的代表参与公共事务；（乙）在真正、定期的选举中选举和被选举，这种选举应是普遍的和平等的并且以无记名的方式进行，以保证选举人的意志的自由表达；（丙）在一般的平等的条件下参加本国公务。"该公约的相关中文翻译见〔奥〕曼弗雷德·诺瓦克：《民权公约评注》（毕小青、孙世彦主译），生活·读书·新知三联书店2003年版，第727页。

③ 〔奥〕曼弗雷德·诺瓦克：《民权公约评注》（毕小青、孙世彦主译），生活·读书·新知三联书店2003年版，第430—431页。

④ 刘松山：《宪法文本中的公民"政治权利"》，载《华东政法学院学报》2006年第2期，第3—14页。

度加以探讨。曾如学者所说的,"政治自由系具有消极自由('免于国家干预的自由')与积极自由('参与国家的自由')双面性质的权利。"①因此,本章所谓政治权利,指的是特定国家的公民或者公民的特定集合体表达政治意愿、参与政治活动和政权运作的权利。

(二) 政治权利的范围

从内容上看,政治权利包括平等权、选举权和被选举权、参政权、监督权和政治表达的自由。从行使权利的主体看,政治权利侧重于个体(公民)权利,而非集体(集合体)的权利。这是因为个体权利是集体权利的前提和基础,特殊集体的权利——如果有的话——同样应当由某些个体予以代表。在这个问题上,《公民权利和政治权利公约》(CCPR)强调的权利主体是个体(公民),中国现行《宪法》和法律文本的规定都侧重于个体权利。然而,有意思的是,在涉及中国"民族"(Ethnic Group)问题上,中国现行的《宪法》和法律又偏向于集体权利。因此,政治权利实际上包括如下两个层次:一是社会个体的政治权利;二是特定集合体的政治权利。不过,值得注意的是,这两个层次的政治权利,在范围上并不相同:个体(公民)意义上的政治权利范围包括平等权、选举权和被选举权、参政权、监督权和政治表达的自由等各项权利;集体意义的政治权利则只包括其中的平等权和参政权,并不涉及选举权和被选举权,以及政治表达的自由。

## 二、少数民族政治权利的定义和范围

(一) 少数民族政治权利的定义

立基于政治权利内涵和外延的上述理解,所谓少数民族的政治权利,在我国指的是政府法定的 55 个少数民族②的个体和集体,根据个体和集体各自的属性享有的相应的平等权、选举权和被选举权、参政权、监督权,以及表达的自由。具体而言,少数民族的政治权利分为少数民族集体政治权利和个体政治权利,它们是相互区别又相互联系的两种不同层次的政治权利,深深根源于我们国家的政治法律实践中。

1. 集体政治权利

少数民族集体政治权利指的是我国 55 个少数民族中的每一个民族作为一个整体,享有的政治权利和自由。按照我国的《宪法》、法律和政策,少数民族的集体政治权利主要有:

---

① 〔日〕阿部照哉、池田政章、初宿正典、户松秀典编著:《宪法》(下册),周宗宪译,中国政法大学出版社 2006 年版,第 338 页。

② 根据《中华人民共和国国籍法》的规定,外国人、无国籍人可以经过批准加入中国国籍,这些人加入中国国籍后的"民族成分"问题是值得研究的课题。按照中国民族区域自治制度,制度设计者并没有将这些群体视为"少数民族"。

(1) 平等权。坚持民族平等,反对民族歧视和压迫,这是中国共产党民族政策的基石,也是《宪法》和法律的出发点。按照官方的理解,中国的民族平等从主体上说,是指56个民族,不论其人口多少,居住地域大小,经济发展程度如何,语言文字和宗教信仰、风俗习惯是否相同,但其社会地位一律平等,享受相同的权利,承担相同的义务。汉族和55个少数民族一律平等,55个少数民族之间也一律平等,不存在凌驾于其他民族之上的特权民族。民族平等从权利的内容来说,是指各个民族在社会生活的一切领域平等。举凡政治生活、经济生活、文化生活以及其他社会生活领域,各民族享有的权利和承担的义务一视同仁。正因如此,民族平等权在政治领域表现为各民族的政治平等权。从公法原理上看,这种政治平等权着重要求中国政府(包括执政党和各级国家机关)不得以"民族成分"为由在公权力活动中有歧视任何"民族"(Ethnic Group)的行为。

(2) 参政权。中国现行《宪法》和法律规定,每个民族不分大小,都是"祖国大家庭"的重要成员,都平等地参与国家和各级地方事务的管理。民族区域自治制度,是指在国家统一领导下,各少数民族聚居的地方实行区域自治,设立自治机关,行使自治权的制度。按照中国政府的态度,设立民族区域自治制度的主要目的之一就是实现聚居少数民族人民当家做主、管理本民族内部事务的权利。按照中国的政治法律实践,就实行民族区域自治的地方,少数民族的参政权主要通过两个途径得到体现:一是少数民族公民在民族区域自治地方自治机关组成人员和其他干部中的位置和比例;二是少数民族公民通过自治机关行使自治权,自主管理本民族内部各项事务。就非民族区域自治地方的散居少数民族同胞而言,实现参政权主要通过法律和政策的倾斜,确保少数民族公民在各级国家机关干部中的比例,确保各个少数民族整体的正当意见、愿望、要求和利益得到反映和重视。

2. 个体政治权利

少数民族个体政治权利指的是作为个人的少数民族公民,享有的政治权利和自由。在这个意义上,少数民族个体政治权利与汉族公民的政治权利一样,都属于宪法所强调的公民的基本权利的组成部分。具体而言,少数民族个体政治权利主要包括:

(1) 平等权。少数民族的平等权是公民平等权的重要组成部分,它是在作为一个整体的少数民族的平等权基础上,每个少数民族公民不管性别、家庭出身、职业、宗教信仰、受教育程度等都享有与其他公民同等的尊严和平等的待遇,都有免受歧视的权利。从理论上讲,似乎没有少数民族集体的平等权,也就不可能有少数民族个体的平等权;没有少数民族集体的政治平等权,也就同样不可能有少数民族个体的政治平等权。但是,有了少数民族集体的平等权(包括政治平等权),并不意味着就自然实现少数民族个体的平等权(包括政治平等权)。

(2) 选举权和被选举权。按照一般的看法,选举权和被选举权是公民个体所享有的重要的政治权利,而非抽象的集体(如"人民")所能享有的权利①,因此,保障少数民族公民的选举权和被选举权,是实现少数民族公民参政的前提,也是实现少数民族作为集体的参政权的重要条件之一。按照《宪法》和法律的规定,选举权和被选举权是公民达到一定的年龄,依法享有的选举或者被选举为公职人员的资格或能力。② 据此,少数民族的选举权和被选举权指的是具体的少数民族公民达到法定年龄依法享有的选举或者被选举为公职人员的资格或能力。

(3) 参政权。目前,人们对参政权的内涵有不同的理解:有的认为参政权指的是选举权和被选举权③,还有的认为,参政权指的是公民参加国家政治生活、参加管理国家大事和各级地方政治事务的权利,包括选举权和被选举权,以及国家事务的管理权。④ 我们认为,选举权确实属于公民参政权的重要内容,但是被选举权是公民参加国家事务管理的前提和重要条件,并不是公民参政本身,而且我国宪法和有关的法律将公民(尤其是少数民族公民)管理国家事务的权利进行了清晰的规定。因此,本章专门将少数民族的参政权单独列为一项内容进行讨论,主要指的是少数民族公民有参与国家事务和本民族内部事务的管理的权利。

(4) 表达自由。表达自由,也称为表现的自由,指的是"人们通过一定的方式将自己内心的精神作用公之于外部的精神活动的自由"⑤。它包括言论、出版、集会、结社、游行和示威的自由。从政治权利的角度看,少数民族公民的表达自由,指的便是少数民族公民有依法以一定的方式表达个人或者群体的政治观点、政治诉求的自由。

(5) 监督权。目前,我国宪法确立了公民对国家机关及其公务人员的职务行为进行监督的权利。与此相应,少数民族公民同样享有与汉族公民同等的监督权利。从中国政府的角度看,这是保证民族自治地方少数民族公民行使自治权,监督自治机关及其公职人员正确行使职权,保障自治机关和公职人员能够真正代表少数民族群众的正当利益的重要权利。

---

① 许崇德主编:《宪法》(第2版),中国人民大学出版社2004年版,第168—169页。
② 〔日〕芦部信喜:《宪法》,李鸿禧译,月旦出版股份有限公司1995年版,第232页。
③ 同上书,第232—236页;刘士才、邓集文:《当代中国公民的政治权利与政党政治》,载《党政干部论坛》2005年第12期。
④ 石亚洲、沈桂萍:《我国少数民族政治政策与少数民族政治参与》,载《黑龙江民族丛刊》2003年第2期。
⑤ 许崇德主编:《宪法》(第2版),中国人民大学出版社2004年版,第170页。

## 第二节 少数民族的平等权

少数民族平等权的包括两个层次的平等权:具体少数民族作为一个民族的集体平等权,以及每一个少数民族公民的个体平等权。

### 一、少数民族集体政治平等权

按照马克思主义的观点,各民族不论大小,都一律平等;每个民族都是人类物质财富和历史、文明的创造者,各民族应在完全平等的基础上团结起来,坚决反对任何形式的民族歧视和民族压迫。作为以马克思主义为指导思想的政党和政府,中国共产党和中国政府从诞生之日起,公开宣称自己是主张民族平等的政党和政府,并由此形成中华人民共和国宪法及法律文本和制度设计的一个重要的立足点和出发点。从集体的角度看,民族平等,"就是指各民族之间在社会生活各个领域,包括政治、法律、经济等方面所享有权利和所处地位的相同性,也是各种社会权利在各个民族间的平等分配"[①]。不过值得注意的是,集体意义上的民族平等强调的是一国范围内不同民族(Ethnic Groups)之间的平等,其中的少数民族集体政治平等权指的是相对于一国人数较多的民族的其他民族,享有与人数较多的民族,以及他们之间的平等的政治权利和自由。具体而言,在我国指55个政府确定的少数民族之间的平等的政治权利和自由,以及任何一个少数民族与汉族之间的平等的政治权利和自由。

我国《宪法》第4条规定:"中华人民共和国各民族一律平等。国家保障各少数民族的合法权利和利益,维护和发展各民族的平等、团结、互助关系。禁止对任何民族的歧视和压迫,禁止破坏民族团结和制造民族分裂的行为。"此外,作为集中反映中国民族区域自治制度的基本法律《民族区域自治法》分别在第9条和第48条也对少数民族集体政治平等权作了规定。《民族区域自治法》第9条规定:"上级国家机关和民族自治地方的自治机关维护和发展各民族的平等、团结、互助的社会主义民族关系。禁止对任何民族的歧视和压迫,禁止破坏民族团结和制造民族分裂的行为。"《民族区域自治法》第48条规定:"民族自治地方的自治机关保障本地方内各民族都享有平等权利。"

从《宪法》第4条的规定看,宪法规定了三个层次的内容:首先强调了国内各个民族平等的原则;其次表达了中国政府将保障各个少数民族的合法的权利和利益,以便维护和发展各个民族之间的平等、团结和互助关系的态度;最后强调了中国政府反对任何国家机关、组织和个人,以及任何一个民族有对其他民族

---

① 龚学增、王钊冀:《民族平等新论》,载《中南民族大学学报》(人文社会科学版)2005年第4期。

的歧视和压迫,或者有破坏民族团结和制造民族分裂的行为。《民族区域自治法》第9条所表达的两层含义中,第一层实际上将《宪法》规定的抽象的"国家"具体落实到了民族区域自治地方自治机关的"上级国家机关"和"自治机关"上,由这些国家机关负责"维护和发展各民族的平等、团结、互助的社会主义民族关系";第二层重申了《宪法》的反对民族歧视和压迫、反对破坏民族团结和制造民族分裂行为的态度。而《民族区域自治法》第48条则就民族区域自治地方少数民族的自治权问题进一步规定了自治机关的职责——负责保障"本地方内各民族都享有平等权利"。因此,从总体上观察,《宪法》和《民族区域自治法》的上述规定,显然都是从具体少数民族的集体角度所做的规范;换言之,在《宪法》和《民族区域自治法》的上述文本表述中,成为政治平等权的主体并不是少数民族身份的个体,而是55个少数民族中任何一个少数民族的集体(整体)。

众所周知,规定少数民族集体政治权利体现了中国执政党和中国政府平等保障55个少数民族政治权利的态度。不过,从法律实践的角度看,集体权利所面临的最大难题是如何加以落实的问题,换句话说,当特殊情况发生时,应当由谁来代表某一个少数民族行使集体权利? 目前,这个问题在少数民族的文化权利保障的领域里已经出现,最典型的是"饶河县四排赫哲族乡政府诉郭颂等侵犯民间文学艺术作品著作权纠纷案"。[①] 在该案中,法庭争议的焦点之一便是"原告赫哲族乡政府是否有权以自己的名义提起对赫哲族民间音乐作品保护的诉讼?"尽管在该案中,法庭支持了赫哲族乡政府的原告资格,但是从理论上并没有解决作为一个少数民族的集体应当由谁来代表行使集体权利的问题。对于少数民族的集体文化权利是这样,对于少数民族集体平等的政治权利也一样。因此,如果少数民族集体平等的政治权利要由法制的途径加以落实的话,通过立法明确少数民族集体权利行使的代表者(具体的国家机关还是组织)显然是必要的。

## 二、少数民族个体政治平等权利

由于55个少数民族中的任何一个民族作为一个集体是有该民族的所有成员组成的,没有具体的少数民族公民个人便不存在所谓的少数民族的集体,因此,强调少数民族集体的政治平等权,便不能忽略少数民族公民个体的政治平等权。一般而言,少数民族公民个体的政治平等权首先强调的是该国公民有参政议政机会的平等权(即形式的政治平等权),在此基础上,通过法律规范修正和弥补形式的政治平等权所可能招致的事实上的不平等。实际上,根据目前法治发达国家的实践经验,倘若一国存在弱势群体,法律规范便应当对形式上的平等

---

① 案情详见:《中华人民共和国最高人民法院公报》2004年第7期。

加以修正,使弱势群体能够获得事实上的平等(实质的平等)。因此,在我国,少数民族个体政治平等权利指的是在我国法律制度框架下,公民在享有和追求政治权利的机会平等的基础上,为了达致事实上的平等,应当通过法律途径赋予少数民族公民能够真正参政议政的权利和条件。

与少数民族集体政治平等权相比,少数民族个体政治平等权在宪法和有关法律中很少直接涉及。我们只能从公民政治平等权的角度一并探讨少数民族的个体政治平等权。宪法的许多条文比较原则、抽象,而我国国家机关很少重视运用原则处理案件,影响了宪法的有效实施。为了防止因使用"平等原则"的称谓带来空洞化的消极后果,也为了防止人们只重视具体平等权的具体内容,忽视作为原则的平等也具有具体性的一面,以平等权称之,不仅不否定其原则性,还可以将平等的原则性和权利性、规范拘束性和可诉性统一起来。[1] 因此,从少数民族个体政治平等权的角度看,《宪法》的上述规定显然过于简单和原则,而从《民族区域自治法》的文本看,也并没有直接针对少数民族个体平等权的内容。从这些现象分析,或许从立宪者和立法者的立场上,少数民族个体的政治平等权应当从一般公民的政治平等权的角度加以理解。

如前所述,直接规定少数民族个体政治权利的法律文件并不多见,实践中往往通过少数民族的干部政策选拔各级国家机关工作人员来加以体现。具体而言,在实际的法律实践中,必须能够建立一套具有操作性的机制来解决不同国内民族具体公民与具体国家机关、社会组织的政治权利纠纷。因此,《宪法》、《民族区域自治法》和其他的法律法规在规定少数民族个体公民实体上的政治平等权利的同时,应当同样注重程序上的政治权利。

## 第三节 少数民族的选举权和被选举权

**一、少数民族选举权和被选举权的内涵**

选举权和被选举权实际上是两个相互独立而又有一定关联的权利。一般而言,"选举权是具有法定资格的人民(公民),以书面或非书面之方法,选举民主代表或公务员的权能"[2]。而被选举权则是法定的公民按照一国宪法和法律的规定,有被选举担任民意机关代表或公务员的权利。在我国,选举权是指"公民享有的选举国家代表机关代表或某些国家机关领导人的权利"[3];而被选举权则是"公民享有的根据法律规定的条件被选举担任各级国家权力机关组成人员和

---

[1] 杨海坤:《宪法基本权利新论》,北京大学出版社2004年版,第36—37页。
[2] 林纪东:《比较宪法》,台湾五南图书出版公司1980年版,第262页。
[3] 赵喜臣主编:《宪法学词典》,山东大学出版社1989年版,第774页。

其他公职人员的权利"。① 少数民族选举权和被选举权指的分别是少数民族公民依法享有的选举或者被选举为国家代表机关代表或国家机关领导人的权利。从这个定义看,它包括以下层次:首先,享有选举权和被选举权的公民身份特定,必须是55个少数民族同胞;其次,选举权和被选举权是具体公民所享有并能够行使的权利,而非抽象的集合体(如人民)所能享有的权利,因此,少数民族的选举权和被选举权指的是具体的少数民族公民享有的个体权利,而非抽象的少数民族集体权利。

**二、少数民族选举权和被选举权的表现**

少数民族选举权和被选举权是少数民族政治权利最为直观和最容易在法律文本和实践中操作的权利,因此,从中国共产党早期建立的政权开始,便有一系列涉及少数民族选举权和被选举权的规定。新中国建立后,从《共同纲领》到历部宪法和有关的法律,也都规定了少数民族的选举权和被选举权。《宪法》第34条规定:"中华人民共和国年满十八周岁的公民,不分民族、种族、性别、职业、家庭出身、宗教信仰、教育程度、财产状况、居住期限,都有选举权和被选举权;但是依照法律被剥夺政治权利的人除外。"本条规定了少数民族公民平等的选举权和被选举权原则,2010年修正后的《中华人民共和国全国人民代表大会和地方各级人民代表大会选举法》(以下简称《选举法》)第3条第1款就人民代表的选举重申了这一原则。该款规定:"中华人民共和国年满十八周岁的公民,不分民族、种族、性别、职业、家庭出身、宗教信仰、教育程度、财产状况和居住期限,都有选举权和被选举权。"考虑到少数民族的特殊性,《选举法》从第11条开始,规定了一系列合理差别对待的内容。《选举法》第11条第3款规定:"自治区、聚居的少数民族多的省,经全国人民代表大会常务委员会决定,代表名额可以另加百分之五。聚居的少数民族多或者人口居住分散的县、自治县、乡、民族乡,经省、自治区、直辖市的人民代表大会常务委员会决定,代表名额可以另加百分之五。"《选举法》第17条规定:"全国少数民族应选全国人民代表大会代表,由全国人民代表大会常务委员会参照各少数民族的人口数和分布等情况,分配给各省、自治区、直辖市的人民代表大会选出。人口特少的民族,至少应有代表一人。"《选举法》第18条规定:"有少数民族聚居的地方,每一聚居的少数民族都应有代表参加当地的人民代表大会。""聚居境内同一少数民族的总人口数占境内总人口数百分之三十以上的,每一代表所代表的人口数应相当于当地人民代表大会每一代表所代表的人口数。""聚居境内同一少数民族的总人口数不足境

---

① 赵喜臣主编:《宪法学词典》,山东大学出版社1989年版,第668页。

内总人口数百分之十五的,每一代表所代表的人口数可以适当少于当地人民代表大会每一代表所代表的人口数,但不得少于二分之一;实行区域自治的民族人口特少的自治县,经省、自治区的人民代表大会常务委员会决定,可以少于二分之一。人口特少的其他聚居民族,至少应有代表一人。""聚居境内同一少数民族的总人口数占境内总人口数百分之十五以上、不足百分之三十的,每一代表所代表的人口数,可以适当少于当地人民代表大会每一代表所代表的人口数,但分配给该少数民族的应选代表名额不得超过代表总名额的百分之三十。"《选举法》第19条规定:"自治区、自治州、自治县和有少数民族聚居的乡、民族乡、镇的人民代表大会,对于聚居在境内的其他少数民族和汉族代表的选举,适用本法第十八条的规定。"《选举法》第20条规定:"散居的少数民族应选当地人民代表大会的代表,每一代表所代表的人口数可以少于当地人民代表大会每一代表所代表的人口数。""自治区、自治州、自治县和有少数民族聚居的乡、民族乡、镇的人民代表大会,对于散居的其他少数民族和汉族代表的选举,适用前款的规定。"《选举法》第21条规定:"有少数民族聚居的不设区的市、市辖区、县、乡、民族乡、镇的人民代表大会代表的产生,按照当地的民族关系和居住状况,各少数民族选民可以单独选举或者联合选举。""自治县和有少数民族聚居的乡、民族乡、镇的人民代表大会,对于居住在境内的其他少数民族和汉族代表的选举办法,适用前款的规定。"按照2005年《中国的民族区域自治》白皮书,自第一届全国人民代表大会以来,历届全国人民代表大会少数民族代表的比例都高于少数民族人口的比例。例如,第十届全国人民代表大会有少数民族代表415名,占代表总数的13.91%,高于人口比例5.5个百分点。每个民族都有全国人民代表大会代表,人口在百万以上的民族都有全国人民代表大会常务委员会委员。①

此外,《宪法》关于少数民族公民平等的选举权和被选举权的规定从立宪的宗旨看,并不限于一般人民代表的选举领域,还包括国家机关领导人的选举领域。《宪法》第113条第2款规定:"自治区、自治州、自治县的人民代表大会常务委员会中应当有实行区域自治的民族的公民担任主任或者副主任。"《宪法》第114条规定:"自治区主席、自治州州长、自治县县长由实行区域自治的民族的公民担任。"截至2003年年底,少数民族干部和各类专业人才的总数达到290多万人。②

**三、少数民族选举权和被选举权的完善**

如前所述,目前少数民族选举权和被选举权除了《宪法》确定的民族平等选

---

① 2005年《中国的民族区域自治》白皮书。
② 同上。

举和被选举的原则外,主要集中在两个方面:一是从人民代表的名额分配上照顾少数民族;二是从民族区域自治制度的角度,规定了自治机关的主要领导人由实行区域自治的少数民族公民担任。从我国目前的实际政治法律生活看,少数民族公民的选举权和被选举权的完善与一般公民的选举权和被选举权的完善,既有共性也有特性。

就共同的内容看,选举权和被选举权的价值取决于选举权和被选举权在实际政治生活中的作用:如果行使选举权选举产生的公职人员并不能真正反映选举人的意愿、或者该公职人员在政权体系中作用微小,那么这种选举权便没有多少价值;对于被选举权的而言,情况类似。因此,选举权和被选举权这种政治权利的行使,以人民代表(议会议员)和其他选举产生的公职人员作用的真正发挥为前提。在这一前提下,真正落实公民(包括少数民族公民)的选举权和被选举权,一个根本的措施是实行竞选。

就少数民族公民选举权和被选举权的特性而言,由于少数民族群体上数量相比较汉族人数少、在一定意义上讲属于相对的"弱势群体",为了合理反映他们呼声,法律制度设计上赋予了少数民族公民人民代表名额以及担任自治机关主要领导人的特殊优待。为了进一步保障少数民族公民选举权和被选举权的落实,政府可以考虑在选举经费、选举程序上等方面适当给予少数民族地区更为便利的条件。

## 第四节 少数民族的参政权

### 一、少数民族的参政权的含义

为了进一步了解少数民族政治权利的内涵和范围,本书所指的参政权主要是少数民族公民有参与国家事务和本民族内部事务的管理的权利,不包括选举权和被选举权。

根据我国现行体制,少数民族参政权主要通过民族区域自治制度加以落实。根据2000年第五次全国人口普查,在55个少数民族中,有44个建立了自治地方,实行区域自治的少数民族人口占少数民族总人口的71%,民族自治地方的面积占全国国土总面积的64%左右。鉴于中国的一些少数民族聚居地域较小、人口较少并且分散,不宜建立自治地方,《宪法》规定通过设立民族乡的办法,使这些少数民族也能行使当家做主、管理本民族内部事务的权利。[①] 从我国《宪

---

① 2005年《中国的民族区域自治》白皮书。

法》、《民族区域自治法》和其他法律的规定看,法律文本和国家对少数民族参政权的表述主要侧重于少数民族集体权利,比如2005年《中国的民族区域自治》白皮书的表述、2004年《西藏的民族区域自治》白皮书的表述。目前,以《民族区域自治法》和《国务院实施〈中华人民共和国民族区域自治法〉若干规定》为代表,实行民族区域自治的少数民族参政权主要通过民族区域自治机关行使以下几个方面的权力得到体现:(1)立法权;(2)干部和技术人才的培养权;(3)经济管理自主权;(4)财政税收管理权;(5)自然资源管理权;(6)科技、文化教育、医药卫生、体育等事业的管理权等等。

**二、少数民族参政权存在的问题**

不过,仅就实行民族区域自治制度的少数民族集体参政权观察,《民族区域自治法》和《国务院实施〈中华人民共和国民族区域自治法〉若干规定》在权力的实行主体上存在一定程度的模糊性。比如:《民族区域自治法》第三章标题是"自治机关的自治权",但是本章从第19条到第45条共27个条文根据内容却可以分为三个互有联系但却不同的主体享有的权利(或者应行使的职权):一是自治机关的职权,具体条文有第19—22条,第24—30条,第31条的第2、5款,第33—34条,第36条,第37条第1、2款,第38—43条,第44条第2款;二是民族区域自治地方的少数民族的权利,具体条文有第23条;三是民族区域自治地方的权利,具体条文有第31条,第32条的第1、3、4款,第35条,第37条3、4款,第44条第1款;第45条。这种现象,容易导致一些理论上的难题。尽管民族区域自治机关在一定程度上代表了民族区域自治地方和民族区域自治地方少数民族公民和其他民族公民的整体利益,但是从法律制度的设计上,不能将三者混为一谈。这是因为,首先,从自治机关的立场上看,自治机关的自治权是一种《宪法》和法律(尤其是《民族区域自治法》)规定的职责,而职责既是一种权力,但同时也是自治机关必须履行的责任,如果自治机关不履行该职责的话,将导致一种违法失职行为。之所以强调自治机关的职权和职责的双重属性,是因为民族区域自治地方、民族区域自治地方的各民族(尤其实行区域自治的少数民族)的各项自治权主要是通过自治机关来实现的。其次,从民族区域自治地方的角度看,《宪法》和法律赋予民族区域自治地方的权利,在某种程度上讲是相对于全国和非民族区域自治地方而言的。正因为这样,我国实践中才强调非民族区域自治地方包括对口支援民族区域自治地方在内的一系列义务。再次,从民族区域自治地方少数民族的角度看,自治权强调的是一种权利,是相对于国家机关权力而言的。因此,我们认为,将三种不同主体的权利(权力)笼统地规定在一起,不利于进一步贯彻落实少数民族的参政权。

## 三、少数民族参政权的完善路径

显然,参政权既是集体的政治权利,也是公民个体的政治权利,而我国的实践以及《宪法》和法律文本表现出来的却主要是集体政治权利。而这些集体参政权之所以在《民族区域自治法》文本中被笼统地规定在一起,根源在于中国民族区域自治制度下少数民族的参政权与国际社会地方自治制度下居民(公民)参政权的差异:一方面,国际社会地方自治制度下的居民(公民)参政权主要是指居民(公民)民主产生自治机关(自治当局),由自治当局代表居民(公民)行使与地方居民关系密切事项,如教育、文化、艺术、体育、卫生、治安、环保等的管理权力(权利)。① 这些管理权力(权利)通过宪法或者法律的规定,具有完整性和排他性。所谓"完整性",强调的是地方当局在法定的自治范围内,对所有自治事项有自主决策、自主执行的权力,其他政治实体(包括其他地方自治当局、中央政府或者区域性政府)均无权非法干预;所谓"排他性",强调的是地方当局在法律规定的自治权限内,排除其他政治实体对其自治权的非法干预。② 当地方自治权遭受到来自其他政治实体(其他地方自治当局、中央政府或者区域性政府)的非法侵害时,地方当局应当享有诉诸司法救济的权利。③ 因此,居民(公民)参政权的实现,主要通过选举地方自治当局、并由地方自治当局管理相应地方事务的方式加以落实;当其他地方政治实体侵害地方自治权时,地方自治当局代表居民(公民)通过司法途径,维护自治地方的居民(公民)参政权不受侵害。

另一方面,与国际社会通常通过宪法或者法律明确地方自治的范围和地方自治权的内容的做法不同,我国民族区域自治制度下的少数民族参政权,虽然也是通过选举产生"自治机关",由"自治机关"代表实行区域自治的少数民族行使《民族区域自治法》列举的"自治权"。但是,从实质上看,《民族区域自治法》所列举的这些"自治权"除了上文提及的在类型上存在混淆民族区域自治地方少数民族的"自治权"(权利)、民族区域自治地方的"自治权"(权利)和民族区域自治地方自治机关的"自治权"(权力)外,还存在混淆了民族区域自治地方少数民族权利和一般非民族自治地方居民的权利、民族区域自治地方的权力和非民

---

① 田芳:《地方自治法律制度研究》,法律出版社 2008 年版,第五章"地方事务";另见 1985 年欧洲理事会通过的《欧洲地方自治章程》(European Charter of Local Self-government)第 4 条"地方自治的范围"(Article 4—Scope of local self-government)和 1993 年 6 月国际地方自治联合会(IULA)在加拿大多伦多会议上发表的《世界地方自治宣言》(IULA World Wide Declaration of Local Self-government)第 3 条"地方自治的范围"(Article 3:The scope of local self-government)。

② 见《欧洲地方自治章程》(European Charter of Local Self-government)第 4 条"地方自治的范围"(Article 4—Scope of local self-government)第 4 款。

③ 见《欧洲地方自治章程》(European Charter of Local Self-government)第 5 条"地方自治当局自治权范围的保护"(Article 5—Protection of local authority boundaries)。

族自治地方的权利、民族区域自治地方自治机关的权力和非民族区域自治地方国家机关权力的弊病。由于我国民族区域自治权不以地方分权为条件,民族区域自治地方自治机关不能拥有对抗上级国家机关和中央国家机关的法定权力,因此,不存在通过司法途径解决民族区域自治权的空间。因此,民族区域自治地方自治机关"自治权"的实现,少数民族参政权的尊重和保护,归根到底还是依赖于中央国家机关和上级国家机关的重视。

# 第九章　中国少数民族经济权利

## 第一节　少数民族经济权利一般理论

### 一、少数民族经济权利的概念

少数民族经济权利保障是通常意义上的经济权利在少数民族问题上的具体体现。目前在中国民族法学界,在少数民族经济权利的概念问题上还远没有给出一个大家都满意的"普适性概念",学者的定义也各有侧重,见仁见智。[①] 但对少数民族经济权利还是有必要从狭义和广义两个角度进行划分的,而广义的少数民族经济权利与狭义的少数民族经济权利研究的基本内容还是大致可以确定的。狭义的少数民族经济权利是指统一的多民族国家依照法定的形式确认和保障的,少数民族在特定的经济利益关系中享有的权利总和。广义的少数民族经济权利是除了狭义的少数民族经济权利外,还应包括一国签署、批准和加入的世界性、区域性国际组织通过的国际宪章、公约、条约、议定书等国际法律文件确认和保障的,少数民族在世界范围内所实际或应该享有的正当权利、利益、主张、资格、要求或自由等。最狭义的少数民族经济权利,则是指人权意义上的少数民族经济权利,即少数民族财产权、少数民族的工作权、少数民族生活保障权等,这些权利都更强调少数民族经济权利作为个人权利的侧面。

少数民族经济权利具体包括哪些内容?这恐怕是一个随着世界和中国经济社会的发展而不断扩充变化的问题。国内学者就这一问题主要论述的是民族地区的经济管理自治权,也有学者做了一些较全面的论述。如张晓辉教授以我国的相关现行法律规定为依据,较为系统地把少数民族经济权利的内容概括为民族发展权、获得国家帮助权和民族自治地方的财经贸管理权。[②] 我们认为,根据我国《宪法》、《民族区域自治法》等法律的相关规定,少数民族经济权利的基本内容主要应该包括:民族经济平等权、民族经济发展权、民族经济管理自治权、获得国家帮助权。因为各民族一律平等的原则是中国乃至世界民族法的基本原则,民族经济平等权必然是各民族平等原则的重要体现。同时,民族经济平等权

---

[①] 如:葛继志、唐勇在《民族经济权利的证成》一文中认为:"民族经济权利",系指少数民族经济法律关系主体为实现和满足本民族经济利益,依法所享有的为或不为一定经济行为或要求他人为或不为一定经济行为的手段等等。

[②] 吴宗金、张晓辉:《中国民族法学》,法律出版社2004年版,第155—157页。

也是少数民族经济权利实现的基础和必要前提;民族发展权是少数民族的又一项重要权利,随着现在社会经济的加速发展,民族经济发展权无疑是少数民族经济权利保障体系的核心内容之一,也是少数民族经济权利实现的核心问题;民族经济管理自治权在我国法律中的规定较为集中,它也是民族自治地方的一项重要法定权利,在现行《宪法》、《民族区域自治法》等多个法律文件中都有多处体现;民族经济获得帮助权,对于大多数民族自治地方而言,这主要体现在《民族区域自治法》第六章的"上级国家机关的职责"中;对于非民族自治地方而言,主要体现在《宪法》、《城市民族工作条例》和各地区已有的城市民族工作条例、少数民族权益保障条例等法规文件中。另外,少数民族经济权利的内容还应该包括,伴随着国内各种资源的开发而产生的获得利益补偿的权利、保护少数民族传统文化产权的权利等。还可能包括许多没有经国家法定程序认可的一些理论学说、国际法律文件上的宣言主张、规定,以及一些应该属于少数民族经济权利保障范畴的各种应然权利。当然,少数民族经济权利的内容不仅仅是指以上这些,现代社会的发展也必然促使少数民族经济权利体系也是一个不断开放、发展、变动的系统。随着社会的发展,其少数民族经济权利保障体系的不断扩张趋势是在所难免的。

**二、少数民族经济权利的基本特征**

综合现有的一些学术研究资料,可以基本概括出少数民族经济权利的基本特征主要有:

1. 少数民族经济权利既是一种集体权利,也是一种个体权利。以前学术界的观点普遍认为少数民族经济权利是一种集体权利,这无疑有其合理性的一面,毕竟少数民族的经济平等权、经济管理自治权、经济发展权、获得国家帮助权的实现必然是作为一种集体权利来对待的;同时由于中国特有的民族分布状况,加之改革开放后社会人员流动的加强,也产生了散杂居少数民族成员的经济权利保障问题,前述的最狭义的少数民族经济权利就是一种个体权利。所以,不顾现实社会的发展变化和世界少数民族人权保障个体化的发展趋势依然认为少数民族经济权利就是一种集体权利的观点值得商榷。

2. 少数民族经济权利是一种特别保护的权利。与普通权利的保障相比,少数民族经济权利无疑是一种非常需要法律来进行特别保障的权利。普遍权利与特别权利的区分在于,强调一种权利是否为所有的社会成员平等享有,如果能为所有的人不加区分地享有,那它就是普遍权利;反之,它就是一种特别权利。由于中国的少数民族地区大多数都地处西部地区,特殊的自然地理条件和人文科技发展环境决定了国家的法律必须对少数民族的经济权利进行专门性的立法,以更好的落实少数民族的经济管理自治权、经济发展权、获得国家帮助权等权利。但撇开少数民族的特殊民族身份,其作为享有中国国籍的普通公民一员,也依然会享有和遵守国家宪法、法律赋予普通公民的法定权利和义务。

3. 少数民族经济权利既是一种公权,又是一种私权。从公权行使的角度而言,各个民族自治地方政府机关就应该充分行使宪法和国家法律赋予的神圣使命,努力转变经济增长方式,有效的落实科学发展观,促进民族地区经济社会的又好又快发展,不断提高当地少数民族的经济生活水平,并自觉接受群众的监督。少数民族经济权利作为一种私权,也是鉴于国家公法保护模式的局限性而言的,毕竟一个社会的公共资源在客观上稀缺有限的,国家在保护少数民族实现经济权利的过程中不免会出现这样那样权利救济不足的现象,由于我国还没有建立违宪审查制度,但少数民族个体在现实生活中一旦自身经济权利受到侵害还是可以通过诉讼的途径维护自身经济合法权益的。

4. 少数民族经济权利既是一种理论描述上的静态权利,更是一种现实社会中的动态权利。根据权利的实际形态不同,可以把权利分为静态权利和动态权利。当少数民族经济权利表现为一种文本上的,体现为人权两公约和中国宪法、法律上的若干规定时,其即为一种静态权利。而在少数民族地区强调少数民族经济权利在社会发展过程中的最大程度实现无疑就是一种动态权利过程了,即文本意义上的权利向现实权利的实然状态的转变过程,即少数民族经济权利的实现过程。少数民族经济权利的动态特征与静态特征是不能截然分开的,其内在联系和转化是非常密切的。

5. 少数民族经济权利无疑也是应然权利、法定权利和现实权利实现的综合体。少数民族经济权利作为一种道德上的权利其必然属于一般法学意义上的应然权利范畴,当少数民族经济权利要求通过国家正式法定程序进入国家法律文本时其就成为了一种法定权利,而任何法律上经济权利的设定其最终目的必然在于现实社会中权利的真正和最大程度上的实现。

### 三、少数民族经济权利基本分类

(一)集体类的少数民族经济权利和个体类的少数民族经济权利

理论上,一般根据权利主体的不同把权利划分为集体权利和个人权利两类。我国学术界以前一直认为少数民族权利是一种集体权利,不是个体权利,而对于少数民族经济权利的认识也大致如此。我们认为,就少数民族经济权利而言,除民族经济平等权、民族经济管理自治权、民族经济发展权、获得国家帮助权属于集体权利的因素多一些之外,其他的少数民族经济权利,如最低生活水准权、反对就业歧视方面的权利,都可以随着未来中国社会民族法治化的深入推进,在权利保障和实现的方式上更多地通过少数民族个体去实现,近些年的一些案件也充分地揭示出这种权利实现方式的及时性和有效性。

把少数民族经济权利分为集体权利和个体权利两部分，无疑对于我们更好地认识少数民族经济权利的本质和探索实现这些权利的有效方式具有一定的意义。但无论人们主观上怎么想把少数民族经济权利的集体类和个体类权利完全分清楚，而实际上很多时候少数民族经济权利的实现往往是集体权利和个人权利综合体，两者的权利界限也并不是完全清楚的，所以这样的理论分类其局限性也是不言自明的。

（二）国内法规定的少数民族经济权利与国际性法律文件规定的少数民族经济权利

这种分类是以少数民族经济权利保障实现的国别性为根据进行的分类。在世界上，随着全世界人权保障事业的发展，第二次世界大战后出于避免重蹈希特勒屠杀犹太人等少数民族和对其进行经济掠夺覆辙的考虑，以《世界人权宣言》、《在民族或族裔、宗教和语言上属于少数群体的人的权利宣言》、《发展权利宣言》等为主的一批国际法规文件都各自有针对性地对少数民族的经济权利保障问题进行了相关的规定。而国内通过新中国成立后60多年的发展，中国的人权保障事业也获得了长足的发展，其中对少数民族人权的保障力度都获得了很大发展，以《宪法》、《民族区域自治法》为代表的少数民族经济权利保障体系日益完善。同时，国际上一些关于少数民族经济权利的规定在中国通过国内法定程序批准加入的情况下，也往往成为少数民族经济权利国内法保障的一部分。

国内有学者还对少数民族经济权利进行了诸如包括：基本权利与派生权利、普遍性权利与特别权利、积极权利与消极权利的分类研究，虽然还不是非常成熟，但这毕竟为我们更加深化对少数民族经济权利的分类研究提供了一定的参考路径，并为以后继续进行深入研究提供了学术基础。

## 第二节 少数民族经济权利体系的基本构成

### 一、民族经济平等权

我国《宪法》第33条第2款规定："中华人民共和国公民在法律面前一律平等。"平等权无疑是现代法治国家非常重要的基本权利之一。在少数民族经济权利体系中，民族经济平等权无疑是一个具有奠基性的权利，该权利也是民族平等原则在少数民族经济权利研究中的必然延伸。对民族经济平等权的探讨不仅仅要关注各民族发展机会上的形式平等问题，更应注重发展结果上的近似平等和不断缩小不同民族地区之间的经济收入差距。我国现行法律体系中都有专门条款规定了民族经济平等权的含义及其内容，各级人民政府也积极实行一系列措施来有效保障少数民族经济平等权的实现。

(一) 民族经济平等权的本体

追求和实现平等一直是人类的美好理想和愿望,平等也很自然地成为人类社会的重要价值理念之一。近世以来,最早以法律形式确定平等权的当属1789年的法国《人权宣言》。该宣言规定:"法律对于所有的人,无论是施刑或处罚是一样的,在法律面前,所有的公民都是平等的,除德行和才能上的差别外,不得有其他差别。"社会主义国家的宪法、法律也不例外,也纷纷规定了这一原则,只是在性质上有区别而已。平等权还是一项重要的国际性人权,《世界人权宣言》第1条规定:"人人生而自由,在尊严和权利上一律平等。"

在统一的多民族国家经济社会发展过程中,由于历史和现实中多种因素的交互作用,在各民族间实际上存在一些不平等的表现,尤其是对于中国这样一个各地区经济发展差距巨大的国家而言,所以强调民族经济平等权也就有着非常重要的理论和现实意义。民族经济平等权源头上是从归人人享有的平等权发展而来的。平等权是指按照宪法、法律规定,公民在政治、经济、文化等方面与其他权利主体享有等量或相似的权利。平等权一般包括政治平等权、经济平等权、文化平等权和社会生活平等权等,经济平等权作为第二代人权,也是平等权体系中非常重要的一个方面。

民族经济平等权是指依照宪法、法律规定,在国内经济发展过程中实现少数民族与主体民族之间、各少数民族之间经济生活水平趋于相等或一致的权利。民族经济平等权在这里无疑是一项法定权利,是少数民族依法享有的权利,任何人或社会组织都无权剥夺;现行法律一般将其作为一种集体性权利来对待,如《宪法》第4条第1款规定:"中华人民共和国各民族一律平等。"《民族区域自治法》第48条规定:"民族自治地方的自治机关保障本地方内各民族都享有平等权利。"这里的"各民族一律平等"、"各民族都享有平等权利"当然也包括民族经济平等权在内。从社会发展的趋势上看,少数民族公民个人也理应享有这一平等权利,至少是在实质的权利内容实现上不应存在较大的区别或差距。

(二) 如何更有效的实现民族经济平等权

新中国成立以来,少数民族地区从经济总量上来看,已经取得了相当大的经济成就,但与东部汉族经济发达地区相比,少数民族地区的民族经济发展依然比较落后,产业升级转型较慢,特别是在加快社会主义市场经济体制建设以来,这种不平等的状况就变得越加严重,彼此间的差距有进一步拉大的趋势。造成我国民族经济平等权实现过程中的困难是多方面的,既有历史上、客观自然条件上的原因,也有一些主观、现实的不利因素的影响和干扰,主要有:(1) 产业结构明显不合理、当地的民族成员文化素质不高,受教育程度偏低;(2) 历史上形成的各民族经济发展的不平衡性很难在短时间内改变;(3) 民族地区的自然条件恶劣、基础设施建设成本较高、交通运输不畅;(4) 社会发展资金严重匮乏、招商引资难度大、人才流失比较突出;(5)一些努力扭转民族地区与非民族地区间差距的经济政策措施没有得到很好的贯彻落实。

如何更好地实现和维护不同民族群体间的民族经济平等权一直党和政府关注的一件大事,我国不仅通过法律实现了各民族在形式上一律平等,而且更应该努力加快缩小各民族经济发展方面存在的差距,更好地实现各民族经济的共同繁荣发展。2000年,西部大开发战略的实施便是努力缩小民族地区与经济发达地区经济发展差距、实现不同民族地区间经济平等的重大举措。同时,各民族自治地方也在不断地加大改革力度,积极创新体制、机制,努力实现民族地区经济的快速平稳发展。

**二、民族经济发展权**

江泽民同志在十四大报告中强调指出:"搞好民族工作,增强民族团结的核心问题,就是要积极创造条件,加快发展少数民族和民族地区的经济文化等各项事业,促进各民族的共同繁荣。"逐步缩小不同民族地区间经济社会发展差距,促进不同区域间的经济社会协调发展,关系到不同民族地区成员能否共享改革开放成果、逐步实现共同富裕的问题,它既是经济问题,也是一个关系全局的重大政治问题。我国宪法法律中虽然没有明确提出民族经济发展权的概念,但在《宪法》和《民族区域自治法》等一系列法律文件中却体现得相当明确。《宪法》序言规定:"国家尽一切努力,促进全国各民族的共同繁荣。"第4条第2款规定:"国家根据各少数民族的特点和需要,帮助各少数民族地区加速经济和文化的发展。"第122条第1款规定:"国家从财政、物资、技术等方面帮助各少数民族加速发展经济建设和文化建设事业。"《民族区域自治法》序言和第6条规定:"……加速民族自治地方经济、文化的发展……"这些相关的法律规定,对于我们更好地实现和维护各少数民族的经济发展权,构建社会主义和谐社会有着非常重要的意义。

(一)民族经济发展权的本体

发展权是第三代人权的重要内容,而少数民族的经济发展权也必然是发展权的一个重要组成部分。发展权是经济发展还是政治发展,从其被提出的那一刻起就在发展中国家和发达国家产生了重大分歧。发展权最初是发展中国家针对不合理的国际经济旧秩序提出来的,发展中国家普遍认为发展首先意味着一国的经济发展,发展权的内容也必然首先是经济发展权。"发达国家则强调发展权的政治含义。它们认为,发展应该以人为中心,要使个人充分自由地参与政治、经济、社会活动,民主、法制和尊重人权是发展过程中的关键因素。"[1]

---

[1] 信春鹰:《国际人权问题热点述评》,载《中国社会科学》1994年第6期。

对民族经济发展权的概念现在还没有形成比较一致确切的定义。我们认为,它是指一国之内的少数民族有依法自主选择经济发展方式、参与国家经济发展进程、共享经济发展成果以及不断缩小不同民族间经济发展差距的权利总和。

传统观点上认为,民族经济发展权只是一种集体权利,而不包括个人权利在内。而现实中民族经济发展权利的实现与民族个体经济发展权利的实现是不能完全分开的,民族经济发展权利的实现并不必然导致个人经济发展权利的实现。离开少数民族个体实际经济生活水平的提高来奢谈少数民族经济发展权的实现问题本身就是不堪一击的,在实际的生活中也是不可能的。联合国《发展权利宣言》第 1 条规定:每个人"均有权参与"发展权,享受经济发展的成果,第 2 条规定:"人是发展的主体,因此,人应成为发展权利的积极参与者和受益者"。认为民族经济发展权的主体只能是少数民族集体似有不妥之处。民族经济发展权的主体理应具有双重性,既包括少数民族集体,也包括少数民族个人,二者同时并存,是不能完全替代和否定的。

(二) 如何更有效地实现民族经济发展权

"由于民族因素的存在,发展差距涉及了各民族之间以及国家整体与民族地区局部之间的矛盾,直接关系和影响到民族的团结和社会的稳定,成为当前我国民族问题的核心症结。"[①]前南斯拉夫解体的经验教训值得我们深刻地总结。邓小平同志明确指出:"实行民族区域自治,不把经济搞好,那个自治就是空的。少数民族是想在区域自治里面得到些好处,一系列的经济问题不解决,就会出乱子。"[②]少数民族经济的快速发展,加快缩小不同民族之间的经济差距,是解决中国民族问题的关键,也是解决一切民族问题的重要基础。在我国,特别是 28 个人口较少民族的贫困问题,更应该促使我们下定决心努力解决好这一关系全局的重大问题。

少数民族经济发展权是少数民族经济权利实现的核心,是为少数民族改善生活,不断提高生活水平的物质前提保障。尽管国家近些年来针对西部民族地区财政转移支付的力度不断加大,也采取了一定的得力措施并取得了明显的效果,使民族经济发展权在我国得到了很大程度的实现。但当前在民族经济发展权实现过程中仍然存在着一些问题,主要表现为:少数民族贫困人口的数量所占比重较大、少数民族与汉族之间的经济差距不断拉大、各少数民族内部之间的经济发展差距依然存在,并不可能在短时间内得到克服。

少数民族经济发展权的实现不是一蹴而就的事情,是一个需要我们经过精

---

① 张锡盛:《市场经济与民族法制——来自中国云南的研究报告》,云南大学出版社 2004 年版,第 8 页。
② 《邓小平文选》(第 1 卷),人民出版社 1989 年版,第 167 页。

心细致地反复论证和实践的艰难过程,任何企图毕功于一役的想法和做法都是不对的,在实践中也是非常有害的,这只会延缓和阻碍中国不同民族地区间缩小实践发展差距的实际进程。当下实现少数民族经济发展权的现实路径还是要更好地落实《宪法》、《民族区域自治法》,赋予经济管理自治权,把国家的大政方针用好用活;在国家政策、法律允许的前提下,广大民族地区要积极转变发展思路,不断加快推进本地区的产业升级换代,搞好三大产业间的合理规划,加快信息化建设进程;大力开展与东部发达地区的横向经济协作,吸引人才、技术、资金更多地参加西部民族地区的经济建设;利用好自身地处祖国多处边境口岸的天然优势,加大边境贸易的发展规模,积极发挥本地区产品的品牌优势,进军和开拓国际市场。

**三、民族经济管理自治权**

目前,对经济管理自治权的概念,学界还没有形成一致的看法。不同的学者也根据理论研究的需要给出了不同的定义。民族经济管理自治权是指:各少数民族自治地方政府根据宪法、法律规定,结合本地区、本民族的实际经济情况和发展特点,通过当地自治机关依法行使的自主安排和管理本民族、本地区内部经济事务的各项权利之和。把民族经济管理自治权简单地等同于民族经济自治权是不正确的。

民族经济管理自治权是民族自治地方自治权的核心内容。民族经济管理自治权的内涵也相当丰富,并且随着社会发展和中央调动民族地方积极性的需要,该项权利有不断扩大的趋势。民族经济管理自治权与民族自治地方其他权利的行使也是相辅相成的,不能截然分开。民族经济管理自治权一般包括:(1)经济建设管理自治权;(2)市场经济发展自治权;(3)草场森林管理自治权;(4)自然资源管理自治权;(5)基本建设项目管理自治权;(6)国有企业、事业管理自治权;(7)对外经济贸易管理自治权;(8)地方财政管理自治权;(9)税收项目减免自治权;(10)金融管理自治权;等等。

民族经济管理自治权主要规定在《宪法》、《民族区域自治法》、各民族自治地方已有的自治条例和单行条例、变通和补充中。《宪法》第4条第3款规定:"各少数民族聚居的地方实行区域自治,设立自治机关,行使自治权。"这里的自治权,当然包括民族经济管理自治权。另外,《宪法》第117、118条规定了民族经济自治权的内容,《民族区域自治法》第25、26、27、28、29、30、31、32、33、34、35、45条等也都规定了民族经济自治权的具体内容。

民族经济管理自治权实现程度的高低,是一个直接关系到少数民族地区经济发展是否具有更大活力的关键性问题,各民族地区尤其是当地的地方政府,应该在现有的制度框架下,千方百计地探索如何更有效地实现民族经济管理自治权的问题,而不是把希望完全寄托在东部经济发达地区和中央政府的帮助和政策支持上。对于民族经济管理自治权的系统介绍和分析,本教材的其他章节已有专门的论述,请参见本书相关章节的内容,此处不赘。

### 四、获得国家帮助权

我国的《民族区域自治法》第六章以专章的形式规定了"上级国家机关的职责",其实质内容讲的就是上级机关对民族自治地方的"帮助"问题,该法也以国家民族区域自治根本大法的形式确立了少数民族获得国家帮助的这一重要权利。民族自治地方享有的获得国家帮助权也是邓小平同志"两个大局"战略思想的有效落实。同时也是维护边疆地区长期稳定、民族团结和实现各民族共同繁荣的当然选择。更好地实现民族自治地方享有的获得国家帮助权,也是积极落实国家的"巩固边防、睦邻友好、兴边富民、维护稳定"战略方针的客观需要。

(一)获得国家帮助权的概念

获得国家帮助权是指各少数民族地区依照宪法和法律规定,享有的在自身经济社会发展水平和当地居民实际生活水平比较低下的基础上,依法从国家等上级机关获得经济援助的权利。这里的帮助不仅仅限于经济方面的帮助,其内容也必然包括技术、人才、资金、产业开发等因素在内。获得国家帮助权在内容上一般包括:发展战略方面的帮助、基础设施建设项目投资上的帮助、财政预算资金方面的帮助、生态环境保护方面的帮助、东西部地区之间的对口支援等等。

随着一系列如"兴边富民工程"等专门针对西部民族地区改善经济社会发展条件计划项目的实施,西部民族地区的投融资条件、基础设施建设环境、人才资金劣势获得了很大改善,解决了部分民族成员所面临的特殊困难和问题,一定程度上也增强了自我发展能力,人民生活水平有了较大提高,这就会更加焕发出西部广大民族地区建设社会主义市场经济的信心和动力,努力去争取各种有利的发展条件和优惠政策,以便改善当地的贫穷落后面貌和生产生活条件。经济基础好的民族地区还可以利用国家的各种优惠措施,吸引更多的社会投资资本参加本地区的经济建设,不断赶超东部经济发达地区。

少数民族作为弱势群体,在经济上由国家或者发达地区对其实施帮助,是少数民族早日实现与主体民族事实上平等的必然阶段。经济上对少数民族实施的帮助是国家的义务,当然也就是少数民族的权利了。在现有的关于少数民族经济权利的立法中,获得国家帮助权的规定比较多。如《宪法》第4条第2款规定:"国家根据各少数民族的特点和需要,帮助各少数民族加速经济和文化的发展。"第122条第1款规定:"国家从财政、物资、技术等方面帮助各少数民族加速发展经济建设和文化建设事业。"《民族区域自治法》第六章有专章的规定。

2005年5月31日起实施的《国务院实施〈中华人民共和国族区域自治法〉若干规定》第1条就说明制定该文件的主要宗旨之一是为了'帮助'民族自治地方加快经济发展。

(二) 如何更有效地实现"获得国家帮助权"

获得国家帮助权实际上包含许多方面的内容,也只有实现多个方面内容的协调动作和健康运作才能更好地实现这一权利,并不断提升国家和经济发达地区资金、技术、人才等"援助"的效益和质量。

1. 在国家发展战略方面

国家在制定宏观国民经济发展规划时,要针对我国有5个自治区、27个自治州以及120个自治县(旗)的民族地区实际,仔细调查和了解清楚民族自治地方的突出特点、实际需要,把加快民族自治地方的经济社会发展放到一个非常突出的战略位置上。2000年以来,随着西部大开发战略的实施,西部民族地区的综合经济社会发展指标都获得了长足发展,当前值此国家实施西部大开发战略十周年之际,我们应该更好地贯彻实施好这一国家宏观经济发展战略,把有利于加快西部民族地区发展的更多资金项目和建设工程用在西部民族地区,以实现国家经济整体布局的均衡化。

2. 在基础设施建设项目方面

2000年以来,国家通过"西气东输"、"西电东送"、青藏铁路等一大批重点工程的建设,使民族自治地方进一步看到了可以把本地区的巨大资源优势转化为强劲的经济生长点的希望。随着国家在民族地区未来几十年基础设施建设方面的进一步加大投入,民族自治地方在诸如资金配套、后续服务方面也不能完全置身事外,要根据不同地区的实际情况省级财政也要不断加大投入,并努力吸引更多的社会资金参加西部民族地区基础设施建设。

3. 在财政方面

随着西部民族地区财政收入的不断增长,各级政府更应该不断加大对民族自治地方财政转移支付的力度。国家在一般性财政转移支付、专项财政转移支付、民族优惠政策财政转移支付以及国家确定的其他转移支付方式的基础上,增加更多的扶持西部民族地区长远发展的技术改进、人才培养方面的项目,这样才有利于从根本上加快西部民族自治地方经济发展和社会进步的步伐,不断缩小与东部发达地区的实际差距。要继续贯彻针对5个民族自治区等少数民族比较集中省份的财政优惠措施,根据实际情况实行必要的政策性倾斜。财政资金的规模要随着经济发展和中央财政收入的增长情况逐步增加,确保少数民族发展资金和民族工作经费的充足。

#### 4. 在生态环境保护方面

西部民族地区的生态环境保护任务本身就异常艰巨,中央确定的《全国生态环境建设规划》中的四个重点地区和四项重点工程都在少数民族地区。国家实施的"天然林保护工程"和退耕还林、退牧还草项目也主要在少数民族地区。这种客观存在的西部生态环境保护局面,就更加促使我们要有全国一盘棋的"大生态"、"大环保"理念,西部地区自然生态和环境保护实际状况的恶化,每时每刻都在影响着与这些地区相连乃至不相连的全国其他地区,要居安思危、未雨绸缪,不断给予西部民族地区生态环境保护方面的政策资金技术支持,以更好地维护和改善西部的生态环境建设水平。

#### 5. 在东西部地区之间的对口支援方面

中国政府一直倡导在不同民族和地区之间,要先富帮后富,发挥社会主义制度的优越性,最终实现全社会的共同富裕。从20世纪70年代末开始,我国就开始组织东部沿海发达地区与西部民族地区开展经济上乃至各方面的对口支援活动,通过这种不同省区之间的互帮互助活动使少数民族地区的经济社会事业获得了突飞猛进的改变和提高。下一步要进一步加大加快对口帮扶的力度,通过人员间的挂职锻炼、项目资金入股合作等形式,不断提高东西部地区间对口支援帮扶的水平和层次,力争在一些重大项目上实现东西部地区之间的优势互补,创造出更多更大的社会经济效益,并造福西部民族地区。

### 五、少数民族成员个体的经济权利

#### (一) 最低生活保障权

最低生活保障权其实际内容与生存权、社会保障权有着非常密切的联系。生存权是指相当生活水准权,包括食物权、衣着权、住房权等。而社会保障权则通常被视为是一种公民因年老、疾病或者丧失劳动力等情况而面临生活困难时要求国家或社会予以物质帮助的权利。《世界人权宣言》第25条是将相当生活水准权(即生存权)与社会保障权放在一起规定的,在规定人人享有相当生活水准权之后,紧接着规定:"在遭到失业、疾病、残废、守寡、衰老或其他不能控制的情况下丧失谋生能力时,有权享受保障。"最低生活保障权是指城乡群众依法享有的因年老、疾病或者丧失劳动力等客观原因造成的暂时生活困难,通过个人向有关政府机关申请的方式,使自己乃至其所在家庭的生活能够满足最低生活需要的权利。艾德先生将该一权利称之为"包括食物权在内的适当的生活水准权",而在《国家人权行动计划》(2009—2010年)中将该项权利称之为"基本生活水准权"。

中国政府一直特别关注少数民族等社会弱势群体的最低生活保障问题,并采取了积极有效措施来促进这一权利的实现。自20世纪80年代中期以来,政府就开展了有组织有计划的扶贫工作,少数民族和少数民族地区一直都是国家重点扶贫和帮助的对象。1992年,国家设立了"少数民族发展资金"主要用于解决民族自治地方发展和少数民族生产生活中的特殊困难。从2000年起国家组织实施了专门针对西部民族地区的"兴边富民行动",对22个10万以下的人口较少民族采取了特殊帮扶措施,重点解决边境地区、人口较少民族聚居地区的基础设施建设和贫困群众的温饱问题。

1999年10月1日施行的《城市居民最低生活保障条例》、2006年3月1日施行的《农村五保供养工作条例》以及国发〔2007〕19号《国务院关于在全国建立农村最低生活保障制度的通知》等法规文件,为更好地保障社会弱势群体的最低生活保障权(包括少数民族成员)提供了坚实的制度支持,这也是建立覆盖城乡的社会保障体系的重要内容。这对于促进全社会经济的健康发展,逐步缩小城乡、不同民族地区之间的差距,维护社会公平正义具有非常重要的意义。此外,为尊重少数民族的风俗习惯,适应和满足各少数民族生产生活特殊用品的需要,国家实行特殊的民族贸易和民族特需用品生产供应政策。国家在1963年开始对民族贸易企业实行利润留成照顾、自有资金照顾、价格补贴照顾的"三项照顾"政策。从1997年6月开始,国家出台了新的民族贸易和民族用品生产的优惠政策,每年由中国人民银行安排1亿元人民币贴息贷款,用于民族贸易网点建设和民族用品定点生产企业的技术改造,对县以下(不含县)国有民族贸易企业和基层供销社免征增值税等。2002年,制定了《边销茶国家储备管理办法》,对边销茶原料和产品实行储备管理,对代储单位给予信贷扶持,用于储备的贷款利息由中央财政负担。

(二) 工作权

工作权的基本含义包括两方面:一方面是政府有义务从宏观的角度采取各项促进就业的措施,尽可能为全体劳动者提供更多的就业机会,最终实现充分就业的目标。另一方面,在就业岗位不能满足所有劳动者就业需要的情况下,政府应保证每个劳动者享有平等的就业机会,禁止任何因种族、性别、民族、肤色等原因而进行就业歧视。[①]

严格地讲,工作权是一个复杂的权利系统,包括与就业有关的权利;由就业派生出来的权利;平等待遇和非歧视权利;辅助性权利。与就业有关的权利又包括免于奴隶制和类似的习俗、免于强迫和强制劳动、工作自由、获得免费就业服务的权利、严格意义上的就业权、就业保护的权利和免于失业的保障权。由就业派生出来的权利又包括公正的工作条件、安全和卫生的工作条件、公平报酬、职业指导和培训、妇女和年轻人在工作中受到保护、社会保障等权利。平等待遇和

---

① 南京大学法学院《人权法学》教材编写组编:《人权法学》,科学出版社2005年版,第217页。

非歧视权利主要指同工同酬、平等就业等权利。辅助性权利主要包括结社自由和组织权利、集体谈判权利、罢工权利和工人迁徙自由等,还可以包括集会自由、拥有财产权、人身自由和安全、公正审判权、表达自由等。[①]

由于中国人口众多的特殊国情,再加之有劳动能力的可就业人口又大大超过社会可以提供的就业岗位的需要,这就使对于工作权保障问题变得异常突出,目前我国也主要是政府积极促进就业,并且鼓励社会成员个人创业、灵活就业来解决日益严重的就业问题。2007年通过的《就业促进法》明确规定:"劳动者依法享有平等就业和自主择业的权利。劳动者就业,不因民族、种族、性别、宗教信仰等不同而受歧视。"对于少数民族的工作权保障问题,在我国的《民族区域自治法》中也有相关的规定,其第22条规定:"民族自治地方的自治机关根据社会主义建设的需要,采取各种措施从当地民族中大量培养各级干部、各种科学技术、经营管理等专业人才和技术工人,充分发挥他们的作用,并且注意在少数民族妇女中培养各级干部和各种专业技术人才。民族自治地方的自治机关录用工作人员的时候,对实行区域自治的民族和其他少数民族的人员应当给予适当的照顾。民族自治地方的自治机关可以采取特殊措施,优待、鼓励各种专业人员参加自治地方各项建设工作。"第23条规定:"民族自治地方的企业、事业单位依照国家规定招收人员时,优先招收少数民族人员,并且可以从农村和牧区少数民族人口中招收。"这些法律以及相关促进就业的政策措施得到落实,必将极大地促进少数民族人员在民族自治地方乃至全国的就业保障问题,毕竟就业乃"民生之本"。

(三)财产权

《世界人权宣言》第17条规定:"人人得有单独的财产所有权以及同他人合有的所有权。任何人的财产不得任意剥夺。"该条明确规定了个人对其合法财产所享有的神圣所有权。就国家而言,国家及其政府机关必须避免因为公权力的滥用而干涉个人对其财产权等相关权利的享有和依法行使。对于作为个人权利对待的少数民族个人财产权,目前在我国的法律体系中是与其他全社会成员的财产权进行统一保护的,这在我国现行的《宪法》、《民法通则》、《物权法》、《合同法》、《侵权行为法》等相关法律中都有所体现。财产权必须由至少两项其他权利来补充:一是工作权,它可以带来收入,确保适当的生活水准;二是社会保障权,它可以补充,如果需要还可以完全替代由于财产或工作原因造成的收入不足——这里"不足"是相对于享受适当的生活水准而言的。[②]

---

① 〔挪〕A.艾德、C.克洛斯、A.罗萨斯,中国人权研究会组织翻译:《经济、社会和文化权利教程》,四川人民出版社2004年版,第185—194页。

② 同上书,第16页。

对于少数民族财产权保障问题，无论是从集体权利保障的角度还是个人权利保障的角度，我们都要加大对这一特殊的领域进行专题式的研究，毕竟少数民族财产权的保障问题也是与维护民族地区的经济发展权问题紧密联系在一起的，也只有通过坚决的措施和法律的实施监督工作才能更好地落实对少数民族财产权体系中的所有权、债权、知识产权等相关权利的保护。当前尤其要在促进少数民族地区经济发展的过程中，努力加强对诸如少数民族传统文化产权、非物质文化遗产权等权利的保护研究工作，如果我们在实际的工作中不重视这些问题，就必将为中国未来多元民族文化的健康和谐发展带来不应有的损失。

（四）劳动报酬权

劳动报酬权是指劳动者凭借自己的劳动，合理地履行了劳动合同所规定的义务而获得的，向用人单位要求的支付各种物质补偿的权利。劳动报酬权又称为劳动工资权。劳动报酬权是劳动权的核心内容之一，它直接关系到劳动者个体生存、生活质量的提高乃至社会再生产是否能够再进行的问题。我国《劳动法》和2008年1月1日起实施的《劳动合同法》都对这一问题进行了不断细化，其目的是更好地保障劳动者依法获得劳动报酬的权利，并且维护合作有序的劳资用工关系。

公民劳动报酬权获得和实际享有状况的好坏，都需要与之建立劳动关系的用工方在劳动者依照约定履行了劳动义务后积极兑现事先达成的协议，不折不扣地支付给劳动者应得的劳动报酬，不得无故克扣拖欠劳动者的工资，不得拒不支付劳动者延长工作时间的工资报酬，在发生非因劳动者个人过失造成的劳动生产事故时应该履行企业对于劳动者依法应尽的各项法定善后义务。一个地区在劳动者付出了一定的劳动后，是否能获得其应得的劳动报酬也是衡量该地区的企业资信状况的重要衡量指标。由于西部大开发等一系列战略措施的实施，少数民族地区的适龄劳动者（这其中也必然包含着大量的少数民族成员），有的选择了在当地企业参加生产活动，有的往往背井离乡来到东部、中部经济发达地区进入公司企业进行各种社会生产活动。少数民族成员劳动报酬权的实际实现水平如何小则关系到该个体在当地的生存生活问题，大则关系到民族关系的团结稳定问题，毕竟东部地区企业公司的所有者大多是汉族成员，如果长期不支付少数民族成员应得的劳动报酬、克扣工资、劳动环境恶劣、粗暴用工等都容易诱发一系列意想不到的严重后果。同时，国家依法对不正当的劳资关系进行适当的干预也是国家履行保护纳税人合法权益，保障处于弱势地位的少数民族成员劳动报酬权的当然要求。

## 第三节 少数民族经济权利的法律保障

### 一、少数民族经济权利的立法保障

少数民族经济权利的样态多种多样,在现有的社会物质生活条件下,对比较突出的少数民族经济权利进行专门性的保护也是当今世界发展的共同趋势,这也完全符合统一的多民族国家的实际情况。少数民族经济权利的立法保障是指国家立法机关通过创制、修改和废止保障少数民族经济权利的法律来保障少数民族经济权利的法律专门性活动。

进行少数民族经济权利立法必然要坚持一定的立法原则,作为少数民族经济权利立法的过程中起指导作用的基本准则和基本方针,既要符合我国立法的一般原则,又要符合民族法的基本原则①,还要照顾到民族立法的特殊性。少数民族经济权利立法特有原则主要有:(1)依法保障少数民族经济权利原则;(2)平等权原则;(3)特殊保护原则。

少数民族经济权利立法主要是依法规定少数民族享有那些经济权利、少数民族经济权利遭受侵犯时应如何进行救济和制裁等内容,其立法目标都是为了依法保障少数民族的经济利益不受非法侵害。依法保障少数民族经济权利是我国少数民族经济立法的关键,法律对少数民族经济权利的平等保护和特殊保护都是围绕着这一中心问题展开的,依法保障少数民族经济权益原则也必然是少数民族经济权利立法的首位原则。平等权原则要求少数民族和占人口多数的主体民族具有同等地参与国家立法的权利,不能因为其特殊的民族身份使通过的法律不能平等地保护其合法经济权益。平等权原则既是现代法律一贯主张的"法律面前人人平等"原则的集中体现,也符合当今世界对全体社会成员平权保护的共同趋势,又是各民族一律平等的民族法基本原则的彰显。少数民族经济权利立法的目的不只是为了实现少数民族和占人口多数的主体民族之间形式上的平等,而其追求的最终目标当然是各民族事实上的平等问题,这无疑就催生了进行少数民族经济权利立法的另一个重要原则——特殊保护原则。特殊保护原则在现实中的突出表现就是民族自治地方依法享有广泛的经济立法自治权,民族自治地方的立法机关有权依照当地的民族特点和特殊情况,制定自治条例、单行条例和变通、补充规定对特殊的经济利益实行特殊法律保护。因为一般性的国家经济立法并没有完全考虑到民族自治地方的实际情况或者考虑得不是很周

---

① 统编教材认为我国民族法的基本原则包括:各民族一律平等的原则、保障少数民族合法权利和利益的原则、各民族共同繁荣的原则、维护民族团结和国家统一的原则。参见吴宗金、张晓辉:《中国民族法学》,法律出版社2004年版,第119页。

详,这也是国家依法赋予民族自治地方经济立法自治权的必然需要。少数民族经济权利立法的三个特有原则不是绝对孤立的,三者的彼此联系是非常密切的,任何把其中一个原则抬高到无可附加地位的做法都是不正确的,只有在立法过程中把三者有机地整合协调起来才是我们的必然选择。

新中国成立后特别是改革开放以来,我国不断加强在立法上保障少数民族经济权利的力度,取得了许多可喜的立法成就,这主要是:(1)初步形成了少数民族经济权利法律保障体系。如现行《宪法》第4条、第117条、第118条、第122条和《民族区域自治法》相关条款以及2005年5月国务院的《实施〈中华人民共和国民族区域自治法〉若干规定》都对促进和加快少数民族地区经济发展作了多项法律条款规定。而更加细化的行政规章、地方性法规、规章和自治立法层面的规定近些年来就更多了,不胜枚举。(2)少数民族经济权利立法体制不断健全完善。(3)少数民族经济权利立法的程序化建设得到了重大进步。然而我们现在所面临的问题依然不少,这主要是:(1)少数民族经济权利法律保障体系还有待完善;(2)一些少数民族经济权利立法明显滞后于社会的发展需要;(3)部分法律规范的逻辑结构残缺不全,缺乏明确的法律责任规定;(4)立法语言有些模糊抽象,立法的实际可操作性不强;(5)少数民族经济权利立法体制关系尚未完全理顺,立法的权力界限仍然没有完全明晰化、规范化;(6)少数民族参与地方立法的民主机制不畅、立法民主积极性不高;(7)个别职能部门还存在着"重部门利益轻整体利益"的不良现象。

## 二、少数民族经济权利的执法保障

### (一)执法保障概况

少数民族经济权利执法保障是指各级国家机关行政工作人员依法执行和适用法律进行行政裁决、保障少数民族经济权利各项活动的总称。广义上讲,一切国家机关执行、适用法律保障少数民族经济权利的活动都是对少数民族经济权利的执法保障。但狭义角度的少数民族经济权利执法保障就专指国家行政机关工作人员、法律法规授权组织和行政委托组织执行和适用法律保障少数民族经济权利的各种活动的总称。

少数民族经济权利的实现主要是由各级行政机关保障实施的,司法机关的裁判并不占有决定性地位,但并不是说司法机关对少数民族经济权利的保障不重要,这在下文中将有详细的论述。少数民族经济权利的执法保障是异常重要的,并且在某种程度上起着决定性的作用。行政权力的恣意妄为、为所欲为往往比立法上的"恶法"所造成的实际危害后果更严重,因为各级政府的行政权力是离少数民族的日常生产生活最紧密的一种惯常性权力。各级政府在执行少数民族经济权利保障的立法方面一般坚持如下几个基本原则:(1)依法行政原则;

(2) 从属性原则（即各级国家行政机关执法过程中，必须始终保持对国家最高权力机关的从属地位的原则）；(3) 行政效能原则。

（二）执法保障的完善措施

1. 不断提高各级行政机关工作人员保障少数民族经济权利重要性的认识

加快民族地区的经济发展是解决中国民族问题的关键，同样，也只有在各级行政机关工作人员的思想意识中牢固树立起保障少数民族最根本权利——经济权利重要性、紧迫性的认识，才能使国家包括少数民族自治地方制定的保障少数民族经济权利的法律法规得到更加高效的执行落实。也只有各级行政执法人员的综合素质得到了很大提高，特别是其尊重和保障少数民族经济权利的意识得到极大提升和飞跃的时候，才会迎来少数民族经济权利保障的大发展。也要吸引更多的优秀少数民族精英分子加入到少数民族地方行政执法队伍中来，法律制度上规定得再完善也需要秉持依法行政、全心全意为人民服务的优秀国家公务员队伍来落实。

2. 强化民族自治地方的行政执法监督工作，落实好行政执法责任制，有效保障少数民族的经济权利

由于现行的一些少数民族经济权利保障方面的法律规范在制定的过程中，存在着逻辑结构等方面的问题，特别是缺少法律规范应该具备的法律责任的规定，这就不免要造成在实际行政执法过程中，落实行政执法责任问题就形同虚设和力不从心。而要更好地保障少数民族的经济权利就必须在制定出责任明确的法律文件之后，从中央到地方各级政府逐级分解落实责任，有权必有责，用权受监督讲的就是这个道理，要坚决改变过去那种大家都负责到最后又无人负责的混乱局面，这样才能更有效、扎实地保障少数民族的各项经济权利的实现。特别是在少数民族自治地方工作的行政工作人员更应该不折不扣、严格地落实保障少数民族经济权利的法定职责，不滥用国家和人民群众赋予自己的权力，不断提高少数民族经济权利的保障水平，为实现当地的经济繁荣和民族团结做出自己的贡献。

3. 不断推进民族自治地方政府的职能转变

不断深化政府行政管理体制改革是政府不断适应少数民族地区社会经济发展实际需要所必然要进行的制度变革，也只有不断推进民族自治地方政府的职能转变，把真正属于当地政府经济管理部门应该管的事情管好，才能更合理高效地保障少数民族的各项经济权利。要针对各个地区少数民族行政管理工作的实际，不断进行体制、机制上的改革创新，发挥民族自治地方应有的作用和优势，不能千篇一律，搞从中央到地方完全一致的一个模式，要允许在国家法律和制度许可条件下的政府管理机制改革和政府职能转变，争取到2020年早日实现建立比较完善的具有中国特色社会主义行政管理体制的目标。

4. 依法裁决在少数民族经济权利实现过程中的各种纠纷,行政机关违法侵害了少数民族经济权利时要进行及时的行政赔偿

政府的行政管理工作在实际工作中,会涉及调解和处理一些关乎少数民族经济利益方面的经济纠纷和利益冲突问题,这就要求民族自治地方的行政执法人员在处理棘手的经济纠纷时,要始终坚持不为非法利益所动,"毫不利己,专门利人",依法处理和维护好少数民族的经济利益,不使少数民族的经济权利在自己的不公正执法过程中发生不应有的损害。同时,一旦出现行政机关的个别执法人员侵害了少数民族经济权利时,就要按照《国家赔偿法》的相关规定进行必要、及时的行政赔偿,并追究相关责任人员的违法责任,情节严重构成犯罪的要及时移送司法机关处理,给当地少数民族群众一个满意的交代。

# 第十章 中国少数民族文化权利

## 第一节 少数民族文化权利概述

在我国大地上生活着 55 个少数民族,对少数民族人权的特别保护已成为党和政府及有识之士的共识。少数民族文化权利是少数民族人权的主要构成部分之一。随着少数民族地区经济的不断发展和对外开放的进一步深入,作为少数民族重要标志的文化在经济和外来文化等诸多因素的影响下,受到了巨大的冲击,少数民族文化正面临着前所未有的挑战,少数民族文化权利的保护日益受到关注。

### 一、少数民族文化权利的界定

少数民族文化权利是少数民族人权最基本的内容之一,是自然的、不可让渡的权利,对少数民族文化权利内涵和外延的界定,有助于直接地把握少数民族文化权利。少数民族文化权利的基本概念在现行法律中没有明确的界定,理论界对此也有很多不同的观点。

屈学武认为,少数民族享用自己文化的权利,是少数民族权利的内容之一,简称民族文化权。它指多民族国家或国际社会通过国内立法或国际约法形式确认和保障少数民族权利主体,按照自己的民族文化方式生活、学习、工作的权利。[①]

翟东堂认为:"少数民族文化权利是少数民族人权最重要的内容之一,是自然的,不可让渡的权利。"他还对少数民族文化权利的外延作出了界定,认为文化权利包括:文学艺术权利、语言文字权利、饮食和服饰权利、节日权利、少数民族用品权利、少数民族建筑风格权利、历史遗址和文化的权利、传统体育权利、新闻出版权利、其他权利等。[②]

张钧认为:"广义而言,文化权,即文化权利,是与经济、社会权利相并列的一项权利,是一个民族保持、改革和发展与其他民族具有区别性的文化的权利"。[③] 这一观点与翟东堂的"文化权是一种自然的,不可让渡的权利",从性质

---

[①] 屈学武:《简论少数民族的文化权利》,载《理论与改革》1994 年第 6 期。
[②] 翟东堂:《略论中国少数民族文化权利的保护》,载《华北水利水电学院学报》2005 年第 4 期。
[③] 张钧:《文化权法律保护研究——少数民族地区旅游开发中的文化权保护》,载《思想战线》2005 年第 4 期。

上说是相同的。

肖泽晟认为,对集体的文化权利加以保障的重点,应当是尊重少数民族以及边缘化群体的成员,同他们群体的其他成员一样,共同享有自己特有的文化、信奉和实行自己的宗教或使用自己的语言的权利,并积极采取措施防止这些群体的文化因民族一体化的推进而消失,因为即使没有国家的干预,即使没有存在毁灭它们的恶意,现代社会的权力关系结构、经济制度、大众传媒的影响以及一般的教育政策,少数人文化非常容易在无形中被蚕食和侵吞。[①] 从中可以看出,该种观点认为集体文化权利主要是少数民族的集体文化权利。

本书认为,少数民族文化权利是少数民族及其成员依据国内法和国际法本所享有的保护、传承、发展、使用本民族物质文化和非物质文化并享受其利益的权利,既是少数民族的集体权利也是少数民族成员的基本人权。

**二、少数民族文化权利的基本要素**

(一) 少数民族文化权利的主体

对于少数民族文化权利主体这一问题,学者们提出了国家说[②]、少数民族说[③]、专门机构说[④]、双重主体说[⑤]等不同的主张。以上学说中"双重主体说"相比较而言更为科学合理,少数民族文化权利的权利主体是少数民族,即少数民族是其基本文化权利的享有者;少数民族文化权利的管理主体是国家和少数民族,即由国家设立专门的机构或通过信托的方式来帮助少数民族实现其基本文化权利。理由在于:

第一,设置双重主体可以克服前述"国家说"和"少数民族说"的缺陷,更加有利于少数民族文化权利的保障。

中国的少数民族传统文化种类繁多、数量巨大,国家无法单独地完成对如此丰富的少数民族传统文化的保护。同时,随着民族的迁徙和交融以及少数民族传统文化的不断传承,许多少数民族传统文化的"边界"是不清楚的,一些传统文化的流传范围已不再限于某个地区,如西北的"花儿",是聚居于甘、宁、青地区的回、汉、撒拉、东乡、裕固等民族一律用当地汉语方言传唱的一种山歌,很难确定其为某一地区的具体的民族或群体所有。这时,应当规定国家作为基本文化权利的主体对其进行保护。

---

① 张千帆主编:《宪法学》,法律出版社 2004 年版,第 236 页。
② 王鹤云:《保护民族民间文化的立法模式思索》,载郑成思主编:《知识产权文丛》(第 8 卷),中国方正出版社 2002 年版,第 178—185 页。
③ 〔奥〕凯尔森:《法与国家的一般理论》,中国大百科全书出版社 1996 年版,第 91 页。
④ 张辰:《论民间文学艺术的法律保护》,载郑成思主编:《知识产权文丛》(第 8 卷),中国方正出版社 2002 年版,第 117 页。
⑤ 严永和:《论传统知识的知识产权保护》,法律出版社 2006 年版,第 199 页。

第二，少数民族文权利的保障最终必须依靠少数民族的参与，在条件成熟的情况下，国家作为管理主体也有可能从少数民族文化权利保障事务中逐渐淡出，这是历史发展的必然。比如，随着云南丽江民族旅游业的蓬勃发展，纳西族东巴传统文化的保护受到了政府和社会各界的极大重视，出现了一种空前的复兴景象。但东巴传统文化在它的原生土壤即纳西族民间却已大大失落，与上述的繁荣景象形成鲜明的反差。这就说明，对少数民族传统文化的保护如果只是局限在上层的政府部门和有识之士，而得不到下层的、它的原生土壤上的文化创造者或主人公的支持，要想实现少数民族文化保护的目标是比较困难的。① 因此排除少数民族的参与，由国家成立相应的机构或成立非政府的民间组织来代为行使少数民族文化权利的做法有违这一宗旨，不利于少数民族权利意识的觉醒。究其原因，这是受传统的保护少数民族传统文化问题上的"管理者"、"救世主"的观念的影响，认为少数民族传统文化是所谓"落后的"，用主流文化的标准来衡量少数民族的传统文化，这些观念已被认为是不科学的。

第三，"双重主体说"也是落实《民族区域自治法》中"上级国家机关的职责"的一个具体体现。

在民族地区的未来发展中，少数民族的传统文化将成为其发展的一个强大动力，少数民族基本文化权利中的经济性权利的转让将直接带来巨大的经济利益，上级国家机关在指导、帮助、扶持民族地区发展时，应将其基本文化权利的保障作为一个重要的方面，可以起到文化和经济共同发展，进而带动整个民族地区社会全面进步的目的。

（二）少数民族文化权利的客体

少数民族文化权利的客体是指少数民族文化权利主体的权利和义务所指向的对象或标的。少数民族文化权利的客体就是少数民族的传统文化，也是少数民族的传统生活方式。

由于少数民族传统文化内涵的丰富性，少数民族传统文化属于在外延上不确定的概念。人们可以主张保护的对象到底有哪些，分别是什么，等等，都是无法准确回答的问题。此外，这种对象的不确定性还在于，少数民族的传统文化会随着自然与社会的发展变化而呈现出动态变化的状态。② 这也给少数民族文化权利的保障增加了相当的难度。一般认为，少数民族的传统文化包括有形文化财产和无形文化财产两大部分③，联合国教科文组织1972年通过的《保护世界

---

① 马晓京：《民族旅游开发与民族传统文化保护的再认识》，载毛公宁、刘万庆主编：《民族政策研究文丛》（第3辑），民族出版社2004年版，第491页。
② 唐广良：《遗传资源、传统知识及民间文学艺术表达国际保护概述》，载郑成思主编：《知识产权文丛》（第8卷），中国方正出版社2002年版，第3—72页。
③ 最新的对文化遗产的分类是三分法，即物质文化遗产、文化景观遗产和非物质文化遗产。

文化和自然遗产保护公约》使世界各国的文化遗产（文物、建筑群和遗址等）、自然遗产、文化与自然双重遗产得到了前所未有的重视、珍惜和保护,其保护范围相当于有形文化财产,包括少数民族的有形文化财产。可以作为少数民族文化权利客体的不是少数民族传统文化的全部,我们可以排除的是前述的有形文化财产,尤其是列入中国《文物保护法》第2条规定范围的文物,这些文物属于国有。这些有形文化财产,不管是可移动的还是不可移动的,都应该从少数民族文化权利客体中排除。下面我们来具体分析少数民族传统文化中的无形文化财产中哪些可以成为少数民族文化权利的客体。对于无形文化财产,现在通用的名称是"非物质文化遗产"。

近年来,少数民族传统文化的一个更为重要的并逐渐为世界各国所重视的领域是少数民族的传统知识。世界知识产权组织对传统知识范围的探索经历了一个过程,最初认为传统知识既包括产业领域的技术性知识,又包括民间文学艺术。根据世界知识产权组织对于传统知识的定义,传统知识是指"基于传统的文学、艺术或科学作品;表演;发明;科学发现;外观设计;标记、名称和符号;未公开信息;和所有其他在工业、科学、文学或艺术领域内产生的基于传统的发明和创造"。① 即把传统社区的全部知识活动和知识生产的产物划入其界域,所有一切在工业、科学、文学和艺术领域内,以传统为基础的由智力活动产生的一切创新和创造,都属于传统知识的范畴。后来对二者进行了区分,把传统知识界定为产业领域内的技术性知识,即在狭义上使用这一概念。②（本书也是在狭义上使用传统知识这一概念）由于传统知识蕴涵着重大的经济价值,并成为生物科技时代技术创新的强有力的推动力,因而日益被世界各国所重视。国内学者对传统知识也有不同的看法,本书认为,传统知识的概念包括在非物质文化遗产当中,根据世界知识产权组织对于传统知识的定义的内容,即使是广义的传统知识,即"在工业、科学、文学或艺术领域内产生的基于传统的发明和创造",非物质文化遗产中的"观念表述、表现方式、知识、技能"可以囊括传统知识的这些方面,因而,我们没有必要单独为传统知识立法进行保护,但可以根据具体情况为某一方面的传统知识进行单独立法,这些内容都可以认为包括在非物质文化遗产保护之中。关于传统知识,由于中国各地区都有着丰富的传统知识,中国的少数民族在这个问题上不具有特殊性,应该进行一体的共同保护,而不必特别强调少数民族的传统知识,尤其是地理标志是有效的保护途径之一,因而,对于少数

---

① WIPO, Intellectual Property Needs and Expections of Traditional Knowledge Holders: WIPO Report on Fact-Finding Missions on Intellectual Property and Traditional Knowledge (1998—1999), Genera, April 2001, p. 25,转引自刘银良:《传统知识保护的法律问题研究》,载郑成思主编:《知识产权文丛》(第13卷),中国方正出版社2006年版,第229页。

② 严永和:《论传统知识的知识产权保护》,法律出版社2006年版,第15—17页。

民族的传统知识也不必单独立法。

而对于传统生活方式,则主要是由于各少数民族的传统生活方式有别于主流社会的生活方式,应对其进行特别保护,应成为少数民族文化权利保障的客体,主要有生活状态、本土风格、习俗、风俗、仪式、礼节、争端解决方法、管理方法、宗教、民间信仰、崇拜、语言等。当然,少数民族文化权利保障的客体还包括与其生活方式不可分割的一些其他传统文化,本书对这些其他客体也会有所涉及。当然,少数民族传统生活方式中一些褊狭的、排他的、封闭的和落后的因素应予以排除。与此相对应的主流社会的生活方式因为其处于强势则不需要对其提供特别的保护。

(三)少数民族文化权利的内容

少数民族的基本文化权利的内容主要应包括以下几个方面:

1. 精神性权利

(1)署名权

一般来讲,署名权是精神性权利的最重要的内涵之一,指的是作者有权在其作品上署名,以昭示自己作者的身份。此外,署名权还有很重要的另一层意思,即作者有权禁止未参加作品创作之人署名。如有人利用权势或利用工作上的便利,在他人的作品上署上自己的名字,无论是试图表明其作为单独作者还是合作作者的身份,都侵犯了真正作者的署名权。① 对于少数民族文化权利而言,少数民族有权表明其传统生活方式等传统文化事项为其本民族所有,不得被他人冒名使用或未经允许进行商业性使用。

此项权能对于权利主体至关重要,它有利于创作者声誉的提高,《民间文学表达形式保护条约》(草案):一切使用者在使用有关民间文学表达形式时,必须指出它们的来源,不仅要指出作为居民团体的来源,如部落,还须指出作为地理位置的来源,如某国、某省。

(2)文化尊严权

该项权能首先是指本书将着重探讨的作为少数民族集体基本文化权利之一的少数民族保持其传统的生活方式的权利,该项权能与署名权紧密相连,不得被他人不当使用或进行未经许可的商业性使用。此外还包括类似于著作权中的"保护作品完整权",由于民间文学艺术对外往往代表着该民族等群体,对这种艺术形式的肆意滥用、破坏常会伤害民族自尊心,所以实有必要赋予权利主体此项权利,以保护民间文学艺术不受歪曲。这其中的一个重要方面就是知情同意权,即对少数民族传统文化进行开发必须事先告知该少数民族并获得其同意。这种开发的形式是多种多样的,如改编少数民族的民间文学、民歌,将少数民族

---

① 郑成思:《知识产权法》,法律出版社1997年版,第375页。

的音乐和舞蹈用于商业性演出,将少数民族的生活方式制成影片,等等。同时,开发者应在可能的情况下,尽量允许该少数民族参与其传统文化的开发。

对这项权能的损害就是"文化贬低"现象的存在,这种伤害主要表现在把民间文学艺术品有悖于原创目的地展示,宗教用品被当做装饰物出售,或者规定在特定场合或者礼仪使用的民间文学艺术作品在将其出售时得不到尊重,等等。由于作为宗教文化一部分的宗教仪式在很多少数民族传统文化中长期处于神圣地位,对其他方面传统文化的生产及各民族的社会生活起过不同程度的组织、统摄作用,并形成了各种与人们日常生活相关的严密的社会规范。因而,必须保证类似宗教仪式等具有神圣精神意义或象征意义的文化要素的尊严,不能将其开发成旅游产品,这也是在保障少数民族的基本文化权利。

(3) 文化发展权

该项权能同样是少数民族文化权利的核心内容,即作为少数民族传统文化创作者的少数民族应当享有发展或授权他人发展其传统文化的权利,以利于少数民族传统文化的进步和发扬光大,当然,这应当建立在少数民族保持其传统生活方式的基础之上。文化发展权的一个重要方面就是文化选择权,其主要内涵包括两个方面:一是获得选择的条件的权利,二是尊重主体的选择自由,二者都非常重要。如前所述,我们保护少数民族传统文化时必须要尊重这种文化的创造者的意愿,而不能违背它的意愿,必须尊重少数民族的选择自由。这不只是因为我们要尊重主体的自由,也因为没有主体的配合,我们就不能达到保护的目的。要保护好少数民族的传统文化,重要的是为少数民族提供选择和创造的机会,即尊重他们的选择自由。

文化发展权的另一个重要方面就是收回权。《联合国土著人权利宣言》[①]第12条中规定,土著人有权遵循和振兴其文化传统和习俗。这包括有权保存、保护和发展以不同形态表现的土著文化,例如考古和历史遗址、人工制品、图案设计、典礼仪式、技术、观赏艺术和表演艺术,有权收回未经他们自由和知情同意或违反其法律、传统和习俗而夺走的文化、知识、宗教、精神财产。从中可以看出,文化发展权是少数民族文化权利的一个重要权能,同时,收回权也应成为文化发展权的内涵之一,因为针对当下的少数民族文化权利来说,收回过去曾经属于少数民族的文化也是一种发展。

文化发展权第三个重要方面就是发展决定权。文化的本性就是发展变化的,只有"死的文化"才是不变的。没有一种文化从古至今完全不变,任何外部力量都不可能使某一种文化的发展变化停止下来。保护少数民族的传统文化并

---

① 中国不存在土著人问题,但国际上关于土著人权利保障的相关措施可以为我们研究少数民族权利保障提供借鉴。

不意味着让这些文化永远不变,而是指反对那些违背少数民族意愿的、外部强制力作用下的文化改变。少数民族自己选择的文化变迁是少数民族传统文化的自然发展过程,并不违背少数民族文化发展权的宗旨。显而易见,文化选择权是少数民族所享有的其他文化发展权能的前提。

2. 物质性权利

少数民族文化权利中的物质性权利可以被粗略地分为两个方面:一是利益分享权,二是获得国家帮助权。利益分享权主要是利益补偿权,该权能是因少数民族文化权利受到侵犯而产生的消极权能。利益分享是 CBD 的核心思想之一,即生物资源的提供者有权从生物资源的获取者处得到适当的经济补偿,分享使用这一生物资源带来的利益。由于生物资源丰富的国家多为南半球的发展中国家,而技术先进、有条件利用生物资源产生巨大收益的国家多为北半球的发达国家,因而以传统的知识产权体制为主的现行相关利益分配机制没有能顾及到这一现实情况,势必造成发展上的不公平。于是 CBD 提出利益分享这一思想,其实质上是"南北"共同分享生物资源开发所获得的利益。

少数民族文化权利中的物质性权利的另外一个方面就是获得国家帮助权,即少数民族有权获得上级国家机关的帮助包括财政支持来发展其传统文化,这在《民族区域自治法》、《民族乡行政工作条例》、《城市民族工作条例》以及各地所制定的《散居少数民族权益保障条例》、《少数民族权益保障条例》、《民族工作条例》、《民族工作办法》等法规中都有相应规定。同时,根据前文关于少数民族文化权利双重主体理论的相关分析,少数民族文化权利中的物质性权利应主要由其管理主体——少数民族传统文化保护委员会来行使。该项权利也是少数民族传统文化良性发展的重要保证。

少数民族文化权利所涵盖的范围非常广泛,本章仅通过与相关概念的比较界定了其内涵,在梳理有关少数民族文化权利性质的争论的基础上进一步澄清了其性质,进而对权利的各个要素进行了解析。本章将成为以后各章分析和论述的基础。本书认为,少数民族文化权利既包含少数民族成员作为一个普通公民所享有的享受文化成果的权利、参与文化活动的权利、开展文化创造的权利以及对个人进行文化艺术创造所产生的精神上和物质上的利益享有受保护权;也包含少数民族保持其传统的生活方式的权利。少数民族文化权利有着丰富的内涵,其具有公权属性的同时更是一种私权;其是个体文化权利的同时更强调它的集体文化权利的属性;它从静态权利变为动态权利的过程就意味着少数民族文化权利的实现。本书所探讨的少数民族文化权利主要限于作为少数民族集体文化权利的少数民族保持其传统的生活方式的权利。本书后面各章的论述都是围绕着本章对少数民族文化权利的界定和分析展开的。

## 第二节 少数民族文化权利的立法保障

少数民族文化权利的保障以中国的立法为基础,自从党的十五大将"依法治国、建设社会主义法治国家"作为党和国家的指导思想和治国方略以来,中国的法制建设进入了一个新的历史发展阶段。《立法法》的颁布实施,使立法行为本身也纳入法制进程,进而带动各个方面、各个领域的立法都步入了一个良性发展的轨道,从中央立法到地方立法,少数民族文化权利保障方面的立法也逐步完善。

### 一、少数民族文化权利法律保障的中央立法

1. 对少数民族文化权利进行原则性规定

中国现行《宪法》序言中规定,中华人民共和国是全国各族人民共同缔造的统一的多民族国家。平等、团结、互助的社会主义民族关系已经确立,并将继续加强。在维护民族团结的斗争中,要反对大民族主义,主要是大汉族主义,也要反对地方民族主义。国家尽一切努力,促进全国各民族共同繁荣。第4条中规定,中华人民共和国各民族一律平等。国家保障各少数民族的合法的权利和利益,维护和发展各民族的平等、团结、互助关系。禁止对任何民族的歧视和压迫,禁止破坏民族团结和制造民族分裂的行为。国家根据各少数民族的特点和需要,帮助各少数民族地区加速经济和文化的发展。……各民族都有使用和发展自己的语言文字的自由,都有保持或者改革自己的风俗习惯的自由。

新中国成立以来的少数民族文化权利保障的历史告诉我们,通过民族区域自治制度来保障民族自治地方的少数民族的合法权益包括基本文化权利,在民族区域自治的实践中得到证明。现行《宪法》将民族区域自治制度作为我们国家的一项基本政治制度,并在第119条中规定,民族自治地方的自治机关自主地管理本地方的教育、科学、文化、卫生、体育事业,保护和整理民族的文化遗产,发展和繁荣民族文化。

《民族区域自治法》是在宪法规定的基本原则基础上使民族区域自治制度进一步系统化,从中可以看出,民族区域自治制度是保障少数民族合法权益的制度设计,民族区域自治是手段,保障少数民族的合法权益包括基本文化权利才是目的。该法序言中指出,民族区域自治是在国家统一领导下,各少数民族聚居的地方实行区域自治,设立自治机关,行使自治权。实行民族区域自治,体现了国家充分尊重和保障各少数民族管理本民族内部事务权利的精神,体现了国家坚持实行各民族平等、团结和共同繁荣的原则。

### 2. 对文化权利进行立法确认

少数民族的文化平等权受到了党和政府的高度重视,从前述的《中国人民政治协商会议共同纲领》到《民族区域自治实施纲要》,再到 1954 年《宪法》,都明确规定了少数民族平等地发展其文化的权利。同时,政府采取一切可能的措施,纠正民族文化关系中的歧视、敌意和隔阂状态,加强了各民族之间的文化联系,发展了少数民族优秀的传统文化,少数民族的风俗习惯得到尊重,各民族的传统节日得到尊重。少数民族文化平等权、参与文化生活的权利、享受文化成果的权利、开展文化创造的权利都获得了法律保障,并逐步实现。

尤其值得一提的是,《宪法》第 47 条中规定,中华人民共和国公民有进行科学研究、文学艺术创作和其他文化活动的自由。国家对于从事教育、科学、技术、文学、艺术和其他文化事业的公民的有益于人民的创造性工作,给予鼓励和帮助。该条第一句说的是公民进行文化活动的自由,这是自由权意义上的文化权利。第二句则是宪法对受益权意义上的文化权利的确认。简言之,该条确认了公民的文化权利这一基本的宪法权利。

### 3. 采取各种措施保障少数民族文化权利的实现

《民族区域自治法》以自治权的形式在多处规定了保障少数民族文化权利的具体措施,特别是其关于文化管理自治权的规定。同时,该法还以专章规定了上级国家机关的职责,以法律形式确认了对少数民族文化权利的保障已经成为政府工作的一个重要组成部分。这些规定,都为少数民族充分实现其基本文化权利提供了可能。《国务院实施〈民族区域自治法〉若干规定》专门规定了民族自治地方自治机关的文化管理方面的自治权,这些权力规定的目的是赋予自治机关采取多种方式保障少数民族文化权利的职权。其中,第 24 条规定,上级人民政府从政策和资金上支持民族自治地方少数民族文化事业的发展,加强文化基础设施建设,重点扶持具有民族形式和民族特点的公益性文化事业,加强民族自治地方的公共文化服务体系建设,培育和发展民族文化产业。国家重视少数民族优秀传统文化的继承和发展,定期举办少数民族传统体育运动会、少数民族文艺会演,繁荣民族文艺创作,丰富各民族群众的文化生活。第 25 条中规定,上级人民政府支持对少数民族非物质文化遗产和名胜古迹、文物等物质文化遗产的保护和抢救,支持对少数民族古籍的收集、整理、出版。所有这些规定都进一步强调了政府在少数民族文化权利保障领域的职责,使中国少数民族文化权利的保护事业步入法制化轨道。

### 4. 对违反少数民族文化权利的行为进行惩处

《刑法》第 249 条规定了煽动民族仇恨、民族歧视罪,第 250 条规定了出版歧视、侮辱少数民族作品罪,第 251 条规定了非法剥夺公民宗教信仰自由罪和侵犯少数民族风俗习惯罪。这些都是从国家刑事立法的角度规定的对侵害少数民族文化权利的行为进行惩处,也是从事后惩罚与补救的角度规定对少数民族文化权利的保障。

此外,《出版管理条例》第 26 条中规定了任何出版物不得含有煽动民族仇恨、民族歧视,破坏民族团结,或者侵害民族风俗、习惯以及危害民族优秀文化传统的内容。第 56 条、第 57 条中规定了对上述行为及其相关行为的具体惩罚措施。这也是从国家对出版行业的行政管理的角度规定对少数民族文化权利的保障。

**二、少数民族文化权利法律保障的地方立法**

通过地方立法来加强对少数民族文化权利的保障,在很多方面具有开拓性,也为该领域的国家立法提前进行了探索。

1. 概括性规定

对少数民族文化权利保障的概括性规定主要指中国目前已经制定的 134 个自治条例中对少数民族文化权利保障的相关规定,具体表述不是很一致,但从内容上看,一般都是有专门的条款对该事项作出原则性规定。例如,《三都水族自治县自治条例》第 45 条中规定,自治县的自治机关加大资金投入,保护名胜古迹、文物、民族文化遗产和烈士陵园,加强文化生态博物馆、民族民间传统文化之乡和民族文化村寨的保护和建设;发掘民族民间文化资源,培养民族民间文化传承人,支持民族民间文化进校园。该条例利用一个条款专门规定了包括水族基本文化权利在内的文化权利保障的多方面内容。

此外,中国部分省市所制定的少数民族权益保障条例或散居少数民族权益保障条例也对此作出了概括性的规定。例如,《浙江省少数民族权益保障条例》第 18 条中规定,各级人民政府及有关部门应当扶持发展少数民族文化、体育事业,保护、发掘、整理少数民族优秀文化遗产,培养少数民族文艺、体育人才。

2. 规定民族民间文化的范围

《云南省民族民间传统文化保护条例》、《福建省民族民间文化保护条例》和《贵州省民族民间文化保护条例》中规定的民族民间文化的范围大致相同,《青海省实施〈文物保护法〉办法》中特别以专章的形式规定了少数民族文物和宗教文物,《内蒙古自治区文物保护条例》也以专章的形式规定了民族文物。这些条例中规定的民族民间文化主要包括:少数民族的语言、文字;具有代表性的民族民间文学、戏剧、曲艺、诗歌、音乐、舞蹈、绘画、工艺美术等;民族民间文化传承人及其所掌握的传统工艺制作技术和技艺;集中反映各民族生产、生活习俗和历史发展的民居、服饰、器具、用具等;具有民族民间文化特色的代表性建筑物、设施、标识以及在节日和庆典活动中使用的特定自然场所;保存比较完整的民族民间文化生态区域;具有学术、史料、艺术价值的手稿、经卷、典籍、文献、契约、谱牒、碑碣、楹联等;具有民族民间代表性的传统节日、庆典活动、民族体育和民间游艺活动以及具有研究价值的民俗活动;民族民间文化的其他表现形式。广西、苏州、湖南省的湘西土家族苗族自治州、长阳土家族自治县等也都制定了各自的民族民间文化保护方面的地方立法。正是由于我们目前没有能力也没有必要对所有的少数民族传统文化进行保护,这些规定科学地界定了少数民族文化权利保障的范围,对地方立法的实施以及整个法制运行环节都是有重要指导意义的。

3. 规定专门的文化权利保障机关

《云南省民族民间传统文化保护条例》、《福建省民族民间文化保护条例》和《贵州省民族民间文化保护条例》中都规定县级以上人民政府的文化行政部门主管本行政区域内民族民间传统文化的保护工作。《云南省纳西族东巴文化保护条例》第5条规定,丽江市和有关县(市、区)人民政府文化行政部门是纳西族东巴文化保护工作的主管部门。这些部门的职责大致相同,主要是:宣传、贯彻国家有关保护民族民间传统文化的法律、法规和方针、政策;会同有关部门制定本行政区域内民族民间传统文化保护工作规划,并组织实施;对民族民间传统文化的保护工作进行指导和监督;管理民族民间传统文化保护经费;对违反本条例的行为进行处罚。民族事务、教育、旅游、规划、建设、新闻及其他有关部门应当在各自的职责范围内,协助文化行政部门共同做好民族民间传统文化保护工作。

虽然根据以上关于文化行政部门职责的规定以及其他相关条款的规定,这些地方性法规主要通过行政管理的手段对民族民间传统文化予以保护,而没有将其作为一种与财产权利相关的客体来进行保护,没有明确所有者与使用者的关系。但这些条例毕竟是在该领域的开拓性立法,具体制度设计非常合理也比较完善,照顾到了民族民间传统文化保护的许多因素,具有积极的实践意义。

4. 规定民族民间传统文化传承人和传承单位

《云南省民族民间传统文化保护条例》第15条规定了云南省民族民间传统文化传承人的认定条件:本地区、本民族群众公认为通晓民族民间传统文化活动内涵、形式、组织规程的代表人物;熟练掌握民族民间传统文化技艺的艺人;大量掌握和保存民族民间传统文化原始文献和其他实物、资料的公民。《福建省民族民间文化保护条例》第11条和第12条、《贵州省民族民间文化保护条例》第15条和第16条也规定了民族民间文化传承人和传承单位的条件。

《福建省民族民间文化保护条例》第14条和第15条规定,传承人和传承单位的权利。比较说来,云南省和贵州省对民族民间文化传承人和传承单位的规定比福建省的规定要宽松,这也是两省本着实事求是的精神,从本省少数民族众多,文化素质相对较低的现实出发作出的规定。

5. 规定民族民间传统文化之乡

《云南省民族民间传统文化保护条例》第17条规定了云南省民族民间传统

文化之乡的命名、设立条件等方面的相关规定。其中包括:历史悠久,世代相传,技艺精湛,有较高艺术性、观赏性的;有鲜明的民族风格和地方特色,在国内外享有盛誉的;在当地有普遍群众基础或者有较高开发利用价值的。第 19 条规定,命名云南省民族民间传统文化之乡、设立云南省民族传统文化保护区,应当尊重当地各民族公民意愿。《贵州省民族民间文化保护条例》第 19 条也规定了民族民间文化之乡的条件。

该条例在全国范围内首次对民族民间传统文化传承人、民族民间传统文化之乡、民族传统文化保护区作为了相应规定,在云南这样一个多民族聚居的大省使少数民族传统文化保护纳入法制轨道,取得了良好的社会效果,并为其他地区的立法提供了范例,推动了少数民族文化权利保障观念的深入人心。立法者在加强对民族民间传统文化保护的同时,注意到了应当尊重当地各民族公民意愿。这是对少数民族作为民族民间传统文化的权利主体意志的尊重,有利于调动当地各族公民的积极性,加入到保护行动中来。

6. 规定民族传统文化保护区

《云南省民族民间传统文化保护条例》第 18 条规定了设立云南省民族传统文化保护区的条件,主要包括:能够集中反映原生形态少数民族传统文化的;民居建筑民族风格特点突出并有一定规模的;民族生产生活习俗较有特色的。《福建省民族民间文化保护条例》第 16 条规定和《贵州省民族民间文化保护条例》第 20 条也作出了类似的规定。虽然对以设立类似民族文化保护区的方式来保护少数民族的传统文化的做法还存有一些争议,但三个条例都肯定了其积极作用,以地方立法的形式对设立条件作了具体规定。在"十一五"期间,中国将确定 10 个国家级民族民间文化生态保护区。①

7. 其他规定

前面几项内容是地方立法中保护少数民族文化权利的主要规定,除此之外,还有一些规定也是非常重要并且具有地方特色的。例如,《贵州省民族民间文化保护条例》第 13 条和第 14 条规定,国外、境外团体、个人以研究或者营利为目的,到本省进行民族民间文化考察活动的,应当报省人民政府文化行政部门批准。经省人民政府文化行政部门认定的具有重要历史、艺术、科学价值的民族民间文化资料和实物,除经依法批准的以外,一律不得出境。该两条规定了对民族民间文化的出境保护,这也是针对前些年贵州传统的民族服饰、器具等大量流失的现状而做出的规定,同时也表明了立法者权利意识的增强。

《贵州省民族民间文化保护条例》第 18 条规定了建立民族文化生态博物馆或者民族文化村寨博物馆的条件:自然生态环境整体保存较好;具有民族文化典

---

① 国家"十一五"文化发展纲要。

型特征;民族传统文化保存较好;历史悠久、建筑典型、民风古朴,具有代表性的民族村寨。该条规定是该法的一大特色,因为贵州在国内最早建立了梭嘎生态博物馆并在国内外获得了良好的反响,该规定也是建立在这一成功实践的基础上。

《延边朝鲜族自治州朝鲜族文化工作条例》第四章还以专章的形式规定了群众文化,规定特别的措施保障群众参加文化生活的权利。第五章以专章的形式规定了图书和文物,特别强调对民族文物的保护,这些规定虽然还比较原则,但其在国内比较早地规定了政府在民族文化工作方面的义务,以及采取措施促进群众对文化生活的参与,是比较罕见的。

特别说明的是,《贵州省民族民间文化保护条例》第28条规定了民族民间文化保护经费的筹集和用途。主要由政府拨款、社会捐助和接受国内外捐赠等多渠道筹集,主要用于民族民间文化重大项目的保护、研究和开发;征集、收集、整理、研究、保护和开发民族民间文化珍品、文献、典籍和实物;贫困地区民族民间优秀文化项目的保护和开发;民族文化生态博物馆和民族文化村寨博物馆的建设与管理;其他民族民间文化保护工作。《云南省纳西族东巴文化保护条例》第5条也规定了东巴文化保护经费的来源及主要用途。

## 第三节 少数民族文化权利的司法保障

我国现阶段处在一个社会大变革时期,经济文化发展迅速,这一发展过程中少数民族传统文化合法权利受到侵害的事实屡有发生,但是通过司法途径处理的案件却十分罕见,除了由于少数民族个体观念的封闭以及对法律知识的缺乏,更多的是由于我国现阶段针对少数民族文化权利的司法保护缺失。

少数民族文化权利保障的司法完善,是指中国相关诉讼制度的完善,不包括经社文委员会即将通过的《经济、社会和文化权利国际公约》的任择议定书中所确立的"个人来文制度"这种准司法制度。完善关于文化权利以及少数民族文化权利方面的诉讼制度是中国政府履行签署和批准公约时的承诺之一,也是缔约国的一项重要义务。

### 一、与少数民族文化权利相关的诉讼的性质

一般来讲,诉权是指法律关系主体及其利害关系人所享有的请求国家给予保护的权利,即请求法院行使审判权解决法律纠纷或保护相关权益的权利。目前一种流行的观点认为,诉权是一种宪法权利。尽管中国宪法没有规定诉权,但我们可以在理论上从宪法的角度探讨诉权问题。况且,从中国宪法有关法院及诉讼制度的规定,以及中国已加入有关人权的国际公约这一事实,可以得出中国

宪法事实上承认诉权的结论。

少数民族文化权利的司法保障的核心问题仍然是诉权问题。在诉权的主体问题上，本书认为，其主体应与少数民族文化权利的权利主体相一致，即由国家和少数民族共同作为主体，这是没有问题的。由作为管理主体的"少数民族传统文化保护委员会"来行使这项权利，也是国家、少数民族、社会各界都能接受的。现在的问题是，其他法律主体能否提起此类诉讼？答案是肯定的，这涉及少数民族文化权利诉讼的诉讼性质问题。

关于保障少数民族文化权利方面的诉讼，到底是一种什么性质的诉讼，一直有不同的观点。中国民事诉讼法和行政诉讼法在制度设计上长期采用保守的"利害关系理论"来界定原告的诉讼主体资格，导致侵害社会公共利益的现象发生时因受到诉讼主体资格的限制不能有效地维护国家、集体、群众的利益，浪费了大量的国家资源，本书认为，应将少数民族文化权利方面的诉讼界定为公益民事诉讼。关于公益诉讼的定义，主要有两种观点：一种认为是指特定的国家机关和相关的组织和个人，根据法律的授权，对违反法律法规、侵犯国家利益、社会利益或特定的他人利益的行为，向法院起诉，由法院依法追究法律责任的活动。另一种观点认为，公益诉讼是指任何组织和个人都可以根据法律法规的授权，对违反法律、侵犯国家利益、社会公共利益的行为，有权向法院起诉，由法院追究违法者法律责任的活动。①

公益诉讼不是一种单独的诉讼形式，而是一种以诉讼目的为基准界定的概念，旨在描述各种诉讼主体所进行的具有公益性质的诉讼活动。与"私益诉讼"相比较，公益诉讼的诉讼目的是维护国家利益和社会公共秩序。自然人、法人或其他组织经法律授权，可依法行使诉讼权利，并保证人民法院查明事实、分清是非、正确适用法律、及时审理违法案件、确认权利义务关系，制裁违法行为，以保护国家和社会公共利益。本书认为，从一定意义上讲，《乌苏里船歌》一案中，原告的诉讼行为可以认为是一种公益诉讼。

之所以把保障少数民族文化权利方面的诉讼界定为公益民事诉讼，主要有以下几方面的原因：

1. 诉讼目的的公益性。权利主体以外的其他法律主体为了保护与自己没有直接利害关系的少数民族的基本文化权利，该类行为是为了维护少数民族传统文化与整个国家或人类文化的长远发展，本身即带有公益性质，原告付出的时间、精力与金钱更是不言而喻的。

2. 有利于社会组织和个人参与到少数民族文化权利保障中来。司法作为纠纷解决的最终方式仍然是我们这个社会文明与民主的象征之一，社会组织和

---

① 李刚：《何谓"公益诉讼"？》http://www.pil.org.cn/article_view.asp?uid=5。

个人通过提起诉讼的方式来对少数民族文化权利进行保障是可供选择的积极方式之一,文化公益诉讼应成为公益诉讼的一个新亮点。

**二、与少数民族文化权利相关的诉讼程序**

在具体的诉讼程序方面,少数民族文化权利保障方面的诉讼主要在诉讼时效和委托鉴定两个方面具有特殊性。

1. 诉讼时效。由于目前信息技术的发展与少数民族文化权利意识之间的巨大反差,少数民族在很多情况下往往很难知道自己的权利受到侵害。因而,法院在处理具体的诉讼案件时,一定要注意在诉讼时效的计算方面的特殊性,如果少数民族不知道自己的基本文化权利受到侵害,诉讼时效不应开始计算,尤其是计算"应当知道权利被侵害时",应当根据少数民族的实际情况做出客观的认定。

2. 委托鉴定。由于少数民族文化权利的客体即少数民族传统文化的专业性使然,少数民族文化权利保障方面的诉讼可能都会涉及委托有关部门或专家进行鉴定问题。因而,法院必须委托法定的鉴定机构,并在鉴定组织或专家的选取程序、鉴定人的专业组合或专业结构、鉴定结果的认定等方面持有一个理性的态度并灵活运用自由裁量权。以前述《乌苏里船歌》案为例,一审期间,原被告双方均同意委托中国音乐著作权协会做出鉴定,法院也正是根据鉴定结论做出的判决,但是也有专家对该种鉴定提出了质疑。李卫红的《郭颂的〈乌苏里船歌〉是否侵权》一文就从鉴定主体的合法性、三位鉴定人结构不合理等两个方面提出了质疑。因而,我们有必要完善委托鉴定的程序性规定。

此外,我们还应重视少数民族习惯法在司法程序中的运用。国际上对少数民族的纠纷解决的法律规定不是很多,在国际劳工组织《1989 年土著和部落民族公约》①中有一些规定,值得我们借鉴。其第 8 条中规定,(1) 在对有关民族实施国家的法律和法规时,应当适当考虑他们自身的习惯和习惯法。(2) 当与国家法律制度所规定的权利或国际上众所公认的人权不相矛盾时,这些民族应有权保留本民族的习惯和各类制度。在必要的时候,应该确立某种程序,以解决实施这一原则过程中可能出现的冲突。《1999 年联合国土著人权利宣言》第 33 条中规定,土著人有权根据国际上承认的人权标准促进、发展和维护其机构体制及其独特的司法习俗、传统、程序和惯例。虽然该公约和宣言都不适用于中国,但其精神实质和合理内核值得我们借鉴,尤其是在涉及少数民族文化权利保障的具体程序时应考虑到少数民族特有的纠纷解决机制。

少数民族的纠纷解决习惯法是相对于正式的纠纷解决制度而言的,具有如

---

① 中国不存在土著人问题,也没有加入该公约。

下特点,一般都是由当地有威望的人士负责操作,不代表国家公共权力,不是国家正式制度的组成部分,不具有强制执行力,等等。但是,司法机关如果能巧妙地运用少数民族的纠纷解决习惯法,尊重双方的固有观念以及特定的生活方式,将会使许多纠纷得以顺利解决,更有效地保障少数民族文化权利的实现。

## 第四节 少数民族文化权利的行政保障

### 一、少数民族文化权利行政保障的现状

权利既需要国家权力的承认和支持,权利最深层的问题并不是权利与义务的问题,是权利与国家权力的关系问题。权利作为一种价值形态,当它为国家权力所承认、支持时就成为一种法定权利。在这一层面上,权利直接与法定的义务发生关联,构成了权利的法律形态。① 落实前述国际人权公约中的国家义务具体就体现在政府在少数民族文化权利法律保障方面应采取的措施。

中国政府历来重视采取各种措施对少数民族文化权利进行法律保护。十六大报告明确指出:"立足于改革开放和现代化建设的实践,着眼于世界文化发展的前沿,发扬民族文化的优良传统,汲取世界各民族的长处,在内容和形式上积极创新,不断增强中国特色的社会主义文化的吸引力和影响力。"并特别提出"要扶持对重要文化遗产和优秀民间艺术的保护工作"。为此,中国政府在保护少数民族文化权利方面做了大量的工作。

### 二、少数民族文化权利保障的行政完善

针对中国少数民族传统文化保护工作还处在初级阶段的事实,应着重加强如下几个方面的保护措施的落实。

(一) 开展少数民族传统文化遗产普查

普查是对少数民族传统文化进行保护的基础性工作,包括对其中的非物质文化遗产的记录和对一些反映少数民族传统文化内涵的实物和资料的收集,其目的就是建立少数民族传统文化档案。普查的实施包括政府的责任,公民的义务,普查的方式和要求等。必要时,还可组织全国或某一地区范围内的大规模普查或针对某一类非物质文化遗产进行专项调查;公民和团体在有关人员进行记录和实物征集时必须予以配合等。要在充分利用已有工作成果和研究成果的基础上,分地区、分类别制定普查工作方案,组织开展对少数民族非物质文化遗产的现状调查,避免重复劳动。运用文字、录音、录像、数字化多媒体等各种方式,

---

① 程燎原、王人博:《权利及其救济》,山东人民出版社1998年版,第34—35页。

对非物质文化遗产进行真实、系统和全面的记录,全面了解和掌握各地各民族非物质文化遗产资源的种类、数量、分布状况、生存环境、保护现状及存在问题,摸清非物质文化遗产资源的家底。运用现代科技手段建立档案和数据库。

中国已经开展了一些大规模的文化遗产普查工作,全国文物资源的核查、建档工作取得明显成效。在文物普查方面,开展了全国重点文物保护单位记录档案备案、全国馆藏一级文物建档备案等重点的工作和项目,初步摸清了全国文物资源的家底,掌握了国有不可移动文物和馆藏文物的数量。对有形文化遗产,我们的保护范围还需逐步扩大,我们的普查工作还应进一步深化和完善。在非物质文化遗产普查方面,编撰了标准化的《普查工作手册》。[①]

文化部已于2006年全面部署非物质文化遗产普查工作,这是21世纪开展的一次大规模的文化资源普查。为保障普查工作的科学性和规范性,加强业务指导,文化部组织专家学者编写了《普查工作手册》,并印发各地,对普查人员进行培训,作为普查人员的工作参考,着手在全国范围内开展非物质文化遗产资源的普查工作。而且,作为普查工作的重要成果之一,《非物质文化遗产普查图集(分省图册)》也已出版。

(二)建立中国少数民族传统文化代表作名录体系

中国实行非物质文化遗产分级保护制度。制定非物质文化遗产代表作的评审标准,经过科学认定后,建立国家级和省、市、县各级非物质文化遗产代表作名录体系。国家级非物质文化遗产代表作名录由国务院批准颁布。省、市、县各级非物质文化遗产代表作名录由同级政府批准颁布,并报上一级政府备案。这其中也包含非物质形态的少数民族传统文化。我们在建立中国少数民族传统文化代表作名录体系的同时,要绘制国家非物质文化遗产资源分布图,出版《中国少数民族传统文化代表作名录图典》。

根据《国家级非物质文化遗产代表作申报评定暂行办法》,申报国家级非物质文化遗产代表作的项目,必须具备以下条件:具有展现中华民族文化创造力的杰出价值;扎根于相关社区的文化传统,世代相传,具有鲜明的地方特色;具有促进中华民族文化认同、增强社会凝聚力、增进民族团结和社会稳定的作用,是文化交流的重要纽带;出色地运用传统工艺和技能,体现出高超的水平;具有见证中华民族活的文化传统的独特价值;对维系中华民族的文化传承具有重要意义,同时因社会变革或缺乏保护措施而面临消失的危险。同时,申报项目须提出切实可行的十年保护计划,并承诺采取相应的具体措施,进行切实保护。该《办法》中还规定了国家级非物质文化遗产代表作项目的申报程序,向联合国教科文组织申报"人类口头和非物质遗产代表作"的项目,将从国家级非物质文化遗

---

① 参见搜狐新闻,http://news.sohu.com/20060525/n243406575.shtml,2011年12月2日访问。

产代表作中产生。

2006年5月20日,国务院发出通知,公布了第一批国家级非物质文化遗产名录,分为民间文学、音乐、舞蹈、戏剧、曲艺、杂技与竞技、美术、手工技艺、传统医药和民俗共10大类518项。随后又公布了第二批和第三批国家级非物质文化遗产名录,以及第一批和第二批国家级非物质文化遗产代表性传承人。其中,有的是少数民族的非物质文化遗产和少数民族的非物质文化遗产传承人,尤其民俗这一大类中,类似于少数民族的传统生活方式,还有众多的少数民族传统的生活方式没有被列进去,亟待我们加强保护。

(三) 设立重大工程项目的文化影响评估机制

重大工程项目的环境影响评估机制在中国基本建立起来,我们完全可以将这一制度借鉴到基本文化权利保障领域。由于特定的文化依赖于特定的环境,文化具有不可再生性,因而,一旦因重大工程项目而使文化受到影响,将造成灾难性的后果。倡导建立重大工程项目的文化影响评估机制是非常必要的,其中尤其要侧重对少数民族文化权利影响的评估。由于基本文化权利的实现需要政府更多的积极作为,重大工程项目的文化影响评估机制对于履行中国政府在签署和批准公约时的承诺非常重要。中国的《"十一五"文化发展纲要》中也指出,要完善重大建设工程中的文物保护工作,严格项目审批、核准和备案制度。其实,我们要完善的还不仅仅是重大工程项目中的文物保护工作,其对少数民族文化权利保障所造成的影响更加值得我们关注。

(四) 设立专门的国家人权机构

联合国经济、社会和文化权利委员会认为,国家人权机构形式各异,其在促进和确保所有人权的不可分割性和相互依存性方面可以发挥关键的作用。中国还没有专门的以人权命名的或以保障人权为主要职责的政府机构。目前,中国向联合国各条约机构提交的国家报告是由外交部、全国妇联等不同的政府部门负责的,过于分散,往往造成重复劳动,不利于政府职能的充分发挥,不符合行政效率的价值理念。如果能设立专门的国家人权机构,不论其名称如何,都将是适应联合国驻中国的所有机构合署办公的新形势,避免机构重复,提高行政效率的需要。该机构的职责还可以包括:开展有关人权事项及相关理论的研究,以促进人权在中国的接受、理解和遵守;编制人权发展规划;对中国尚未加入的其他人权公约的现状及其未来发展开展前瞻性研究,对中国的加入提供指导与建议;等等。从国家人权机构所承担的审查与调查职能上看,该机构应直接隶属于全国人民代表大会常务委员会。

(五) 促进本民族成员、社会团体和个人的参与

欧洲18位不同专业背景和国籍的独立专家组成的小组,应欧洲安全和合作组织的要求,于1999年9月在瑞典的隆德完成了《关于少数人有效参与公共生

活的隆德建议书》，简称《隆德建议书》。由于该建议书中的建议和方案对世界各国具有普遍意义，因而虽然该建议书最初是欧洲安全和合作组织少数人事务高级专员工作范围内为在本组织区域内实施而编撰的，但却在全世界范围内引起很大反响。对于如何促进少数民族的有效参与，进而保障他们的文化权利，《建议书》也提供了一些可供选择的形式，主要有：增加少数人代表并设立提高他们影响的选举制度，如少数人在立法机构中的特别代表制，如新西兰议会为毛利人保留了4个位置，毛利人选民可以在自己的选区按毛利人登记或作为一般选民登记，主要政党和毛利党在其间角逐[①]；增加少数人利益在相关部门中得到关注的机制，如少数人在行政机构及各级法院中的职位的配备，以及在任何的咨询机构和其他高层机构中职位的配备；采取特殊措施，保障少数人以自己的语言参与行政管理或国家公务的制度；建立咨询机构，以便在政府主管部门和少数人之间建立对话渠道，在程序设置上对于直接影响到特定少数民族利益的事务的决策规定相应的咨询程序或赋予否决权。例如，挪威1988年的国家报告中即提到要建立一个萨米人议会，也就是萨米人自己通过特别程序选举注册的机构，这就意味着允许萨米人积极参与到与萨米文化保护相关的活动中来。萨米人议会将代替成员由国家任命的建议性机构——挪威萨米人委员会，它的权力范围将包括所有影响萨米人的事务。[②] 后来，萨米人委员会转为萨米人议会，其权力范围和参与政府决策的程度进一步扩大。

在少数民族参与国家事务的管理方面，中国规定了一系列的制度和措施。目前比较完善的是少数民族在国家权力机构中的特别代表制度，在全国和地方各级人大中都对少数民族代表的参政议政规定了具体的保障措施。其他制度在中国的相关立法和实践中也都有所体现，比如，自治机关以及民族自治地方检察院和法院工作人员的配备等。其他的具体制度还需要根据新形势下对参与方式的不同要求来进行完善。比如，少数民族有权按其自身意愿通过自己决定的程序充分参与制订对其可能有影响的立法或行政措施。国家在通过和执行这种措施之前，应事先征得有关少数民族自由和知情的同意。

---

① 大卫·C.霍克斯：《原住民：自治和政府间关系》，周子平译，载何群主编：《土著民族与小民族生存发展问题研究》，中央民族大学出版社2006年版，第57页。

② Li-Ann Thio. Managing Babel: *The International Legal Protection of Minorities in the Twentieth Century*. Netherlands: Martinus Nijhoff Publishers, 2005, pp. 237—238.

# 第十一章  中国少数民族语言权利

## 第一节  少数民族语言权利概述

### 一、少数民族语言权利的概念和特征

少数民族语言权利是指宪法和法律赋予各民族全体公民,在一切生活领域中使用和发展本民族语言文字的权利。主要包括:语言文字自由权、语言文字自治权、语言文字平等权、语言文字发展权、尊重和互相学习语言文字权以及创造、改造文字权。

少数民族语言权利主要具有如下一些典型特征:

(一)群体性

语言与特定的民族或族群形影相连,是民族和族群的集体特性的标志,也是民族和族群认同的重要外现特征。因此,民族语言权首先是民族或族群的集体权,一个人只要民族身份未变,不论是否掌握本族语或是否愿意使用本族语,都被赋予了本族语言权。语言的使用、传承和发展,也依赖民族和族群的集体意志。

(二)地域性

任何民族和族群都有特定的生存地域,虽然历史上许多民族和族群有过迁徙和流动,但是每到一个新的迁徙地,都会有相当长的繁衍生息,从而打下民族的烙印。特定的自然环境造就了其特有的生产生活方式,孕育了民族特有的文化和社会结构,是民族的生命谱系之根,语言活力之源。这种地域空间同时也是民族的核心社会空间之所系。因此,民族语言权与其特定的传统地域息息相关,民族语言权的赋予、享有和行使,只有在民族和族群的地域空间中,才能得到最大限度的实现。脱离民族传统地域和族群社会空间谈语言权,往往无法得到落实和保障。

(三)非排他性

民族语言权是一项基本的人权,任何民族和族群的本族语言权不可侵犯和剥夺,但任何民族和族群同样享有学习和使用非本族语言的权利。民族语言权的赋予、享有和行使,并不具有排他性。任何民族的语言和文化要维持自身的活力并实现可持续发展,都需要从其他民族语言文化中吸取养分。排斥外族语,并不利于本族语的健康发展,最终不可能真正保障本族语言权。

### (四) 非独立性

民族语言权是人权系统的有机组成部分,它的赋予、行使和保障往往与其他人权相伴而行。比如,语言学习权是受教育权的组成部分,而语言使用权、传播权、接受权则涉及政治权、话语权、言论自由权、文化权、生存权和发展权等等。民族语言权的赋予、享有、行使,与教育、行政、司法、政治生活、社会事务、商业和传媒等领域的权利紧密相依,如果民族在这些领域的权利无法得到保障,民族语言权也就成了空中楼阁。因此,要把民族语言权的实现与保障同其他人权的实现有机地结合起来。

### (五) 约束性

作为民族和族群的集体权利的语言权,尽管不具有强制性,但具有一定程度的约束性。主要体现在两个方面:一是在民族地域和社会空间,每个成员有学习、使用、传播和接受本族语言的责任和义务。尽管这种义务无法以法律形式作出约束,但是民族和族群的观念和文化惯势会起到软性的约束作用。二是民族和族群语言权不可剥夺,在实现民族其他权利的同时也必须赋予和保障其语言权。如,在保障民族和族群受教育权中,如若实施通用语教育,就必须同时实施本族语教育。忽略了这种约束性,就无法在政策和立法层面保障民族和族群语言权。①

## 二、少数民族语言权的要素

### (一) 少数民族语言权利的主体

一般地说,个人是国际法中的语言权利的受益人,没有一份文件赋予群体以权利而不提及属于这种群体的个人。然而,一些权利取决于受益人作为一个群体的成员的身份,比如作为一个语言少数群体或少数民族的成员的资格,可被视为语言促进措施的许多权利尤其如此。例如,《公民权利和政治权利国际公约》第27条规定:"在那些存在族裔的、宗教的或语言的少数群体的国家,不得否认属于这种少数群体的个人有权和他们群体中的其他成员一起享有自己的文化,信奉和实行自己的宗教,使用自己的语言。"虽然该条规定的权利属于个人,为了主张该条提供的保护,既要存在一个"少数群体",主张权利的个人又必须属于该群体的一员。

2007年联合国大会通过的《土著民族权利宣言》中,关于权利主体的措辞明确区分了土著民族和个人。前言中"承认并重申每个土著人都不受歧视地享有国际法承认的所有人权;土著民族还享有对本民族的生存、福祉和整体发展不可或缺的集体权利"。第1条规定:"土著民族,无论是集体,还是个人,均有权充分享受《联合国宪章》、《世界人权宣言》和国际人权法承认的所有人权和基本自

---

① 范俊军:《少数民族语言危机与语言人权问题》,载《贵州民族研究》2006年第2期。

由。"第 8 条第 1 款规定:"土著民族和个人享有不被强行同化或其文化被毁灭的权利。"根据第 13 条第 1 款,土著民族有权振兴、使用、发展和向后代传授其历史、语言、口述传统、思想体系、书写方式和文学作品,有权自己为社区、地方和个人取名并保留这些名字。土著民族作为集体被明确确认为权利主体。

(二) 少数民族语言权利的客体

虽然许多国际文件中提到语言,但没有一份国际文件定义什么是语言以及什么样的表达形式可以受到保护。比如,语言权利是否及于操特定方言的人?《欧洲区域性或少数民族语言宪章》第 1 条第 1 段表明:该宪章所保护的"区域性或少数民族语言"不包括国家的官方语言的方言;然而,它没有就如何判断一种表达形式是一种官方语言的方言抑或一种独特的语言提供任何标准。

由于对"什么是语言"没有法律上的定义,或许可以参考语言学家用以区别语言和方言的标准。不幸的是,这种区分是语言学中最棘手的理论问题之一。一种常用的判断方法是"相互可理解性"标准。如果两种语言形式可以相互理解,就看做是同一种语言的两种方言。然而,一个常见的问题是,被认为是同一种语言的两种地域性方言在口语上可能并不总是能够相互理解(如四川方言和浙江方言)。另一个问题是,口语容易相互理解的两种语言形式可能以不同的文字来书写。语言应参照口语还是文字来判断,或者是同时根据二者来判断,并不明确。而且,语言和方言的区分常常是基于政治和历史的原因而不是基于语言学的原因。[①]

虽然这种担心有其合理之处,基于方言之上的区分是否适当始终是一个没有解决的问题。西方已有学者提出超越语言学对"语言"进行解释的主张。拉玛加指出:

> 因少数群体保护关注的是一个独特的群体实际遭遇的或感受到的危险,保护语言上的少数群体的前提条件应该与对语言的一般承认区别开来,这些语言既可属于少数群体,又可属于多数群体。需要保护意味着"语言"不应指一种独特的言语形式,而应指其独特性引起或可能引起群体冲突或导致该群体获得统治地位的那些言语形式……因此,不能只是在语言学的意义上对"语言"作出解释以排除文字等方面,文字或许是群体认同的象征,成为植根于文化或宗教的遗产。[②]

这对方言或许也是可以考虑的。如果语言权利建立在语言安全的观念基础

---

① David Crystal, ed., *The Cambridge Encyclopedia of Language* (Cambridge: Cambridge University Press, 1994), at 25.

② Philip Vuciri Ramaga, "The Bases of Minority Identity", (1992) 14 *Human Rights Quarterly* 409 at 426.

上,难以理解为什么使用极度边缘化或弱势的方言的人被排除在法律保护之外;如果语言权利建立在语言多样性的积极价值的观念基础上,也难以明白为什么特别濒危的方言被排除在法律保护之外。

(三) 少数民族语言权利的内容

1. 少数民族语言与基本的公民和政治权利

《公民权利和政治权利国际公约》和《欧洲人权公约》中有几个规定基本的公民和政治权利的条文提到了语言。《欧洲人权公约》第 5 条除了保障其他权利之外,还保障免于受任意逮捕和拘禁的自由。该条的第 2 款规定"每一个被逮捕的人应立即以其理解的语言被告知其被逮捕的理由和指控的罪名"。① 《欧洲人权公约》第 6 条一般地保障公平审判的权利,其第 3 款规定:"每一个受刑事犯罪指控的人享有下列起码的权利:(a) 以其理解的语言立即被详细告知其被指控的性质和原因……(e) 如果其不能理解或不会说法庭使用的语言,获得译员的免费援助。"《公民权利和政治权利国际公约》第 14 条第 3 款的类似规定中有与此在实质上相同的要求。《保护少数民族框架公约》第 10 条第 3 款重申了《欧洲人权公约》第 5 条第 2 款和第 6 条第 3 款的规定。

表达自由以及和平集会和结社的自由等基本的公民和政治权利也与语言有关。《保护少数民族框架公约》也提到了这些基本的公民和政治权利。② 新近的有关少数民族的国际文件中有一些规定,它们一般地保障属于语言少数群体的人有权享有自己的文化,并在私人及公共生活中自由地、不受干扰或任何歧视地使用自己的语言。③

2. 使用少数民族语言进行教育的权利

少数民族语言活动分子和语言学家都相当重视少数民族语言教育在语言保持和复兴中的作用。欧洲安全与合作组织的一份报告指出:"属于少数民族的人实现使用自己的语言的基本人权(《公民权利和政治权利国际公约》第 27 条)自然取决于其熟悉这种语言的能力。正如《关于少数民族教育权利的海牙建议书》(第 1 条)所声明的,'只有在教育过程中获得适当的关于母语的知识,属于少数民族的人保持其认同的权利才能充分实现。'虽然这种语言的口语可以在家庭内部传承,其文字和文学需要教育机构的积极奉献。"④ 在教育方面,尽管新

---

① 《公民权利和政治权利国际公约》第 9 条第 2 款的类似规定中,没有关于使用何种语言告知的要求。该款只规定:"任何被逮捕的人,在被逮捕时应被告知逮捕他的理由,并应被迅速告知对他提出的任何指控。"
② 如:第 7 条,第 9 条第 1、3 款和第 11 条第 2 款。
③ 联合国大会《少数者权利宣言》第 2 条第 1 款,《〈欧洲人权公约〉少数民族权利附加议定书》第 3 条第 2 款,以及《保护少数民族框架公约》第 10 条第 1 款。联合国大会《土著民族权利宣言》第 13 条。
④ 欧洲安全与合作组织(OSCE)《关于 OSCE 地区属于少数民族的人的语言权利的报告》(OSCE Report on the Linguistic Rights of Persons Belonging to National Minorities in the OSCE Area) (The Hague: OSCE, 1999),第 1 节(section I)(C)1。

近的有关少数民族的国际文件包括了某些积极的语言权利。

3. 在官方场合使用少数民族语言的权利

新近的有关少数民族的国际文件中有许多条款是关于在官方场合使用少数民族语言的权利的。这种权利确保语言少数群体理解影响到他们的政府政策，表达对该政策的意见，并在国家的公民生活中更积极、更活跃。①《保护少数民族框架公约》第 10 条第 2 款规定："在属于少数民族的人传统上居住的地区或有相当数量的属于少数民族的人居住的地区，如果这些人如此要求，并且这种要求与实际的需要相符，各国应尽可能地努力保证使这些人在与行政当局的关系中能够使用少数民族语言的条件。"

4. 在个人姓名和地名中使用少数民族语言

《保护少数民族框架公约》第 11 条第 1 款规定，少数民族成员有权使用少数民族语言的姓氏和第一个名字，并且，这些形式的姓名有权获得官方承认。第 11 条第 2 款规定，少数民族成员有权以少数民族语言展示标记、铭文和公众可见的其他私人性质的信息。国家可以要求，除了使用少数民族语言外，还要使用官方语言或其他语言，以促进工作场所的健康和安全、消费者保护和商品标识要求。②《保护少数民族框架公约》第 11 条第 3 款要求各国既以少数民族语言又以主体或官方语言为公众展示地名、街道名称和地形标记。但是，这种义务在地理上限于说少数民族语言的人传统上居住的地区或者有相当数量的说少数民族语言的人居住的地区，以有"充分需求(sufficient demand)"为条件，且是倡导性的，因为它仅要求国家"努力"完成这种义务。

5. 语言少数群体参与影响到他们的决策的权利

20 世纪 90 年代后出现的有关少数民族的国际文件做了一些尝试以解决这个问题。例如，联合国大会《在民族或族裔、宗教和语言上属于少数的人的权利宣言》第 2 条第 3 款、《哥本哈根文件》第 33 条和第 35 条都规定：属于语言少数群体的人有权在国家一级和地区一级有效地参与影响到本语言群体的决策。联合国大会《在民族或族裔、宗教和语言上属于少数的人的权利宣言》第 5 条第 1 款也要求国家政策和计划的制订和执行应适当顾及语言的或其他的少数群体的合法利益。

---

① 欧洲安全与合作组织(OSCE)《关于 OSCE 地区属于少数民族的人的语言权利的报告》(OSCE Report on the Linguistic Rights of Persons Belonging to National Minorities in the OSCE Area)(The Hague: OSCE, 1999)，第 4 节(section IV)(B)1.

② 《关于少数民族语言权利的奥斯陆建议书》"注解(Explanatory Note)"第 12 段。

## 第二节 少数民族语言权利的法律保障

### 一、少数民族语言权的法律保障的现状

(一) 国家对少数民族语言权利的保障措施

1. 立法保障

国家的立法措施对权利的保护、享有和实现具有至关重要的影响。国家立法的基本意义就在于在法律上确认应受保护的利益,使其上升为法律上的权利;划定权利的界限,明确权利人行为的自由空间;并界定对权利人的权利特定义务人或社会一般人或国家负有什么义务,以及在作为义务人的个人、组织或国家违反义务时应负有什么责任,国家对权利人提供何种权利救济手段等等。简言之,立法对权利进行保障就是界定在法律关系客体上的权利、对应于权利的义务以及违法义务、妨碍权利实现的情形和法律后果。没有立法对权利的确认,权利就没有"法律上的力",至多是道德权利;没有立法对相应义务的确认,权利就变得抽象、缥缈;没有法律责任的保障,权利可以任人侵夺。

国家的语言立法,应以保障语言权利和语言上的公共利益为目标。对于以保护语言权利为宗旨的国家立法来说,当然地应以确认公民的语言权利为中心。国家是语言权利最重要的义务人。因此,语言权利立法在确认公民有哪些语言权利的同时,也就要明确国家为满足公民的语言权利应该做什么,做到什么程度。比如关于少数民族语言的教育,要明确少数民族成员有无这种权利;国家是否有义务提供少数民族语言教育,如果有,公共教育是以少数民族语言作为教学媒介语,还是将其作为一个科目;如果作为教学媒介语,从什么阶段开始,到什么阶段结束。当然,语言权利问题异常复杂,对于一些认识上无法统一的方面,不能急于以法律来固定。

2. 行政保障

行政保障就是政府根据立法部门制定的法律,实施保障公民的权利的各种措施。语言权利的群体性决定了个人不能像享有财产权利一样享有语言权利,个人语言权利的行使和实现与其他人的语言行为和语言偏好具有连带关系。各种语言的状况千差万别也决定了立法部门制定的法律不能搞一刀切,而必须授权政府根据具体情况采取具体措施。把语言权利问题看做政治议题也会使政府在其中扮演积极、主导的角色。因此,政府的行政保障对语言权利的实现来说不可或缺。

(1) 政府的社会进步和发展措施

各种人权的实现需要社会进步和发展作为基础。国家在这方面负有首要责

任。联合国大会1969年《社会进步和发展宣言》第8条宣称:"每个国家的政府的首要任务和根本责任在于确保其人民的社会进步和福利,拟定作为全面发展规划的一部分的各种社会发展措施,鼓励、调整或结集全国的力量以达此目的,以及引导社会结构中的必要的改变……"联合国大会1986年《发展权利宣言》第3条第1段也申明:"各国对创造有利于实现发展权利的国家的和国际的条件负有主要责任。"

不幸的是,当今世界最富裕、最民主、现代化程度最高的国家,如美国、英国、法国、德国、加拿大、澳大利亚和日本,国内语言多样性相对较弱,语言权利问题在这些国家不很突出。而在许多贫穷、现代化水平低的发展中国家,如印度、南非、埃塞俄比亚等,语言多样性却相对要强得多,语言权利问题比较突出。要满足少数民族的语言权利要求,如培训少数民族语言的教师、以少数民族语言授课、课程开发、以少数民族语言提供行政服务等,都需要大量的人力和财力。一个发展中国家要像欧盟那样重视语言平等、关注语言多样性客观上是不可能的。语言权利的实现需要一定的物质条件。物质条件跟不上,法律多少规定多少语言权利都没有实际价值。对于发展中国家来说,面对全球化的冲击,一些少数民族语言消亡是必然的,倾尽国家的全部财力也不能扭转这种趋势。发展中国家的发展本来就面临资金的问题,如果不适当地在保持语言多样性上投入过多的资源,不但会影响其他方面的合理目标,语言多样性能否保持也成问题。

(2) 教育、培训和宣传

各级各类形式的教育是个人发展个性、获得知识、掌握技能的重要途径。健全而普及的教育可以直接减少乃至消除文盲,并有助于减少由于缺乏教育而导致的贫困、失业、犯罪和所有其他否定人权的现象,促进个人、社会的全面进步和发展,为各种权利的实现创造必要的条件。更重要的是,通过教育、培训和宣传,在全社会普及法律知识,提高法律意识和权利意识,不但使公民明确自己的权利,而且还让他们能够自觉地尊重他人合法权益和整个国家的利益,还可以使国家机关和国家机关工作人员提供促进和保护人权的能力。尤其是在民族、宗教、语言等凝结了人们的非理性情感的事项上,教育、培训和宣传显得更为重要。这是政府的责任,也是知识界和全社会的责任。

鉴于一般教育、人权教育和人权培训在促进对人权的普遍尊重、保护和实现方面的重大意义,许多国际人权文件都将其规定为各国为确保人权实现应当采取的重要方法和措施。根据这些文件的规定,各国有义务通过教育、培训和宣传促进对人权的普遍尊重及其实现。《经济、社会和文化权利国际公约》第13条第1款规定:"……教育应鼓励人的个性和尊严的充分发展,加强对人权和基本自由的尊重,并应使所有的人能有效地参加自由社会,促进各民族之间和各种族、人种或宗教团体之间的了解、容忍和友谊,和促进联合国维护和平的各项活动。"1993 年 6 月 25 日世界人权大会通过的《维也纳宣言和行动纲领》第二部分第 82 段也强调教育、培训和宣传对人权的意义:"各国政府应在政府间组织、国家机构和非政府组织的协助下,促进对人权和相互容忍的认识。世界人权会议强调有必要加强联合国从事的世界公众宣传运动。它们应发起和支持人权教育,有效地散发这一领域的公众宣传资料。联合国系统的咨询服务和技术援助方案应能够立即响应各国的要求,帮助它们进行人权领域的教育和培训活动,以及关于各项国际人权文书和人道主义法所载的标准,并将这些标准适用于军队、执法人员、警察和医疗专业人员的特别教育。应考虑宣布'联合国人权教育十年',以推动、鼓励以及重点突出这些教育活动。"

针对语言权利问题,政府教育、培训和宣传的主要内容是什么呢?这包括,但不限于:语言和文化的多样性是当代各国政府和人民必须面对的一个生活事实;各种语言和语言群体尊严平等;世界各国应对语言和文化多样性的积极措施;各国政府和人民在语言、文化多样性方面存在的困难,等等。

(3) 机构的设立

为了实现少数民族的语言权利,有必要建立某些机构。如单一或多种语言的协会、术语标准化委员会等。这类机构的职能主要是为了丰富和发展某一种语言或协调不同地域同一种语言的规范,便利对这种语言的使用。缺少这类机构,少数民族语言中的新词汇大体就只能搬用主体语言,久之而有语言同化的危险,而这种同化可能是他们所不愿接受的。

除此之外,一些国际人权文件要求建立国家人权机构,负责促进对人权的尊重、保护及其实现,如人权委员会、监察专员或其他形式的独立的国家机构。这些机构的职能主要包括:就本国制定和修改有关人权保护的法律和条例、终止侵犯人权的局势、起草人权定期报告和其他事项对国家立法、司法、行政和其他主管机关提出咨询和建议;促进本国对国际人权公约的批准或加入并确保其有效实施;预防侵犯人权的行为发生;受理并审议有关个人或组织提出的对侵犯人权行为的指控;对受害者提供适当的有效救济;传播人权信息和资料,协助制订并参与实施人权教育和实施方案,开展人权教育和培训;与在人权领域开展工作的国际性、区域性或其他国家的组织和机构进行合作;等等。

这些机构的职能有的可能超越了政府的权限,具有司法权的性质。

(4) 根据本国的国情,根据少数民族的实际需要尽可能在国家职能活动中使用少数民族语言

对少数民族语言的存续来说,这一点或许是最重要的。如果一种语言不能在国家生活(地方的、区域的或全国的)中履行公共职能,不能在立法、行政或司法中获得表现的机会,那它迟早会隐入历史,成为语言学家、人类学家、考古学家凭吊的东西。芬兰 2003 年《语言法》第 5 章"语言权利的保障"有三节(section），它全部是关于公共机构、公共企业等使用某种语言的义务的：

"第23节　当局保障语言权利的义务

① 当局在其活动中应积极地保证私个人的语言权利实际地获得保障。

② 双语当局应以芬兰语和瑞典语为公众提供服务。（双语）当局在其服务或其他活动中应向公众表明其使用双语。

③ 在与私个人和法人的接触中，双语当局应使用他们的语言，芬兰语或瑞典语，如果已知或可以合理地确定的话；或两者同时使用。"

3．语言权利的救济保障

语言权利的救济，指的是当权利主体的权利受到侵害或发生争议时，国家通过司法诉讼、行政复议、政治协商或社会通过仲裁等方式使侵害造成的后果得以弥补或争议得到解决。

（1）政治协商

当在某一种问题上没有统一的做法，或者该问题的涉及面异常复杂时，可能采用法律手段并不奏效，或者法律手段并不是最优的选择。面对复杂的语言问题，政府立法的难度甚大。在无法可依的情况下，语言争议可能需要政府与有关少数民族的代表协商解决。由于各种语言在使用人口、集中程度等方面差异很大，即使政府在语言权利方面进行立法，在某种程度上借鉴《欧洲区域性或少数民族语言宪章》的"菜单机制"是无法避免的。作为关于语言权利的立法，如果采用了"菜单机制"，政府的选择与有关少数语言群体认为适当的选择可能不一致而发生纠纷。两者选择的契合首先应是一个政治协商的过程。

鉴于语言权利方面的争议（尤其是群体性的语言权利争议）牵涉甚广，应给予作为争议解决方式的政治协商广阔的作用空间。政治协商相对于司法诉讼来说，有几个优势：

第一，司法诉讼是在已经产生纠纷的情况下解决问题的方式，而政治协商可以在争议发生之前就防止其发生。司法诉讼是解决问题于已然，而政治协商是防范纠纷于未然。所以，以司法诉讼解决纠纷是被动的，而以政治协商解决语言权利争议具有主动性。

第二，语言权利的群体性质可能使司法手段无能为力。民族、宗教、语言等凝结了族群情感和利益的问题，因其可能涉及国家的结构等根本性问题，其解决应以国家有关机关与有关群体之间的协商为之。比如，对选择何种语言为官方语言问题的争议，司法显然无法发挥作用。

第三，在协商的过程中，争议各方通过充分地展示事实，明确国家的根本利益和相关群体利益的一致与冲突，从而可能在友好的气氛中增进共识，达成妥协，化解纠纷。

(2) 诉讼

诉讼就是通过国家审判机关或有管辖权的国际机构对纠纷进行权威性裁断的制度。

从现有的诉讼案例来看,语言权利争议主要是在关于教育权、表达自由或平等—不歧视等权利的争议的面目出现的,如"比利时语言案"(the Belgian Linguistics case)①和"加拿大魁北克商业标识案"②。前者经由欧洲人权法院审理,后者经由联合国人权委员会审理。

## 二、中国对少数民族语言权利的保障

在中国现阶段,少数民族语言文字权益受到了国家切实的保障,国家在立法、行政和司法方面皆采取了保障少数民族语言文字权益的措施,成效显著。

(一) 立法措施

中国除了参加有关国际公约(如1966年联合国《公民权益和政治权益国际公约》、《经济、社会和文化权益国际公约》)承担保障少数民族语言文字权益外,国内法上也初步建立了少数民族语言文字权益保障制度。

现行《宪法》于总纲第4条第4款原则性地规定:"各民族都有使用和发展自己的语言文字的自由……"第121条规定:"民族自治地方的自治机关在执行职务的时候,依照本民族自治地方自治条例的规定,使用当地通用的一种或者几种语言文字。"

《全国人民代表大会组织法》第19条规定:全国人民代表大会举行会议的时候,应当为少数民族代表准备必要的翻译。

《全国人民代表大会和地方各级人民代表大会代表法》(1992年)第38条:为了便于代表执行代表职务,有关部门应当在语言文字、生活习惯等方面给予必要的帮助和照顾。

《人民法院组织法》第6条规定:"各民族公民都有用本民族语言文字进行诉讼的权益。人民法院对于不通晓当地通用的语言文字的当事人,应当为他们翻译。在少数民族聚居或者多民族杂居的地区,人民法院应当用当地通用的语言文字进行审讯,用当地通用的文字发布判决书、布告或其他文件。"《刑事诉讼法》(1996年)第6条、《民事诉讼法》(1991年)第11条、《民事诉讼法》(1990年)第8条都重申或贯彻了《人民法院组织法》第6条的精神。

《民族区域自治法》第21条,第36条,第37条第3、4款,第38条,第47条,

---

① 6 Eur. Ct. H. R. (ser. A) (1968).

② 即"巴伦廷、戴维逊和麦金泰诉加拿大"案(Ballantyne, Davidson, McIntyre v. Canada), Communications Nos. 359/1989 and 385/1989, U.N. Doc. CCPR/C/47/D/359/1989 and 385/1989/Rev.1 (1993).

第 49 条和第 53 条也是有关少数民族语言文字问题的。根据这些条文,民族自治地方的自治机关在执行职务的时候,依照本民族自治地方自治条例的规定,使用当地通用的一种或几种语言文字,同时使用几种通用的语言文字执行职务的,可以以实行区域自治的民族的语言文字为主。根据国家的教育方针,自治机关可以依照法律的规定决定本地方的教学内容和教学用语;招收少数民族为主的学校(班级)和其他教育机构,有条件的应当采用少数民族语言文字的课本,并用少数民族语言讲课,根据情况从小学低年级或者高年级起开设汉语文课程,推广全国通用的普通话和规范汉字;各级人民政府在财政方面扶持少数民族文字的教材和出版物的编译和出版工作。民族自治地方的自治机关教育各民族的干部和群众互相信任,互相学习,互相帮助,互相尊重语言文字、风俗习惯和宗教信仰,共同维护国家的统一和各民族的团结。

根据《著作权法》(2001 年修正)第 22 条第 1 款第 11 项,将中国公民、法人或者其他组织已经发表的以汉语言文字创作的作品翻译成少数民族语言文字作品在国内出版发行的,可以不经著作权人许可,不向其支付报酬,但应当指明作者姓名、作品名称,并且不得侵犯著作权人依法享有的其他权益。

此外,行政法规和部门规章、地方性法规也规定了少数民族语言权益。

国务院《实施〈民族区域自治法〉若干规定》(2005 年)第 22 条规定国家扶持少数民族语言文字的规范化、标准化和信息处理工作。

1987 年,西藏自治区制定了《西藏自治区学习、使用和发展藏语文的若干规定(试行)》。2002 年 5 月该规定被《西藏自治区学习、使用和发展藏语文的规定》取代。1993 年,新疆维吾尔自治区通过了《新疆维吾尔自治区语言文字工作条例》,2002 年修订。2004 年,内蒙古自治区通过了《内蒙古自治区语言文字工作条例》。其他许多自治地方也都制定了语言文字方面的单行条例,如四川凉山、青海果洛、海西、海北、海南、甘肃的天祝,吉林的延边等。

(二) 行政执法

在行政方面,国家也为保障少数民族语言文字权益采取了一系列卓有成效的措施。

1. 民族语言文字普查

这是一项基础性的工作。1956 年,中央民族事务委员会和中国科学院联合组织少数民族语言文字调查工作队,开始对少数民族语言分布的 16 个省、自治区少数民族语言文字进行调查,截止到 1959 年共调查了 42 个民族的语言。这次调查详细记录并分析了少数民族语言的特点和语言文字的历史渊源、使用情况、语言关系以及相关的人文背景,为后来对少数民族各个语言的结构系统描写和谱系分类打下了基础,为民族识别提供了重要依据,也为创制、改革、改进少数民族文字提供了科学依据。

2. 为少数民族创制、改革、改进文字

根据少数民族的意愿和要求,从20世纪50年代开始,政府先后帮助壮、布依、苗、彝、黎、纳西等12个少数民族创制16种民族文字,改进了傣文、景颇文、拉祜文,改革维吾尔文和哈萨克文。虽然后来一些少数民族改变了原来的选择,不再使用新创制的本民族文字,但政府的努力还是值得充分肯定的。

3. 建立健全机构,培养专业人才

国家建立了相当数量的民族出版社、民族电影制片厂、民族语文研究等机构承担弘扬少数民族文化、发展少数民族语言的职能。此外,各个高等民族院校中设立的少数民族语言学院(系)对培养少数民族语言文字专门人才、发展少数民族语言文字也发挥了重大作用。

4. 民族语言传播媒体建设

经过近20年的研究,中国少数民族语言文字的信息化处理工作有了一定的发展,已有多种少数民族文字信息技术建立了国家标准,开发出应用软件,其中一部分民族语文软件已经实现产业化。几乎所有的少数民族文字都能进入电脑,而且大多数都能在Windows系统下运行。少数民族用户在网上免费下载部分系统软件即可浏览维吾尔文、朝鲜文、蒙古文网页,甚至在网上聊天,这些都可以使用民族文字操作。

在新闻、出版、广播、影视等领域,目前中国用17种少数民族文字出版近百种报纸,用11种少数民族文字出版73种杂志。中央人民广播电台和地方电台用21种少数民族语言进行广播,地、州、县电台或广播站使用当地语言广播的达20多种。用少数民族语言摄制的故事片达3410部(集)、译制各类影片达10430部(集)。到1998年,全国36家民族类出版社用23种民族文字出版各类图书4100多种,印数达5300多万册。

各民族自治地区都设有民族出版社或民族文字出版室,主要的新闻媒体,包括广播、电视、报纸、杂志等都有当地主要民族语言的版本、频道。边远地区的少数民族人民通过卫星转播节目,很容易收看到使用本民族语言播出的各种电视节目,而在内地学习、工作的边疆少数民族同胞也可以通过卫星频道收看家乡电视台的民族语言频道。

蒙古、藏、维吾尔、朝鲜、彝等少数民族文字已有编码字符集、字型、键盘的国家标准。蒙古、藏、维吾尔、朝鲜等少数民族文字软件已实现windows系统上的运行和激光照排,出现了一批少数民族语种的网站。

5. 民族语文教育

国家从初等教育到高等教育都给予了民族语文足够的空间,使用民族文字的各个少数民族自治地区都开设有使用民族文字的民族小学、民族中学,或是在普通学校设有使用民族语授课的班级。使用民族文字的各民族自治地区都为民族学校编译出版大量的民族文字课本及参考书,保证教学之需。民族语文的高层次教育也得到了极大的重视,新中国成立以来是民族语文高层次人才培养和研究达到鼎盛的时期。全国数十所高等院校开设了本、专科民族语文专业,十几所院校还设有民族语文硕士点,中央民族大学、南开大学、内蒙古大学、延边大学、新疆大学、西北民族大学还设立了少数民族语言文学博士点,特别是中央民族大学的少数民族语言文学专业被确定为国家级重点学科以及"211 工程"重点建设学科、"985 工程"研究基地,建设目标是成为在国际上具有重要影响的少数民族语言文学人才培养和研究基地。民族语文高等教育的大发展为民族语文工作培养了大量高素质的人才,满足了社会各相关部门对民族语文专业人才的需求。

目前,全国共有一万多所学校开展双语教学,同时,还积极探索少数民族语文、汉语文、外语"三语"教学。国家设立了专门的民族文字教材专项补助经费,每年编译出版的少数民族文字教材多达 3500 多种。①

6. 民族语文在行政领域的运用

全国人民代表大会、中国人民政治协商会议全国委员会等历次重要会议,国家提供蒙古、藏、维吾尔、哈萨克、朝鲜、彝、壮等民族文字的文件,并为与会代表提供同声传译。在少数民族聚居区,各种重大会议和活动,一般都使用当地通用的一种或几种语言文字。民族自治地方自治机关执行职务,发布公文,都使用当地通用的民族文字。

中国人民币,除汉文外,还印有蒙古、藏、维吾尔、壮四种少数民族文字。

目前,设有中国民族语文翻译中心,负责翻译各种重要法律、文件和著作,包括蒙古、藏、维吾尔、哈萨克、朝鲜、彝、壮等 7 个语种。不少民族地区也设立民族语文翻译机构,翻译中央和地方有关重要法规和政策文件。

7. 民族语文在社会公共场所和其他领域中的运用

在少数民族文字通行的少数民族聚居的地区,牌匾、路标、广告、标语一般使用汉语和当地通用的民族文字书写。在蒙古、藏、维吾尔、哈萨克、朝鲜等民族聚居区,少数民族使用的各种证件(如居民身份证)、证书一般用汉文和本民族文字书写,而且是把少数民族文字写在前面或上面。

在少数民族聚居的地方,少数民族群众常用少数民族文字通讯、记事,医生用少数民族文字给懂得少数民族文字的患者开处方,等等。

(三)司法措施

在少数民族地区,少数民族群众使用本民族语言文字进行诉讼,司法部门用

---

① 本刊记者:《坚持平等自治共同繁荣 促进少数民族人权发展——访国家民族事务委员会主任李德洙同志》,载《人权》2003 年第 5 期,第 5 页。

当地通用的民族文字发布判决书、布告和其他文件。《民族区域自治法》中规定,民族自治地方的人民法院和人民检察院应当用当地通用的语言审理和检查案件,并合理配备通晓当地通用的少数民族语言文字的人员。对于不通晓当地通用的语言文字的诉讼参与人,应当为他们提供翻译。法律文书应当根据实际需要,使用当地通用的一种或几种文字。保障各民族公民都有使用本民族语言文字进行诉讼的权益。民族自治地方的自治机关教育和鼓励各民族的干部互相学习语言文字。汉族干部要学习当地少数民族的语言文字,少数民族干部在学习、使用本民族语言文字的同时,也要学习全国通用的普通话和规范汉字。民族自治地方的国家工作人员,能够熟练使用两种以上当地通用的语言文字的,应当予以奖励。

**三、对中国少数民族语言权利保护的评价**

**(一)中国奉行语言文字平等的政策**

中国共产党在意识形态上以马克思主义的辩证唯物主义和唯物史观为指针。马克思主义由于建立科学的基础之上,正确地揭示了民族及民族语言文字发展的客观规律。在处理民族问题上,马克思主义以民族平等为最高准则。马克思主义认为,所有民族的语言在尊严上是平等的。60多年来,中国在民族政策和民族语言文字问题上有过倒退,但总体来说,坚持了民族平等和民族语言文字平等原则,对这些原则的虔敬和执著在人类历史上到达了新的高度,与她相对落后的经济、科技发展水平形成了很大的反差。加拿大、澳大利亚等国在民族语言问题上的正式实践晚了中国20年,中国的民族平等、语言平等的政策可以包容多元文化主义,但多元文化主义无论是在理论基础还是在实践上都略逊一筹。中国保障少数民族语言文字权利的立法和实践与发达的西方世界相比,说起话来应更理直气壮。

**(二)中国对少数民族语言权利的保障采行的是集体保障原则**

《宪法》第4条第4款规定:各民族都有使用和发展自己的语言文字的自由。这是中国宪法和法律中关于少数民族语言权利的最为重要的表述。前面的分析已经表明,在语言文字方面,中国宪法和法律中明确确认为个人(公民)"权利"或"自由"的规范屈指可数。这就表明,中国对少数民族语言权利的保障采行的是集体保障原则,即以少数民族而非其个体成员的语言权利作为基本的保障对象。这是和语言的民族性、群体性本质相一致的。语言的产生、发展和使用都离不开语言群体。但是,个人具有主观能动性,他并非被自己的母语完全绑定,有足够的能力习得其他语言。在流动的社会中,这种能力对于他在职业市场中的成功和发展具有重大意义。因此,在语言权利的集体保障中不应将一个民族看成铁板一块,其成员个人之间语言选择和语言偏好可能有很大差异。忽视他们的语言选择和语言偏好是不符合人权原则的,也是与以人为本的科学发展观背道而驰的。个人是其自身利益的最佳判断者。虽然《国家通用语言文字法》第4条明确地赋予公民有学习和使用国家通用语言文字的权利,但在民族地区的实践中可能会发生偏差。如西藏1987年规定,藏族学校一年级新生都必须全部进入藏语授课班学习,在执行中阻力很大,多数地区都没有做到。有许多藏族干部和人大代表在会议等公开场合发言时,积极倡议学习使用藏语文。但在自己的子女学习问题上却坚决不同意进藏语授课班,而千方百计进汉语授课班和内地中学班。主要原因是藏语文的实际应用还具有一定的局限性。①

(三) 中国目前主要是采行属地原则保护少数民族语言权利

与集体保障原则相联系,中国目前对少数民族语言权利的保障采行的是属地原则,即在少数民族聚居的地方,尤其是在民族自治地方保障少数民族语言权利。因为在非民族聚居地方,政府向少数民族成员提供民族语文教育等语言服务不可行。经济上和效率上的考虑在任何时候、在任何国家都是不能回避的因素。

随着市场化的深入发展,少数民族地区操少数民族语言的人流入内地的会越来越多。他们中的一部分人可能不会汉语。如何保障这部分少数民族成员的语言权利已经成为政府必须解决的一个问题。笔者认为,在市民社会的平等主体之间的语言使用问题主要由个体自动调节。比如,一个不懂汉语的少数民族成员流入内地,极有可能是该地有它的亲属、朋友等社会关系网络,其他人如果能够与其相互沟通,可以发生交易、雇佣等关系,如果不能沟通就不发生关系。但他始终是政府管理和服务的对象,政府必然要与他发生关系。所以,为了应对这种需求,可以考虑建立少数民族语文翻译资格制度,建立翻译人才库,以满足政府和社会对民族语文翻译的需要。这样的做法优势很多,比如政府不用雇佣懂少数民族语言的公务员,节省人力成本;可能会解决极少部分人的就业问题;提高行政、司法效率;鼓励各民族互相学习语言文字等。具体做法可以进一步研究。

或许,语言权利从属地性制度安排到属人性制度安排的转变或者属人性制度因素的增多,是市场化的要求;但是,市场化也是催生统一语言的强大力量。

(四) 中国采行促进性语言权利制度安排

中国不但坚持各民族都有使用和发展自己的语言文字的自由,还在公共教育、行政等公共服务中积极地使用少数民族语言,在民族自治地方的语言文字自治权中体现的最为显著。促进性语言权利制度安排不单是政府不干预少数民

---

① 刘庆慧:《西藏基础教育与藏语文教学》,载耿金生、王锡宏主编:《民族教育改革与探索》,中央民族大学出版社1989年版,第502页。

在私人场合中使用本民族语言,还积极提高少数民族语言在国家活动中的"能见度"。在市场化、全球化的环境中,这对于保障少数民族语言的存续、进而保障少数民族成员使用自己的语言的权利是至关重要的。

从中国政府保护少数民族使用和发展本民族语言的权利的实践来看,语言权利在中国是一种积极权利。它不满足于对少数民族使用和发展本民族语言的自由承担消极的不干涉义务,还以国家的力量对这种自由权利的实现提供各种积极的支持措施。当然,这可能与中国的国家性质有关,而不是语言权利在任何时候、在任何国家都必然如此。

(五)中国不规定国语和官方语言

"国语(national language)"这个概念,其内涵非常暧昧。笔者通过各种途径搜索,都没有发现关于国语作为一个类概念的理论专著或专门文章。目前,关于"国语"、"官方语言"等术语,在语言学、民族学和法学的文献中有不同的解释,对它们的理解还存在一定的分歧。1953 年,联合国教科文组织的专家曾建议在"国语(national language)"和"官方语言(official language)"这两个概念之间划出界线,并指出"国语"是在统一国家的政治、社会经济和文化领域内行使整体化的巩固功能的语言,是本国的象征之一。"官方语言"是国家管理、法律和诉讼程序的语言。"民族语言"是与本民族的名称相一致的语言。这一解释是基本可以成立的,因为它指出了"国语"和"官方语言"的主要区别之所在,即"官方语言"有可能在国家的政治、社会经济和文化领域起着同"国语"一样乃至更重要的作用,但它一般不具有国家象征的意义。而"国语"则不同,它很重要的一点,就是它同本国的国旗、国徽等一样,是国家的象征、标志之一。①

中国的宪法和有关法律并没有用"国语"和"官方语言"这两个概念。② "通用语言"的概念的实际功能与"官方语言"相当。简言之,当代中国以其相对落后的经济和科技条件,在民族平等和语言平等原则的指导下,在中央政府的正确领导下,在保障少数民族语言权利方面的所作所为及其客观效果是足以让政府和公众引以为豪的。

---

① 何俊芳:《语言人类学教程》,中央民族大学出版社 2005 年版,第 178 页。
② 香港和澳门两个特别行政区和台湾地区除外。

# 第十二章 中国少数民族宗教权利

所谓少数民族宗教权利,是指法律赋予的少数民族公民宗教信仰的自由,其正常的宗教活动以及因宗教信仰产生的合法权益受国家法律的保护。宗教作为一种社会现象,是人类社会发展到一定阶段的产物,有它发生、发展和消亡的客观规律,信仰宗教也是人类社会的一个普遍现象。中国是一个多民族国家,也是一个多种宗教信仰的国家。佛教、道教、伊斯兰教在我国都有悠久的历史。鸦片战争后,基督教也获得了较大的发展。此外,有些地区还存在原始宗教。少数民族的民族性与各种宗教信仰紧密地联系在一起。因此,宗教作为一种社会组织和社会活动,必须在宪法、法律范围内活动,国家必须加强宗教法制的建设和完善,逐步建立起符合我国实际情况的少数民族宗教法律制度。

在我国,为了保护少数民族宗教信仰权利,国家制定了一套比较完善的宗教法律体系,包括《宪法》、《民族区域自治法》、《刑法》以及《宗教事务管理条例》等法律、法规及规章。这为少数民族宗教权利保护提供了充分的法律依据。

## 第一节 少数民族宗教权利立法保护

**一、少数民族宗教权利保护的法律依据**

(一)国际人权公约

宗教信仰自由源于十五、十六世纪的宗教改革运动,1555年《奥格斯堡条约》规定,在神圣罗马帝国,天主教徒和路德教徒享有平等地位。随后,宗教信仰自由成为各宗教教徒追求的目标。由于宗教信仰自由的本质在于反对人性压迫,追求思想自由,在资产阶级革命时期,宗教信仰自由成为资产阶级对封建专制制度的有力思想武器。随着资本主义制度的确立,各国逐步以法律的形式将宗教信仰自由规定为公民的一项基本权利。经历两次世界大战的洗礼后,宗教信仰自由成为深受各国人民普遍关注的基本人权。

目前,宗教信仰自由作为一项基本人权已经为国际人权公约所肯定。1948年联合国大会通过的《世界人权宣言》第18条规定:"人人有思想、良心和宗教自由的权利;此项权利包括改变他的宗教或信仰的自由,以及单独或集体、公开或秘密地以教义、实践、礼拜和戒律表示他的宗教或信仰自由。"1966年12月16日联合国大会通过的《公民权利和政治权利国际公约》第18条做了如下规定:

1. 人人有权享受思想、良心和宗教自由。此项权利包括维持或改变他的宗教或信仰的自由,以及单独或集体、公开或秘密地以礼拜、戒律、实践和教义来表明他的宗教或信仰自由。

2. 任何人不得遭受足以损害他维持或改变他的宗教或信仰自由的强迫。

3. 表示自己的宗教或信仰自由,仅只受法律所规定的以及保护公共安全、秩序、卫生或道德或他人的基本权利和自由所必需的限制。

4. 本公约缔约各国承担,尊重父母和(如适用时)法定监护人保证他们的孩子能按照他们自己的信仰接受宗教和道德教育的自由。

从国际人权公约的规定我们可以看出,它不仅规定了宗教信仰自由原则,而且对宗教信仰自由的行使方式和基本要求都作了具体规定。首先,保障公民按自己的个人意愿选择宗教信仰,"不得遭受足以损害他维持或改变他的宗教或信仰自由的强迫。"其次,保障公民通过正常的宗教活动(包括礼拜、戒律等)来表明和实现自己的宗教信仰。再次,规定了宗教自由的限制性原则,即宗教自由是相对的,"受法律所规定的以及保护公共安全、秩序、卫生或道德或他人基本权利和自由所必需的限制。"最后,宗教信仰自由受法律保护,国际人权公约和各国法律保障公民享有宗教信仰自由。

由于宗教信仰自由属于基本人权,人权事务委员会于1994年11月2日作出了"对有关批准或者加入公约或其任择议定书,或依公约的第41条之声明时所做保留之事项的一般性意见"①,即引起广泛争议的"第24号一般性意见"(General Comment No.24),但是在该一般性意见中,将宗教自由、信仰宗教的权利纳入"不得保留的事项"范围,由此可见国际社会对于宗教信仰自由的重视,各缔约国均应遵守《国际人权公约》中关于宗教信仰自由保护的规定,不得对此项内容作出保留。

(二) 宪法

早在新中国成立以前,中国共产党在其颁布的《中华苏维埃共和国宪法大纲》中明确提出了宗教信仰自由的政策。1945年,毛泽东在党的第七次全国代表大会的政治报告中也提及了宗教信仰自由。新中国建立后,在中国历次修改颁发的《中华人民共和国宪法》中,都明确规定中华人民共和国的公民享有宗教信仰自由,从而使中国共产党处理宗教问题的主张和政策,载入了国家的根本大法之中,成为中华人民共和国公民的一项基本权利。

《宪法》第36条比较详细地规定了中国公民的宗教信仰自由:中华人民共和国公民有宗教信仰自由。任何国家机关、社会团体和个人不得强制公民信仰宗教

---

① 转引自赵海峰:《人权事务委员会与国际法委员会在人权条约保留问题上观点之差异》,载哈尔滨工业大学法学网,http://law.hit.edu.cn/article/2006/06-27/06083537.htm.

或者不信仰宗教,不得歧视信仰宗教的公民和不信仰宗教的公民。国家保护正常的宗教活动。任何人不得利用宗教进行破坏社会秩序、损害公民身体健康、妨碍国家教育制度的活动。宗教团体和宗教事务不受外国势力的支配。同时《宪法》其他条款还规定,中华人民共和国,无论信教的和不信教的,依照法律都有选举权和被选举权,都同样享有公民应当享有的其他一切权利和应尽的义务。

(三) 民族区域自治法和其他法律

《民族区域自治法》是我国实施宪法规定的民族区域自治制度的基本法律,其中对民族自治地方的自治机关尊重和保护少数民族宗教信仰自由以及对宗教活动、宗教团体和宗教事务的管理等问题作出了比较明确的规定,重申了宪法关于宗教的基本原则。《民族区域自治法》第11条规定:民族自治地方的自治机关保障各民族公民有宗教信仰自由。任何国家机关、社会团体和个人不得强制公民信仰宗教或者不信仰宗教,不得歧视信仰宗教的公民和不信仰宗教的公民。国家保护正常的宗教活动。任何人不得利用宗教进行破坏社会秩序、损害公民身体健康、妨碍国家教育制度的活动。宗教团体和宗教事务不受外国势力的支配。

除《民族区域自治法》外,我国其他法律中也对中国公民的宗教信仰自由问题作了相关规定,譬如:《香港特别行政区基本法》第32条规定:香港居民有信仰的自由。香港居民有宗教信仰的自由,有公开传教和举行、参加宗教活动的自由。《澳门特别行政区基本法》第33条规定:澳门居民有信仰的自由。澳门居民有宗教信仰的自由,有公开传教和举行、参加宗教活动的自由。《刑法》第251条规定:国家机关工作人员非法剥夺公民的宗教信仰自由和侵犯少数民族风俗习惯,情节严重的,处2年以下有期徒刑或者拘役。《民法通则》第77条规定:社会团体包括宗教团体的合法财产受法律保护。《选举法》第17条规定:中华人民共和国年满18周岁的公民,不分民族、种族、性别、职业、家庭出身、宗教信仰、教育程度、财产状况和居住期限,都有选举权和被选举权。《劳动法》第13条规定:劳动者就业,不因民族、种族、性别、宗教信仰不同而受歧视。《教育法》第9条规定:中华人民共和国公民有受教育的权利和义务。公民不分民族、种族、性别、职业、财产状况、宗教信仰,依法享有平等的受教育机会。

(四) 行政法规及其他

1994年1月31日,国务院专门颁布施行了两个宗教行政法规:一个是《中华人民共和国境内外国人宗教活动管理规定》,规定尊重在华外国人的宗教信仰自由,保护外国人正常的宗教活动。保护宗教方面的国际友好交往和学术交流活动,外国人在境内必须遵守中国法律。之后国家宗教事务局根据该规定于2000年9月26日发布了《中华人民共和国境内外国人宗教活动管理规定实施细则》,对相关内容作了细化规定。另一个是《宗教活动场所管理条例》,规定国家要维护宗教活动场所的合法权益,政府依法对宗教活动场所进行管理。宗教活动场所在法律、法规和政策允许的范围内开展活动,宗教活动场所必须依法进行登记。否则,需要承担相应的法律责任。

2005年3月1日起施行的《宗教事务条例》作为一个综合性的行政法规,是用法律保障公民宗教信仰自由的最具体体现。其中明确规定公民有宗教信仰自由。任何组织或者个人不得强制公民信仰宗教或者不信仰宗教,不得歧视信仰宗教的公民或者不信仰宗教的公民。国家依法保护正常的宗教活动,维护宗教团体、宗教活动场所和信教公民的合法权益。同时也明确了宗教团体、宗教活动场所、宗教教职人员在从事宗教活动等方面应当履行的义务以及对宗教财产的保护和管理;最后指出国家工作人员、信教人员及宗教教职人员等违反法定义务应当承担的法律责任。

2010年3月1日起施行的《宗教活动场所财务监督管理办法(试行)》是经国家宗教事务局局务会议通过的专门关于宗教财产管理方面的行政规章。规定宗教活动场所应当确保本场所资产安全有效,用于与其宗旨相符的活动以及社会公益慈善事业。宗教活动场所的合法财产、收益受法律保护。任何组织或者个人不得侵占、哄抢、私分、损毁或者非法查封、扣押、冻结、没收、处分宗教活动场所的合法财产。针对宗教财产的管理设计了比较具体的会计制度、预算管理、收入管理、支出管理、资产管理和监督管理制度。同时规定了违反本办法相关规定时应当承担的法律责任。

此外,各省、自治区根据我国《宪法》和《民族区域自治法》等有关法律、法规,结合本地方的实际,制定了有关的单行条例。譬如,新疆维吾尔自治区制定《新疆维吾尔自治区宗教事务管理条例》、《新疆维吾尔自治区宗教活动管理暂行规定》、《新疆维吾尔自治区宗教活动场所管理暂行规定》,宁夏回族自治区制定《宁夏回族自治区宗教事务管理暂行规定》、《宁夏回族自治区清真寺管理条例》,西藏自治区制定了《西藏自治区实施〈宗教事务条例〉办法》(试行),等等。这些地方性民族法规,在关于民族宗教问题上基本上都做出了这样的规定:各级机构保障少数民族宗教信仰自由,保护少数民族政策的宗教活动;禁止任何组织和个人强制少数民族公民信仰宗教或者不信仰宗教;禁止歧视信仰宗教的少数民族公民和不信仰宗教的少数民族公民;禁止利用宗教进行破坏社会秩序、损害公民身体健康、妨碍国家司法制度的活动等。

从以上各项法律规定看出,我国法律关于宗教信仰自由的原则、行使方式和基本要求与国际人权公约基本一致,我国宪法和其他法律、法规都明确规定保护宗教信仰自由,并以法律的形式为公民享有宗教信仰自由提供良好的条件和保障。

## 二、少数民族宗教信仰法律制度的主要内容

在我国，尊重和保护少数民族公民宗教信仰自由，是党的一项基本政策，也是国家最基本的宪法原则。宗教信仰自由也是少数民族公民的一项基本权利，需给予法律上的保障。国家和各级政府为保障少数民族宗教信仰自由、规范宗教实体的活动而制定的一系列相关法律、法规和规章，构成了少数民族宗教信仰法律制度，是对少数民族宗教信仰自由的法律保证。根据宪法和法律的规定，我国少数民族宗教信仰法律制度的基本内容可以概括为以下几个方面：

### （一）信教群众具有宗教信仰的选择权

宗教信仰自由是指信教群众具有宗教信仰的选择权。各民族公民既有信仰宗教的自由，也有不信仰宗教的自由；有信仰这种宗教的自由，也有信仰那种宗教的自由；有过去信教而现在不信教的自由，也有过去不信教而现在信教的自由。对此国家依法一律予以保护和尊重，既尊重和保护信仰宗教的自由，也尊重和保护不信仰宗教的自由。在宗教信仰上，公民按照自己的意志和利益可以自行选择，是公民个人的事。在我国宗教信仰自由不仅是个人人权问题，而且直接涉及民族平等与民族团结的大事，须从法律上予以尊重和保护，保障其民族的宗教信仰自由权利的实现。

对宗教信仰的选择是各民族公民个人的私事，任何国家机关、社会团体和个人不得强制。禁止基于宗教信仰原因的一切形式的不容忍和歧视。否则，就构成侵害自由权的违法行为。在我国社会主义历史条件下，虽然信仰宗教和不信仰宗教的各民族公民在信仰上具有差异，但他们在政治和经济上的根本利益是一致的，在法律面前也是平等的，享有同等的权利和义务，任何人都没有超越法律的特权。

### （二）合法的宗教活动受国家保护

宗教活动要在宪法、法律和政策规定的范围内进行，国家保护正常的宗教活动。所谓正常的宗教活动是指信教群众按照各教的教规、教义和习惯在宗教场所以及自己家里进行拜佛、诵经、烧香、祈祷、礼拜、讲话、讲道、弥撒、受洗、受戒、封斋、终傅、追思以及过宗教节日。正常的宗教活动由各宗教组织和信徒自己办理，受国家法律保护。在西藏，信教者家中几乎都设有小经堂或佛龛，每年到拉萨朝佛敬香的信教群众达百万人以上。一年一度的雪顿节中的宗教活动及传统的马年转冈仁波钦、羊年转纳木错湖等宗教活动，都得以正常进行并受到社会各方面的尊重，同时活佛转世传统也得到国家的承认和尊重。在西双版纳，傣族等少数民族男子到寺庙出家的宗教活动受到尊重。朝觐是伊斯兰教的一项宗教功课，回族、维吾尔等少数民族一年一度的朝觐活动得到政府的尊重和支持。任何人不得到宗教场所进行反宗教宣传，也不得在信教徒中挑起有神无神的争论。

宗教界人士和信教群众在进行这些活动时要遵守国家的法律和政策,自觉维护正常的社会秩序、生产秩序和工作秩序。各种宗教团体和寺观教堂经政府部门批准,可以经售一定数量的宗教书刊、宗教用品和宗教艺术品等;我国各宗教组织和寺观教堂可与港澳同胞、海外侨胞开展宗教方面的联谊活动,与国外宗教界开展友好交往活动。

(三)宗教团体和宗教事务不受外国势力的支配

坚持独立自主办教,是我国的一条最基本的宪法原则,也是基于对全中国各族人民意愿的真诚的尊重,基于中国曾经长期受过帝国主义侵略和掠夺的历史事实。① 中国各种宗教都必须依据宪法的相关规定,坚持和奉行独立自主、自办教会的方针。各宗教组织和宗教界人士在平等友好的基础上同国外宗教组织和宗教界人士进行交往、交流和合作。我国的宗教团体和宗教事务一律不受外国势力的支配。我国政府、我国的宗教团体秉承独立办教的遵旨,不会干预外国的宗教事务,同时也绝不允许外国势力插手和干预我国的宗教团体和宗教事务。我国各宗教组织要警惕和反对外国宗教势力干涉其内部事务和重新控制中国宗教的图谋。尤其是在对外开放的新形势下,我国宗教要坚持独立自主办教的原则,既积极正确地开展对外友好交往,又坚决反对国外敌对势力利用宗教对我国进行渗透。

### 三、违反少数民族宗教信仰自由的法律责任

宗教信仰自由,保护各民族信教公民的正常的宗教活动,保护宗教团体和寺观教堂的合法权益,保护宗教教职人员履行正常的教务活动,是宪法和法律赋予公民的一项基本权利,也是实现宗教信仰自由的基本保证。任何违犯少数民族宗教信仰法律制度的行为,在司法领域都要受到法律的制裁。目前我国关于违反宗教法律制度的责任及追究主要集中在以下三个方面:

第一,国家机关、社会团体和个人,强迫少数民族公民信仰宗教或者不信仰宗教;歧视信仰宗教的少数民族公民或者不信仰宗教的公民的行为。《刑法》第251条就侵犯公民宗教信仰自由,应承担的法律责任做出了明确规定,即:"国家机关工作人员非法剥夺公民的宗教信仰自由和侵犯少数民族风俗习惯,情节严重的,处2年以下有期徒刑或者拘役"。我国刑法把非法剥夺公民正当的宗教信仰自由的行为规定为犯罪,是宗教信仰自由的宪法原则的体现和保障。

第二,利用宗教进行破坏社会秩序,损害少数民族公民身体健康、妨碍国家教育制度的违犯宗教法律制度的行为。就少数人打着宗教信仰自由的幌子进行破坏社会秩序的行为、损害各民族公民健康的行为,妨碍国家教育制度的行为,

---

① 《尊重宗教信仰自由,坚持独立自主办教》,载《人民日报》2000年9月27日。

分别依据其行为性质、侵害的客体和具体事实情节等,依法予以打击。利用宗教妨害社会管理秩序的行为的法律责任在《刑法》第290条作了明确的规定,在司法实践中则会对这种犯罪行为以聚众扰乱社会秩序罪定罪,根据不同的犯罪情节予以处罚。利用宗教妨碍国家教育制度的行为在《义务教育法》第16条做了禁止性的规定:"不得利用宗教进行妨碍义务教育实施的活动"。利用宗教损害少数民族健康的行为构成了侵犯公民人身权利、民主权利罪,法院则将根据《刑法》第234条的规定,考虑不同情节处有期徒刑、无期徒刑或者死刑。

第三,打着宗教的幌子与境外宗教组织或民族分裂主义分子联合或接受指使,利用部分地区少数人中存在的民族主义情绪或者独立情绪,进行分裂国家、破坏国家统一的煽动宣传行为,构成了分裂国家罪与煽动分裂国家罪。分裂国家的行为背叛了民族利益,影响到国家的统一,给整个国家造成危害。为了保障国家统一,维护国家安全,必须依据《刑法》第103条的规定对分裂国家的各种行为予以严厉的法律惩治。

## 第二节 少数民族宗教权利司法保护

### 一、少数民族宗教权利司法保护的必要性

在中国,《宪法》赋予了公民宗教信仰自由权利,少数民族群众作为宗教徒的主要主体,其宗教信仰自由受到国家法律和政策的保护。少数民族信教徒在各项宗教法律、法规以及规章的指导下,自由地参加各项宗教活动;各宗教团体和宗教场所经依法登记,独立自主的开展各种宗教活动,其各项民主权利和宗教财产权利都受法律保护,任何单位和个人都不得侵犯。

要保障宗教团体和宗教活动场所的合法权益,其前提是,必须坚决纠正侵犯其合法权益的行为。在党的十一届三中全会以来,落实少数民族宗教信仰自由政策,依法保护宗教界的合法权益,取得了显著效果。但是由于历史和现实原因,有些地方仍然存在许多问题。如一些出版物严重伤害少数民族宗教习俗,破坏宗教感情,不利于各民族的团结和稳定;一些地方属于宗教团体和寺观教堂的房产至今没有归还;有些应当作为宗教活动场所开放的寺观教堂至今被占用,没有恢复开放;有些地方宗教事务部门或工作人员插手或包办宗教团体和宗教活动场所乱集资、乱收费、乱罚款;有的甚至占用或挪用宗教团体和寺观教堂的钱财,严重违反了法律对宗教财产的保护。所有这些都是违法行为,应当采取有效的措施加以纠正,必要时则要诉诸司法途径来保护合法的宗教权利。

### 二、我国对少数民族宗教权利司法保护的内容

根据宪法、法律、法规相关精神规定,宗教信仰自由的司法保障总方针是

"保护合法、制止非法、抵御渗透、打击犯罪"。当前少数民族宗教权利司法保护领域主要集中在对少数民族宗教感情、宗教习俗的保护和宗教财产的保护两个方面,如何通过司法程序保护各少数民族宗教习俗以及各宗教团体和宗教场所合法的财产权利成为宗教界及司法界共同关注的话题。

(一)少数民族宗教习俗的司法保护

少数民族的一些风俗习惯,是从宗教仪式和宗教规范中演化而来。如回族、维吾尔族、哈萨克族、柯尔克孜族、塔吉克族、塔塔尔族、乌孜别克族、东乡族、保安族、撒拉族等信仰伊斯兰教的民族,有不养猪、不吃猪肉的习俗。这就是从宗教教义、教规演化成为一种具有民族性和群众性的风俗习惯。而云南傣族和西藏藏族的一些风俗习惯则是受小乘佛教与藏传佛教的影响形成的。在保护少数民族宗教信仰权利的同时,也要保护这些由宗教教义、教规演化而来的风俗习惯,简称为宗教习俗。

为了保护少数民族的这些宗教习俗,刑法专门设有"非法侵犯少数民族风俗习惯罪",对侵犯少数民族风俗习惯的违法行为依法进行追究。任何利用宗教习俗煽动民族仇视和歧视、破坏民族平等团结的言行都是违法的。少数民族的宗教习俗如若遭受歧视、压迫或侮辱,都有向司法机关进行控告的权利。人民法院将根据相关法律规定追究法律责任,从而保护少数民族宗教信仰以及宗教习俗。

(二)少数民族宗教财产的司法保护

宗教财产受到法律和政策的保护,并赋予司法救济的权利。宗教活动场所一经依法登记,便获取合法地位,其合法权益受到保护;遇有侵犯其权益的行为,宗教活动场所管理组织有权向政府有关行政机关申诉,直至向人民法院起诉,寻求司法保护。

在司法实践中,自20世纪80年代初以来,人民法院受理了相当数量的关于宗教财产权纠纷的案件,最高人民法院亦对宗教财产纠纷作出数件批复。特别是近年来,随着市场经济的发展,房地产业正作为国民经济的支柱产业迅猛兴起,宗教房地产因其地理位置优越、权属不明等因素成为众人注视的目标,出现一些行政部门强行收回或占用宗教房产炒卖地皮获利,或者房地产公司利用同宗教人士签订所谓合作协议攫取不正当利益,或者利用抵押契约对簿公堂,产生大量纠纷。宗教财产权纠纷案件,因涉及国家的法律政策、社会历史因素以及住户居住权等一系列政治、法律和社会问题,相关因素极为复杂,亟待重视。如湘潭市穆斯林事务管理小组诉金麦秋、金国平清真寺所有权纠纷案;甘肃省武都县佛教协会诉罗兆年、罗玉成、罗志民及武都县城关镇供销服务公司宗教房产所有权纠纷案;安徽省庐江县城关供销社诉庐江县佛教协会宗教房产纠纷案;哈尔滨犹太教教会房屋所有权行政诉讼和行政复议纠纷案。①

### 三、少数民族宗教权利司法保护的特殊原则

在我国社会中,宗教权利纠纷的发生一般涉及政治、政治、经济、法律和历史等诸多问题,这一点在宗教财产纠纷中表现得尤为明显。对于宗教权利纠纷,不能按照解决社会世俗纠纷的思路处理问题,而应根据党和国家关于宗教财产立法和政策的规定,依法尊重少数民族宗教信仰自由,保护宗教团体、宗教活动场所的合法权益,维护宗教财产的稳定性,防止侵蚀宗教财产权。具体而言,在司法实践中,人民法院应把握和遵循以下基本司法政策:

(一) 宗教财产所有权归于宗教团体

宗教财产纠纷案件中,宗教财产原则上应确认归宗教团体所有。宗教财产包括宗教场所不动产所有权和宗教场所的经济收入,其中宗教场所的经济收入一般包括三类:一是经营收入,如宗教用品、宗教典籍等的出售;二是宗教收入,即为信教徒做法会、开光、超度等的收入;三是信教徒的捐赠。根据我国相关法律的规定,这些宗教财产视为宗教团体的财产,他人不得随意侵占,仅由宗教团体自己支配。有关寺观、教堂等宗教房产的占用单位、使用单位,无权处分宗教财产,不能改变寺观的所有权和使用权;其他机关、单位包括国家行政机关不能任意改变宗教房产的所有权和使用权。除国防建设、国家重点工程建设和市政公共设施工程建设必须占用,并经国家主管部门依法批准改变寺观、教堂及其附属房屋的所有权和使用权以外,任何机关单位和个人不能改变宗教房地产的所有权和使用权。

(二) 宗教财产流转处分行为无效

在审理宗教财产流转纠纷案件时,人民法院应原则上确认宗教财产流转处分行为无效,行为人对宗教财产造成损害的,应根据其过错承担相应的民事损害赔偿责任。首先,宗教教职人员对宗教财产只享有用益权,而无处分。如主持、主教、执事、僧道等教职人员将宗教房屋、土地抵偿给私人占有、使用的,属于超越权限和违反宗教财产权法律和政策的民事行为,一律无效。其次,宗教团体不得任意处分宗教财产,如宗教团体同其他单位签订协议,将寺观、教堂出让、转让、对换、出卖、抵押、承包或作实物合作投资,属于违反限制宗教财产流通法律政策的民事行为,应认定无效。对被宗教团体或教职人员变卖、转让的宗教房产,应由变卖、转让的单位或个人负责将房产收回,如收回确有困难,应由变卖、转让单位或个人折价赔偿。再次,对发现非法贩卖宗教文物的,应依法没收买卖

---

① 参见最高人民法院于1992年2月9日作出的《庐江县城关供销社诉庐江县佛教协会房产纠纷的函》。

标的物,收缴非法所得,并对非法买卖行为人予以罚款,情节严重、构成犯罪的,应依法追究其刑事责任。

(三) 宗教权利保护案件的审理应严格适用法律和政策

审理宗教财产纠纷案件应严格适用法律和政策。凡国家法律、法规对宗教财产有明确规定,应严格适用法律规范;如国家法律、法规没有相应规定,而党和国家政策有规定,应适用政策规定,以弥补法律的缺失和漏洞;有关宗教房产政策与行政、民事法律规定有不一致的,应充分考虑宗教财产的特殊性,以及法律规范是否系针对宗教财产的规定,进而决定法律适用。人民法院在裁决宗教财产纠纷案件时,必须严格适用法律,深入领会、贯彻党和国家的各项宗教政策,妥善处理宗教与社会各方面的利益冲突。

## 第三节 少数民族宗教权利行政保障

为了确保民族自治地方的自治机关贯彻落实宗教信仰自由的政策,中国政府制定和实施了一系列相关的具体措施。中国国务院新闻办公室在2009年9月27日发表的《中国的民族政策与各民族共同繁荣发展》的白皮书中指出,中国少数民族信教群众正常宗教活动依法受到保护。中国政府还帮助宗教团体建立宗教院校,培养少数民族宗教教职人员,并对少数民族地区部分宗教活动场所维修给予资助,对生活困难的少数民族宗教界人士给予补贴。[①]

### 一、建立宗教组织机构,开展宗教活动

宗教组织机构,即是宗教事务机构,也是教徒自己的群众团体。各宗教团体和信教公民在宪法和法律的保护下,独立地组织和履行宗教事务。各宗教组织代表宗教界的合法权益,可以通过在各级人民代表大会和各级政治协商会议中的宗教界代表和委员,对违反宗教政策的行为提出批评,并通过协商乃至法律程序得到合理解决。据不完全统计,目前全国性和地方性的宗教组织大约有3000多个。其中,全国性的爱国宗教组织有中国佛教协会、中国道教协会、中国伊斯兰教协会、中国天主教爱国会、中国基督教三自爱国运动委员会、中国天主教教务委员会、中国天主教主教团和中国基督教协会等8个;省级宗教团体有164个;县级宗教团体有2000多个。此外,还有若干个宗教性的社会团体,如基督教青年会、基督教女青年会等全国性和地方性组织。在中国,宗教活动场所分布各地,基本满足了信教群众宗教生活的需要。例如在新疆有清真寺2万多座,伊斯

---

[①] 中国少数民族宗教活动依法受到保护,载新浪网新闻中心,http://news.sina.com.cn/o/2009-09-27/152416367492s.shtml,2011年11月4日访问。

兰教教职人员2.8多万人。在西藏有藏传佛教各类宗教活动场所1700多处,住寺僧尼4.6万多人,传统宗教活动和寺庙学经考核晋升学位活动正常进行。同时,国家还投入了大量资金用于维修少数民族地区具有重要历史、文化价值的寺庙和宗教设施,不但尊重少数民族宗教信仰,还保护了少数民族文化遗产。

### 二、建立宗教院校,培养高层次少数民族宗教教职人员

为了团结和教育教职人员拥护社会主义,带动信教群众爱国守法,维护祖国统一和民族团结,自觉地适应社会主义现代化建设的要求,各级自治机关开办了宗教院校,以培养新一代的高层次教职人员。目前,全国有宗教院校74所。我国五大宗教都有全国性的宗教院校,如中国佛教学院、中国藏语系高级佛学院、中国道教学院、中国伊斯兰教学院、中国天主教神哲学院和金陵协和神学院等;各省区也根据自己的需要,开办了一批地方性的宗教学院,如伊斯兰教界在北京、昆明、银川、兰州、沈阳、郑州、西宁、乌鲁木齐等地开办十所伊斯兰教经学院,培养年青阿訇和其他人才;北京、西藏、四川以及甘肃、青海创办了藏语系高级佛学院以培养藏语系佛教僧才,信仰上座部佛教的少数民族举办了多次短期巴利语佛学班。另外,各宗教院校还向世界其他国家和地区派出宗教留学生。总之,开办宗教学院,早就一支高层次的教职人员队伍,对各宗教的发展具有积极的推动作用。

### 三、保障各宗教组织编辑、出版、经销宗教刊物及图像等宗教用品的权利

目前各宗教都有自己的全国性的刊物,如佛教的《法音》、道教的《道协会刊》、伊斯兰教的《中国穆斯林》、基督教的《天风》、天主教的《中国天主教》等十余种。近年来,各宗教协会整理出版了各种宗教经典、图像用品。如中国佛教协会陆续编辑出版了《中国佛教》丛书;中国伊斯兰教协会出版了阿拉伯文《古兰经》和其他教义书籍;中国天主教教务委员会出版了《新经全集》、《要理问答》;中国基督教协会出版了《圣经》和《赞美诗》(新编)等。国家出版机构对有学术价值的宗教经典,组织宗教人士和学术界人士整理校勘、印刷出版,如《古兰经》(汉译本)、《太平经合校》、《中华大藏经》等。

### 四、尊重和保护少数民族风俗习惯

民族风俗习惯是各个民族在长期的历史发展过程中所形成的生活方式,和一个民族的心理、文化、思想感情有密切的联系,一些风俗习惯直接源于宗教信仰。我国政府把尊重少数民族的风俗习惯作为民族、宗教政策的重要内容,宪法和有关法律赋予少数民族具有保持或改革本民族风俗习惯的自由。政府还采取积极措施,保障少数民族奉行本民族风俗习惯的权利。政府多次强调在少数民

族地区工作,必须坚持尊重少数民族风俗习惯和宗教信仰的原则。国务院和有关部委制定发布了一系列法规和规章,以尊重和保护少数民族风俗习惯:包括尊重和照顾少数民族节日、少数民族特需用品生产和供应,少数民族婚姻以及少数民族食用清真食品的传统习惯。为确保穆斯林能够食用安全的清真食品,有关部门逐步把清真食品的生产经营纳入依法管理的轨道。为尊重穆斯林的土葬习俗,国家划拨专用土地,建立公墓,并设立专门为回、维吾尔等少数民族服务的殡葬服务部门。对藏族的天葬、土葬、水葬习俗,国家给予保护和尊重。各少数民族在盛大节日如藏族的藏历新年、"雪顿节",回、维吾尔等民族的"开斋节"、"古尔邦节",蒙古族的"那达慕",傣族的"泼水节",彝族的"火把节"时,都能享受假日安排并获得政府供应的节日食品。

**五、设立专门宗教工作机构指导宗教**

为了依法管理各级宗教事务,积极引导宗教与社会主义相适应,国务院设立了国家宗教事务管理局,国家民族事务委员会也下设了民族宗教司;全国各级地方政府,特别是民族自治地方的各级政府,都设立了相应的职能部门,譬如,内蒙古自治区、新疆维吾尔自治区、宁夏回族自治区、广西壮族自治区、西藏自治区等五大自治区,都设有民族宗教局,各自治州、自治县(旗)也都设有宗教工作机构。这些专门的宗教工作机构负责全面贯彻落实宗教信仰自由政策,依法管理各级宗教活动、宗教团体和宗教事务,引导广大信教群众和宗教界人士与全国不信教群众一道,在党中央和国务院的领导下,结成广泛的爱国统一战线,推动社会主义社会的发展。无论是全面正确贯彻执行宗教信仰自由政策,还是依法管理宗教,其最终目的是要引导宗教与社会主义相适应。

# 第十三章 中国少数民族受教育权

## 第一节 少数民族受教育权概述

### 一、少数民族受教育权的概念

一般说来,公民受教育权是指公民依法享有的获得受教育机会并进入各种学校和其他教育设施学习,以促进自身个性全面自由发展的一项基本权利。第二次世界大战促进了人们人权意识的觉醒,战后以来由于全社会对人权的日益重视,各国在宪法中对基本权利和自由都给予了明确的规定。少数民族受教育权作为基本权利和人权的一种,同样规定在许多国家的宪法之中。随着对少数民族受教育权的认识、研究和理解的深入,少数民族受教育权也日益受到国际社会的关注,因为在一定程度上,少数民族受教育权是决定少数民族享有其他宪法基本权利的基础和前提,在这种情况下,对少数民族受教育权的研究也就日益成为法学和教育等学术领域的研究热点。现在学界对少数民族受教育权的共识性解释可以从两方面来认识:一方面在于少数民族通过受教育权完善其人格及生存能力,获得其应有的发展;另一方面国家必须为少数民族的受教育权的实现提供均等的受教育机会与条件。综合而言,少数民族受教育权是指少数民族公民为了人格的自我发展和完善,提高参与国家政治、经济、社会、文化生活的能力而具有的要求国家提供教育机会与设施、并不受侵犯的受教育自由,它属于公民的基本权利。

### 二、少数民族受教育权的特征

1. 少数民族受教育权的主体是少数民族公民

少数民族受教育权的主体不是少数民族群体或组织,也不是一国的一般公民,而是少数民族公民。虽然我国少数民族人口在比例上只占很小一部分,但他们在促进民族繁荣、经济发展、祖国腾飞的事业中却发挥着举足轻重的作用。改革开放以来,随着我国经济发展对少数民族教育事业支持能力的增强,少数民族的教育事业得到了迅速的发展,取得了较大的进步。但与东部发达地区相比,各少数民族地区的教育质量和教育水平总体上仍然只停留在一个相对较低的水平。因此,少数民族学生受教育的状况不容乐观,仍需要国家和社会给予更多的支持和关注。

### 2. 少数民族受教育权具有易受侵害性

从我国的实际情况看,改革开放以来,我国社会阶层逐渐分化,贫富差距逐渐拉大,少数民族同样面临这一差别。少数民族阶层差距导致了新的弱势群体和贫困学生大量出现。贫困阶层的扩大,随之而来的必然是贫困学生群体的扩大。高中阶段教育和高等教育实行收费制,使少数民族弱势群体的教育权利受到不同程度的影响。另外,在城市化的过程中,少数民族流动人口及其子女的教育问题被忽略。在一些西部民族地区,少数民族未成年儿童因家境所迫而辍学、务农、打工现象十分普遍。这意味着,我国在保障少数民族受教育权方面同样有较大的加大保障力度、完善相关机制的空间。

### 3. 少数民族受教育权实现方式上具有特殊性

以语言为例,语言是实现受教育权的基本工具。少数民族一般都有自己的语言,因此在当代多民族国家,少数民族学习一门国家官方语言或通用语言已经成为各国共同的做法,学习官方语言或共同语言也是少数民族融入大的社会、参与社会经济、政治、文化等活动并享受社会发展的积极成果的必要条件。我国法律鼓励少数民族地区的学校用自己的民族语言教学,但在现有条件下,出于满足教学的要求,科技方面的知识的传授一般要用汉语进行,而进入高等学校之后英语的使用频率和范围又大量增加,这样在几种语言的交叉学习或使用的情况下,民族教学的语言障碍就显得更加复杂、更加突出了。

## 三、少数民族受教育权的基本内涵

少数民族受教育权具有丰富的内容和多样的表现形式,按照保障受教育权时间先后的标准,少数民族受教育权可以分为义务教育阶段的保障和非义务教育阶段的保障,这旨在保障少数民族受教育的机会;而从保障少数民族受教育权的实际效果的角度来看,我们还必须重视少数民族教育的质量,保证受教育权在质量上的平等,即提高少数民族的素质,增强其独立性和社会适应能力,这才是保障少数民族受教育权乃至支持少数民族地区经济、文化、社会事业可持续发展的关键。

### 1. 对义务教育阶段少数民族受教育权的保障

《教育法》第 2 条第 2 款规定:"公民不分民族、性别、职业、财产状况、宗教信仰等,依法享有平等的受教育机会。"这就是说,我国要消除基于种族、性别、生理、心理和地区文化、经济等因素所造成的差别,使每个人都受到平等的教育。而这一目标的实现,首先要做到的就是要保障起点上的平等,使各少数民族不因经济水平、家庭环境、教育规模与性别等因素的制约而影响其受教育的权利的实现,国家和社会应想尽一切办法尽可能地使每一个少数民族的成员得到同汉族大致均等的教育条件。

### 2. 对非义务教育阶段少数民族受教育权的保障

非义务教育主要是指国家法律所规定的义务教育阶段以外的中等教育、职业教育、高等教育等教育形式。我国在中等和高等教育入学考试中实行的对少数民族学生适当降分录取以及举办民族院校和民族班等教育政策弥补了少数民族学生因地方基础教育薄弱而带来的平等竞争选拔中的不平等地位，使少数民族学生拥有了一个进一步发展的空间和机遇。国家在政策、经费、援助等方面使少数民族地区教育均要优先于内地教育，通过给予民族教育更多的资源，加大对少数民族学生的升学与学习方面的政策倾斜，来不断提升民族教育的品质，尽快赶上或超过全国教育的平均发展水平。正如罗尔斯所指出的："差别原则强调补偿原则所提出的一些考虑。这是有关不应得的不平等要求补偿的原则；由于出身和天赋的不平等是不应得的，这些不平等就多少应给予某种补偿。这样，补偿原则就认为，为了平等地对待所有人，提供真正的同等机会，社会必须更多地注意那些天赋低和出生于较不利的社会地位的人。"[①]

### 3. 对少数民族教育质量的保障

少数民族教育质量的保障与前面的强调对外在的基本条件的保障不同，其更侧重于内在的教育效果，即学生的学业完成质量的提高。可以说，后一个目标能否实现以及其实现程度，是衡量国家和社会对少数民族义务教育和非义务教育阶段投入是否成功或者其利用效率的一个重要指标。保障了教育阶段上的形式意义上的公平，并不必然地出现教育质量公平的结果，因为"教育结果是否公平在一定程度上受到个人天赋、各地区教学质量、个人机遇等因素的影响，而这些都是教育过程中的不可控因素"[②]。这就对我们在对少数民族教育过程中的从各少数民族的自身特点出发制定出更加有针对性的教育、教学方案提出了更高的要求，只有这样才能更好地达到教育目的、更进一步提高少数民族学生的受教育水平和自身素质，进而提高全民族的受教育水平和发展能力。这对于促进少数民族地区各项事业的发展，乃至维护国家的长治久安，保障国家经济的持续、快速、协调发展，实现社会主义现代化，进而实现中华民族伟大复兴都至关重要。

## 第二节　少数民族受教育权保护的现状

### 一、我国保护少数民族受教育权的法律

六十多年来，我国对少数民族受教育权的问题十分重视，在不断探索、总结、

---

① 〔美〕约翰·罗尔斯：《正义论》，何怀宏等译，中国社会科学出版社1988年版，第101页。
② 郑勇：《教育公平：构建和谐社会的基石》，载《河北学刊》2007年第3期。

制定少数民族教育方面的一些规章、方法、政策的同时,也及时把这些规章、方法、政策上升到宪法和法律的高度上来。我国法律对少数民族受教育权的保障是多方面的,主要包括《宪法》、《义务教育法》、《民族区域自治法》、《教育法》、《教师法》、《未成年人保护法》、《妇女保障法》以及《民族行政工作条例》、《城市民族工作条例》、《扫除文盲工作条例》等法律法规。

《宪法》第 4 条第 1 款规定:"国家保障各少数民族的合法权利和利益,维护和发展各民族的平等、团结、互助关系。"第 46 条第 1 款规定:"中华人民共和国公民有受教育的权利和义务。"第 122 条规定:"国家从财政、物质、技术等方面帮助各少数民族加速发展经济建设和文化建设事业。国家帮助民族自治地方从当地民族中培养各级干部、各种专业人才和技术工人。"

《教育法》第 9 条规定:"中华人民共和国公民有受教育的权利和义务。"第 10 条第 1 款规定:"国家根据少数民族的特点和需要帮助各少数民族发展教育事业。"第 56 条规定:"国务院及县级以上地方各级人民政府应当设立教育专项资金,重点扶持边远贫困地区、少数民族地区实施义务教育。"

《义务教育法》第 2 条规定:"国家实行九年义务教育制度。义务教育是国家统一实施的所有适龄儿童、少年必须接受的教育,是国家必须予以保障的公益性事业。实施义务教育,不收学费、杂费。国家建立义务教育经费保障机制,保证义务教育制度实施。"第 4 条规定:"凡具有中华人民共和国国籍的适龄儿童、少年,不分性别、民族、种族、家庭财产状况、宗教信仰等,依法享有平等接受义务教育的权利,并履行接受义务教育的义务。"第 6 条规定:"国务院和县级以上地方人民政府应当合理配置教育资源,促进义务教育均衡发展,改善薄弱学校的办学条件,并采取措施,保障农村地区、民族地区实施义务教育,保障家庭经济困难的和残疾的适龄儿童、少年接受义务教育。国家组织和鼓励经济发达地区支援经济欠发达地区实施义务教育。"第 11 条规定:"凡满 6 周岁的儿童,不分性别、民族、种族,应当入学接受规定年限的义务教育条件不具备的地区,可以推迟到 7 周岁入学。"第 18 条规定:"国务院教育行政部门和省、自治区、直辖市人民政府根据需要,在经济发达地区设置接收少数民族适龄儿童、少年的学校班。"第 47 条规定:"国务院和县级以上地方人民政府根据实际需要,设立专项资金,扶持农村地区、民族地区实施义务教育。"

《未成年人保护法》第 3 条规定:"未成年人享有受教育权,国家、社会、学校和家庭尊重和保障未成年人的受教育权。"第 9 条从反面规定:"父母或其他监护人应当尊重未成年人接受教育的权利,必须使适龄未成年人按照规定接受义务教育,不得使在校接受义务教育的未成年人辍学。"

《民族区域自治法》第 36 条规定:"民族自治地方的自治机关根据国家的教育方针,依照法律规定,决定本地方的教育规划,各级各类学校的设置、学制、办学形式、教学内容、教学用语和招生办法。"第37条规定:"民族自治地方的自治机关自主地发展民族教育,扫除文盲,举办各类学校,普及九年义务教育,采取多种形式发展普通高级中等教育和中等职业技术教育,根据条件和需要发展高等教育,培养各少数民族专业人才。民族自治地方的自治机关为少数民族牧区和经济困难、居住分散的少数民族山区,设立以寄宿为主和助学金为主的公办民族小学和民族中学,保障就读学生完成义务教育阶段的学业。办学经费和助学金由当地财政解决,当地财政困难的,上级财政应当给予补助。招收少数民族学生为主的学校班级和其他教育机构,有条件的应当采用少数民族文字的课本,并用少数民族语言讲课;根据情况从小学低年级或高年级起开始汉语文课程,推广全国通用的普通话和规范汉字。各级人民政府要在财政方面扶持少数民族文字的教材和出版物的编译和出版工作。"第64条规定:"上级国家机关应当组织、支持和鼓励经济发达地区与民族自治地方开展经济、技术协作和多层次、多方面的对口支援,帮助和促进民族自治地方经济、教育、科学技术、文化、卫生、体育事业的发展。"第71条规定:"国家加大对民族自治地方的教育投入,并采取特殊措施,帮助民族自治地方加速普及九年义务教育和发展其他教育事业,提高各民族人民的科学文化水平。国家举办民族高等学校,在高等学校举办民族班、民族预科班,专门或者主要招收少数民族学生,并且可以采取定向招收、定向分配的办法。高等学校和中等专业学校招收新生的时候,对少数民族考生适当放宽录取标准和条件,对人口特少的少数民族考生给予特殊照顾。各级人民政府和学校应当采取多种措施帮助家庭经济困难的少数民族学生完成学业。国家在发达地区举办民族中学或者在普通中学开设民族班,招收少数民族学生实施中等教育。国家帮助民族自治地方培养和培训各民族教师。国家组织和鼓励各民族教师和符合任职条件的各民族毕业生到民族自治地方从事教育教学工作,并给予他们相应的优惠待遇。"

《扫除文盲工作条例》第2条规定:"凡年满15周岁以上的文盲、半文盲公民,除丧失学习能力的以外,不分性别、民族、种族,均有接受扫除文盲教育的权利和义务。"

**二、我国少数民族受教育权法律保障存在的问题**

(一)立法不足,缺少一部专门的少数民族教育法

从我国目前的少数民族教育法律体系来看,除宪法确认受教育权为公民的基本权利外,尚缺乏一部统领民族教育法规规章的民族教育基本法,民族教育法律体系远远没有建立起来。现行的有关专门保护少数民族教育权的大多为民族教育行政规章及规章性文件,由于少数民族教育权保护的法律层级太低,必然导致法律保护的力度不足。因此很难有效地保障少数民族的受教育权。因此,制

定一部关于少数民族教育的基本法显得十分必要而紧迫。现在已有学者呼吁制定《少数民族教育法》，认为"《少数民族教育基本法》的起草制订，将极大地推进我国民族教育法规体系的建设和完善，使我国民族民族教育事业尽快走上法制化轨道。"①

在党和国家的高度重视下，我国的少数民族事业取得了巨大的进步，无论是教育规模还是教育形式、教育条件、教育水平都取得了举世瞩目的成就。但是，我们也应该清醒地认识到，目前少数民族教育与内地和东部发达地区相比，仍然存在着很大的差距。少数民族这种相对落后的教育现状决定了国家有必要对少数民族教育进行单独立法，以充分保障少数民族公民的受教育权，促进少数民族经济文化的发展，从而更加有力地促进我国的区域的协调发展，实现实质上的民族平等。虽然目前我国已经有多部法律从不同的角度对少数民族的受教育权予以保护，但我们认为少数民族仅有的特殊性和重要性，决定了仅仅依靠普通教育立法，难以从根本上解决少数民族教育存在的问题，只有加强和加快少数民族教育立法，才可能更有效地促进少数民族教育的跨越式发展。②

（二）法律保护的力度不够，很少规定相应的法律责任

法谚道："无救济则无权利。"任何一种权利的实现都需要有效的救济程序的保证。而从我国少数民族受教育权的保护现状来看，法律上往往把对少数民族受教育权的保护停留在法律原则的层面上，而少有将其具体化到规则层面的保障，更不用说在法律中规定，当少数民族的受教育权受到侵害时，少数民族公民应该如何请求保护自己的权利，侵权者应该承担怎样的法律责任以及责任的追究机制等一系列的现实性问题。没有相应的法律规定，就导致了在现实生活中，少数民族的受教育权得不到有效的救济和保护。因此，我国法律应该加强对少数民族受教育权保护的力度，规定相应的权利救济机制，以使得少数民族的受教育权能够得到切实有效的保护。

（三）法律规定的宽泛化，缺乏具体的可操作性规定

少数民族受教育权保护的法律应该是一个协调统一的完整体系，而我国法律基本上都是确立了少数民族公民享有平等的受教育权以及平等地受教育的机会，而很少在具体的制度层面上规定一些实际的操作措施。例如，少数民族教育面临的经费不足的问题该如何解决；少数民族教育行政管理部门的设置及其地位、职责、任务、工作程序和工作原则、义务、权利等；少数民族学校的设置及其权利义务；少数民族教育的师资队伍建设；少数民族学生升学和在校生活等问题都需要在立法上有具体的规定。只有这样才能更好地保护少数民族公民的受教

---

① 陈立鹏：《我国少数民族教育立法新论》，中央民族大学出版社2007年版，第112页。
② 杨琴、陆万莲：《民族教育的发展要有立法的保障》，载《中国民族》2003年第4期。

育权。

（四）义务教育体系不健全，少数民族学生、教师流失严重

义务教育是为全体适龄儿童提供一种国民素质的基础性教育，是由国家予以保证，主要由政府举办的、强制性的、免费的教育。义务教育中的"义务"就是国家保障公民受教育权利的义务以及社会所承担的义务，而不是相反。我国《义务教育法》明确规定了免费教育原则："国家对接受义务教育的学生免收学费，国家设立助学金、帮助贫困学生就学。"但现实情况是，大多数地区义务教育还是要收费的，不收学费而收杂费。即使有的地方实行基础教育免费，免除的主要是学费，而实际上课本费、杂费的数额远远高于学费，这就使义务教育有名不副实之嫌。虽然自2001年以来，国家在贫困地区和民族地区实行义务教育阶段收费"一费制"，即农村每生每年所有收费小学最高不超过120元，初中最高不超过230元。但对许多人均年收入只有几百元的少数民族边远地区家庭来说，仍是沉重的负担。我国目前大部分地区已普及九年义务教育，但仍有15%的地区尚未"普九"，还有0.9%的儿童没有上学，11.4%的少年没有读初中。而这15%的地区大多是偏远少数民族地区，无法上学的孩子往往又是农村少数民族的孩子。① 家庭的贫寒、生存条件的恶化迫使这些少数民族孩子要么辍学、要么转到其他地方上学，少数民族学生流失严重。同样，对担负着义务教育重任的教师来说，由于受市场经济大潮的影响，教师队伍也呈现严重流失倾向，这就给本来师资力量不足的少数民族教育事业带来沉重的打击。

（五）少数民族教育缺乏稳健的财力支持，民族地区教育举步维艰

由于历史的原因，我国的少数民族地区大都处在贫困落后的山区、牧区。这些地方几乎没有什么工业基础，多数以农、牧业为主。地方财政来自工商税收很少，大部分来自农、牧民缴纳的各种税费。这样，以县、乡为主的地方财政收入往往相当微薄。按规定，县乡财政不但要支付"七站八所"政府机关人员的庞大开销，而且还有承担教师的工资发放。实际上这样微薄的财政收入，不要说使县乡政府去发展其他科教文卫事业，很多地方往往连教师工资也不能保证按时足额发放，拖欠教师工资现象也已屡见不鲜。而按《民族区域自治法》和其他法律规定，民族自治地方的办学经费和助学金由当地财政解决。义务教育经费以县乡筹集为主，使县乡财政肩负起沉重的义务教育重任。但由于县乡财政捉襟见肘，教育经费面临严重缺口，也就使民族地区教育陷入经费危机中，举步维艰。在有些地方，政府为保证教师工资发放向银行借债，以致县乡财政出现严重赤字，长期的恶性循环，不但使政府和农民不堪重负，更使义务教育经费无法保证。当前，农村费改税改革正在逐步展开，以"教育附加费和教育集资费"为主导收入

---

① 潘高峰：《试论我国少数民族地区受教育权及其保障》，载《西南民族学院学报》2002年第7期。

的县乡财政,随着"两费"的取消,将陷入一个更大的经费危机,义务教育面临的也只能是雪上加霜。尽管近些年来,中央财政每年都有拨给少数民族教育的专项补助、"贫困地区义务教育工程"专项资金以及世界银行贷款等各项经费,但面对各地庞大的经费需求,往往是僧多粥少、不解饥渴。少数民族教育事业正面临着严峻的考验。

(六)部分少数民族群众思想意识陈旧,对教育意义认识不足

少数民族群众大都生活在经济、文化、教育比较落后地区,长期的封闭使部分群众思想僵化、意识陈旧,加之本民族文化信仰、心理素质、风俗习惯一贯不重视教育,也就使部分人对受教育权问题漠不关心,认为学不学文化没关系,学多学少一个样,上学上不出明堂,不如不上学早点挣钱好。这样,即便有完善的教育设施、良好的教学质量,对他们来说也没有太多实际意义。宁夏、甘肃、青海地区的学者们,对三省区回族、藏族、蒙古族、土族、撒拉族聚居的15个贫困县的5065名7—15岁男女儿童受教育状况进行了个案调查。通过追因调查,发现少数民族聚居贫困地区影响儿童就学和学习质量低下的两条主要障碍:一是生产力发展水平低下,部分群众生活贫困,尚未解决温饱。二是家长文化水平低下,对教育缺乏认识。[①] 受教育意识的相对淡薄性使得少数民族地区许多本应接受良好教育的适学儿童没有机会上学或中途辍学。没有良好的教育背景除了将导致民族整体素质下降这一直接不良后果外,对于本民族传统文化的传承与发展,对于多元民族文化的借鉴与融合都将产生负面影响。

## 第三节 我国少数民族受教育权保障完善的路径分析

### 一、我国保护少数民族受教育权的优惠政策

民族教育工作一直是我国教育工作中的重中之重,为了培养更多少数民族的高精尖人才,从而实现少数民族文化、科技和经济的腾飞,党和政府采取了一系列特别保护措施。在法律上,通过《宪法》、《民族区域自治法》、《教育法》、《义务教育法》、《教师法》等法律及《民族行政工作条例》、《城市民族工作条例》等法规对少数民族教育工作作了保护性规定。同时,各个地方性法规、自治法规也对此做了进一步规定,形成了一套较为完整的法律保护体系。另外,为配合上述法律规范的更好实施,中央和地方还出台了大量的优惠政策,以保障法律规定对少数民族受教育权进行保护的各项措施得以切实地、有效地落实。具体而言,这些政策主要有:

---

[①] 马明霞:《我国少数民族受教育权的保障与实现——以西部民族自治地区为例》,载《甘肃政法学院学报》2005年第3期。

(一) 在教育资金、经费方面对民族地区实行倾斜性政策

少数民族由于其特殊的历史原因以及地处"老少边山穷"地区的特殊区位,在教育上提供和注入的资金较少,再加上本身校舍、师资方面的困难,更加大了少数民族地区教育事业的发展难度。针对这一特殊情况,国家在对少数民族教育事业的发展上采取了倾斜性政策。如国家自1985年起,每年拨出1亿元作为普及小学教育基建专款,帮助这些地区解决办学经费不足的困难。其中拨给新疆、内蒙古等八个民族省、区的经费占54%以上。1990年起,国家又设立了少数民族教育补助经费,每年2000万元,专门用于民族地区发展教育事业;1995年设立的"国家贫困地区义务教育工程",中央政府投入39亿元,其中22亿元投向"普九"困难较大的少数民族人口集中的9省区。此后的10年,将继续实施该工程的二期工程,重点也是放在少数民族人口集中的西部地区,并设立专款资助中小学建房改造,发展以我国教育科研网络和卫星视频系统为基础的现代远程教育,推动"校校通"工程。① 2002年国务院颁布的《国务院关于深化改革加快发展民族教育的决定》中又提出,要统筹兼顾,突出重点。要把中央财政扶持教育的重点向民族工作的重点地区、边远农牧区、高寒山区、边境地区以及发展落后的人口较少民族聚居地区倾斜。大力支持少数民族和西部地区发展现代远程教育,提高这些地区对优质教育资源的共享能力,实现民族教育的跨越式发展。

(二) 对少数民族学生在入学、学习、生活方面实行特殊的优惠政策

一方面,在招生上对少数民族学生既实行择优录取又规定比例适当地照顾,少数民族教育虽在党和国家多方支持下取得了很大发展,但与东南部发达地区相比仍有不足。为保证少数民族受教育的人数比例,因为我国少数民族教育的起点比较低,在中华人民共和国成立初期,许多少数民族还未建立起现代教育制度,人口中文盲半文盲占较大的比重,有的少数民族还处在原始社会末期或由原始社会向阶级社会过渡的阶段。中华人民共和国成立以来,少数民族教育虽然有了很大的发展,但与全国平均水平相比还存在一定的差距。基于这种状况,国家规定少数民族考生在高校招生录取时享受降低分数的优惠政策,目的是增加这一群体进入高等院校学习的机会,从而使他们真正获得接受高等教育的平等权利。所以,国家在对少数民族的招生,尤其是高校的招生方面采取了根据当地的实际情况适当降分录取或同等分数优先录取的方法。此外,还采取了"定向招生、定向分配"的方法解决一些边远落后地区少数民族学生的教育问题。另一方面,对少数民族学生学习、生活进行特殊照顾,2002年国务院颁布的《国务院关于深化改革加快发展民族教育的决定》指出,对未普及初等义务教育的国

---

① 孙若穷:《中国少数民族教育学概论》,中国劳动出版社1990年版,第210页。

家扶贫开发工作重点县,向农牧区中小学生免费提供教科书,推广使用经济适用型教材;采取减免杂费、书本费、寄宿费、生活费等特殊措施确保家庭困难学生就学。中央财政通过综合转移支付对农牧区、山区和边疆地区寄宿制中小学校学生生活费给予一定资助;少数民族和西部地区各级财政也要相应设立寄宿制中小学校学生生活补助专项资金。在同等条件下,高等学校少数民族贫困生优先享受国家资助政策,确保每一个大学生不因经济困难而停止学业,等等。

(三) 在人才队伍的建设和培养方面对少数民族地区的优惠政策

首先,提高教师的地位和待遇,高校毕业生到某些少数民族地区工作可免除试用期,并享受边区科技人员的优厚待遇,以吸引广大高校毕业生到少数民族地区工作,为少数民族地区教育事业的发展注入新鲜的血液,增加新的动力;其次,加大民族地区民办教师转为公办教师的力度,以保障和提高少数民族地区教育工作者的待遇,调动他们为发展少数民族教育贡献自己力量的积极性;再次,开办了各种师资培训学校,对少数民族的各级教师进行培训。大力发展少数民族的师范类高校,设立少数民族师资培训中心以提高少数民族教师的自身素质。通过上述途径,为少数民族教育事业培养大批素质好、能力强、熟悉少数民族教育特点且愿意扎根少数民族教育的优秀人才。

(四) 少数民族高考优惠政策

由于我国少数民族教育的起点比较低,与全国平均水平相比还存在一定的差距,因此国家规定少数民族考生在高校招生录取时享受一些优惠政策,目的是增加这一群体进入高等院校学习的机会,从而使他们真正获得接受高等教育的平等权利。总体来说,我国少数民族高考优惠政策经历了三个阶段:第一阶段是20世纪50年代,对参加高考的少数民族考生适当放宽报考年龄和录取标准。教育部在1955年12月《关于放宽少数民族学生报考年龄的问题给广西省教育厅的函》中指出:"今年在各级学校招生规定报考年龄时,对少数民族学生报考年龄一般应比照当地规定放宽2—3岁。同时,当年毕业生报考时不受年龄大小之限制。"第二阶段是20世纪六七十年代,少数民族高考优惠政策进一步具体化。1953年—1961年,高校招生一直实行少数民族考生与一般考生"成绩相同时,予以优先录取"的政策。1962年8月,根据中央转批的《关于民族工作会议的报告》,教育部提出恢复高校招生对少数民族学生给予照顾的指示精神。1978年恢复高考后,边疆地区的少数民族考生,最低录取分数线及录取分数段可适当放宽的政策开始实施。第三阶段是20世纪80年代以后,高考少数民族优惠政策得到进一步充实和完善。教育部在1980年《高等学校招生工作的规定》中强调:确定部分全国重点高等学校举办少数民族班,适当降低分数,招收边疆、山区、牧区等少数民族聚居区的少数民族考生;其他一般高等学校对上述地区的少数民族考生,录取分数可适当放宽;对散居的少数民族考生,在与汉族考生相同的条件下优先录取。

**二、我国保护少数民族受教育权的特别措施**

(一) 加强民族教育事业的领导、支持和管理

为加强对民族教育工作的领导,尽快发展民族教育,经国务院批准,教育部于1981年恢复了民族教育司,同年在召开的第三次全国民族教育工作会议上重申了1952年中央人民政府政务院的《关于建立民族教育机构的决定》,要求有关省、市、自治区依照《决定》精神,结合各地实际情况,恢复和健全民族教育行政机构。到20世纪80年代末,除西藏、新疆、宁夏三个自治区依照《决定》精神,没有另设民族教育处以外,其他已有11个省在省一级的教育机构中设立了民族教育处,地(州)、县一级教育行政部门也相应恢复了民族教育机构或指定专门负责民族教育工作,这对恢复和发展少数民族地区的教育事业,起到了积极的推动作用。另外,为保证用于少数民族教育的经费得到合理、有效地使用,1991年国务院印发的《关于进一步贯彻实施〈中华人民共和国民族区域自治法〉若干问题的通知》中指出:"国家设立少数民族教育补助专款",实行专款专用,保证直接用于少数民族教育事业。1992年国家教委民族教育司又在其颁布的《全国民族教育发展与改革指导纲要(试行)》中再次强调,国家拨给的民族教育专项经费,要专款专用,不得挤占和挪用;除中央向地方下拨的各项教育专款要给予照顾外,有关省、自治区财政要按照《民族区域自治法》的有关规定,设立民族教育专项补助经费,其数额由省、自治区根据实际情况确定。另外,国家对民族教育事业的重视还体现在对民族院校的大力支持上,在2001年6月中央民族大学建校50周年之际,中央提出了"把中央民族大学建成世界一流民族大学"的奋斗目标;2004年,国家又将中央民族大学纳入"985工程"进行重点建设,将学校的发展推上一个新的台阶。这无疑会进一步推动中央民族大学更加充分地发挥其在民族语言、文化的教学与研究方面的优势。为培养更多的少数民族高层次人才,弘扬少数民族语言、文化,做出更加重大的贡献。

(二) 保障民族教育的基础设施条件,创办各种类型的民族学校

由于我国55个少数民族分散居住在祖国的各个地方,其民族文化和居住环境差异较大。开办各种类型的学校就成为适应每个民族的发展、保障各少数民族的受教育权的一项重要举措。中共十一届三中全会以来,我国在少数民族人口集中的地区恢复设立了一批民族中小学,还在人口稀少、居住分散、交通不便的少数民族牧区和山区发展了寄宿制、半寄宿制民族中小学。目前,寄宿制中小学已成为我国少数民族牧区和山区的主要的办学形式;在一些传统观念和宗教习俗影响较大的山区,为提高女童入学率,还采取单独开办女童班、女子学校的做法;在城镇重点或条件较好的中小学举办民族班;此外,在一些边远偏僻、经济

贫困的地区，因地制宜地采取了早晚班、隔日制等一些非正规教育形式作为全日制正规教育形式的补充。从20世纪80年代中期开始，还采取了异地办学的特殊形式，帮助情况更为特殊的西藏少数民族发展教育事业。从实际出发，因地制宜地采取适合少数民族地区实际和特点的灵活多样的办学形式，有力地促进了民族中小学教育的恢复和发展，大大提高了民族地区儿童尤其是女童的入学率和巩固率。在高等教育方面，则通过以民族院校来培养少数民族高层次人才，弘扬少数民族语言、文化，为民族地区的经济、社会和文化事业发展培养出大量的急需人才。

（三）保障少数民族教学的顺利开展，实行民族语教学和双语教学相结合

各少数民族使用自己民族的语言文字权利是我国宪法和法律保障的一项重要权利。我国《宪法》第4条规定："各民族都有使用和发展自己的语言文字的自由"。《教育法》第12条则进一步规定："双语言文字为学校及其他教育机构的基本教学语言文字。少数民族学生为主的学校及其他教育机构，可以使用本民族或者当地民族通用的语言文字进行教学。学校及其他教育机构进行教学，应当推广使用全国通用的普通话和规范字。"2002年《国务院关于深化改革加快发展民族教育的决定》进一步强调，要尊重和保障少数民族使用本民族语言接受教育的权利，加强民族文字教材建设；编译具有当地特色的民族文字教材，不断提高教材的编译质量。要把民族文字教材建设所需经费列入教育经费预算，资助民族文字教材的编译、审定和出版，确保民族文字教材的足额供应；要大力推进民族中小学双语教学；正确处理使用少数民族语授课和汉语教学的关系，部署民族中小学双语教学工作；在民族中小学逐步形成少数民族语和汉语教学的课程体系；有条件的地区应开设一门外语课；要积极创造条件，在使用民族语授课的民族中小学逐步从小学一年级开设汉语课程。在上述法律、法规的指导下，到现在我国少数民族地区已逐步形成了"以汉语授课为主，加授民族语"、"以民族语授课为主，加授汉语"及"以民族语授课为主，逐步过渡到以汉语授课为主"的三种教学模式，既照顾到了各少数民族自身的文化特点和习惯，又保证了少数民族同胞多渠道接触各种文化知识的机会。

（四）东部沿海地区对西部少数民族地区的教育对口支援

由较发达地区对民族地区教育进行对口援助有着较长的历史。早在1956年教育部就在其《关于内地支持边疆省、区的师资问题的通知》中要求四川、陕西等内地省、市对毗邻边疆省、区的师资进行支援。改革开放后，随着东部沿海地区社会经济的快速发展，其对少数民族地区教育事业的援助力度不断加大，形式也不断多样化。如：对少数民族贫困县的对口支援与协作，对西藏、新疆的教育支援与协作等。

对前一种形式，我国先后在1992年和1993年出台了《关于加强民族教育工

作若干问题的意见》、《全国民族教育发展与改革指导纲要（试行）》与《关于对全国143个少数民族贫困县实施教育扶贫的意见》等规定，并在2002年《国务院深化改革加快发展民族教育的决定》中指出，按照《中央办公厅、国务院办公厅关于推动东西部地区学校对口支援工作的通知》的要求，认真组织实施"东部地区学校对口支援西部贫困地区学校工程"和"西部地区大中城市学校对口支援本省（自治区、直辖市）贫困地区学校工程"，使少数民族和西部贫困地区在资金、设备、师资、教学经验等方面得到帮助。在"援藏"、"援疆"方面该规定同时强调，教育对口支援工作要帮助西藏、新疆加强双语师资特别是汉语教师的培养和支教工作；进一步加强内地西藏班（校）和新疆高中班的工作，完善内地西藏班（校）、内地新疆高中班管理、评估和升学、分流办法；加大投入，提高教学质量，使其办学综合条件和管理水平达到当地省一级同类学校的标准；调整内地西藏班（校）招生结构，适度扩大高中和师范招生比例。

在以上规定落实的基础上，东部沿海地区对少数民族地区的援助形式已形成了重点加强师范教育和师资培养、确定对西藏七个地市的对口支援、加强西藏教育研究和中小学藏文教材建设、在内地举办新疆高中班等形式，通过这些不同形式的援助，使新疆、西藏等少数民族地区教育事业的发展和人才培养得到了坚强的支持和有力的保障，为民族地区经济社会的持续发展奠定了坚实的基础。

**三、我国少数民族受教育权的救济性保障**

根据我国教育基本法《教育法》的规定，以及我国少数民族受教育权救济保障的实践，我国目前确立了申诉和诉讼两种最基本的少数民族受教育权救济途径。

*（一）少数民族受教育权的宪法救济*

对少数民族受教育权的宪法救济首先要分析受教育权宪法救济的可行性。受教育权宪法救济的可行性是指受教育权作为一种宪法权利的可诉性及其程度如何。受教育权具有自由权和社会权的双重属性，因而此论题可以分化为两个方面进行探讨。

1. 自由权性质受教育权的可诉性

受教育权作为第一代人权，具有自由权的特点。受教育自由权就是要求国家不得侵害并尊重少数民族受教育权的享有。这种自由权性质的受教育权是防止国家干预的防御权，是一种消极权利。受教育权中的选择权、学生人格自由发展权等明显属于自由权利的范畴。这些自由权性质的受教育权，与其他的宪法自由权利一样，即使还没有转化为法律权利，也应具有直接的法律效力而具有可诉性。同时，这种自由权性质的受教育权必须有与之相依存的形式上的平等予以保障。宪法中规定的平等权，除指公民之间的无差别对待之外，还应蕴涵各项基本权利受到平等保护的精神,平等地为基本权利设置相应的救济途径。这种平等权应与受教育自由权一样具有可诉性。因此,受教育权作为宪法基本权利,在自由权层面及形式平等方面都具有直接的法律效力,可以作为规范进入诉讼程序,进行司法救济。

2. 社会权性质受教育权的可诉性

受教育权兼具社会权和自由权的双重特征,但主要是第二代人权即社会权。而社会权是否具有直接的法律效力从而具有可诉性,在法学界和司法实务界争议颇大。德国等西欧学者提出了"方针条款"、"宪法委托"、"制度保障"和"公法权利"四种理论。"方针条款"是指将宪法社会基本权利的规定视为立法者单纯的道德义务,而非法律义务,而道德义务是不具有可诉性的。"宪法委托"是指宪法在其条文内,仅为原则性规定,而委托其他国家机关(尤以立法者为然)之特定的、细节性的行为来贯彻之。将社会基本权利视为宪法委托条款,是指立法者由宪法获得一个立法的委托。宪法委托具有法规范力,如立法者的立法违背社会基本权利之条款,会产生违宪的后果。"制度保障"是指将社会基本权利视同宪法的一个制度保障,不仅要在宪法上保障公民的权利,而且要规定一定的客观制度,由制度来保障公民个人权利的实现。侵犯公民个人权利是轻而易举的,但是要废除制度却是不可能的。"公法权利"则认为社会基本权利是宪法赋予人民可以主张的公法权利,受到侵害时公民可请求法院予以救济,同自由基本权利一样,具有直接的、强行的效力,可以个案直接请求法院予以救济得以保障。但这种激进的权利保障方式由于与"宪法权利是自然权利"的西方自然法传统相违背,因此受到了西方学界的普遍质疑。西方国家社会权保障的历史进程已揭示了社会权司法救济保障的明显趋势。

而我国在此方面则应该寻找适合我国特色的少数民族受教育权的救济模式和制度。在当代中国只有行政法层面上的司法审查,而没有宪法诉讼,因此违宪的司法审查制度尚未建立。并且由于我国宪法总体来说不被司法适用,法院也不能审查行政行为是否合宪。因此我国有必要进一步拓展司法审查的内涵及其空间。在中国推进宪政体制创新的制度进程上,2001年针对齐玉苓案的司法批复无疑是有积极意义的。

(二) 少数民族受教育权的行政救济

少数民族受教育权在被侵害后很大程度上可以通过行政诉讼途径进行救济,这也是我国少数民族受教育权救济传统的做法;具体而言,少数民族受受教育权保护的基本手段包括教育申诉制度、教育复议制度、教育行政诉讼制度以及其他社会救济手段。

1. 申诉制度

申诉是公民维护个人合法权益的重要手段,申诉权是我国宪法确认的公民的基本权利。教育申诉制度,是指学生在其合法权益受到侵害时,依照《中华人民共和国教育法》及其他法律的规定,明确规定了学生申诉制度,即向主管的行政机关申明理由,请求处理的制度。《教育法》第42条规定,学生享有对学校给予的处理不服向有关部门提出申诉,对学校、教师侵犯其人身权、财产权等合法权益提出申诉或者依法提起诉讼的权利。但是,《教育法》中只是十分简略地进行了规定,并没有法规或规章进行进一步的具体细化,因而本身存在许多不完善之处。

2. 行政复议制度

少数民族地区教育行政复议是指少数民族受教育权人认为具有教育管理职能的机关、组织及其工作人员做出的行政行为侵犯其合法权益,依法向做出该行为的上一级行政机关或法律、法规规定的机关提出复议申请,并由受理机关依法进行审查并作出复议决定的法律制度。相对来说,行政复议途径由于有《行政复议法》的规定,在制度上比教育申诉要完善一些,而且行政复议的成本低,灵活便捷,是一种行之有效的法律救济渠道,对于解决少数民族地区受教育权纠纷应该具有天然的优势。但由于高校因学术自治而拥有的自治权力(包括对学生进行管理的权力),从而使得在实际运行中存在一定的困难。就当前的实际情况,结合《行政复议法》和《教育法》的规定,完善少数民族地区教育行政复议制度应该做好以下两方面的工作:首先,明确少数民族地区教育行政复议的受理范围;其次,关于少数民族地区教育行政复议的自身定位。少数民族地区教育行政复议应设置成为教育行政诉讼制度的前置程序,但应规定教育行政诉讼不是行政终局裁定。

3. 行政诉讼制度

很多少数民族受教育权利受侵害事件,只能以少数民族受教育者权利受到侵害致使财产受到损失,转化为民事赔偿,最终使少数民族受教育权侵害案件往往既不符合行政诉讼要求,又与民事诉讼存在着一定的差距,使得公民在维护自己的受教育权的诉讼以不在受理范围为由被驳回,结果得不到应有的司法救济。

可以看出,少数民族地区教育行政诉讼制度的重新建构,主要要解决以下几个方面的问题:首先涉及少数民族受教育权是否具有可诉性。《行政诉讼法》第11条第1款所列举的受案范围虽然不包括少数民族受教育权,但《行政诉讼法》也没有将其作为排除条款列入第12条。因此,少数民族受教育权是否具有行政法上的可诉性完全取决于其他法律法规的具体规定。1995年9月1日起施行的《教育法》第42条规定"对学校给予的处分不服向有关部门提出申诉对学校、教师侵犯其人身权、财产权等合法权益,提出申诉或者依法提起诉讼"。对这一规定所指的可以提起诉讼的"合法权益",是否包括受教育权,特别是不服校纪处分的争议,能否纳入人民法院受案范围,存在不同看法。因此,对于这个问题,可以通过对《教育法》相关条文的法律解释,使之"可以提起行政诉讼",从而属于《行政诉讼法》第 11 条最后一款规定的"人民法院受理法律、法规规定可以提起诉讼的其他行政案件"的情形。其次,关于少数民族受教育权行政诉讼的受案范围。行政诉讼的受案范围主要受以下几个因素制约:立法者的法治意识,法院的能力和地位以及行政机关行使职权及自我约束状况。对于少数民族受教育权受到限制或剥夺的处理决定,应该给予最终的司法救济。

4. 少数民族受教育权救济的其他手段

首先是调解制度。在少数民族受教育权纠纷的调解中,要达到一个当事人都能满意的结果,调解机构就必须是独立和公正的,其行为也应当有一定的法律规范予以约束。因此,在有关调解的法律制度中,最重要的就是如何建立一个独立而公正的调解机构以及如何制定合理合法的法律依据。在教育调解制度中,应该建立一种专门的机构切实有效地解决少数民族受教育权纠纷问题,而《劳动法》中关于劳动争议调解委员会的组成可以供教育调解制度借鉴;其次民事救济在不同的受教育权关系中,受教育权表现出不尽相同的法律性质。就一般意义而言,受教育权既具有公法性质又具有私法性质。就受教育权具有私法性质而言,当然可以借助民事救济对受教育权提供保护。我国《教育法》第 81 条的规定:"违反本法规定,侵犯教师,受教育者,学校或者其他教育机构的合法权益,造成损失、损害的,应当依法承担民事责任。"

综上所述,到目前为止,我国少数民族受教育权还未能完全实现,还存在着这样那样的一些问题,如少数民族受教育权保护方面的法律法规尚存在一些不健全、不完善的地方,甚至还存在着一定空白;对侵犯少数民族受教育权的行为缺乏必要的救济制度;少数民族教育缺乏稳定可靠的财力、智力支持;需要完善民族地区义务教育体系等。为了加强少数民族受教育权的保障从中央到地方应齐抓共管,加快民族地区教育法治化进程增加对少数民族地区教育的资金、人员投入,健全民族地区义务教育体系,实施真正的免费义务教育;不断完善少数民族教育执法与监督体制,真正树立起民族教育法律的威严,为少数民族受教育权提供有力的政策、法律保障。

# 第十四章 中国散居少数民族法律制度

## 第一节 散居少数民族法律制度概述

就当前我国的立法实践来看,散居少数民族法律制度的渊源主要可以分为两类:一是融合在一般的少数民族相关法律制度框架体系之内进行规定,这类立法位阶较高,规定的问题也具有根本性,但是由于没有区分散居少数民族和聚居少数民族、实施民族区域自治的少数民族等适用主体,因此显得针对性不是很强。二是专门针对散居少数民族的法律规范,这类规范具有极强的针对性,但位阶不是很高,很难满足当前散居少数民族关系调整的现实需要。下面仅从不同法律位阶的层面对散居少数民族法律制度做一概述。①

### 一、宪法层面

首先,宪法中关于公民基本权利的规定,同时也是宪法对于全国各民族成员的权利包括散居少数民族权利的规定。《宪法》第二章从第33条至第51条共用19个条文对我国公民的基本权利作了列举式的规定。可以分为四大类型,即公民参与政治生活方面的权利和自由、公民的人身自由和信仰自由、公民的社会经济教育文化方面的权利,以及特定人的权利。

其次,宪法中针对少数民族权益所作的特别规定。第一,宪法第65、89、97、98、99、102、107、122条共8个条文(款)是宪法对于少数民族成员在国家机构和国家管理活动中法律地位的规定,这些规定同时也适用于散居少数民族。这些条文主要涉及如下几方面的内容:(1)宪法保证各少数民族在全国人大中有适当名额的代表,参与国家事务的管理;(2)国务院设立国家民族事务委员会管理民族事务工作;(3)少数民族成员可以参与地方各级人民代表大会选举,当选代表的任期同样为5年;(4)少数民族地区和非民族地方的各级人民代表大会和政府拥有同样的职权;(5)国家帮助少数民族发展和培养人才。第二,《宪法》第134条是对少数民族适用本民族语言文字进行诉讼权利的保障。

最后,专门针对散居少数民族的规定。宪法中专门针对散居少数民族的规定只涉及第99条和第107条两个条文,且这两个条文全部是针对民族乡散居少

---

① 部分内容可参见陆平辉:《散居少数民族权益保障研究》,中央民族大学出版社2008年版,第98—111页。

数民族的。第 99 条规定民族乡的人民代表大会可以依照法律规定的权限采取适合民族特点的具体措施,这是区别于普通乡镇一级人民代表大会职权的规定。第 107 条规定民族乡的人民政府同一般乡镇的人民政府职权别无二致,同样是"执行本级人民代表大会和上级国家行政机关的决定和命令,管理本行政区域内的行政工作"。而民族乡的区域建制和划分也是由省级人民政府决定。

## 二、法律层面

我国基本法律和法律对于散居少数民族法律制度的规定也可以分为两种类型,即融合在宏观的民族法律制度中的规定以及专门针对散居少数民族法律制度的规定。前者为主要的方面。

首先,宏观的民族法律制度中的、同样适用于散居少数民族的规定,在此仅就典型者做一列举。第一,关于侵害少数民族合法权益应承担刑事责任的规定。集中于刑法第 249、250 和 251 三个条文。第二,关于少数民族适用本民族语言文字进行诉讼的权利的规定,《刑事诉讼法》第 9 条、《民事诉讼法》第 11 条、《行政诉讼法》第 8 条以及《人民法院组织法》第 6 条分别做了明确规定,这些规定可以视为对《宪法》第 134 条内容的具体化。第三,关于各民族成员在法律面前一律平等的规定,主要体现在《人民法院组织法》第 5 条的规定中,者可以视为对《宪法》第 33 条的具体化。第四,地方各级人民政府保障少数民族权益的规定,典型体现在地方各级人民代表大会和地方各级人民政府组织法第 8、9、44、56、59、61 条。第五,关于我国各民族成员国籍权的规定,集中体现在《国籍法》第 2 条。第六,其他有关法律对于少数民族权益保护的规定。如注册商标不得带有民族歧视色彩(《商标法》第 10 条)、适用本民族语言进行教学(《义务教育法》第 6 条、《教育法》第 12 条)、国家重视少数民族妇女干部的培养(《妇女权益保障法》第 11 条)、少数民族消费者权益的保护(《消费者权益保护法》第 14 条)等等。

其次,专门针对散居少数民族法律制度的规定。同宪法的规定现状一样,法律层面专门针对散居少数民族的法律制度的规定也比较少,其中以下两方面较为典型。第一,关于散居少数民族选举权与被选举权的规定。《选举法》第 3、12、17、18、20 条对此作了规定。其要旨如下:全国少数民族应选全国人民代表大会代表,由全国人民代表大会常务委员会参照各少数民族的人口数和分布状况,分配给各省、自治区、直辖市的人民地表大会选出。人口特少的民族,至少也应当有代表一人。散居的少数民族应选当地人民代表大会代表,每一代表所代表的人口数可以少于当地人民代表大会每一代表所代表的人口数。有少数民族散居在境内的市、市辖区、县、乡、民族乡、镇的人民代表大会的产生,按照当地民族关系和居住情况,各少数民族选民可以选举或者联合选举。第二,关于聚居民族帮助三聚民族实行一定程度的民族自治,实现各民族繁荣的规定。比如《民族区域自治法》第12、16、48、50、51、52条。

### 三、行政法规及部门规章层面

首先,在国务院颁布的涉及散居少数民族法律制度的行政法规中,最具代表性的要数1993年10月23日发布的《城市民族工作条例》和《民族乡行政工作条例》。这两部同时发布的规章分别针对城市散居少数民族和民族乡散居少数民族这两类散居少数民族的主要组成部分的相关法律制度做了较为细化的规定。从此,散居少数民族的工作获得了更大程度的重视。但是,由于颁行时间已久,这两部构成目前散居少数民族法律制度主要框架的行政法规都在面临规定老化、执行性不强、难以满足现实工作需要的窘境,修改及完善势在必行。当然,除了这两部行政规章,国务院还颁布了许多其他的规范性文件来充实散居少数民族法律制度的体系,如《宗教活动场所管理条例》、《殡葬管理条例》等。

其次,国务院组成部门的规章也对散居少数民族法律制度的建构和发展产生了重要的积极作用。如1981年国务院人口普查领导小组、国家民委、公安部通过的《关于恢复或改正民族成分的处理原则的通知》;1986年2月国家民委发布了《关于慎重对待少数民族风俗习惯问题的通知》;1992年原国家教委(现教育部)印发《关于加强民族散杂居地区少数民族教育工作的意见》等。

### 四、地方性法规层面

除了中央一级的立法外,地方性立法也对散居少数民族法律制度的完备做出了应有的努力。地方性立法主要包括省级和较大的市一级人民代表大会制定的地方性法规,以及省级和较大的市一级人民政府制定的地方政府规章。从功能上说,这类地方性立法的特点有二:一是对上级立法中的特定问题进行细化、深化和解释;二是针对本地区散居少数民族工作的实际情况、在不突破上位法基本精神和基本原则的前提下制定适应本地特点的创新性规定。从形式上说,这类立法既有对少数民族法律制度的宽泛规定,又有针对散居少数民族法律制度的专门性规定。

首先,保障散居少数民族政治权益方面的规定。如1997年通过的《广东省散居少数民族权益保障条例》第7条规定:"散居少数民族人口较多地方的人民政府,应当有计划地选拔和培养少数民族干部和各种专业人才。"1998年的《北京市少数民族权益保障条例》、1999年的《云南省城市民族工作条例》、2000年的《重庆市散居少数民族权益保障条例》、2001年的《吉林省散居少数民族权益保障条例》等都有类似的规定。

其次,对散居少数民族族籍权利的保障。如《辽宁省散居少数民族权益保障条例》第 29 条规定:"少数民族公民的民族成分,以国家确认的民族成分为准。民族成分的恢复或者改正按国家有关规定执行。"《吉林省散居少数民族权益保障条例》中也有类似的规定。

再次,对散居少数民族宗教信仰、风俗习惯权利的保障。典型的如 1994 年的《上海市少数民族权益保障条例》和 1998 年的《北京市少数民族权益保障条例》。

最后,对散居少数民族经济、文化、教育等权益以及获得国家帮助权利的保障。典型的如 1999 年的《云南省城市民族工作条例》第 12—32 条的规定。

## 第二节 散居少数民族的合法权益及其保护

### 一、散居少数民族权益概述

散居少数民族权益是我国公民权利的三级构成部分,其同公民权利、少数民族权利的关系为"公民权利——少数民族权利——散居少数民族权益",与其同级相对应的概念是实施民族区域自治的少数民族的权益。由于散居少数民族具有相对独立的利益诉求,使其方式上具有个别化的特征,因此,将散居少数民族的合法权益作为一个独立的课题进行研究是十分必要的。

从共性上看,散居少数民族权益是少数民族权利的组成部分,其内容方面基本与少数民族权利的内容方面相同,同样涉及政治参与权、人身自由权、宗教信仰权、族籍权、经济生活自主权、享受国家帮助权、风俗习惯权等要素。从个性上看,散居少数民族权益由于其享有主体的特殊性,因此也具备了一些通常意义上少数民族权利所不具有的特征,如权能规模较小、权利实现困难、权利保障阻碍较多等等。鉴于此,本节内容将依照几种主要的散居少数民族权益类型展开,对每一类型化权益的现状与问题进行分析,并最终提出统一的解决方案。

### 二、散居少数民族主要权益保护的现状

（一）平等权

散居少数民族的平等权,是指散居少数民族成员不受民族差异与分布形式的限制,在政治、经济上具有的一种法律上的平等地位。[①] 主要包括政治和经济方面的平等、实现民族利益的机会均等、实现民族权力的过程平等以及实现民族权利的结果平等四个方面。

新中国成立以来,我国一直注重少数民族权益保障制度的建设。作为体现民族权益保障的窗口,少数民族尤其是散居少数民族平等权的保障一直占据重

---

① 陆平辉:《散居少数民族权益保障研究》,中央民族大学出版社 2008 年版,第 138 页。

要的地位。取得的成就可归纳为如下几点：第一，在散居少数民族平等权保护的手段上，初步实现了法律手段和政策手段相结合的综合性模式，以法律规范的权威性、稳定性为主干，以政策文件的灵活性、及时性为补充，初步形成了散居少数民族平等权保护体系的制度框架。第二，在散居少数民族平等权的立法保障上，形成了中央立法和地方立法相结合、宪法法律和其他规范性文件相协调的局面。第三，在散居少数民族平等权保护法律规范的实施上，能够转化为适当的司法手段和行政措施，基本实现有关规定"从纸上走到地上"的飞跃。第四，在公民保护散居少数民族平等权的意识上，一方面，散居少数民族自身的平等权保护意识不断增强，对于平等权的要求也不断提高；另一方面，非散居少数民族公民保护散居少数民族平等权的理念逐步确立并日益深入人心。

当然，散居少数民族平等权的保障现状仍不尽如人意。第一，城市散居少数民族平等权保障在许多方面仍有欠缺。对于世居的城市散居少数民族而言，主要障碍在于参政权的行使、城市民族经济发展缓慢产生的副作用等方面；对于新进的城市散居少数民族而言，主要表现在城市主流的融入性障碍上；对于流动的城市散居少数民族而言，在权利平等、民族平等、机会平等诸多方面存在严重的问题却又不被当前的有关规范所重视，是城市散居少数民族平等权保障的重点与难点。第二，作为我国基层散居少数民族的主要表现方式之一，民族乡散居少数民族的平等权保护也不容乐观。这一方面体系现在绝大多数民族乡自然条件恶劣、经济发展滞后导致平等权实现即物质基础的匮乏；另一方面表现在由于宪法规范的抽象和上级人民政府家长式治理方式的综合作用使得民族乡很难真正实现其所享有的一些特殊的权力，这也在一定程度上影响了民族乡散居少数民族平等权的实现。第三，农村散居少数民族平等权保护是散居少数民族平等权保护中最为薄弱的一环。虽然城市和民族乡散居少数民族平等权的保护问题也存在诸多问题，但是毕竟有国务院颁布的两部法规分别加以规定。相较而言，农村散居少数民族平等权的保护就愈发显得捉襟见肘。这主要体现在农村散居少数民族参政权（具体体现为选举权和被选举权）难以得到切实的保障上。村委会选举中的平等问题、散居少数民族参政空间被窒息的问题、受到经济发展水平影响平等权难以实现的问题等都在呼唤着农村散居少数民族平等权保护的进一步完善。

(二) 族籍权

族籍权是一种与民族身份权具有紧密联系的权利。当某个民族的公民获得了法律承认的该民族成员的身份后，基于这种民族身份所自然享有的一系列权利就是族籍权。族籍权一般可分为如下三种权利[①]:(1) 族籍形成权,是指权利人依据法律规定,当期满足特定民族成分的条件时,凭借单方行为就能实现所欲求的特定民族身份的权利。(2) 族籍支配权,是指利用对民族成分的直接支配并排斥他人干涉的权利。(3) 族籍身份请求权,是指族籍权人在其民族身份受到妨害或即将受到妨害时,向加害人或人民法院请求为或不为一定行为以恢复民族身份的圆满状态的权利。

虽然我国出台了一系列规定保障少数民族包括散居少数民族族籍权的规定[②],但是在散居少数民族族籍权的保障上仍存在一些问题:第一,限于民族识别、划分、认定等技术性问题,目前仍有一部分公民处于"民族未确定"的状态,这些公民往往人口较少并具有典型的散居分布特点,其族籍权得不到法律的保护。第二,现行法律文件对族籍的修改做了重重限制,其立意虽然是防止族籍混乱的情况出现,但在一定程度上也侵害了部分少数民族尤其是散居少数民族群众行使族籍支配权的自由。第三,在许多时候,族籍权的保护过限,使得一些不具备条件的公民取得了某一少数民族的族籍权,并依此享受国家的多方面照顾,既构成了对其他公民的"反向歧视",又挤占了本应享有特定族籍权利的散居少数民族群众对国家优惠照顾政策的正常享有。

(三) 宗教信仰自由权

宗教信仰自由是我国宪法明确列举的公民所享有的基本权利之一,由于我国少数民族人口绝大多数信仰宗教,因此宗教信仰权的保障在整个少数民族权益的保障体系中占有极为重要的地位。在我国,许多散居少数民族至今还不同程度地保留着富有地方特色和民族特点、滥觞于古老的原始信仰的宗教信仰,这些信仰至今还对这些散居少数民族的日常生活具有重要的影响。散居少数民族的宗教信仰具有如下四个鲜明的特点:第一,地理空间上的分散性,即共同的宗教信仰随着散居的分布形态而散见于全国各地。第二,内容形式上的同质性,即虽然在居住上呈现分散的特点,但是族内共同的宗教信仰的核心内涵仍然被完整地保留了下来,其本质上并未因信众、教徒分布的分散性而呈现异化。第三,宗教文化的传承性与变异性,即虽然在和性内容上具有同质性,但是由于散居少数民族的居住形态决定了其对于外来文化的抵制能力远远弱于聚居少数民族,故而散居少数民族的宗教信仰更易受到外来文化的影响而发生变异。第四,现

---

[①] 部分内容可陆平辉:《散居少数民族权益保障研究》,中央民族大学出版社2008年版,第205—207页。

[②] 主要包括1981年国务院人口普查领导小组、国家民委、公安部通过的《关于恢复或改正民族成分的处理原则的通知》、1986年公安部、国家民委《关于居民身份证使用民族文字和民族成分填写问题的通知》、1986年国家民委《关于恢复或改正民族成分问题的补充通知》、1989年国家民委、公安部《关于暂停更改民族成分工作的通知》、1990年国家民委、公安部和国务院第四次全国人口普查领导小组《关于中国公民确定民族成分的规定》等。

实表现的反弹性。由于我国发展历程中经历了几次较大的文化转折期和动荡期，因此散居少数民族的宗教信仰权保障也随着具体政策的不同而经历了一段曲折、螺旋式的发展历程。但是，可以说，目前对于散居少数民族宗教信仰权的保障水平和保障力度，是新中国成立以来最为科学与完备的时期。这种评价可以从如下几个方面获得充分的佐证：

第一，少数民族公民正常的宗教活动受到了前所未有的保护。一方面，信教群众在宗教场所或是自己的家中举行任何宗教活动都受到国家法律的保护，不受任何限制；另一方面，对于非正常的宗教活动乃至邪教活动，国家法律都给予严厉的制裁，从全新的角度确保正常宗教活动得以不被干扰、顺利举行。第二，少数民族宗教团体和寺观教堂的合法权益受到法律的保护。教会、寺观教堂都实现了民主管理与自我管理。第三，少数民族宗教界上层受到尊重并享有参与讨论决定国家大事的权利。2010年2月28日全国政协十一届常委会第八次会议通过的"政协第十一届全国委员会委员增补名单"将只有20岁、刚于2010年2月3日当选为中国佛教协会副会长的第十一世班禅额尔德尼·确吉杰布增补为全国政协委员，就是一个生动的例子。[①]

当然，虽然当前对散居少数民族宗教信仰权的保障已经迈入历史上的最佳时期，但是其中仍有一些不足之处期待进一步的改进与完善。第一，就立法上而言，主要问题有二：一是立法有欠周详和具体，缺乏可操作性；二是立法技术、水平落后，内容不规范，效力层次较低。这也是目前整个散居少数民族法律制度所面临的共同问题。第二，从执法的层面来说，主要问题也有二：一是行政干预过多，尚未真正把宗教事务的内部管理权完全下放给宗教团体自我决断；二是行政执法部门之间的协调有待优化，各行政部门在散居少数民族宗教信仰权的保护上配合不足，有待进一步的协调与沟通。第三，从司法的层面来说，目前许多侵害散居少数民族宗教信仰权的行为尚未进入诉讼领域实现救济，真正实现对此类权利的司法终极救济还有待时日。第四，法制宣传工作还需进一步加强，现在很多散居少数民族群众并不知道有专门保护其宗教信仰权益的法律规范存在，更遑论能够利用法律的武器捍卫自己的权益了。

（四）风俗习惯权

所谓民族风俗习惯，是民族在一定的自然环境和社会环境中沉积日久而形成的生活方式，具体表现在各民族的生产、居住、饮食、服饰、婚姻、丧葬、节庆、娱乐、礼仪、禁忌等方面，在不同程度上反映了民族的历史传统、心里感情以及道德

---

[①] 参见中国新闻网2010年2月28日新闻：《何厚铧、十一世班禅等被增补为全国政协委员》，http://www.chinanews.com.cn/gn/news/2010/02-28/2142910.shtml，2010年3月17日访问。

准则和宗教观念等。① 民族风俗习惯一般具有民族性、大众化、传承性、地域性、约束性、变异性六大特征。

当前我国对于散居少数民族风俗习惯权的保障主要体现在如下方面：第一，对饮食风俗习惯的保障，如在食品经营中尊重和照顾少数民族的饮食习惯、保证少数民族特需副食品的供应、解决伊斯兰教民的就餐问题等等。第二，对少数民族生活习惯的保障。如通过专门安排解决少数民族群众的生活特需品的生产和销售问题，在各大中城市开办国营性质的少数民族用品商店等。第三，尊重各少数民族的传统节日习俗，规定各级人民政府应当按照少数民族年节习惯制定放假办法、节日特殊食品供应等措施，确保少数民族节日的丰富多彩。第四，尊重少数民族的婚姻和丧葬习俗。前者如对特定少数民族结婚年龄的适当降低；后者如尊重伊斯兰教徒的土葬习惯，在各地建立回民公墓；等等。第五，从相反的角度来说，及时纠正有违民族风俗习惯、有损民族感情的不当言行。包括采取有力措施消灭新闻、出版、文艺、影视作品中出现伤害民族感情的现象等。以上措施都为少数民族尤其是散居少数民族的风俗习惯权提供了有力的保障效果。

当前对散居少数民族风俗习惯权的保障在以下方面还存在改进的空间：第一，立法相对滞后。一是现在的有关保障散居少数民族风俗习惯权的规定散见于各个法律规范之中，有的甚至存在于政通知、决定等政策性文件中，造成立法散乱、位阶不高。二是现行的诸多规范由于缺乏统一考量和通盘规划，因此内部结构很不协调，彼此间的积极冲突和消极冲突层出不穷。综上，亟须出台一部法律层面的统一的规范性文件。第二，现今大量的在保障散居少数民族风俗习惯权里的过程中扮演了重要角色的民族习惯法尚未获得国家立法的承认，一方面影响了传统习惯法定纷止争作用的从分发挥，另一方面也为国家的立法增加了大量的潜在成本。第三，出于团结、稳定等因素的考量，目前对于侵害少数民族风俗习惯权的言行的纠正和惩治大多体现为一种"运动式"的执法过程，似乎如果不全国上下轰轰烈烈就无法真正落实对少数民族风俗习惯权的保障措施。这一方面反映出执法者从计划经济时代遗留的根深蒂固的思维惯性，另一方面也说明在大多数执法者的意识中并没有把对散居少数民族风俗习惯权的保障作为一项经常性的、常态的工作来对待。这种思维模式无疑增加了大量的动态法治成本。②

（五）文化权

少数民族文化权利一般是指多民族国家或国际社会通过国内立法或国际约

---

① 陆平辉：《散居少数民族权益保障研究》，中央民族大学出版社2008年版，第250页。
② 游劝荣：《法治成本分析》，法律出版社2005年版，第185—187页。

法形式确认和保障少数民族成员按照自己的民族文化进行生活、学习、工作的权利。① 而散居少数民族的文化权利由于其自身的特殊性,因此同通产意义上的文化权利的概念相比又具有权利内容的分散性和交错性、发展的不平衡性、形态的多变性、保护的过程性等特点。但是,散居少数民族的文化权利在整体上仍是属于少数民族文化权利不可或缺的组成部分之一。

当前对于少数民族尤其是散居少数民族文化权保障的成就主要体现在两个方面。第一,通过几十年的法制建设,为散居少数民族文化权的保障提供了一个基本的良好的运行环境,构建了从中央到地方各个层次的法律保障体制,逐步建立起一套多部门、多层次、全方位、系统的法律保护体系。第二,通过适当的政策和法律手段,对少数民族文物,非物质文化遗产等民族文化要素给予足够的关照和保护。一方面在国内通过兴办文艺团体、文艺机构、培训机构、文艺比赛、建设相关硬件设施等实现优秀民族文化的发扬光大;另一方面积极支持民族文学艺术的对外沟通与交流,在国际上寻求新的发展空间。

对于少数民族文化权的保障在如下方面还应引起足够的重视:第一,大力加强散居少数民族分布区域的公共民族文化基础设施建设,由于群体较小、势孤力弱,城市散居少数民族在这一方面面临的困境尤为巨大。第二,受制于经济生活水平,包括散居少数民族在内的少数民族群众还不具有足够的经济实力承担经常化的文化、艺术消费,导致休闲文化占据少数民族居民最终消费总支出的比重较低,这一点,城市散居少数民族和民族乡及农村散居少数民族之间的差距是比较大的。第三,对于现代化、工业化、信息化发展对少数民族传统文学艺术造成的冲击估计严重不足,导致许多优秀的少数民族文化逐渐被时代发展的潮流所吞噬,无以挽回。

需要指出的是,散居少数民族的文化虽然在本质上仍具备本民族的核心文化特征,但是在长期的散居、交流过程中,逐步吸收了其他民族文化的元素,已经逐渐发展为一支新型的民族文化脉络,这在保障散居少数民族文化权的过程中无疑是要给予足够重视的。

(六) 平等受教育权②

散居少数民族的平等受教育权主要体现在机会的平等上。作为一种受教育权,它是指公民享有的从国家获得接受教育的机会和获得接受教育的物质帮助的权利③;作为一种平等权,它是指少数民族间及同一民族内部各成员间具有同

---

① 陆平辉:《散居少数民族权益保障研究》,中央民族大学出版社2008年版,第282页。
② 对于散居少数民族受教育权保障的问题,新近出版的《少数民族受教育权保护研究》一书做了全面而深入的分析。本书为熊文钊主编、张步峰副主编,由中央民族大学出版社2010年版。
③ 周伟:《宪法基本权利:原理·规范·应用》,法律出版社2006年版,第310页。

等的接受教育的机会的权利。①

目前散居少数民族受教育权的保障业已取得了重大的发展。主要体现在：宪法和法律明确规定了少数民族（包括散居少数民族，下同）享有平等的受教育权利和机会；少数民族享有接受本民族教育的权利；散居少数民族在享有受教育权的过程中有获得国家帮助的权利；少数民族的教育体系得到了进一步完善和发展，各级各类民族教育机构纷纷建立；各类教育基金的设立和教育专款的划拨为少数民族受教育权的实现提供了物质基础；少数民族学生在接受教育时享受特殊的优惠政策；等等。

然而，散居少数民族平等受教育权的保障还存在诸多问题。第一，对于少数民族学生接受教育的相关保障力度仍显不足，如高考对于少数民族考生的加分政策，许多情况下其加分幅度完全不能从本质上保障少数民族学生接受高等教育的机会均等。第二，由于基础较差，民族地区的经济发展对本地民族教育事业的支持能力有限，国家对于少数民族教育的资金投入、基础设施建设规模和数量、民族教育人才培养等各方面扶持工作的力度还有待进一步加强。第三，在立法层面上缺少一部专门针对少数民族教育问题的《少数民族教育法》，现行的《教育法》、《义务教育法》、《高等教育法》等法律规范虽然对于少数民族教育方面的问题做了一定程度的涉及，但是远不能满足实践的需要。第四，由于传统、宗教等因素的影响，部分少数民族学生的受教育权不能被很好地贯彻②，因此，对于民族教育方面政策、法制的宣传工作还需进一步加强。

鉴于该问题在本书第十三章已经有了相当深入的分析，故此处不再赘述。

（七）经济方面的权益

首先，城市散居少数民族的经济方面权益的保障。城市散居少数民族的经济权益是整个散居少数民族群体经济权益中状况最好的部分。主要包括获得经济发展资金支持的权利、少数民族企业享受优惠政策的权利、特殊民族饰品加工特许经营的权利、进城务工的流动散居少数民族获得优先安排和照顾的权利以及获得生产方面配套服务的权利。城市散居少数民族的经济方面权益依托城市良好的经济基础和优化制度环境，在几十年间取得了长足的进步。其不足之处体现在，其一，城市散居少数民族经济总量仍然较小，对整个城市经济发展的贡献力和影响力都十分有限。其二，城市散居少数民族的经济状态虽然较之民族乡和农村的散居少数民族的经济状态为佳，但是同所在城市非散居民族的竞技状态相比仍有较大的差距，导致许多城市散居少数民族在城市中仍处于低收入

---

① 陆平辉：《散居少数民族权益保障研究》，中央民族大学出版社2008年版，第305页。
② 如有的民族受"读书无用论"的影响不愿送孩子上学；有的民族受缚于"男尊女卑"的传统观念，女童的入学率令人堪舆；有的民族出于宗教信仰的因素，孩子的受教育权被宗教性事务极大挤压。参见熊文钊主编：《少数民族受教育权保护研究》，中央民族大学出版社2010年版，第312—313页。

人群和缺乏必要保障的弱势群体,需要法律、政策的进一步倾斜与关照。

其次,民族乡散居少数民族的经济方面权益的保障。民族乡散居少数民族和农村散居少数民族同属于广义上的农村散居少数民族。但是由于民族乡是我国宪法和法律所明确提出的行政建制,因而同狭义的农村散居少数民族相比仍具有一定特殊性。因此,民族乡散居少数民族经济方面的权益主要包括经济发展的自主权、财政自主权、享受金融和税收等方面的优惠和照顾、在有关方面享受国家帮助的权利、在基础设施建设方面获得重点扶持的权利、自然资源管理和使用的自主权等。虽然民族乡散居少数民族经济方面权益的保障获得了深远的发展,但是仍在基础设施、经济基础、生活生产条件等方面存在诸多问题,我们在此不欲一一罗列。需要特别指出的是,由于民族乡自身的法律体系不够完善,因此宪法中授予民族乡人民代表大会的一些特殊职权很难切实在现实中执行。也许突破了这一点,就能起到提纲挈领之效,对整个民族乡散居少数民族的经济方面权益的保障产生重要的推动作用。

最后,农村散居少数民族的经济方面权益的保障。这类权益主要有在资金、项目、贷款、物质、技术和对口支援等方面享受国家帮助的权利;在发展和进行水利、电力、交通、有点等基础设施建设方面获得帮助;偏远、贫困地区的散居少数民族农户在生产、生活方面获得实际照顾或救济的权利;在税收、金融、市场机制等方面的照顾和优惠;自然资源和生态环境保护和建设方面的补偿权;等等。目前,由于国家的重视和具体扶贫、振兴计划的实施,农村散居少数民族的经济水平得到了较大的发展与提高。但是由于基础弱、条件差,在法律体系的完整性和法律规定的切实落实实施两个方面还有待进一步提高。

### 三、完善与解决的思路

纵观当前的研究成果,在提出对于散居少数民族权益保障的完善对策时,无非是按照政策手段、法律手段的大类区分,再进而把法律手段分为立法完善、司法加强、执法改良、意识提高等层次进行论述。这里我们无意提出这种较为具体的对策以增加无谓的重复,只想就散居少数民族权益保障的完善提几点思路。

第一,从汉族与少数民族的权益保障程度对比来看,虽然我们的民族立法近年来已经取得了令世人瞩目的成就,但是在法律体系、适用效率、实施效果等方面仍然与汉族权益的法律保障成就相去甚远。可见,整个民族法制的进一步完善是实现散居少数民族权益保障的根本途径。

第二,从散居少数民族与实施区域自治的少数民族相区分的层面审视散居少数民族的权益保障。当《民族区域自治法》为民族区域自治制度的建设和发展做出了巨大贡献,并仍在不断修改完善,而与此相对应的《散居少数民族权益保护法》却依然尚付阙如的时候,国家法律的制定计划是不是应该做出适当的重视和倾斜?

第三,从城市散居少数民族与广义的农村散居少数民族(包括民族乡和狭义的农村散居少数民族)权益保障的现状看来,虽然前者的实施情况只是差强人意,但仍与后者拉开了较大的差距。进一步来说,相较于民族乡而言,农村的散居少数民族权益的保障在法制建构上更加稀松粗浅,理应引起我们足够的关注。需要指出的是,虽然本书在后两节的内容安排上并未给予农村散居少数民族权益以单独论述的地位,但这并不影响我们对于这一问题给予持续的关注和深入的思考。

## 第三节 城市散居少数民族工作法制建设

### 一、城市散居少数民族工作法制建设概述

城市散居少数民族法制工作是我国散居少数民族法制的重要组成部分,集中体现了我国散居少数民族法制工作的主要成就和问题。因此,对于城市散居少数民族法制工作的了解和分析,有利于我们把握散居少数民族法制工作的现状,更有利于我们准确抓住其中的问题与障碍,以进一步提出具有针对性的解决方案。

(一) 城市散居少数民族法制工作的内涵

城市历来是多民族人口的聚居地,而其作为散居少数民族人口的聚居地,是伴随着城市化的发展出现的,城市化发展过程中产生的社会政治经济文化的聚集效益,使城市成为吸纳多元文化和多元民族的集散地。一般说来,城市中的少数民多大多属于散居少数民族。但是由于我国有的城市属于民族自治地方的市,其中的主体少数民族已经成为实施区域自治的少数民族,因此他们也就不再属于城市散居少数民族的行列了。[①] 简单说来,所谓城市散居少数民族,就是指生活在城市中,但却不实行民族区域自治的少数民族的统称。因此,根据对于城市民族工作内涵的理解[②],我们可以对城市散居少数民族工作做如下定义:以城市散居少数民族问题为主要对象的民族工作以及与城市功能相联系的民族工作。

城市散居少数民族工作存在不同的方面,如政策建设、法制建设、文化建设、和谐民族关系建设等等,其中法制建设是本节所着重研究的对象。

(二) 城市散居少数民族的类型与城市散居少数民族工作法制建设

城市散居少数民族法制建设工作在总的原则、方针上具有统一性和一致性,

---

① 陆平辉:《散居少数民族权益保障研究》,中央民族大学出版社2008年版,第14—15页。
② 参见沈林、李红杰、金春子、杜宇:《散杂居民族工作概论》,民族出版社2001年版,第3页。

但是由于城市散居少数民族在具体形态上又呈现出三种不同的类型,因此,与之相对应的法制工作也就应当呈现出不同的侧重。体察这些不同侧重点之间的联系和不同,是新时期进一步做好城市散居少数民族法制工作的前提,也是我们展开研究的重要基础。一般认为,城市散居少数民族分为如下三种类型:

第一,城市世居少数民族。这是指在中华人民共和国成立前就形成有一定数量和规模的城市居住群体,中华人民共和国成立后变为在城市有一定规模或聚居区域的少数民族城市居住人口。现今我国的许多城市都为这类散居少数民族设立了民族区、民族街道、民族乡、民族居委会等。[①] 城市世居少数民族十分适应都市的社会文化环境,已经成为都市生活方式、价值观和道德观的传载人群,但他们依然保留了浓厚的民族特点、传统文化和生活习俗。目前的一个新问题是,由于城市改造、拆迁等原因,原先相对集中的世居少数民族的居住格局被改变,逐渐被分散到城市的各个角落,真正成为了在城市中"散居"的少数民族。

第二,城市新进少数民族。这是指中华人民共和国成立后,由于社会主义建设的需要,以工作、求学、经商、婚姻或其他原因进入城市,并拥有城市户籍的少数民族人口。这类城市散居少数民族又分为三种:一是原先在民族地方就生活在城市中,但是由于诸多因素的综合影响使得他们进入非民族地方的城市生活,成为后者的新进少数民族;二是原先就在民族地方的农村地区生活,由于工作、求学、婚姻等原因进入非民族地方的城市生活,成为新进少数民族;三是原先生活在农村地区,即后来进入民族自治地方的城市生活,但是又不属于实施区域自治的民族成分的少数民族。城市新进少数民族一般仍保留有浓重的民族特点、传统文化和生活习俗,与新进城市的主流生活方式和文化氛围有着较大的差异。

第三,城市少数民族流动人口。这是指非城市户籍,但又在城市从事各种经济文化活动的少数民族。是否具有所在城市的户籍,是城市少数民族流动人口与城市新进少数民族之间的本质区别所在。一般说来,城市少数民族流动人口活动单元小而分散,一方面保留了本民族的传统风俗习惯,另一方面又缺乏对所在城市的归属感,因此其权益保障是城市散居少数民族法制建设工作中应当重点关注的部分。然而遗憾的是,目前对这一群体的关注仍十分有限。现阶段,城市少数民族流动人口可分为三种类型[②]:一是普通务工型,主要是具有少数民族身份的青壮年外来务工者;二是特色经营型,即在城市经营具有本民族特色的传统饮食、工艺品,如烤肉、切糕、拉面等;三是盲目流动性,一般文化素质不高,跟随

---

① 如内蒙古自治区虽然由蒙古族实行民族区域自治,但是其首府呼和浩特市却专门为回族居民设立了"回民区";又如,位于北京城中心的牛街也是著名的回民聚居街区,有近3000户回民居住在此。

② 陆平辉:《散居少数民族权益保障研究》,中央民族大学出版社2008年版,第14—15页。

熟人或团伙游历各地,没有政府党的谋生手段,是治安稳定的潜在威胁因素。①

(三)城市散居少数民族工作法制建设的特点

第一,从聚居少数民族同散居少数民族的分野来看,城市散居少数民族工作法制建设的对象具有分散性、复杂性。一方面,实施区域自治的少数民族受到民族区域自治法的体系化保护,其权益保障现状要明显优于《散居少数民族权益保障法》缺位情况下的城市散居少数民族;另一方面,虽然未实施民族区域自治,但是采用聚居生活方式的少数民族由于已经形成了具备一定规模的聚落群体,因此其利益诉求往往也能够获得较为及时、有效的立法或政策回应,而城市散居少数民族在这方面无疑也处于比较劣势。因此,城市散居少数民族工作法制建设也被罩上了分散性、复杂性的色彩。

第二,从城市散居少数民族工作法制建设同农村(广义的)散居少数民族法制建设工作的分野来看,城市散居少数民族工作法制建设要更多地考量城市的社会生活环境和宏观文化背景。农村的散居少数民族一般均是"世居者",虽然处于散居的状态,但是其文化传统、风俗习惯、生活模式已经与居住地很好地融合一体,基本不会体现出宏观背景和环境上的"水土不服"。然而城市散居少数民族,即使是世居的散居少数民族,也由于其特定的民族属性和民族习惯,导致很难与所在城市的宏观背景和环境实现完全的契合与融通,这种不适应性就要求在城市散居少数民族工作法制建设的过程中要充分体察城市散居少数民族与城市的社会生活环境和宏观文化背景的差异性,否则就难以收到切实的效果。

第三,从法制手段与政策手段的分野来看,城市散居少数民族法制建设工作作为城市散居少数民族权益保障的根本性手段,任务更加艰巨。目前,我国城市散居少数民族法制工作的主要依据是 1993 年公布的《城市民族工作条例》。相较而言,政策性手段以其及时、灵活、多样的特征成为实践中处理城市散居少数民族问题的主要手段。但是,大量通知、文件、办法的实施即使在客观上起到了一定的积极作用,也难以真正代替一部系统、科学、权威、充分反映新时期特点的针对城市散居少数民族问题的专门立法。因此,城市散居少数民族工作法制建设的任务还是十分艰巨的。

**二、城市散居少数民族法制建设工作的主要内容**

城市散居少数民族工作法制建设涉及方方面面的问题,其价值在很大程度上也是通过与其他调整手段相互配合的过程中体现出来的。总的说来,以下四个方面可以基本体现城市散居少数民族工作法制建设的主要构成。

---

① 吴大华:《城市少数民族流动人口犯罪及其治理对策》,载周大鸣、马建钊主编:《城市化进程中的民族问题研究》,民族出版社 2005 年版,第 10—11 页。

第一，城市散居少数民族法制的调查、研究以及经验总结。城市散居少数民族法制的实践需要科学、完善立法的指导，而科学、完善的立法却又源于对工作实践中所遇到问题的总结和分析，以作为第一手的材料。因此，调查、研究以及总结就成为城市散居少数民族法中工作的重要组成部分。从主体上说，此类工作既可以由专司城市散居少数民族法制工作的国家机关、政府部门完成，也可以由从事有关课题研究的科研单位、组织和个人进行[1]；从内容上说，此类工作的对象范围主要涉及城市散居少数民族法制的实施状况，在过程实施中所遇到的困难及问题、城市散居少数民族群众对于相关立法的需求等；从过程上说，此类工作包括对信息与材料的收集与获取，对所掌握材料的分类、归纳和整理，对材料中所反映出的问题的评估与分析，根据评估分析的结果制定相应的对策和解决方案等。

第二，宣传、普及民族法制知识。城市散居少数民族法制工作的深入展开，需要以社会具备良好的民族法制知识积淀为基础。一方面，对城市散居少数民族群众进行民族法制的普及与宣传，有利于提高他们的法制意识和权利理念，这是他们能够很好地运用法律武器维护自己合法权益的基本前提；另一方面，城市散居少数民族之外的其他城市居民进行民族法制的普及与宣传，有利于他们法制素养的提高，能够很好地将一些可能对城市散居少数民族权益产生损害后果的言、行防患于未然。总的说来，要使城市散居少数民族法制真正从纸上走到地上，就首先需要使其从纸上走进各族群众的心上。一个良好的法制环境的形成不但需要完备的法律规范体系，还要让这一体系真正为作为守法、适法主体的广大人民群众所理解，这是民族法制宣传普及工作的重要意义所在。

第三，保障城市散居少数民族有关权益。权利是法律的核心概念之一，因此城市散居少数民族法制工作的核心任务之一就是对城市散居少数民族合法权益给予充分的保障。这也是当前城市散居少数民族法制工作的主要方面。从保障的主体来看，立法、执法、司法等各级各类国家机关都负有保障城市散居少数民族有关权益的职责；从保障的对象来看，主要体现为城市散居少数民族群众的合法权益；从保障的范围来看，基本囊括了所有法律规定的少数民族权益范畴，涉及经济、政治、文化、教育、风俗习惯、宗教信仰等各个方面。当前，随着城市民族工作的不断发展和完善，对于城市散居少数民族合法权益的保障效果也明显得到了改善，保障范围不断扩大，保障力度不断增强，保障质量不断提高，保障手段不断规范。虽然仍有许多方面的工作有待深化，但是在相当长的一段时期内，保障城市散居少数民族有关权益仍然是城市民族工作的重中之重。

---

[1] 如2006年7月—8月，中央民族大学"中国散居少数民族权益保障研究"课题组就对云南、贵州、甘肃、湖南等省的散居少数民族权益状况进行了调查研究。陆平辉：《散居少数民族权益保障研究》，中央民族大学出版社2008年版，第235页。

第四,协调有关民族纠纷,依法预防、处理民族冲突等事件。多个在风俗、传统、语言、习惯等方面互不相同的民族在同一个城市环境中生活、共处,难免会出现纠纷与摩擦,因此协调有关民族纠纷,依法预防、处理民族冲突等事件也就成了城市散居少数民族法律工作的另一个重要组成部分。随着政治经济文化的发展,各民族之间的沟通、交流的不断深化,再加之社会主义和谐社会建设所取得的辉煌成就,我国城市各民族之间的关系得到了极大改善,民族间纠纷、冲突的发生也逐年降低。一方面要继续维持这种和谐稳定的城市民族关系,另一方面也要时刻保持高度的警觉意识,争取在纠纷乃至冲突发生时能够迅速、有效地加以解决。在2008年拉萨"3·14"事件和2009年新疆"7·5"事件的解决过程中,有关部门体现出了良好的危机解决能力,通过法律手段与政策、经济等其他手段的有机配合,及时防止了事件的进一步扩大,也从另一方面体现出长期以来城市散居少数民族法制建设工作的良好成效。

### 三、对现阶段城市散居少数民族法制工作的评析

新中国成立以后的很长一段时间,我国民族法制十分不健全,特别是城市散居少数民族法制工作的问题更为突出。而受制于立法意识、立法技术、管理思维、制度惯性等一系列因素的影响,城市散居少数民族工作的开展基本上依靠政策的手段进行调整。政策的朝令夕改、互不兼容等问题极大降低了城市散居少数民族工作的效率,也在一定程度上导致城市中的民族问题层出不穷,应对乏力。然而,在党的十一届三中全会之后,这一现象发生了根本性的改变,特别是国务院在1993年公布了《城市民族工作条例》,使得城市民族工作真正有了统一的法规框架体系。此后,各地以立法为核心的城市民族法制建设工作也呈现出较快的发展趋势,并将城市民族工作中多年的经验积累以各级立法的方式确定下来,使得城市民族工作特别是城市散居少数民族工作一步步走上了法治的道路。如黑龙江省早在1987年就启动了城市民族立法的工作,1989年就颁布了《黑龙江省城市民族工作条例》。此后,一部分省、自治区、直辖市以及较大的市也都相继出台了充分体现本地工作实践的专门的城市民族工作法律规范。[①]

虽然我国的城市散居少数民族法制工作建设已经取得了长足的进步,但在这一过程中,一些较为重要的问题也纷纷凸现出来,产生了一定的阻滞作用。主要可从如下三点进行分析:

第一,国家层面的城市散居少数民族最高法律规范目前仍是1993年公布的《城市民族工作条例》,作为一部行政法规,法律位阶上的劣势使其难以在新时期的城市民族工作中进一步发挥更大的积极作用。其一,位阶不足使得该条例

---

① 参见沈林、李红杰、金春子、杜宇:《散杂居民族工作概论》,民族出版社2001年版,第153页。

缺乏足够的权威性,在具体实施过程中显得有些捉襟见肘。其二,缺乏国家立法机关的背景使得该条例很难在行政、司法等多部门配合保障城市散居少数民族权益的问题上发挥足够的统一和协调作用。其三,作为一部行政法规,其立法质量很难与全国人民代表大会及其常务委员会制定通过的法律相媲美,这就直接影响到了当前城市散居少数民族法制建设工作的切实效果。

第二,正是这部"硕果仅存"的《城市民族工作条例》,已经实施了将近二十年之久,条文严重老化,对于满足当前时期城市民族工作的新需要已经显得力不从心。特别是随着城市化进程的不断加快,城市散居少数民族工作呈现出一些新的特点,这些特点没能在该条例中得到很好的反映,造成《条例》实践价值的下降。此外,《城市民族工作条例》中的许多规定过于宏观和抽象,给实际的适用和操作带来了极大不便。条文中大量出现的"适当"、"鼓励"、"支持"、"照顾"等措辞更多的只具有一种指向性价值,由于缺乏具体的要求和标准,故很难在实践中发挥切实的指导作用。

第三,当前城市散居民族法制工作对于城市少数民族流动人口的关注严重不足,制度缺位严重影响了这类城市散居少数民族合法权益的保障。前文已经指出,城市少数民族流动人口是城市散居少数民族的重要组成部分,但是这一群体却没有得到城市散居少数民族法制工作的足够重视和关注,缺少针对于这一特定群体的专门法律规范。少数民族群体在权益保障上本来就相对落后,况且城市少数民族流动人口中的绝大多数又是以"外来打工人员"这一同样被界定为弱势群体的身份出现,在下一个阶段的城市少数民族法制工作建设中对这一"双重弱势"群体进行适当倾斜的重要性也就不言而喻了。

**四、城市散居少数民族法制工作建设的发展与完善**

针对上文的分析,我们对城市散居少数民族法制工作建设的完善提出三个方面的想法:

第一,制定统一的《散居少数民族权益保障法》,并在其中设置专章对城市散居少数民族权益保障工作的根本性问题作出明确的规定。与《民族区域自治法》自 20 世纪 80 年代即颁行实施相比,我国在散居少数民族权益保障领域迄今仍没有一部专门的立法,无论从法律体系的完整性还是对实践需要的回应程度而言,都是非常不妥的。长期以来,学界也一直在为《散居少数民族权益保障法》的尽快出台而奔走呼号,但是迄今仍未得到国家立法机关的积极充分的回应。[①] 制

---

① 参见成堃宜:《"〈散居少数民族权益保障法〉应尽快颁布"——访贵州民族学院院长、中国法学会民族法学研究会常务副会长吴大华》,载法制生活网,http://www.fzshb.cn/News/201001/5450.html,2010 年 3 月 18 日访问。

定《散居少数民族权益保障法》至少有两的方面重要价值：一是提高当前散居少数民族法律规范的层次，更好地实现对散居少数民族合法权益的保障力度；二是能够同时纠正现行《城市民族工作条例》中存在的问题。具体操作上，《散居少数民族权益保障法》同已经实施了近二十年的《城市民族工作条例》之间应当是替代与被替代的关系，后者在前者颁布的同时终止适用。

第二，制定《散居少数民族权益保障法》的配套实施细则。由于城市散居少数民族权益保障只能在《散居少数民族权益保障法》中作为一章出现，因此规定得不可能十分详细和充分，这就需要制定与之相配套的实施细则。在中央立法的层面，国务院应当根据全国散居少数民族工作中所体现出的共性问题对《散居少数民族权益保障法》的有关章节规定详细的实施办法和细则，确保该法在全国范围内具有良好的实用性。在地方立法的层面，省、自治区、直辖市以及较大的市的立法机关应当根据当地散居少数民族法制工作的实践，在中央立法的指导下作出适应本地实际情况的实施细则，在确保与上位法内在原则保持一致的同时将其"地方化"，构建完整的散居少数民族权益保障法制体系。

第三，加强对于城市少数民族流动人口的关注，加强城市散居少数民族法制体系的完整性。由于长期以来欠缺相关的调研、分析，当前对于城市少数民族流动人口合法权益的保障缺少必要的实践经验总结和相关理论支持。因此，对于城市少数民族流动人口法律保障的体系构建需要从最初级的工作一步步做起。从目前的情况来看，理性的立法进路应当是从基层地方立法试点开始，在此基础之上最终促成全国统一的法律规范的出台。

## 第四节 民族乡散居少数民族法制工作建设

### 一、民族乡概述

(一) 民族乡的概念及其产生和发展

民族乡是指在不具备实行民族区域自治条件的较小的少数民族聚居地方建立的由少数民族自主管理本地与本民族内部事务的乡级基层政权。民族乡最初是根据1954年《宪法》和1955年国务院《关于建立民族乡若干问题的指示》的规定，在相当于乡的少数民族聚居区和新中国成立初期建立的相当于乡的民族自治区的基础上改建和建立的。后来建立人民公社，民族乡被取消，直到1983年才逐步恢复和建立。① 现行宪法在第五节《地方各级人民代表大会和地方各级人民政府》中对民族乡的有关基本制度作了规定——在第95、97、99、102、

---

① 陆平辉：《散居少数民族权益保障研究》，中央民族大学出版社2008年版，第19页。

107、条共五个条文中提及了"民族乡"问题,其中,第 99 条第 3 款和第 107 条第 2 款对民族乡有关制度做了重点提及。

事实上,在新中国成立以后,我国曾在民族乡也实施了民族区域自治制度,但是经过一段时间后发现,在乡一级的行政区域内没有条件也没有必要实施民族区域自治,因从此,民族乡不再作为我国民族区域自治制度的一级地方出现,而是实行了同一般乡镇行政区域相比较具有一定特殊性的民族政策和制度。

(二)民族乡同一般乡的区别

民族乡同一般的乡相比,其最大特点在于体现出一定的自治的性质。具体可从如下三个方面进行阐释[①]:

第一,建乡的主体民族不同。一般乡系以汉族为主体。而民族乡则主要在杂散居民族地区建立,以一个或两个以上少数民族为主体。实施上,民族的散杂居状态时民族乡最为显著的特点之一,这也是民族乡建立的初衷。

第二,两者的法律地位有所区别。一般乡镇在国家法律中没有赋予特殊的权利,而民族乡则在一般乡镇享有的职权的基础上,享有一部分特殊的机动性权利。《中华人民共和国宪法》第 99 条第 3 款就明确规定:"民族乡的人民代表大会可以依照法律规定的权限采取适合民族特点的具体措施。"

第三,两者在政府机关职能行使的相关问题上有所区别。国家对一般乡在行使职能方面,没有作出特殊的规定,而 1993 年颁行的《民族乡行政工作条例》则对民族乡的有关方面做了特殊的规定。如第 4 条规定:"民族乡人民政府配备工作人员,应当尽量配备建乡的民族和其他少数民族人员";第 5 条规定:"民族乡人民政府在执行职务的时候,使用当地通用的语言文字";第 6 条规定:"民族乡依照法律和有关规定,可以结合本地区的情况和民族特点,因地制宜地发展经济、文化、教育、卫生事业";第 7 条规定:"民族乡应注意对各民族居民进行民族政策和民族团结教育,以不断促进社会主义民族关系的发展,加强各民族间的团结互助";等等。

(三)民族乡的地位和任务[②]

第一,认真贯彻落实民族区域自治政策和其他各项民族政策,贯彻落实《民族乡行政工作条例》,保障民族乡各族人民的民族平等权利。在依法保障民族乡各族人民利益方面,乡人民代表大会及其主席团、乡人民政府负有重大的责任。

第二,根据《民族乡行政工作条例》赋予的自主权,从当地的实际出发,制定灵活措施,加快民族乡经济和社会的发展,在上级国家机关的帮助下,带领民族

---

① 卢贵子:《民族乡:民族区域自治制度的必要补充》,载《中国民族》2008 年第 5 期。
② 参见覃乃昌:《关于民族乡的几个问题》,载《民族研究》2002 年第 3 期,第 28—29 页。

乡人民走上富裕的道路,实现各民族的共同繁荣。

第三,在上级国家机关的帮助下,加快发展民族乡的文化教育事业,大力培养和引进各种专业技术人才。要认真贯彻《民族乡行政工作条例》等法规中的有关规定,在上级人民政府的支持和指导下,采取灵活措施加快民族乡教育事业的发展。

第四,向各族干部群众进行民族政策和民族团结教育,促进社会主义民族关系的巩固和发展。根据《民族乡行政工作条例》第7条的规定,民族乡政府是团结各族人民进行现代化建设的权力机关,应当经常向各族人民进行爱国主义、社会主义和民族政策、民族团结教育,不断促进平等、团结、互助的社会主义民族关系的发展。

**二、民族乡散居少数民族概述**

**(一) 民族乡散居少数民族的定义**

通过前文对于散居少数民族概念的论述,我们已经对我国散居少数民族的类型有了一定的了解,下面将这类关系做一图进行总结:

$$\text{散居少数民族}\begin{cases}\text{城市散居少数民族(世居\textbackslash 新进\textbackslash 流动)}\\ \text{广义的农村散居少数民族}\begin{cases}\text{民族乡散居少数民族}\\ \text{狭义的农村散居少数民族}\end{cases}\end{cases}$$

由上图可知,民族乡散居少数民族的内涵可以通过与城市散居少数民族和狭义的农村散居少数民族两个概念的区别来界定。我们认为,所谓的民族乡散居少数民族,是指以特定的民族乡(镇)为生活居住区域,在这一区域内相对聚居、实行相对自治,却又不实行区域自治的散居少数民族。

**(二) 民族乡散居少数民族的特点**

民族乡散居少数民族的主要特点如下[①]:

第一,民族乡散居少数民族人口的分布兼具广泛性和不均衡性。这是分别从地域分布和民族分布两个维度而言的。就地域分布的维度而言,其广泛性体现在全国的31个省级行政单位除了上海、宁夏、山西外均设立了民族乡(镇);其不均衡性体现在民族乡法的分布主要集中在云南、贵州、四川、辽宁、黑龙江、湖南、河北、广西等地,这几个省区的民族乡(镇)数量就占到了全国民族乡(镇)总数的80%左右。从民族分布的维度来看,广泛性体现在全国55各少数民族中有48个少数民族都建有民族乡[②];不均衡性体现在彝族、苗族等民族每一个

---

① 陆平辉:《散居少数民族权益保障研究》,中央民族大学出版社2008年版,第20—21页。
② 七个没有建立民族乡的少数民族是高山族、景颇族、仡佬族、撒拉族、京族、保安族和独龙族。

都拥有数百个民族乡,而怒族、裕固族、基诺族等只有1个民族乡。①

第二,居住状态的相对聚居性。民族乡的散居少数民族虽然同其他聚居少数民族或者实行民族区域自治的少数民族对比看来,其分布状态属于"散居",但是在民族乡内部,他们实际上体现出一定程度上的"聚居"状态,因此表述为"相对聚居"。如北京市朝阳区常营回族乡就建立了民族家园、万象新天、鑫兆家园等大型居民社区,在这些社区内部居住的回族群众就体现为一种相对聚居的状态。此外需要指出的是,"相对聚居"除了指本民族群众的聚居之外,还常常包括两个或两个以上民族的共同居住。因为许多民族乡是由两个或两个以上的民族共同建立的,这些民族群众既在本族内部"相对聚居",又与共同建立民族乡的其他少数民族"相对聚居"。

第三,民族乡内部管理的相对自治性。民族乡虽然在民族区域自治制度的发展过程中被剥离了民族区域自治的制度因素,但是其在特定范围内的自治权力被保留下来。如《宪法》第99条第3款就明确规定:"民族乡的人民代表大会可以依照法律规定的权限采取适合民族特点的具体措施。"而1993年由国务院颁布的《民族乡行政工作条例》更是在宪法原则的指导下将民族乡人民政府的特殊性规定加以细化和引申。前文已经对有关条文做了相应的列举。需要强调的是,民族乡的这种"自治权",与民族区域自治层面的"自治"是不可同日而语的,充其量只能算是民族乡区别于普通行政乡(镇)的特殊性的法律确认,其本质上很难称得上是一种真正意义上的"自治。"

第四,从民族乡散居少数民族与其他类型的散居少数民族之间的区别来看。其一,民族乡散居少数民族与城市散居少数民族不同,前者的散居范围限于乡镇一级的行政区划之中,且具备的经济基础较差、民族传统因素的保持相对完整;而后者的散居范围则是以城市区划为界,经济基础相对较好,主流文化同城市气象联系紧密,许多传统的民族因素在频繁的开放交流过程中已经发生了异化。其二,民族乡散居少数民族与狭义的农村散居少数民族不同,前者的聚居形态有明确的法律依据,且享有一定程度的相对自治权;而后者的聚居形态只是在现实中客观存在,并未得到法律的"垂青",更遑论拥有某些特殊的权力以维护自身权益了。可以说狭义的农村散居少数民族权益保障在当前立法上仍处于真空的状态。

### 三、民族乡散居少数民族法制工作的现状

(一) 立法现状及存在的问题

第一,从立法体系的上来说,我国的民族乡散居少数民族法制体系已经雏形

---

① 铁木尔、赵显人编:《中国民族乡统计分析与对策研究》,民族出版社2002年版,第29—52页。

初现,但是体现出"掐头去尾"的现象。其一,从体系框架上来看,已经形成了中央立法与地方立法并举、原则性规定与实施办法相呼应的结构。1993年国务院颁行的《民族乡行政工作条例》为中央层面关于民族乡散居少数民族法制建设的立法开创了先河,但在省级地方的层面,黑龙江省早在1988年就颁行了《黑龙江省民族乡行政条例》,云南省在1992年颁行了《云南省民族乡工作条例》(并于2004年重新颁布),而贵州省也在1996年颁行了《贵州省实施〈民族乡行政工作条例〉办法》。此外,昆明市政府也在《云南省民族乡工作条例》颁行后不久,于1995年颁行了《昆明市贯彻〈云南省民族乡工作条例〉实施办法》。虽然这些地方立法有的属于地方性法规(如黑龙江省、云南省),有的属于地方政府规章(如贵州省、昆明市),但它们均在不同程度上体现了对民族乡散居少数民族法制工作的重视或对中央立法的积极回应。其二,所谓的"掐头去尾"现象是指,一方面,中央对于民族乡散居少数民族法的立法近二十年来一直停留在《民族乡行政工作条例》这一行政法规独木强支的状态,并没有适时上升到人大立法的层面,这一立法滞后的弊端已经在近年来的民族乡散居少数民族法制工作实践中逐渐显现;另一方面,在直接享有特殊权力照顾的民族乡的层面,几乎没有出台任何规范性文件来根据本地实践明确落实所享有的特殊权力范围。

第二,从立法技术上来说,国务院的《民族乡行政工作条例》共34个条文,基本覆盖了民族乡散居少数民族法制工作的主要方面,但是语言精练、抽象,原则性的指导价值远大于实践的操作价值。而目前省一级的有关立法篇幅亦不是很长,一般都在30个条文左右,其内容相当一部分是对《民族乡行政工作条例》的"再现",既没有看出与本地方工作实际的结合,也没有看出对《民族乡行政工作条例》的细化落实。而少数体现了本地方实践的规定,也大多落入抽象、原则的窠臼,缺乏足够的可操作性。

(二)实施现状及存在的问题

第一,由于民族乡普遍经济发展欠佳、地域范围较小、基础设施落后、人口有限,因此民族乡散居少数民族法制工作的发展遭遇到一定的客观阻力。近年来,各级人民政府虽然对于民族乡各方面工作(包括散居少数民族法制工作)的帮扶力度逐年增加,但是仍不能从根本上解决其"造血难"的主要问题。更重要的在于,上级对于民族乡的帮扶款项、物资等常常出现不予兑现的情况,使得本来就有限的帮扶作用再次打折。因此,只有从根本上解决民族乡经济发展的问题,才能为散居少数民族法制工作的发展与完善提供坚实的物质基础。

第二,虽然《宪法》第99条明确规定了民族乡的人民代表大会可以根据本地的实践采取特殊的措施,但是实际工作中真正充分运用了此项权力的民族乡十分少见。究其原因主要有三:其一,民族乡由于具有上一段中提到的种种困难和问题,在客观上限制了此项权力的运用。其二,根据当前上下级人大和上下级政府之间的关系,作为最基层的民族乡的人大和政府很难真正创造性地根据本乡实际作出所谓的"特殊规定",上级政府和人大的权力过大,在制度上窒息了民族乡"制定特殊措施权"的行使。其三,虽然宪法中作了相关规定,但是各级相关法律规范中却罕见对于此项权力具体行使的方式、程序、界限等必要的细化规定,导致在实践中即使有意为之,却也不得不因为无所适从而作罢。

第三,目前关于民族乡散居少数民族法制工作的规范性文件的规定都过于抽象、宽泛,绝大多数表现为原则的提出,欠缺具体的操作规定,更欠有关的责任条款。捧着如此空洞的法律规范,很多情况下无异于一纸空文,民族乡的散居少数民族权益保障体系看上去貌似完整,实际上的保障效果十分有限。而过多的规制漏洞又使得有限的法律条文在实践中的效用再一次打折。因此,实践中大量出现对于散居少数民族法制工作要求阳奉阴违的现象,也就不足为奇了。

**四、民族乡散居少数民族法制工作的完善**

(一)立法上的完善

第一,充实宪法和法律的有关条款,明确民族乡的性质、地位等根本性问题。虽然宪法中的数个条文对民族乡散居少数民族法制做了初步的规定,但是我们发现这些条文知识遵循着"从描述到描述"的逻辑,并没有对民族乡的性质、地位的前提性的、根本性的问题作出规定。定性不清自然导致具体制度上出现混乱和不协调。因此,应当在宪法和法律中增加相关的规定,为民族乡散居少数民族法制工作的展开提供坚实的宪法和法律基础,从而达到澄清现实中的混淆,促进整个民族乡法制工作进一步的发展与完善。

第二,在法律的层面上作出规定,禁止随意撤并民族乡的趋势将扩大化。党的十七届三中全会提出:"继续推进农村综合改革,2012年基本完成乡镇机构改革任务,着力增强乡镇政府社会管理和公共服务职能。"这是中国共产党在新的历史时期和新的形势下,对乡镇机构改革提出的目标任务。20世纪90年代以来,随着我国经济社会的发展,以乡镇机构改革为重点的农村综合改革深入推进,乡镇撤并也成为乡镇机构改革中的重要工作之一。① 然而在改革过程中,大量的民族乡被撤销、合并,在一定程度上对民族乡散居少数民族的利益造成影响。其一,民族乡的撤销直接导致相应散居少数民族在原民族乡的范围内享有特殊照顾的权益丧失;其二,民族乡的大量合并打乱了原有的地域、政治、文化、生活格局,使得原民族乡散居少数民族或是面临同新进的其他散居少数民族之间聚居、共治关系的重建,或是面临地域扩大为权利行使带来的不便,又或是由

---

① 廖冲绪:《我国乡镇撤并存在的问题及对策分析》,公共预算与政府治理网,http://www.pbgchina.cn/newsinfo.asp? newsid=14156,2010年3月19日访问。

于并入非民族乡镇而根本丧失了享有特殊照顾的权利。其三,民族乡改为镇之后,其性质与地位的界定进一步模糊:宪法只是规定了民族乡的建制,而相应地居于散居少数民族的特殊照顾也是以民族乡为实现单位的,改为镇之后的民族乡是否称得上是"民族镇"?改镇之后是否还能继续享有民族乡时代所享有的特定权利?这在宪法上实为规制缺位。① 因此,一方面,在立法上,既要严格限制民族乡的撤并,又要给已经"改头换面"的民族乡以明确的定位;另一方面,在乡镇改革实践中,应当把民族乡与普通乡镇区别对待,改革过程尽量要以不侵害民族乡散居少数民族的合法权益为根本原则之一。②

第三,中央层面的民族乡法律制度完善的进路究竟何在?目前主流的思路有二。其一,修改现行的《民族乡行政工作条例》。主要是因为该条例的规定缺乏具体操作的量化规定,加上改革的深入发展和社会主义市场经济的逐步建立,许多条文执行起来比较困难;此外,新修改的《民族区域自治法》已颁布实施,《民族乡行政工作条例》中有一些条文与该法的规定不协调。③ 其二,制定《民族乡法》。认为我国还设有一部有关民族乡的专门法律,这同民族乡在我国民族区域自治制度中的地位很不相称。为了实施依法治国,建设社会主义法治国家的基本方略,应当把制定《中华人民共和国民族乡法》尽快提到议事日程上来,使民族乡工作真正实现有法可依。④ 我们认为,一方面,《民族乡行政工作条例》条文疏漏之处甚多,其立法地位也不足以对民族乡散居少数民族法制工作提供充分的保障;另一方面,民族乡散居少数民族作为散居少数民族的一部分,似乎还不至于达到制定一部专门法律以与《民族区域自治法》互相辉映的程度,因此,在统一的《散居少数民族权益保障法》中辟专章对民族乡散居少数民族法制工作的有关问题进行规定,是一条较为适合的进路。

第四,修改各地方《散居少数民族保护条例》、《民族乡工作条例》《实施办法》等有关条文的规定,使其更加适合当前民族乡散居少数民族法制工作发展的现实需求,切实提高有关条文的可操作性,完善相应的法律责任体系,真正体现地方民族乡散居少数民族法制的功能和价值,实现我国民族乡散居少数民族法制的内在协调和有机统一。

(二)实施上的完善

第一,加大对民族乡散居少数民族的法制教育力度。当前广大的民族乡散

---

① 对于此,由宪法解释机关对宪法文本进行扩大解释以将"民族镇"的基本问题予以明确是最好的路径选择。

② 当然,在乡镇改革过程中,也存在新建民族乡的情况,如2009年2月4日重庆市政府就批准了奉节县政府关于"撤销奉节县太和乡并设立太和土家族乡"的请示。详见重庆市奉节县人民政府网站,http://www.cqfjx.gov.cn/zwxx/news/2009-2/245_10200.shtml,2010年3月19日访问。

③ 覃乃昌:《关于民族乡的几个问题》,载《民族研究》2002年第3期,第30页。

④ 王培英:《论制定民族乡法的重要性》,载《民族论坛》2005年第8期,第23页。

居少数民族的法制意识受各方面因素的限制仍比较薄弱。这在实际上对民族乡散居少数民族法制工作的开展和完善构成了相当巨大的观念与意识的障碍。鉴于此,应当进一步加大对民族乡散居少数民族的法制教育力度。其积极作用主要有二:一是使得民族乡散居少数民族的权益保障意识与国家机关散居少数民族权益保障的制度实施之间形成良好的供需互动关系,相助相长;二是促使民族乡散居少数民族的权益保障意识发展成为针对有关国家机关开展民族乡散居少数民族法制工作的强大的外部监督力量。

  第二,提高有关国家机关的民族乡散居少数民族法制意识和工作积极性,切实落实对民族乡散居少数民族的法制保障工作。当前存在的诸多对于法律规定的对民族乡加以照顾、扶持、优待等规定的阳奉阴违、消极怠工现象,客观上是由于法律规范的漏洞过多过大使然,而主观上则体现了有关国家机关的民族乡散居少数民族法制意识不强和工作积极性不高的现状。因此,需要进一步加强教育和动员,从增强主观能动性的层面上促进民族乡散居少数民族的法制保障工作的落实、发展和完善。

# 第四编　少数民族习惯法

过去我们普遍把习惯法理解为"经国家认可并赋予国家强制力的完全意义上的法",或者解释为"国家认可的具有法律效力的法律"。① 随着时代的不断发展与进步,这种从法律的创制和表达形式的不同来界定习惯法有其正确的一面,但也有欠缺的一面。因为,国家产生以前的原始社会就存在习惯法,即习惯法与国家强制力没有必然的联系。在此引用法国学者布律尔的观点:"还未产生文字的原始社会必然生活在习惯法制度下"②,即在国家产生以后,在现实社会生活当中仍然存在着大量的未经国家认可但却具有普遍约束力的习惯规则。所以本书笔者所指的民族习惯法是人们在生活当中根据事实和经验,依据某种社会权威和组织确立的具有强制性的、人们共信共行的行为规范,如周勇先生指出的"习惯法存在于通常所说的风俗礼仪中,它首先应该是一种社会规范,习惯法与制定法的差异主要不是来自于显现方式上的区别,而在于权威性和公正性来源的差异。"③

少数民族习惯法是指在少数民族长期的生产与生活过程中逐渐形成的,用来分配他们之间的权利义务,并且依靠少数民族内部特定的权威和组织来保证实施的一套行为规范。这种行为规范是一种地方性知识,是一种"准法律"。④ 有些习惯法本身就是少数民族传统文化的组成部分,适应的是该少数民族传统的生活方式。⑤ 少数民族习惯法与国家制定法相对应,它出自各种社会组织、社会权威,是少数民族中特定社会群体共同意志的体现,以其独特的形式在实际生活中发挥着重要的作用,与国家制定法之间的关系比较微妙。

有学者认为:"对中国少数民族风俗习惯进行反思,认真分析民族风俗习惯

---

① 《中国大百科全书·法学》,中国大百科全书出版社1984年版,第84页。或相关《法理学》教材。近些年有学者对少数民族习惯法进行深入研究,如范宏贵的《少数民族习惯法》(吉林教育出版社1990年版)、徐中起等主编的《少数民族习惯法研究》(云南大学出版社1999年版)、俞荣根主编的《羌族习惯法》(重庆出版社2000年版)、高其才的《中国少数民族习惯法研究》(清华大学出版社2003年版)等。

② 〔法〕亨利·莱维·布律尔:《法律社会学》,上海人民出版社1996年版,第49页。

③ 周勇:《习惯法在中国法律体系的历史地位》,转引自《上海社会科学院学术季刊》1992年第4期。

④ 〔美〕克利福德·吉尔兹:《地方性知识》,王海龙、张家瑄译,中央编译出版社2000年版,第266页。

⑤ 方慧:《少数民族地区习俗与法律的调适——以云南省金平苗族瑶族傣族自治县为中心的案例研究》,中国社会科学出版社2006年版,第344页。

与现代化的冲突,探索民族民俗文化与现代化的协调发展,已成为当前民族地区现代化建设中一个亟待解决的问题。"[1]这种观点无疑是正确的,正因为考虑到包括基本文化权利在内的少数民族的民族特性和固有生活方式的存在,有学者反对将这种习惯法进行好与坏、原始与现代、精华与糟粕的划分,他们认为,如果以这种二分法去评价少数民族习惯法,可能会犯过于简单化的错误。他们主张在法律多元的框架下研究少数民族习惯法,努力探讨国家法制与少数民族习惯法相互协调和良性互动的可能性。提出在发展国家法律制度的同时,应当给予少数民族习惯法一定的作用空间。[2]

---

[1] 秦永章:《简论中国少数民族风俗习惯与现代化的冲突及其改革》,载《青海民族学院学报》(社科版)1995年第1版。
[2] 周星:《习惯法与少数民族社会》,载《云南民族学院学报》(哲学社会科学版)2000年第1版。

# 第十五章　少数民族习惯法概述

## 第一节　少数民族习惯法的表现形式

少数民族习惯法的形式是多种多样的,经历了由不成文法发展到成文法的历史演进过程,开始是口头流传的不成文法规。

### 一、初级表现形式

习惯法在初期的表现形式也是多种多样,少数民族习惯法的表现形式一般是由初级的形态发展到高级形态的一般趋势,初级形态多表现为不成文的法规。毋庸置疑,国家还未产生以前的原始社会就已经存在习惯法。例如流行于我国贵州荔波瑶麓的习惯法由头人或专人传诵,传诵一般在"熟霞"祭祖、丧葬砍牛、喜庆结婚等瑶胞云集时举行。内容为重申古规古训如丧葬砍牛时唱的"煮老"歌,念的公词,结婚嫁女时唱的"时霞"歌等。这是瑶族习惯法的初级表现形态。在门头、古浦、六港三村交叉路口,有块石头,石头上打着十一个斧印。据说以前有十一个老年人在这里开会,议定不准随意离婚,凡是要离婚的须罚与这块石头一样重的银子。这就是不成文石牌,也叫无字石牌,据说是瑶族最早的石牌。而在泰雅人的早期习惯法中,有的是祖先的遗言而被大家遵守,有的是在社会的自然发展过程中成为一种神话而保有其权威性,有的是古代的惯例而不得不遵守。但是不论哪种情况,泰雅人对于其传统的法则都是十分尊崇的。他们相信违反这些法则,违反者和族人都将会受到严厉的惩罚。

值得一提的是,初级形态的习惯法与禁忌有着十分密切的联系。诸如羌族全体成员集会后,杀鸡一只,血淋纸旗,插于田地森林中鸡吊在树上,表示如有触犯习惯法者,像鸡一样死去[①];苗族议榔后在会址竖立一块石头,表示习惯法坚固如石,不能轻易更改;傣族离婚时,男女双方手拉一块白布,从中间剪断各执一半,离婚便正式生效,都与禁忌有密切的关联。

### 二、高级表现形式

随着生产力的大大提高,社会文化也得到了长足进步,少数民族地区人民识

---

① 《中国少数民族社会历史调查资料丛刊》,载四川省编辑组编:《羌族历史社会调查》,四川社会科学出版社1986年版,第96页。

字率也逐渐提高,习惯法的内容就用文字来表述,一方面,这样有利于习惯法有效的实施,另一方面,这对少数民族习惯法知识普及有着重大的意义。

傣族的习惯法规有综合的规范,范围涉及社会生活的各个方面。例如傣文法律文献《芒莱法典》①引起国内外学者的极大关注,这部法典是至今为止所发现的傣族最早的专门法律文献,这对于研究我国傣族和泰国傣族早期的法律制度有着重要的意义。据《泐史》记载,芒莱是西双版纳第四世召片领的外孙。芒莱国王在位期间,有两项重要的功绩,即创造了文字,颁布了《芒莱法典》。便于研究,现将法典中的22个条文11个方面做粗略介绍。

1. 法典的合法性质及颁布法典的目的。这是法典的序言部分,它指出法典的内容包括古代先王和芒莱国王制定的法律,颁布法典的目的在于让人们明白和规范人们的行为准则。

2. 十进制的社会组织(第1条)。每十个人为一个社会组织单位,递向增加,形成掌管50人、100人、1000人、10000人的各级组织机构。

3. 战争法(第2—7条)。包括对战时遗弃行为的处罚,对战死者减免债务的规定,对作战英勇者的奖励。

4. 继承权(第8条)。规定遗嘱继承优先原则;如无遗嘱,国王将取得死者一半的财产。

5. 强制性劳役(第9条)。自由民将一半的时间用来为国王服务。

6. 借贷(第10—11条)。用于生产的借贷三年不计利息,开垦的荒地三年不交赋税。

7. 奴隶制度(第11—14条)。禁止接纳债务人、诉讼当事人、小偷、逃亡者做奴隶;破产者可沦为奴隶;国王的奴隶与自由民所生的孩子为自由民。

8. 选拔官吏(15条)。国王不得任命像魔鬼一般的贵族掌握权力。

9. 刑法(第16—18条)。包括正当杀人的条件;12种应当执行刑罚的犯罪;对重罪适用三种刑罚:肉刑、罚为奴隶、放逐。

10. 司法行政(第19—22条)。包括法官定罪的依据;上诉理由须详述判决的错误;诉讼时效为20年;可以起诉的16种情况。

11. 结束语。强调各个村寨的民众均要守法;因为上述法律来自古代先王。

毋庸置疑,这是傣族先王使用的一部法典,其内容是傣族的成文习惯法规,《芒莱法典》对云南西双版纳及其周围的傣族地区的社会生产生活都产生了极大的影响。这说明了傣族成文法有比较全面的社会认识能力和比较高的法律议定水平。

---

① 《芒莱法典》又称《芒莱训言》,参见高力士《西双版纳召片领四十四世始末》,载云南省民族研究所编:《民族调查研究》1984年第4期。

总的来看，少数民族习惯法在千百年的历史长河中经历了口头传诵、书本记录、碑刻等方式，基本发展演变的过程是由非文本的初级形态发展到有文本文字高级形态的，涉及扩张到少数民族社会生产生活的各个方面，为当地民族广为传承、接受，受到了少数民族地区人民的极大欢迎。它与国家制定法一道，通过"因俗而治"发挥着干预社会生活、调节少数民族的各种人际关系的功效，有效地维护了民族地区的社会秩序、促进民族地区安定和发展的良好效果。

## 第二节　少数民族习惯法的形成

### 一、少数民族习惯法的产生

少数民族习惯法是人们在长期的生产、生活过程中，为了保障团体生存、促进全体发展、维护民族利益、解决社会冲突而逐渐形成、发展起来的。由于原始宗教、生产、婚姻与人类生活有着密切的关系，因此可以判定，民族习惯法应该最先在宗教禁忌、生产、生活领域里出现、形成。

各少数民族习惯法的生成过程实际上是与各少数民族人民的实际生产生活息息相关的，是与满足和符合各少数民族社会的现实需要相一致的，"几乎全然是从自身内部，圆融自恰地发展起来的"[①]。少数民族习惯法较之国家制定法有其独特的合理性与内在的逻辑。

生活在广大少数民族地区的少数民族同胞为了满足自身的生产生活需要，在劳动实践当中就自然地形成了符合自身特点的习惯法。这些特定群体成员"开始普遍而持续地遵守某些被认为具有法律强制力的惯例和习惯时，习惯法便产生了"[②]。

由于禁忌、生产和婚姻是与人类活动最为密切的活动，因此毫无疑问，在广大少数民族地区的习惯法最先应该在宗教禁忌、生产和婚姻等领域内出现、产生，在广大民族地区民间流传的古歌、神话当中可以发现习惯法的雏形。"禁忌是人类社会最早的社会规范，原始禁忌的产生和发展对于早期社会秩序的建立、公共权力机关的产生、法律制度以及生产、生活习俗的确立具有重大影响。"[③]这种禁忌实际上是少数民族习惯法的表现形态，也是少数民族习惯法的发展。

泰雅族的生育神话传说中记载："女人和蛇分别从猪粪中生了出来。蛇要求女人替他洗澡，女人认为这是蛇自己的事而不愿为之。蛇便诅咒女人不会脱

---

[①] 〔德〕萨维尼:《论立法与法学的当代使命》，许章润译，中国法制出版社2001年版，第26页。
[②] 〔美〕E.博登海默:《法理学——法律哲学与方法》，邓正来译，中国政法大学出版社1999年版，第381页。
[③] 徐中起、张锡盛、张晓辉:《少数民族习惯法研究》，云南大学出版社1998年版，第93—100页。

皮,不会长寿,缺乏思考,笨手笨脚,什么事都做不成。这时的世上没有男人,只有女人,于是女人便和狗生下一个小孩。小孩长大后,由于没有别的女人,就和母亲结了婚,这一对母子生下来的子孙便是赛德克人的祖先。"①神话对于我们理解早期人类社会有非常重要的意义。②

**二、少数民族习惯法的发展**

伴随着社会生产力的不断发展、提高,少数民族地区社会和少数民族习惯法也一直处于发展之中,但值得一提的是,我国的少数民族地区社会发展是极为不平衡的,所以其社会形态亦可以分为几个,主要包括以下四个类型:第一种为保留有浓厚的原始公社制残余,主要保留在云南边疆山区的独龙、怒、傈僳、哈尼、德昂、基诺、佤、布朗等族,中东南地区的瑶族,海南岛的黎族,内蒙古和黑龙江地区的鄂温克、鄂伦春族。第二种为奴隶制,基本上存在于四川和云南的大小凉山地区的部分彝族中。第三种为封建领主制,包括大部分藏族,部分傣、维吾尔、彝、纳西等族。第四种类型是封建地主所有制,主要是那些与汉族交往较为密切的民族,如满、回、壮、朝鲜族以及蒙古、彝、黎等族的大部分。③ 于此相对应,少数民族习惯法经历了以下几个阶段:原始氏族社会时期的氏族习惯法,这是少数民族习惯法的雏形;私有制出现以后,是少数民族习惯法发展的全盛时期:这时候少数民族社会出现阶级、地方政权、国家后,少数民族习惯法逐渐发生了变化,而带有某种阶级的不平等色彩。

(一)氏族习惯法是少数民族习惯法的雏形

在生产资料家庭私有制形成之前的原始社会时期,习惯法在生产和婚姻等领域出现,以此来巩固整个氏族集团的内部团结,维护整个氏族群体的公共利益,以此达到在生产力水平极为低下的原始社会维持整个氏族社会的生存与繁衍。

婚姻是早期人类社会生活的重要内容,人类的婚姻制度大致经历了族外群婚制度到对偶婚再向一夫一妻制发展的轨迹。瑶族习惯法可以在瑶族的古歌、神话中找到。瑶族的伏羲兄妹神话就是关于婚姻制度的神话故事,神话中,一场毁灭人类的大洪水之后,世上只剩下伏羲兄妹二人,他们在经过多方撮合后结为夫妻,繁衍了人类,这是瑶族先民在远古时曾经历过血缘婚的反映。

(二)生产资料私有制形成后的少数民族习惯法

在这一时期,生产资料家庭私有制形成以后直至阶级、地方政权形成、出现

---

① 陈小艳:《台湾少数民族——泰雅》,台海出版社2008年版,第166页。
② 马克思在《〈政治经济学批判〉导言》中曾经指出,神话"是已经通过人民的幻想用一种不自觉的艺术方式加工过的自然和社会形式本身"。见《马克思恩格斯全集》(第2卷),(第2版),人民出版社1995年版,第29页。
③ 林耀华:《民族学通论》,中央民族大学出版社1990年版,第260—261页。

时期,是少数民族发展的全盛时期,在这个阶段的中国少数民族习惯法逐渐自成体系,趋于成熟和完善,在广大少数民族地区的社会生产生活当中扮演者积极的作用,调整了少数民族社会关系,规范了少数民族社会的各个领域。

在这一时期,农村公社代替了先前的父系氏族公社。在生产工具方面,更多的铁器等金属工具开始在日常生活中扮演着重要的作用。由于生产工具的改进,从而使得劳动生产率不断提高。这时候产品开始有了富余,私有观念随之产生,私有制逐渐确立起来,社会交往也日益增加,各种纠纷和权益之争必定愈多。因此,少数民族习惯法就是在这样的社会背景和经济结构下得到全面发展,体现了其原始民主的性质。下面我们通过少数民族习惯法的探讨,以期对这一时期的少数民族习惯法的状况和特点进行一些具体的认识和分析。

《休曲苏堆》这部东巴古籍所反映出来的"诉讼程序",实际上是纳西族先民现实生活中为了解决纠纷程序中表现出来的一些原始民主性质。在这部典籍中人龙之争显然是一桩"民事纠纷",在解决这个争端的过程中体现了公正、民主、平等、自愿,而不是滥施权威。"诉讼"过程中,我们可以看出人、龙诉讼地位或法律地位一直处于平等,"法庭"始终不偏袒任何一方;同时,实施权威有礼有节。在进行调解时,"法庭"均否定了原被告的非分要求,而对双方合理的要求则予以肯定,并不以某一方的意志为转移,也不以"法官"的意志强加给当事人,充分体现了公正、平等、民主、自愿的精神。整部经典还蕴藏了纳西族先民朴素的社会契约观和权利与义务对立统一观。①

聚居在云南景洪基诺山的基诺族,直到新中国成立前还处于原始公社发展末期阶段。基诺族的农村公社是由不同氏族成员共居的地缘村落组成。习惯法所确认的村社土地所有制的基本形式为公有制,但是其内部又分为以下三种形式:村社共有、氏族或父系大家族公有、个体家庭私有,而以公有为主。基诺族实行村社长老制,村社一般会产生两个长老,都是由山寨内资格较老的人担任,并且必须是两种姓氏。依照习惯法,长老管理生产、生活,组织宗教祭祀,调解纠纷等。长老不脱离生产劳动。没有薪俸报酬。基诺族习惯法的原始民主色彩相当浓厚。②

综上所述,这一阶段的少数民族习惯法,是与社会发展的一般规律相一致的,反映了各族经济的发展和生产力水平的提高,体现了少数民族地区社会的进步和发展。与此同时,也是维护少数民族地区社会的整体利益,维持社会秩序的重要规范,值得一提的是,由于阶级划分尚不明显,贫富悬殊还不突出,因此习惯法的议定、修改、执行都具有浓厚的原始民主性质。这一时期的少数民族习惯

---

① 徐中起、张锡盛、张晓辉:《少数民族习惯法研究》,云南大学出版社1998年版,第204—205页。
② 参见王文光等:《云南的民族与民族文化》,云南教育出版社2000年版,第240—241页。

法,既承认村寨、家族的财产所有权、占有权,也保护个体家庭的私有财产权、占有权,反映了时代特点。习惯法的内容也较为广泛,概括了少数民族地区社会生活的主要方面和基本方面,我国大部分少数民族习惯法也都处于这一时期。

(三)阶级出现后少数民族习惯法的发展演变

少数民族习惯法随着等级、阶级、地方政权的出现而逐渐开始演变。这一时期社会生产力大大提高,生产资料的私人占有和剩余产品的大量出现,从而使得贫富开始出现分化,阶级的形成,某些民族地区的地方政权的建立,少数民族习惯法表现出某种等级色彩,习惯法的全民意志开始被某些阶层的意志所影响,在这一时期少数民族习惯法也由维护全社会的整体利益转向维护社会利益和维护某个特殊群体的利益,少数民族习惯法处于向具有鲜明阶级性的国家制定法演变时期。

例如,随着瑶族进入等级、阶级社会,长期实行的瑶老制开始变化,有的瑶老成为享有特权的头人,在处理纠纷的过程中会向群众索要越来越多的手续费。石牌头人也有营私肥己、偏袒亲朋好友的现象发生,瑶老何石牌头人凭借自己拥有的权利,在处理纠纷时就会发生不把习惯法当一回事的现象,往往是维护本族系的利益,在此时,习惯法不能有效地实施,当然也不能保证个体在法律地位上的一律平等。又如,"广西金秀上下卜泉两村与金秀等四村公一个石牌,两村议定金秀等四村为'父母',自己则是'小人',愿意归属他们管辖,等级色彩较为浓厚。"[①]由此可见,少数民族习惯法的这种发展趋势是与社会发展的一般规律和法律发展的一般规律相一致,反映了少数民族地区经济的发展和生产力水平的大大提高,体现了少数民族地区社会的进步和发展。

## 第三节 少数民族习惯法的特点

在长期的社会生活实践当中,民族习惯法中表现出的民主性、民族性、神意性、稳定性等特点保持不变,值得注意的是,人们根据变化了的新形势和实际的生产生活需要,对少数民族习惯法进行了有或无意识的调整,使民族习惯法中呈现出了科学性、教育性、完整性等特点。

### 一、民主性

民族习惯法承袭于原始习惯,是全民族成员在长期的生产、生活和社会交往中共同确认和信守的行为规范,其目的是要维护有利于民族整体的社会关系和社会秩序,因此,少数民族习惯法具有原始民主性质。作为一个民族全体成员共

---

① 《广西瑶族社会历史调查》(第1册),广西民族出版社1984年版,第52—53页。

同确认和信守的行为准则,其议定、修改均须由全体成员参与和一致通过。有的民族的部分地区虽然主要有首领和头人商议条款,提出初步意见,但仍然必须由全体成员一致通过才能形成。

民族习惯法的实施基本体现了人人平等的原则,无论是头人或普通成员,也不管富人或贫穷者,都同样受到习惯法的保护、都必须遵守习惯法。在对违反习惯法行为的处理、处罚的执行上也体现了浓厚的民主色彩。对违反习惯法的行为特别是杀人、偷盗等重大行为,由全体成员一致决定处罚方式。在执行处罚时,不少民族的习惯法都规定由全体成员共同执行,一起参与。

### 二、民族性

民族习惯法是少数民族特有的心理、意识的反应,是伴随着民族的形成而逐渐形成、发展的,是构成民族特征的重要方面,也是一个民族的民族性的突出表现。因此各个民族的习惯法是有一定差异的,各有自己民族的浓厚特色。如赫哲族的习惯法反映了赫哲族以渔猎为生的经济和社会形态;景颇族的习惯法则是刀耕火种的农工文化的反映;蒙古族、藏族的习惯法又体现了其游牧文化的特点。这些习惯法对本民族的历史发展及文化的形成有重要影响,对构成一个民族共同的心理素质,维护民族的整体性,起到了潜在的不可低估的作用。各民族的每一个成员从一出生就受到习惯法的强烈熏陶和感染,生老病死、婚庆丧葬无一可以不遵循习惯法,因此对本民族的习惯法怀有天然的亲近感和认同感,每一个人的习惯法意识和习惯法观念有强烈的民族色彩。

### 三、普遍性与乡土性

习惯法在内容和效力上具有普遍性的一面,从根本上说,这是由习惯法千百年来在适用过程当中表现出的公正性所决定的,这里面也有其自然的、历史的复杂原因。习惯法的公正性主要是通过调解纠纷案件的仲裁者来体现的,这些仲裁者不是由国家的行政权力指派的,也不是由民众民主投票选举产生的,而是在民众的日常生活中不断涌现出来的。例如凉山彝族的"德古阿莫"都是一些大智大勇、大仁大义、大彻大悟的人,彝族人民几乎视他们为公正的化身。

乡土性是民族习惯法在空间上所显示的特征。各少数民族由于所处地域环境等差异,民事习惯经常是分散、不统一的,每一个地区的民事习惯不尽相同,同一个地区的民事习惯也不尽一样,所谓"三里不同风,五里不同俗"正是民事习惯地域性的形象反映。因此,习惯法也各有差异,不仅不同地区的不同民族之间在习惯法的内容、形式、执行上各有千秋,即使是同一民族内部,由于居住地域的空间距离较大,其习惯法也可能不完全一致。

## 四、神意性

中国各少数民族都有本民族所信奉的宗教。神在各少数民族习惯法中一致占有重要的地位。从原始宗教中衍生出来的神明裁判、宗教禁忌与法律条款的相互纠缠,一直伴随着各民族法律文化的发展而长期存在着。在刑罚上各民族普遍采用和保留着"神明裁判"的审判法,并且将神判作为最高的审判和最后的裁决。

在中国的少数民族习惯法中有相当多的内容是属于伦理道德的范畴,这与中国古代法律有着很大程度的相似,如中华法系之经典唐律,其"十恶"重罪中,有六大罪均属于伦理道德方面的内容。黑格尔曾经指出:"在中国,道德构成了法律的内容。"[1]值得注意的是,在中国的少数民族习惯法的伦理道德性往往与神意性纠缠在一起的,习惯法的权威和伦理道德的尊严,需要神灵的保护,天命的支持,这样才能为习惯法提供神圣的理论依据。

## 五、强制性

作为一种社会规范,作为一种规范人们行为、调整社会关系的法,少数民族习惯法无疑具有强制性。由于它直接、全面、具体地规范每一个成员的生产、生活和社会交往,因此少数民族习惯法与国家制定法相比,其强制性更为直接、明显和有效。少数民族习惯法从维护社会整体利益出发,规定了较为具体、系统的对违反习惯法行为的制裁方式,执行处罚的机构也富有权威。

## 六、稳定性

少数民族习惯法是各民族在长期的生产、生活等社会活动中总结、积累而成的,经过世世代代的继承、发展而成为各民族的社会规范的,它一经形成便在较长时间内调整社会关系,规范人们的行为,并具有相对独立性,表现出极强的生命活力。尤其是各民族习惯法的核心内容和基本精神,是民族文化的重要组成部分,习惯法观念又是民族意识、民族心理的重要方面,因而更具有稳定性。少数民族的每一个成员从出生到成年直至死亡,无时不处在习惯法的氛围之中,受着习惯法的浸染熏陶,同时一直学习和处处模仿。这种潜在的影响及长期积淀,使得少数民族习惯法更具有稳定性和不可抗拒性。

此外,中国少数民族习惯法还具有规范性、概括性、可预测性。少数民族习惯法的规范性是指它为人们的行为规定一个标准、规则或模式,即规定在什么条件下,人们可以这样行为、应该这样行为、不应这样行为,从而为本民族成员的行

---

[1] 〔德〕黑格尔:《历史哲学》,王造时译,商务印书馆1963年版,第209页。

为指明方向。概括性即普遍性,是指少数民族习惯法的适用对象是一般的人,而不是特定的人;在一定的空间和时间范围内,只要具有同样条件,就可反复、多次适用,而不是一次性适用。

少数民族习惯法的可预测性,是指民族成员可以根据习惯法事先预见到自己或他人的行为是否符合习惯法的要求,如果遵守或违反这些习惯法就会产生什么后果(包括积极的或消极的)。如贵州台江反排苗族的榔规(习惯法)规定,被开除家族籍、寨籍者杀猪牛请酒赔礼后才能撤销处罚。因此张吾努拒绝做鼓藏头被开除家族籍、万当九拒绝参加修路被开除寨籍、唐勇九的祖父得罪了家族而被开除,最后撤销处罚适用的都是同一条习惯法:杀猪或牛请全寨或全家族吃酒,赔礼认罪。这种习惯法的可预测性是相当明显的。少数民族习惯法是社会法规范的一种,具有法的规范性、概括性、可预测性也是自然的。

## 第四节 少数民族习惯法的功能

民族习惯法的功能是指民族习惯法对社会发生影响的体现,少数民族习惯法作为民族地区的一种社会规范和行为规则,在广大民族地区社会生活与生产当中发挥着举足轻重的作用,其功能主要包括两方面的内容:一为规范功能,包括维护社会秩序、行为导向、民族凝聚、文化传承等功能;一为公共功能,主要表现在宗教、政治、经济、法治等领域里面。

### 一、少数民族习惯法的社会功能

民族习惯法的社会功能是从法的本质和目的角度来认识法的功能的,指少数民族习惯法具有通过调整民族成员的行为进而调整社会关系,维护民族整体利益的功能。

(一) 维护社会秩序

作为中国传统法律文化的重要组成部分,少数民族习惯法维护社会稳定的功能主要体现在对现实中的一些民事纠纷、刑事案件的解决方法和模式的特殊性上。按照构建法治和谐社会的价值理念,少数民族地区的立法机关可以适当地变通国家制定法,以适应民族习俗和民族文化。在解决民族地区纠纷和矛盾时,特别是在地处边陲、经济欠发达的少数民族地区,少数民族习惯法在一定程度上发挥着比国家制定法更有效的作用。"法律的力量根植于人们的社会经验中。正是由于人们凭经验感觉到法律是有益的,人们才愿意服从和支持法律,才构成和加强法律的控制力量。"[①]这就是为什么在少数民族地区,民族习惯法备

---

① 〔法〕孟德斯鸠:《论法的精神》(上册),张雁深译,商务印书馆1982年版,第104页。

受推崇和遵从,国家制定法受到冷遇和拒斥的缘由。在民族成员看来,如果国家法此时并不能维持"在他们看来"所需的稳定的社会秩序,而习惯法恰恰能够使社会矛盾和纠纷得到合理的解决,那么他们的解决方式无疑更为上乘。国家法治的基本目的是构建稳定的社会秩序,而民族习惯法在一定程度上正好符合了少数民族内部社会关系得以正常维系和发展的需要。

(二) 传承民族文化

各少数民族的文化,是靠民族成员一代一代不断总结、积累、继承、创新而发展起来的;民族文化的传承,需要依赖各种言传身教以及文字记载和其他物质设施。而习惯法是民族文化的集大成者。少数民族习惯法,实际上是各民族的"百科全书"内容包罗万象,涉及社会生活的各个领域。其中既有民族经济的内容,又有政治、文化方面的规范;既有制度的、规范的内容,也涉及观念、意识、心理;既涉及物质文化,也涉及精神文化,包容了民族文化的基本方面。因此,习惯法是民族文化的主要载体,习惯法世代相传的过程也就是民族文化保存、继承、传递的过程;习惯法观念的代代沿袭,也就是民族意识、民族心理、民族文化的沿袭、发展过程。

执行、议定习惯法本身就是一项重要的社会文化活动,是民族文化传递的主要方式和手段。在民族社会关系发展中,少数民族习惯法经过不断的继承和超越,形成了一种在少数民族地区具有普适力的规则效应,这种规则效应经过长期的人际渲染逐渐形成民族地区特殊的文化,此种文化涉及社会生活的各个领域。其中既涉及私法方面,也涉及公法方面,而这一切都是民族文化不断传承和发展的积淀所得。在民族文化中,习惯法是其得以世代相传的主要载体,也就是说在民族文化得以善存、继承和传递、沿袭和发展的过程中,民族习惯法起到了巨大的、不可替代的推动作用。其实,少数民族习惯法已经形成了一种固定的文化,并已深深铭刻在民族成员的内心里,"它可以保持一个民族的创新精神,可以不知不觉地以习惯的力量代替权威的力量"[①]。

(三) 适应和调适民族需求

人作为文化的重要载体,其所有的行为,都是文化的产物。一定的社会包含一定的文化,一定的文化及其社会历史背景决定了一定的需求行为,一定的需求行为总是受制于特定的习惯规则并反映出该习惯规则的内涵和外延,通过对一定社会关系的调适与整合来集结该群体成员的需求内容,使该群体所处的社会关系能够保持稳定与和谐。少数民族习惯法确认和规定了本民族的需求模式,给本民族成员个体的生存、成长、发展提供了初步的基础和条件,为民族整体利益社会化的实现奠定了坚实的基础。例如,少数民族习惯法通过对"游方"、"串

---

① 〔法〕卢梭:《社会契约论》,何兆武译,商务印书馆1980年版,第73页。

姑娘"、"公房制"、"枋寮"、"戴天头"等规定,保护青年男女的恋爱自由,满足个体成员的社交需求、心理需求等。另外,少数民族习惯法对于宗教信仰、人际交往、丧葬礼仪等规范和要求,对本民族成员的成长和发展起着非常重要的作用。这些活动既是民族群体成员社会交往的重要部分,也是民族青年社会化的重要过程。民族习惯法以灵活多样的方式适应和满足民族成员的社会需求,因而在民族成员的个体生活中占有极其重要的地位。

**二、少数民族习惯法的规范功能**

（一）指引维系功能

少数民族习惯法发展到今天,能够活生生地存在,指导、影响和调控着当地的民族生活。这种指导和影响对少数民族成员的行为具有指引功能,作为历史文化遗留,少数民族习惯法有着巨大的惯性力量,是实际存在于中国乡土社会的有效秩序和规范之一,少数民族习惯法以强大的生命力在民族地区仍然潜在或公开地发挥效力。

民族习惯法的指引功能是指习惯法具有为民族成员的行为指明方向的功能。这种指引可分为确定性指引和有选择性指引两种,少数民族习惯法的禁止性规范属于前者,如违反这种规定将承担某种法律后果,给予某种处罚。授权性规范的指引属于后者,习惯法鼓励人们从事法所允许的行为。习惯法的指引功能在于鼓励或防止某种行为,从而维护民族地区的社会秩序。

（二）制约功能

规范行为,惩戒恶行。中国少数民族习惯法效力的发挥还需要靠各民族成员对各种规范的认同,对全体社会成员具有普遍的约束力及制约力。少数民族习惯法在各民族成员的心理及行为方面提出规定,要求人们按照一定的行为准则和规范进行和完成自己的社会行为。民族习惯法的强制功能在于通过制裁、惩罚和预防违法行为,增进本民族成员的安全感。民族习惯法对违反习惯法的行为规定了种种处罚方式和处罚手段。通过强制功能预防违反习惯法的行为的产生。

（三）评价功能

民族习惯法的评价功能是指作为一种社会规范,习惯法可作为衡量本民族成员行为时合法或违法的标准或尺度。民族习惯法不是个人智慧的产物,而是在各民族长期的发展中逐渐形成的,体现了集体的智慧,"群众比任何一人有可能做较好的裁断"。① 同时,习惯法作为一种评价标准,具有比较明确、具体的特征。

---

① 〔古希腊〕亚里士多德:《政治学》,商务印书馆1965年版,第163页。

(四) 教育功能

少数民族习惯法在初期多以口头行为和日常行为进行传播和继承,通过相约俗成、宣传以及执行习惯法活动,形成一种习惯法文化,陶冶教育着一代代的民族成员,告诫、制约、斧正人们按习惯法所规定的准则行事,保证人们真诚、友善、和睦相处,从而在所有成员中树立作为一种社会规范,通过言传身教和各种集体活动进行培养教育。民族习惯法所具有的这种教育功能,即通过习惯法的实施而对本民族全体成员今后的行为产生影响。这既包括处罚、制裁违反习惯法的行为对民族地区社会成员的教育、震慑、警戒作用,也包括人们的合法行为及其法律后果对民族地区社会成员行为所起的重大示范作用,特别是其自我教育功能,更显突出。

# 第十六章 少数民族习惯法的内容

## 第一节 社会组织与头领习惯法

在少数民族地区,只有通过有效地组织起来结成团体才能求生存和发展,在用极其简陋的生产工具从事农猎谋求生存的经济条件下,人们希望通过习惯法的渠道来建立一种协调、安定的社会秩序。在长期的社会发展当中,少数民族形成了管理政治、经济、司法等带有浓厚原始民主性质色彩的血缘、地缘社会组织,对社会组织、组成、结构、作用作了明确规定,同时形成了对头领的产生、任期、职责、权利义务等方面的习惯法。

中国少数民族习惯法的内容十分丰富,涉及社会生活的各个领域和各个方面,包括社会组织与头领习惯法、婚姻习惯法、家庭及继承习惯法、丧葬习惯法、宗教信仰及社会交往习惯法、生产和分配习惯法、所有权习惯法、债权习惯法、刑事习惯法、调解处理审理习惯法,本章将分五节分别进行全面的讨论。

人类社会生活具有群体性社会行动的特质,不论是传统社会还是现代化较高的发达工业社会,为了其自身的生存和发展,都必须具有有效地连接社会成员和使社会生活安定有序的能力。中国少数民族习惯法中有许多关于各民族社会组织的组成、结构,头领的产生、头领的权利等方面的内容,对于我们认识民族社会发展的阶段,了解各民族社会秩序的维持、社会的发展是有重要意义的。

**一、壮族寨老制**

壮族流传着"乡有乡老,寨有寨头"的谚语,普遍奉行寨老(都老、乡老)制。[①] 寨老(都老、乡老)的产生按照习惯法一种是通过自己平时处事中取得信任,受村民拥护、公认而成为头人;另一种则是村民民主选举产生,或是由年迈卸任的"寨老"荐举村民认可的人充任。寨老(都老、乡老)必须具备这样的条件:上了年纪的老人、办事公道、作风正派、肯为村民服务、有一定的工作能力和魄力,有群众基础等。他们的任期没有固定,任期时间的长短,取决于头人本身办事能力的强弱和处理事情的好坏。

根据习惯法:寨老(都老、乡老)的具体职责有:(1)领导村民议定习惯法;

---

① 《中国少数民族社会历史调查资料丛刊》修订编辑组编:《广西壮族社会历史调查》(第1册),民族出版社1984年版,第14页。

(2)调解纠纷处理争执,维护村寨社会秩序;(3)掌管全村公共财产;(4)掌执集体祭祀大权;(5)领导全村寨进行生产、公益事业的建设,如修筑铁路、桥梁、挖掘水井、植树造林、护林防火和开发水利资源等;(6)代表村民说话办事,处理本村寨涉外事务;(7)组织村民开办学校、培养人才;(8)主持各种会议等。平时村寨的小事,有本村寨的寨老(都老、乡老)处理解决,大事则请临近村寨的寨老(都老、乡老)来共同处理。

另外,由寨老(都老、乡老)提名,经村民民主选举产生一、二位寨老(都老、乡老)的助手。当选的条件与任寨老(都老、乡老)的条件差不多,只是在年龄方面强调要中年人而不要老年人。他们主要是干一些事务性的工作,如召集会议、筹备祭祀等。

寨老(都老、乡老)按习惯法一般不取报酬。有了罚款,有的地区则由原告者从罚款中抽出若干分给寨老(都老、乡老),作为报酬。有时,如果事情解决而没有罚金,则由当事者拿出钱来给头人。通常则是由当事者请酒席一顿。有的地区有寨老田,自耕自种,变相作为报酬。

## 二、苗族议榔制

议榔制是一种会议制度,多由几个鼓社、几十个村寨组织进行,主要通过会议来订立要求各村寨普遍遵守的律令规约来为其成员提供行为规范,在会议上也解决各种纷繁的人与人、家庭与家庭、宗族与宗族、地域与地域之间的矛盾,从这一点来说,议榔制是以血缘为本位的自发组织。苗族的社会组织在各地的习惯法中不尽相同。在黔东南大部分地区叫"议榔"、"构榔"、"勾",也有叫"仪榔会议"、"构榔会议";贵州从江和广西大苗山叫"栽岩会议"或"埋岩会议";湘西大部分地区叫"合款",凤凰县又叫"春酒会";云南金平叫"丛会"或"里社会议",性质都是基本相似,是苗族社会中议定、执行习惯法的地区性的政治经济社会联盟组织。"仪榔"制组织有由一个鼓社、一个寨、乃至整个地区组成之分。苗族习惯法称"仪榔规约"、"构榔规约"、"埋岩会议规约"、"款条"、"团规"、"理录"、"理告"等,每次仪榔前,先由寨头们商议仪榔内容,然后召开群众大会,由寨头手持芭茅和梭镖(代表权利和权威)宣布议定的习惯法的内容,由大会通过。宣布新的习惯法前寨老还要背诵过去流传下来的重要习惯法。有的仪榔后在会址竖石一块,表示习惯法坚固如石,不能轻易更改。

苗族社会组织的头人,有的地方叫"榔头",也有的叫"娄方"、"该歪"或"扶娄"。榔头一般不经过群众选举,也无财产多寡的限制,只是由于其人熟悉习惯法,精明事理,为人正派热心,在排难纠纷中得到公众的信任,树立了威望而自然形成的。有少数地区是长子世袭的。几个村寨或一个地区的寨头,是由小寨头选举产生的。寨头一般是上了年纪的老人,少数是中年人。

寨头的职责由习惯法规定,主要是:(1)调解、处理争执田、土、山林所有权的纠纷;(2)调解、处理婚姻家庭纠纷;(3)调解、处理偷窃事件;(4)对外代表全寨,负责交涉全寨的对外事务;(5)按群众的意愿或要求,发动追山打猎,宣布封山,主持祭祀"神山林"。寨头是不取报酬的,办完事之后,当事人请吃一顿饭就可以了,不给钱。①

### 三、瑶族石碑制和瑶老制

瑶族的社会组织根据习惯法有石牌制和瑶老制两种。石牌制主要存在于广西瑶族,以大瑶山为代表。它是瑶族一种把有关维持生产生活、保障社会秩序和治安的原则,作为若干习惯法,经过参加石牌组织的居民户主的集会和全场一致通过的程序而使全体军民共同遵守的制度。这种习惯法的执行者,则是由当地群众所公认的自然领袖——石牌头人。

习惯法规定石牌头人的产生,既不由世袭,也不由选举,而是在为群众调解争端中逐渐树立威信的为人公道、能说会讲、有胆有识者中自然形成的。也有部分是老头人培养而成的。能够为联合石牌各村居民所信任的大石牌头人,必须经过较长时间的考验。石牌头人已取得群众信任之后,如果办事没有很大差错的话,群众就会一直信任他直到他身死,否则办事不妥会自然失去威信。

石牌的基层组织是甲,一般由近族亲房儿户自由结合组成。甲除了承担石牌所委托的义务以外,还要承担一些有关生产和祭祀的活动。其头人也称甲,一经被居民组合推定后,即子孙承袭下去,并可把这个职位出卖。石牌另有临时军事首领一、二人,当有军事行动时,石牌头人临时推动在当地较大而有威望和勇敢的头人率领和指挥群众武装。

瑶族习惯法的形成是石牌会议。这种会议的召开,首先是由几个石牌头人,根据民族传统精神,观察当前社会现象中所表现出来的一般动态和某些方面的突出事故,加以揣摩考究,找出其中关键性的东西,然后根据当地的民族特点,议定若干条款,作为石牌习惯法的一个草案。接着便通知当地居民在预定的日期和地点开会。被召集参加石牌会议的居民,一般是各户的户主,凡参加会议的人,都自负伙食用费。

石牌会议进行的程序是这样的:与会人员齐集一村外较宽平的场所,有石牌头人互推一个头人出来"料话"(讲话),逐条宣布他们事先议好的习惯法草案,最后勉励大家齐心协力,共同遵守习惯法,使地方太平,人人得以安居乐业。

---

① 参见《苗族社会历史背景调查(三)》,贵州民族出版社1987年版,第24页。布依族也实行议榔制,榔首由群众推举产生,参见莫俊卿等:《壮、傣、布依三族封建领主制的比较研究》,载《贵州民族研究》1988年第2期。

"料话"完毕之后,极少有人提出不同意见,全场一致以默认或欢呼的形式通过。石牌习惯法通过以后,有的地区要把这个习惯法镌刻在石板上,竖在原来开会的地方。有的不镌石而改用木板书写,有的则用纸写下,发给参与开会的村寨张贴或收藏。有些地区,习惯法并不镌在石上,却也要竖立一块略带长方形而石面扁平的石头,作为石牌,这块石头要在开会前竖好。竖立这块石牌时,须举行一种简单的祭祀仪式。

石牌的名称,按所参加村寨的不同范围、参加石牌的村数、参加石牌的户数、竖立石牌的地点而有不同,如总石牌、十村石牌、三百九石牌、丁亥石牌等。①

而瑶老制主要存在于广东瑶族。连南瑶族地区每个瑶排自然村是一个基本单位,每个排都有自己的瑶老办事,依习惯法,他们的名称、职守如下:

1. 天长公:是一排之首,一年一任,以年龄最长的老人充任(有的地区是选举产生),当选者一生中只任一次,其职责是处理排内大小事务,处理排内秩序。凡有人失物、被杀,他就要负起侦查和破案之责;遇到他排或异族侵害,则召集全排群众会议,领导抵抗敌人;参加各排联合会议;保管过山榜等。任职期间,每户半年给一斤米作为办事费用。调解纠纷时收取一定酬劳费。若办事人不公正,有贪污、贿赂行为的,群众可向他提出罚款,并可罢免,另行选任新的天长公。

2. 头目公:每条龙(依地域、山势划分的排之下的社会单位)的头目,由每条龙选定一人,任期各地不一(二、三、五年均有),除管理龙内的事务之外,在排里也是作为协助天长公办事的人。他们的主要职责是协助天长公缉捕盗窃人犯,办理纠纷事务;每年十二月十五日携酒至巫师处择定与明年农事有关的事(如正月释山,二月整田,三月种山,立夏前下谷种等);立秋又请巫师择好日子修路、除草铺石、修补漏屋;岁末又登高呼喊,要大家警惕火灾;头目公办事除有报酬外,每年令由本龙的人家出米一斤为酬。

3. 管事头:是在非常时期,即遇到"搞是非"即械斗时产生的军事首领,每条龙选出六名,一般由年富力强而又有胆识的青壮年充当,并须是出生时辰有"未"字的人。出战时每天可取得三元白银的报酬,如杀死敌人和俘虏敌人,还有额外的赏格,但战斗不力畏缩不前的也会被免职,他们的职务随械斗的结束而自然结束。

4. 掌庙公和烧香公。这二者都是司理宗教事务的人物。掌庙公是掌理庙的人,任期不定,也可终身任职。在每年的几个大节带领全排的人到庙中敬奉祖先,向大家筹集钱米等,都由掌庙公主持。烧香公的职责是为庙里的祖先烧香,

---

① 参见《中国少数民族社会历史调查资料丛刊》修订编辑组编:《广西瑶族社会历史调查》(第1册),民族出版社2009年版,第33—34页。另外可参见苏富德:《大瑶山石牌制度析》,载《瑶族研究文集》,广西民族出版社1987年版,第102—112页。

一经选任就终身任职。掌庙公和烧香公每年由每户出两斤米给他们做报酬。

5. 放田水公、放食水公：放田水公不用选举，愿意做者就在"白露"那天日出之前到水坝坡头处，把长得最长的茅草打一个结，谁先打上结，谁就是放田水公。其酬金是根据修筑水坝所花的人工数及该水坝灌溉范围内的田亩数平均出资，义务是每天巡查一次，见有小洞自己修补，若洞较大，则叫村民一起来修补。放食水公是在群众大会中自己先提出要求，经大家同意后即可，职责是保证食水的供给，酬金以人口计算，大人每人每年出米 2 斤或玉米 3 斤，7 岁至 12 岁的小孩出米 1 斤，7 岁以下的每人出米半斤。①

以后瑶族又有瑶长和瑶练的设置。广东瑶族的瑶长是被政府封的，他仍是世袭的，若办事不好或不懂得讲道理，群众可在他的房族内另找他人代替其职务。瑶长对内掌管各项事务，对外与政府衙门联系，每年从衙门领取粮饷。瑶练是瑶长的助手，主要由瑶长差遣。每年轮选一次，每季到衙门领一次饷。但固有的瑶老制没有破除，他们受封后未脱离农业生产劳动，排内有事仍通过头目公去召集，解决案件还要和排内老人一起商量，案件的判决也还是通过群众大会，沿用原有的习惯法。②

**四、侗族会款制**

款是村寨与村寨之间的联盟组织，具有民间自治和自卫双重功能，对内制定款约，调解跨村寨的纠纷，对外抵御外敌。会款按照习惯法普遍以村寨为单位设立：大寨设一个，小寨则数寨设一个，数十寨则联款统管下面各寨的会款。会款职权有二：对内可产生和罢免寨老，集会议事；对外可以号召各处会款组织群众武装抵御外来侵犯之敌人。会款的集会议事方式各地习惯法规定不一，广西龙胜侗族大凡地方上有事，即由寨老喊寨，通知村民集中于村中的石板坪会址，共同商议；三江侗族则多集中于村寨中的鼓楼坪；鼓楼悬挂有大鼓，有事即由寨老击鼓为号召集。集会议定的事，大都根据民意立断，寨老不敢包办；各款每年要举行盛大的"讲款"仪式，宣讲款约（习惯法）。③

有的侗族地区则有埋岩会议，举行会议的时间不定期。习惯法确定的埋岩是这样的：用一块或两块平面石板，长短不一，以其 1/3 插入泥土，在出土的石板上刻有条文。埋岩时由全寨抽款来买一只大黄牛、鸡鸭若干只，杀后将其血混入酒中，凡参加大会仪式的，每人喝一杯血酒，表示宣誓：有福同享，有难同当；不勾

---

① 《中国少数民族社会历史调查资料丛刊》修订编辑组编：《连南瑶族自治县瑶族社会调查》，广东人民出版社 1987 年版，第 64—66 页。
② 李筱文：《浅析连南排瑶的"瑶老制"》，载《瑶族研究文集》，广西民族出版社 1987 年版，第 128—140 页。
③ 参见畅通山等编：《侗乡风情录》，四川民族出版社 1983 年版，第 239—241 页。

生吃熟,勾外吃内,犯者杀头或活埋。

侗族聚居的村寨,根据侗族习惯法每寨必有寨老(理老或头人,小寨一人,大寨则一至二人)。寨老是为人公道并且有社会经验、能讲会说、热心地方公益事业,能手众望,群众满意公认者,但非正式选举。寨老有这样一些职责:(1)主持会款集会议事;(2)执行习惯法(会款规约);(3)调解和处理村民纠纷事件;(4)有土匪扰境和官兵侵犯,负责组织村民抗敌,并带队亲赴贼地,指挥作战。寨老无报酬,唯在处理罚款性事件时,当事人要给寨老一定费用。

侗族的《六阴六阳》是其习惯法中的核心,阴事为重罪,阳事为轻罪。六种阴事为不许偷盗耕牛;不许偷金盗银;不许乱砍山林;不许抢劫杀人;不许勾生吃熟(内外勾结);不许挖坟偷葬。六种阳事是:不许破坏家庭;不许弄虚作假;不许偷放田水;不许小偷小摸;不许移动界石;不许勾鸡引鸽(勾引妇女)。①

### 五、傣族村社制

傣族社会的基本组织为村社,村社之间有严格的界限。傣族习惯法规定村社有波曼(寨父)、咩曼(寨母),其职责主要是:(1)管理村民迁徙,代表村社接受新成员,批准外迁等;(2)管理村社土地,把守村社界线;(3)代领主征收各种贡赋;(4)管理宗教事务(包括佛寺经费);(5)管理婚姻及解决民事争端等。担任寨父寨母的免除一切负担,除份地外,有的还得一份头人田,卸职时交回村社。

此外,村社还有:

(1)"昆悍"(武士、军士):协助寨父寨母保卫防守村社共同边界,维护公共秩序,处罚违犯习惯法的犯人等,他被免除一切负担。(2)"陶格"(乡老):由村社推选,主要起向下传达和向上反映作用,还可调处民事和家庭纠纷,免除劳役。(3)"波板"(提调):其职责是传达、通讯、召集开会、招徕来往客人、派公差、负责防火等,在职期间免除负担,并享有"波板谷",每户出1挑,若有"波板田"入则各户不出谷子,由其自耕自种。(4)"昆欠"(文书):协助寨父寨母管理登记土地钱粮等,也免除一切负担。(5)"乃冒"(男青年头目):一般由已婚男子担任,在做赕及度年节时,率领未婚青年,从事各种游戏歌舞活动,管理男女恋爱,制止青年违反习惯法;外寨青年到本寨串姑娘,必须先通过"乃冒"。(6)"乃梢"(女青年头目):一般由已婚妇女担任,其职责与"乃冒"相同。"乃冒"、"乃梢"通常在泼水节期间选举产生。(7)"板闷"(运水员):其职责是管理水利灌溉,一般享有"纳板闷"(板闷田)。

---

① 参见杨进飞:《侗族制初探》,载《民族论坛》1987年第3期。杨锡光等整理译解的《侗款》记载了侗族的各种约法款,见岳麓书社1988年版,第19—236页。邓敏文等的《没有国王的国王——侗族研究》(中国社会科学出版社1995年版)比较全面地讨论了侗族的社会组织,可供参考。

各村社由寨父寨母、乡老、提调组成村社议事会,处理日常事务。凡有关分配负担、调整土地、水利纠纷、民事纠纷以及批准外迁退社、接受新成员等重大问题,则召开民众会。

傣族以后有"贯"的组织,这是村社的发展。按照习惯法,贯有议事庭会议,分为两种:

(1)"朋贯"(议事庭常会),由四卡真(四丞相)八卡真(八大臣)组成,三五天召开一次,主要讨论分配负担、调解纠纷及罚款等。(2)"朋勐"(全勐大会),大多在佛寺召开,讨论的内容是:觉得非世袭的"召勐"(勐的首领即土司)继任问题;讨论和决定议事庭长与副庭长的任免;讨论和决定与外勐建立亲族部落联盟;阶段对外勐宣战或媾和,或决定战败后全勐人民撤退事宜;商议集体情愿要求减免负担等;撤销与"朋贯"决定不符合的议案等。召回"朋勐"前,由"板贯"(议事听的波板)击鼓,全勐闻声就要到佛寺集中。①

## 第二节 生产习惯法

各少数民族讴歌勤劳致富、斥责不劳而获,在千百年的社会生产劳动中形成了许多有关各方面的习惯法,其中有关农业生产、游牧业生产,也有狩猎生产的,当中不乏渔业生产和采集方面的。这些生产习惯法反映了人们对于自然现象和客观世界的认识,包含了人们生产实践的经验积累,对民族地区的生产发展和社会和谐安定起到了积极的促进作用,同时也满足了民族成员内部的需求。

### 一、农业生产

在我国的少数民族地区中,南方地区的农业相对于北方来说,在农业生产的组织、劳动日期、生产日期、生产工具等方面有许多习惯法。

瑶族习惯法中极为重要的一个内容即是有关农业生产的。每年二月、八月春秋两次祭社时,头人(社老)要对共社的群众"料话",即宣布当时在农业生产中应该共同遵守的习惯法。二月社的规定,包括浸稻谷种、做秧田、扯田基草、扯秧的选定日期(限定各居民同在一天进行);割草(绿肥)要听放炮之后,各人才能出门,不许争先;放水进田,要依照旧日的田坝口,不许乱开乱挖,别人耕田过后,要过三天,才准由这田放水过下流的田里;犁田耙田时,牵牛过田,要依原来规定的老路走,不许随便经过不应走的田基;不许乱拿饭包、犁耙;见别人的田水漏干了,要帮补漏洞;过了清明节,各家不得放鸡鸭猪出外。八月社的规定,包括

---

① 《中国少数民族社会历史调查资料丛刊》修订编辑组编:《傣族社会历史调查》(西双版纳之二),民族出版社1983年版,第32—37页。

禁止乱入老山,不许放鸡、鸭、猪下地吃禾;不许乱拿禾把和饭包;挑禾把过路,肚饱的人要偏路让肚饥的人走;不许偷盗桐子、茶子,要等主人拾过之后,才得捡拾。瑶族在农业生产方面还有许多禁忌,如某些日子忌山工,某些日子忌用牛、忌挑粪等。①

傣族的山地大多实行刀耕火种的休耕制,早稻为8年轮种一遍,玉米地则3年轮种一次。每户砍地独自进行,烧地则要在同一天进行,播种盛行互助换工:由主人邀请以每对男女为单位。被邀请的换工者去时各自带饭,主人仅以鸡、鱼为菜肴招待。早稻播种依习惯法先从地中间开始,先由家长和主妇在地中间竖立四根木桩成四方形,桩高约1人,在木桩中间先播八塘,然后开始全面播种。先播种的八塘要最后收割,收割时也有一定规矩。稻分苑时,每户要用4只鸡祭把,其中有1只鸡用于祭天。有的地区,每年开始农业生产前,就由街长在集市进行口头通知,谓召片领通知,生产季节已到,要进行插秧;为了保护庄稼,要围好田篱笆,要找牛串鼻子,猪要枷木三角,狗也要管起来等。②

**二、采集生产**

值得注意的是,有少数几个民族有采集方面的习惯法。

藏族未经头人许可,不准到"神山"上去挖虫草、贝母、秦笼、知母等药材,否则处以罚款。经其许可者,须将所挖药材上交头人一半。并且不准砍神树,也不准越界到其他头人辖区内砍柴,否则要罚款,退还所砍的柴,并没收其砍柴的斧头和背柴的绳子。③

布朗族的采集工作主要由妇女进行,男人间或参与;采集所得是谁采的谁拥有。布朗族用采集的植物举行"成丁礼",习惯法规定在"报吉"仪式上,用采集的"考阿盖"的树枝烧出的烟垢来染齿,从此成为成年人,有了社交自由。④

**三、狩猎生产**

各民族特别是北方少数民族的习惯法对猎获物的分配原则、分配范围、分配数量与顺序等做了规范。

鄂伦春族以"阿那格"组织形式出猎,产品的商品化部分和兽皮,在猎手间平均分配。兽肉在大部分地区以"乌力楞"为范围按户平均分配。在"阿那格"

---

① 《广西瑶族社会历史调查》(第1册),第68—69页。
② 《中国少数民族社会历史调查资料丛刊》修订编辑组:《西双版纳傣族社会综合调查》(一),民族出版社2008年版,第34—35页。
③ 《中国少数民族社会历史调查资料丛刊》修订编辑组:《四川省甘孜州藏族社会历史调查》,四川社会科学院出版社1985年版,第209页。
④ 参见罗钰:《云南物质文化·采集渔猎卷》,云南教育出版社1996年版,第63—64页。

内,猎手与"吐嘎钦"都同样分得一份,随同出猎的寡妇也可分得一份。其他妇女,如家中已有男子参加就只能酌量分给一些,最多也只能得半份。兽皮如不足数,采取轮流分配办法,即甲打中分给乙,乙的分给丙等,猎获者每次均排斥在分配之外。具体分配时,万罕皮一张做两份,鹿、豹皮各做一份。在"阿那格"集体狩猎时,各人有无投入马匹,投入多少,以及生活资料投入多少,均不影响平均分配。

单独狩猎时,猎品的商品化部分和兽皮归个人所有,兽肉在大部分地区以"乌力楞"为范围按户进行平均分配,少数地区只是对各户酌量送一点。如果一个猎手打到狍子后正在剥皮时,另一个一无所获的猎手正好碰上,前者就要让他剥皮,剥完后送给他一大半肉。①

达斡尔族的猎获物遵循平均分配的习惯法。猎获物由斯坦达分配,他按阿纳格的人数分成堆,堆与堆在品种和数量上尽量均衡。斯坦达分完后,有不合适的地方其他人可以建议调整。由年龄最小的人先要,最后一堆是斯坦达的。有的地方则把大家的刀子收起来,由斯坦达扔在分成堆的猎获物上,谁的刀子扔在哪个堆上,那一堆猎物就归谁。后来,也有把猎获物出卖后分钱的。如果打到野猪时,猪头应分给打死野猪的人,不能分给别人。一个猎民追逐的野兽,若被另一人打死,猎获物由两人均分。猎到狐狸后,必须就地燃放草烟,在烟雾腾空期间赶到现场的人,均可参加平分猎物。②

**四、渔业生产**

有些少数民族有关于渔业组织,渔业生产的时间、地点及产品分配等方面的习惯法。

赫哲族人捕鱼,一家一户个体生产为基本形式,但集体捕鱼也不少。个体捕鱼所获归己。习惯法规定,合伙捕鱼组织不是固定的和长期的,而是自愿结合组成的;一般为与自己交往最密切的人或有血缘关系及家族之人。在合伙组织中推选一名年长、辈分大、有捕鱼经验的人当把头,由他率领并分工,指挥捕鱼,选择渔场。如发生有人说怪话、口角纠纷等事,把头进行说服劝解教育,修理钩、补网等细致工作也由把头负责。把头没有特殊权利。捕鱼技术较熟练的人就自觉地多做些捕鱼工作,捕鱼技术稍差的人就多做些拣柴、做饭、加工鱼等事。

若很多捕鱼户在同一个渔场捕鱼时,一定要遵守已经商定的轮流作业制度,不能随意蛮干。同时,不能硬挤别人已经下好钩的钩地和网滩。如果有人确实没有钩地和网滩生产时,经过捕鱼的人们商量后,本着团结互助的精神,安排到

---

① 参见秋浦:《鄂伦春社会的发展》,上海人民出版社1980年版,第207—208页。
② 参见莫日根迪:《达斡尔族的习惯法》,载《民族学研究》第6辑,民族出版社1985年版,第275—276页。

一定渔场捕捞。

在捕鱼时,赫哲族还有许多习惯法,如:孕妇或经期的妇女,不准到渔船上或渔场中去;参加捕鱼的人,若他家死了人时,到渔场后,在滩上笼起篝火,让这人跨过火堆;捕鱼参加者,不准说怪话和大话等。①

高山族的渔业生产有集体出海和渔船团体两种形式。集体出海是指在每年八九月到十一月半间各部落举行的礼仪性活动,各社均是由会所发动,会社成年男性都参加。渔船团体是渔汛期采用的大型渔船,参加夜间捕鱼的男性组织。大多有一个专名,与多数船员所属的父系群的群名相同。每渔船团体内的职务地位是根据各人之经验能力技术造诣而定的,但地位、任务一经决定后,非因死亡、老病而有缺额时,不能递补、升迁。渔船团体汛期的主要工作有:开始共宿,祈求丰渔祭、招鱼祭,初夜渔,解散仪式,开始用小船钓鱼,飞鱼画会祭,飞鱼收藏祭,飞鱼终鱼祭等。

集体出海的渔产品的分配,是在回部落会所前,依鱼的种类大小分类排列成堆,然后按年龄长幼级组分鱼,由长老级先拿次及成年级青年级为止。过年祭祖时的海货大家只是分得一些小鱼回去挂在会所及自己的椽下,祭祖之后把挂了几天的小鱼全放回溪中。

各家男子以小船出海或到海滨钓鱼或入水捕鱼,有收获时,必对自己的部落分送渔获,即使得到一条鱼亦切成小块,一家一家分送。②

## 第三节 民事习惯法

少数民族民事习惯法的内容十分丰富,涉及社会生产和生活的各个方面,其中包括婚姻家庭,继承权,财产所有权,债权等,形成了总类齐全、内容完善的法律体系。

**一、婚姻家庭习惯法**

婚姻的缔结是人类自身产生的前提条件,"婚姻家庭问题与每个人息息相关,与社会组织、政治、经济、文化、伦理道德、种的繁衍、民族关系等密切联系在一起,因而,自古迄今一直成为最引人注目、思考和探讨的重大社会问题之一"③。少数民族的婚姻习惯法是组成少数民族习惯法的重要组成部分,婚姻习惯法主要涉及婚姻缔结、离婚以及家庭关系。

---

① 《赫哲族简史》,黑龙江人民出版社 1984 年版,第 169 页。
② 参见陈国强:《高山族风情录》,四川民族出版社 1997 年版,第 23—27 页。
③ 林耀华:《婚姻家庭词典·序言》,中国国际广播出版社 1989 年版,第 1 页。

## （一）婚姻缔结

少数民族习惯法的婚姻习惯法成立采用广义的说法，即婚姻的缔结就意味着夫妻关系的建立，又包括婚姻关系的建立，婚姻成立的条件因各个具体的少数民族情况而不同，不能一概而论，但是一般对血亲范围、等级限制、结婚年龄等方面有较具体的规定。

壮族一般在本族内通婚，五代以外便可以配婚，但是同姓不婚。有的壮族地区与汉族通婚，与瑶族则不通婚。也有壮族男子娶瑶族女为妻的，但是壮族女是不嫁瑶族的。"壮族盛行早婚，男子普遍在 15—16 岁，女子在 13—14 岁时结婚。有的地区小孩刚生下几个月，或是 2—3 岁时即由父母订下了终身大事，到了 7—8 岁便结婚成为夫妻了。"①

少数民族的婚姻制度类型比较丰富，有群婚制，包括基诺族的集团内群婚即血缘婚，景颇族、独龙族、佤族等的集团外群婚制即"普那路亚"群婚，裕固族、黎族、纳西族等的对偶婚，一夫一妻制等；在通婚范围方面，少数民族的婚姻习惯法一般考虑阶级、等级、贵贱、血缘、辈分、民族、年龄等因素，自由婚姻与包办婚姻、买卖婚姻等婚姻方式并存，以自由婚姻为主；普遍实行早婚。

## （二）夫妻关系

各民族习惯法还就夫妻关系、赘婚、寡妇再嫁、鳏夫续娶、转房等作了具体规定。结婚之后，男方因婚姻成为人夫，女方因婚姻成为人妻，丈夫与妻族发生联系，妻子亦因此与夫族产生了关系。

西南少数民族少有"守节"观念，妇女在丧偶后，一般可以再嫁，且由自己做主，并没有汉族"从一而终"的封建观念，社会对于再嫁也不加指责。未生育的寡妇，夫死后，不久便回娘家居住，照常可以"游方"，自找合适的对象，夫家及她父母都无权干涉。贵州剑河、台江一带有这样的说法："头嫁归父母，再嫁由本身。"这充分说明了西南各地的少数民族奉行再嫁自由的原则。当然，现实中人们对寡妇多少也有另眼相看，再嫁时一般只能嫁给条件比她差或已丧妻的男子。

生有子女的寡妇，再嫁时有所限制，为照顾子女，一般都得常住夫家。但在下列三种情况下例外：第一，鳏夫主动请媒说亲，女方同意。第二，在征得本人同意后，由娘家主动为她找对象。第三，由寡妇自己提出再嫁。但这三种情况都必须事先通知夫家，并不以征得夫家同意为限。若小孩太小，可以随母亲抚养，长大后归前夫家。代养时间一般 3 年，费用由前夫家支付。再婚也有一定的仪式，但很简单，到夫家后立即执行主妇职务。一般出嫁后两三天内回娘家一次，小住一两天便回。同时，先夫须以一定的祭品向前夫祭奠一次，以示赔礼，至于前婚

---

① 《中国少数民族社会历史调查资料丛刊》修订编辑组编：《广西壮族社会历史调查》（第 1 册），民族出版社 1984 年版，第 133—134 页。

中夫妻财产的处理,原则上退回结婚时带来的东西,如有子女,根据女方自愿,留一部分给予子女享用。

（三）离婚

离婚时解除婚姻关系的主要手段,也是少数民族地区婚姻纠纷中较为普遍的现象。离婚的完成就意味着夫妻间的权利与义务归于消灭。离婚由此牵扯两个问题:其一,离婚后的再婚问题;其二,离婚后的财产继承问题。

首先,如果离婚发生在订婚阶段,一方不愿意维持婚姻,比较容易处理,一般只需要退回"彩礼钱",布朗族的做法就比较简单,即送给对方一串槟榔即可解除婚姻。然而,离婚更多的是发生在婚后不久。

苗族较为具体地规定了离婚的条件、程序、手续以及离婚后子女抚养和财产的处理,苗族对婚姻不满时男女双方都可以依据习惯法提出离婚,女方主动离婚较多。主动提出离婚一方以拒绝同房表示,同时请几位寨老向对方正式提出。值得注意的是,"关于离婚的原因,在苗族社会中,有以下几种情况:(1)不劳动或者小偷小摸。(2)败家。(3)夫殴打、虐打妻。(4)通奸,乱搞男女关系。(5)公婆对媳妇不满。(6)不育。每种原因中都有父母包办和青年自主两类人,但前者的比重比较大,约占3/4,后者只有1/4"[①]。

离婚条件谈妥以后,即以两拇指粗、长约3—4寸的竹筒,两端刻画横纹为凭,所议款项限期13天或1个月交清,交清后由寨老把刻纹的竹筒劈成两半,男女各执一片为证,以后不得反悔。另外的一种方式,双发达成协议之后,由寨老当众发誓:"自解决之日起,双方如有翻悔,头一边,身一节。"也有以汉文书写的,由双方盖章、画押,或按指纹的离婚证明书,男女各执一纸为凭。[②]

通过查阅文献,我们大致可以了解苗族在处理离婚时遵循的一般性原则:

1. 双方自愿离婚的,父母调解无效时,由双方父母私下商量解除婚姻关系,结婚时所花费用和礼品,一概不予以退回。

2. 男方主动提出离婚,经调解无效的,男方就出酒十斤,杀一只羊来请客,这叫"羊酒服理"。之后,男女双方便解除了夫妻关系。但因为男方逼迫离婚导致女方自杀的,男方要被处以"五牛分尸"。

3. 女方主动提出离婚的,也要经过"羊酒服理"才能解除婚姻关系,男方不负任何赔偿责任。男方知其妻另有情人,可以直接制止,女方要多给男方一头羊或牛。

4. 已婚男子与妇女通奸,视情结严重,或公开批评,或"羊酒服理"。受罚费

---

① 陈金全:《西南少数民族习惯法研究》,法律出版社2008年版,第201页。
② 参见《中国少数民族社会历史调查资料丛刊》,载贵州省编辑组编:《苗族社会历史调查》(三),贵州民族出版社1987年版,第165—168页。

用由通奸双方分担。未婚男子与已婚妇女通奸,若为亲夫捉获,处罚与已婚男子同,即"裸体仗"。如是强奸,则只仗男方。

5. 若夫妻争吵,属丈夫无理,致使其妻不能忍受,回娘家居住。事后,男方得请族老登门劝告,并以一头牛作为赔礼。属妻子无理回娘家居住,事后自知理屈,则以猪或羊送与丈夫,表示重来"开门"。

总的来说,少数民族习惯法规定的男女权利不一样,从而导致了在离婚时男女双方的权利也不一样。在对于离婚的态度来讲,有的民族对离婚很谨慎,如鄂温克族,有的哈萨克族不允许离婚,但是德昂族、高山族等对离婚持较宽松的态度;离婚手续和离婚方式也是多种多样的,一般要求留有凭证,如蒙古族只需要证人;离婚后,对于再婚的态度也是不一样的,布朗族可以允许复婚,而俄罗斯族不允许复婚;值得一提的是,离婚后对子女和财产的处理也有具体的规定,一般而言,"少数民族婚姻纠纷的处理方式多以经济补偿为主,体现了习惯法运作过程中的物质利益性,但也不排除惩戒性的规范。"①

**二、财产所有权习惯法**

(一) 财产所有权的形式

人们之间的生产关系、社会关系,其实质上是指财产关系。正如马克思把资产阶级私有财产关系看做是资产阶级生产关系的全部总和一样,少数民族的财产关系是少数民族社会关系的最集中表现。历史上,少数民族财产所有权的形式大致可以分为私人占有和公共占有两种,一般来说,两类财产为家族和村寨所公有,一是土地、山林、河流等,其他的诸如牲畜、农具、田土、宅基地等都是私人占有,可以买卖。

1. 公共占有

公有,顾名思义,就是在一定地域范围内的成员对一定财产的公共占有。新中国成立以前的西盟阿佤山区,由于地理位置闭塞、环境艰苦,致使佤族到20世纪50年代初仍然处于原始社会末期的农村公社阶段,岳宋因为是处于阿佤山区的腹心地带,保留了更原始的因素,这里的森林、水源、寨内空地、宅基地和部分耕地仍属于村公社所有。除土地外,其他一切生产资料和生活资料都已属私有。土地的私人所有权无论是在事实上,还是在观念上都带有明显的公有制痕迹。②

2. 个人占有

少数民族财产当中最主要的有田土、生产工具、牲畜、林木、生活用品等。除成片的山林外,凡在田边地角种树,田为谁所有,树即为谁所有。一般来说,私人

---

① 陈金全:《西南少数民族习惯法研究》,法律出版社2008年版,第204页。
② 徐中起、张锡盛、张晓辉:《少数民族习惯法研究》,云南大学出版社1998年版,第144页。

占有树林,有两种情况:一是山权林权都为私人所有,二是只有林权。这是因为卖树不卖山的传统习惯所致,或者因私人租山养木,所以没有山权。

鄂伦春族习惯法规定马匹、猎犬属于家庭私有。马匹在家庭中一般是分开专用。猎枪、猎刀、猎斧、枪架、马具以及熟皮工具等也属于小家庭私有,一般都分别由个人专用。桦皮船、鱼叉、渔网和鹿哨等生产工具也归小家庭私有,但是谁用谁拿,不归个人专用。"仙人柱"、仓库也属于家庭私有。①

### 三、债权习惯法

随着少数民族地区的社会经济发展,特别是少数民族地区近百年来私有制和商品货币的持续发展,在少数民族地区,债主要是特定的成员之间达成某一项协议而发生,根据协议的内容不同,债的关系主要有以下几种方式:

(一) 借贷

由于天灾人祸、婚丧嫁娶,少数民族地区之间难免会在钱、粮乃至生活用品方面会出现相对的紧张和短缺,为了解燃眉之急,财产的借贷活动便在少数民族地区发生并日益频繁。要求通过订立文约来确定借贷关系是羌族习惯法中的做法,订立文约时双方当事人要请凭中人参加,内容上要明确规定借贷期限、利息、抵押情况以及违约责任等项,利息由双方当事人协商确定。如同借贷时要订立契约一样,在归还债务和利息时,双方当事人一般要求写"收清文约",以证明该行为的发生和有效。下面是一份完整的"收清文约":

"立写出收清文约人饶孙氏,今凭中收到于韩延玉名下收银元拾肆元整,本利一并收清,不得少欠分厘,一无私账交到,二无贷物折算,当凭中本利付清,日后查出,约据现交于借主,原约退还。有银主饶姓不得以言生支,恐后无凭,立收清文约一张,存照为据。

约保人:左余氏

出约人:饶孙氏

代字人:王国昌

凭中人:祁书生

冉清生

徐保生

公元一九五一年四月二十一日"②

---

① 秋浦:《鄂伦春社会发展》,上海人民出版社 1978 年版,第 204—205 页。
② 西南政法大学《羌族习惯法》调查资料,理县浦溪部分。这些契约文件现藏于理县浦溪乡浦溪村民韩东玉家中。

值得一提的是,羌族之间还盛行相互借贷,其主要形式及规定有以下几种:

圆门会:由一定的人数组成,一定的银钱循环交往,转一圈为会满,每人得会一次,利息三分,会首因主持会期,得利六分,一轮一般是一年,也有一年二轮的。

勾头会:一般由十人组成,用一定数量的银元或其他的物资作为周转的奖金,抽签按先后得分,利息四分,轮到第八人时"将利还本",谓之"上七不上八",会议结束后,本清利清,一般两年或一年一轮。

节节高:其形式与圆门会相同,惟会首不得息,多得一次会,年利四分。

羊会:请会的人家备至酒席,被请会的人,每人出母羊一只,待以后羊群发展了,才把母羊归还原主,无息。①

按照鄂温克族借贷习惯法,借什么牲畜就还什么牲畜,有的比借的要肥壮。如果借的是公的,归还时比借的还要肥壮,如果借的是母的,归还时还需带上所生的幼畜。借羊还有还牛的。借羊、借粮以劳动力形式偿还的也很普遍,如果借一头4岁的羊,就给牲畜主干4个月或半年的短工。鄂温克族的借贷关系,大多没有固定手续和契约合同,债户和债主一般都有经济关系和血缘关系。如果欠债户主动偿还借贷,或是催而不还者,债主就有权把欠债户的牲畜抓走。②

鄂温克族还有租牛的现象。如果租牛仅在4月初至4月末,其租金外套牛尾8斗,里套牛4斗;如果租牛和生产工具犁等必需的物件,其租金是21斗稷米(约600多斤),租金是很高的。租牛还另有一种租价,自己除牛以外的生产工具都具备了想多犁一点地而租牛,每头牛从春耕开始至春耕结束不超过1个月为12普特稷米的秋租,4头牛为48普特合1536斤。如果在春耕前讲清,则欠收时双方协商租价,若遇有风、旱、雹灾等特殊自然灾害时,经租户提出请求出租者同意后可酌情减轻牛租。

在少数民族习惯法中有关借贷方面主要涉及借债数量、偿还日期、付利息与否、不能按期偿还后如何处理等,借贷手续主要有景颇族等的口头借贷、契约借贷(包括无文字契约的如佤族等,有文字契约如蒙古族等),有保借贷(阿昌族等)、抵押借贷(哈尼族等)等;债务既有时间限制也有无时间限制的;一般而言借钱还钱、借物还物;还不清债务时还有以工抵债、子孙还债、亲属还债、没收债务人的家产抵债等。

(二) 交换与买卖制度

在广大的民族地区主要是自己自主的自然经济,商品经济的发展并不是很快,交换关系不是很频繁,但是各少数民族的债权习惯法中仍然有一些商品交换

---

① 参见《中国少数民族社会历史调查资料丛刊》修订编辑组编:《羌族社会历史调查》,四川省社科院出版社1986年版,第90—91页。

② 秋浦:《鄂温克人的原始社会形态》,中华书局1962年版,第84—87页。

和买卖的内容。在广大羌族地区是自给自足的小农经济,限制了羌区交换关系的发展,买卖活动不十分活跃。商品交换主要发生在羌汉之间,羌族内部的交换活动较少。即便是这些较少发生的交换行为,也只是为其自然经济服务。在羌区,从事商业活动的通常有两种人:一种是本地羌民;另外一种是外来汉族商人。

羌族习惯法中规定,羌民在交换买卖方面的习惯法有如下原则规定:第一,"正直公正"、"公平交易"。禁止"包买包卖",反对"私吞赌赂"。第二,诚实。禁止"套哄小孩妇女",反对"交换空仓粮食、菜子、洋烟",反对"估买估当"。第三,互利。达到"买卖二众心情竟悦"。这些正是古今民事法律基本关系的基本准则。土地成为买卖对象是在土地成为家庭私有财产后逐步产生的。但一般来说,羌民在经济困难或还不起债时才不得已出卖土地,因而土地买卖现象并不多见,但是在习惯法中也做了如下的规范:第一,近亲优先权,土地买卖尽量优先考虑家属和有亲戚关系的人家;第二,要有公证人、引进人参加;第三,要订立契约。①

回族以善于经商著名,习惯法保护商人和商业,买卖方面的规范也相对比较丰富。②

从商品的买卖与交换制度来说,由于各少数民族地区处于自给自足的小农经济,商品经济并不是很发达,所以商品的交换并不是很频繁,但是各少数民族习惯法仍然要求公平交易,强调诚实互信,实现互惠互利,禁止欺诈,反对投机。

(三) 典当与抵押制度

在"当子千年在,卖字不回头"观念的影响下,广大少数民族同胞难免会有"债账逼迫,无钱使用"的情况发生,不得不把自己包括土地在内的财产典当或抵押出去,换回当金。

除典当土地外,羌民也典当其他财物。此类典当的规定与土地典当相似,所不同的是,典当财物的添补、维修以及财物上设置债权、债务等全由出典人承担和负责,并不影响承典人对典当财物价值的肯定和正常使用。

在羌族内部,土地典当的习惯法规定就像土地租赁一样,典当双方要订立当地的文约。订立文约时必须要有证人参加,文约内容要写明典当土地的地址、典价、出典期限以及当事人之间的具体权利和义务。典价一般相当于地价的50%。典当分有年限、无年限等方式,它们的典价及形式是有区别的。有年限的典当,典当价一般为地价的60%—70%,逾期不赎,当主可按地价的80%将典当土地出卖。赎期不定的典当又叫"老当",当价为地价的40%—50%,银到地回。

在西南的少数民族地区中,出现了抵押担保的现象,在借贷较大数额的货币

---

① 俞荣根:《羌族习惯法》,重庆出版社2000年版,第54—55页。
② 马启:《回族》,民族出版社1995年版,第64—80页。

或实物时,债权人为保证借出的款或物能按期收回,要求债务人以田或其他财产抵押。如到期不能清偿债务,债权人可以逼迫债务人把抵押的财产折价抵偿。如果没有借贷关系的存在,也就不会有抵押权的设立。另外,当债务偿清以后,债权也归于消灭,抵押权也归于消灭。

土地以及其他财产的典当和抵押是当时少数民族地区社会的一种比较特殊的民事制度,承典人或债权人有完全的典当物或抵押物使用权,出典人不得对典当标的再进行出租、抵押等流转行为,形成了"一物二主"的状况。

（四）雇佣

在少数民族地区,有关雇佣与被雇佣关系的习惯法当中,主要是对雇佣的种类、报酬、期限等作出了大致的规定。

土家族习惯法关于雇佣的规定,主要对雇佣的种类、期限等方面作出了规定,土家族村寨俗称此类生产方式为"帮工"。

土家族习惯法规定,雇佣生产按期限划分,一般可分为两种:一种是长期雇佣,俗称"长工";二是临时雇佣工,俗称"短工"。长工一般分为三年、五年、十年三类。男性长工主要从事农田生产,一般是日出下地,日落收工,中午"打方",饭菜送到田头。长期受雇佣者,除父母伤病之外,一般不得请假。三年长工期满,地主除支付工钱外,另给三匹土布;五年则另给夏冬衣服一套等,十年则再送小型农具一套。短工除地主在农忙季节雇佣外,亦有部分自耕农雇佣,时间一般有一个月、三个月、半年三种。大地主亦称"大户"。一般雇佣女性当丫环、使女,有的系贫苦人家典卖的少女,典卖分三年、十年、终生三种,其方式都是在典买时一次性付清"身价钱"。丫环、使女的地位低下,常受到主人和主人妻女的打骂。典卖三年者期满,主人仅置办一套衣服;典卖十年者期满,丫环出嫁,主人仅置办些许简易嫁妆;终生典卖者生活最苦,婚前是丫环、使女,婚后生了小孩,充当奶妈,奶水供应主人家少爷、小姐,自己的小孩则靠面糊度日。①

在藏族地区,经济形态相对单一,牧业农业生产的季节相对较短,因此其雇工的形式也较简单,藏族的雇工一般为牧工,以习惯法规定,牧工有长期和短期两种;有事先讲好的工资和固定的期限,有人生自由。短工多在生产繁忙的季节受雇,从事驮运、砍柴等重体力活;牲畜要是死亡或者货物遗失,一些地区是要求短工赔偿的。值得一提的是,藏区还有一种娃子,即终身奴隶,他们是没有人身自由的。②

（五）租佃

由于土地占有的相对不平衡,少数民族地区广泛存在着土地租赁现象,各少

---

① 李幹、周祉征、李倩:《土家族经济史》,陕西人民出版社1996年版,第104页。
② 参见《中国少数民族社会历史调查资料丛刊》,载西藏自治区编辑组编:《藏族社会历史调查》（三）,西藏人民出版社1989年版,第307页。

数民族地区的习惯法中有关租赁关系的规定主要包括租额、租制、手续、契约等方面的内容。

土家族主要实行实物地租,一部分土司成为封建地主,土司与土民之间的地租主要是实物,根据田地等级,拟定实物缴纳基数,一般是中等田一斗种(0.8亩)一石稞(75公斤),上等田加两成,下等田减两成,旱田依质而定。土司为了自身利益,在租佃之初,就迫使土民交类似保证金的"庄钱",若租佃年限未到,佃种者迁徙他地,土司不退"庄钱"。这种实物地租制度将土司与土民变成主仆关系。有的地方还存在土司、包佃、佃户三重关系,即包佃者将土司大片田地佃下后,再租给各户。

"改土归流"后,地租以银两缴付乾隆十九年(1754),思州地主刘神保和刘明权将其川水坡山土一股租给外来流民垦种,"发纳租银一两六钱,历年无缺"。后来,又出现了押租,即佃户要想种地主的田地,在租佃之前,先交一定数量的押金,退佃后,再退回佃户。押金一般均占租谷一成以上。湖南保靖等地规定租佃十挑稻谷,要交押谷一挑,每挑120斤。实际上这是一种担保物权制度。①

## 第四节　宗教及社会交往习惯法

民族习惯法通过对宗教信仰、宗教禁忌、社会交往等方面进行规范,使社会生活的各个领域、基本行为都有规范进行调整,为维持民族地区的社会整体秩序的和谐稳定发挥了积极的作用。宗教、法律、道德在各个社会中都是社会控制的基本方式,伯尔曼曾经认为"在最广泛的意义上,我们所有的一切法律无疑都可以说具有宗教的一面"。② 对于这种法律所具有宗教的一面,国内的一些学者称之为"西方法律的宗教性"。虽然,学者们对于中华法学的法律是否具有宗教性尚有争议。但是,这并不意味着不具有研究宗教习惯法的理论空间。

### 一、宗教信仰与宗教活动

宗教是人类历史上一种古老又带有普遍性的社会文化现象,对少数民族社会的各个方面产生了并将继续产生重大而深远的影响。宗教生活在各少数民族社会生活中占据了重要位置,由此各民族的习惯法对宗教信仰、宗教职业者、宗教活动和宗教节日等进行了规定,从而对民族的发展产生一定的影响。

藏族普遍信仰喇嘛教,有红教、白教、黑教(本教)等派,藏族对活佛、喇嘛十分敬重。宗教的影响并渗透到日常生活和风俗习惯、节日禁忌各个方面,使宗教

---

① 李斡、周祉征、李倩:《土家族经济史》,陕西人民出版社1996年版,第124页。
② 〔美〕伯尔曼:《法律与宗教》,梁治平译,生活·读书·新知三联书店1991年版,第4页。

成为藏族社会最雄厚的力量。这方面的习惯法内容较为丰富。当喇嘛是一件荣誉的事,一个家庭若有两个男孩,必有一个当喇嘛,有三个必有两个当,也有将男孩全部送寺院当喇嘛,而由女儿赘婿继承家业的。

藏胞见到活佛毕恭毕敬,请求"灌顶"(即摸头顶),活佛外出,沿途村寨人都拿出自己最珍贵的礼物献送,有病则请喇嘛卜卦念经,除外出经商或到远方拜访友人,必先请喇嘛卜卦。

藏族家家都在门外插有嘛呢旗,屋内设有转经筒,并设有供奉菩萨的供桌。男女胸前还挂有银制"嘎乌",内盛活佛头发等物。年过20的人,手中各持一串佛球,一有空闲就不断诵佛。年过40的男女,手中还拿有一个小经转,不停地转动,口中反复念诵"唵嘛呢叭咪吽"。藏民在节日或因事到喇嘛寺院转经,转经数由卦决定。也常到拉萨朝拜三大寺。①

维吾尔族信仰伊斯兰教,宗教的影响比较大。习惯法将教徒按信教程度而分为四类:(1)"些里耶提",为普通教徒;(2)"开里把提",除遵守一般教规外,每年暗中封斋数十天到三个月;(3)"哈里卡提",终日念经祈祷,对人生及妻子财物都很淡漠;(4)"买里把提",是"圣人"以下的"贤人"。宗教职业者是世袭的,在后继无人的情况下,村民才可以另选继任的人,新的宗教职业者选出后,寺院地使用权亦因之转移到新继任人手里。

同赫哲族、鄂伦春族、满族等北方民族一样,鄂温克族也普遍信奉萨满教,对"白纳查"(山神爷)、"敖教勒"(祖先神)也很崇拜。每个氏族都按习惯法有自己的萨满,老萨满死后,由其亲弟妹或亲生儿子来继承。萨满在社会上威望较高,但没有什么特殊的权利。对于一切鬼神、吉、凶和疾病的来源以及氏族的"敖教尔"(习惯法)等都由萨满来解释。萨满有义务替本氏族的人治病(跳神赶鬼),如果本氏族的人请他而其拒绝时,按习惯法,可用法衣上的皮绳子把萨满捆起来,强迫他来跳神。鄂温克族萨满信仰最重要的集会为"奥米那楞",全氏族的人都参加,内容主要是老萨满领教新萨满及在会上祈求氏族的平安和繁荣,集会所需的经费、羊牛马等,由氏族成员尽自己力量献纳。

傣族普遍信仰小乘佛教。绝大多数村社都有佛寺,男子6—7岁就按照习惯法进佛寺当和尚,20岁左右还俗,不还俗者根据学识升为佛爷。每个村社都设有"波章",由熟悉经书文字的还俗佛爷担任,由他司理宗教仪式,给民众念经,为婚丧建房等司历或择日子。"波章"除免去劳役外,其他负担只出一半,另外还得"波章谷",大的村社每户出1挑(40斤),小的村社每户出1萝(10斤)。另外每个村社还有"波莫",职司为保护"吉拉"(寨鬼),给人祭鬼、送鬼、献鬼,杀

---

① 《中国少数民族社会历史调查资料丛刊》修订编辑组编:《四川省甘孜州藏族社会历史调查》,四川省社会科学院出版社1985年版,第289、300、311—313页。

畜牲时分得一份肉。大多为世袭的,少数村社以神卜形式决定,他们有一定的社会地位。

傣族人的一生活动,诸如生老病死、婚丧、出行。又如生产中的渔猎、耕种、收获以及水利活动、求雨,再如政治活动中的头人受封、召氏领召勐的继承等,都要进行祭神活动。其他如征战、迁移、建房都要有祭神仪式。

傣族很重视祭"社神"和部落神。经过批准加入村社的外来户或上门安家的人,须先用腊条、鸡、酒等物祭寨神,等于登记户口;迁出寨时也要祭献,等于注销户籍。每逢社神、部落神的节日,都要封闭坝子、寨子的路(在路上插上树枝),外勐外寨的人闯入,要按照最高分规定处罚与祭品相同的物品。有些地区每年3月还要祭"宰曼"(寨心)、"宰勐"(勐心)。

每家还有家神,房内有两棵神柱,一棵柱近楼梯一方靠家长睡榻,为"家神柱",另一棵与此相对靠向女主人睡榻,为"魂柱"。柱两侧系两个小竹筒,一盛米一盛糖汁作为常年供献,逢年过节再献腊条祭拜。家神由家长供奉、拜奉。傣族群众在宗教祭祀方面的支出、负担是比较重的。①

从某种意义上讲,宗教信仰也是一种社会控制的手段,通过习惯法对各种仪式、活动、节日等的规范,加强群众成员的神圣感。② 宗教信仰方面的习惯法强化了神秘力量的存在,任何违反者都将受到报复和惩罚,从而实现正义与公平。

## 二、社会交往

各少数民族还有一些社会交往的习惯法,对交往的原则、交往的礼节、注意事项等有所规定,要求"礼义"、"宽厚"待人。丰富待客,积德行善。

壮族生小孩之家,按照习惯法要在门口插上记号,生男孩插红纸、生女孩插绿叶,表示红男绿女,让客人登门便懂。也有生男挂青草、生女挂禾草的。③

傣族习惯法规定,外人不能进入室内,违反者罚双方款项。不经过主人同意,即住入别人家;主人不知道,就擅自上竹楼,主人可对其罚款。住这一家而到另一家去洗脸,被主人发现可罚款;在住的这一家淘了米,到另一家去蒸饭,蒸饭这家主人知道后可对其罚款。

景颇族习惯法反对民族成员闲游浪荡,否则被村民歧视。要参加本村寨一切活动和宗教活动,否则有困难时大家不给予帮助。骑马入村过寨时必须下马。

---

① 《中国少数民族社会历史调查资料丛刊》修订编辑组编:《西双版纳傣族社会综合调查(二)》,民族出版社1984年版,第113—120页。

② 美国的伯尔曼认为神圣性是法律与宗教的共同要素,请见伯尔曼:《法律与宗教》,生活·读书·新知三联书店1991年版,第39页。

③ 《中国少数民族社会历史调查资料丛刊》修订编辑组编:《广西壮族社会历史调查》(第1册),民族出版社1984年版,第129页。

到别人家去玩,不得任意出入鬼门(后门)。不得触动人家门前的鬼桩,也不许在其附近大小便。不能摸别人身边经常佩挂的长刀,更不能摸女人。无论迁入者还是迁出者都要事先征得山官或寨头的同意。迁入者要送一小筒酒给山官。迁出者象征性地拔掉拴牛的木桩,表示与该寨脱离关系。①

德昂族习惯法禁止在竹楼内大声喧哗、歌唱、吐痰、踩火塘上的柴禾火、擅自拿主人之物。宾客和亲友要从正门竹梯进出竹楼,禁止横穿甬道。小伙子来"串姑娘"时,只能在后门进出。凡登上庄房和竹楼时要脱鞋。在野外烧饭时两脚不能踏在木柴上或将茶壶拖出来。

仡佬族在长期的社会交往中自然而然地形成了一些习惯法,如在宴会和公共场合,按辈分坐位,小辈不能与长辈同坐上方;在父母死后的两三年内,家人言谈举止尤须庄重,更不能与别人吵嘴,女子行为更需检点。②

哈尼族在村寨大型公祭活动诸如"昂吗图"、"聋卡轰"、"库扎扎"的时候,一旦进入正式的祭祀活动,就禁止外出,更不允许下地劳作、上山砍柴摘猪食、探亲访友等一系列活动。可以进寨,一旦进入村寨,活动结束方能离开村寨,否则会给村寨带来各种不吉利,即使外出也要赶在天黑日落之前返回村寨,本村人不许在外过夜,如果有违规行为则要拿着一只鸡、酒请主持人到寨神前磕拜谢罪,以示惩罚。③

黎族当发生严重的冲突时,女子骂人,是用口水呸在对方面前,表示对对方的侮辱。如果因爱情纠纷,女子之间则以互相撕破衣服或用镰刀互相割破脸皮为报复。男子骂人,则以咒骂对方死去的前辈的名字,使对方遭受极大的侮辱和不吉利。按习惯法最毒的咒骂和动作是:双足狠踩地,手指向天,嘴里咒骂。此外还有击鼓咒骂、小便咒骂等。

为防止病瘟扩散传染,习惯法规定在村寨路口挂树叶,表示禁止外地人进入本村寨。生小孩、猪生仔、下谷种或酿米酒等,都在家门口挂树叶,禁止外人入内。挂吊树叶为符号的称为"禁星",凡有禁星的地方人人要遵守。④

满族社会生活中礼节较严,这方面的习惯法较为丰富。如3天小礼,5天大礼即少辈3天不见长辈,见面后就得请安;5天不见的,见面后就得"打千",即男人哈腰,右手下伸扶膝;女人双手扶膝下蹲。家中来客,小辈必须前来请安打千。满族人家,媳妇伺候公婆最谨严,每天早起后,先给公婆装烟倒水,随后再去厨

---

① 《中国少数民族社会历史调查资料丛刊》修订编辑组编:《景颇族社会历史调查(四)》,云南人民出版社1986年版,第111页。
② 参见陈天俊等:《仡佬族文化研究》,贵州人民出版社1999年版,第161页。
③ 参见李克忠:《寨神——哈尼族文化实证研究》,云南民族出版社1998年版,第241—242页。
④ 朝鲜族的"忌绳"与此相类似,一旦婴儿降生,就在房檐下、大门上方持一条"忌绳"(草绳),以示婴儿出世,外人禁止出入。"忌绳"是一条左搓的反搓绳。如生男孩,就把辣椒或木炭插入绳内;如生女孩则插上松叶枝条。见韩俊光:《朝鲜族》,民族出版社1996年版,第77页。

房;吃饭时,媳妇先端饭给公婆,然后才能自己吃。①

少数民族社会交往的习惯法大体包括见面、称呼、祝贺、请客、拜访等方面,反映了民族心理状态和价值观念,对于加强社会和群体的沟通、增进民族成员之间的了解、维持良好的人际关系是非常有意义的。

## 第五节 纠纷解决习惯法

有社会就有纠纷,任何社会都离不开解决纠纷的手段。只要社会当中存在着纠纷,那么司法就成为该社会的一个重要组件。为了解决社会纠纷,保障习惯法的实施,维护习惯法的权威,民族地区习惯法形成了纠纷解决方面的习惯法,其中包括审理、神判等,处理社会纠纷解决社会冲突,从而达到维护社会秩序的目的。

**一、少数民族地区民间纠纷解决机制的特点**

有什么样的纠纷,就必须有什么样的纠纷解决机制,否则社会难言稳定。少数民族地区民众利益的多元化和纠纷的多样化必然要求有多元化的解纠机制。

1. 多元性。民族地区发生民间纠纷后,各类纠纷解决主体通常会运用各种正式的和非正式的依据、手段和方式来化解纠纷。就国家正式的纠纷解决制度而言,包括有国家司法机关如法院的裁判、诉讼调解;国家行政机关如人民政府及其职能部门(如司法行政机关、公安机关、工商行政机关)的行政调解、行政裁决、行政处罚,等等。之所以称其为"正式的",主要是其解纠机关和解纠手段具有的法定性。非正式的纠纷解决机制主要是指存在于乡土社会的由民间权威主持纠纷解决所依据的制度和方式。如人民调解、族长、"寨老"、"师公"主持的调解,等等。另外,还存在私力救济、自我放弃等纠纷解决手段。在纠纷解决的规则的适用上也呈现出多元化。如各民族中多有禁忌、传统习惯法、国家法、宗教法规等。传统的纠纷解决方式仍有深厚的群众基础。

2. 注重调解。传统社会历来讲究"以和为贵",民间发生纠纷后当事人一般都不愿意把事态扩大,都希望控制在最小的的范围之内。在各种解纠手段中,各类调解手段运用最多。家庭内部的纠纷一般先在家庭内通过内部协商、亲友说和来解决;村民之间的纠纷一般通过邻里、传统权威人士、村里德高望重的长者或者村委会出面斡旋调解;即使进入到国家解决层面,也多青睐行政调解和法院调解,都希望"大事化小、小事化了",尽量不伤和气。以普米族为例。普米族人普遍重视运用"调解"手段解决纠纷。根据我们调查的数据统计,过半的普米族

---

① 参见张国庆:《古代东北地区少数民族禁忌习俗刍论》,载《学术交流》1998年第6期。

人遇到纠纷时,倾向于找村长或村中有威望的长者根据习惯调解处理的占63.16%,而诉诸法院的仅占13.9%,自己与对方协商解决的为18.83%。①

3. 传统性与现代性相结合。少数民族地区社会的法治进程应该与少数民族地区目前所处的社会历史阶段相适应。在锲入现代解纠手段时,要考虑少数民族地区的农村性和民族性,民间纠纷解决机制应该充分利用传统和现代两种资源,体现传统性与现代性的结合。法律的生命力在于经验而非逻辑,能够解决实际问题而不增添矛盾才是硬道理。"无论国家的法律多么高明、现代、进步,对乡村社区来说,都是一种外来力量的介入,都可能对村民习以为常的生活秩序造成一定的冲击。"②从中国目前农村实际情况看,由于大量地区还受交通落后、信息闭塞、传统农耕生活的环境影响,农村接受和应用法律的能力的限制以及传统法制文化产生的作用,使得以习惯、道德传统表达的乡土正义观念将长期地作为他们法思维的基础。③ 当然,总体上而言,引入和扩张现代法治经验是必要的,但是"善良的"传统民间法对于解决少数民族民间纠纷的重要意义绝不可低估,二者不可偏废,民族地区民间纠纷解决机制应该充分体现传统与现代的兼容性。

**二、纠纷解决的主体**

(一) 调节和审理者

为了保障习惯法的权威和尊严,使全体成员一起遵守,中国各少数民族都有系统的有关习惯法执行和违反习惯法行为的处理方法,对本民族大量的违反习惯法的行为和各种纠纷规定了调解、处理和审理的原则、机构、人员、程序,并有关于神判和械斗这两种特殊的解决纠纷的方式的规定。调解、处理、审理方面的习惯法是中国少数民族习惯法的重要部分。

各少数民族尽管无专门的习惯法执行机构和专职人员,但调解、处理、审理方面的习惯法是相当丰富的,诸如调解、处理和审理的机构、人员的职责与权限、调解处理审理的原则、程序、处罚方式及裁决执行等方面都有详细规定,为处理解决刑事案件和民事纠纷提供依据。

苗族的《汤粑理词》、《油汤理词》反映了苗族的刑事诉讼程序,其中有审判机构和审判场所,也有原告的起诉词和被告的辩护词,还有辩护制度的证据、期限等规定,它的辩护制度是比较完善的。下面这一《理词》叙述的是对一起盗窃案的处理过程:

---

① 贺玲:《普米族民间纠纷解决机制探微》,载《甘肃政法成人教育学院学报》2006年第4期。
② 黄宗智:《中国乡村研究》(四),中国社会文献出版社2006年版,第72页。
③ 何兵主编:《和谐社会与纠纷处理模式》,北京大学出版社2007年版,第182—183页。

起诉的案由是:"恨那好吃懒做,憎那白吃空唱,偷我十两链,盗我白段裙,只好寻求高师,为我做主,为我判断。"

诉状的正文是:"狗咬外人不咬主人,人防生人不防熟人,见近不见远,见人不见心。画眉嘴巴,狐狸心肝,我拿他当好人,他把我当傻瓜,白天探我门,夜常转我屋,骗我儿外出,暗地进我家,翻我橱柜,撬我箱子,偷我首饰,盗我衣裙,自知齿有虫,明知手赃屎,害怕抄家,疏散赃物,外逃七大,七夜方回。"

证据是:"我请寨老,我求兄弟,帮我家进门搜家,为我进屋查赃,人人都在家,只差他一人,不是他偷,又是谁盗。"

原告认为被告有犯罪事实,所以请求判官依法判决。他说:"寨老皆齐,理师也到,理师依理讲,寨老洗耳听,是直是曲,定白有理断。"

被告也进行辩护:"我关门家中坐,他闯门来寻衅。白粉抹他脸,黑烟涂我面。帝王名难得,盗贼名难背。蛇咬药可医,人咬理来治。你诬我偷银,我要你洗净。砍伐树倒地,我要你接活。不由你道黄就黄,不依你说黑就黑"。"叫他来对嘴"(请人作证)。如果拿不出证据就是诬告。所以被告又说:"见我笨可欺,见我软好吃;神灵各看见,理师各知道;神灵不怕凶恶,理师不欺善民:给我做主,帮我作证。"

理师听完双方一诉一辩后,进行调解和判决:"因为鬼临门,因为祸到家,不断怕引起是非,不断怕带来人命,才来挑水扑灭火。""是金是铜,我心里有数。两家烧汤户,两位当事人。各想各的心,各思各的意。是直或是曲,是善或是恶?你俩在明处,我们在暗处,切莫相躲藏,脱裤子遮脸,枯子牛相碰,总有一头输。会水死于水,玩火绝自焚。莫聪明一世,糊涂一时,走路看前头,临崖即止步,思前想后,有错认错,互相忍让,和睦相处。"又进一步调解说:"有冤睡不着,结仇坐不安,父辈结仇,子孙难解,为十两银,传十代仇。水钻顶角我拴腿,人闹争纷我劝解。铸锅为蒸食物,不是煮粽断纠纷。蛋不裂缝,蚊蝇不爬,会起会结束,谁错准改正,思前想后,顾及一切。""理师只劝人和事,不愿双方来烧汤。不愿犁牛进鬼场,不愿拖牛进浑塘。"

经过几次调解,双方仍互不相让,理师就说:"你们向深处跑,拉你们回浅处。你们一个愿意往锅底钻,你们一个愿意去捞斧柄;一个请中人,一个调理师;一个请理师衣,一个戴理师帽:一个愿烧,一个愿捞。"

在多次调解不成的情况下,理师方作判决:"我控事端'鼻',我据真理'纲',要双方满意,使地方信服,两尖若不依,村寨尚议论,请雷烧错方,求龙护对方。"先由理师根据榔规判决,如对理师的判决不服才请神灵来判。苗族普遍补奉神灵,雷公和龙王是信仰中的"刑神气","明火知情,不烧正方,清水明理,不护歹方","龙王公正,雷公正直,冤枉者烧不烫伤,受屈者捞不伤手"。基于这一信念对双方进行神明裁判。

刑事案件起诉后经过调解可以撤诉："牛拉到鬼场,才回到了厩,争端到汤场,火还可扑灭"。①

黎族对于严重违反习惯法的行为,习惯法规定最重的惩罚是,当着众人捆绑当事者的手脚,浸水后在湿的身体上放黄蚁窝,让黄蚁咬。对一般性违反习惯法的行为,则以罚款为主。如有人违反习惯法,则"亩头"召集全体成员进行谴责和惩罚。社会上发生各种民刑案件时,由恫长召集各"亩头"主持处理。各户之间、家庭成员之间、夫妻之间若发生纠纷,由"亩头"来调解和进行教育。②

### 三、纠纷解决的程序

各少数民族习惯法有关的纠纷解决的程序也作了较详细的规定,为处理刑事纠纷和民事纠纷提供了依据。

家支是彝族的主要社会组织,是一种以父亲血缘为纽带的家族联合组织,通常是一姓称一家,一家之下又分为小支、户。家支内的一般性案件,由头人裁决,只要当事人双方同意,即算了案。较大的纠纷案件,则非头人所能独断解决得了的,往往要召开"吉尔吉铁"会,最后再召开"蒙格"会解决。"吉尔吉铁"意为商量研究的意思,它是指由头人聚集在一起商量家支问题,解决内部纠纷或邀请家支内有关的少数人参加的小型会议,又称"家支头人会议",这种会议可以随时召开。

家支内部无法解决的复杂、重大案件以及跨家支的纠纷,都只能依赖德古的调处。德古对纠纷的调解与判决是习惯法运行的最主要方式,具体纠纷的解决也并不是单一的。古德解决纠纷的场所是不固定的,一般是在野外,为避免纠纷双方冲突械斗,纠纷双方保持一段距离,一般是在100米远,各坐一边,在达成协议前当事人始终不能谋面。由此可见,彝族习惯法有关纠纷解决的程序制度是较稳定和成熟的。纠纷解决程序的终极目标和必然趋势必然走向秩序的恢复和再生,这是一个社会能够存在必然具有的调试机制。什么样的状态才是纠纷的理想解决,有的学者认为"所谓妥善处理,是指以一定社会中被视为正义的规范及秩序为前提,并通过某种符合这些规范或秩序理念的安排才达到冲突的结果。换言之,纠纷的解决是否具有正确性、妥当性,主要看是不是符合作为前提的一定规范,并直接取决于这种规范的具体内容"③。事实上,在广大的少数民族地区,纠纷解决的原则不只是变现为公平,因为公平只是一种原则,绝非是最高原则和最终目标,最终目标是将纠纷解决,以避免双方矛盾冲突的激化,对村寨的

---

① 贵州省黄平县民族事务委员会编印:《苗族古歌古词》下集"理词"部分,转引自吴大华等:《苗族习惯法的传承与社会功能》,载《贵州民族学院学报》(哲学社会科学版)2000年第1期。
② 参见詹慈编:《黎族合亩制论文选集》,广东民族研究所1983年版,第192页。
③ 王亚新:《对抗与判定:日本民事诉讼的基本结构》,清华大学出版社2002年版,第66页。

现存秩序及"友好"关系造成破坏。

### 四、惩罚方式

在广大少数民族地区当中,人与人之间的关系大多非亲即友,是典型的熟人社会。因此难免会产生法理与人情之间的冲突,为了解决这一问题,许多民族采取家治和族治的原则。一般来说,为了维护自身家族的利益,遇到这样的事情一般都能够自觉处理,这也是各族社会能够长期保持安定的一个重要原因。

#### (一) 赔命价

赔命价是指凶杀案件发生后,施害人向被害人交付一定的金钱或财物而以和解的方式自行了断,它是人类早期各国的普遍现象。

藏族对杀人案的凶手,处以抽筋、挖眼、投河等刑罚,或者是赔命价。打死人命以后,被害者一方要出兵报复,杀人的一方则给对方送一百元左右的牲畜做挡兵款,表示低头认罪,愿意谈判解决。命价因地区、死者的身份而有差异,一般为500—1000元藏洋,如打死的是有钱人或小头人,则其头、手、足另加命价。凶手的马、枪归死者家属。凶手的亲友,每户罚马一匹。杀人一方要买经卷,送给寺院。纠纷调解后,双方见面和好,杀人一方再给死者一方若干钱的牲畜,死者家属得1/3,2/3归调解人,纠纷全部结束后,写一协议书,由头人保存。外来户打死当地户的人,处罚更重。①

#### (二) 对侵犯财产所有权的处罚

在少数民族关于侵犯财产所有权的惩罚中,从犯罪的严重程度来说,偷盗的行为和抢劫行为应该是居于首位的。少数民族习惯法对其惩罚也做了相关的规定。

1. 偷盗

偷盗行为一直以来属于严厉打击的刑事犯罪行为。"王者之政,莫急于盗贼",不仅汉族严厉打击,各少数民族亦将其列为严厉打击的行列。

景颇族习惯法对偷盗者的处罚较重,如偷一条牛要赔还四牛,偷者如进入了牛棚,还要赔一面铓或一支枪。偷鸡者有的地区要按同态原则赔偿,如鸡毛赔龙袍一件等。偷大烟则要加倍处罚。偷屋内的东西,除赔还原物外,一般要加赔一面铓与一支枪。开箱撬柜除加赔一面铓外,还要杀鸡、猪献鬼。②

2. 抢劫

在少数民族习惯法中,偷盗和抢劫一般联系比较紧密,因此有关抢劫的习惯

---

① 《四川省甘孜州藏族社会历史调查》,四川省社会科学院出版社1985年版,第104、165页;《藏族社会历史调查》(三),西藏人民出版社1988年版,第47页。
② 《景颇族社会历史调查》(三),云南人民出版社1986年版,第15页。

法规定相对较少。在少数民族中,各种侵犯财产所有权的行为里,偷盗的行为占据了主要部分,抢劫的行为并不多。透过习惯法对偷盗行为的侧重可以看出,在西南少数民族地区发生以暴力取得他人财物的行为是比较少的。

高山族习惯法对抢劫者的处罚,除将原物归还外。赔偿视被抢的情节而定:若是贵重物品得赔偿玻璃珠、铁锅;若仅是平常的物品只需酿酒谢罪,并对犯者予以殴辱。①

(三) 羞辱

羞辱方式,从经济角度来说,应该是处罚最轻的一种方式。但是,从社会舆论或者生存的角度来说,羞辱不算是处罚轻的方式。因为,在少数民族地区,少数民族人们必须紧紧依附在社区、集体生活中才能得到较好的生存,甚至离开了集体就意味着死亡。

彝族习惯法对于偷盗家禽、偷鸡者,失主不仅不要赔偿,相反还要向偷盗者送去酒,说明来意,使其终生羞愧,也就是羞辱偷盗者。

广西金秀瑶族对偷盗蔬菜的行为,多是批评教育,要使其偷盗行为告知全村,令盗窃者自愧不如。

(四) 违犯公共利益的处罚

少数民族习惯法对诸如内外勾结危害村寨安全、辱骂长辈以犯上、蔑视神灵等违反公共利益的行为也规定了处罚的方法。

瑶族习惯法对放火或失火一连烧去房屋三间的,要罚白银72元;若被烧超过三间的,便按每间72元计算。放火烧山(失火者同)的;若烧着私人山林,罚白银10元左右;烧着公家的,则要拿钱给公众买酒饮,作为救火费;实在无意的,不予追究。而偷挖坟墓的罚款。有了天花病,传染给别人者,亦要罚款。

严禁"勾生吃熟",对那些勾引外人做贼为盗或栽赃嫁祸,横生事端的,处死乃至杀尽全家。对窝藏土匪、接济土匪的,田地财产一律充公。②

如出口伤人而受害者不服时,苗族习惯法的规定是请寨头调解,并由输方打酒赔不是。诬陷者,在是非辩明后,罚以"请酒服理"。放火烧山或纵火烧房者,可把放火者当场抛入大火中烧死。③

(五) 强奸的处罚

各少数民族对于强奸这种侵犯妇女人身权利进而侵犯夫权家长权的行为给以各种惩处,习惯法依据对象、手段、身份等而有不同的处罚办法。

---

① 参见陈国强:《高山族风情录》,四川大学出版社1988年版,第174—175页。
② 《中国少数民族社会历史调查资料丛刊》修订编辑组编:《连南瑶族自治县瑶族社会历史调查》,广东人民出版社1987年版,第78页。
③ 《中国少数民族社会历史调查资料丛刊》修订编辑组编:《苗族社会历史调查》(三),贵州民族出版社1987年版,第25页。

侗族富人强奸穷人的为数较多,穷人强奸富人的甚少。如果富人强奸穷人女子(不论已婚未婚),都要按习惯法受重罚。被罚者有钱出钱,无钱戴高帽子游寨、出猪,除一些给女方家做"洗礼钱"以外,其余归公。穷人强奸穷人,根据其家产多寡来罚,如果无钱就戴高帽子游寨。

高山族习惯法规定,被害人不论未婚或已婚,如同打开箱子偷盗物品一样,需赔酒、猪、铁锅、铁耙等,且娶不到该女为妻。在有些地区如筏湾,如果团主强奸平民,是不受习惯法约束的,但必受舆论制裁。反过来,如果平民强奸贵族,则没收财产。①

---

① 参见陈国强等:《高山族文化》,学林出版社1988年版,第108—111页。

# 第十七章 少数民族习惯法的当代变迁

## 第一节 少数民族习惯法和国家制定法的融合与发展

### 一、国家制定法与少数民族习惯法的融合

首先,随着现代市场经济法律体系的建立,各民族社会生活中的风俗习惯势必会受到冲击,加速各民族习惯法向现代化转型。习惯法与制定法都是独立的自成体系的法律法规,二者在制度层面、运作层面、观念层面都有所区别。国家法的制定,要考虑法制统一的原则,这在一定程度上造成了制定法无法兼顾各地实际民族风情、道德观念、宗教信仰等弱点,习惯法正好弥补了制定法的不足。所以,习惯法与制定法存在区别的同时又存在着联系。

其次,习惯法与制定法之间的区别主要不是来自于表现方式上的差异,而是在于权威性和公正性来源也即效力来源上的差异。习惯法主要是民间的不成文法,是一种以先例为基础而获得"合法性"并具有法律效应的民间约定俗成的社会规范。也即是说,原始初民的思维属于与现代不同的先逻辑思维,习惯法来源于经验。而制定法作为"人类设计物"其效力和公正性权威性更多的来源于人类的理性思维。其实,理性与经验之间,理想与现实之间不是非此即彼的关系,不是决然对立的。"经验由理性考验,而理性又受经验的考验。"①或者说,"法是经验基础上的理性,是理性观照下的经验"。因此,在我们思考诸如国家法与"民间法",正式制度与非正式制度,规则秩序与自生秩序等问题时,我们应该摒弃要么理性,要么经验这种单一的、二元对立的非此即彼的思维模式,而应该从理性与经验的互动中,来正确处理二者的关系。②

再次,每个民族即使是人数很少的民族都有一套相对独立的行为规范、行为模式和社会控制系统。现实社会中实际存在着的两种运作机制:一种是现代型的法理机制;另一种是传统型的习惯机制。前者由国家或法律确认和维持,是一种带有"公"的性质的主导机制,具有规范条理清楚、适用范围广、外在强制力强的特点;后者是由乡土村落或民间维持的,是一种带有"私"的性质的补救型、自治型的机制,而习惯机制更多的是靠相关主体对该规范的普遍认可,靠长期形成

---

① 〔美〕庞德:《法律的任务》,童世忠译,商务印书馆1984年版,第88页。
② 刘作翔、刘鹏飞:《世纪之交中国法学研究问题前瞻》,载《法学研究》1999年第4期。

的习惯来维持。① "制定法与习惯法在价值实现方式上有着不同的选择,前者强调按照规则程序去追求结果,后者强调结果的实现而忽视规则程序"②。这两种不同的社会控制系统和运作机制根源于人们向社会提出的管理模式的不同需求,但二者经常互相交叉渗透、共同协调作用,它们调整社会的价值目标或功能基本一致,都是为了追求社会生活的和谐有序,增进人民的福利,提高人们的生活质量。中国社会主义法制建设的一个突出点,在很大程度上就是要解决这两种规范体制的互补、并用、对接和融合。协调处理好两者的相互关系,国家制定法必须对社会生活中通行的民族习惯法加以概括、确认和转化;而民族习惯法应以国家制定法为指导和依归,过分倚重于国家制定法或过分倚重民族习惯法的控制手段,而忽视另一种控制手段的作用,都会使社会控制机制失衡,不利于从根本上解决问题。③

第四,国家法与习惯法属于两个不同的文化范畴。"前者属于大传统的精英文化,后者属于'小传统'的民间文化",两者虽相对独立,但亦可相互融合。并且,文化有继承性,也有时代性。中国正面临着一场深刻的现代化革命。没有现代化意味着国家的衰败,现代化是每一个民族繁荣昌盛的必由之路;同时,没有民族性则意味着民族的消亡,每一个繁荣昌盛的民族都应保留着自己优秀的传统文化。并且,任何一个多民族国家都有主流法文化和非主流法文化的存在。在中国以成文法为特征的主流法文化的存在是整个国家凝聚力的必然要求,但是,以习惯法为代表的非主流法文化在由落后愚昧到科学文明的一个演变过程中,逐步实现了从自有走向自为、由粗略到精细、由不甚合理到基本合理、由松散零散到严谨严密的演变过程。在国际的大环境下,如何处理好民族法文化的本土化(法文化的基础)、民族法文化的多元化(法文化本土化的必然结果)、民族法文化的国际化(法文化发展的大趋势)三者之间的关系,如何协调少数民族习惯法文化与国家制定法文化之间的冲突,是我们需要认真思考的问题。

第五,法制统一是国家主权的象征和历史发展的趋势。美国学者埃尔曼曾提出"习惯的让位"的观点。④ 随着社会的变迁,习惯文化逐渐让位于习惯法文化,习惯法文化让位于成文法文化。从国家的角度讲,法律是一元的,在政权统一的条件下,国家法律只能有一种正式的表现形式,国家制定法突破了民族的地域界限,调整的是整个国家各个方面的社会关系,并且依靠国家政权的强制力量保障实施。而从社会的角度讲,法律具有多元性,在实际生活中对社会秩序发生作用的,除了国家制定法以外,还有各民族长期以来自然形成的或者由社会成员

---

① 田成有:《论国家制定法与民族习惯法的互补与对接》,载《现代法学》1996 年第 6 期。
② 龙大轩:《法治在民间的困惑》,载《现代法学》2001 年第 5 期。
③ 田成有:《论国家制定法与民族习惯法的互补与对接》,载《现代法学》1996 年第 6 期。
④ 〔美〕埃尔曼:《比较法律文化》,生活·读书·新知三联书店 1990 年版,第 56 页。

集体制定的习惯法,带有鲜明的民族特色和地域特色,这些习惯法规则具有不成文、具体操作性强、易为调整对象接受等特点,依靠社会舆论、民族传统意识和领导人物的威信甚至神明的力量来实施。

## 二、少数民族习惯法对国家法制的认同和补充

在历史发展的长河中,少数民族习惯法的发展总是表现为向国家法靠拢的趋势,这主要体现在内容、形式、价值上。一方面,国家法的一些专有概念如滞纳金等都出现在村规民约规定中;另一方面少数民族习惯法的体例安排基本效法了国家规范性法律文件的形式;在价值观方面,国家所提倡的男女平等、反对封建迷信等各种陈规陋习在少数民族习惯法中都有反映。

但现实是,一方面,从清末开始,中西法文化的冲突和较量,很大一部分是以毁弃固有的法律传统为代价,以移植西方的法律文明为捷径,民族习惯法面临着重大冲击和瓦解,其地位逐渐走向衰落,国家制定法与民族习惯法之间的对接不尽如人意。习惯法不仅不构成我国法的渊源,而且习惯法的有效范围或作用在逐渐缩小,未经认可的习惯法没有法律效力。立法越来越成为单纯的国家行为,非国家的组织、团体不得染指法律的制定,法律的民俗基础被极度忽视,甚至以立法改造乃至摧毁民俗的情况也时有发生,一些通行数百年,乃至上千年的民俗在不加严肃论证和立法辩论的情况下一纸法令加以禁止。这种强化国家制定法的功能、轻视民族习惯法的作用的做法,有可能毁坏维系传统的生长机制和发展能力。实际上,少数民族习惯法中蕴藏着大量有利于少数民族现代化发展的因素。问题是我们如何因势利导、积极利用。另一方面,在中国相当广阔的基层农村,尤其在边远地区,相当多的民众与其说直接生活在国家法制之下,不如说依然或首先生活在各自社区的"习惯法"之中,也可以说,他们实际生活在双重或多重法律体系下。"本土化"的民族习惯法资源对他们的影响、调控,有时甚至超出了国家制定法的作用,还存在着民众对习惯的推崇大于对法的呼唤的现实。不用法制宣传教育,不用"严打"、"运动",习惯法却根植于其内心深处,得到极好的实施,社会秩序自然地产生与调整。正如法社会学的代表人物埃利希"活的法律"的观点一样,习惯法是指在日常生活中通常为各种社会团体中的成员所认可的并在实际上支配一般成员行动的规则。表现为各种各样的判例、习惯和民间流行的契据文书,习惯法虽然不像制定法那样明确公开,但在现实生活中有着巨大的影响力。并且,"只要人类不息,只要社会的其他条件还会发生变化,就将不断地产生新的习惯,并将作为国家制定法以及其他政令运作的一个永远无法挣脱的背景性制约因素而对制定法的效果产生各种影响"[①]。再一方面,

---

① 苏力:《中国当代法律中的习惯》,载《中国社会科学》2000 年第 3 期。

特别是近几年来,西方社会面对蜂拥而来的诉讼纠纷和"法律爆炸"危机——把解决争端的重担全部诉诸法律而导致的诉讼成灾、积案如山、办案拖延的严重后果,提出了院外案件处理日常化、群众化,发展院外的有效解决争端的机制,鼓励调解和妥协,阻止当事人运用法律解决纠纷等主张。有的国家甚至采用了一种抑制诉讼,鼓励调解,限制司法规模的"小司法"路线。这使我们认识到国家制定法不是"万能"的,其作为社会调控机制的一种与其他任何一种社会调控手段一样,有其自身难以克服的矛盾,其作用的范围也是有限的。"法治秩序的建立不能单靠制定若干法律条文和设立若干法庭,重要的还得看人民怎样去运用这些设备。更进一步讲,在社会结构和思想观念上还得有一番改革,如果这些方面不加以改革,但把法庭推行下乡,结果法制秩序的好处未得,而破坏理智秩序的弊病却已发生了。"①法律的落实和推广在很大程度上还得要依靠民众对法的价值观的感知和认同,要"内心支持和拥护法律"。可以说,国家法律在民族地区的贯彻实施,在很大程度上取决于少数民族的风俗习惯和文化等因素。为什么会造成这种民族习惯法与国家制定法之间的冲突或者说偏废的状况呢?原因是复杂的,从传统上看,中国也向来就有"大一统"的文化传统。"大一统"不仅是一种政治文化概念,还要保证国家的法律政令在全国范围内畅通无阻和基本统一。但几千年来,中国一直是一个统一的多民族国家,但这种统一多是指政治上的统一,而非法制的统一,相反各个民族尤其地处偏远的少数民族更是处在一种"自治"或"半自治"的状态,国家制定的作用远不及民族习惯法深入人心。"国家法律有强制力的支持,似乎容易得以有效贯彻;其实,真正能得到有效贯彻执行的法律,恰恰是那些与运行的习惯惯例相一致或相似的规定。"② 从历史上看,自鸦片战争以后,随着西方文化的涌入,传统的正常运行的行为模式和社会秩序轨迹被打断,"西化"的法律模式与"本土化"的法律传统在对接上出现偏差,传统的中华法系被认为是"封建性的",长期遭受排斥。并且,在法律改革开放的过程中我们更多地形成了大陆法系国家的传统,相信法律是一种理性的社会生活秩序的基础,"只把国家法典和正式法律法规体系理解为'法',而不承认非正式的规则、惯例和习俗等在某些局部、场景或条件下也可能是'法',它倾向于维持国家法制的统一性,这也是构建和形塑一个现代国家所必需的。"③并完全寄托于国家制定法来解决问题,认为只要制定出完善周密清楚的法律,把一切社会关系都置于法律的调整之下,构造出健全的法律体系,就能规范、奠定社会秩序。我们在废除落后、反动、野蛮的旧法时,在潜意识的深处将民族习惯法视为落后

---

① 费孝通:《乡土中国》,生活·读书·新知三联书店1985年版,第89页。
② 苏力:《变法:法治建设及其本土资源》,载《中外法学》1995年第5期。
③ 周星:《习惯法与少数民族社会》,载赵嘉文等主编的《民族发展与社会变迁》,北京大学出版社2001年版,第542—555页。

的甚至阻滞对抗现代法律实施的羁绊,因而甚至包含许多积极因素的民族习惯法就不加分析地被抛弃了。① 从现实看,我们现行的法律制度还不太完善,甚至存在某些缺陷。现行的法律制度设计导致诉讼成本极高,给当事人带来了不必要的"讼累",造成了目前普遍存在的"慎讼"心理,而各民族对其本民族的传统习惯法在心理上、精神上、观念上具有强烈的亲切感和认同感。所以,习惯法的存在和运用恰恰弥补了这种缺陷,这些是习惯法能够在广大少数民族地区广泛适用的原因之一。实际上,不仅中国,就是西方发达国家在法制现代化的进程中,也面临着对成文法与习惯法谁优谁劣的问题的争论和抉择。如英国的社会改革家边沁认为,在工业化、都市化的时代,社会结构的变化,通过法律的改革,可以改变习惯法,重新构筑社会,以适应新的社会发展;而德国历史法学派的代表人物萨维尼认为,习惯法是民族意志的直接和纯真的表现,习惯法是从具体民族的习俗和信仰发展而来的,而非抽象人类习性的表达,所以,法律的转变只能是民族性,只有高度发达的民俗习惯才能形成法律变革的基础,民族习惯法不能受到任意破坏。② 就中国而言,自清末修律至今的中国法治现代化的过程中,移植外国法律是一个未曾间断的主线,其中以移植大陆法系法律为主。但近年来,英美法系的法律观念、法律传统和法律制度则大量涌入。由于英美法系与大陆法系,在法的渊源、法典编制、法的分类、诉讼程序等方面迥然有别,它们在中国相遇时冲突难以避免。这种冲突不仅表现法律制度层面上而且表现在法律观念层面上。英美法系崇奉经验主义,大陆法系则信仰理性主义。其实,关于英美法与大陆法那个更适合我国国情的争论,以及关于我国法治道路的实现应采取自然演进型抑或政府推进型这两种模式的争论,同在我国法治的进程中如何处理民族习惯法与国家制定法的问题一样,问题的实质都是在于如何使两种观念(理性与经验)和两种制度(制定法与习惯法)的冲突得以协调,更好地为中国的法治建设服务。

当前,我国正处在一个大变革时期,在改革开放和市场经济法制建设日益进步的情况下,整个社会结构包括经济体制、政治体制、文化传统、思想意识形态以及生活方式等正在发生或将要发生深刻的变化。少数民族传统文化与现代化的矛盾与冲突,也显现出来,民俗变异的速度加快,程度加深,民俗变革也被提上了日程。现代法治建设应是立足于本土化之上的国际化,不仅要学习西方的先进经验,还要继承民族传统中的文化精华,更应该立足于本国的客观实际,与这种客观实际相适应的包括历史和现实的传统才是中华民族赖以生存的文化之根,如果仅以西方的"法治模式"来批判中国的法律传统,如果仅以西方的法治精神

---

① 田成有:《论国家制定法与民族习惯法的互补与对接》,载《现代法学》1996年第6期。
② 同上。

来指责国人的"人治"、"礼治"、"德治"传统,如果仅以西方法律的价值尺度来责备民族法制意识低下,如果刻意地去模仿别人甚至照抄照搬而缺少对现实国情的反思对历史传统继承改造,那么,很可能在现代法制秩序尚未建立起来之前既有的秩序先被破坏了,"法治"将丧失其运营施行的群众基础和人文土壤。我们如果"只以'糟粕/精华'或'原始/现代'的二分法去评判少数民族社会的习惯法或法文化传统,那就可能犯过于简单化的错误。少数民族地区或社会中无论哪种形态的法文化传统,也无论其历史多么悠久或多么'原始',其有关'法'的理念和逻辑于我们的或者国家法制的多么不同,既然他们依然在相当程度上活生生地在各族群社会生活里实际发挥着作用,与其人民的现实生活密切关联;既然各族群的法文化传统之间实际存在着各种复杂的关联……"那么,它们就可以也应该中国法制建设重要的"本土资源"。民族习惯法作为一种传承、积淀和整合了数千年的制度形态,被特定的社会群体所选择、吸纳、运用,并融化在各民族的思想意识和行为中,积淀为一种遗传基因,化解为一种民族心理,从而有着高度的稳定性、延续性和群体认同性。它贴近了本民族群众的日常生活,凝结本民族的心理和情感,为民族成员提供了一种行为模式和价值选择。法国著名思想家卢梭指出:"在这三种法律之外(指政治法、民法、刑法),还需要加上一个第四种,而且是一切之中最重要的一种,这种法律是铭刻在公民的内心里……,我所说的就是风尚习惯……具体规章不过是拱顶上的桥梁,而缓慢诞生的风俗习惯才是拱顶上难以撼动的基石。"社会主义法制的建设必须建立在批判地继承人类历史上一切优良法律制度的基础上,唯此,才能科学地规范和发展。少数民族社会主义法制的建立和发展,既是对一些少数民族习惯法的扬弃,又是对于一些少数民族习惯法的继承。其实,习惯法包含的内容很广,规定很细,它弥补了国家法律比较抽象的、比较原则的不足,所以应批判地继承习惯法的合理因素和优秀传统。法人类学的研究表明:"法只是人类需要的产物。"因而,在社会转型时期,国家制定法和民族习惯处于互动的矛盾中,应平衡、协调民族习惯法与国家制定法的矛盾,实现民族习惯法的革新和有利转化。但是,随着改革的深入和社会的发展,民族习惯法会逐渐发生分化和变异。其中,一部分习惯法体现了民族的特点,代表着民族的普遍利益的要求,发挥着干预社会生活、调解人际关系的功能。在条件成熟时将被国家所认可,吸收融入有关的法律法规中,成为制定法的一部分。因此对这一部分民族习惯法必须采取顺应、融合的政策,从中吸取能量和支持,逐步把它纳入法制(制定法)的轨道。另一部分落后的甚至与国家法律相冲突的民族习惯法,如婚姻上的早婚、表亲婚,刑法上的自由刑、赔命价等,将被淘汰和摒弃。对这一部分习惯法,必须改造和废弃。

## 第二节 少数民族习惯法与国家法的冲突

### 一、少数民族习惯法与国家法冲突的体现

从现实来看,少数民族地区的经济较为落后,文化、交通、卫生、通讯等事业不发达,信息较为闭塞,从而逐渐形成了种种独具本民族特色的习俗。而这些少数民族沿袭了几百年甚至上千年的习俗在很大程度上却与该国用于调整人们行为规范的,即体现统治阶级意志的法律法规相冲突。这就引发了一个人们无法回避的现象——少数民族习俗与统治阶级的法律法规的冲突现象。如何正确疏导、缓解这种冲突,成为世界各国民族学家及法学家急需研究和探索的问题之一,与此同时,民族习惯法在现实的社会生活和生产的实践当中,也在不断地与国家制定法不断地融合与变迁。当代少数民族习惯法为维护民族地区的稳定与人民和谐的生活做出了积极的贡献。我们坚信,当代少数民族习惯法与国家制定法的共同发展必将保障少数民族地区人民的自由与幸福。

随着我国生产力的不断发展与提高,社会的发展,民族地区社会和民族习惯法也一直处于发展之中。新中国成立后到 20 世纪 80 年代以前,习惯法从形式上迅速消亡时期。1949 年,新中国成立后,国家权力以空前的规模和深度实现了对乡村社会的全面渗透和绝对控制,民族地区也不例外。随着民族地区新政权的建立,习惯法被作为"旧现象"与土司制度等"旧势力"一同被彻底否定和坚决取缔。原有的作为习惯法表现形式的村规民约、乡规民约、族规等几乎灭绝。同时,同样在民族地区推行的大集体公有制,使得民族地区处于高组织性和强意识形态的管理和控制之下,习惯法几乎不具备生存空间。当然,即使如此,由于当时国家法制尚不健全,在民族地区破除旧有法律体系的同时,没有立即建立新的国家法体系,因此,从形式上消亡的习惯法在实际中仍然继续发挥着一定的作用。其作用主要体现在依照习惯法缔结契约、调解纠纷、维护公共利益和一些轻微刑事案件的处理等方面。20 世纪 80 年代以后,习惯法经历了从复苏到重新被国家制定法替代的发展过程进入 80 年代,随着土地承包、村民自治的推行,国家对少数民族地区控制的减弱。国家新制定的法律还需要一定的时间才能被民族地区所知晓。在这新旧交替之际,原有的被大家所熟知的习惯法又重新被拾起,习惯法在民族地区很快出现了复苏,习惯法的一些内容在各村寨新制定的村民公约中体现了出来。这一时期的村民公约中,出现了一些与国家制定法相冲突的规定,如大量地设立了"罚款",甚至是强制"游街"、"抄家"等处罚措施;有的规定了给"通奸"的人给予严厉处罚,"外嫁女"不予分财产等等。这些规定沿用了习惯法的内容,却明显地违背现行法律,体现了男女不平等。这段时间一些

地方的习惯法组织也迅速强大起来,族长、家族会议等人或组织的地位在一些民族地区大大提高,大有盖过村党支部和村委会之势。但是,这种习惯法的复苏并没有持续太长的时间。基层政府已经注意到日渐强大的民族习惯法组织对其管理权力和秩序的威胁,1987 年,利用《村民委员会组织法》(试行)生效,各地加强农村基层组织建设的契机,对村寨管理机构进行了明确和规范。同时,开始于 1986 年的"五年普法规划",使得民族地区群众的国家法意识有所加强,尤其是基层政府的法律意识得到了很大的提高。基层政府在对民族村寨的村民公约进行审查时开始注重以国家法律作为标准,一些违背国家法律的规定被取消。2000 年在阿坝州理县某村村委会按照村民公约关于"外嫁女"不予分财产的规定,处理了一起遗产纠纷案,当事人不服到法院起诉,法院依法判决该女有权分遗产。该案件表现出的村民公约中习惯法与国家制定法之间的冲突受到了县有关部门的高度重视。于是在政府的统一安排下对各村村民公约进行了清理,取消了其中与现行法律相冲突的内容。并制定了村民公约规范文本,要求各村遵照范本重新制定村民公约。新制定的村民公约不再有习惯法内容,看上去更像是国家法律的实施细则,或者就只是一张法律宣传单。据了解,村民公约的这种演变在许多地方都已经出现,目前还保留有习惯法内容的村民公约几乎难以得见。习惯法在形式上的复苏逐渐被阻止,习惯法又重新走向被国家制定法替代的道路。

## 二、少数民族习惯法与国家法的冲突和及调适

我们可以看到民族习惯法与现行国家法并存调整社会关系的过程中,在多个领域产生了冲突,这对于一国的法制建设而言,是急需解决的一对矛盾,否则将有损于国家法权威,也会导致法适用对象的困惑。国家法的存在是毋庸置疑的,无论是从其与上层建筑的关系或是从其社会功能等其他方面考量都可以证明。相对而言,民族习惯法政治色彩较弱,适用范围较窄,立法技术相对简单,是否要全盘否定呢?笔者认为不可,民族习惯法作为社会调整规范的一部分,其与国家法并存是客观实际的需要。其一,我国各地区之间生产力发展水平不平衡,特别是在环境恶劣、交通信息落后的少数民族地区,生产关系与生产力并不适应,而建立在宏观经济基础之上的国家法没有也不可能针对各地的特殊情况一一量身定做,所以在适用上并不能普天之下众人皆服。其二,宗教信仰、文化背景、日常生活方式等各种不同因素的制约,使得民族习惯法在特定区域和群体内占据极为重要的位置。民族习惯法虽然没有国家法的体系化、理论化、成文化,但千百年来经过祖辈相传、耳濡目染,已深深植根于族群每个人的心中。这种历史积淀的观念具体化到日常生活中,并不是仅靠一纸禁令就能完全消亡的,正如梁治平的观点"只要其赖以存活的社会条件具备,习惯法就能够发生作用,反过

来,传统习惯法本身所具有的灵活性也有助于它适应不尽相同的社会环境。"①
其三,人类文化的价值都是相对的,各民族的文化都是在特定的环境中创造生成的,是对特定生态环境和人文环境的适应及改造,每一种文化都具有独创性和充分的价值。民族习惯法中的确有很多落后的内容,比如神灵裁判、肉刑等与现代法治文明格格不入,但任何事物我们必须以全面客观的辩证唯物主义观点来审视,片面地夸大优点或缺点,以偏概全地判定习惯法是落后的、愚昧的、血腥的、迷信的都有失公正。从相关资料中,我们发现很大一部分习惯法规范是惩恶扬善,从排除障碍的角度去维护民族地区的正常生活生产秩序,促进该地区生存和发展的。作为延续了千年的民族习惯法有其合理的成分存在:比如侗族的款词说:"根据我们祖公的道理,祖父的道理,像溪水归河一样合成一条心,大家一起来合款,把两股水汇集拢来才有力量。"苗族的椰规讲:"我们地方要团结,我们人民要齐心,我们走一条路,我们过一座桥,头靠在一起,手甩在一边,脚步整齐才能跳舞,手指一致,才能吹芦笙。"②这是宣传集体主义思想,也是生产生活中所需要的团结。在苗族、侗族、白族习惯法中有大量保护山林、动物的规定。云南大理还存有清乾隆年间的"护松碑",碑文就是一条保护松林的习惯法。其他如水族、藏族、傣族、哈尼族等也都有保护环境、崇拜山水森林、禁伐禁猎的习惯法传统,这可以说是早期的环境生态立法。又如贵州黎平肇洞的《六堂议款条规》"规定:男不要女,罚十二串钱,婚已过门,男弃女嫌,各罚十二串钱。吵嘴、打架、各罚钱五串"。③ 傣族《勐规》规定:"子女长,必须替父母劳动,若东奔西跑,有罪无理。""父母老后,无力劳动,子女不得打骂。不赡养父母者,有罪无理。"对那些忤逆不孝,杀害父母者,"判处比死刑更严重的刑法,即砍去手脚,赶出勐界,让其受一辈子活罪"。④ 类似规定有利于维持婚姻家庭关系的稳定性。通过以上分析,我们可以发现民族习惯法不仅在历史上发挥了重要的定纷止争的作用,而且在法制建设空前繁荣的今天,也仍然有着积极的意义。鉴于我国的客观实际,在一定时期内国家法和民族习惯法的并存是必然的,"对于一些目前尚无条件以国家制定法代替的少数民族习惯法从尊重民族文化角度出发暂时予以照顾和认可"⑤,唯此才能更好地调节社会矛盾,发扬民族传统道德,巩固民族团结。

---

① 梁治平:《清代习惯法》,中国政法大学出版社1996年版,第122页。
② 徐晓光、吴大华等:《苗族习惯法研究》,华夏文艺出版社2000年版,第109页。
③ 邓敏文、吴浩:《没有国王的王国——侗款研究》,中国社会科学出版社1995年版,第121页。
④ 曹成章:《傣族农奴制和宗教婚姻》,中国社会科学出版社1986年版,第98页。
⑤ 高其才:《中国习惯法论》,湖南人民出版社1994年版,第104页。

### 三、关于法律在少数民族地区的适用问题

民族习惯法与国家法在一定时期内并存,同时发挥着调节特定区域社会生活的功能是社会的需要,但二者简单并存之下存在多个领域的冲突。问题的实质在于,在中国建立现代法治秩序的过程中如何消融民族习惯法与国家统一法制之间的冲突,对其进行扬弃,给其注入新时代的精神和国家的法律内容,实现民族习惯法与国家制定法之间良好的衔接和融合?如何剔除习惯法制度中明显同时代进步相悖的落后因素?习惯法问题与民族问题又紧密相连,在世界范围内,在历史上都存在。我国古代如北魏、唐朝、西夏、清朝等时期,在使国家制定法与民族习惯法从冲突到互动(如互相援引)的过程中为今天的民族法制建设都留下了宝贵的历史经验。首先对国家来说,既要推行国家法,又要重视民族习惯法的作用。要认识到:国家法不是万能的,国家法应当管好自己应当管好且能管好的领域,而把自己不能管好也管不好的领域让给民间法(包括少数民族习惯法)和道德来调整。"如果用法律去改变应该用习惯去改变的东西的话,那是极糟的策略。"①民族习惯法作为一套在本地区行之有效的司法资源,是能够而且应该与国家制定法融合起来,为现代法和"法治"服务的。其次,有必要对少数民族地区的民族习惯法进行深入的调查研究,在充分了解的基础上,进行归纳、筛选。我国少数民族风俗习惯,按其内容和社会效果来说,可大致分为三种类型:一是一些好的、行之有效的习惯法,如劝善惩恶、禁偷治抢、保护山林和农业生产、保护公益事业、组织生产和分配、调解婚姻家庭的习惯法。对此,国家应给予保护和提倡,采取顺应、融合的过渡政策,在条件成熟时,国家有意识地吸收、认可这部分习惯法,并融入、过渡到有关的法律法规之中,逐步纳入制定法的轨道,使之成为制定法的一部分。二是一般,它既无明显的积极作用,也无明显的消极作用,但它盛行着,人们喜欢它。对于这一类可以加大国家制定法的宣传,使其从内心接受、认同国家法,逐步放弃落后的习惯法。三是有害的、落后的甚至与国家制定法相冲突的陈规陋习,如禁止男方到女方家落户,否认女方有继承权,婚姻上的早婚、抢婚,以及肉刑、非法处死等。这些陈规陋习严重桎梏了人们的思想,妨害了人们的生活,影响了民族的进步与发展。对此要给予改造或摒弃。② 最后,我们判断一种少数民族习惯法优劣与否的正确方法和标准是,必须切入民族文化心理和民族审美观念,运用正确的民族理论和民族观点进行细致的分析和审慎的对待,严格把握好"度",否则就会引起矛盾,破坏团结,造成恶果。但是,对于民族习惯法的作用,我们既不能全盘肯定,也不能全盘否定。必

---

① 〔法〕孟德斯鸠:《论法的精神》,张雁深译,商务印书馆1961年版,第234页。
② 田成有:《论国家制定法与民族习惯法的互补与对接》,载《现代法学》1996年第1期。

须一分为二地结合《民族区域自治法》,弃其糟粕,取其精华,更好地为社会主义法制服务。依国家法制现代化进程的要求,二者不断融合以减少和消除冲突,达到良性并存,树立全新的法律文化是必须重视和努力的一个方向。笔者以为,结合二者的各自特性,可从以下几方面着手促进民族习惯法与国家法的融合。其一,大力发展少数民族地区经济,加强物质文明建设与精神文明建设。马克思主义认为经济基础决定上层建筑,按这个理论,我们认为民族习惯法也是其落后经济状况的产物。如果这个基础得到改变,族群中的人们随着生活水平的提高、文化素养的加强、科学知识的累积等各方面的改观,也势必带来思想层面的"革命",从而对长期奉行的习惯法中落后、愚昧、迷信的一面自觉地批判和抵制。其二,用去粗取精、去伪存真的方法辨别民族习惯法的内容,将优秀的习惯法规则用国家立法权加以修正和传承。如前所述,习惯法中有很多具有法律文化价值的精神,这些在条款中有所体现。因此,在对待民族习惯法的态度上,我们不仅是正视其与国家法并存的客观实在,更要以取其精华、弃其糟粕的准则来融合吸收。"法律只有充分重视保护人民的利益和权利,才能获得人民的普遍遵守"。"为全人类或绝大多数人谋取最大利益和幸福,应当是法的终极目的"[①]。所以国家法可以用现代法的精神与立法技巧去传承习惯法的优良传统,通过制定吸纳了习惯法规则的民族自治法规、条例再辅以有效的施行,让人们理解国家法与习惯法在利益维护上的一致性,进而接受国家法的制约。其三,加强少数民族地区的司法建设。从机构设置上充分考虑民族聚居地的特殊地理环境和传统文化背景,在偏远乡村设立司法工作机构和人员,以解决天高地远、告状无门的困境。培养一批既懂得当地民族习惯法又熟知国家法的司法工作人员,创新使用我国民法领域的调解原则,用国家法阐释习惯法的处理规则,将纠纷快速有效地解决,并大力宣传国家法处理得当的案例,进行普法宣传,树立人们对国家法实施的信心。总之,人们对法的接受不仅是知道它的存在就可以树立法的权威,只有当人们普遍从习惯上、心理上接受它,法才能发挥最大效用,也正因如此,习惯法才有如此强大的生命力,与国家法长期并存共同调整和规制社会生产、生活关系。如有的学者所言:"法律活力的发挥程度根植于民族体内,对传统认识得越清晰,对民族特点了解得越透彻,法的制定和运行越适合民族实际,其作用也就越大,实施效果也就越好"。[②] 所以,笔者认为客观认识到国家法和民族习惯法的并存和冲突,积极促进两者之间的融合,促进国家法制的权威和统一是中国法治的重要内容和必由之路。

---

[①] 李步云:《现代法的精神论纲》,载《现代法学》1997 年第 6 期。
[②] 苟正金、赵强:《习惯法与西部开发法制建设》,载《西南民族学院学报》2002 年第 7 期。

# 第五编　比较民族法

当今世界有200多个国家或地区,居住着2200多个民族,有的国家有几个民族,有的国家有十几个民族,有的国家有几十个民族,有的国家有几百个民族。当然各国对民族的界定和统计有不同的标准。而解决世界各国国内的民族问题,特别是通过法律手段调整各国的民族关系是全世界200多个国家和地区所共同面临的迫切问题。中国自1978年实行改革开放以来,随着与世界其他国家在民族法学方面学术交流和人员往来的不断增多,不断催生了中国本土一个新兴的学术领域——比较民族法学的诞生。本编为了能尽可能广泛和充分地研究和探讨国外民族法的相关问题,对诸如国际民族法、比较民族法学、外国民族法、国外民族法制等用语更多的是在基本相同的含义上使用的,而并不代表不同的学者在使用这些概念上的个人偏好和存在的理论争论与分歧。

比较民族法学的学科起步相对较晚,然而进入20世纪90年代中后期以来,随着民族法学学科的迅速发展,比较民族法学的学术科研成果也有了不同程度的增加;中国社会对民族问题的日益关注也不断促使更多学科的研究者们将眼界投向国外,对国外解决民族问题的立法、治理模式、法律实施情况都有了比以前更明显的关注;近年来有多部相关的学术性专著开始涉足比较民族法学的问题,对该领域的研究与20世纪80年代初相比明显深入了许多,研究者也不断地多了起来,中国的比较民族法学研究日益呈现出不断加快发展的样态。

然而,比较民族法学这一学科毕竟发展的时间较短,学科本身的不成熟性和体系性欠缺等问题也是其必然要走过的历史阶段,其中"有关外国民族法、国际民族法专著也只是零星的资料性成果。"[①]由于专门性的比较民族法学方面著作的稀少和阙如,对于以后中国社会的全球化发展需要和国内日益紧迫的民族法制建设任务而言,在该学科进一步发展的前进路途上要解决和突破的问题还有很多。

---

① 吴宗金:《略论中国民族法学的命运与使命》,载《西南民族大学学报》2005年第3期。

# 第十八章　比较民族法概述

在当今世界开放的环境下,纯粹单一的民族国家已不复存在。多民族国家的概念与法律,反映了民族法制价值取向的一方面;同时,这里的多民族国家是指传统的多民族国家的概念,即国内世居民族聚居与散杂居的民族关系及其法律调整问题。而解决世界各国国内的民族问题,特别是通过法律手段调整各国的民族关系是全世界 200 多个国家所共同面临的迫切问题。

## 第一节　美洲和大洋洲民族立法

### 一、美国肯定性行动政策

(一) 美国肯定性行动概述

美国是一个移民国家,现有 100 多个民族集团,非白种人 32 个。美国民族法的发展轨迹,主要有三个阶段的三种内容:一是美国殖民时期至美国独立后的第一个 25 年,即到 18 世纪后期的民族同化法律;二是从 1909 年到 20 世纪 70 年代初的民族熔炉法律;三是 20 世纪 70 年代以后的民族多元文化法律。

1. "肯定性行动计划"的基本含义研究:

"肯定性行动计划",亦称"肯定性行动",是 20 世纪 60 年代美国政府以总统行政命令的形式发布的一项政府政策,其直接的法律依据是《1964 年民权法案》,主要内容是保障黑人等少数族裔在就业、升学等方面免受歧视,享受平等待遇。后来该计划又不断被行政命令、国会立法和最高法院的判决所补充,并被扩大到妇女、残疾人和越战退伍军人。[①]

2. "肯定性行动计划"渊源:

早在 1942 年,议员维托·马肯托尼欧就向国会递交了第一份要求禁止种族歧视的法案,这应该算是"肯定性行动"的最早渊源。[②] "肯定性行动"的思想根源可以追溯到杜鲁门总统时期。1946 年杜鲁门发布第 9808 号行政命令,成立美国历史上第一个总统"民权委员会",1948 年首次作为美国总统在致国会的民权咨文中宣称保护民权是政府的责任,提出了取消联邦机构中和与联邦政府有

---

① 杨超:《近年来国内关于"肯定性行动计划"的研究述评》,载《世界历史》2008 年第 4 期。
② 赵薇:《论"肯定性行动"对美国教育和就业的影响》,载《日本学论坛》1996 年第 1 期。

合同关系的企业中的雇佣歧视的建议。① "肯定性行动"正式形成于 1968 年 OFCCP(联邦合同履行办公室)条例的发表,因为该条例明确使用了"肯定性行动计划"的字样,自此它开始成为一项社会政策的明确的集合名词。条例还明确了必须采取"肯定性行动"的范围,并第一次使用了"目标和时间表"这样的规定。② 多数学者认为 1965 年 9 月约翰逊总统颁布的第 11246 号行政命令应该是"肯定性行动"正式出台的标志。

3. "肯定性行动"出台的原因及评价:

主要是由于 20 世纪 60 年代黑人民权运动、妇女运动的推动以及美国政府的国内政治需要和国际上的外交利益。③

首先,美国政治日趋保守;其次,种族关系有了一定的缓解和改善;最后,政府职能的萎缩。反对的理由有:(1)肯定性行动计划违背了美国《独立宣言》和《公民权利法》所倡导的人人平等原则。(2)肯定性行动计划违背了美国社会发展的精英原则。(3)肯定性行动计划使美国大学和企业难以选拔优秀人才。(4)肯定性行动计划是一项以种族划线的措施,并不能反应每个人的具体需要。(5)肯定性行动计划并不能消除种族关系紧张而可能是相反。(6)肯定性行动计划的历史使命已经完成。支持的理由有:(1)肯定性行动计划的最终目的就是为实现美国社会民主与平等的价值观念。(2)肯定性行动计划不会导致"反向种族歧视"。(3)肯定性行动计划并没有违背精英原则。(4)少数民族的社会经济地位并未得到根本改善,仍需要肯定性行动计划。(5)肯定性行动计划有利于民族间的融合。(6)肯定性行动计划是一项全面性的补偿计划,而不仅仅是照顾少数民族的。④

(二)关于美国民权法与美国宪法第十四修正案第一款

1. 美国民权法

20 世纪 60 年代美国的民权运动至今已经 60 多年了。大部分人认为,过去的 60 多年黑人的境况发生了很大的变化。以 1954 年布朗诉教育局案和 1964 年《民权法》的通过为标志,在教育、就业、住房和担任公职等方面歧视黑人的法律被有效废除,正式的歧视不复存在。申请工作和入学的黑人有可能得到优先而不是歧视。黑人担任公职的人数大幅增长,黑人对公共设施的使用权得到了有效保证。黑人与白人在教育、收入和医疗等方面的差距缩小并在继续缩小。但是差距的缩小并不等于差距的消除。而且,虽然黑人与白人之间的不平等减少了,黑人内部的不平等却增加了,贫苦黑人的问题突出。变相的种族隔离尤其

---

① 谢先泽:《"肯定性行动计划"的历史进程》,载《华东师范大学学报》2000 年第 1 期。
② 华涛:《约翰逊总统与美国"肯定性行动"的确立》,载《世界历史》1999 年第 4 期。
③ 谢先泽:《"肯定性行动计划"的历史进程》,载《华东师范大学学报》2000 年第 1 期。
④ 刘宝存:《美国肯定性行动计划:发展·争论·未来走向》,载《新疆大学学报》2002 年第 4 期。

严重,民权运动确实带来了巨大的变化和成绩,但这场运动的目标没有完全达到。经过内战和民权运动,种族隔离被废除了,但黑人仍被文化认同的矛盾所困扰,他们与美国的关系亦仍未清晰。在内战前,中心议题是黑人究竟是人还是财产;在内战后中心议题为黑人是否拥有公民权;民权运动的中心议题则是平等。① 20世纪80年代以来,美国也掀起了以追求各种族文化的平等为主要目标的文化多元主义运动来继续推动种族间的和谐,以及从根本上实现美国社会稳定发展的目的。

肯定性行动一直是实施民权法的一种政策。80年代以来,民权运动不断走下坡路,原因有三:一是由于民权法案和选举权法案(1965年)的通过及肯定性行动的实施,黑人逐渐通过政治和法律渠道融入主流社会,最主要的是"认同政治"或"种族政治",即黑人在政治上形成一种势力,尤其是在选举中集中投票支持对其族群有利的候选人;黑人的选票有很大的政治影响;黑人的地位有了较大提高,由于参政积极性的提高及黑人住区相对集中,黑人有了自己政治上的代表,如议员、市长、法官等;此外,有1/3的黑人实现了美国梦,挤进了中上层阶级。二是由于黑人内部的不团结。其三是由于文化、心理及观念的差异以及住区的不同,导致了90年代以来美国社会中出现了"重新隔离"的现象,即黑人学生的家长宁愿孩子上黑人学校,而白人学生的家长出于教育质量的考虑也倾向于让孩子上白人学校。②

事实上,对黑人的歧视问题,是到了20世纪30年代才得到了根本性的改变。由于战争的需要,在第二次世界大战期间,罗斯福总统命令"凡与政府订有军工合同的工厂不得歧视黑人";战后,杜鲁门总统设立了民权委员会,下令军队取消种族隔离。1954年,最高法院全体大法官一致裁定,各州或地方规定的黑白分校的法律违反宪法,最高法院指示联邦地方法院要求地方学校当局"立即遵照执行"。③ 1964年《民权法》共有11编,其中前8编直接涉及维护种族平等,废除种族隔离和各种歧视。1964年《民权法》第四编"废除公立学校中的种族隔离"和第六编"禁止联邦援助项目中的歧视"体现了Brown案的原则,并为联邦立法、行政和司法部门联合运用国家权力推进种族平等、废除公立学校中的种族隔离铺平了道路。④

2. 美国宪法第十四修正案第一款

1868年7月28日正式生效的《美国宪法第十四条修正案》共分为五款,第

---

① 陈华:《美国黑人的文化认同及矛盾》,载《求索》2002年第6期。
② 张立平:《论肯定性行动》,载《太平洋学报》2001年第3期。
③ 杨剑波、鱼波:《当代世界民族法律和政策的得失》,载《今日民族》2004年第12期。
④ 邱小平:《法律的平等保护——美国宪法第十四修正案第一款研究》,北京大学出版社2005年版,第212—213页。

二、三和四款直接涉及南北战争后消除叛乱州在联邦政治和经济方面的影响,因此随着岁月流逝如今美国已经很少援引这些条款。但《第十四条修正案》第一款对美国的影响经久不衰,上至政坛高官,下至黎民百姓,都经常援引该条款。该款的全文是:"任何人,凡在合众国或归化于合众国并受其管辖者,均为合众国及所居住州的公民。任何州不得制定或执行任何限制合众国公民权利或豁免的法律。任何州,未经正当法律程序,均不得剥夺任何人的生命、自由或财产;亦不得对其管辖下的任何人,拒绝给予法律的平等保护。""正如大法官布朗指出的,它极大地扩大了联邦法院和国会的权力,第一次授权联邦法院和国会将州限制公民权利,或拒绝给予公民正当法律程序的所有立法和判决,宣告无效。但是,联邦最高法院解释和适用美国宪法第十四修正案第一款经历的曲折历史过程表明,美国在实施法律的平等保护方面付出了多么艰辛的努力。"①

**二、加拿大民族法**

1. 加拿大多元文化主义法

加拿大是一个多民族国家。1988 年 7 月 12 日,众议院通过了《加拿大多元文化法》。加拿大多元文化法的主要内容和做法是:(1)规定消除种族歧视,禁止任何以种族、民族或民族文化起源、肤色、宗教和其他因素为由的歧视。各级"人权委员会"接受种族歧视的个人投诉,情节严重者向法院起诉。(2)规定要提高传统语言的地位,保护加拿大的传统语言,承认多语言的文化。政府拨款资助民族语言教育。(3)规定要保护和提高文化的多样性,帮助提高传统文化。设立民族文化项目,加强民族研究和出版民族历史书籍。(4)规定要设立专项费用,帮助和改善不发达的民族状况,支持移民等的一体化。(5)规定在各级政府设立多元文化事务机构。(6)规定要尊重民族风俗习惯。(7)规定要重点保护印第安人的语言文化和各种权利(1986 年颁布《自治政府法》)。印第安人有 6 种语言用于诉讼(加印第安人操有 50 多种语言)。②

多元文化主义是由加拿大发展起来的一种全新的民族理论和政策,它的内容是在承认和尊重各民族平等地位的前提下,国家支持和帮助各民族保持本民族的文化。其精神实质就是在加拿大联邦的体制内,承认、尊重、保障和支持各民族保持本民族文化的权利和自由,维护各民族的平等地位,并进而维护民族间的友谊和团结,促进各民族的文化以及其他方面的发展和繁荣,维护加拿大联邦的统一、和谐和安定。③

---

① 邱小平:《法律的平等保护——美国宪法第十四修正案第一款研究》,北京大学出版社 2005 年版,第 39—52 页。
② 吴宗金:《国外民族法制初探》,载《内蒙古社会科学》1992 年第 5 期。
③ 陈云生:《宪法人类学》,北京大学出版社 2005 年版,第 338 页。

加拿大的多元文化主义政策基本原则是:(1)多元文化主义是对所有加拿大人的政策;(2)提高多元文化主义在双语范围内的作用;(3)机会平等;(4)保护和提高文化的多样性;(5)消除种族歧视;(6)制定有效措施;(7)提高传统语言的地位;(8)支持移民的一体化。①

1988年,加拿大议会通过了《加拿大多元文化主义法》,这是加拿大第一个专门的多元文化主义法。该法贯彻了以下指导思想:(1)确认多元文化主义是加拿大公民权的主要特征。(2)确定每个加拿大人都有自由选择享受、继承本民族的传统的权利。(3)联邦政府有责任通过各部、各机构促进多元文化主义的贯彻实施。多元文化主义的成就主要表现在:(1)促进各民族和睦相处,培养了宽容、人道和谦让的民族精神。(2)各民族共享文化成果。加拿大每年都举行多元文化节,在欢庆这种节日时,彼此品尝对方的美味佳肴,一起载歌载舞,相互展示各自的民族习俗。(3)有效地阻逆了民族分离活动,维护了联邦的统一。②

加拿大联邦政府于1971年宣布推行多元文化主义政策,内容包括:承认其他民族文化的存在;承认其他民族的贡献;反对种族歧视、民族歧视;民族平等。加拿大联邦政府制定了《加拿大人权法》、《权利和自由宪章》等,并在联邦政府和各省、市建立了"多元文化委员会"和"人权委员会",以维护各民族的权利。然而,尽管在法律上反对种族歧视、种族偏见,但在一部分人的心灵上还没有消除,而新一代通过多元文化教育,也许心理上的种族偏见会有所减轻,即使在一个时期里还不能完全消除。③

### 2. 印第安人法

印第安人是加拿大的"第一民族",现有60多万人,占全国总人口的近2%,其中2/3居住在保留地。加拿大全国有2370个印第安人保留地,但实际上只有900个保留地有印第安人居住,占地面积655万英亩。许多保留地处于边远地区,在地理上比较偏僻,有些边远地区的保留地不能常年通车。印第安人保留地分属592个村落社(酋长所在地)管辖。一个村落社人口最多的有2,000人,最少的有20人。

在欧洲人移居加拿大之前,印第安人有自治政府。随着1868年印第安人土地法的公布和1876年第一个印第安人法的公布,印第安人事务总督察长进一步控制了印第安人和他们的土地。尽管这种控制在最近几十年来已大大减轻了,但加拿大的印第安人正在寻求再次掌管他们事务的权利。目前,印第安人基本

---

① 阮西湖、王丽芝:《加拿大与加拿大人》,中国社会科学出版社1990年版,第160页。
② 田艳:《中国少数民族基本文化权利法律保障研究》,中央民族大学出版社2008年版,第144—145页。
③ 吴大华:《中国的民族问题与区域自治制度——纪念〈民族区域自治法〉实施20周年》,载《中国民族》2004年第9期。

上只有村落社政府,只有行政事务权,而没有立法权和司法权,因而绝大多数印第安人希望有立法权、司法权,并在教育、卫生和财政方面有更多权利。①

英国殖民者对加拿大印第安人的统治开始于加拿大《印第安人法》(1876年)之前一百多年,也就是在1755年4月15日威廉·约翰逊爵士被任命为印第安人事务和北方发展部总监后。一百多年来该法就一直主宰着加拿大印第安人的一切事务。《加拿大印第安人法》共122条,分释义、行政管理、印第安人的定义和登记注册、保留地、财产的继承等。1876年制定这部法案迄今已经一百多年了,虽几经修订,但本质上没有改变。这就是印第安人对这部法案不满的原因。印第安人要求修改《加拿大印第安人法》的理由如下:(1) 村落社使印第安人失去了传统的社会组织。(2) 归还历史上属于印第安人的土地。(3)《加拿大印第安人法》与土著人的社会政治地位。②

20世纪70年代以来,加拿大的民族政策有了很大进步,实行的多元文化主义政策,有效地改善了国内民族间的紧张关系,稳定了社会局势,维护了加拿大社会的领土统一和安宁。对《加拿大印第安人法》的改革,积极推进印第安人的自治进程,也使加拿大北部广大地区的社会发展和政治进步意义巨大,其功效并不亚于多元文化主义政策的效果。

加拿大的民族多元文化政策形成法律制度,这是加拿大社会发展的一个重大进步。它为加拿大民族矛盾的缓和与社会经济的发展,起到了一定的积极促进作用。但是,加拿大的民族问题仍很突出,民族矛盾有时候也是很尖锐的。例如,1992年4月29日美国洛杉矶爆发大规模反种族歧视的暴力冲突事件发生之后,在加拿大的一些地区同样出现了强大的"援震"运动;1992年10月魁北克就其未来地位举行公民投票以至全国有关问题的修宪公民投票;华人集会要求实现保守党政府1988年竞选时承诺的解决人头税和排华法的历史冤案等问题。

### 三、澳大利亚土著民族立法

澳大利亚政府对土著法律政策的演变大致分为四个阶段:

一是殖民化种族灭绝政策(1778年—19世纪80年代中期)。在商业利益与文化冲突的影响下,欧洲殖民者开始屠杀土著人并霸占他们的土地,那些在屠杀与传染病中幸存下来的土著人被赶到偏远的孤岛上。

二是隔离政策(19世纪80年代中期—20世纪初)。由于土著人人口锐减,不能满足殖民者对廉价劳动力的需求,19世纪80年代中期,殖民政策逐步被隔

---

① 刘先照、阮西湖、俸兰:《加拿大的多元文化主义政策》,载《民族研究》1990年第1期。
② 阮西湖:《加拿大民族政策的两个转折点:多元文化主义和土著人自治》,载《世界民族》1995年第1期。

离政策所取代,政府实施了一系列保护性法律以保护土著人少受白人杀戮。该政策在一定程度上保护了土著人,但土著人无论在政治、经济还是文化方面,都被剥夺了许多权利。在保留地上,土著人被禁止讲本民族语言和保留本民族传统。该政策的目的实质上是要消灭土著民族和毁灭土著文化。

三是同化政策。从20世纪初开始,隔离政策逐步为同化政策所取代。一种方案是鼓励土著人放弃传统的季节性耕种生活,去从事每周发一次工资的固定工作。政府试图通过这种方式,使土著人的土著身份逐步丧失,逐渐融入到白人的社会中来。另一种方案是把混血的土著儿童从他们的家里带走,安置在国家办的福利院或者是白人家中。事实上这项政策使孩子们饱受痛苦,沦落为廉价劳动力。这种做法一直持续到20世纪70年代,给土著人带来了巨大的伤害,那些从家中被掳走的孩子被称为"被偷走的一代"。政府一方面宣称同化政策给土著人带来了好处,另一方面却拒绝给予他们基本的民主权利,种族歧视现象十分普遍。土著人不但未能融入白人社会当中,而且双重失落使他们处境更为艰难。直至2008年2月13日,澳大利亚总理陆克文才代表新政府正式对澳洲土著百年来遭受的不公正待遇做出道歉。

四是多元文化下的自治政策。第二次世界大战后,澳大利亚社会中要求修改宪法以给予土著平等权利的呼声越来越高,迫使澳大利亚政府于1967年举行全民公决,修改宪法中的相关条款。1967年宪法改革是澳大利亚白人与土著人关系史上一个标志性的事件,对后来澳大利亚政府管理土著事务,改善土著地位有着不可估量的重大影响。1973年,移民部长格拉斯将多元文化主义概念从加拿大引入澳大利亚。其后澳大利亚政府进一步贯彻多元文化政策与法律措施。从20世纪90年代开始,政府把土著自治作为对待土著人的主要政策。1999年"澳大利亚多元文化新议程"、2003年5月"多元文化的澳大利亚:多样性的统一"等一系列政策的制定,规定了要继承土著居民和早期欧洲移民的文化遗产,任何澳大利亚人都有充分表达和享受自己文化价值的自由。

**四、新西兰民族立法**

新西兰地处大洋洲,孤悬海外,与欧洲和美洲相距遥远,就连与它最接近的邻国澳大利亚,也在2000公里之外。

新西兰的土著居民是毛利人。据说早在1000多年以前,毛利人的祖先从太平洋扬帆过海来到这里定居。据一项以新技术分析人类基因的研究认为,新西兰毛利人及太平洋波利尼西亚人的祖先,源自中国。该基因研究发现,由台湾起,他们的先祖一岛接一岛,由菲律宾、印度尼西亚到了波利尼西亚西部,再到波利尼西亚东部的岛屿,最后到新西兰。这表明,该批源自中国人,后来成为毛利族人和其他波利尼西亚人,经历多个世纪,移居太平洋或跨越太平洋。同加拿大、澳大利亚一样,新西兰也是一个典型的近代移民国家。

同所有近代移民国家早期的殖民者一样,新西兰的英国殖民者也曾对土著毛利人实行过民族、种族、文化集团的压迫政策。尽管《威唐伊条约》明文规定,毛利人对土地和自然资源拥有所有权,然而,一旦毛利人开始限制出售土地,就必然遭到英国殖民者及其政府的反对。后者利用他们在政治、经济、军事方面的优势地位,对毛利人发动野蛮的战争,血腥屠杀毛利人,以此掠夺毛利人赖以安身立命的土地和自然资源。除此之外,还千方百计地扼杀毛利人的文化和语言。同其他所有近代国家的土著人一样,毛利人也经历了漫长的殖民时代,饱受压迫和屠杀,遭受了重大的牺牲和痛苦。与此同时,主体的英国移民集团对其他国家的移民集团,特别是对非白人移民集团,也执行了歧视、排斥的政策、法制。时至今日,新西兰对亚洲的移民仍在执行历来的移民政策。十多年前,移民新西兰的人大多来自欧洲,以英国移民为主;新西兰文化也以欧洲文化特别是英国文化为主。从1990年至1995年期间,来自南非、中国、韩国、日本、马来西亚、新加坡的移民成了主流。新移民的涌入为新西兰带来了巨额的资本,但新西兰人只希望亚洲人来为他们赚钱,却不希望亚洲人和移民带来诸多社会问题,新西兰政府开始采取措施,封堵来势凶猛的移民潮。1995年10月,新西兰制定的新移民法正式生效。该法规定,如果申请移居新西兰的人没有通过英语考试,必须交纳两万新西兰元的押金,该法还对移民者的年龄、职业等规定了具体的限制。按照现行的要求,申请投资移民的人只把资本存在银行里是不够的,还必须把资本总额的1/4投到当地的企业,才有望得到批准。新西兰政府认为,新的移民政策的目的是控制移民的涌入,这样可以保证当地居民与外来移民融合起来比较容易,也可以减轻基础设施和教育的压力。但也有人认为,新规定过度严厉,它给人一种新西兰是种族主义和保守势力社会的印象,最终将破坏与亚洲的外向经济联系。

无论如何,我们倾向于认为新西兰的新移民法只是对新西兰移民政策的调整。从总体来看,新西兰对移民甚至对难民都持欢迎的态度,认为新移民的到来可以为新西兰社会注入新的活力,有助于新西兰这个移民国家和社会的发展。

## 第二节 俄罗斯民族立法

**一、前苏联民族法制**

1917年俄国十月革命揭开了新型社会主义多民族国家运用法律手段解决民族问题的新的一页,然而在前苏联存在的70多年过程中,前苏联的民族法制建设也是有着许多可以值得我们借鉴的成功民族法制经验和惨痛教训的。

前苏联解体的重要原因之一是因为民族问题没有得到妥善解决。但在列宁领导民族法制建设的过程中还是取得了巨大的成绩。列宁从俄国的实际出发亲自主持民族平等的法制建设。一方面制定具体的法律保障少数民族的权利和利益,一方面主张实行民族自决,即确定实行各非俄罗斯民族有权分立为独立国家,可自愿联盟,也可自由分离的法制原则。据前苏联文献记载,从1917年11月2日到1924年5月27日的7年间,有关民族法律法令就有285件。正是这些法律法令,为促进苏维埃社会主义共和国联盟的形成打下了基础。这些民族法律,曾经为前苏联各民族的团结和共同繁荣发挥了积极的社会作用。但是,前苏联在不断发展强大的进程中,极大地加强了中央集权;错误地推行民族虚无主义;宪法的民族纲领得不到切实的贯彻;原来制定的民族法律形同虚设,从而导致了大俄罗斯主义和地方民族主义泛滥,引发局部民族内战,在进行政治体制改革和经济体制改革的过程中,经济发展严重失调;又严重地受到资本主义"和平演变"的侵袭和作用;1990年间,虽然还努力出台了十几个已经无法施行的民族法律,但联邦法律失控,联邦国家失控,终于结束了前苏联的民族法制。[①]

**二、俄罗斯联邦民族法制**

1993年12月,俄罗斯新《宪法》出台,废除了许多原来联邦条约中规定的民族共和国的自治权力,尽管这部宪法继续承认民族自决原则,但第4款规定俄罗斯联邦领土的完整和不可侵犯。这样,维护领土完整就优先于民族共和国从联邦分裂出去的权力。21个民族共和国中的9个在宪法全民公决中投了反对票,而车臣—印古什和鞑靼斯坦两个共和国连原来的《联邦条约》都拒绝签署。巴什库尔斯坦、鞑靼斯坦、萨哈—雅库特(原雅库特自治共和国)和土瓦等民族共和国还宣布他们本共和国法律高于联邦法律,这明显与联邦宪法的规定背道而驰。[②]

俄罗斯针对民族关系复杂情况实际提出了改进民族关系的主要法律措施:(1)民族文化自治需要进一步落实和完善;(2)民族平等需要进一步落实,理解、尊重其他民族的法律意识需要进一步培养;(3)落实迁徙自由权并使其得到保障。1993年通过的俄联邦现行《宪法》从国家制度的基础方面对消除民族歧视、平等保护各民族公民的权利和自由作了总体规定:《宪法》前言明确宣称,俄罗斯遵循公认的民族平等原则;《宪法》第6条第2款规定"俄罗斯联邦的每一个公民在其领土范围内拥有俄罗斯联邦宪法规定的全部权利和自由";《宪法》第19条规定俄罗斯联邦的所有人在法律和审判面前都是平等的。不论种族、语

---

① 吴宗金:《国外民族法制初探》,载《内蒙古社会科学》1992年第5期。
② 关凯:《多元文化主义与民族区域自治——民族政策国际经验分析》,载《西北民族研究》2004年第2期。

言、宗教信仰等情况,国家平等地保护任何公民的权利和自由,禁止任何形式因社会、种族、民族、语言或宗教属性的特点而限制公民权利。此外,其他基本法律和法律文件也从不同方面规定了俄罗斯不分少数民族与主体民族,没有民族优劣之分,公民拥有的权利一律平等。在落实民族平等的措施中,国民教育非常重要。1992年通过的《俄罗斯联邦教育法》规定:教育内容应能促进不同肤色、民族、种族、宗教信仰和社会团体的人们彼此的理解。①

### 三、俄罗斯民族文化自治法

民族文化自治是20世纪初在欧洲一些国家的社会民主党人中广泛流行的民族纲领。在俄国社会主义革命以及前苏联建立过程中一直把这一理论作为批判对象。自前苏联解体后,俄罗斯理论界认为民族文化自治是实现民族权利和民族利益的有效形式之一,世界上其他许多民主国家把民族文化自治作为实行联邦制的一种补充措施。②

1993年12月12日,《俄罗斯宪法》经全民公决得到批准,其第44条规定了对基本文化权利的保障和政府保障公民基本文化权利的责任:(1)保障每个人的文学、艺术、科学、技术和其他种类的创作和教学等自由。知识产权受法律保护。(2)每个人都有权参加文化生活,利用文化机构,文化财富对一切人开放。(3)每个人都必须对保留历史和文化遗产表示关注,并爱护历史和文化遗迹。③ 1996年6月17日颁布了《俄罗斯联邦民族文化自治法》,逐步在全国各地推行。《民族文化自治法》规定,民族文化自治是隶属于某些民族共同体的俄罗斯联邦共和国公民的社会团体,在此基础上为独立自主地解决保护和发展民族语言、文化教育、艺术的自我组织。民族文化自治的组织系统由俄罗斯联邦民族文化自治章程规定,可以建立村、乡镇、区、市、地区和联邦的民族文化自治机构。民族文化自治享有广泛的权利,同时,民族文化自治机构的活动得到国家和地方自治机构的财政上的资助,为此,成立联邦、地区和地方的基金会。《民族文化自治法》还突出规定,民族文化自治权利并不是民族区域自治权利,实现民族文化自治权利不能损害其他民族共同体的利益。因此,参与或不参与民族文化自治活动不能作为限制公民权利的理由;同样,民族属性也不能作为参与或不参与民族文化自治活动的理由。④

---

① 张俊杰:《俄罗斯民族关系现状及改善民族关系的主要法律措施》,载《俄罗斯研究》2008年第2期。
② 田艳:《中国少数民族基本文化权利法律保障研究》,中央民族大学出版社2008年版,第146—147页。
③ 〔瑞典〕格德门德尔·阿尔弗雷德松、〔挪威〕阿斯布佐恩·艾德:《世界人权宣言——努力实现的共同标准》,中国人权研究会组织翻译,四川人民出版社1999年版,第607页。
④ 陈联璧:《俄罗斯民族理论和民族政策的现状》,载《民族法制通讯》1999年第2期。

民族文化自治是民族文化自决的形式,民族文化自治的核心内容是使每个民族有权利,并在实际上能够保留、继承、发展、弘扬本民族的文化,特别是本民族的语言和文字。民族文化自治是以民族文化为基准而实行的自治,其实质就是"民族自治",是以民族为单位而实行的自治。

俄罗斯民族文化自治不同于区域自治,它是保障非聚居民族的人和散居生活的民族权益的,是民族自我意识在散居条件下特殊的组织形式。俄罗斯通过民族文化自治实现各民族共同体、特别是分散居住的少数民族和小民族公民的权利和自由。当然,民族文化自治在俄罗斯不具有政治自决权的性质,而是另一种为有组织地表达民族权利所创立的社会联合体,是在国家领土内民族自我组织的形式。民族文化自治权是民族权利,是集体权利。该权利也是属于该民族的每个人。参加到实现民族文化自治中,不仅有利于民族利益(公共利益),而且有利于个人利益。民族文化自治这一形式创造着人的个体权利和民族的集体权利紧密联系的形式。这是民族的集体权利同构成它的个人权利的联合的形式。不过,《俄罗斯民族文化自治法》在落实上还存在问题,需要改进。[①]

## 第三节 亚非民族立法

"亚非"地区的民族法,尤其是亚洲地区的民族法,源远流长,颇具特色。如亚洲的古代西亚幼发拉底河和底格里斯河的两河流域,是最早形成国家和法的地区之一。公元前2113—2096年用苏美尔文字写成的《乌尔纳姆法典》,是历史上最早的一部成文法典;公元前18世纪的《汉谟拉比法典》,是世界上最早的一部比较完整的成文法典。这些法律的产生和形成,与欧洲古希腊法和古罗马法的产生与形成,有一个共同的特点,即都是以民族习惯法为基点;所不同的是,亚洲的民族法还具有以民族征战法为基点相结合的特征。"亚非"地区民族问题各异,民族法制也各具特色。如具有社会主义特色的民族法制;有承认自己是多民族国家而实行大民族主义的"主体民族执政",表现出一种大国沙文主义,对少数民族执行的是强制同化政策;有的国家少数民族人口占全国总数的35%以上,却没有设立任何机构专门负责民族事务,少数民族各方面都处于十分落后的状态;还有世界上少有的种族主义的法律制度等等。以下是对5个国家不同类型的民族法的简要介绍。

**一、马来西亚民族法**

马来西亚是由30多个民族组成的民族国家。其中马来人约占全国人口的

---

[①] 张俊杰:《俄罗斯民族关系现状及改善民族关系的主要法律措施》,载《俄罗斯研究》2008年第2期。

47%,其他民族人口约占53%。其民族特权法的施行,有历史原因和经济关系的因素。18世纪初,西马和东马沦为英国殖民地长达100多年。1942年至1945年被日本侵占。1945年又复被英国统治。直至1957年,马来西亚才获得独立。独立后的马来西亚,一切政策和法律都从马来人的特殊利益出发,制定了许多维护马来人利益的特权法。如规定最高元首只能由马来人担任,马来人享有在政府部门的高额比例职位。国家为马来语教学免费,非马来语不予资助等等。其《宪法》第153条规定:"为马来人保留一定比例的奖学金、助学金或其他教育和训练上的特权及特殊方便。"

## 二、新加坡民族法

新加坡是一个多元文化兼收并蓄、完美融合了东西方文化的国际化都市。从新加坡的历史来看,华人、马来人、印度人和白人都是各国移民,它是一个多元种族的移民国家。早期离乡背井到新加坡再创家园的移民者将各自的传统文化带入新加坡,创建了新加坡的多元文化。新加坡是一个成型的法治国家。采取多元文化政策,要求不给予任何民族以特殊的地位和权利;不搞权力和地域分配;实行尊重各民族及其文化的多元文化民族平等政策,并从法律制度建设上重建一个多元的文化体系。作为一个多元种族的社会,新加坡各个族群所获得的发展机会是均等的。新加坡政府推行了多元文化主义,保护和维持各种族的宗教自由和语言风俗习惯,因此,各种族之间彼此认同,和睦相处。不论在政治、学术界,还是经济领域,华人都没有特权,他们坚持先辈的精神,克勤克俭,坚忍不拔,既能以本族利益为重,又与马来、印度、欧亚裔和谐共处,为新加坡经济繁荣昌盛、社会的稳定发展做出了宝贵的历史性贡献。

## 三、尼日利亚民族法

尼日利亚是非洲的古国之一,人口众多,是西非最有影响的国家,是西非名列前茅的强国之一。全国民族达250多个。其中主体民族有三个,即北部的豪萨族、西部的约鲁巴族和东部的伊博族,它们都有自己的语言文字。尼日利亚的强大和加强民族语文法建设,是基于尼日利亚在1960年10月1日独立前被沦为英国殖民地,独立后政府主要力行经济和文化教育的发展,增强了必须加强发展民族文化、增加知识分子数量的意识。为尽快改变政府行政部门官员和科学技术方面人才的民族成分,改变白人控制一切的殖民状况,采取了相应的法律措施。如1977至1978年,规定"全国免费普及小学教育"。又如1981年5月,规定用三大主体民族语言为全尼日利亚各级教育语言,并且将它们提高到"国语"地位,从而开始扭转了殖民者语言绝对化的状态,并在全国高校设立"民族系",等等。

## 四、南非民族法

南非施行种族歧视政策已有 300 多年。自 1910 年南非联邦政府成立以来，统一的白人政权制定和施行了多如牛毛的种族主义法律法令。其种族主义法律法令约有 350 多件，门类繁多。主要有：(1) 保留地法。(2) 班图"自治"和"黑人家园"法。(3) 集团住区法。(4) 通行证法。南非这套种族法律制度，是世界上最完整的、最典型的一种种族法律制度。在当代国际社会的强大压力下，南非议会才于 1991 年 6 月开始作出宣布废除《土地法》、《集团住区法》和《人口登记法》。①

## 五、菲律宾民族法

菲律宾 1987 年《宪法》第 17 章第 14 条规定："政府应当承认、尊重和保护土著文化社区保存和发展其文化、传统和制度的权利。"菲律宾政府于 1997 年通过了《土著人民权利法》，这是该地区的国家第一次明确承认土著人民对其祖先领土的权利、民族自决权和自由推行本民族文化的权利。该法案肯定了天赋权利是土著人民世袭土地权的主要基础，并提供了申请世袭土地权证明的选择，该所有权证明正式承认这种权利。它将世袭土地权定义为属于土著文化社区和土著人民的所有地区，包括土著人民自古占有或拥有的土地、地区内的水域以及沿海地区。因战争、不可抗力、欺骗或政府工程而造成的所有权中断均不能使这些权利失效。世袭土地权还包括土著人民不再独占和使用但已经被他们用于生存和传统活动的森林、草原、墓地、祭祀区、矿产和其他资源。这一规定很重要，因为它明确了土著文化和传统土地之间不可分割的联系。《1996 年关于生物与遗传资源开发实施规则与条例》还规定了"祖传领地"和"祖传土地"的概念，并强调，许多体现传统生活方式的土著和地方社区同生物资源有着密切和传统的依存关系，应公平分享从利用与保护生物资源及持续利用其组成部分有关的传统知识、创新和实践而产生的惠益。②

---

① 吴宗金：《国外民族法制初探》，载《内蒙古社会科学》1992 年第 5 期。
② 秦天宝编译：《国际与外国遗传资源法选编》，法律出版社 2005 年版，第 248、357 页。

# 第十九章 国际文件中的少数人权利保护

在国际和区域性条约或宣言中,对少数民族有不同的称谓,我国和欧洲称为"少数民族";有的称为"在民族、族裔、宗教或语言上属于少数群体的人",即通常所说的少数人群体或属于少数群体的人;有的则称为"土著民族或土著人民"等。其中较难理解的是土著民族或土著人民与少数民族的关系。目前,国际社会尚未就土著人定义达成具有法律约束力的一致意见。但不可否认的是土著民族是少数民族中的一个特殊群体。因此可以把土著民族看做少数民族。然后再把"少数民族"和"少数人群体或属于少数群体的人"两个概念对比,"在民族、族裔、宗教或语言上属于少数群体的人"包括和体现了"少数民族"的概念。因此,本章为了讨论的方便,把这些具有共性的群体一般称之为少数人——属于少数群体的人或者少数人群体。

## 第一节 国际上少数人权利保护的法律文件

### 一、国际层面的法律文件

第二次世界大战以后,在国际社会中对少数人权利保护主要体现在国际人权条约中。在《世界人权宣言》起草的过程中,对少数人权利问题就存在长期激烈的争议,并未能最终达成一致。因此,1948 年联合国大会的《217C(Ⅲ)号决议》决定《世界人权宣言》中不对少数人权利问题设专门条款,但委托 the Economic and Social Council 就保护种族、民族、宗教或语言上的少数人问题进行全面研究。《世界人权宣言》以其普遍平等和非歧视的原则,规定了每个人所享受的权利和自由,其中自然包括属于少数人群体的人。《世界人权宣言》第 2 条中规定"人人有资格享受本宣言所载的一切权利和自由,不分种族、肤色、性别、语言、宗教、政治或其他见解、国籍或社会出身、财产、出生或其他身份等任何区别"。第 7 条规定:"法律面前人人平等,并有权享受法律的平等保护、不受任何歧视。人人有权享受平等保护,以免受违反本宣言的任何歧视以及煽动这种歧视的任何行为之害"。

1966 年联合国大会通过,于 1976 年 3 月生效的《公民权利和政治权利国际盟约》列入了保护少数人权利的特别条款。第 27 条专门针对少数人的权利作出一般性的规定。第 27 条规定"在那些存在着人种的、宗教的或语言的少数的国家中,不得否认这种少数人同他们的集团中的其他成员共同享有自己的文化、信奉和实行自己的宗教或使用自己的语言的权利"。这不仅是国际社会对少数人权利保护的重要法律之一,而且也是历史上第一次在普遍性国际公约中列入少数人权利的条款。1966年通过的《经济、社会、文化权利国际公约》中第13条受教育权和第15条文化权利与少数人权利有关。此外,还包括公约中所倡导的平等和非歧视原则也都可以适用于对少数人权利的保护。

在此期间,与少数人权利有关的还有联合国通过的一些较为重要的防止歧视的宣言和公约,即1948年通过、1951年生效的《防止及惩治灭绝种族罪公约》、1963年通过的《消除一切形式种族歧视宣言》、1965年通过的《消除一切形式种族歧视国际公约》、1973年联合国大会通过的《禁止并惩治种族隔离罪行国际公约》、1978年的《种族与种族偏见问题宣言》、1981年的《消除基于宗教或信仰原因的一切形式的不容忍和歧视宣言》、《反对体育领域种族隔离国际公约》、《歧视就业及职业公约》、《取缔教育歧视公约》、《关于新闻工具为加强和平与国际了解、促进人权、反对种族主义、种族隔离及战争煽动做出贡献的基本原则宣言》。

此后,最重要的是由国际劳工组织于1957年制定、1989年修改的《土著和部落人民公约》。它对"土著和部落"民族的就业权问题进行专门规定,但从公约来看所规定的权利不仅有就业权,还有承认各少数民族固有法律传统、土地权等。

20世纪90年代以后,国际社会对少数人权利的立法开始加大力度,主要是1992年12月通过的《在民族或族裔、宗教和语言上属于少数群体的人的权利宣言》,即《少数人权利宣言》。该《宣言》第1条规定,各国应在各自领土内保护少数人的存在及其民族或种族、文化、宗教和语言上的特性并应鼓励有助于促进该特性的条件。为实现这些目的,各国应采取适当的立法措施和其他措施。第2条规定,在民族或种族、宗教和语言上属于少数的人有权在私下和在公开场合自由地在不受干扰或任何形式歧视的情况下享受其文化,信奉其宗教并参加其仪式,以及使用其语言。属于少数的人有权有效地参加文化、宗教、社会、经济和公共生活。……该宣言对在民族、族裔、宗教或语言上属于少数群体的人的权利进行了保护。2007年联合国人权委员会主持下通过了《土著人民权利宣言》。"土著人的祖先在不同文化或不同人种的殖民者到来时就已居住在一个国家或一个地理区域,新来者后来通过征服、占领、殖民或其他手段占据了主导地位。由于这一特殊性,土著人比一般的少数民族更加需要特殊的保护。"[①]

这里需要附带说明的一点是关于我国土著民族的问题。2006年中国代表

---

① 廖敏文:《〈联合国土著民族权利宣言〉研究》,中央民族大学2009年博士学位论文,第319页。

团副代表董志华在人权理事会第一届会议上关于《土著民族权利宣言》起草工作组第十一届会议报告的发言中指出,中国自古以来就是一个统一的多民族国家,包括汉族在内的 56 个民族都是中国的世居民族,5000 多年来在自己的家园生生不息。① 由此可见,我国政府认为中国没有土著民族或土著人民。56 个民族是中国的"世居民族",而不是土著民族。当然,中国虽然没有土著人问题,但一直积极支持和参与国际社会对土著人权利的保护行动。《少数人权利宣言》和《土著人民权利宣言》构成国际社会中对少数人权利保护的两个基本法律规范,成为各地区、各国对少数人权利保护的基本指南。

在少数人权利保护上,联合国及其他国际组织还就文化遗产等保护进行了一些专门立法,如《国际文化合作宣言》(1966 年)中第 1 条规定:(1) 每种文化都具有尊严和价值,必须予以尊重和保存;(2) 每个人都有发展其文化的权利和义务;(3) 所有文化都属于全体人的共同遗产的一部分,它们的种类繁多,彼此互异,并互为影响。第 7 条第 2 款规定在文化合作上,应着重促以创造一种友好和平气氛的思想和价值。在态度上和意见的表达上,应当避免任何故意的痕迹。在提供资料和传播资料时,应力求安排保证资料的真实性。2003 年 10 月联合国教科文组织第 32 届大会通过了《保护非物质文化遗产国际公约》,对语言、歌曲、手工技艺等非物质文化遗产的保护进行了必要的规定。在对非物质文化遗产的保护中很多涉及少数人群体的非物质文化保护,而对这些的保护其实就是对他们文化权利的保护。2005 年 10 月 20 日,联合国教科文组织第 33 届大会在巴黎以绝对压倒性多数通过了《保护和促进文化表现形式多样性公约》,该公约是对《世界文化多样性宣言》的落实与承继。它和《保护世界文化和自然遗产公约》、《保护非物质文化遗产公约》②三者共同构成了保护文化遗产及文化多样性的国际法体系。该公约的指导原则包括尊重人权和基本自由原则、所有文化同等尊严和尊重原则、经济和文化发展互补原则以及平等享有原则等,其中强调所有文化,包括少数民族和原住民的文化在内,具有同等尊严,并应受到同等尊重。在我国,政府一直重视各少数民族传统文化的重要性及其平等地位,早就认识到我国多元的民族文化是全社会的一种重要财富,可以与发展形成良性互动,为其发展投入了大量经费与人员进行扶持。

## 二、区域层面的法律文件

对少数人权利的保护上,在区域层次上现在主要有三个地区,即欧洲、美洲

---

① 《中国支持人权理事会通过〈土著民族权利宣言〉》,中国代表团副代表董志华在人权理事会第一届会议上关于《土著民族权利宣言》起草工作组第十一届会议报告的发言,2006 年 6 月 28 日。资料来源:www.chinanews.com.cn。

② 该公约在第一章和第五章中有详细论述,此不赘述。

和非洲,其中欧洲对少数人群体的权利保护积极、全面、有效。欧洲理事会分别在 1950 年制定了《欧洲人权公约》(1953 年生效)、1992 年制定了《欧洲区域性或少数人语言宪章》、1994 年制定了《少数民族保护框架公约》。《少数民族保护框架公约》成为欧盟对少数民族权利保护的基本法律,为欧洲各国对少数民族权利的保护提供了一个全面的标准,对欧洲少数民族权利保护具有十分重要的意义。它是第一个专门旨在保护少数人的具有法律约束力的多边文书,被视为至今为止少数人权利保障领域最全面的国际标准。该《公约》的第二部分规定了少数人的实体权利,其中第 4 条规定了不歧视和平等的原则,并要求各缔约方在贯彻上述原则时应采取促进少数人权利的特别措施。为促进切实平等采取的任何措施不应被视为歧视,第 5 条规定缔约方应提供必要的条件,以促进少数人保持他们的文化,保护他们的宗教、语言、传统和文化遗产等认同因素。第 6 条规定,缔约方应鼓励生活在其领土上的所有人之间的相互容忍、尊重和理解。第 9 条第 4 款规定,在各自的法律体系中,缔约方应采取充分的措施促进少数人使用主流媒体、促进少数人建立和使用自己的媒体、促进全社会容忍并认同文化多元主义。第 11 条规定,缔约方应正式承认少数人语言中的姓和名,努力确保可以在行政当局面前使用少数群体的语言;在少数人的传统聚居区和少数群体人口较多的地区用少数群体语言展示双语地形标志。第 12 条规定,缔约方应采取一切必要措施促进对多数群体和少数群体的文化、历史、语言和宗教的了解。第 15 条规定,缔约方应为少数人有效参与文化、社会、经济生活和公共事务,特别是与他们直接相关的公共事务,创造必要的条件。第 16 条规定,缔约方不得采取措施改变少数群体居住地区的人口比例。第 17 条规定,缔约方不得干预与境外人士保持联系和参加国家及国际非政府组织的活动的权利。① 以上这些条款从少数人保持他们的文化、文化多元主义、少数人的姓名权、少数人的选择权、少数人的参与权等多个方面促进了对少数人基本文化权利的保障,其中的很多理念与具体措施都是目前世界上比较先进的做法。

此外,欧洲安全合作会议也通过了一些关于少数民族权利保护的文件、报告和决定。如 1991 年《少数民族专家日内瓦会议报告》、1992 年《关于少数民族高级专员的赫尔辛基决定》等。在美洲有 1948 年订立、1951 年生效的《美洲国家组织宪章》和 1969 年订立、1978 年生效的《美洲人权公约》。《美洲人权公约》第 13 条是关于思想和发表意见的自由的规定,这种权利包括寻求、接受和传递各种消息和思想的自由。……任何战争宣传和任何鼓吹民族、种族或宗教仇恨,构成煽动非法暴力行为,或以任何其他理由,包括以种族、肤色、宗教、语言或国籍为理由,对任何人或一群人煽动任何其他类似的非法活动,都应视为法律应予

---

① Framework Convention for the Protection of National Minorities.

惩罚的犯罪行为。《美洲国家组织宪章》是美洲国家组织的宪法性多边国际条约。在非洲有《非洲人权和民族宪章》等公约。《非洲人权和民族权宪章》第17条规定,人人有受教育的权利,人人可以自由参加本社会的文化生活,促进和保护社会所确认的道德和传统价值是国家的职责。《各国人民权利阿尔及尔宣言》也提到了人们有维护自身艺术、历史和文化财富的权利。这一宣言进一步涉及尊重文化身份的权利,一个民族有不接受任何异族文化强加于本民族文化的权利以及少数民族有尊重其文化特性、传统、语言和文化遗产的权利。① 此外,一些族群关系基金会和组织也提出了关于少数民族权利保护的建议书。如1996年《关于少数民族教育权的海牙建议书》、1998年的《关于少数民族语言权利的奥斯陆建议书》和1999年的《关于少数民族有效参与公共生活的隆德建议书》等。

## 第二节 种族平等权利的国际保护

种族主义不仅表现在思想观念中,也不仅表现在行为动作上,甚至还表现在立法和制度上。任何主张种族或民族群体存在固有差别、意指某民族有权统治或排斥其他被认为是低劣民族的理论,或任何以种族差别评价为依据的理论,均没有科学根据,均违背人类伦理与道德原则。②

1978年通过并宣布的《种族与种族偏见问题宣言》对种族主义给了定义。所谓种族主义系指"由种族不平等以及道德与科学上论证群体之间的歧视关系的错误观念造成的种族主义思想、有偏见的态度、歧视行为、结构安排和制度化的习俗"。种族主义阻碍受歧视者的发展,腐蚀实行歧视者的思想、造成民族分裂,阻碍国际合作,并引起人民之间的政治对立;种族主义违背国际法的基本原则,从而严重危害国际和平与安全。③ 由于在民族、宗教和语言上的少数人群体极易成为种族主义的受害者。因此惩治种族灭绝和种族隔离,消除各种形式的种族歧视是保护少数人群体权利的首要任务和前提基础。

### 一、努力消除各种形式的种族歧视

1946年12月通过的联合国大会第96(I)号决议声明,"灭绝种族系国际法上的一种罪行,为文明世界所不容"。1948年12月联合国大会通过了《防止及惩治灭绝种族罪公约》,并于1951年生效。该《公约》首先提供了重要的说明:

---

① 〔新〕阿努拉·古纳锡克拉、〔荷〕塞斯·汉弥林克、〔英〕文卡特·耶尔:《全球化背景下的基本文化权利》,张毓强等译,中国传媒大学出版社2006年版,第155页。
② 参见《种族与种族偏见问题宣言》第2条。
③ 同上。

灭绝种族行为可发生在"平时或战时"。参见《防止及惩治灭绝种族罪公约》第1条。该《公约》的核心给出了灭绝种族罪的定义。灭绝种族罪是指:蓄意全部或局部消灭某一民族、人种、种族或宗教团体的罪行。并列出了五种应当受到惩罚的灭绝种族行为,即犯有下列行为之一者:

(a) 杀害该团体的成员;

(b) 致使该团体的成员在身体上或精神上遭受严重伤害;

(c) 故意使该团体处于某种生活状况下,以毁灭其全部或局部的生命;

(d) 强制施行办法,意图防止该团体内的生育;

(e) 强迫转移该团体的儿童致另一团体。

根据该《公约》,无论其为依宪法负责的统治者,公务员或私人,犯有预谋灭绝种族、直接公然煽动灭绝种族或实施灭绝行为,均应予惩治。这意味着拒绝免除国家元首或其他主要政治人物的刑事责任。

联合国大会 1963 年通过的《消除一切形式种族歧视宣言》,是在世界范围内消除种族歧视的一个指导性文件。在此基础上,联大于 1965 年通过了《消除一切形式种族歧视国际公约》。该《公约》于 1969 年生效,目前绝大多数国家批准或加入该《公约》。中国于 1981 年加入该公约。该《公约》为消除种族歧视提供了强有力的国际合作的法律基石,也是最广泛地得到批准的联合国人权公约之一。

此后,联合国一直尽力谋求克服种族歧视和族裔暴力的措施。这种维护人类尊严和平等的决心反映于所通过的许多决议、公约和宣言,包括:1978 年和 1983 年,在瑞士日内瓦举行了第一、二次向种族主义和种族歧视进行战斗的世界会议;1973 年至 1982 年、1983 至 1992 年、1994 年至 2003 年连续开展了"向种族主义和种族歧视进行战斗"的三个十年行动;2001 年,在南非德班举行了"反对种族主义、种族歧视、仇外心理和有关的不容忍行为世界会议";这些会议和纪念活动将有助于促请全世界的注意,形成对消除种族主义和种族歧视做出进一步政治承诺的势头。"反对种族主义、种族歧视、仇外心理和有关不容忍行为世界会议"通过了《消除一切形式种族歧视国际公约》,共 25 条。根据《公约》第 1 条的规定,"种族歧视"是指"基于种族、肤色、世系或民族或人种的任何区别、排斥、限制或优惠,其目的或效果为取消或损害政治、经济、社会或公共生活任何其他方面人权及基本自由在平等地位上的承认、享受或行使"。此外,《公约》还对这种"区别、排斥、限制或优惠"进行了限定和排除。表现在三个方面:一是其不适用于缔约国对公民与非公民间所做的区别、排斥、限制或优惠。二是本公约不得解释为对缔约国关于国籍、公民身份或归化的法律规定有任何影响,但以此种规定不歧视任一籍民为限。三是关于优惠政策的实施,《公约》指出:专为使若干须予必要保护的种族或民族团体或个人获得充分进展而采取的特别措施以期确保此等团体或个人同等享受或行使人权及基本自由者,不得视为种族歧视,但此等措施的后果须不致在不同种族团体间保持各别行使的权利,且此等措施不得于所定目的达成后继续实行。①

《消除一切形式种族歧视国际公约》明确规定在缔约国范围内个人所享有的权利和各缔约国所应承担的法律义务。缔约国依规定的基本义务,保证人人有不分种族、肤色或民族或人种在法律上一律平等的权利。公民尤得享受下列六个方面的权利:

(1) 在法庭上及其他一切司法裁判机关中平等待遇的权利。

(2) 人身安全的权利,国家保护其不受任何私人、政府官员、团体或机关的强暴或身体上的伤害。

(3) 政治权利,尤其是依据普遍平等投票权参与选举和参加处理任何等级的公务的权利。

(4) 其他公民权利,尤其是在国境内自由迁徙及居住的权利;离去任何国家,连其本国在内,并有权归返其本国;享有国籍的权利;缔结婚姻及选择配偶的权利;单独占有及与他人合有财产的权利;继承权;思想、良心与宗教自由的权利;主张及表达自由的权利;和平集会及结社自由的权利。

(5) 经济、社会及文化权利,尤其是工作、自由选择职业、享受公平优裕的工作条件、免于失业的保障、同工同酬、获得公平优裕报酬的权利;组织与参加工会的权利;住宅权;享受公共卫生、医药照顾、社会保障及社会服务的权利;受教育与训练的权利;平等参加文化活动的权利。

(6) 进入或利用任何供公众使用的地方或服务的权利,如交通工具、旅馆、餐馆、咖啡馆、戏院、公园等。

该《公约》对缔约国的义务作出规定和要求。缔约国谴责种族歧视并承诺立即以一切适当方法消除一切形式的种族歧视,促进所有种族间的谅解。这些方法和行为包括:

(1) 缔约国承诺不对人、人群或机关实施种族歧视行为或习例,并确保所有全国性及地方性的公共当局及公共机关均遵守此项义务行事;承诺对任何人或组织所施行的种族歧视不予提倡、维护或赞助。

(2) 缔约国应采取有效措施对政府及全国性与地方性的政策加以检查,并对任何法律规章足以造成或持续存在于不论何地的种族歧视者,予以修正、废止或宣告无效。

(3) 缔约国应以一切适当方法,包括依情况需要制定法律,禁止并终止任何人、任何团体或任何组织所施行的种族歧视;缔约国承诺在其所辖领土内防止、

---

① 《消除一切形式种族歧视公约》第1条。

禁止并根除具有种族分隔及"种族隔离"性质的一切习例。

（4）缔约国承诺于适当情形下鼓励种族混合主义的多种族组织与运动，以及其他消除种族壁垒的方法，并劝阻有加深种族分野趋向的任何事物。

（5）缔约国应宣告凡传播以种族优越或仇恨为根据的思想，煽动种族歧视，对任何种族或属于另一肤色或人种的人群实施强暴行为或煽动此种行为，以及对种族主义者的活动给予任何协助者，概为犯罪行为；凡组织及有组织的宣传活动与所有其他宣传活动的提倡与煽动种族歧视者，概为非法，加以禁止，并确认参加此等组织或活动为犯罪行为，依法惩处。

（6）缔约国应于情况需要时在社会、经济、文化及其他方面，采取特别具体的措施，确保属于各该国种族团体或个人获得充分发展与保护，完全并同等享受人权及基本自由。

（7）缔约国应保证在其管辖范围内，人人均能经由国内主管法庭及其他国家机关对违反本公约的种族歧视行为，获得有效保护与救济，并有权就因此种歧视而遭受的任何损失，向此等法庭请求公允充分的赔偿或补偿。

**二、种族隔离在国际法上是一种犯罪行为**

种族隔离是种族主义者公开实行种族歧视的一项社会制度和政策。"种族隔离是危害人类的罪行，是种族歧视制度的极端表现形式。"① 其典型代表是1948年上台执政的南非国民党政府推行的所谓的"Apartheid"种族隔离制度。推行种族隔离制度的国家以人种、肤色或民族本源为划分依据，设立不同区域进行隔离，并在政治、经济、文化、宗教信仰等方面给予种种歧视。侵犯了基本人权，违反国际法原则，特别是违反联合国宪章的宗旨和原则的罪行，对国际和平与安全构成严重的威胁。

1973年11月联合国大会通过了《禁止并惩治种族隔离罪行国际公约》，《公约》也指出种族隔离的罪行应包括与南部非洲境内所推行的相类似的种族分离和种族歧视的政策和办法，同时分析所谓"种族隔离的罪行"是指"为建立和维持一个种族团体对任何其他种族团体的主宰地位，并且有计划地压迫他们而作出的下列不人道行为。"《禁止并惩治种族隔离罪行国际公约》第2条，并且列举了六种可视为这种罪行的不人道行为：

（a）用下列方式剥夺一个或一个以上种族团体的一个或一个以上成员的生命和人身自由的权利：① 杀害一个或一个以上种族团体的成员；② 使一个或一个以上种族团体的成员受到身体上或心理上的严重伤害，侵犯他们的自由或尊严，或者严刑拷打他们或使他们受残酷、不人道或屈辱的待遇或刑罚；③ 任意逮

---

① 陈庆安、王剑波：《论种族隔离罪》，载《西南民族大学学报》2009年第1期。

捕和非法监禁一个或一个以上种族团体的成员；

（b）对一个或一个以上种族团体故意加以旨在使其全部或局部灭绝的生活条件；

（c）任何立法措施及其他措施，旨在阻止一个或一个以上种族团体参与该国政治、社会、经济和文化生活者，以及故意造成条件，以阻止一个或一个以上这种团体的充分发展，特别是剥夺一个或一个以上种族团体的成员的基本人权和自由，包括工作的权利、组织已获承认的工会的权利、受教育的权利、离开和返回自己国家的权利、享有国籍的权利、自由迁移和居住的权利、自由主张和表达的权利以及自由和平集会及结社的权利；

（d）任何措施，包括立法措施，旨在用下列方法按照种族界线分化人民者：为一个或一个以上种族团体的成员建立单独的保留区或居住区，禁止不同种族团体的成员互相通婚，没收属于一个或一个以上种族团体或其成员的地产；

（e）剥削一个或一个以上种族团体的成员的劳力，特别是强迫劳动；

（f）迫害反对种族隔离的组织或个人，剥夺其基本权利和自由。

根据该《公约》第3条的规定，种族隔离罪的主体可以是实施、触犯、参与、直接煽动或共同策划上述罪行或者直接教唆、怂恿或帮助触犯实施上述罪行的任何个人、组织或机构的成员或国家代表。即国家、组织和个人都可能成为种族隔离罪的主体。种族隔离罪侵犯的客体是国际社会公认的不同种族的平等、自由和发展的权利。公约缔约国承诺采取立法、司法和行政措施，按照本国的司法管辖权，对犯有种族隔离罪的人，进行起诉，审判和惩罚，不论这些人是否住在罪行发生的国家的领土内，也不论他们是该国国民抑或其他国家的国民，抑或是无国籍的人。

## 第三节　国际法上少数人权利保护的内容

从第二次世界大战后民族"自决权"兴起以来，国际社会对少数人权利保护正在逐步加强。权利的内容变得更加全面广泛和更加具体细化。少数人的文化权利是国际法法上少数人权利保护的核心，该部分内容请参见本书的第十章；少数人的经济权利与发展权利也日益受到比以往任何时候都广泛的关注，该部分内容请参见本书的第九章；少数人语言权利的相关内容请参见本书的第十一章；少数人教育权利的相关内容请参见本书的第十三章；少数人宗教权利的相关内容请参见本书的第十二章。除了加强传统的权利保护外，还对一些新的权利进行确定和发展，主要有少数人的自治权、参与权、发展权、自由交往权（跨国界权）等，表现在群体认同、保健、住房、教育、语言、文化、社会和法律机构、就业、土地、自然资源、政治权利、宗教权利、信仰、司法平等、传统经济和生活方式保护等方面。本章主要探讨国际法上少数人权利保护领域中的自决权、参与权和自由交往权。

## 一、自决权

从第二次世界大战以后,许多殖民地和半殖民地国家纷纷独立。1960年的《给予殖民地国家和人民独立宣言》中规定了殖民地国家与人民的"民族自决权",使得许多处在殖民统治下的国家为其独立建国找到理论根据。但在此以后,"民族自决权"也成为国际社会上少数人权利中最重要也最有争议的问题之一,甚至它从反面阻碍了很多国家对少数人权利保护上的进程。在殖民地的独立基本完成后,少数人群体的权利要求已不再是"独立权"问题,而是在发展问题上的"民主权利"。

自决权有自决权最小含义说和最大含义说。自决权也有两分法说:内部自决权利和外部自决权利。现在看来,内部自决权和外部自决权两分法说越来越多地得到国际人权法学家的认可和联合国系统内的人权机构的承认。

### (一) 外部自决权

一般认为,外部自决权就是民族人民享有的摆脱前殖民势力统治的权利,即独立权。第二次世界大战后,面对过去殖民主义的统治和奴役,国际社会确立了"民族自决"的原则。许多被殖民地人民高扬"民族(nation)自决"的大旗争取民族独立,建立自己的国家。在1960年12月14日的《给予殖民地国家和人民独立宣言》中对"民族自决"的原则给予明确规定。"所有的人民都有自决权;依据这个权利,他们自由地决定他们的政治地位,自由地发展他们的经济、社会和文化"。这里的规定被公认为是"自决权"最通用和最权威的解释。自决权不仅作为一项国际法律原则,而且作为一项集体权利被提出来。从上面的规定中,可以看出:(1)这个原则中最基本的内容就是各民族有谋求自己政治地位的决定权,这种政治地位虽然没有明确界定,但在实践中就是指各民族成为独立主权国家的权利。(2)该规定中指的"殖民地国家与人民",而不是主权国家内的国家和人民。因此,此时的自决权就是指独立权,即分化出来的所谓的"外部自决权"——民族人民享有的摆脱前殖民势力统治的权利。

在自决权被界定为独立权之后,世界上各主权国家中的不同政治或民族的少数人群体,为了各自的利益利用"人民自决权"来谋求成为主权国家,导致各主权国家的分裂和混乱,这与《给予殖民地国家和人民独立宣言》中规定的"民族自决权"的初衷是相背离的。即使在当今世界,虽然出现了全球化和一体化,但在这样一个各国把维护其主权和领土完整作为其最高利益的国际社会中,各国在少数人权利保护上对"自决权"仍很敏感,特别是在那些少数人群体拥有"自治权"的国家中,从"自治权"上升到"自决权"的简单逻辑推理就使问题更为复杂和尖锐。正如托穆沙特(Christian Tomuschat)所指出的那样,"许多国家中的族群——用一个中性的用语——援引自决权,要求从内部自治权利到完全分离权利内容不等的政治权利,自决已经不是使民族人民团结在一起,而是正在成为制造分裂的力量"。

面对自决权的困境,国际人权法学家和相关机构开始进一步探讨自决权的内涵,内部自决权便应运而生。尽管目前尚无明确解释"内部自决权"的国际人权法律文件,但自决权发展为"内部自决权"的观点已经在实践和学者中得到公认。自决权在后殖民时期被赋予了新的含义,内部自决权利成为自决权的主要内容。

(二) 内部自决权

所谓内部自决权利,就是各少数人群体在争取"自决权"时只能在不破坏主权和削弱领土完整的前提下,实现参与国家公共事务和民主治理的权利。自决权的内部自决表现形式——"民主"发展趋向,被国际法逐步阐明,并成为人权的一部分。"它的外部自决方面的作用在民族人民的权利得到国家政府充分尊重的情况下将会暂时沉睡下来,而它的内部自决方面在实现民族人民的权利,维护民族团结和国家领土完整及政治统一中发挥越来越大的作用。"[①]

内部自决权实质上就是一种自治权,只不过这种自治权是一种相对高度的自治,是把少数人群体的权利限定在国家主权下的一种特别政治制度安排或高度自治权。在不违反国家主权、国际通行的人权和国家宪法规定的基本公民权利的前提下,各少数人群体在涉及与自身利益有关的政治决策时有预先参与和发表意见的权利,可以根据自身的特点在特有的政治体制下参与管理公共事务的权利,可以保持本民族的传统法律习惯和生活传统等。在主权国家下进行的自治问题成为当今世界少数人权利中的基本权利之一。

"自决权"向"自治权"的转变最初发生在欧洲。以 1994 年《少数民族权利框架公约》为代表,该公约没有"自决权"的规定。反之在公约第三部分第 20 条和第 21 条还对各少数民族在享受公约设定权利时进行了限制,那就是各少数民族在行使权利时不能对其他多数人或其他少数民族构成侵害,此外还不能与国际法基本原则和国家主权平等、领土完整与独立相冲突,这样在现实中导致欧洲仅承认相对的"自治权"。此外,国际社会对少数人群体的相关立法文件也开始体现这一点变化。在国际劳工组织制定的 1989 年《土著和部落民族公约》中还没有对少数民族权利适用时的限制,但在 1992 年的《少数人权利宣言》中则规定"本宣言的任何内容均不得解释为允许从事违反联合国宗旨和原则,包括国家主权平等、领土完整和政治独立的任何活动"。具体见《少数人权利宣言》第 8 条。2007 年的《土著民族权利宣言》也对外部自决权给予明确的规定。在该《宣

---

① 廖敏文:《〈联合国土著民族权利宣言〉研究》,中央民族大学 2009 年博士学位论文,第 221 页。

言》赋予了土著民族以"民族人民(peoples)"用语的前提下,第3条规定了关于土著民族自决权。"土著民族享有自决权。根据此项权利,他们可自由决定自己的政治地位,自由谋求自身的经济、社会和文化的发展"。在此之后该《宣言》的第46条对此项权利明确限定:"本《宣言》任何内容都不得解释为允许任何国家、民族、团体或个人有权从事任何违背《联合国宪章》的活动或行为,或被认为是允许或鼓励完全或部分破坏或削弱独立主权国家的领土完整或政治统一。"第46条将有效地遏制土著民族行使自决权可能出现的对独立主权国家的领土完整和政治统一产生危害的行为、状态、情形或结果。

在对待"自决权"问题上,世界各主权国家对少数人"内部自决权"必须取得相对的一致原则,而不是在各自利益的驱使下对少数人"内部自决权"进行双重解释。现在对少数人权利保护中最大的困难来自于世界上不同的国家对此使用上采用双重标准,进而导致一些国家不愿意对此方面采取积极有效的措施以改进少数人权利保护机制。国际社会必须达成一定的共识来解决此问题。

## 二、参与权

少数人群体由于在规模数量上较少,在社会地位上往往处于相对弱势,因此在参与国家管理和公共事务时影响力较小,甚至受限。但从人权的平等和非歧视原则来看,少数人群体有效参与国家公共事务是其必不可少的权利,也是享有其他权利的基础和重要手段。多数民族应当理智地尊重少数人群体的这项权利,通过特殊的制度安排,使其有效地参与公共事务,保障少数人群体的平等权利。少数人充分有效地参与社会公共生活是现代国家民主制度的一种重要补充和形式,是和平民主社会的一个基本组成部分。(《隆德建议书·总则(1)》)

1992年《少数人权利宣言》对少数人的参与权做出较为系统性的阐述。欧洲理事会1995年制定的《少数民族保护框架公约》也对少数人的参与权作出规定。当然,规定得最为详细的是1999年9月的《关于少数民族有效参与公共生活的隆德建议书》。该建议书是在1996年《关于少数民族教育权利的海牙建议书》和1998年《关于少数民族语言权利的奥斯陆建议书》之后根据实践的需要提出并在瑞典的隆德完成的,是欧安组织少数民族事务高级专员为在欧安组织区域实施而编撰的。该建议书所内含的某些建议和方案对世界各国具有普遍意义。2007年的《土著人民权利宣言》也对少数人群体的参与权作了相应的规定。"土著人民有权维护和加强其特有的政治、法律、经济、社会和文化机构,同时保有根据自己意愿充分参与国家政治、经济、社会和文化生活的权利。"[①]

少数人参与权是指少数人有效参与民主治理和公共事务权利,即少数人成

---

① 参见《土著人民权利宣言》第5条。

员享有有效地参加政治、社会、经济、文化、宗教等各个方面的公共事务的权利。《隆德建议书》认为,少数人参与民主治理和公共事务,可以分为参与国家一级的管理和其居住地域一级或内部事务上的管理。在参与国家一级管理中,应确保少数民族在中央政府一级拥有有效发表意见的机会,包括必要时采取特殊安排的做法。这些安排可包括:如在议会中为少数人保留席位;在内阁、最高法院或其他高级政府机关内为少数人分配职位等。选举进程对便利少数人在政治领域的参与是很重要的。应保障少数民族的人在不受歧视的情况下行使选举权和被选举权,应便于体现少数民族的代表性。对土著民族来说,《土著人民权利宣言》号召各国在通过和实行可能影响到土著人民的立法或行政措施前,应本着诚意,通过土著人民自己的代表机构,与有关的土著人民协商和合作,事先征得他们的自由知情同意。[①] 土著人民有权通过他们按自己的程序选出的代表,参与对事关自身权利的事务的决策,有权保持和发展自己的土著人决策机构。[②]

《隆德建议书》认为,在其居住地域一级或内部事务的管理上,国家应采取措施促进少数人在区域和地方各级的参与,以及群体内部事务的管理。为了更有效地处置少数人的问题,与少数人具体历史和地域情况相称的有关地方、区域或自治行政机构,应承担若干职能。其中首要或重要的权力职能包括教育、文化、少数人语言的使用、环境、地方规划、自然资源、经济发展、当地治安职能,以及住房、健康和其他社会服务。《土著人民权利宣言》也规定土著人民有权积极参与制定和确定影响到他们的保健、住房方案及其他经济和社会方案,并尽可能通过自己的机构管理这些方案。[③]《隆德建议书》认为,区域和地方当局的结构和决策程序应当透明和可易于参与,以鼓励少数民族的参与。对区域和地方各级的公共事务和公共生活的管理,其实很大程度上反映的是少数人的自治权。

为了促进少数人群体有效参与公共事务和公共生活的权利,还应在程序上予以保障。首先,《隆德建议书》认为,国家应在适当的体制框架内建立咨询和磋商机构,作为政府当局与少数民族之间必要的对话渠道。这样的机构还可以包括处理诸如住房、土地、教育、语言和文化等问题的专门委员会。这些机构应能够向决策者们提出问题、提出建议、拟定立法和其他提案、监测发展情况并且就政府拟作出的可能直接和间接影响少数群体的决定发表意见。政府当局应与这些机构进行定期的磋商,商讨与少数人有关的立法和行政措施,以促进少数人关注问题的解决。精心设计的程序使少数人群体参与公共生活和公共事务具有操作性。体现了"无程序即无制度"的理念。

---

① 参见《土著人民权利宣言》第 19 条。
② 参见《土著人民权利宣言》第 18 条。
③ 参见《土著人民权利宣言》第 23 条。

## 三、自由交往权

有些少数人群体因为历史上被殖民、不同主权国家的领土划分等原因,在现实中被分属于不同的国家。这些被分隔的少数人群体由于血缘、亲情、习俗、信仰等方面的原因,渴望彼此来往和交流。

在《少数人权利宣言》中对少数人的自由交往权予以确认。"在属于少数群体的人有权在不受歧视的情况下与其群体的其他成员及属于其他少数群体的人建立并保持自由与和平的接触,亦有权与在民族或族裔、宗教或语言上与他们有关系的其他国家的公民建立和保持跨国界的接触。"[1]强调少数人有权跨国界的交往和接触是少数人权利保护中的创新之处。它为分属于不同主权国家具有同一种族、民族、宗教或语言上的少数人群体突破政治疆域上的藩篱进行正常的民族交往和接触提供了依据。在《土著人民权利宣言》中也要求各国应与土著人民协商和合作,采取有效措施,为行使这一权利并确保权利得到落实,提供方便。"土著人民,特别是被国际边界分隔开的土著人民,有权与边界另一边的同民族人和其他民族的人保持和发展接触、关系与合作,包括为精神、文化、政治、经济和社会目的开展活动。"[2]

除了以上提到的自决权、参与权、自由交往权这些综合性权利外,属于少数群体的人在宗教信仰、语言文字、教育培训、文化遗产等诸多方面也享有专门的权利。"在民族或族裔、宗教和语言上属于少数群体的人有权私下和公开、自由而不受干扰或任何形式歧视地享受其文化、信奉其宗教并举行其仪式以及使用其语言。"[3]2007年的《土著人民权利宣言》在这些方面也给予较为系统的规定。土著人民有权奉行和振兴其文化传统与习俗。这包括有权保持、保护和发展其文化过去、现在和未来的表现形式,如古迹和历史遗址、手工艺品、图案设计、典礼仪式、技术、视觉和表演艺术、文学作品等等。[4] 土著人民有权展示、奉行、发展和传授其精神和宗教传统、习俗和礼仪,有权保持和保护其宗教和文化场所,并在保障私隐之下进出这些场所,有权使用和掌管其礼仪用具,有权把遗骨送回原籍。[5] 土著人民有权振兴、使用、发展和向后代传授其历史、语言、口述传统、思想体系、书写方式和文学作品,有权自行为社区、地方和个人取名并保有这些名字。[6] 土著人民有权保持、掌管、保护和发展其文化遗产、传统知识和传统文

---

[1] 参见《少数人权利宣言》第2条第5款。
[2] 参见《土著人民权利宣言》第36条。
[3] 参见《少数人权利宣言》第2条第1款。
[4] 参见《土著人民权利宣言》第11条。
[5] 参见《土著人民权利宣言》第12条。
[6] 参见《土著人民权利宣言》第13条。

化体现方式,以及其科学、技术和文化表现形式,包括人类和遗传资源、种子、医药、关于动植物群特性的知识、口述传统、文学作品、设计、体育和传统游戏、视觉和表演艺术。他们还有权保持、掌管、保护和发展自己对这些文化遗产、传统知识和传统文化体现方式的知识产权。① 土著人民有权维护其文化、传统、历史和愿望的尊严和多样性,他们的文化、传统、历史和愿望应在教育和公共信息中得到适当体现(《土著人民权利宣言》第15条)。其中对少数人群体的教育权和语言权利,最为系统地给予保障的是欧洲1996年《关于少数民族教育权利的海牙建议书》和1998年《关于少数民族语言权利的奥斯陆建议书》。

最后,必须着重强调的是以上所阐述的少数人权利必须基于两个前提:其一,该权利的行使不得解释为允许从事违反联合国宗旨和原则、包括破坏国家主权平等、领土完整和政治独立的任何活动。这种交往和接触"不得解释为暗指任何国家、民族、团体或个人有权从事任何违背《联合国宪章》的活动或行为,也不得理解为认可或鼓励任何全部或局部分割或损害主权和独立国家的领土完整或政治统一的行动。"② 其二,少数人群体权利的行使是基于尊重基本人权和自由的基础之上的。个人,其中也包括属于少数群体的任何人的尊严和自由仍是首要和基本的价值理念。"在行使本《宣言》所宣示的权利时,应尊重所有人的人权和基本自由。"③《土著人民权利宣言》专门要求尊重和保障少数群体的个体权利,"不得因行使或不行使本宣言规定的权利而对属于少数群体的任何人造成不利"。④

## 第四节 少数人权利保障机制和救济机制

为使少数人群体有效参与公共生活,必须确立防止冲突和争端解决的保障和救济机制。在现代国际社会中,防止和解决关于属于少数群体的人的权利纠纷的途径可以分为政治手段和法律手段。政治上的途径主要是指纠纷各方或第三者参与,通过政治协商或外交谈判等手段解决纷争。法律上的途径是指依据现行国际公约的监督执行机构来裁决纠纷。在国际和区域层次上,法律上的这种监督执行的方式主要有三种:"即国家报告程序、国家间指控程序和个人来文程序。这三种方式构成了现行国际法上救济侵害少数人权利行为的主要途径。"⑤ 国家间的指控程序是指根据国际公约的授权一成员国可就另一成员国违

---

① 参见《土著人民权利宣言》第31条。
② 参见《少数人权利宣言》第8条第4款;《土著人民权利宣言》第46条。
③ 参见《土著人民权利宣言》第46条第2款。
④ 参见《土著人民权利宣言》第3条。
⑤ 周勇:《少数人权利的法理》,社会科学文献出版社2002年版,第59页。

反该公约规定的义务的行为向公约的监督执行机构提出指控,实践中运用得相对较少,在国际实践中实际发挥作用的主要是国家报告程序和个人来文程序。

**一、国家报告程序**

国家报告程序是指公约的成员国政府,按要求定期向公约的监督执行机构,提出关于它们为使公约所承认的各项权利得以实施而已经采取的措施及进展的报告。成员国向委员会提交报告,是根据公约履行义务。报告制度是委员会用于监督成员国执行公约义务的有力程序,也是可向成员国施加压力以执行本公约义务的主要手段。绝大多数人权公约均规定有国家报告制度。如《消除一切种族歧视国际公约的》的报告制度。该《公约》第9条规定了其报告制度。缔约国承诺于该《公约》对其本国开始生效后一年内及其后每两年,就其所采取的实施该《公约》各项规定的立法、司法、行政或其他措施向联合国秘书长提出报告,供委员会审议。委员会应按时将其工作报告送请联合国秘书长转送联合国大会,并得根据审查缔约国所送报告及情况的结果,拟具意见与一般建议。此项意见与一般建议应连同缔约国核具的意见,一并送交大会。

联合国人权条约机构是指根据联合国人权条约设立的、负责监督人权条约履约状况的专家委员会。目前,共有7项人权条约设有专家委员会,它们是《公民权利和政治权利国际公约》的人权事务委员会(ICCPR)、《经济、社会和文化权利国际公约》的经济社会文化权利委员会(CESCR)、《消除一切形式种族歧视国际公约》的消除种族歧视委员会(CERD)、《消除对妇女一切形式歧视公约》的消除对妇女歧视委员会(CEDAW)、《禁止酷刑和其他残忍、不人道和有辱人格的待遇或处罚的公约》的禁止酷刑委员会(CAT)、《儿童权利公约》的儿童权利委员会(CRC)、《保护所有移徙工人及其家庭成员权利公约》的保护所有移徙工人及其家庭成员权利委员会(MWC)。前述的这些设有专家委员会的人权条约中都规定了国家报告制度。国家报告制度是国际人权条约规定的最普遍的国内实施监督机制。国际人权条约一般都把提交有关报告规定为缔约国的一项重要义务。缔约国应按照条约规定的时间和程序向有关机构提交报告,说明本国在履行条约确认的人权义务方面所采取的措施、取得的进展或面临的问题,该机构有权对报告进行审议,还可以依据报告对缔约国实施条约的情况进行评论或提出建议。尽管这样的评论和建议没有法律约束力,但相关机构可以将其评论和建议公开,这是一种强大的舆论压力,从而使缔约国自觉适用国际人权条约。主要的国家报告制度如下:

《公民权利和政治权利国际公约》第40条规定了缔约国定期报告制度。该条要求各缔约国承担在公约对有关缔约国生效后一年内及此后每逢委员会要求这样做的时候,提出关于它们已经采取而使本公约所承认的各项权利得以实施的措施和关于在享受这些权利方面所做出的进展的报告。所有的报告应送交联合国秘书长转交人权事务委员会审议。如果存在着影响实现公约的因素和困难,报告中应指出影响实现公约的因素和困难。人权事务委员会应研究公约各缔约国提交的报告,并把它自己的报告以及它认为适当的建议送交各缔约国。委员会也可以把这些建议连同它从各缔约国收到的报告的副本一起转交经济及社会理事会。各缔约国可就按照本条第4款所作出的建议向委员会提出意见。从成立至今,委员会已经审查了大量缔约国报告,逐步发展了一整套关于报告的指导原则和处理报告的程序。在审查缔约国报告时,委员会可以使用联合国专门机构的资料、联合国其他机构的研究报告,以及非政府组织提供的材料。但是,委员会缺乏通过它自己所做的调查对国家报告进行审议的权力。当然它的成员可以作为人权专家就自己所知向国家代表提出询问。根据委员会的程序规则,在审议报告时,国家代表必须到场。委员会通过要求代表对报告的内容进行解释和提出补充资料的办法,就能使严重不遵守公约的问题突出出来,并提请联合国大会和各缔约国注意。

《经济、社会和文化权利公约》中也规定了国家报告制度。公约要求缔约国就其"在遵行本公约所承认的权利方面所采取的措施和所取得的进展"提交报告。但是公约本身没有建立一个特别机构来审议报告,它只规定向经济及社会理事会提交报告。1978年5月3日,经社理事会通过1978/10号决议,建立了"公约执行情况政府专家会期情况工作组"审议缔约国报告。1985年5月28日,经社理事会通过1985/17号决议,建立了"经济、社会和文化权利委员会",取代工作组。缔约国在公约对其生效后两年内向委员会提交报告,随后每五年提交一次。委员会秘书处收到缔约国的报告之后,将报告交给委员会的五人会前工作组做初步审查,工作组列出在报告中发现的问题清单,提交有关缔约国,请缔约国在出席会议前对这些问题做出书面答复。如果缔约国提交不出报告,委员会就根据一切现有资料审议该国的经济、社会和文化权利状况,即使缔约国代表缺席,审议工作仍照常进行。委员会完成对报告进行分析后提出"结论性意见"。该意见不具有法律拘束力,但如果缔约国无视这些意见或不采取行动,将有损于该国的国际形象。

## 二、个人来文程序

个人来文程序是指成员国管辖范围内的个人可以就其认为成员国政府侵害其合法权益的事由,在用尽国内救济方式之后,直接向国际条约监督执行机构申诉。个人来文程序的确立是现代国际法上的一次创新。个人来文程序有两个重要前提条件:一是个人来文的对象必须是条约监督执行机构所管辖的范围,即要求缔约国必须已接受该条约。当然这种接受的方式可以是多种多样的,可以通过缔约国特别声明公约中的既定条款,也可以通过选择加入特定的《任择议定书》,也可以通过凡加入《公约》的成员国自然接受此种管辖的规定来实现。二是国内救济用尽原则:是指个人来文其由国际公约所规定的权利受到侵害时,只有在国内可以用到的救济方法都已用尽之后,才可以向国际条约监督执行机构提出申诉。

《公民权利和政治权利国际公约任择议定书》具体规定了个人来文制度,可谓是对《公约》第28条的具体实施。由于对公民权利最大的侵害来源于政府的公权力,为了进一步加强对人权的保护,该制度旨在使那些权利受到侵害的个人能有机会向人权事务委员会提出申诉。其主要内容如下:人权事务委员会有权接受并审查个人来文;议定书缔约国管辖下的,认为其公约所保护的权利遭受侵害的受害者;来文只能向既批准《公民权利和政治权利国际公约》,又批准《公民权利和政治权利国际公约任择议定书》的缔约国提出;来文必须署名,并已用尽国内救济,同时,所涉事件不处于另一国际调查或解决程序的审查之中。委员会就个人来文作出的决定只是意见,对有关缔约国没有约束力,但是这些决定一般都得到了有关缔约国的遵守。缔约国根据委员会的意见而采取了多种措施,例如,认定与《公约》不一致的法律已经被修正或废除,受害者得到了补偿、减刑或释放,等等。

2003年,第59届联合国人权委员会通过决议,决定设立工作组,讨论制订《经济、社会和文化权利国际公约任择议定书》。这向国际社会传递了一种明确的信息,国际社会欲加强对缔约国实施《经济、社会和文化权利国际公约》的监督力度。《经济、社会和文化权利国际公约任择议定书》的草案中也设立了个人来文制度。[①] 在此想要强调的是,个人来文制度实施以来的近几十年的实践证明其是行之有效的,在国际人权公约的监督机制中占有越来越重要的地位,因而需要我们深入地加以研究。

那么,对个人来文的属于少数群体的人的权利享有管辖权的监督执行机构主要有两种:

1. 在国际层次上,首先有国际法院,对属于人权问题的案件进行审理。其次是各种相关委员会,如消除种族歧视委员会,联合国人权事务委员会,联合国秘书处人权中心,防止歧视和保护少数人权利组委员会,人权事务高级专员,世界劳工组织(对少数人群体的就业、待遇等进行保护),联合国教育、科学及文化组织(在教育和文化中对少数人群体进行保护,如对各民族教育和文化遗产的保护等),世界卫生组织(对少数人群体的健康进行保护),经济与社会理事会,经济、社会和文化权利委员会,消除对妇女歧视委员会,等等。例如消除种族歧

---

① E/CN.4/1997/105.

视委员会就是根据《消除一切形式种族歧视国际公约》第8条规定而设立的。该委员会由德高望重、公认公正的专家18人组成,由该《公约》缔约国自其国民中以无记名投票方式选出。专家以个人资格任职,选举时须顾及公匀地域分配及各种不同文明与各主要法系的代表性。该委员会就是联合国监督成员国履行该《公约》的执行机制。

2. 在区域层次上,主要有区域人权法院,如欧洲人权法院、美洲国家间人权法院和各种委员会,如阿拉伯人权委员会、非洲人权和民族权利委员会、美洲国家间人权委员会。"欧洲人权法院在国际法上第一次赋予个人有权自动直接地向一个国际司法机构提起诉讼的权利。是国际人权保护方面的一项革命性创举。"①

国际法院和欧洲人权法院、美洲人权法院是国际性和区域性司法机构。但各种委员会,从法律上来讲并不是严格意义上的法院。它们作为现有国际条约的监督机构行使类似的司法裁判职能,是准司法机构。但这些委员会对涉及少数人的相关权利问题进行受理和申诉,构成了少数人权利保护中的重要机制。

## 案例分析

### 洛夫莱斯诉加拿大②

来文作者洛夫莱斯是一位马利西特印第安妇女。1970年她与一位非印第安男子结婚,依据加拿大《印第安人法》第12条(1)款b项的规定,她婚后便失去了其作为印第安人的身份和权利,这一结果导致她离婚后,无权再回到她原先居住的托比克印第安保留地生活。

来文作者辩称:加拿大《印第安人法》的第12条(1)款b项规定,是基于性别差异的一种歧视,因为依据该法律,一个印第安男子并不因为与非印第安女子结婚而失去其作为印第安人的身份和权利,此外,这一规定还侵犯了《公民权利和政治权利国际公约》第2条第1款、第3条、第23条第1款、第4款、第26条和第27条所确认的来文作者缔结婚姻的权利、不受歧视的权利和作为少数人群体成员享有自己文化的权利。

加拿大政府承认《印第安人法》的一些条款需要重新进行认真的审议和改革,但其强调该法是为保护印第安人群体的利益而制定的,该法的有关规定是基

---

① 周勇:《少数人权利的法理》,社会科学文献出版社2002年版,第141页。
② Sandra Lovelace v. Canada, Communication No. 24/1977: Canada. 30/07/81. CCPR/C/13/D/24/1977 (Jurisprudence). http://www1.umn.edu/humanrts/undocs/session36/6-24.htm.

于 19 世纪印第安人农业社会的父系家庭关系的传统,同时也是为了保护业已受到威胁的保留地制度。有关法律条款的修改只能通过咨商印第安人的方法来解决。由于印第安人自己内部对平等权利的问题意见不一,因此政府尚没有采取有效的措施。

人权事务委员会的意见认为:加拿大国内法的有关规定,使本案申诉人失去其印第安人身份以及与此相关联的各种利益的损害,特别是否认她作为印第安人所享有的居住在托比克保留地的权利。在申诉人所陈述的数项损害中,委员会认为最主要的是她失去生活在印第安人社群中所能享有的文化上的利益,她与其家庭、家族成员、朋友、邻居的情感上的联系和民族认同。在本案中,由于在托比克之外不存在类似的社区,否认申诉人的印第安人身份事实上侵害了她与其所属群体的其他成员一起享有自己文化和语言的权利。《印第安人法》的规定否认申诉人在保留地居住的权利是不合理的,这种限制对于保护该部落的认同是不必要的,因此加拿大政府违反了依据《公约》第 27 条规定所应承担的义务。在此案之后,加拿大修改了其《印第安人法》,删除了第 12 条(1)款 b 项的规定。

前述案例的处理是建立在个人来文制度基础之上的,其超越国家权力的准司法权力的运用是保障少数人(民族)文化权利的一个重要途径。人权事务委员会将来文作者"与其家庭、家族成员、朋友、邻居共同居住在托比克保留地等情感上的联系和民族认同"视为《公约》第 27 条所保护的重要的文化上的利益,是少数人(民族)文化权利的重要内涵。

# 第二十章 保 留 地

## 第一节 保留地制度概述

### 一、保留地制度由来及特点

保留地的形成与存在,根源于殖民者对原住民土地的大肆掠夺与政府对这种掠夺从允许到限定的政策变化。保留地制度的渊源可以追溯到新航路发现后,欧洲白人到达美洲、非洲等地初期。白人移民的到来,引发了种族矛盾和文化冲突,导致白人社会所说的"种族冲突问题"的出现。为处理这个棘手难题,从殖民地时期起,白人社会就试用过多种手段维持殖民地秩序,保留地即是其中之一。

保留地制度虽然经过了很长时间的发展,并且随着全球民族独立浪潮的兴起,民族独立意识不断增强,美国、加拿大、澳大利亚、非洲等地的保留地制度都与最初形成的保留地制度产生了很大差别,但是保留地制度本身是殖民主义的产物,殖民主义色彩虽然渐渐淡化了,却仍保留了一些痕迹。

### 二、保留地制度主要内容

保留地制度也可以叫做民族保留地制度,这是北美洲和大洋洲的一些原英国殖民地国家,如美国、加拿大和澳大利亚等国最早对土著人实行的政策,后来,拉美一些国家如巴西对土著人也实行这种政策。[1] 当今世界上有九种民族政治模式和理念,即民族联邦制度、民族地方化制度、民族区域自治制度、民族保留地制度(政策)、民族一体化制度(理论与政策)、民族文化多元主义制度(理论与政策)、民族政党化制度(政治制度)、民族社团化制度(管理方式)以及民族公民化制度。[2] 民族保留地制度作为一种重要的民族政治模式,不仅在历史上占有重要地位,而且在当代社会仍然发挥着不可替代的作用。民族保留地制度不仅存在于发达国家,非洲等地的发展中国家及我国台湾地区也都存在相似的制度。

保留地制度作为一种历史现象,对各地民族发展起到了一定的推动作用;但是,总体上作为种族压迫的工具,它给许多地区的原住民造成了灵与肉两方面的巨大不幸。美国建国之后的保留地制度与早期的保留地尝试之间,有着明显的

---

[1] 朱伦:《民族地方自治制度与民族保留地制度》,载《中国民族报》2006年8月11日第5版。
[2] 同上。

差异。早期的保留地是一些个别而零星的实验,范围较小,涉及的多为弱小而对白人友好的部落。1850年以后广泛实行的保留地制度,已成为一项全国性的政策,涵盖所有部落,形成一套完整的系统,具备复杂的功能。保留地制度的形成,标志着印第安人与白人社会之间的关系发生了历史性的转折。在此之前,各部落均属于独立于美国之外的主权实体,部落政府拥有各种决断权,在名义上与美国政府保持着平等关系;而保留地制度的推行,使印第安人完全陷入美国政府的控制与管理之下,部落政治权力被联邦代理机关所取代,印第安人彻底丧失了独立、主权和自由。[1] 就性质而言,保留地不过是联邦政府为隔离和改造印第安人而为各部落设立的临时居留地,部落对保留地没有所有权,联邦政府是其最高主权者和管理机关。联邦建立管理处作为保留地的核心权力机关。

### 三、保留地制度的现状

保留地制度在一定程度上缓解了各地的种族、民族矛盾,但是仍然不能从根源上解决问题。以美国印第安人保留地制度为例,印第安人保留地的面积总共为5570万英亩,约占美国总国土面积的2.4%。在这275个印度安人保留地中,既有联邦保留地,也有州保留地,其中州保留地主要集中在东部,以纽约州最多;而联邦政府保留地主要分布在西部。印第安人保留地在面积上相差甚远,其中面积最大的保留地为俄克拉荷马州的纳瓦霍部落领地,面积为15.4万英亩,最小的保留地面积仅为100英亩。而且其中相当一部分土地是由非印第安人所有,甚至许多保留地上印第安人完全被非印第安人所"包围",这就是"印第安人保留地的幻象"。[2] 长期以来,保留地上印第安人的生活水平和生活质量远落后于进入城市的印第安人。尽管进入20世纪以后,印第安人的平均寿命有了明显的提高,然而由于缺乏医疗设施、生活水准低下及酗酒、吸毒等现象泛滥,保留地上的印第安人人均寿命只有美国白人平均寿命的2/3。[3] 在印第安人保留地,失业率极高。2003年,印第安人合格劳动力中的失业率达到了49%,约为美国全国平均水平的10倍;在多山地区的印第安人保留地上,这一数字甚至高到70%;即使拥有工作却仍然生活在美国卫生贫困线以下的印第安人有32.5%。因此,有美国学者感慨:"红种人(对印第安人约定俗成的称谓)仍然是我们国家中最为贫困、经济条件最为凄惨的一群人,他们的生存处境不仅与其他美国人相去甚远,而且与城市贫民窟中生活的人比起来也相形见绌。"事实上,印第安人在当前美国社会中的经济与社会处境,所反映的不过是美国为印第安人事务所

---

[1] 李剑鸣:《美国印第安人保留地制度的形成和作用》,载《历史研究》1993年第2期。
[2] Fred L. Ragsale, Jr, "The Deception of Geography" in Vine Deloria, Jr. American Indian Policy in the Twentieth Century (Norman: University of Oklahoma Press, 1985), pp. 63-82.
[3] Stephen L. Pevar, "The Rights of Indians and Tribes", 3rd, p. 3.

设置的制度框架——印第安人保留地制度所存在的内在矛盾。作为一种制度安排,美国印第安人保留地制度已经存在了一百多年。

截至目前,不少学者将目光转向了原住民研究,或者从政策和文化的角度关注保留地制度的形成和进程,也对保留地制度本身存在的问题提出了建议和解决方案,这些都对保留地制度的发展起到了积极的作用。

## 第二节 发达国家的保留地制度

### 一、美国印第安人保留地制度

(一)美国印第安保留制度及特征

美国印第安人保留地制度是出现于19世纪50年代的、在内战后的10余年里得到广泛推行的一种制度。美国政府从印第安人部落原来拥有的土地中划出来供部落全体成员继续居住的那一部分土地,其边界确定,范围有限,印第安人不得随意离开,非印第安人也不允许擅自进入。保留地内的印第安人处于军队和联邦官员的控制与监督之下,被迫进行"美国化"。保留地制度不仅使印第安人失去了原来的家园和故土,而且剥夺了他们的自由、独立和权利。

印第安人保留地制度的形成是美国政府印第安人政策不断变化的产物。事实上,美国印第安保留地制度(American Indian Reservation System)的建立并非出于美国政府明确的政策设计,它是19世纪30年代美国政府为了将东部印第安人迁至西部,并将白人社会与印第安人这两个文化类型截然不同的群体隔离开来所采取的措施而形成的。① 作为一种制度安排,美国印第安人保留地制度主要不是通过政策宣示的形式建立起来的,而是通过美国国会的立法、美国各级法院对国会有关法律法令的解释和诉讼裁决形成的。

尽管美国印第安人保留地制度一直在发展变化,但这一制度仍具有四个较为稳定的根本特征:第一,在与联邦政府的关系中,部落被视为拥有固有自治权的独立实体;第二,部落的独立地位不是绝对的,国会拥有管理和调整部落地位的权力;第三,处理与管制部落的权力专属联邦政府,除非得到国会的授权,州政府不得介入印第安事务;第四,联邦政府负有防止印第安人的部落和财产权利遭到各州政府及其公民侵犯的责任。②

(二)美国印第安保留制度的形成过程

美国印第安保留地制度是有一个完整的管理体制的。1824年,美国政府设立了一个专司印第安事务的机构——印第安事务办公室(Office of Indian Af-

---

① 邓蜀生:《美国历史与美国人》,人民出版社1993年版,第302页。
② Canby, American Indians Law, pp.1-2.

fairs，简称 OIF)，1947 年更名为印第安事务署(BIA)，其主要职责就是协调美国政府与印第安人之间的关系，具体从事的工作包括对保留地事务、土地的管理及向印第安人提供各种服务。① 在印第安人保留地制度的制度设计中，印第安事务署隶属于内务部，最高行政长官为内务部长，直接负责印第安事务署工作的领导人为主管印第安事务的内务部副部长。内务部长和主管印第安事务的内务部副部长均由总统提名并经参议院同意后任命。

不过，尽管印第安事务署看起来煞有介事地全面介入到了印第安人保留地制度的运作，但实际上这一机构在处理印第安事务中却又无甚作为。在美国的印第安人保留地制度的设计中，联邦政府对印第安人的托管权建立在印第安人还不具备全面管理自己财产和生活能力的基础上。但在实际操作过程中，托管原则经常发展成为极端的"父权主义"：运用美国现代社会的标准来衡量印第安人的文化传统，为了使印第安人走向"文明"，联邦政府运用强制手段同化印第安人，并试图通过解散印第安部落、分配印第安人的共有土地、使印第安儿童走出自己的土地接受美国主流社会的教育等措施，使印第安人接受白人的文化和生活方式，融入让他们消失和淹没在美国主流社会的汪洋大海中。

也许在美国印第安政策评估委员会 1977 年《最终报告》中能够找到这一悖论的答案。报告认为："印第安事务署……已经把(美国政府对印第安人和其部落的)托管原则用做发展自身对印第安部落和印第安人进行日复一日'家长式统治'的一种工具。联邦政府与印第安人之间的托管法，在国会和法院判决中都有所体现，要求的是对印第人的保护，而不是对印第安人进行统治……这种关系不应该仅仅被视为一种道德和法律义务，更应该被当成一种合作关系，以确保印第安部落能够使用其工具和资源来维持自身作为一个独特的政治和文化群体而存续。"② 由此似乎可以得出结论，印第安事务署之所以无所作为的根本原因，在于联邦政府对印第安人及其部落的托管权与印第安人的自决这两者之间存在的矛盾，以及美国主流文化与印第安人文化之间的冲突。

尽管在保留地制度的推行中产生了巨大的矛盾和冲突，但这并不意味着推行印第安人的自治有什么错误，而是美国保留地制度本身蕴含着深层的不平等和不公平。实际上，鼓励印第安部落的自决和印第安人的自治要求联邦政府充分尊重印第安人的文化传统、宗教信仰、生活方式、社会习俗，以及经过几千年的演变过程发展出来的社会结构，并给予他们发展自身文化必要的政治和经济帮助，要求联邦政府将印第安部落的自决和印第安人的自治落到实处，同时给予印

---

① Francis Paul Prucha, The Great Father: *The United States Government and the American Indians* (Lincoln and London: University of Nebraska Press, 1984), p.1127.

② American Indian Policy Review Commission, *Final Report* (Washington, D. C.: Government Printing Press, 1977), p.106.

第安人切实的帮助和指导,而不是由联邦政府操控一切重大事务。联邦政府在印第安事务上的这些发展方向并不意味着就一定要摧毁印第安人保留地制度,也不会触及美国宪法中的"确立国教条款"(establishment clause),但它无疑要求联邦政府重新设计印第安人保留地制度,以真正适应印第安部落自决和印第安人自治的特殊需要。

在美国推行印第安人保留地制度的过程中,不难看到家园毁灭,土地丧失,迁移路上饱经磨难,生活环境发生巨变,人口锐减,独立和自由均付诸东流,印第安人承受了深重的灾难。这些不幸几乎是所有进入保留地的部落的共同经历。但是印第安人保留地制度之所以没有彻底被否决,一部分原因要归结于印第安人各部落在推行保留地制度之后所起的变化并不相同。

有一些原来文化比较发达的部落,在政治、经济和文化各方面都得到了复兴,在迁入印第安领地后,从保留地制度造成的苦难中崛起了。还有一些部落在经过抵制之后,也开始走上生产自给的道路。但这当然只是一小部分,在保留地内获得复兴与发展的最明显的是从东南部迁入印第安人领地的"五大文明部落",即切罗基族、乔克托族、奇卡索族、克里克族和塞米诺尔族。① 不过,5个部落对保留地制度的成功适应,在保留地时期的各部落中并不具有普遍性。相当多的部落,或部落中的相当一部分人,都不像5个部落那样获得了很大的发展。情况较好的是逐步走上了生产自给的道路。据1872年联邦印第安人事务专员的年度报告,在20多万保留地印第安人中,约有134,000人做到了生产自给。除了这些部落之外,大部分剩余的部落在迁入印第安领地,实行保留地制度后长期未能适应新的变动,趋于消沉和颓废。

有的部落对保留地制度进行过长期的抵制,由于不能适应生存环境的巨变而经受了更加深重的苦难。比如很多原来生活在大平原和西南地区的部落,他们多以游猎采集为经济生活的基本手段,而且骁勇善战,特别是接受白人传入的马匹和枪支后,更是行踪不定,四处袭扰,使边疆居民为之胆寒。由于这种生活方式需要有极广阔的活动空间,因而保留地制度对他们始终是格格不入的。所以,他们从一开始就对保留地制度进行坚决抵制。1867年10月联邦官员与大平原诸部落首领会谈,要求他们迁入保留地。凯厄瓦族首领萨坦塔回答说:"我们热爱这里的土地和野牛,我不会与它们分开……我不想定居。我喜欢在原野上漫游,在这里我感到自由和快乐;但当我们定居下来后,我们就会变得衰弱,就会死去。"其他部落也表示了同样的态度,但最后他们都被迫在条约上签字,同意迁入联邦指定的保留地。基本上对保留地制度进行反抗的部落都失败了,但也有少部分印第安人的抵制取得了成功。内兹帕斯族对保留地进行长期抗拒

---

① 李剑鸣:《美国印第安人保留地制度的形成和作用》,载《历史研究》1993年第2期。

后,于1885年获准返回故地。庞卡人首领立熊思念故土,率30名族人逃出保留地返回故地,遭到逮捕,联邦司法机关在审判他们时认定,"和平的印第安人"有权自由出入保留地。

尽管部分印第安人部落对保留地制度采取了激烈的反抗,不过,更多的印第安人对保留地制度的抵制,采取的则是消极、被动的方式。有的人沉湎于游乐,或玩牌、或赌马、或举家出动走亲访友数月不归。对老年人来说,回忆过去乃是逃避现实苦难的最好方法。他们不厌其烦地向下一代讲述当年的野牛、鹿、狩猎和部落战争。由于印第安人多无文字,这种口碑流传便成了他们保存历史和文化的主要方式。那些在1860—1887年间迁入保留地的部落,大多不习惯定居生活。他们不肯从事农业、牧业,也不喜欢政府提供的食品,觉得什么都不如野牛肉好吃。但没有野牛可猎,也只得退而求其次,终日无所事事,呆坐度日,等着联邦政府发放配给。绝大部分人都在以各种方式默默忍受保留地的不幸生活,但也有人将自己的不满表露出来。肖肖尼族首领沃夏基1878年对怀俄明州州长表白:"先是失望,继而是深深的悲哀,接着是难言的痛楚,接下来有时苦不堪言而使我们想起枪、刀和战斧,点燃起我们心中的绝望之火——先生,这就是有关我们的经历、我们的悲惨生活的故事。"苏族一位预言家说,从前印第安人生活快乐,但白人来后他们的土地越来越小,最后被禁锢起来了。阿帕奇保留地的一首歌谣唱道:"一切都已逝去"。生活环境和角色地位的突变,使许多人感到无所适从而心境悲凉。一些人以酗酒来逃避现实。尽管联邦管理机关明令禁止向保留地印第安人出售酒类,但酒还是通过各种渠道到了印第安人手中。酗酒者多为当年的武士,他们被迫放下武器,无仗可打,便借酒浇愁,有"醉印第安人"之称。与酗酒相伴的是犯罪率上升。所以,酗酒成为保留地最突出的社会问题。

当然,不论是何种情况,印第安人似乎都没有失去复兴的希望,还在尽力保存自身的文化传统,梦想回到过去的黄金时代。处境不幸的印第安人并没有彻底消沉和丧失希望。一位苏族祭师临终前向至上神祈求道:"让我的人民生活下去吧!"至上神没有让他失望。印第安人虽经保留地制度的毁灭性打击,仍以一个种族而生存下来,不能不说是历史的奇迹,表明这个种族具有很强的生命力。他们仍在顽强地维护本族的文化传统,在内心深处埋藏着复兴的梦想。联邦政府在保留地推行同化政策,不准印第安人保持原来的风俗、仪式和宗教,因而他们只能秘密进行传统文化活动。太阳舞、青谷舞和派尤特崇拜在保留地十分盛行,梦幻者教、鬼魂舞教、印第安人震颤教也拥有众多的信徒。这些传统仪式和宗教,一方面显示了印第安人文化的凝聚力,另一方面表明印第安人相信,总有一天白人会被消灭,印第安人的黄金时代又会到来。所以,虽经政府禁止围剿,这些仪式和宗教仍未绝迹。

美国赋予印第安人的有限自决在本质上与联邦政府对印第安人的所谓"托

管权"存有内在矛盾,这一矛盾决定了美国印第安人保留地制度不足以解决困扰美国政府长达 200 多年的"印第安人问题",也决定了印第安人时至今日仍然无法有效地行使自己的自决权。如果美国政府无法在印第安人的自决权与联邦政府的"托管权"之间寻得一个恰当的平衡,这一问题仍有可能继续困扰美国政府。

(三) 美国印第安保留地的法律地位

20 世纪末,印第安人在收养、抚育印第安儿童和保持其宗教信仰方面享有了特别的权利;通过立法和谈判,印第安人与白人在水资源、土地、捕猎等问题上的权利争执逐渐得到解决,印第安人的民间工艺得到了法律的保护。同时,在联邦政府一再公开允许印第安人实行自决的推动下,部落政府在印第安人事务中发挥了重大作用。2002 年,联邦上诉法庭在"美国政府诉马祖尼"(United Stated v. Mazurie)部落案裁决中,对印第安人在美国社会中的地位做出了如下说明:"印第安部落既不是美国的州,也不是联邦政府的一部分,更不是上述两者的分支机构。相反,各印第安部落都是拥有主权的政治实体,这种主权权威并非来自于美利坚合众国的授予,而是古已有之。鉴于它们源远流长的部落主权,印第安部落有行使自决的权力。""半主权"和"半独立"地对其部落成员及领地行使主权的实体。至此,文化多元主义最终取代种族同化而成为美国政府印第安人政策的精神原则,部落的合法地位方获得可靠的保障。由此,保留地演变成了一种自治单位,每个保留地都建有自己的部落政府。但印第安人的自治权仅限于管理保留地内部事务,自治单位也不是国家行政权力链条中的一环,印第安人更没有作为一种政治力量参与所在州和国家管理的权利和可能。

总之,20 世纪 70 年代以后,印第安部落开始逐渐行使着原本就属于他们的自决与自治权,但是这种自决与自治仍是不充分、不完备的,尤其会受到国会任意权力的限制和威胁。尽管有法学家指出:鉴于给各印第安部落政府所带来的内部影响和给各州以及处于印第安人领地中的非印第安人个人及其企业所带来的外部影响,印第安人的部落主权仍不失为具有很大生命力的重要原则。但他们也指出,联邦政府在削减印第安人土地和部落主权上所拥有的广泛权利,使印第安人部落很难避免依附于联邦政府提供的指导和馈赠。

(四) 美国印度安保留地上的司法权

印第安人保留地上的司法权是美国联邦政府、州政府及其部落政府共同行使的,任何一个政府都不拥有在保留地行使司法权的专有或排他的权力,而是由一系列联邦法、州法、部落法律规定及各级美国法院所作出的司法判决共同决定。美国印第安部落政府与联邦政府和各州政府一样享有"主权豁免权",美国印第安人法禁止针对印第安部落发起诉讼活动的规定,是印第安人享有主权和自决权的逻辑延伸。"主权豁免权"的存在,在一定程度上有利于印第安人主权的维护。根据"主权豁免权"原则印第安部落政府能够在一系列活动中免于被起诉,这些活动不仅包括由于部落的行为给受害者造成的损失,还涵盖法规说明或禁令解除等行为,这一权力甚至还延伸到部落政府的所辖各个机构及部落政府所开办的企业等实体。

部落的这一权力无论是在保留地内还是在保留地外、也不管对其提出指控的是个人或机构、也不论争议是出现在管理活动中还是在商业活动中均有效。在印第安人保留地上,行使刑事司法权的既有联邦政府,也有州政府,还有部落政府,但它们都不具有对保留地上刑事案件排他和绝对的司法管辖权,而是在这三者之间进行一定的划分。这其中涉及五个主要原则:(1)国会有决定哪个政府有权在印第安人保留地上行使刑事司法权的最终权力,国会还拥有扩大或限制联邦政府、州政府或部落政府刑事司法权大小的权力;(2)印第安部落有对其部落成员行使司法权的固有权力;(3)除非得到国会授权,否则印第安部落无权对非印第安人行使刑事司法权;(4)除非得到国会的明确授权,无论联邦政府还是各州均无权对在保留地上犯罪的部落成员行使司法权;(5)对在保留地上发生的、由非印第安人针对非印第安人的犯罪,各州有权行使司法权。

《印第安人领地犯罪法》国会授权联邦政府将联邦刑法适用于印第安人保留地的所有犯罪行为。

例外:(1)由一名印第安人针对另一名印第安人的身体或其财产的犯罪;(2)根据条约规定,那些属于部落司法管辖权限内的犯罪;(3)印第安人被告已得到部落法庭惩罚的犯罪。

《重罪法》规定,在印第安人保留地上所发生的谋杀、人身伤害、绑架、强奸均须移交联邦法院进行审理,不管犯这些罪行的人是不是印第安人。几经修订以后,今天的《重罪法》所规定的、必须交由联邦法庭审理的刑事案件已经远远超过了原来所规定的几项罪行,如新增了抢劫、乱伦、对未成年人的性侵犯以及用危险武器对他人和物体进行攻击等罪行。这意味着联邦政府已经开始全面介入部落的刑事司法权,而部落政府的司法权被削弱。

《同化犯罪法》规定,所有那些不属于各州刑事司法管辖权范围内的刑事犯罪均归联邦政府管辖,这样一来,原本处于各州司法管辖权外的保留地刑事案件自然就由联邦法院审理,意味印第安人保留地上的所有刑事案件均可以纳入联邦法律的司法管辖范围。

《第280号公共法》根据此法的授权,有六个"命令州",它们是:加利福尼亚州、明尼苏达州(除红湖保留地)、内布拉斯加州、俄勒冈州(除暖春保留地)、威斯康星州(除梅诺米尼保留地)和阿拉斯加州。有权在本州的所有印第安人保留地土地上全面行使刑事司法权。除了这六个"命令州",其余44个州为"自选州"。"自选州"可以根据本州的实际情况和意愿选择在保留地上行使部分乃至全面的刑事司法权。在这些州中,对保留地全面行使刑事司法权的只有佛罗里达州,其他各州只是在本州特定地域特定保留地的某些特定刑事案件上行使司法权。

在此法中,也有对印第安人的刑事司法权的"保护"条款,这就是各州在保留地上行使刑事司法权时必须遵循以下三个要求:(1) 各州不得向印第安人的托管财产课税、抵押或转让;(2) 不得以任何与联邦政府的法律相抵触的方式管理印第安人的托管财产;(3) 各州不得剥夺一个印第安人或部落由联邦政府向其提供保证的狩猎、捕鱼或围猎权,同时也不得剥夺印第安人批准、控制或管理这些活动的权利。

相对于刑事司法权而言,印第安人保留地上的民事司法权较为简单。它遵循的基本原则是,部落对于保留地上的印第安人(包括非部落成员印第安人)拥有广泛的民事司法权,州政府对保留地上非印第安人的活动一般拥有民事司法权,而联邦政府未经国会的同意不得在保留地上行使民事司法权。但这些基本原则不是绝对的,它也存在许多例外。近年来,部落政府对保留地上非印第安人行使民事司法权受到了越来越多的限制成为日益明显的趋势。[①]

## 二、加拿大原住民保留地制度

加拿大原住民,又被称为是加拿大原住民公民。他们是在1982年宪政法案第25和35节中所认定的原住民族群,分别是印第安人、梅蒂斯人和因纽特人。[②] 远在第一批欧洲殖民者在北美海岸登陆之前,以印第安人为主的原住民就已经长期生活在北美大陆了。所以这些北美印第安人被称为第一民族,他们是这片广袤土地的原始主人。根据2006年的人口普查,加拿大有超过1,172,790人次和国家整体人口数3.8%的原住民人口。其中包含了698,025个第一国族子嗣的人口,389,785个梅蒂斯人和50,485个因纽特人。但是,原住民的生活状况并不乐观。据统计,原住民的经济状况、生活水平、健康条件等各项生活指标均大大低于加拿大的全国人均水平,如原住民的平均寿命比加拿大人平均寿命少7岁;原住民年轻人口中的自杀率是加拿大人口平均水平的5倍;原住民人口在监狱中的比率比加拿大人口在监狱的比率平均高2倍,这些都反映出严重的社会不平等。[③] 所以原住民问题在加拿大政治中吸引了很多注意力。1982年宪法重新定义原住民,表现出加拿大政治环境变化和对原住民问题更加重视。但从政策影响的角度看,这样重新定义后的原住民概念包延性更明

---

① 杨恕、曾向红:《美国印第安人保留地制度现状研究》,载《美国研究》2007年第3期。
② Constitution Act 1982, Part II, p.35.
③ Rand Dyck, Canadian Politics-critical approaches, 3 edition, p.67, Toronto: Nelson Thomson Learning, 2000.

显,也凸现原住民的"非领土/超领土集团"①的性质,因为在保留地内的原住民已经少于在保留地以外的散居融合于加拿大社会中的原住民,而且这个趋势在继续扩大,从而给相关的法规、政策的制定和执行增添了更多的变数。

加拿大的国家代表人员包含了原住民国族联合议会、依努特团结组织、梅蒂斯部族议会、加拿大原住民妇女协会、全国友谊中心协会和原住民族国会。在作为当地原住民的意见代表这一问题上,某些人并不认可他们。当地的原住民比较倾向于依赖自己的传统律法以及管理,并且依传统法规行事。一些原住民宣称他们的主权从未消失过。他们列举出在1982年加拿大宪政法案第25节提到的1763年皇家宣言、英属北美法及加拿大和英国签署的1969年维也纳条约法公约以捍卫自我管理与统治的权利。皇家原住民族委员会是一个在1990年代,由加拿大政府所掌管的重要委员会。它评断过去政府对于原住民族群的政策,像是住宿学校,并且提供许多政策建议给政府。然而,大部分皇家原住民族委员会提出的建议到目前为止都没有被联邦政府应用。在就业平等法之下,原住民族是一个被指定为包含女人、可见的少数民族和弱势族群的团体,但他们在法案下和在加拿大统计局的观点里不被认为是一个可见的少数族群,因而有相当多的权益受损。

原住民自治政府是加拿大在联邦制度下所尝试建立的一种特殊的政府形式,其要旨是由原住民,主要是印第安人,根据民族自决的原则以自治的形式在政治上管理自己的事务。自20世纪从非殖民化特别是民族自决权成为普世性人权之后,以单一核心民族为共同体认同而建立的民族——国家成为一种普遍的国家形式。冷战结束后,民族主义复兴高涨,多民族国家的解体在国际政治中画出了一道新的风景线,比如前苏联和前南斯拉夫联盟的分裂结局。当然不能否认,还有许多现代多民族国家继续存在和发展。理论上一般认为联邦制是与现代多民族国家的建立和生存相适应的国家体制,因为它可以包容民族多样性,在不损害国家的认同、统一、主权完整的前提下协调各民族对国家体制的利益要求,但在实践中联邦制也不能保证多民族国家的成功。加拿大作为一个宪政高度发达的联邦制的多民族国家,其殖民主义的历史所遗留下来的原住民的自决权和自治问题是仅次于魁北克独立的政治难题,如何解决这个难题对加拿大作

---

① Michael Burgess, The Federal Spiritasa Moral Basisto Canadian Federalism, International Journal of Canadian Studies, no. 22, fall 2000, pp. 13-35; Ann-M. Fieldand Frantois Rocher, Ata Juncture? Fora New Understanding of Federalism and Citizenship in Canada, International Journal of Canadian Studies, no. 22 fall 2000, pp. 37-65.

为一个联邦制国家的将来至关重要。①

英帝国北美殖民当局以及后来的美国和加拿大政府的原住民政策都是以印第安人政策为中心。在原住民政策的问题上,最重要的联邦法律文件是加拿大联邦政府1876年制定、后又多次修订过的"印第安法案"(The Indian Act)。该法案基本规范了印第安人问题的法律界限和联邦政府的责任。在该法案下,加拿大联邦政府的原住民政策包括了两个重要的内容:一是在为加拿大经济发展提供"合法"和充分的土地资源保证的基础上建立保留地,将印第安人与主流移民社会分隔开;二是将主流社会的"先进"的欧洲政治文化传统强加给印第安人社会,比如帮助指导建立印第安部落议会的政府权力形式。此外,联邦政府还对印第安人的身份地位作出相应的法律规定。这些政策既反映了联邦政府同化印第安人、试图将他们融入加拿大欧洲移民主导的主流社会的政策目标,也规划了加拿大国家发展、社会变化情况下原住民的迁徙、身份变化等问题,同时也进一步削弱了原住民原有的"领土集团"性质。总之,一直到20世纪70年代加拿大联邦政府的印第安政策主要是强制性的同化。这种同化政策是制度化的和结构化的,基本脉络是"制度性的分隔——运用政策影响原住民社会演变(按照欧洲移民主流社会的标准)——最后达到民族同化和融合。②

1969年特鲁多领导的自由党政府关于原住民政策的白皮书(WhitePaper-OnIndians)的失败在加拿大联邦政府原住民政策历史演变上是个转折点。白皮书的宗旨是在自由平等原则上的对同化原住民的政策作出新的阐述和安排,目的是建立一个真正的族群平等的加拿大社会。但社会舆论强烈反对白皮书,特别是取消原住民特殊地位的决定被原住民看成是一种政府对过去承诺的背叛,并强烈刺激了原住民作为一个共同体发展自己的民族意识和参政意识。白皮书最终以失败结束,但其结果的象征性意义重大。③ 自此以后,原住民与联邦政府的关系就开始进入"谈判原住民权利和自治政府"的阶段。1971年的"卡尔德决定"(Calder Decision)首次在西方现代法律基础上承认原住民的权利,而1982年宪法更确认了原住民的权利并且宣布这些权利不能为联邦、省政府立法所取消。

---

① 加拿大原住民自治问题也对像中国这样的多民族国家将来的国家宪政建设有重要的启示作用。有分析认为虽然中国是单一制国家,中国的民族区域自治是在单一制宪法下的一种特别的自治政府形式,但是香港、澳门特别行政区基本法都实际上在中国宪法体系里注入了一定的联邦主义的因素。参见Minxin Pei, Self-Administration and Local Autonomy: Reconciling Conflicting Interests in China, in Wolfgang Dangspeckgruber, ed., *The Self-Determination of Peoples*, pp. 315-333. Boulder: Lynne Rienner Publishers, 2002.

② Mark S. Dockstator, Towardsan Understanding of Aboriginal Self-Government: Aproposed Theoretical Model and Illustrative Factual Analysis, D. J. Thesis, Osgood Hall Law School, York University,1993, pp. 131-132.

③ Alan C. Cairns, Citizens Plus: *Aboriginal Peoplesand the Canadian State*, Vancouver: UBC Press, 2000.

以后原住民作为一个道德合法性、影响力逐渐增长的团体在加拿大政治中更加活跃,原住民的自决权利特别是自治政府的问题也一再被提到修宪的日程上来。在1992年莎洛城(Charlottetown Accord)修宪文件中原住民自治政府作为加拿大联邦之中的第三级政府(Third Order of Government)的原则得到了承认。但是修宪文件在全国公民投票中未获通过,这是实现原住民自治政府进程中的一个重大挫折。随后联邦政府任命的原住民问题皇家专门调查委员会(Royal Commission on Aboriginal Peoples)经过几年的公共听证和分析研究作出了详细的政策报告,其中包括如何实现原住民自治政府的建议。但在加拿大现实政治情况下该建议被执政党束之高阁。

尽管如此,20世纪八九十年代的两次修宪失败后,在原住民自治政府建设方面还是有一些具体的新发展,特别是比较重要的两个原住民自治政府的尝试:新北方行政区(Nunavut)的建立和不列颠哥伦比亚省纳斯卡(Nisga)地区原住民自治政府条约的签订。这两个新发展模式都有其示范意义:前者为原住民领土与行政区的重叠,成为真正的原住民自治政府,但其内部政治结构和制度安排又与其他省级政府相似;后者为将土地所有权的争议和原住民自治政府问题在一个包容性很大的条约中一揽子解决,具体条约中有许多试验性的内容。

如果从原住民的角度看,500年来的原住民与殖民当局和加拿大政府的关系历史可以分成几个阶段:两者的相遇碰撞、殖民占领、政策分隔、同化的失败到谈判自治政府。在每一个特定的阶段里,殖民当局或加拿大政府实行过相应的政策措施,但从来没有把原住民当做自己事务的真正的主人。概括地说,加拿大的原住民自治政策有一个长期的演变过程,从最早的殖民主义色彩主宰的家长制的管理权,到失败了的强制同化政策,再有后来的谈判、修宪解决之道的尝试。现在联邦政府的基本政策虽然是对自治政府一般原则和道德合法性的认可,但真正实现在现存联邦主义的框架内的原住民自治政府则必须面对大量待解决的法律、政治、行政管理等实际问题。

### 三、澳大利亚原住民保留地制度

澳洲原住民,英文中为 Indigenous Australians,是最早居住在澳洲大陆和其附近岛屿的民族。尽管欧洲人定居澳洲已经非常久远了,但是仍有澳洲原住民居住在澳洲。因此,澳洲原住民也泛指所有世代居住在澳洲,拥有传统土地的澳洲原住民,包括澳洲大陆、塔斯马尼亚、离岸岛屿和托雷斯海峡群岛的居民,他们也被称为土著。澳洲原住民包括了各种各样的不同社会群体和族群,这些族群拥有极为不同的物质文化、习俗、语言、科技和居住环境。但是,这些民族又有一些共同的特征,且被视为相近的民族,因此许多澳洲传统或本地的社会群体,共同拥有一样的族群认同即澳洲原住民。

澳大利亚原住民族与欧洲人经过了许多碰撞最终融合。始于19世纪的血腥的"武力安抚"和直至今天的都市同化,都彻底改变了其原始的原住民文化。为了防止人们所认为的原住民族解体的可能性出现,澳大利亚政府于20世纪20年代末和30年代初为原住民族建置了若干保留地。可是,没有一个原住民有生以来从未与澳大利亚现代社会接触过,经过长期的融合,现在,他们都是澳大利亚公民了。不过,在第二次世界大战以后,有人发现澳大利亚南部曾出现很多有明显特征的原住民民族集团,这些人坚持统令,反对同化。也就是说,保持原住民族的本来面目,以之作为一种独特的身份标志而与其他澳大利亚人区别开来。在澳大利亚北部,斗争的焦点曾集中在土地的所有权及支配权这些问题上,包括在原住民民族保留地上矿山开采项目中的土地价格之补偿(不仅仅是使用费)以及物产收益之分享等。现在,越来越多的澳大利亚人发现自己是土著人或托雷斯海峡岛民的后裔。在2001年开展人口普查时,澳大利亚原住民人口约在41万左右。预计到2006年,土著人和托雷斯海峡岛民总人口可能会突破50万。

州政府和联邦政府从20世纪70年代开始,通过多种立法机制认可了原住民治理的现实,包括设立原住民社团的立法、土地委员会[①]、地方政府委员会。州政府也为原住民社群保留或授予了土地,使得他们有机会延续传统。此外,从20世纪70年代开始,有人提出土著有可能与联邦政府签订条约或者协议,尤其在1975年至1983年间,弗雷泽联合党政府和其后的霍克工党政府内,这一思想得到相当多的支持。双方最积极的谈判运动发生在1988年的200年庆典期间。在北领地州Barunga节的演讲中,总理承诺了一个条约,条约运动达致顶点,但是这一条约并未缔结。

最有意义的政府主动行为发生在20世纪70年代,一系列国家级原住民代表机构成立了。最初成立的是惠特拉姆工党政府中的土著事务局和国家土著咨询委员会(NACC),紧随其后的是弗雷泽联合党政府中的国家土著协商会议(NAC)。1989年,NAC被霍克工党政府中的ATSIC取代。之后,《ATSIC法案》的颁布为原住民建立了一个综合的治理模型,该法案通过国家代表机构连接地区,同时自1999年起它还为经由ATSIC选举程序决定社群代表提供了一个构架。

目前,澳大利亚原住民遍布澳大利亚全国各地——30%生活在大城市;43%在各州和地区;27%在偏远地区和边远岛屿。2001年,超过半数的原住民生活在新南威尔士州和昆士兰州,其中大部分原住民居住在城区。同年,新南威尔士

---

① the Aboriginal Land Rights Act 1983 NSW; Aboriginal Land Act 1991 Qld; Aboriginal Lands Act 1995 Tas; Aboriginal Lands Trust Act 1966 SA; Aboriginal Lands Act 1991.

州原住民数量高达13.5万人,高居各州榜首。同时,北部地区总人口中原住民的比例最高,达到29%左右。原住民与土地有着源源不断的传统联系,土地有助于原住民实现持续的社会、文化和经济发展。澳大利亚国土面积的16%左右(主要是内陆地区)为原住民所拥有或控制。如今,丰富多样的原住民文化已成为澳大利亚国家特征的至关重要的组成内容。原住民为艺术、传媒、学术、体育和商务等诸多领域做出了重要贡献。澳大利亚政府孜孜不倦地努力确保原住民有机会获得土地、拥有土地。

澳大利亚政府监督着一系列旨在帮助原住民消除某些领域根深蒂固不平等现象的计划。这些计划包括改善原住民在卫生、住房、教育、就业等方面的机遇。2004至2005年度,政府将提供约29亿澳元,用于资助原住民专门计划的开展。

## 第三节 发展中国家和地区的保留地制度

### 一、非洲保留地制度

西方早在16世纪就开始了对非洲的殖民侵蚀,而19世纪中后期到第二次世界大战结束是欧洲殖民者对非洲大陆入侵的高潮和巅峰期。第一次世界大战以德奥帝国主义的失败而告终,德国在海外的殖民地成为协约国主要参战国的瓜分目标,非洲的殖民统治在一战后出现了一些变化,"非洲的白人移民殖民地积极推行有利于白人移民的政策,通过颁布形形色色的种族主义法律,确立了以种族歧视为基础的政治统治制度"①。其中,英国对非洲各殖民地采取自由放任、非中央集权的间接统治,"即保存殖民地原有的制度和习惯,对忠于英国的上层统治者委以重任,代表英国实施统治,由殖民当局向他们提供薪金"②。并推行保留地经济,"即把非洲农民从肥沃的土地上赶到地处边远、土地贫瘠的地方劳动和居住,这里被称作非洲人的'保留地'。生产仅以自给自足的农业为主,由于土地不足,人口拥挤,无以为生的非洲人被迫离开保留地到白人的矿山和农场充当廉价劳动力。但当黑人劳工被压榨得失去劳动力时又可回到保留地。"③英国的殖民统治使保留地统治初现雏形,但是保留地作为一种制度在非洲出现却是在19世纪50年代前后。

面对第二次世界大战后南非黑人民族解放运动蓬勃发展的形势,从20世纪40年代末开始,白人统治集团开始改变统治非洲人的方式。他们制定了一套班图斯坦制度(后来改称黑人家园制度),逐步实现白人与黑人的政治分离,以便

---

① 艾周昌、郑家馨:《非洲通史》近代卷,华东师范大学出版社1995年版,第40页。
② 刘宗绪:《世界近代史》,高等教育出版社1986年版,第20页。
③ 同上书,第35页。

由白人永远霸占87%以上的南非国土,并有效控制其余12.7%的前土著保留地,造成黑人已在"自己国土"上管理自己的假象。班图斯坦制度是南非土著保留地制度的发展。保留地制度原是19世纪中叶以后英国殖民者大规模掠夺非洲人土地的产物,它将非洲人保留土地的范围限制到最小程度,而把保留地以外的大片土地任由白人霸占。非洲人的保留地极其零散,有近300块,总面积约1700万公顷。大多是贫瘠缺水的劣地,仅能养活保留地内1/4人口,因此有一半以上黑人一直居住在保留地以外的白人地区,成为白人资本家和农场主的廉价劳动力。白人政府通过一批当地酋长统治保留地,发布行政命令,征收人头税,征调差役。

1948年南非D.F.马兰的国民党政府执政,颁布了一系列实行种族隔离和镇压人民反抗的法律;1951年制定了第一项实行班图斯坦制度的法案——班图权利法,法令规定:对黑人实行按部落分治的原则;建立由白人政府任命的部落酋长掌权的三级立法、行政机构。第一步首先实行部落自治,在近300个保留地建立632个部落自治机构。

1959年南非政府颁发班图自治法,计划把632个部落自治机构,按所属族别,拼凑成8个班图斯坦自治区(后增加到10个),在班图斯坦自治区内分别设立南非政府一手操纵的立法会议和自治政府,原保留地改称班图斯坦(黑人家园)。1964年,3块互不相连的特兰斯凯保留地经过南非政府规定的立法程序,变成为班图斯坦,建立了自治政府。到1976年,南非政府设立了特兰斯凯、博普塔茨瓦纳、夸祖卢、莱博瓦、西斯凯、加赞库鲁、文达、斯瓦士、巴索陀夸夸、南恩得贝莱10个"班图斯坦",各自成立自治政府。1970年南非政府通过了班图斯坦国籍权利法,强行规定所有住在白人地区的南非黑人都必须从属于一个班图斯坦,并取得其"国籍",以便取消所有南非黑人的南非国籍。

20世纪70年代末,南非黑人群众运动蓬勃发展,提出争取多数人统治的口号。在这种形势下,白人政府加速推进班图斯坦"独立"的进程。1976年10月,南非政府宣布特兰斯凯独立。其后,又宣布博普塔茨瓦纳(1977年12月)、文达(1979年9月)和西斯凯(1981年12月)独立。其余6个班图斯坦改称"未独立黑人国家",也将陆续宣告"独立"而分离出去。根据南非政府制订的"各国"宪法,已宣布独立的班图斯坦的公民将丧失南非国籍,属于各班图斯坦"国籍"的城镇(白人地区)黑人将成为外国人,他们将失去在南非的一切权利。

已经宣布"独立"的班图斯坦国,其政治、军事、司法和外交事务仍受南非政府严格控制;多半议员由南非当局指定,官员也由其培训和任命;大部分预算由南非提供。班图斯坦境内土地狭小贫瘠,农业落后,工业薄弱,"独立"后在经济和政治上都陷入极其困难的境地。

南非政府的这种做法,激化了种族矛盾和阶级矛盾,遭到黑人的强烈反对和抵制,加剧了南非的政治危机,也影响了南非经济的发展。1978年博塔政府上台后不得不大力修补班图斯坦政策。20世纪80年代初,南非当局进行"改革",1983年9月通过了新的南非共和国宪法,让有色人和白人分享权力,但广大黑人的政治权利仍被剥夺。

## 二、我国台湾地区的原住民制度

"原住民"对于汉语而言是一个外来词。"其对应着西语的 indigenous 一词,在不同的文本里也被译为土著、土人或原著民等。Indigenous 词根 indigen 的主要含义是指土生、本地、固有等,与外来、移植、引进等相区别。在用指人群时,indigenous 的意图在于一种分别,即以生长和居住地的来源为准区分内和外。对于被数世纪以来一波又一波殖民化浪潮深刻改变了的人类格局来说,这种区分的突出作用在于强调殖民者与殖民地的关联和差异。也就是说,'原住民'其实是一个两边看的相对概念:对于通过地理大发现而向全球扩张的殖民者而言,世界上所有被征服与待征服地的人群都是 Indigenous;而在后者的眼光里,他们始终是自己故土的世居者和主人,而殖民者们则是外来者、异己和陌生的人群。"[①] 一些影响广泛的国际组织也给原住民下了定义:"原住民,也称土著少数民族(indigenous ethnic minorities)或部落人(tribal groups),指的是拥有与主流社会不同之社会及文化身份的人群。这些群体每每因其独特的身份而在发展过程中处于弱势而且易于受到伤害。"[②]

台湾原住民,是指汉人移居台湾地区前最早抵达台湾定居的族群、原住民。纵使台湾地区各原住民族拥有各自的起源传说,但近年来依据语言学、考古学和文化人类学等的研究推断,在17世纪汉人移民台湾地区之前,台湾原住民在台湾地区的活动已有大约8,000年之久(Blust 1999)。台湾原住民在遗传学和语言学的分类上属于南岛语族(Austronesian),和菲律宾、马来西亚、印度尼西亚、马达加斯加和大洋洲等的南岛民族族群有密切关联。

几世纪以来,台湾原住民经历了各种不同殖民民族的经济竞争和军事冲突。当时的中央集权式政府有意地针对原住民族进行语言上和文化上的同化政策,并持续地经由贸易、通婚等等和原住民进一步接触,最终导致很大幅度的语言消亡和族群认同的消失。举例来说,在大约26种已知的台湾原住民语言(统称为台湾南岛语言)中,至少有10种语言已经消亡,5种濒临消亡[③],其他多种语言则

---

① 徐新建:《文明对话中的"原住民转向"——兼论人类学视角中的多元比较》,载《比较史学研究》,第71页。
② 如国际劳工组织《土著和部落民族公约》第1条。
③ Elizabeth Zeitoun、Ching-Hua Yu, The Formosan Language Archive: Linguistic Analysis and Language Processing, in Computational Linguistics and Chinese Language Processing, 2005, pp.167-200.

出现轻微程度的损害。自从语言学家认为台湾地区是南岛语系的发源地以来，这些语言已经有着重大的历史意义。

在许多的文字历史当中，台湾原住民在不同的儒家、基督教和国家主义等强势文化的统治者各有不同的定义和方案。每一个强势文化的定义和方案皆以各族群对于这些强势文化理解度上的差异和相似度、习性、地区、面貌和先前对于其他族群的接触状况来定义。针对于各个族群，殖民力量的强制分类将原住民分开成各个已命名的子群。这些分类不总是和原住民的自我描述所出现的差异有所符合。然而，这些分类经由政府的确立和长时间大众的广为传播，变得越来越坚固，并成为大众了解的事实差异，并塑造成今日台湾地区政府政治上的论调，并且影响着台湾原住民的政策方针。

在忽视近年来人类学者田野调查的变化，以及台湾地区政府政策的变迁下，平埔族和高山族这两个标签在今日的使用上，维持着当时清朝对于各民族吸收汉文化的程度所给予的形式分法。现今承认的原住民传统9族和其相关族群统称为高山族，纵使这种分法并没有受到严谨的地理学分析。阿美族、卑南族、达悟族和新加入的平埔族和噶玛兰族在很早之前是居住于台湾地区东部的平原上。而高山族和平埔族的差异，持续影响着台湾地区政府对于台湾原住民的政策，以及对于参与政治活动的影响能力。

纵使台湾地区"行政院"新闻局官方列出了14个原住民族群，不过这些分类是由学者所共同认同，并没有任何的社会实体、政治集团，或者在之前所有调查的资料所影响。最早期的调查资料是在1624年的荷兰殖民时期，描述原住民族是居住在大小不同的独立部落当中。在这些部落之间常常会发生贸易、通婚、战争和为了防止外敌入侵而形成的结盟关系。根据当时和现代的民族学和语言学的标准，这些部落被人类学家分成20个族群，且被经常引用和讨论，不过这些族群并没有联合成一个政体、王国或是真正的"族群"。

日本学者土田滋是以语言作为主要的判准，将台湾地区的原住民分成高山族和平埔族两大类。前者包括现今住在台湾地区山地和东部的9个族群：泰雅族、赛夏族、布农族、邹族、鲁凯族、排湾族、卑南族、阿美族和达悟族。后者则包括原居于台湾地区北部和西部平原，现已几近消失的10个族群：凯达格兰族、噶玛兰族、道卡斯族、巴宰族（巴则海族）、巴布拉族、猫雾拺族、洪雅族、邵族（水沙连）、西拉雅族和猴猴族。

# 第二十一章　世界各地的多元文化主义

二战之后,西方各民族国家中产生了大量外来移民群体。这些外来移民群体和其他少数族裔群体不断从内部向西方各民族国家提出权利要求。这使西方各民族国家不得不放弃"单一民族"的民族国家建构模式以及同化政策,转而采取更为宽容的多元文化主义政策,以满足各族裔群体的权利要求。此举引起了很多人对民族国家会走向衰微和终结的担心。但事实上,民族国家并没有走向终结。其原因在于,多元文化主义政策本身就是民族国家在全球化的背景下进行重新建构的方式。它在一定程度上满足了少数群体的权利要求,促进了多元文化国家内部的整合,使得民族国家的建构更为深入。

## 第一节　多元文化主义理念

### 一、"多元文化主义"术语的产生

"多元文化主义"(Multiculturalism)一词来源于"文化多元"(Cultural Diversity)这一概念。"文化多元"概念最早是 1915 年由犹太裔美国哲学家霍勒斯·卡伦(Horace Kallen)在《民族》杂志上发表的《民主诉熔炉》一文中提出的。1924 年,卡伦在将该文收入论文集时,首次使用了"文化多元主义"概念,以更加明确地说明美国内部移民和主体民族之间的关系。随着 20 世纪五六十年代美国民权运动的兴起以及黑人民族主义(Black Nationalism)思潮的出现,人们对 20 世纪初产生的"文化多元主义"进行了再思考,由此产生了"多元文化主义"的概念,它是 20 世纪 50—60 年代出现的一个新术语。90 年代以来,多元文化主义一词已被频频地使用。

1941 年 7 月 27 日,美国新泽西州《先驱报》的一篇报道里首次使用 Multi-cultural,文中说道:"一个反对民族主义,反对民族偏见和行为的讨论会赞成一种'多元文化的生活方式'(Multicultural Way of Life)。"这里的 Multicultural 指的是一种生活方式。Multicultural 这个词在 20 世纪 50 年代的后期的加拿大开始流行起来。1959 年 6 月 18 日,蒙特利尔《时代杂志》有文章把蒙特利尔描绘成为多元文化、多种语言的社会,并说多元文化、多种语言的社会是世界上最具有普遍性的社会之一。① 这里,Multicultural 用来形容多民族、多文化、多语言的社会。此后,多元文化的这个词语得到广泛的使用。1966 年《经济学家报》有文章称加拿大为多元文化国家,而特尼达岛、牙买加和新西兰为多种族国家。1970年,P.K.米尔恩斯(P.K.Millins)出版的题为《一个多元文化社会的教育》的专著,引发了对多元文化教育的讨论。1973 年 7 月 20 日,《每日电讯报》称英国是一个多元文化社会,在那里,电视节目主持人、新闻播音员和体育评论员中有许多黑色面孔。② 从媒体对"多元文化的"(Multicultural)这个术语的使用可以看出,Multicultural 作为一个新创造的词汇,最早出现在 20 世纪 40 年代的美国,在 50 年代后期的加拿大开始流行,60—70 年代以后广泛使用,主要用于描绘一种社会现实,形容一个社会的状况和特征。就其含义而言,主要是指一个社会的多文化多民族和多语言的特征。

Multiculturalism 是由 Multicultural 演化而来的。根据《牛津英语词典》,Multiculturalism 第一次使用是在加拿大政府的报告中,即 1965 年颁布的加拿大《皇家委员会关于双语主义与双文化主义的报告》。报告称,加拿大在处理英语民族和法语民族的关系的方法是"多元文化主义"。这里指的是一种处理民族关系的理念和方法。1971 年,加拿大政府宣布多元化主义为国家政策,指出在双语言的框架内,对于政府而言,一种多元文化主义政策是确保加拿大文化自由的最合适的方法。1972 年 12 月 12 日,《时代》周刊称,加拿大面临着尚未解决的双语主义和多元文化主义问题。③ 可见,多元文化主义是个复合词,最初产生的是形容词"多元文化的"(Multicultural),然后才是作为名词的多元文化主义(Multiculturalism)。从这些最初的用法来看,Multicultural 主要是形容一个社会的多民族、多文化的特性;而 Multiculturalism 主要是用于表示在多元文化的社会里处理多民族、多文化之间关系的一套新的思想和方法。④

**二、多元文化主义的含义**

尽管对于"多元文化主义"的讨论已经持续了多年,但学界对"多元文化主义"的定义仍没有定论。金里卡在《多元文化的公民权》一文中认为"多元文化主义"是一个容易被混淆的词汇。"多元"可以被理解为多元民族(multination),这是先前划分为不同的自治区、后来国家领土集中合并的结果;也可以理解为"多种族群",这是跨国移民的结果,移民愿意将自己整合到新的社会中。

造成该词混淆的另一个原因是对"文化"的定义含糊不清。金里卡认为文

---

① David Bennett, *Multicultural States: Rethinking Difference and Identity*[M], Routledge, 1998:38.
② J. A. Simpson and E. S. C. Weiner (ed), *The Oxford English Dictionary*. V. 10. 1989:79.
③ Ibid.
④ 杨洪贵:《澳大利亚多元文化主义研究》,西南民族大学出版社 2007 年版,第 39 页。

化作为一种习俗（customs），与文化作为一种文明（civilization）应该区分开来。对文化定义的混淆导致了"多元文化主义"含义的模糊不清。台湾元智大学社会系助理教授王俐容在《当代多元文化主义的发展》一文中，就此问题综合了各方对多元文化的不同解释，对多元文化现象的产生及相关学术探讨和经过探讨而产生的一系列多元文化政策三个方面分别进行了阐述。

首先，作为一种社会现象的多元文化（multicultural）是由于大规模人口流动而形成的。大规模人口流动造成了不同族群之间的混居，导致了多元文化社会（multicultural society）的出现。这种现象便是"多元文化"现象。在考察这一现象时，文化和种族都被纳入了被考察的范围之内。在这一语境中，"多元文化主义"只被用来指产生于文化差异下的社会现象。对世界上绝大多数国家而言，"多元文化"的现象已经成为现实。

其次，作为一种政治意识形态的多元文化主义的产生，是由于政治意识形态对传统的民族国家思想和价值体系提出了严峻的挑战。这种多元文化主义不是单一的教条，也不是一种单纯的政治策略或政治事务的处理方法，它反映了政治策略的多重性以及政治事务处理过程的不完整性。因此，每个不同的多元文化社会都有不同的多元文化主义。而英国的哲学家、政治思想家以赛亚·伯林（Isaiah Berlin）对价值多元论的探讨，使对多元文化主义思想的研究真正得以深入。正如自由主义法学家拉兹（Joseph Raz）所言："多元文化主义"的核心正是价值多元论。在伯林的自由多元主义论述中，人们渐渐认识到现代性所面对的多元价值冲突这一核心的困境。人们在认可多元价值的同时，多元价值之间不可调和的矛盾会导致冲突的出现。意识形态领域里的多元文化主义在来自不同领域的不同团体所进行的有效的政治动员中，成为共同的价值目标，甚至成为一种社会运动的方式。

最后，将"多元文化主义"作为一种公共政策，是1971年加拿大政府为解决国内种族、民族矛盾而首先提出来的。其后，"多元文化主义"政策被瑞典、澳大利亚、美国、英国等多个西方国家相继采纳并延续至今，同时批评之声亦不绝于耳。20世纪90年代，对于多元文化主义的批评更是明显增多，各种意见针锋相对。各国因国情不同，所采取的多元文化主义政策大相径庭，使得人们对"多元文化主义"的理解各执一词。加之作为一种公共政策的多元文化主义在不同的时期会以不同的政策形式表现出来，其易于改变的特点模糊了人们对多元文化主义本质的认识。[①]

"多元文化主义"（multiculturalism）一词，就其词义而言，主要是指一个社会的多民族、多文化和多语言的特征。作为一种思潮，多元文化主义是在20世纪

---

[①] 朱联璧：《"多元文化主义"与"民族—国家"的建构》，载《世界民族》2008年第1期。

50—60年代的美国、加拿大等国家反对文化同质主义理论的过程中,随着这些国家长期实施的文化同化政策的破产而产生的。文化同化曾是许多国家维持种族纯洁、文化同质,创建单一民族国家的手段,其基本思想是认为民族文化多样性是国家统一的威胁,以强制的手段要求少数民族放弃自己的文化传统和民族个性,以个体的身份融入到主体民族中去。西方社会对"多元文化主义"的表述可以概括为以下几点:首先,它是指文化和民族多样性这一事实,即多元文化社会。这主要描绘一个国家(或社会)的人口、民族(族群)、宗教、语言等的统计学特性,指多文化、多语言、多宗教和多民族这种社会现象。其次,它是指西方社会兴起的与同化主义相对立的处理民族文化多样性问题的理论体系,即多元文化主义思潮。作为一种思潮,它指的是对不同民族、不同文化群体得到承认的要求给予充分肯定的思想理论,其核心的要求是社会承认和平等。最后,它是指西方国家处理民族文化多样性、处理主体民族与少数民族之间关系的社会政策,即多元文化主义政策。作为一项公共政策,它是指政府为谋求民族、宗教或语言方面的少数群体对公共领域的参与而设计的处理民族文化多样性问题的一系列方针、原则和措施。多元文化主义三方面的内涵紧密联系、相互依存。一般而言,多元文化社会现实导致多元文化主义思想产生,多元文化主义思想促使国家实施多元文化主义政策。

很显然,多元文化主义有着自己明确的关注焦点——民族文化多样性问题。比如,在澳大利亚,"多元文化主义是一个描绘社会文化和民族多样性的术语,作为一项国家政策,它指应付这种多样性的措施,它是把个人和社会的利益作为一个整体,从这个角度来管理文化多样性及其所产生的后果"。作为政策的多元文化主义主张承认少数民族的民族个性,认可与鼓励民族文化的多样性,主张所有的人在社会、经济、文化和政治上机会平等;要求赋予少数民族更多的自由和权利,要求政府采取积极行动帮助少数民族平等参与社会管理、获取社会资源和享有自由民主。多元文化主义主张,在进行民族文化多样性的保护中要重点关注弱势文化。事实上,在西方社会多元文化是与主体文化相对而言的,主要是外来移民文化。由于各种原因,移民尤其是新移民往往处在社会的边缘,无法充分参与社会和享受权利,成为弱势群体,因此多元文化主义与弱势文化和弱势群体密切联系,其实质是主体社会如何对待和整合弱势文化、消除社会矛盾、构建和谐社会的问题。多元文化主义认为,传统的政治理论忽视了不同族群在文化、政治和经济方面的特殊要求,缺乏保护弱势文化群体应有的生存发展及各种平等的社会政治权利的内容。这是少数民族为代表的弱势群体无法真正充分地享有民主、自由和平等的原因。总之,多元文化主义以承认文化之间的差异为前提,主张文化生而平等,保持各种文化的独立性格和特点;强调文化自我认同以及多种文化之间相互尊重、平等共存;否定价值体系优越感,反对以一种文化的价值标准来判断另一种文化的是非优劣,更反对某种文化居于统治或霸权的地位。多元文化主义的基本的政治诉求是反对民族歧视,追求社会公正与种族平等,追求多元民族文化的和谐共存。

## 第二节 加拿大多元文化主义

### 一、加拿大多元文化主义产生的背景

加拿大是一个典型的移民国家,它由近代欧洲移民及其后裔建立,外来移民占总人口的99%。在欧洲探险者到达北美新大陆之前,现今加拿大版图上居住着最初的土著民族印第安人和因纽特人,他们处于原始社会阶段,人口稀少,分散在这片广阔的地域,主要以狩猎、捕鱼为生。印第安人、因纽特人与梅蒂人(印第安妇女与最初的法国毛皮贸易商的混血后裔)共同组成了当今加拿大三大土著民族。17世纪起,欧洲人开始移居加拿大。其中,法国和英国人是两个最大规模移入的民族,他们有组织地向这里移民,分别建立了殖民地和统治机构,并在此地展开了多番激烈争夺,最后英国战胜了法国,法属新法兰西沦为英国的殖民地。可是,英国人和法国人留在北美的后代却成了加拿大的两大建国民族。与此同时,来自德国、爱尔兰、乌克兰和意大利等欧洲国家的人口也不断移居此地。

纵观加拿大历史,我们可以看到,多元文化政策是在经过多次历史实践斗争后才逐渐明确并最终确立下来的,其民族文化政策的调整大致经历了以下三个阶段:第一个是盎格鲁化,即要求其他移民集团放弃自己祖先的文化和传统,使其同化于"盎格鲁—撒克逊"文化,以加强英裔加拿大人的地位,削弱其他民族势力;第二个是熔炉化,设想将来自不同民族、有着不同文化传统的人融为一体,融为一个新的加拿大民族;第三个是多元文化主义,要求在加拿大公民权利义务与政治、经济一体化范围内保护移民文化,从而使他们更好地融入加拿大社会。加政府推行多元文化政策符合加拿大国情,是一种历史的选择。

1867年建联邦时,加拿大人口几乎全部由英裔和法裔组成。他们是加拿大的两大"建国民族",其关系一直是影响加拿大政治生活的焦点。在传统的自由主义思想中,坚持民族同化,将弱小民族完全地纳入到强大民族的文化体制中,成了一个占统治地位的观点。事实上,早在1763—1867年的英属殖民地时代,英国统治者一开始推行的便是"英国化"政策。这是一种典型的民族同化政策,要让沦为殖民地的魁北克接受英国传统的政治制度、法律、语言和宗教信仰,力图同化法兰西人的后代,以加强英裔加拿大人的地位,削弱法裔在加拿大的势力。但是,该政策遭到法裔民族的极力抵制。同时,19世纪后期,来自世界不同

民族的移民大量涌入,并集中定居于西部,而英国人大都居住在东部,在英国人中间又存在种族主义,不愿与其他民族通婚,因此,要想越过遥远的距离实行对非盎格鲁—萨克逊人的同化是极为困难的。随着民族成分日趋复杂,英裔加拿大人再无能力"消化"众多族裔带来的五花八门的民族文化。加拿大联邦政府认识到,试图以不列颠文化同化法裔民族及其他民族是行不通的,同化政策宣告"流产"。

殖民政府尝试过熔炉政策,该政策主张"加拿大化",从各个民族的联合中创造出一个新的民族或新的文化类型。尽管政府花了不少精力,最终还是未能找到一个既能让英国人满意、法兰西人赞同,又能得到乌克兰人、日耳曼人、华人等其他族裔认同的加拿大人身份。人们发现一个奇怪的现象:同样是移民国家,历史长短也差不多,为什么在美国形成了美利坚民族大熔炉,而加拿大的"熔炉"政策却以失败而告终?原因是多方面的,然而其中一个不可忽视的因素便是加拿大社会的"二元文化"特点。20世纪60年代初,魁北克的法裔集团在感到自身民族文化的延续受到威胁时,在政治、经济和文化领域掀起了一场"平静革命"。这场革命为魁北克带来了深刻的变化,魁北克的民族主义也从此进入一个崭新的阶段。事态的发展使加拿大政府更加清楚地意识到了民族政策的重要性。为了扶持法语文化来缓和民族矛盾,加拿大政府于1963年成立了皇家双语和二元文化委员会。1969年又颁布了《官方语言法》,法语被正式承认为官方语言。于是,"二元文化"的客观现实通过立法在加拿大社会得到了正式承认。

加拿大多元文化政策是针对加拿大"二元文化"的历史和社会现实而提出的,是在双语二元文化主义基础上的政策扩展。多元文化理论最初出现于1922年,该理论"承认加拿大是一个多民族的社会,各民族都有保持和发展本民族文化的权利。第二次世界大战以后,非英裔加拿大人已经占了一半左右,大量的其他民族要求得到平等的权利,越来越多的人支持多元文化主义",它在其他族裔群体回应加拿大法裔民族主义的实践中得到发展。作为北美大陆的最早居民,印第安人和因纽特人尽管在当今的土著保留区中享受政府提供的种种援助,但一直坚持自己作为加拿大第一民族的地位。同时,随着非英、法族裔在数量上的增加、素质上的提高以及经济实力上的增强,他们呼吁打破英法主流文化与非主流文化的界限,强烈要求在国家和社会生活中享受平等权利。而政府成立皇家双语和二元文化委员长会的隐含之意却有视那些非英非法裔的加拿大人为"二等公民"的嫌疑,自然引起了土著民族及其他族裔的强烈不满。担心会沦为英裔和法裔集团之下的"二等公民",他们对联邦政府施加压力,要求采取措施保障自己的平等地位和权利,因为他们认为,既然对法裔加拿大人来说保存其独特的文化特性具有重要意义,那么政府也应有责任与义务保护少数民族的文化传统。面对少数民族的要求,联邦政府多次强调说,加拿大只有两种官方语言,而没有两种官方文化。一种在双语框架内实施多元文化政策的思路逐渐形成,特鲁多政府最终于1971年推出了主张各民族文化平等共存的多元文化政策。这一政策的提出,既承认了法语作为政府的一种官方语言,缓和了长期以来英裔和法裔群体之间的紧张气氛,又满足了其他族裔群体分享加拿大文化共同财富的感情要求,保护了少数民族的文化、语言和风俗习惯,有助于改善种族之间的关系。比起之前的民族文化政策,多元文化政策无疑是一个历史性的进步。[1]

**二、加拿大多元文化政策的内容与特点**

1971年10月8日,加拿大联邦政府宣布实施"多元文化政策"。特鲁多总理向国会说明该政策时说:"我们相信,多元文化是加拿大的特征。在加拿大范围内任何种族都有权保留和发展本族文化与价值观。两种官方语言,并不等于两种官方文化。没有一种文化比另一种文化更正式、更官方。多元文化教育的政策是全体加拿大人民的政策。""不能够对英裔、法裔采取一种政策,对土著居民采取另一种政策,而对其他族裔成员实行第三种政策"[2],国家的统一和团结所需要的共同文化政策,只能是多元文化主义政策。政府希望通过多元文化政策以建立一个无论种族、民族、语言或地域都彼此尊重、人人平等和全民参与的社会。

多元文化主义政策包括以下四个方面:第一,在资源许可的情况下,政府将对那些愿意和努力发展能力来为加拿大做出贡献,而且对明显需要帮助的弱小民族进行帮助。第二,政府将帮助所有文化集团人员克服文化障碍,全面参与加拿大社会。第三,政府将为旨在使国家团结的前提下,促进加拿大各文化集团之间的接触和交流。第四,政府将继续帮助移民学习加拿大一种官方语言以便全面进入加拿大社会。从这四方面的内容来看,最初的多元文化主义要是针对少数民族、种族的,是想通过对他们提供必要的帮助而使他们全面进入加拿大社会;该政策虽然强调对所有公民或民族、种族都应公平对待,但没有提到民族、种族平等和消除民族、种族的不公正对待;此外,最重要的是,最初的多元文化主义政策或多或少还有"同化"之嫌,因为强调政府帮助弱小民族、种族的目的是让他们克服文化和语言障碍,以便"参与"或"全面进入加拿大社会"。从中不难看出,最初的多元文化主义政策、法制虽较之先前的二元文化主义政策、法制有明显的进步,但仍只是一个良好的开端,还没有达到各民族、种族一律平等这样高度的认识。

---

[1] 蓝仁哲:《加拿大文化论》,重庆出版社2008年版,第113—114页。
[2] 《特鲁多总理1971年10月8日在众议院的讲话》,载〔加〕琼·R. 马利和乔纳森·C. 扬编:《文化多样性与加拿大教育:问题与革新》,转引自高鉴国:《加拿大多元文化政策评析》,载《世界民族》1999年第4期。

加拿大多元文化政策的主要特点是:第一,多元文化政策是对所有加拿大人的政策,不是专为某个民族文化区的政策,必须对所有加拿大人有利。第二,提高多元文化政策在双语(英语和法语)范围内的作用和地位。第三,保证所有加拿大人在社会、经济、文化和政治上的机会平等。第四,保护和提高加拿大文化的多样性。第五,消除种族歧视,禁止任何以种族、民族或民族文化起源、肤色、宗教和其他因素为理由的歧视。第六,制定有效措施,鼓励和支持以改善那些由于种族、民族或民族文化起源、肤色、宗教和其他因素而引起的不发达状况的研究项目。第七,提高传统语言的地位,保护所有加拿大的传统语言,承认多语言的文化和经济的利益。第八,支持移民的一体化,帮助和鼓励所有移民成为加拿大社会的一员,而不是同化。

加拿大联邦政府在发布实施多元文化主义政策后,旋即在1971—1972年采取了如下一些措施,用以贯彻多元文化主义政策。

第一,设立多元文化奖金,用以资助文化交流、青年活动、移民训练计划、多元文化中心以及其他活动。第二,制定文化发展计划,该项计划用于研究语言与文化发展的关系,研究教育、出版、广播和电视的初步计划。其中重点资助非官方语言教科书和视听教育。第三,资助民族历史著作出版。通过资助一系列的民族史丛书,使人们了解加拿大各民族集团对整个加拿大所起的作用。第四,进行加拿大民族研究,对有关加拿大各民族发展问题进行详细调查。第五,加强官方语言教学。联邦政府将与各省协商寻找双方都能接受的方式来帮助那些语言知识不够的孩子们在公立学校里学习官方语言。第六,实施联合文化机构计划。拨专款分配给有关文化机构:国家人类学博物馆、国家电影局、国家图书馆、公共档案馆。

在1973—1974年间,联邦政府进一步加大了投资项目,以推动多元文化主义向前发展。加大的项目有如下一些:

第一,加大多元文化主义奖金项目。增加100万加元作为长远基金以满足对多元文化奖金的日益增长的要求。第二,加大加拿大各民族文化项目。这项增加目的是为了提高各民族对本民族价值的认识。其中特别增加了对非法兰西和非盎格鲁—萨克逊民族的其他民族文化和艺术领域的研究项目的支持。第三,加大多元文化中心项目。1972年时设立的这个项目规模较小,现在增加了资金,用以资助与多元文化主义有关的学术研究。有些项目得到了加拿大民族研究咨询委员会的重视,该委员会利用这些研究成果向国务部提出加强加拿大民族研究的计划,并在加拿大有关大学里设立访问学者研究民族的计划。有些研究计划的目的是为了使盎格鲁—萨克逊人和法兰西人接受多元文化主义,以消除这两个民族中部分成员对多元文化主义的抵触情绪。第四,加大多元文化通讯出版。为各级政府部门的告示和"民族"出版方面提供资助,如在多伦多市的华人区,用中文书写"警察局"等公共部门牌匾及街道名称。第五,成立加拿大多元文化大会。定期召集全国各民族组织会议,以协调和促进多元文化主义政策的贯彻实施。第六,设立非官方语言教学基金会。以资金资助各省进行的第三种语言教学。

1982年,政府将多元文化政策写入了加拿大宪法。此后又对该政策做了多次补充。1987年起草的多元文化原则指出:多元文化政策必须对所有加拿大人有利,而不是专为小民族文化的政策;保证所有加拿大人在社会、经济、文化和政治上的平等;承认多语言的文化和经济利益。这些原则比1971年的4项范围有很大进步,明确了多元文化针对于所有加拿大人,而不是只针对少数民族集团;增加了消除种族歧视和社会平等的内容,提出了支持移民的一体化,但反对同化。这样,它的民族政策的特征更加明显。1988年,联邦议会通过的《加拿大多元文化法》指出:加拿大宪法承认保护和提高加拿大人的多元化文化传统的重要性;加拿大人的多样性把种族、民族或种族来源、肤色和宗教视为加拿大人社会的基本特征,以法律的形式肯定了多元文化是加拿大公民权的主要特征,每个公民都是加拿大社会的平等参与者,他们都有保护和享有其文化传统的权力。《加拿大多元文化法》是在1971年官方正式倡导多元文化主义17年之后颁布的一个专门法,对推行和维护多元文化主义政策提供了重要依据。1997年,加拿大文化遗产部(The Department of Canadian Heritage)确立了三大目标:认同感——建立一个使人人都有归属感的社会;公民参与——鼓励公民积极投入到各种社区及加拿大的发展中去;社会平等——建立一个能确保公平和平等待遇及能尊重和接纳各族人的国家。

为了增进公众对多元文化政策的理解,繁荣多元文化,加拿大政府采取了一系列措施。首先,建立了联邦政府机构。1972年,联邦多元文化部成立;1973年,加拿大多元文化咨询委员会成立;1984年,该咨询委员会改名为加拿大多元文化委员会;1985年,设立多元文化常务委员会,1991年在此基础上设立多元文化与公民身份部。其次,联邦政府每年设立专门款项,用来支持多元文化建设,包括支持全国性的族裔文化组织,多元文化协会、中心,公共性活动,移民的语言和其他教育,各省的民族语言项目,高等院校的族裔研究和教学。鼓励多元文化的艺术创作和传播,举办各种类型的艺术节和文化活动,保持和发展少数民族文化。加拿大政府还鼓励国内电影业的发展,开展国际性的电影交流,支持各族裔发展本民族的广播电视业务,如多伦多的中文电视台、温哥华的"国泰"多元文化台,各地区的电视频道安排了多元文化节目。

### 三、加拿大多元文化政策的影响

多元文化政策是加拿大在不懈追求国家统一的历史进程中,根据自身特点摸索出的解决问题的方法,是符合历史潮流和民族发展趋势的。虽然该政策本身还有待不断完善,但自实施以来,它已对加拿大乃至整个国际社会产生了深远的影响。

首先,多元文化主义反映了加拿大的社会现实:民族结构多样化和文化的多样性,使不同族裔群体更加清楚地认识到自己正生活在一个日益相互依存的多元化社会中,有助于克服狭隘的民族主义偏见,促进民族间的理解与沟通,为社会和谐与国家团结提供必要的基础。以此为目标,加拿大政府致力于解决民族矛盾,营造和睦宽容的社会氛围,以确立和谐文化的发展方向,实施多元文化政策,赋予了各族裔群体在加拿大社会生活中的平等地位,保障了不同种族在统一的社会结构中保持自身文化传统的权利。《加拿大权利与自由宪章》明确肯定加拿大的多元文化遗产,提出重视土著居民的权利,保障少数民族语言教育的权利。《1988年官方语言法》重申了英语和法语作为官方语言的平等性,并承认保留和加强使用其他语言的重要性。自1996年起,每年的6月21日成为全国原住居民日,所有的加拿大人一起庆祝三个原住族群——印第安人、梅蒂人和因纽特人——对加拿大文化的贡献。如今,华人、亚美利亚人、印度人、日耳曼人、希腊人、意大利人、日本人、朝鲜人、波兰人、葡萄牙人、西班牙人、乌克兰人、印第安人等20多个民族已拥有本民族语言的广播电视或出版物,这对于移民的适应与文化保存具有重大意义。在多元文化的大环境下,各民族在保留自己独特文化的同时,还能够吸收其他民族的许多价值观念和文化习俗,促进了相互之间的沟通与交流。据一项调查显示,赞同跨种族通婚的人日益增加:赞同白人与黑人通婚的人从1975年的57%增加到1995年的81%;而赞同白人与土著居民、白人与亚洲裔人通婚的人的比例分别从1975年75%和67%上升为1995年的84%和83%。

加拿大政府为维护和促进多元化主义所做出的努力,也推动了加拿大人权保护事业的发展。1976年,加拿大政府通过《人权法》,1982年实施《加拿大人权自由宪章》,强调各民族在法律面前一律平等,强调"加拿大人生而就有的权利",抵制以各种不相干的理由对种族和性别的歧视。借鉴美国实行的反歧视的"平权措施",加拿大联邦和各省政府都在公共机构中实行了增加少数民族雇员的政策。随着社会的发展和人口组成结构的多样化,人们发现偏见和歧视不仅体现在种族关系上,也容易产生于年龄、性别、体质和社会条件的差异方面,妇女、老人、儿童、残疾人、贫困者以及同性变者常常遭受轻蔑或不公正的对待,处于"少数群体"的地位。多元文化政策中的"少数群体"内涵得到扩大。《1976年公民法》承认了妇女在公民身份事务上的完全平等地位,取消了《1947年公民法》中不同群体成员谋取公民身份时存在的区别,所有在加拿大出生的人,除极少数例外(如外交官的孩子),都属于加拿大公民。《加拿大人权法》禁止在提供商品、服务、就业过程中的任何歧视行为,规定了对歧视行为的法律惩处。

在加拿大多元文化政策下,各族裔集团在政治中的平等地位得到了保证,享有充分的民主权利,越来越多的族裔群体意识到政治的影响力,已建立起自己相对独立的政治文化组织,如犹太族裔大会(Jewish Congress),没有哪个民族愿意沦为加国政治的边缘人,20世纪60年代后各族裔纷纷参与到国家政治生活中。正是在平权会、华联会等社团不懈的抗争下,"人头税"平反才逐渐被政府排上日程,并于2006年6月最终取得成功。各族裔参政,为加拿大政治民主的发展做出了重要贡献,推动了加拿大多元文化社会进一步走向成熟。

多元文化政策的实施使加拿大社会中各族裔文化得到了承认和发展,极大地丰富了加拿大文化的内涵,繁荣了加拿大的文化市场,为其文化产业的形成与发展奠定了坚实的基础。在多元文化政策的指导下,加政府对原住民和其他少数族裔的文化活动给予资助,让更多的少数族裔参与加拿大文化建设,并鼓励新闻媒体宣传少数民族文化。一时间大大小小的广播电视台如雨后春笋般在全国铺开,60多家无线电广播电台在其广播节目中设有少数民族节目,许多有线电视公司也都在社会频道中提供各种不同语言的节目,多伦多开设了一个全天播放的电视吧,专门播出各个民族的节目。许多族群还拥有自己的广播电视,如多伦多的中文电视台。报纸杂志是加拿大大众传媒的重要组成部分,大量全国性的报纸、期刊对各族裔丰富的社区生活进行了重传报道,仅在多伦多一地,就有100种日报、周刊、月刊或季刊,体现出各自族群的文化。广播、电视、图书、出版等行业迅速发展;文化市场的繁荣为文化产业的形成打下了良好基础。如今,加文化产业已具相当规模,各个方面的管理机制也日臻完善。

最后,加拿大多元文化主义最重要的贡献在于,有力地推动了世界和平事业的发展。经过数十年的宣传倡导,多元文化主义思想已成为加拿大处理社会内部关系的指导原则、基本国策和法律基础,多元文化的社会环境造就了加拿大人谦逊谨慎的性格,他们崇尚和平、遵守秩序、信奉管理、尊重传统美德。面对国际争端,他们反对暴力和斗争,主张用和平谈判方式解决冲突,以谋求全人类的共同幸福,发挥了国际调停和维和作用。加拿大是第一个提出全面执行立法并把《国际刑事法院罗马规约》条文纳入国内法、第一个批准《关于禁止使用储存生产和转让杀伤人员地雷及销毁此种地雷的公约》的国家,于1998年3月18日成立了加拿大促进人道主义法国家委员会,在国际建立国际刑事法庭的努力中一直站在前沿,并且一直在致力于推动批准和执行《国际刑事罗马规约》。加拿大向世界证明:有着不同文化背景的民族能够和谐地生活在一起,并通过相互理解与尊重,建立一个开放、创新、独立、自由的民主社会。多元文化政策的提出与实施反映了加拿大政府对于敏感而复杂的民族关系以及民族文化等一系列问题的思考,从理论和实践上为世界其他国家解决民族问题提供了范例。时至今日,类似的文化政策已经成为澳大利亚和英国的官方政策。借鉴加拿大的多元文化主义,澳大利亚于1973年选择了这一政策。英国政府也指出,今天的英国是一个多元的、多民族的社会,需要用多元主义的方法处理种族问题,帮助少数民族与占人口多数的民族相互理解,彼此尊重,共同参与到社会的建设中来。

总的来说,加拿大的多元文化政策已深入人心,在国内取得了良好的社会效果,既为加拿大带来了社会的和谐及综合国力的提升;同时,它也为世界和平事业做出了重大贡献,成为认识和处理民族问题时一种带有普遍启发性的参考与借鉴。①

### 四、加拿大多元文化主义的启示

第一,多元文化主义作为一项新的民族、种族、文化集团理论和政策、法制,尽管诞生的时期不长,特别是作为政策、法制层面的多元文化主义的诞生,只不过30年左右的历史,但由于该项政策、法制及理论符合世界性的民族、种族、文化集团发展潮流,以及适合加拿大的国情和族情,所以从其诞生之日起,就得到了各方面的理解、认同和支持,特别是加拿大政府给以宝贵的人力、资金和大力支持,使其发展较为顺利,并且不断得到改进、充实和提高。这表明,多元文化主义这一新型的民族、种族、文化集团理论和政策、法制是有较强生命力的,是适应现时代解决民族、种族、文化集团问题、调整民族、种族、文化集团关系的需要的。

第二,加拿大联邦政府对贯彻多元文化主义是认真的,措施也是有力的。加拿大联邦政府不仅根据加拿大的国情、族情适时地提出了多元文化主义的政策、法制,而且在其制定后又采取了一系列的措施,包括拨出可观数目的经费,设置必要的领导、管理、办事和研究机构加以贯彻实施。多元文化主义之所以在短短的十年、二十年间不断得到改善、充实、提高和较大的发展,是与加拿大联邦政府的前述种种努力分不开的,是其各种得力的贯彻措施促成的。

第三,多元文化主义的顺利贯彻实施,是与社会各方面的理解、赞同和支持分不开的。多元文化主义之所以在加拿大会得到社会各方面,特别是各民族、种族、文化集团的理解、赞同和支持,最根本的原因,是因为这一理论和政策、法制显著区别于以往的民族、种族、文化集团理论与政策、法制。多元文化主义所蕴含的平等和公正的价值取向,较之以往的西方各种民族、种族、文化集团理论和政策、法律通常所蕴含的不平等、不公正,乃至赤裸裸的民族、种族、文化集团歧视、压迫、灭绝等价值取向,无疑是一个历史性进步,体现了时代的进步潮流。对于那些弱小民族、种族、文化集团来说,一旦摆脱了被歧视、被同化、被压迫的命运,它们自然会以极高的热情支持这种会体现它们利益,反映它们愿望的新型民

---

① 蓝仁哲:《加拿大文化论》,重庆出版社2008年版,第118—120页。

族、种族、文化集团理论和政策、法制。这也表明,只要理论正确、政策、法制适当、措施有力,在政府与民族、种族、文化集团之间、强大民族、种族、文化集团与弱小民族、种族、文化集团之间,总会找到适当的结合点,以达成共识,相互协调彼此的关系,以致最终达到融洽、和谐的结局,应当说,这是我们从多元文化主义的理论与政策、法制之中得到的最强烈的信息和启发。①

## 第三节　美国多元文化主义

### 一、多元文化在美国的兴起

美国当代多元文化主义产生的背景有三:

第一是由于战后美国族群结构的变化。战后美国族群结构中欧裔白人所占的比例趋于下降,其他少数民族所占的比例逐步上升。1940—1990 年美国人口统计资料显示,白人族群占美国人口的比例由战前的历史高点 89.8% 下降到近期的 75.1%,黑人由战前的 9.7% 上升到近期的 12.2%。尤为突出的是"其他"少数民族的族群比例在近年发生了惊人的变化,由战前的低点 0.5% 上升到近期的历史高点 12.7%,主要包括拉丁美洲人、美洲印第安人、华人、菲律宾人、日本人、印度人、韩国人、越南人、夏威夷人、爱斯基摩人、萨摩亚人、关岛人、阿留申人等。他们影响了美国整体族群结构的比例。因此有学者指出美国是世界上最种族多样化的国家。

战后美国族群的变化,促进了美国多元文化的发展。长期以来,美国以英语作为官方语言,并以此作为美利坚民族统一的象征。但是调查发现,有 1/10 或以上的美国人在家里不讲英语,有的地区如新墨西哥州近 1/3 的人讲西班牙语,西班牙语成为第二大语种。在纽约市,在家里既不讲英语也不讲西班牙语的居民有 50 万人。为顺应多种语言发展的需要,1974 年美国政府制定了双语教学法,规定了在孩子们不能讲英语的地区,采用其他语言的教育方针。因此,现在纽约学校采用的语言不仅有英语,还有西班牙语、意大利语、阿拉伯语。目前,除英语作为美国的官方语言外,大约有 125 种语言在发挥作用。所以,族群的变化促使美国调整教育方针,从而推动了美国多元文化的快速发展。

第二是由于美国民权运动所致。民权运动是黑人争取民主权利的运动,开始于 1954 年联邦最高法院对布朗诉托皮卡教育局一案作出裁决,止于 1965 年投票权法通过。它由黑人组织和个人及其白人同盟者所发动,采取非暴力的直接行动方式,其目标是给予黑人完全平等待遇。虽然,该运动是以往斗争的继

---

① 陈云生:《宪法人类学》,北京大学出版社 2005 年版,第 477 页。

续,但却是第二次世界大战以来黑人自由主义思想及其争取平等权利之斗争不断取得胜利的产物。民权运动为多元文化的兴起准备了条件。民权运动采取"群体斗争"的方式,以争取多数人的权益,这是对强调个人权利的意识形态的有力冲击,因此,也成为美国多元文化主义运动的核心思想和策略。

民权运动的结果为多元文化主义的兴趣奠定了政治基础。1964—1968年通过的一系列联邦法律为黑人和其他少数民族享受平等的政治和公民权利扫清了法律上的障碍,迫使联邦政府承担起保障公民权利的责任,街头抗争得以转化为法律结果。这一点对以后多元文化主义运动有重要启发。民权运动最大的一项成果是,通过了1965年移民改革法案,进而直接地推动了多元文化主义的兴起。这项新移民法案改正了实行近半个世纪之久的对有色人种的歧视性移民政策,使大量来自亚洲和拉丁美洲的移民进入美国。面对现实。美国政府采取了保护少数族裔受教育与就业的权利的政策,"肯定性行动计划"的实施对多元文化主义的兴起产生了重要影响。

第三,美国多元文化形成的国际背景。自15世纪开始,欧洲人把从欧洲带来的自由平等的种子撒播在北美大陆。他们虽然以法立国,但不能以平等的法律对待黑人和印第安人,而是对他们实施种族歧视政策。19世纪中后期世界逐步形成了资本主义经济体系而联成一体,地球上的各种文明都被卷入扩张,然而欧洲文明凭着它的工业革命所带来的优势向全球扩张,美国南北战争就是在这种背景下发生的。南北战争以后美国工业化大大向前推进,美国人同时也在寻求处理国内少数族裔的办法,经过不断的努力和斗争,少数族裔取得了一项又一项民权成果,进而推动了美国民主化进程和多元文化的发展。[①]

## 二、多元文化主义在美国的发展与影响

政府对教育的改革,是多元文化主义的重要实践。自20世纪70年代以来,美国大学的学生和教师队伍的组成有了很大的改变,在"肯定性行动计划"的推动下,校园肤色的层次不断增加和丰富。少数民族成员和女性大学生的比率提高。1988年与1960年相比,少数民族的比例由35%以上升到54%。加州大学伯克利分校成为第一所少数民族学生为多数的主要州立大学。与此同时,教师队伍也发生了变化。20世纪60年代,少数民族在教师中的比例占得很少,到20世纪90年代中期,少数民族教师占全国教员总数的12.9%。虽然这个比例不算高,但毕竟反映了教育改革带来的变化。为了适应美国多元社会和全球化的需要,美国还对培养目标、教育课程、教育手段等进行了改革。在社会科学研究领域,自20世纪60年代末期起,开始兴起了以重视少数民族和妇女研究的新兴

---

① 李其荣:《美国文化解读——美国文化的多样性》,济南出版社2005年版,第4—7页。

学科。有的大学还可以授予黑人研究的博士学位。

多元文化对美国社会产生了重要影响。首先是对美国外交政策的影响。少数民族裔为了提高其自身的经济、政治地位，通过不同的方式对政府施加影响。多元文化对美国人的生活方式也产生了影响。在多元文化背景下，异族通婚愈来愈多。对于爱尔兰美国人来说，族群之外的婚姻是很普遍的，即使在今天，只有30%—40%的爱尔兰美国人在社区中选择配偶。然而，有68%的爱尔兰美国人承认混合后裔，最普遍的是，在爱尔兰天主教中爱尔兰人与德国人成婚。由于受美国法律的限制，黑人与白人的通婚率一直很低。1967年最高法院宣布永远取消对黑白婚姻的限制，此后异族通婚中的肤色禁区得以突破。传统习俗多元化是多元文化的另一层面，来自世界各地的移民在美国多少都保留了原来的一些生活习俗和传统文化，唐人街就是一个例子。

多元文化主义在政治文化方面的实践，首先表现为美国实行的是多元主义政体。多元主义政体的本质是权力分散。众所周知，美国权利机构的政府包括立法、行政、司法三个系统，各个系统起着各自的作用，同时又相互制约，他们是最直接的政策制定者。而参与和影响政策制定的还包括其他各种力量和角色，例如企业界、金融界、法律、基金会、大学、新闻界、文化机构以及妇女、种族、民间团体等民间组织。戴威·杜鲁门把最直接决策者和选民之间的利益集团称为"中间结构"，并把它们视为政府机构的一部分。可见，美国政府政策的制定，不仅局限于政府机构和上层领导人，还包括各种社会力量，也就是说，各种政治力量在决策机构过程中都发挥了重要作用。对美国文化颇有研究的董小川教授认为，多元文化包括政治体制的多元化，美国虽然长期实行两党制，但第三党甚至第四党的势力一直存在，在政治信仰上，尽管多数美国人敌视共产主义，但美国共产党却可以长期安全存在。①

多元文化在政治文化中的实践，更重要的是，少数族裔参与政治的比例不断增高。1965年《选举权法》以及后来的几个修正补充法不仅取消了南部各州阻止黑人投票的限制性规定，而且在选区划分上做了重大修正，使黑人居民占多数的选区能选出黑人官员。现在的亚裔美国人不同于老移民，他们愿意参与美国的政治生活。如印度移民克服了各种障碍，开始渴望参与美国政治生活。印度裔移民出来竞选国会议员的人数越来越多，尽管成功者还不多。但已有不少印度裔移民成功地当上了州议员，如马里兰州州议员玛尔巴尔维就是第二代的印度裔美国人。美国华人的参政，改变了美国的政治版图。在1999年的中期选举中，华裔律师吴振伟在俄勒冈州胜出，成为该州首位华人联邦众议员。由于他真正做到了亚裔的代理人，在美华人称他为"华裔之光"。2000年是美国华人参政

---

① 转引自李其荣：《美国文化解读——美国文化的多样性》，济南出版社2005年版，第8页。

史上的重要一年,参选者多、得胜者多、投票者多,参政意识普遍提高。拉美裔美国人也用各种形式参与政治,介入美国的政治生活。华裔公民和拉丁裔公民参加选举的比例都低于白人公民,但是拉美裔公民投票率的比例高于华人。

多元文化主义在宗教文化方面的实践表现为宗教的多元化。目前,美国共有250多个不同的宗教派别,222万多个地方性团体,新教(福音教派、黑人新教)、罗马天主教和犹太教是最主要的三大教派,其中,新教教徒最多。比较大的新教派别有浸礼会、卫理公会、长老会、加尔文教派和路德教派等。

综上所述,美国多元文化已渗透到社会各个领域,并成为美国社会进一步发展的趋势。战前,美国的文化是一种强势文化,战后美国移民结构的变化和20世纪60—70年代民权运动的高涨,以及广阔的国际背景推动了美国文化多元化的进程。多元性是美国社会与文化的本质特征之一。多元化与同一性并非矛盾,而是统一的,多族裔移民创造了美国的杂交文化,它表现为同质化与混合化两种形态,前者是质的变化,成为美国文化的主流和核心;后者是量的变化,构成美国文化的多种亚文化。两者相互渗透、互为依存。历史表明:美利坚文明经历了由"合众为一"到"由一为众"的历史进程,整个美国文化的形成历程成了"合众为众"的轨迹。我们承认文化的丰富性与多样性,但并不是说各种文化是孤零零的存在,人类的文化是多样性的统一,美国文化也一样,各种文化经过交错,重叠,以及融化、整合,形成了统一的美利坚文化。①

## 第四节 澳大利亚多元文化主义

### 一、澳大利亚多元文化政策的内容

澳大利亚多元文化政策最初萌生于戈夫·惠特拉姆政府时期(1972—1975年),在马尔科姆·费雷泽政府时期(1975—1983年)最终形成,经过几年的努力,在霍克政府时期(1983—1991年)被确立为基本国策。

从20世纪80年代初开始,形容词"多元文化的"(Multicultural)越来越多地被用来描述当代澳大利亚社会的民族与文化多样性。名词"多元文化主义"(Multiculturalism)成为对民族文化多样性现实的接受、文化多样性的重要性以及相应政策的描述。随着多元文化政策的正式形成,相应的多元文化机构、移民服务系统也逐渐建立和完善。重要的有民族社会理事会、人权委员会和澳大利亚多元文化事务研究院(AIMA)等。

这样,经过霍克政府的努力,到20世纪80年代末,多元文化政策终于成为

---

① 李其荣:《美国文化解读——美国文化的多样性》,济南出版社2005年版,第14页。

澳大利亚的基本国策,具体表现在两个方面:其一,多元文化事务管理机构的地位提升了。1985年,专门设立了部级机构移民与民族事务部,由其负责少数民族事务,并在各州设立了相应的基层组织。1987年,在内阁之下设多元文化事务办公室,作为总理直接领导的四个办公室之一,专门负责协调政府级部门之间的民族工作。其二,多元文化政策实施的范围扩大,以前多元文化政策主要由移民部门实施,而80年代末,联邦政府要求各个部门的工作计划都必须包括多元文化内容,各级政府都必须结合实际情况制定多元文化政策的具体实施方案。此后,在移民、劳工、福利、卫生、教育等部门,都专门设有机构或官员负责民族事务。①

随着多元文化政策的形成与发展,其内容与措施日益完善,尤其1989年颁布的《国家议程》对多元文化政策进行的全面界定,成为以后多元文化政策发展的基础,对多元文化政策给出了准确而完整的限定,概括起来,包括三个方面、三项限制及八项目标原则:

三个方面:文化认同——所有澳大利亚人有权在特定的范围内表达和分享各自的文化传统,包括他们的语言和宗教。社会公正——所有澳大利亚人有权享受平等的待遇和机会,消除因种族、民族、文化、宗教、语言或出生地而带来的障碍。经济效用——所有澳大利亚人,无论背景如何,其技术、才干都需要得到支持、发展和有效利用。

三项限制:多元文化政策基于这样的前提,即所有澳大利亚人应该对澳大利亚承担压倒一切的和一致的义务,对它的利益和未来承担责任。多元文化政策要求接受澳大利亚社会的基本结构和原则——宪法和法律、宽容和平等、议会和民主、言论与宗教自由、英语作为官方语言和性别平等。每个人在表达自己独有的文化及信仰的同时,必须尊重他人的价值观和文化。多元文化政策既强调义务又强调权利。

八大目标原则:所有澳大利亚人都应承担促进国家利益的责任。所有澳大利亚人享有基本人权,免受种族、民族、宗教或文化上的歧视。所有澳大利亚人应享有平等的生活机会和公平地获得政府所管理的社会资源。所有澳大利亚人应能发展并利用他们的潜力为澳大利亚经济和社会发展做贡献。所有澳大利亚人应有机会学习英语及其他语言,并提高对跨文化的理解。所有澳大利亚人应能发展和分享他们的文化传统。所有澳大利亚政府机构都应对文化的多样性予以承认、反映和反应。

《国家议程》中规定的多元文化政策内容详尽,但略显冗长,后来澳大利亚多元文化基金会主席格宝爵士将其概括为四点:公民要把澳大利亚的利益和前

---

① 杨洪贵:《澳大利亚多元文化主义研究》,西南民族大学出版社2007年版,第162页。

途放在首位,遵守国家的基本制度和法律;每个人在表达自己独有文化及信仰的同时,必须尊重他人的价值观和文化;在法律、就业、教育、医疗、福利等方面使每个人享有同等的机会;充分利用多元文化资源,尽量发挥每个人的长处。

从多元文化政策的内容来看,它是对澳大利亚社会已经存在的民族、文化多样性现实的反映。从它与同化政策的比较中可以看到,同化政策强制消灭多样性,极力维护民族国家的同一性,而多元文化却极力维护民族文化的多样性。多元文化政策基于这样一种明确的认识:民族、文化多样性对这个国家是一件好事,因而需要积极促进。①

**二、澳大利亚多元文化政策的主要措施**

自 20 世纪 70 年代以来,澳大利亚政府为实施和推进多元文化政策先后做出了大量的努力,为了广泛地听取各方面的意见,了解和掌握澳大利亚社会里少数民族的实际状况并提出具体的对策,澳大利亚政府组织了一系列的委员会、理事会。它们产生了一系列的报告、建议,直接推进了多元文化政策的形成和完善。重要的有:澳大利亚人口和移民理事会(1975)、移民计划与服务评论委员会(1983)、维多利亚多元文化事务咨询理事会(1987)。澳大利亚移民政策咨询委员会(1988)。这些委员会、理事会在联邦层次或州层次上对移民的处境、多元文化实施中的机构设置、法律制定、服务的开展等方面向政府提出建议,且多为政府采纳,它们在多元文化政策的形成和发展中功不可没。

通过上述组织的建议,一些专门负责多元文化政策实施的专门机构设置起来。1985 年,设立了部级机构移民与民族事务部;1987 年,在内阁总理之下设立的多元文化事务办公室,是处理多元文化事务的最高机构。根据 1989 年颁布了《国家议程》规定,各级政府的各个部门都必须设专门机构或官员负责多元文化和民族事务,从而形成多元文化政策的全国性多方面的实施网络。另外,政府还调动和资助民间团体,如多元文化基金会、艺术委员会、民族社团等组织,实施一些多元文化项目。

1989 年颁布的《国家议程》奠定了后来澳大利亚多元文化政策的框架基础,提出了以下具体的政策动议:促进认可移民的技术与海外资格的策略;确保民族多样性与社会统一并行的社区战略;加强克服移民遭遇的语言、文化与偏见障碍的机会与平等战略;建立特殊广播机构作为一个独立公司的法律;提供移民接受英语教育机会。

在澳大利亚联邦体制下,联邦政府与各州及领土政府共同承担实施多元文化政策的责任。所有州与领土政府已经采用多元文化政策,每个政府都建立了

---

① 转引自杨洪贵:《澳大利亚多元文化主义研究》,西南民族大学出版社 2007 年版,第 165 页。

一个政府机构来处理多元文化与民族问题。联邦政府要求州与领土政府的多元文化政策与《国家议程》提出的原则一致。

根据1987年霍克总理将多元文化政策的措施划分为文化认同、社会参与和经济效益三方面,1989年,《国家议程》正式规定多元文化政策措施三个方面的内容:

第一,促进少数民族移民文化认同与文化交流。为此,各大城市定期举行民俗文化节,鼓励各族人民参加具有民族传统色彩的文艺活动,政府对这些活动向各少数民族提供一视同仁的拨款资助。为了重视少数民族语言和文化的传承,1987年,联邦教育部颁布了《国家语言政策》,选择阿拉伯语、汉语、法语、德语、希腊语、印尼语、意大利语、日语和西班牙语等九种语言作为全国重点发展的第二语言。① 在学校里开设有关民族的历史地理及文化课程。政府还资助民族社区举办的旨在向移民后代传授民族语言、宗教和文化的学校。

成立特殊广播电视服务系统(SBS),向澳大利亚境内的少数民族进行多种语言的无线电广播和电视节目播放,它包括特别广播电台四家,特别电视台三家。在政府的鼓励和支持下,1978年正式成立了播送四十多种语言的特种广播服务电台(SBSRADIO),在悉尼和墨尔本两地首先播出。SBS电台和电视台的建立是澳大利亚政府贯彻实施多元文化主义政策的重要象征之一,也是反映多元文化的一面镜子。

澳大利亚政府还鼓励并资助移民和少数民族建立自己的广播电视和电台,如有些社区电台频道就让不同民族社团免费使用,让他们播出自己语言的节目。还有,为了方便移民,各级政府机构均对移民提供翻译服务,移民局的传译中心还提供24小时全天候的翻译服务,尽量减少非英语背景的移民的种种不便。因此,澳大利亚在多元文化主义的政策下,各民族能够互相了解,彼此宽容互让。

第二,促进社会公正,保障少数民族平等地参与社会生活。为此,澳大利亚政府首先通过立法的手段消除歧视,1975年颁布的《反种族歧视法》,规定人种、肤色、国籍、血统、民族歧视为非法。1981年,又设立了人权委员会。为消除移民的劣势,体现平等原则,《反种族歧视法》规定:必须对他们给予特别的关照,如为移民提供语言翻译服务。1975年,澳大利亚就开始电视传译服务。后来,在悉尼、墨尔本等大城市里,政府在移民事务部门、卫生部门和司法部门三个系统中设立电话传译中心,为移民提供免费服务。《国家议程》中还专门规定,政府提供资金对移民进行英语培训,消除由语言障碍形成的劣势。在医疗、福利部门也对少数民族实施特别服务,如实施双语服务。政府早在1973年就设立了社区关系委员会,后来又设立了社区关系专员工作站、社会福利委员会,以满足少

---

① 转引自杨洪贵:《澳大利亚多元文化主义研究》,西南民族大学出版社2007年版,第167页。

数民族的特效需求。《国家议程》还专门提出了提高各族人民机会平等的一系列策略,以促进获得社会服务和社会资源的机会和途径。各州、各大城市都设有为各民族社区服务的各种服务中心,并提供无微不至的社区服务。

第三,提高经济效用,保障少数民族移民发展和利用他们的技术和才干。自战后移民计划实施以来,大量移民的技术才干没有得到澳大利亚社会的认可和利用,形成了巨大的人力资源浪费,给移民及澳大利亚都造成了无法挽回的损失。多元文化政策出台以来,历届政府都一直致力于这一问题的解决。早在1969年,澳大利亚设立了海外技术资格认可调查委员会,1983年发表了《海外资格的认可》的报告。为了克服移民在过去遭遇的劣势和更好地发挥他们的才干,《国家议程》草拟了一些方案,进行了根本性的改革,以促进海外技术和资格的认可过程。为了对与移民就业相关的事务进行改进,政府还大力促进移民经营的小企业发展,加强移民的就业培训,推进澳大利亚工会对移民的接纳,减小劳动力市场对移民的限制。

总之,为了贯彻多元文化政策的原则,达到在澳大利亚社会里民族文化平等的多元共存目标,澳大利亚政府设计和实施了多方面的措施,关注着少数民族群体和个人社会生活的方方面面。

### 三、澳大利亚多元文化政策的发展

20世纪90年代以来,澳大利亚历届政府依然坚持与发展多元文化政策。1995年,澳大利亚政府重申了多元文化政策的基本原则;1996年,澳大利亚举办了全球第一次多元文化大会;1997年,政府对多元文化政策进行评估;1999年,推出了多元文化政策的《新议程》,为新世纪多元文化政策的发展指明了方向。

自从1989年《国家议程》颁布以来,澳大利亚政府不断组织人员研究形势变化,有针对性地推动多元文化政策的改革。1996年11月30日,新上台的霍华德政府推动联邦众议院一致通过了关于种族宽容的决议,重申了1989年《国家议程》的基本原则和思想,进一步阐述了澳大利亚多元文化主义必须坚持的一些原则。与此同时,随着形势的变化,澳大利亚政府组织人员开展研究,为21世纪澳大利亚多元文化主义的发展设计蓝图。1999年12月,政府公布了多元文化政策声明——《新议程》。《新议程》根据理事会(NMAC)的建议,对澳大利亚"多元文化主义"这一术语的内涵进行了界定,认为澳大利亚多元文化主义是一个承认和赞同澳大利亚文化多样性的术语。在承诺对澳大利亚及其根本的社会制度和民主的价值观念承担压倒一切的义务和责任的前提下,认可和尊重所有澳大利亚人表达和享有自己独特的文化遗产的权利。多元文化主义同时也指旨在达到以下目标的策略、政策和计划,这些目标包括:使澳大利亚的政治、经济和社会基础设施更好地对多元文化人口的权利、义务和需要做出恰当的反应;在澳大利亚社会促进不同文化的人们之间和谐共处;使我们的文化多样性给所有澳大利亚人带来的利益最大化。①

《新议程》认为,文化多样性是澳大利亚一种重要的社会、文化和经济资源。在如尊重差别、崇尚宽容、追求自由以及国家利益压倒一切的责任等价值观念的基础上,澳大利亚已经建立起多样性的统一。《新议程》认为澳大利亚政府和社会须将他们的行动和措施奠基于这些原则之上,务必使澳大利亚的文化多样性继续成为澳大利亚社会发展的根本动力。《新议程》还强调确保多元文化政策成为澳大利亚社会的统一力量,并与所有澳大利亚人相关。1999年的《新议程》对1989年的《国家议程》提出的多元文化政策的三个重要方面——文化认同、社会公正和经济效用进行了新的阐述,并赋予了新的内涵,奠定了多元文化政策在新世纪发展的基础。

为了实施《新议程》,政府于2000年建立了澳大利亚多元文化理事会(CMA),其成员来自所有各州与地区,他们都是一些杰出人士。其目的在于协助政府实施多元文化政策,提高人们对多元文化主义的认识与理解,促进社会和谐与多元文化项目的协调。最初政府确定理事会存在的期限为3年,后延长到2006年。2003年5月13日,政府公布了新的多元文化政策声明——《多元文化的澳大利亚:多元一体》,为2003—2006年多元文化政策的发展确定了战略重点和方向。

通过政府的不断努力,多元文化主义已经成为澳大利亚确保文化多样性的社会、文化、经济利益最大化的制度框架,成为澳大利亚构建社会和谐、增进社会宽容和开放的政策保障。

**四、澳大利亚多元文化主义的价值**

(一) 有利于澳大利亚社会的稳定与发展

一方面,多元文化政策无差别地接纳世界各地移民,在国内保护和鼓励民族文化多样性,尊重各民族人民及其文化的差异,又努力营造民族文化多元共存的局面。既然澳大利亚是由多元民族构成的,那么国家的稳定和繁荣,各民族均有不可推卸的责任。因而,尊重差异、保障各族人民的平等合法权利,有利于他们对澳大利亚产生忠诚和认同。另一方面,多元文化保护和鼓励各族移民传统文化的发展,这也是一种明智的做法。多元文化政策尊重和保护各族移民的文化传统,一视同仁地确认他们的族群认同。这种民族文化多元共存的局面有利于各族移民正视自己的文化传统,在与其他民族文化的共存中进行比较,以克服自身的弱点,更加注意去吸收澳大利亚这块土地上的优秀文化和价值观念,从而在

---

① 转引自杨洪贵:《澳大利亚多元文化主义研究》,西南民族大学出版社2007年版,第172页。

潜移默化中相互影响,相互融合。

多元文化政策造就了一种开放的机制,这种开放的机制不仅有利于少数民族移民(边缘、弱势群体)融入澳大利亚主流社会,能够以民主、自由、人权等普遍原则维持主流社会与边缘群体间至少是公民权利意义上的平等,有利于在社会准入的基础上提供更为平等的机会。而且,这种体制还有利于在主流社会与边缘群体未能融合前形成有利于化解矛盾的缓冲机制,成为社会稳定的缓冲地带。这种开放机制更能使移民这个弱势群体在澳大利亚看到希望。一个人对待世界的态度和方式通常是由这个世界对待他的态度和方式决定的。多元文化政策给新移民以希望和信息,他们也必将回报这个社会以希望和信心。所以,多元文化政策关照少数民族,也就是关照整个澳大利亚社会。①

(二) 有利于经济发展和繁荣

首先,多元文化政策有利于利用、吸收移民的智慧和技术。澳大利亚长期以来在就业方面对非英语移民存在着严重的歧视,他们的技术水平,从业资格得不到认可,不管其受教育水平如何,往往只能从事体力劳动或低层次职业,从而造成了大量人力资源的浪费。多元文化政策促进就业方面的机会均等,推进对移民技术资格的认可,有利于使现有移民的智慧和才干得到充分的发挥。同时,多元文化政策创造了一个不同背景的移民平等共处、安居乐业的宽松环境,更有利于吸引更多的世界各地有技术、有才能、有资历的人移居澳大利亚创业,不断补充其人力资源。目前,澳大利亚已成为许多亚洲移民的首选目标地之一。

其次,多元文化本身就是经济发展的资源。澳大利亚社会因移民保持其语言和文化而熟悉各种语言及文化,这已成为他们开展国际贸易和竞争的有利条件。语言保持不仅是移民的一种权利,也是创造财富的一种条件。尤其是澳大利亚大部分的贸易已与非不列颠文化和东方相关的时候,多元文化语言的价值尤为突出,因而国家语言政策根据其对发展贸易和旅游以及国际关系的作用大小,选择阿拉伯语、汉语等八种语言为重点发展的第二语言。此外,澳大利亚国内丰富多彩的民族文化及其表现形式本身就是极富价值的旅游资源,可以成为国内和国际旅游的卖点。

总之,多元文化政策是促进澳大利亚经济发展的重要措施,有利于接纳人力资源,并使这些人力资源开发出来,为澳大利亚社会经济发展服务。

(三) 有利于改善澳大利亚的国际形象,促进国际交往

在"白澳"政策下,澳大利亚努力维护以不列颠为基础的单一文化格局,主要接纳英国移民或与英国文化相关地区的移民,从而形成了对英国的严重依赖。这影响了澳大利亚与周边国家的交往。多元文化政策致力于消除各种社会偏见

---

① 杨洪贵:《澳大利亚多元文化主义研究》,西南民族大学出版社2007年版,第198页。

和歧视,平等地接纳世界各地的移民。这一方面有利于澳大利亚的国际形象,另一方面由于善待来自世界各地的移民,也会使这些移民的母国对澳大利亚产生好感。移民及其受政府保护的传统文化成为澳大利亚与移民们的母国联系的纽带,从这个意义上讲,多元文化的移民已成为澳大利亚对外交往的途径和宝贵的资源。

在与亚洲的交往中,多元文化政策的作用表现得尤为突出。自20世纪60年代以来,澳大利亚与英国的经济往来减弱,亚洲经济蓬勃发展,它反过来促进澳大利亚与亚洲之间的贸易迅速扩大。澳大利亚自20世纪70年代以来就调整亚洲政策,积极发展与亚洲邻国的友好交往。而在与亚洲国家发展关系的过程中,最大的障碍即是澳大利亚长期推行的歧视、排斥亚洲移民,视亚洲移民为最大威胁的"白澳"种族主义政策。澳大利亚不可能在强调与地理上相邻的亚洲国家进行密切经济往来的同时,却顽固地坚持在文化心理上与之疏远,仍然对旧大陆保持迷恋。自20世纪60年代以来,澳大利亚就面临着如何把对亚洲地理和经济上的接近与文化心理上的疏远协调起来的重大问题。总之,澳大利亚长期遭受着"亲英症与麻痹症"的折磨,而多元文化政策成为解决这一矛盾,寻求地理与文化协调的一种努力。它通过平等地吸收亚洲移民,尊重他们的文化传统,了解他们的文化,拉近与亚洲国家和人民的心理和情感距离,加强人员往来,以利双方交往。当然,这一过程也非一帆风顺,在1980—1986年,就亚洲移民问题,澳大利亚国内就曾展开过一场唇枪舌剑的辩论。澳大利亚政府并未受其影响而终止亚洲移民,也并未中断多元文化政策,相反却在进一步推动多元文化政策,并在1989年将它确立为基本国策。这一方面表现出澳大利亚政府追求新的国际形象的决心和勇气,另一方面也说明多元文化政策已经成为澳大利亚进行国际交往和社会发展的一种必要。①

---

① 杨洪贵:《澳大利亚多元文化主义研究》,西南民族大学出版社2007年版,第194—196页。

# 第二十二章　世界各地的肯定性行动

当代世界的绝大多数国家都是多民族国家,举凡多民族国家皆有解决民族问题的一揽子政策和法律、法规。所谓"肯定性行动"即是世界范围内普遍存在的为了改变一国之内某些特定人群,特别是弱势群体在经济、文化或政治等方面的某些不利局面,而采取的一项国家政策和行动纲领,它以正义、公平、多样性为价值诉求,以反歧视和补偿为特征。肯定性行动是一项引起各方广泛争议的施政纲领。

肯定性行动最引人关注的实践发生在美国,学术界研究的重点也主要集中在美国。但世界上也有不少国家在不同程度上推行着和美国类似的民族政策和施政纲领,都可以笼统地称之为肯定性行动。这其中,印度、马来西亚、斯里兰卡、日本等国比较典型。肯定性行动在各国的不同践行带来了不同的后果。有些国家是积极的正面的,比如美国,有些国家则是负面的、消极的,比如马来西亚。

我国所推行的民族优惠政策在一定程度上也可以视为"肯定性行动",但具备鲜明的中国特色和社会主义属性,它非常好地调整了中国的民族关系,为各民族共同繁荣、共同发展创造了有利条件。

本章分三节,第一节阐述肯定性行动的理论,包括肯定性行动的概念、国内外的研究状况、肯定性行动的争论等;第二节论述肯定性行动的实践,主要以美国为例,也涉及印度、斯里兰卡、马来西亚等其他一些国家;第三节,论述中国的民族优惠政策,跟国外肯定性行动相比较,中国民族优惠政策所具有的鲜明优点。

## 第一节　肯定性行动相关理论

### 一、"肯定性行动"的定义

目前世界上大约有2000多个民族,多数国家和地区都是由多民族构成的。任何国家,不论其社会制度如何,只要多民族并存,就必须采取一定的政策措施来解决处理民族问题,理顺民族关系。所谓"肯定性行动"即是世界范围内普遍存在的一种解决和处理民族关系的政策和行动纲领。外国学术界对肯定性研究肇始于20世纪60年代,其要因是美国的肯定性行动方案的实施,迄今以来,肯定性行动俨然成为学术界研究的热点话题,产生了大量的学术论文和学术专著。我国学术界自20世纪80年代以来,开始对肯定性行动进行研究,本世纪以来这项研究逐步深入,取得了不少成果。

任何一个概念都有大小之分,广狭之别,"肯定性行动"一词也不例外。狭义的"肯定性行动"是从英语 Affirmative Action 转译而来,也有译为优先照顾行动、照顾行动、赞助性行动、积极行动、主动行动等的。特指美国的"肯定性行动"。我国的学术界惯常从狭义上使用。试举两例:有人认为:"可以说,'肯定性行动计划'是一项由《公民权利法》衍生而来的经济民权政策,目的是帮助那些美国历史上长期受到集体性和体制性歧视的群体更快地改变在教育和经济地位方面的劣势地位。"[①]还有学者指出:"'肯定性行动'政策是一项在1964年《民权法》基础上发展起来的平等权益措施和法案,目的是帮助在美国历史上长期受到歧视的少数民族和妇女更快地改变在政治、经济、教育和社会等方面的劣势地位。具体地说,就是在升学、就业、晋升、颁发奖学金以及接受政府贷款和分配政府合同时,在竞争能力和资格基本相同或相近的情况下,黑人、印第安人、拉美裔和亚裔以及妇女有被优先录取、录用、晋升或优先得到贷款和政府合同的权利。[②] 国内学术界基本都是从狭义角度来界定和评估肯定性行动。即使是在美国,关于肯定性行动政策的争论中,也很少有学者注意到在世界其他地方存在着类似的国家政策。[③] 他们主要只关注美国所特有的历史传统和实践经验。然而,我们认为研究肯定性行动应该从概念的广义出发,要具备国际性的研究视域,因为在世界上许多有异于美国历史和传统的其他国家和地区,也普遍存在着类似于美国的针对特定群体的优惠和配额等国家政策和行动纲领,有些国家甚至远比美国施行得更长久。除了美国外,印度、马来西亚、斯里兰卡、尼日利亚等国家的肯定性行动各具特色,很值得去探讨。从一定意义上讲,我国自从新中国成立以来特别是改革开放以来,对民族地区和少数民族实行的各项优惠和照顾政策,也可以归为广义的肯定性行动。

所谓"肯定性行动"是在世界范围内许多国家普遍存在的为了改变一国之内某些特定人群特别是弱势人群因为历史的或现实的等多重原因而导致的在经济、文化或政治等方面的某些不利局面,而采取的一项国家政策和行动纲领,它以正义、公平、多样性为价值诉求,以反歧视和补偿为特征,这些弱势群体可以是族别上的,也可以是性别上的。

---

① 张直:《当代美国高校少数民族学生入学政策改革——从"肯定性行动计划"的视角审视》,中央民族大学2007年硕士学位论文,第12页。
② 陈伟:《美国的"肯定性行动"政策》,载《中国审判新闻月刊》2006年第10期。
③ Thomas Sowell, *Affirmative Action Around the Word*, a Empirical Study. Yele University Press, 2004, p.1.

"肯定性行动"一词在美国法律里第一次出现是在1935年的全国劳工关系法案(National Labor Relations Act)里①,该法案"肯定"了联邦政府保护工人成立工会权利的义务,并授权劳工关系委员会调查工厂里劳工们的怨言和委屈。"为贯彻该法案的精神,劳工关系委员会可以采取肯定性的行动,包括恢复雇员职位,而无论有没有欠薪。"因此,1935年的全国劳工关系法案要求雇主采取"肯定的行为"以保证自己的雇员有决定加不加入某一工会的自由。这些肯定性的行为包括在工厂显眼位置张贴宣传相关的联邦法律,通告某项反工会活动或政策的结束。换言之,雇主仅仅停止反工会政策、消极地服从联邦法律给工人以集体议价的权利还远远不够,必须明确地、肯定地、积极地宣示工人的这一权利,取消此前可能存在的妨碍工人行使这个权利的任何政策。随着时代的发展,肯定性行动在美国以及世界其他国家被赋予的内涵越来越丰富。

### 二、肯定性行动产生的原因

每个实施肯定性行动纲领的国家,在采取这项政策措施时,都一定有其具体的社会、政治、文化等原因,而且各个国家之间不尽相同。但撇开各国的特定情况,从肯定性行动所产生的普遍共性来看,至少有两个方面的动因。

第一,社会现实当中客观存在的不同人群之间的不公正、不公平是肯定性行动产生的必要条件。一国之内多种族、多民族人口构成的多样性的客观存在是肯定性行动产生的不言自明的前提。正是由于存在多样性,就出现了差异性,有差异性,就有了不公平。产生不公平和不平等的原因是因国而别、因时而异。当今世界大多数国家都是多民族国家,在各民族国家内部,因历史或现实原因,民族之间、族群之间,大都客观存在着发展上的不平衡乃至不平等。人类社会由男性和女性两种性别构成,也历来普遍存在性别上的不平等。

第二,从国家决策层到社会舆论对公平正义的追求是肯定性行动所产生的现实动力。作为国家,除了发挥其基本的统治功能,为统治阶级代言外,还有其他的社会职能需要发挥,包括在一定程度上维护社会的相对公平,消弭社会上种族间、族群间乃至性别间的紧张情绪,维护社会的和谐与稳定。如果一国的政府完全站在占统治地位的阶级和阶层的立场上,为其张目代言,而浑然不顾其他弱势群体的权益和利益,那么长此以往国将不国。所以,从根本上看,政府有推行"反向歧视"或"平权运动"的动力,制定和推行肯定性行动,在一定程度上通过国家工具来帮助社会弱势群体,提升他们在经济、文化、教育等方面的竞争能力,根本上也是和国家的基本职能相一致的。

---

① Ann Ooiman Robinson, *Affirmative Action: A Documentary History*, Greenwood Press, 2001, p.32.

### 三、肯定性行动的特征

**（一）肯定性行动是一项国家政策**

肯定性行动是国家层面的一项施政纲领，具备国家政策的一般属性。遍观各国肯定性行动实践，都是首先通过国家政策的形式，由国家最高领导人或政府以讲话或文件的形式发布，进而在整个社会贯彻落实。

**（二）肯定性行动的对象是社会的特定人群**

肯定性行动政策的制定和执行是针对社会的特定人群的。这个特定人群可以是因历史原因或现实原因处于弱势地位的少数族群，比如美国对黑人推行的肯定性行动，这也是肯定性行动最主要的表现形式；也可以是针对特定多数人群的一项政策，比如马来西亚的肯定性行动的适用对象是在人口比例中占大多数的马来人。也可以是弱势性别，如美国等国将女性纳入肯定性行动的照顾体系中。

**（三）肯定性行动以对特定对象的照顾和优惠政策为根本**

对特定对象的照顾和优惠政策往往以比例和配额的形式体现。优惠政策多表现在教育、就业等领域。配额就是给特定的照顾对象在各个领域以一定比例的名额。

**（四）肯定性行动由国家法律来保障实施**

肯定性行动大多由国家的法律来保障实施。尽管肯定性行动首先以国家政策的形式体现，但继之往往会有相关配套法律法规出台，使肯定性行动有法可依，由法律法规来保障实施。

### 四、肯定性行动的争论

任何一项国家政策的推行，很难使国内各方人士都满足，况且在政策推行过程中，经常会陷入各种误区。肯定性行动也不例外，可以说自它诞生的第一天起，围绕它的争议就不绝于耳。肯定性行动的政策本意是对社会上的不平等进行纠正，但在实际操作中，集团优惠和配额政策所导致的效果往往适得其反，并招致更大的社会争议。

以美国为例，在实施肯定性行动时，也遇到了诸多困惑。有人就指责说，虽然已经是百万富翁，但因为是黑人的缘故，仍然通过肯定性行动享受到诸多优惠，但这并不意味着减少了美国人的不平等，它并没有让贫民窟里的人受惠并彻底改变命运。在推行肯定性行动前后，美国黑人的贫困率并没有太大变化。在美国，很多白人认为，由于联邦政府颁布和推行"肯定性行动"颠倒黑白，导致在美国社会中遭受种族歧视之害的实际上是白人，并称这种现象为"反向歧视"。

美国在实施肯定性行动中遇到的困惑主要有四点，其他国家也在不同程度上面临类似窘境：

第一，不在政策优惠范围的人群想方设法地证明自己应当属于受惠群体，从而享受优惠政策带来的实惠。

第二，受惠群体中的富人成为主要受益者，比如说富有的黑人学生，而非受惠群体中的穷人则成为法案的牺牲品，比如说贫困的白人学生。

第三，受惠群体和非受惠群体努力的积极性均遭到削减——因为前者不需要尽最大努力也能成功，而后者即使努力也徒劳无功。

第四，法案使受惠群体招致憎恶，同时也会让他们自己对别人产生敌视。在某种情况下，受惠群体的主要问题是其自身能力不足，加之一些非受惠群体中的学生虽然不享受优先权，但成绩一直远在他们之上，从而导致他们对这部分学生产生敌视情绪。

## 第二节 肯定性行动在各国的实践

### 一、美国的肯定性行动

(一) 肯定性行动在美国的流变

美国前总统克林顿 1995 年给"肯定性行动"下过一个定义："肯定性行动是为给那些不巧成为曾长期持续遭受歧视的人群中具备资格的个人打开在教育、就业和商业发展机会的大门形成一个系统途径而做出的一种努力。"[①]这个界定恰当地反映了美国的真实情况，很好地总结了肯定性行动在美国的起因、任务和性质。

回顾美国的历史，对弱势群体采取照顾措施可谓源远流长。早在 1854 年国会即通过法律，要求照顾贫穷潦倒的精神病人，按照该法规定，将土地从国家转移到地方各州，只要各州同意将出卖土地的收益为贫穷的精神病患者建立医院就可以。但该法被皮尔斯总统否决。皮尔斯认为，既然国会拥有给贫穷的精神病人施以优惠的权力，同理也拥有给贫穷但无精神病的人施以优惠的权力，但这将把各州对穷人的责任全转移给了联邦政府；同理，也拥有给各种类身体不健全者提供医院和地方设施的权力。这就等于将整个公益和慈善活动全搁在联邦政府的肩膀上，然而美国宪法里并未有让联邦政府成为大慈善家的法理依据。这个事件的历史意义是，在接下来的半个世纪里，联邦政府介入公共福利事务的积极性受到了限制。

19 世纪中叶美国的改革者们除了致力于给精神病患者以幸福和快乐外，其

---

① Ann Ooiman Robinson, *Affirmative Action: A Documentary History*, Greenwood Press, 2001, p. 32.

主要的议程是废除奴隶制,把公民权拓展到非裔美国人和妇女。当时没有解决的矛盾与冲突在20世纪的尾声亦然是有关肯定性行动争论的基本命题。尽管1865年的第十三条宪法修正案认定奴隶制违宪,但它并没有为过去的奴隶赋予公民权,也没有解决所有非裔美国人包括那些非裔奴隶所遭受的多种歧视。

1866年民权法案在美国顺利通过。据此,凡是出生于美利坚且未臣服于其他外国者,除不征税的印第安人外,将不分种族、肤色、高低贵贱,被宣称成为美国公民。这是后来美国宪法第十四条修正案的基础。民权法案颁布后,仅仅在某些有限的民事权利方面对非裔美国人有用,但其政治权利并未真正落实。基于这种现实状况,加上南部各州不断用黑人法典取代先前的奴隶法典,一道促成第十四条修正案的诞生。修正案的第一部分第二款也即平等保护条款成为日后肯定性行动相关案例中被频频应用的一个基本依据。第十五条修正案同样包含了肯定和保护非洲裔美国人公民权的努力。其中规定,美利坚公民的投票等民事权利不因其肤色和曾经受奴役的境遇而被否定或削减。

在以打击腐败而著称的进步主义时代,政府强力支持以法律手段来保护社会上的弱势阶层,特别是妇女和儿童,总统罗斯福是这一运动的领袖。尽管他的改革从左右两个方面遭到更激进改革者和种族主义者的反对,但罗斯福仍要求政府"更肯定"地扮演领袖角色,由此和此前让政府"放任自由"的做法鲜明区分开来。他曾经说过,每一个行政人员,尤其是政府里每一个身居高位者,就是人民的一个服务人员,应该积极肯定地为人民竭尽所能地服务。20世纪40年代,罗斯福总统签署了8587号行政令,禁止联邦行政事务机构中的种族歧视。

1948年7月,杜鲁门签署了9980号行政令,要求军队里不得存在种族歧视,要向所有人员提供平等待遇和机会,并建立了平等就业委员会。1953年8月13日,艾森豪威尔总统签署了10479号行政令,成立了一个新的合同履行委员会以代替杜鲁门的组织。艾森豪威尔的命令也加强了所有政府合同组织中所要遵循的非歧视条款的效力,给合同组织加上了一个正面的负担,要求合同组织在工作网点发表声明,承认它们同意提供不因为种族、肤色、国籍、或者宗教因素而歧视雇员的平等就业机会。艾森豪威尔委员会也同样要求在雇佣之外的任何提升、调动和其他个人行动中采取非歧视原则。1955年1月,艾森豪威尔签署了10590号行政令,建立起政府雇佣政策总委员会,作为总统和各部门的咨询机构。

前述这些都可以视为肯定性行动计划在美国于20世纪60年代大规模推行的滥觞。肯定性行动的主旨、特征以及可能招致的评判都可以在这里窥出端倪。

(二)二十世纪六十年代以来的肯定性行动

一般认为,美国的肯定性行动是从20世纪60年代真正开始系统推行的。肯定性行动60年代在美国蓬勃兴起绝不是偶然的,它是各方因素综合作用的结果。一般而言,有三个方面的原因值得探究:一是第二次世界大战后美国黑人处境的恶化;二是20世纪五六十年代以来美国种族关系的持续紧张;三是20世纪60年代民权运动在美国的兴起。其主要内容体现在教育平等和就业平等两大方面。

20世纪60年代是美国民权运动如火如荼的年月,黑人反对歧视争取平等、妇女要求和男性同样对待的女权运动都在此时兴起。美国社会进入了一个崭新时代。在政治层面,肯尼迪总统和约翰逊总统也想极力化解种族冲突,平衡性别关系,特别是约翰逊总统上台以后,怀有理想主义信念,倡导"伟大社会"的宏伟理念,为肯定性行动起到了推波助澜的作用。

由于历史和现实的原因,美国黑人与白人之间长期存在的受教育机会与水平、就业状况的严重不平等,黑人、白人的势能和潜力是迥然不同的。即使他们真正站在同一起跑线上,对黑人而言也是不够的。所谓"机会之门"仍然形同虚设。为此,出于良心上的内疚和自责,白人自由派人士认为应该采取某种方式对黑人进行补偿。肯定性行动在美国的起因之一即是基于这种补偿理念。

能否平等就业是黑人所面临的最现实的问题,这直接关系到其社会经济地位的提高。而在就业领域,黑人受到的歧视最为严重。经济不景气时最先被解雇的是黑人。在同等条件下,黑人受雇的机会仅及白人的1/2,工资只有白人的3/5。改善此种不公平状况是肯定性行动的初衷。联邦合同管理办公室等机构在实际运作肯定性行动的过程中,在法院的大力支持下,积极实施其所制定的一系列指令,清除黑人就业中的各种障碍,以确保配额制的执行到位,使黑人与白人能够"站在同一种族起跑线上"。

这个时期肯定性行动的指向已经非常明确,为消除对少数族裔和妇女等不利群体在就业、教育等领域的歧视的各种措施为特征。就其所实施的效果看,也的确在缓和种族矛盾、增加黑人及其他少数族裔的就业和入学机会以及提高他们的社会地位方面发挥了重要的作用。然而,肯定性行动自出台之日就不断引起人们的争论。到了20世纪80年代,随着保守主义成为美国社会的主要思潮,联邦政府的民权政策发生了转向。此外,黑人中产阶级崛起,而且越来越多的白人声称遭受"反向歧视",对肯定性行动表示不满,整个社会对肯定性行动的争论愈加激烈,肯定性行动因而逐渐受到政府的限制而开始走下坡路。

第一次将"肯定性行动"这一术语用到种族或族群语境里,是肯尼迪总统。肯尼迪总统宣布他对就业机会平等理念的支持并且重新付出了联邦努力。1961年3月6日签署的10925号行政令,要求政府合同承包商采取肯定性行动,为少数族裔提供更多工作机会,不得有种族、信仰、肤色等方面的歧视。

制定和执行肯定性行动计划的主要法律依据是1964年《民权法案》。该《法案》第4条规定禁止在公立学校中实行种族隔离,保证个人不会因"其种族、肤色、宗教信仰或所来自国家"而丧失平等的受教育机会。法案第 7 条禁止任何雇主、就业机构、劳工组织或劳工管理联合委员会以个人的种族、肤色、宗教信仰、性别或所来自国家为由对其进行种族歧视或种族隔离;成立平等雇佣机会委员会作为肯定性行动计划最重要的执行机构之一。此外,同这项计划有关的还有劳工部联邦合同管理办公室和其他执行机构。

1965 年,约翰逊总统签署了著名的 11246 号行政命令,要求在就业方面依据种族制订配额制。这意味着那些拥有联邦合同的承包商在雇人时必须为黑人等少数民族留出一定的名额,同时取消雇人时所进行的测验(因为在这类测验中黑人的通过率很低),以保证黑人能真正享受这些就业机会。换句话说,配额制具有明显的强制性。此后,肯定性行动计划进入了实质性操作阶段,其含义也随之不断丰富和扩大。

肯定性行动计划的目的是减轻对少数种族特别是黑人在就业和受教育方面的歧视。它不但有充分的法律依据,而且以总统命令的形式付诸实施,具有一定的强制性。事实上,从 1967—1992 年,这段时间也是肯定性行动实施中的黄金年月。然而,即使在这个时间段,最富有的 20% 黑人的收入提高比例和白人一样高,但最贫穷的 20% 黑人的收入份额下跌比例超过了最贫穷白人下跌的两倍。换言之,就收入份额而言,在实施肯定性行动计划的时代,那些最幸运的黑人得到了好处,但最贫穷的黑人却并没有捞到多少实惠。当然,无论得到或者失去,都不能完全归因于肯定性行动,但也不能声称肯定性行动改善了低收入黑人的生活水平。

由于少数族移民也是肯定性行动的适格者,尽管他们显然并没有遭遇到黑人曾经遭遇过的歧视问题。比如来自古巴的范觉家族,财富超过 5 亿美金,但得到了政府为少数族企业设定的合同。从 1986 年到 1990 年还有一大部分支持少数族所有建筑公司的钱流入到葡萄牙裔的东欧生意人腰包。亚裔企业家也通过照顾方案获得了政府合同。由此也可以看出,肯定性行动的实际后果是怎样偏离了其弥补历史上的歧视这样的初衷的。

所以,尽管肯定性行动起初主要目的是优惠和照顾黑人,但从政府的照顾措施中获益的少数族裔和女性所拥有的企业往往并不属于黑人族群,而是其他族裔。一组数据显示,这其中西班牙裔和亚裔所拥有的企业和女性所拥有的企业分别是黑人所拥有企业的 7 倍和 13 倍。即便是在少数族裔和女性所控制的企业这部分而言,有证据表明,其中的多数并没有从国家的照顾措施中得到好处,只有相对较少的部分捞足了好处。

对于本土印第安人,政府亦有大量针对性的优惠和照顾措施。其中之一就是允许印第安人在保留地上开设赌场。但在这里同样遇到了公正分配问题。5 个拥有将近一半印第安人的州,只得到了赌场收益的 3%,相当于每个印第安人

400 美元。① 但三个只占印第安人 3% 的州却获得了所有赌场收益的 44%，相当于每个印第安人 10 万美金。

现在许多人将优惠和配额意义上肯定性行动的出现视为对最初法律平等机会这一意图的歪曲，然而，即使在 1964 年《民权法案》通过之前，已经有迹象表明肯定性行动将向优惠和配额转变。此外，这种转变也与美国黑人社会问题的变迁保持密切关联。如果群体间的经济差异被视为非常甚至罪恶，则最正常的弥补就是消除这种差异。事实上这些差异古今中外皆存在着，甚至比美国黑人与美国白人之间的那种差异还要大。1964 年《民权法案》在国会讨论时，摩托罗拉公司的案例就引起了人们的争议。法律应针对个人还是群体？此事仅仅是州的层面的反思。1979 年的韦伯案是集体优惠与配额的高潮，具有里程碑式的意义。但最高法院关于特殊肯定性行动的合法性一直在争论当中。法院面临的难题是，如何在平等对待个体和集体优惠之间找到调和。

1964 年的《民权法案》是 20 世纪 60 年代平等机会的立法和政策的集大成者。但 70 年代联邦政府的肯定性行动政策的效果已然呈现式微之势。在整个 70 年代，黑人家庭的贫困率从 30% 下降到 29%，可以忽略不计。即便这一个百分点，也不能把功劳搁在肯定性行动的头上。虽然肯定性行动仍然被视为黑人脱离贫困的重要途径，但其中的政治意味似乎更深远一些。在其他国家也存在类似的情况。即不能孤立地从经济角度来评估肯定性行动政策。

20 世纪 80 年代以来，肯定性行动在美国仍有动静，但已呈式微之势。美国的肯定性行动源远流长，历史悠久。从对黑人的历史补偿起源，后来日渐将照顾对象扩展到其他弱势族群和女性。肯定性行动已经成为那些已经比较幸运者的恩赐品。根据小企业管理委员会的一份随机抽样调查，从政府合同中受惠的少数族从业者，有超过 2/3 每个所获得的净利润超过了 100 万美元。同时，像当时一些著名的体育明星，如篮球明星朱利叶·斯欧文、橄榄球明星辛普森都肯定性计划中受惠良多。

## 二、印度的肯定性行动

印度是世界上最大的多种族社会，其肯定性行动政策的历史比其他任何国家都要漫长，甚至在英国殖民统治时期就已经开始有了肯定性行动的雏形。印度的肯定性行动可以认为发轫于 1905 年，当时开始禁止在政府部门雇用孟加拉人，官方理由是他们很发达，把大量的工作机会从其他种族特别是穆斯林那里拿走了。此后，又在军队部门有所体现，给穆斯林和锡克族参军以优惠，并给他们

---

① Thomas Sowell, *Affirmative Action Around the Word*, *A Empirical Study*, Yele University Press. 2004, p.122.

贴上善战一族的标签。政府部门职位的保留是 1918 年在迈索尔首创,以照顾一些在政府部门里人数较少的阶层和社区。从 1909 到 1919 年,类似的保留制度在英属印度被适用于穆斯林。1935 年,出于纯粹的政治考虑,英国殖民政府为落后的阶层提供了保留职位。

英国人真正的意图在于,通过分别施加特别权利以使印度按照宗教、种族、阶层等分化为各自为战的集团和派别,从而未来的印度将变得分裂且衰弱。在这个过程当中,为数不少的印度杰出政治人物成为大英帝国的代言人,将前述行动纲领付诸实施。其中的代表人物即为安姆贝德卡博士。在今天,他被视为印度民族和国家的开创者之一,印度宪法的起草人,带领数百万贱民走上反抗道路的领袖,但在印度独立之前,他并没有从事参与自由运动,他是"帝国的忠臣"。

1947 年印度独立后,以国家根本大法的形式对肯定性行动作出了规定。印度独立后的宪法承继了 1935 年的印度政府法案,是印度独立后在政治、经济、文化等各方面对其民族政策所进行的一次调整,并依据宪法对各民族的权利给予法律上的保障,使印度人民逐步摆脱了英国殖民统治的枷锁,走上了民族独立发展的道路。

为了照顾表列种姓和表列部落,制定了积极的歧视条款,这两类人占到印度总人口的 23%。[①] 除了在国会给他们保留一定比例的席位,还给了他们各种各样的优惠政策,包括在中学和大学入学,公立机构的就业,以及为他们的全面发展给予各类经济好处。印度的《宪法》的确规定了在法律面前人人基本权利平等,但同时又规定,《宪法》中没有任何关于阻止国家为推进在社会和教育方面落伍阶层的公民或表列种姓和表列部落进步而制定一些特别的规定。这就是所谓的肯定性行动,但在印度,人们一般称这项政策为"积极的歧视"。

印度《宪法》里包括了以下积极歧视的规定:

第 17 条:废除"贱民制"——废除"贱民制"并禁止以任何形式实行"贱民制",凭借"贱民制"而剥夺他人权利的行为属于犯罪行为,应依法惩处。

第 46 条:增进表列种姓、表列部落和其他弱小阶层的教育和经济利益——国家应特别注意增进人民中弱小阶层之教育与经济利益,特别是"表列部落"和"表列种姓"的教育和经济利益,并应保护彼等不受社会之不公待遇与一切形式之剥削。

第 16 条:公职受聘机会相等——第 1 款:一切公民在国家和政府公职的聘用或任命方面应享有平等之机会。第 2 款:在国家和政府公职的聘用或任命方面不得仅根据宗教、种族、种姓、性别、家世、出生地点、住所等理由排斥或歧视任

---

[①] Partha S Ghosh, *Positive Discrimination in India*:*A Political AnalysisEthnic Studies Report*, Vol. XV, No. 2, July 1997.

何公民。第3款:本条规定不妨碍议会对某邦政府或某中央直辖区政府或它们辖下的地方机关或其他机关内某类或数类公职之聘用或任命规定聘用或任命前该邦或该中央直辖区之期限方面的要求。第4款:本条规定不妨碍议会作出规定为某些落后的公民阶层保留若干公职位置,如果国家认为他们在国家公务部门中未得到适当代表的话。第5款:如果法律规定,涉及宗教或教派组织事务的职务或其领导机构的任何人员必须由信仰该宗教或属于该教派的人来担任,此类法律之实施不受本条规定影响。

第334条:有关保留议席和特别代表的条款30年后停止生效——不管本篇前述条款做何规定,本宪法有关:(1)在人民院和各邦立法会议中为"表列种姓"和"表列部落"保留议席;(2)指定英裔社区公民参加人民院和邦立法会议的各条款,于本宪法实施30年届满后停止生效。但本条规定不得影响当时人民院和邦立法会议中的任何方面的代表权,直至该届人民院或邦立法会议解散时为止。

第335条:"表列种姓"和"表列部落"对担任公职的要求——在不影响行政效力的前提下,在任命与联邦事务或各邦事务有关的公职人员时,应考虑"表列种姓"和"表列部落"成员的要求。第330条人民院应为"表列种姓"和"表列部落"保留议席。第332条邦立法会议应为"表列种姓"和"表列部落"保留议席。

今天的印度主要有两种类型的优惠政策,一种是国家层面对国内贫穷的少数族群推行的优惠政策,一种是省级层面对本省辖区范围内的各种地区性团体的优惠政策。前者的制度和政策设计主要是针对三种情况,最主要是针对印度数千万出于严重被歧视社会地位低下的不可接触的贱民。尽管贱民制度在当时印度已废除半个世纪以上,但对他们的歧视依然全方位变相存在,一直到今天。这种歧视也许是世界范围内所罕见的。当然,远离主流社会之外的部落集团也被中央政府的优惠政策涵盖在内,因他们的境遇和不可接触的贱民有很多类似的地方。所以,从立法初衷看,印度的积极歧视或肯定性行动的本意在于,通过对特定等级和特定部落在就业、高校入学、国会代表等多方位的优惠和照顾,来提升他们的社会和经济水平,纠正历史上对他们的不公正待遇。另外一类规定就具有很强的模糊性,凡是那些"落后的阶层"也在宪法条款平等保护的例外之列。正是这最后一类为大量的投机分子敞开了大门,他们虽然并不贫穷,但仍然可以通过优惠途径为自己谋得工作和教育上的大量好处。

印度肯定性行动的一个特色是,地方政府对域内的特定团体也有相应的优惠政策和措施,但其中的理论依据不同于国家层面的配额和优惠理念。通常的情况是,一旦外来者在某些方面取得优势,那么政府将出面,针对区域内的本地人制定某些优惠性的措施,以通过政府之手来矫正市场竞争面前本土人或本土人集团的竞争劣势。

印度施行肯定性行动中出现的一些问题,在其他一些国家随后的践行过程中不断地重复出现。故印度在这方面的经验和教训非常值得其他国家学习和总结。

关于印度肯定性行动的争论并不总是集中在这样一个目标:平等机会的创造。正如印度的世俗社会,印度的保护系统通常有一个与众不同的政治目标,那就是让这个系统更加的不平等。印度的世俗主义并不打算让国家独立于宗教,其目的恰恰是给某些宗教集团提供特殊的优惠。与此相一致,印度的肯定性行动体系作为一项政治创设,旨在给某些目标人群提供受限制的权利,而非平等的权利。

### 三、斯里兰卡的肯定性行动

斯里兰卡是印度半岛东南面印度洋上的一个岛国,面积65600平方公里,1900万人口。历史上,斯里兰卡先后沦为葡萄牙、荷兰和英国的殖民地。1948年2月4日获得独立成为英联邦的一个自治领,1972年5月22日宣布成立斯里兰卡共和国。其人口的3/4是僧伽罗人,主要的少数民族泰米尔人占全国总人口的1/6。在宗教信仰上,僧伽罗人信奉佛教,泰米尔人则信奉印度教,在现有300万泰米尔人中,除90万是19世纪英国殖民者为开辟种植园从南印度招来的劳工后裔外,其余均为2000年前即与僧伽罗族一起定居斯里兰卡的古老民族。由于民族和宗教不同,历史上曾多次发生泰米尔人推翻僧伽罗人王国的事件。19世纪30年代英国占领斯里兰卡以后,由于殖民当局采取以泰米尔人制约当地的多数居民僧伽罗人的政策,使泰米尔人占据了工商和行政部门的最多和最高职位,拥有政治和经济的巨大优势,从而导致两个民族夙怨的日益加深。斯里兰卡独立后,约占全国74%的僧伽罗人掌握了国家权力,使泰米尔人的势力大大削弱,两个民族因此在就业、工资待遇、住房和教育等方面产生了不少摩擦,矛盾日益激化,多次发生冲突,以致酿成影响斯里兰卡政局的突出的政治地理问题。

自1948年从英属殖民地获得独立以来,无论本国人或外国人都对斯里兰卡的未来充满希望。人们也有理由对此表示乐观。尽管僧伽罗人和泰米尔人在种族、语言乃至宗教信仰上不同,并且之间甚少通婚,但仍有理由对此表示乐观。两个民族的精英人物皆非常西化,能讲流利的英语,见多识广,且在英国殖民当局或英国人的私人企业里共事已久。两个民族的上层人士拥有西方化的共同语言,与各自民众的传统保持某种距离感。更能给人增添信心的是,当时该国的政治领袖们承诺要建立一个承认其所有公民权利,不论其种族或宗教起源的世俗民主的国家。看起来,当时的形势非常有利于开始他们自己的民族建构和再生。然而,独立十年后,一切风云突变,20世纪的后半叶在两大种族之间爆发了大规模的血腥仇杀。这其中的经验和教训非常惨痛,但根本原因之一在于兹后当局所推行的民族政策出现了极大的偏差,尤其是当局可以在民族之间制造差异,以及对某些种族可以推行优惠政策的制度。当局推行肯定性行动是基于这样一个事实,在大学校园里,在教职岗位上,在商业领域,不同的集团并没有得到成比例的体现。具体而言,特别是人数较少的泰米尔族在各个领域都取得了超越占多数的僧伽罗人的利益,在各个方面都处于优势地位。造成这种局面乃基于复杂的历史成因。

尽管泰米尔人绝对人口不多,但在高端职业里却占据了非常大的比例,比如医生、律师、工程师以及政府部门里,他们的比例要远远高于僧伽罗人。后来从印度迁徙来的泰米尔人多数以种植为生,但其中的少部分人却是杰出的商人和货币放贷者,因为他们来自印度拥有浓厚商业文化的地区。早在1938年英国殖民统治下,就通过了限制印度来的商人的法律,其后,类似的限制更加严厉。总而言之,斯里兰卡的商业命脉把持在讲泰米尔语的人手中。

1948年锡兰独立并改名斯里兰卡,当时的该国民族构成的基本情况是,官方语言之争可谓是导火索,浓缩了整个民族矛盾。随着独立的来临,本地人民族情结的加深,20世纪40年代早期,英语在斯里兰卡的地位面临危机,斯里兰卡人的"国语"需要开始萌生,但紧接着而来的问题是应该采用两大民族中谁的语言为"国语"?历史上,锡兰时期并没有所谓的国语。但两大语言代表着两大民族。但50年代初并没有提上政府的议事日程,这一切全有赖于当时的政府总理森那纳亚克,他敏感意识到在一个新独立的多民族国家里,语言和宗教之争可能给国家的民族团结带来的危害性。问题随后得到凸显,后来的总理所罗门·班达拉奈克组织了反对党,并号召快速推行国语政策。问题一下子变得严峻起来。他的国语政策忽视少数族泰米尔人的语言需求,考虑把占多数人口的僧伽罗人的语言定为斯里兰卡的国语。如同历史上和今天的世界各个多民族国家一样,语言问题背后隐含着大量和现实有关的东西,比如就业方面的便利途径,入学的门槛,进入政府部门的难易程度等。在斯里兰卡也不例外,两种本族语言只有一种成为国语,意味着大量讲泰米尔语的精英人物被排斥在政府部门之外。1965年所罗门·班达拉奈克当选政府总理,新政府专门制定法律,明文规定僧伽罗语是斯里兰卡的官方语言,不仅在政府部门使用,而且商业机构等和政府讨论合作时,也必须要使用僧伽罗语。语言之争背后带来的深远的经济之争、就业和教育之争加剧了民族矛盾。此后,所罗门·班达拉奈克曾经一度反思其反泰米尔人的政策,但招来了族人的不满。

尽管在教育政策上,政府的政策对僧伽罗人倾斜,但泰米尔人依然在一些高端行业里同比远远高出僧伽罗人。其直接后果是,政府继续出台一系列以配额为核心的一系列对僧伽罗人的优惠政策,不断蚕食泰米尔人在教育和就业上的相对优势。以时间为序叙述下来,在大学入学上,僧伽罗人考生能够以比泰米尔人低的分数进入高校,在国家公务部门,1963年,政府开始派遣僧伽罗族公务人员去北方泰米尔人聚居区。一年后的1964年,政府对于政府部门里的泰米尔族雇员,凡是不会讲僧伽罗语的,采取了一刀切的强制退休政策。并且,斯里兰卡还修改了宪法,取消了保证少数民族权利的有关内容。上述这些针对僧伽罗人的优惠政策,遭到了泰米尔人的温和抵抗。因为这些政策对于泰米尔青年在入学和就业方面都带来了消极的影响。泰米尔人开始采取比较自治的对抗措施。首先他们要求在官方交流中使用能他们自己本民族的语言,其后,他们开始要求在他们的聚居区实施有限的自治。

对于这些要求,所罗门·班达拉奈克的政府并没有无动于衷,他的政府与泰米尔人在一些方面达成了妥协协定,虽然遭到了僧伽罗人的强烈反对。1959年,一个僧伽罗极端主义者以背叛本族事业为由,谋杀了所罗门·班达拉奈克。至此,民族和解的希望变得黯淡起来。同期,政府剥夺了印度过来的泰米尔人的公民权,这就使得本土泰米尔人的选票变得无足轻重。

在教育方面,即使降低分数,泰米尔人的相对入学率依然要高于僧伽罗人,政府于是再次采取行动,先是规定实行标准化措施,给每一个学生一个标准分数,依据在本族内的相对成绩。后来这个成绩被配额法所取代。1972年,"地区配额系统"出台,根据每个地区的人数来按比例录取学生。由于两个民族所居地区不同,所以地区配额就变为事实上的民族配额。从此开始,泰米尔人在高校的学生数直线下降。高等教育机会被压缩严重制约了泰米尔人的发展,因为泰米尔人主要聚居斯里兰卡地理条件比较差,比较贫瘠,靠考学和教育才能改变他们的命运。在这种情况下,泰米尔人再次寻求加快在他们自己居住的北部地区的自治步伐。在请愿、抗议、不服从运动等手段皆收效甚微之后,泰米尔人进而寻求武力反抗。他们开始寻求建立一个本族的独立国家。泰米尔族内的温和派让位于极端主义、分裂主义。这股浪潮在1975年以泰米尔猛虎组织的成立而达到一个新的阶段。从此揭开了为期数十年的斯里兰卡内战。1978年的新宪法通过新的条款,承认泰米尔人的语言权,可惜为时已晚,平静再也难以回复。

### 四、马来西亚的肯定性行动

马来西亚人口超过2300万,其中一半是马来人,24%是华人,7%是印度人,还有一些属于本地土著,他们和马来人一起合称"土地之子",合起来占到马来西亚总人口的60%。在马来西亚各地普遍存在一个类似印度的情况,那就是外来的华人虽然起步低,但凭借其辛勤劳动和高度智慧,在马来西亚国家的经济和政治生活当中扮演了非常重要的角色,这种局面对马来西亚本土人构成了严峻的挑战。事实上,早在英国殖民时期,马来人就享受到众多优惠,反之,华人却受到广泛的打压和歧视。比如,殖民政府规定非马来人不能拥有土地,给马来人提供免费教育,马来人在殖民政府部门就职也近水楼台先得月。虽然面临诸多掣肘,华人亦然在工作业绩上卓然领先。

1957年马来亚联邦独立后,族群间的紧张关系是政府面临的一个重大问题。国家的宪法保证本土马来人在政治上的优势地位,比如,宪法规定在选举中,农村人口选票的权重更高,实质在于,马来人农村人口居多,而华人因其经济比较富裕和从事工作性质所决定,多居住在城市里。随着华人人口的逐渐增多,马来人的不安情绪在不断上升,担心其优势不再。尽管华人已经要求得到和其他马来西亚公民一样的平等对待,但马来人却执拗地要持续执行对他们和本土人也即"土地之子"的优惠措施,并不断扩展。1965年新加坡宣布独立后,马来人在马来西亚人口中占据绝对优势,马来人对马来西亚政治的控制不再面临挑战。

随着经济实力的增长,华人开始谋求同马来人平等的政治地位,更加令马来人感到惊恐不安。1969年"5·13事件"后,拉赫曼被迫辞职,拉扎克接任总理。他随即提出"新经济政策"作为解决社会危机的方案,并从1970年开始推行。该政策是全面扶植马来人的经济势力,并要在20年内(1970—1990年)建立以马来人为中心的社会经济结构。政策目标其实没有达到,政府是想透过行政的力量,来对各种族的资本所有权进行重新组合,其中主要目标是要将马来人资本拥有权从2.4%提高到30%,而非马来人(华人与印度人)则保持在40%,以实现"种族经济平衡"。在实施过程中,新经济政策包括如下几方面:

首先,限制非马来人经济的发展。1975年5月,马来西亚国会通过政府制订的"工业协调法令",确立制造业的"申请准字制",授予工贸部长定夺大权。规定资本在10万元以上、工人在25人以上的企业必须申请准字,并让与土著马来人30%的股权,雇用工人中土著人必须到达50%。

其次,在政治上削弱华人地位和影响。拉扎克政府采取了一系列新措施:修改宪法,重申马来人政治文化特权,禁止在议会内外对马来人特权提出异议;将"联盟"扩大为"国民阵线"以削弱反对党的力量;启用马来人为财政部长和工商部长;集中经济管理权等。

最后,政府在大专院校实施学生配额制,限制非马来少数人的名额。

今天,即便华人和马来人在政治上有结盟,但最高的政治权力由马来人掌控。对马来人优越性的体现无处不在。对华人征收的税率远高于马来人,其结果是使马来人从中受惠。和其他国家一样,在马来西亚从优惠和配额政策受惠最大的并不是真正最贫穷的马来人。一项经验研究显示,通过"新经济政策"得益的马来人不到5%。① 对于这些始料未及的居民,马哈蒂尔曾有过一句经典的总结:"我非常之失望,因为我的核心使命是要使我的种族(马来人)成为受人尊敬的种族,成功的种族,但收效甚微。"②2008年马来西亚副总理纳吉,也就是新经济政策制定者拉扎克的儿子评论说,政府已经做好废除新经济政策的准备,因为政府不改变,人民就会改变政府。尽管他保证在不远的将来新经济政策将被取而代之,但他没有定下明确的时间表。

马来西亚的肯定性行动有两点值得注意:其一,它是针对多数族的优惠;其二,政策推行的结果导致社会更加混乱,政策所要达到的目的并没有实现,是彻头彻尾的失败。

## 第三节 中国特色的"肯定性行动"

### 一、中国的少数民族优惠政策

我国对少数民族实行优惠政策是新中国成立以来的一项基本国策,为切实帮助少数民族和民族地区走上繁荣富强道路,实现各民族共同团结奋斗、共同繁荣发展起到了重要作用。改革开放以来特别是新世纪以来,国家对少数民族和民族地区的优惠政策力度加大,少数民族和民族地区得到了更多的实惠,从而也使得我国的民族关系更为团结和谐。《民族区域自治法》第54条规定,上级国家机关有关民族自治地方的决议、决定、命令和指示,应当适合民族自治地方的实际情况。第61条规定,国家制定优惠政策,扶持民族自治地方发展对外经济贸易,扩大民族自治地方生产企业对外贸易经营自主权,鼓励发展地方优势产品出口,实行优惠的边境贸易政策。第71条第2款规定:"……高等学校和中等专业学校招收新生的时候,对少数民族考生适当放款录取标准和条件,对人口特少的少数民族考生给予特殊照顾。……"

近些年来,国家出台了一系列方针政策来为民族地区的发展保驾护航,诸如启动西部大开发战略,实施《兴边富民行动"十一五"规划》、《少数民族事业"十一五"规划》、《扶持人口较少民族发展规划》三大规划,修订《中华人民共和国民族区域自治法》,推出《国务院实施〈中华人民共和国民族区域自治法〉若干规定》等,从国家政策和法律两个层面全方位制定和实施民族优惠政策和法律。

我国对少数民族的优惠政策沿袭的是前苏联的做法。列宁的思路和做法就

---

① Mavis Puthucheary. *Public Policies Relating to Business and Land*, *and the Impact on Ethnic Relations In Peninsular Malaysia*. From *Independence to Statehood*, edited by Robert B. Goldman and A. Jeyaratnam Wilson, p.163.

② Mahathir's Change of Heart? *Business Week*(International editions), July 29,2002, p.20.

是用在一个历史时期内对于"大民族"成员的整体性的不平等来"补偿"少数民族成员在历史上受到的整体性的不平等,即用行政手段明确各个不同民族成员之间的身份边界并对少数民族全体成员实行"整体性"优待,马戎教授将其称之为"通过民族优待以达到族群平等"的思路。马克思主义的民族理论提出的达到族群平等的途径是:首先通过革命建立无产阶级的政权,通过政府立法实现各族群在法律上的平等,然后在社会主义制度下通过对于少数族群的各项优惠政策,逐步实现各族群在事实上的平等。

从肯定性行动最广泛的意义上理解,中国所推行的少数民族优惠政策也可以纳入到肯定性行动的范畴当中。因为我国的少数民族优惠政策具备了肯定性行动的基本特点。比如,它是一项国家政策,从新中国成立以来中国执政党和政府坚定不移地推行;它由国家的法律的强制力来保证实施,在我国的宪法和民族区域自治法以及其他法律法规里,都对少数民族优惠政策有明确的规定;它是针对特定人群的,在我国就是针对55个少数民族,指向非常明确;它以配额和照顾为特征,我国在少数民族参政议政上就有明确的法律规定,以保障他们发挥自己的政治权利,在高校入学等方面也针对少数民族有优惠,等等;我国的少数优惠政策在实际推行过程中也时而遇到一些落实不到位的地方,也或多或少引发了某些讨论甚至争议。

## 二、中国的少数民族优惠政策与国外肯定性行动的区别

然而,决不能把我国的民族优惠政策和国外的肯定性行动划等号。首先,这是由中国的民族政策的性质所决定的。中国的民族政策是我党长期探索和实践的结晶,是以马克思主义民族理论为指导,制定和实施正确的民族政策,开创了适合中国国情、具有中国特色的解决民族问题的正确道路。60年的实践证明,中国民族政策适合中国国情、深受各族人民拥护,经受了各种考验,是正确和行之有效的。我国的民族优惠政策也一样,它是具备旗帜鲜明的中国特色的,是社会主义性质的。其次,国外的肯定性行动的理论依据主要是基于西方哲学渊源的公平正义理念,而我国的民族优惠政策是从马克思主义民族平等、民族团结、民族和谐共发展所逻辑推演的结果,是和中国国情相结合的产物。最后,我国的民族优惠政策是开放的,不断调整的,具有鲜明的与时俱进的特点,符合科学发展观的要求。

当然,这并不是说中国的少数民族优惠政策是非常完美的,恰恰相反,需要根据经济社会发展水平的不同以及各民族情况的变化对我国的少数民族优惠政策进行调整。以少数民族教育优惠政策为例,与美国相比,我国的经济社会发展水平以及地区、城乡发展的均衡度的差距还非常大,还没有达到要取消教育中的优惠政策的时刻,当前的问题是对少数民族的教育优惠政策进行调整,使真正需

要进行照顾的考生享受到真正的优惠政策。从政府的角度,需要从宏观上关注如何缩小族群之间的差距,这是政府的责任。从每个公民个人角度看,关心的是自己机会的平等,要求政府给予保障,这是公民的权利。政府需要做的是同时达到这两方面的要求,尽量不让公民感到个人受到不平等待遇,又能通过长期的宏观政策调控,缩小族群差距。马戎教授认为,在中国政治法律制度的语境中,少数民族是特惠对象。能否考虑在宪法和法律上确认"弱势者"或"弱势群体"的概念,以个体的实际需要为根据确定教育领域内的特惠对象?无疑,这样在确认特定的个人是否属于"弱势者"或"弱势群体"时产生一些新的困难,甚至会为操守不佳的行政官员扩大自由裁量和谋私的空间,但追求公平总得付出一定的代价。

少数民族教育优惠对象调整的核心是制定少数民族特殊入学标准。其中包括熟练掌握民族语言和文字、少数民族传统文化的传承人、拥有一定的民族文化技艺和传统知识等的少数民族考生的优惠标准应大幅度提高,否则难以起到选拔优秀人才的目的。当然,通过特殊入学标准入学的条件、程序、考核办法、监督机制应该进一步完善。此外,还包括少数民族学生的配额制,也就是在高校的招生名额中预留出一定数量的名额用于招收少数民族考生,以增加少数民族考生的受教育机会。与此同时,在部分高等院校中配套实施特殊的教育优惠政策,对这部分少数民族考生进行基础知识方面的培训或一定年限的预科教育,以使其能够融入到主流社会的教育中来,同时又能够继续传承本民族的优秀文化。

# 第二十三章 世界各地的民族自治

自治是国家对主权范围内或分地区或分族群而采取的一种统治方式,民族自治是当今世界多民族国家普遍采取的一种解决民族问题、调适民族关系的国家统治样式,可以分为区域自治和民族自治两种基本形式。民族自治又可以区分为地域自治和文化自治两种方式。民族自治和主权理论、人权理论、多元文化理论等具有深厚的渊源关系,但民族自治又独具特质。美国对印第安人所采取的自治方式很具有代表性,加拿大和澳大利亚等国的民族自治与美国多有契合之处。俄罗斯的文化自治策略又是另一种民族自治方式的典型代表,挪威对萨米人采取的自治与此类似。

中国的民族区域自治是民族自治和区域自治的结合,不同于世界上任何一个国家所采取的民族自治,具有鲜明的中国特色和社会主义性质。本章分两节,第一节阐述民族自治的相关理论;第二节以美国和俄罗斯为重点,讲述世界各国的民族自治实践。

## 第一节 民族自治理论

### 一、民族自治的定义和特征

(一)自治的概念与分类

自治(self-governance)即自主治理,指个人或共同体自行管理本人或者本共同体私人或者公共事务的一种能力或权利。自治是相对于"他治"而言的,后者意味着他人或者其他共同体管理某个人或者其他共同体的私人或者公共事务。一般而言,自治首先指的是个人自治,即个人自主决定自己的生活方式、理想目标、职业选择等。其次,自治意味着共同体的自治,即共同体的成员自主决定本共同体的公共事务。① 本章主要是在共同体的意思上使用自治一词。

在古代希腊和罗马时期,就有共同体自治的雏形存在。近代以来,现代民族国家兴起,共同体自治主要表现为地区自治,其核心意思是,地方共同体成员根据本地的社会政治、经济、文化历史、生态等条件制定符合本地的公共政策,决定公共事务的治理之道。

---

① 王建勋编:《自治二十讲》,天津人民出版社2008年版,第1页。

通常可以将共同体自治分为地域性自治和非地域性自治。地域性自治也叫地区性自治,依据主权原则,一个或数个地区可以被赋予某种特殊的地位,这些地区组成就某些事务方面享有自我管理权能的机关,成为地方性自我管理的这种自治的主体。地域性带有某种属地原则的性质,但大多和民族因素相结合,而体现为民族自治属性。非地方性自治可以有不同类型,最典型的是文化自治,由特定群体或少数人自主地管理其文化事务,具有在文化方面的属人自治性质。

自治的核心是自治主体享受自治权利,行使自治权。我国宪法词典对自治权做了如下三重分类:一是指多民族国家、社会主义国家的少数民族,在中央国家机关的统一领导下,根据本民族人民的共同愿望,建立民族自治地方和自治机关,管理本民族事务的权利;二是指我国特别行政区享有的自治权;三是指资本主义国家地方自治机关在法律规定范围内处理本地方事务的权利。①

(二)民族自治的概念与特征

当代世界的民族自治可以定义为,在一个国家基本的政治和权力架构下,依据宪法和基本法律规定,中央政府将某些权力授予国家主权范围内某个或某些民族,这个或这些民族进而组成地区性的实体政府,有条件地自己管理自己的事务。这些权利往往包括立法权、行政权、立法权和司法权。民族自治具有如下属性:

第一,民族自治是一项专属于特定民族的基本权利,表现为民族自治权,这种权利是一个民族实现自我管理的前提和潜能;

第二,民族自治的基本功能是实现国家的统治职能,民族自治是国家的一项制度设计,是国家治理民族事务的一项基本国策,虽然其表现方式各异;

第三,民族的自治权往往在各国的根本大法宪法加以规定。如《西班牙宪法》总纲第2条如是规定:"本宪法的基础是西班牙牢不可破的团结和全体西班牙人所共有的不可分割的祖国,承认并保障组成西班牙的各民族和各地区的自治权利及其团结。"②《意大利共和国宪法》第5条明确规定:"统一而不可分割的共和国,承认并奖励地方自治。"③

第四,以民族自治和地域自治的结合为一般,以非地域自治为特殊,也即民族自治通常是民族自治和区域自治的结合。

第五,民族自治也是民族实体权力的体现,往往包括了立法权、行政权、司法权等。

(三)民族自治与民族自决

民族自决是一个历史的概念,也是一个内涵复杂、富有争议的概念,其基本

---

① 《宪法词典》,吉林人民出版社1988年版,第158—159页。
② 杨侯第主编:《世界民族约法总览》,中国法制出版社1996年版,第69页。
③ 同上书,第67页。

的意思是各民族有权决定自己的命运。一般认为，民族自决是一个源于欧洲的概念，经历了三个发展阶段。最初是17—18世纪资本主义在反封建过程中提出的一个口号，反映了资产阶级的时代需求。马克思和恩格斯从支持资产阶级民主革命和争取社会主义的利益出发，对民族自决原则采取支持的态度。到无产阶级革命阶段，列宁对民族自决权进行了重新界定："所谓民族自决，就是民族脱离外族集体的国家分立，就是组织独立的民族国家。"[①]列宁认为，对我们纲领中关于民族自决的那一条，除了从政治自决，即从分离和成立独立国家的权利这个意义上来解释而外，我们决不能做别的解释。在经典作家的表述里，民族自决的本质是分立权与独立权，以追求民族的独立和解放为终极目标。列宁的民族自决权原则是从民族问题的角度提出并将其与殖民地与附属国人民争取从帝国主义压迫下获得解放的问题联系在一起。

民族自治和民族自决既有区别又有联系。首先，民族自治这个概念是从民族自决发展演化而来，民族自决的理论和实践为民族自治的理论和实践创造了前提和条件，二者之间有密切的联系；其次，民族自治和民族自决都是民族权利的体现。但二者又有着本质的不同。主要有以下几点，其一，民族自决的理论和实践早于民族自治的理论和实践；其二，也是最根本的区别在于，两种理论的目标诉求不一样，前者以追求民族的独立和分立为目标，后者则以在国家基本政治框架内实现本族人治理本族事务为诉求。

（五）民族自治权、民族自决权与国家主权

国家主权是指一个国家独立自主处理自己内外事务，管理自己国家的最高权力。主权是国家区别于其他社会集团的特殊属性，是国家的固有权利。这表现为两点：一是对内最高权，即国家对它领土内的一切人（享有外交豁免权的人除外）和事物以及领土外的本国人实行管辖的权力，有权按照自己的情况确定自己的政治制度和社会经济制度；二是对外独立权，即国家完全自主地行使权力，排除任何外来干涉。

国家主权是民族自治权存在的前提和依据。任何国家任何民族行使自治权一定是在国家主权的范围内，自治是在国家统一领导下的自治，任何自治地方都是国家不可分割的一部分，自治地方享有的自治权利是国家宪法和法律所赋予的。

民族自决权或自决权是一项重要的国际法原则，其主体是"人民"（peoples），而不是"民族"（nation）。民族自决权包括"外部自决"和"内部自决"两个方面。外部自决方面只适用于殖民地人民和遭受外国军事侵略和占领的人民，指这些人民有摆脱殖民统治或异族统治，建立或恢复独立国家的权利。民族自

---

① 列宁：《论民族自决权》，载《列宁全集》（第2卷），人民出版社1987年版，第509页。

决权的"内部自决"是民族自决权在发展过程中产生的新内容,只适用于那些已经建立了独立国家的人民。主权国家内的少数民族不享有民族自决权,只享有民族自治权。[①]

民族自决权和民族自治权之间有如下区别:民族自决权是国际法上的概念,而民族自治权则属于国内法的范畴;享有民族自决权的是作为国际法主体的一国的全体人民,而享有民族自治权的是一国的某些特殊成员,也即少数民族,他们不构成国际法的主体。民族自决权具有国家主权的性质,而民族自治权则是少数民族管理本民族内部事务的自主权,属于国家主权管辖的范围。实行自治制度的目的,在于维护和尊重主权国家内少数民族的合法权益,增强一国的凝聚力。

## 二、民族自治理论与多元文化理论

(一) 多元文化理论

多元文化主义理论是20世纪60年代在加拿大兴起后又在西方广泛传播的一种文化思潮和理论。多元文化最主要的观点有两个:一个是强调少数群体的文化身份所具有的重要意义,要求主流社会承认其文化身份;要求主流社会承认少数群体文化的价值和意义,尊重文化差异;二是主张赋予各少数群体"差异的公民身份",实施"差异政治"。多元文化主义批评西方国家忽视少数群体的成员身份,由于少数群体的文化身份与主流文化不同,因此在社会、政治、经济与文化生活中始终处于弱势。多元文化主义者认为,对少数民族、亚文化群体、弱势群体以及移民群体,要承认他们的差异性、承认他们的平等地位,承认他们的平等参政权和社会经济权。[②]

(二) 民族自治理论与多元文化理论的区别

多元文化理论和民族自治理论的区别主要体现在如下几个方面:从兴起的时间上看,多元文化理论要明显晚于民族自治理论,多元文化是现代以来的产物,而民族自治理论则要久远得多;从传播的范围和影响力看,民族自治理论的影响面和影响幅度要远远大于多元文化理论,后者兴起于加拿大,流行于澳大利亚等欧美国家,在广大亚非拉地区市场不大;从推行的效果看,虽然欧美不少国家开始倡导多元文化,但转化为制度和政策层面的,只有加拿大和澳大利亚等少数几个国家,反观民族自治理论,则在世界范围内的绝大多数国家得到了实践;民族自治侧重于特定的少数民族,多元文化则针对所有族群。但二者之间又有

---

① 张文山:《论自治权的法理基础》,载《西南民族学院学报》2002年第7期。
② 庞金友:《族群身份与国家认同:多元文化主义与自由主义的当代论争》,载《浙江社会科学》2007年第4期。

联系。它们都倡导不同族群间的平等与和谐,都以社会的和谐稳定为目标和任务。

### 三、民族自治理论与国际人权理论

(一)人权理论与人权的国际保护

早在国际法尚不发达的 17 世纪中叶,以制定条约的形式保护少数者的权利的实践就已经开始了。第一次世界大战后,在处置战败国殖民地的一系列条约中包括保护少数者权利的特别条款以便保障属于少数者的国民在法律和事实上享有与其他国民同等的待遇。国联时期保护少数者权利的"少数者条约"并没有完全得到遵守。联合国建立后的 50 多年来,这方面的活动主要是在联合国的体制下,在维护普遍人权的框架内进行的。最早将人民自决权作为一项原则提出的国际文件是《联合国宪章》。联合国大会于 1960 年通过的《给予殖民地国家和人民独立宣言》宣布:"所有的人民都有自决权;依据这个权利,他们自由地决定他们的政治地位,自由地发展他们的经济、社会和文化。"1970 年《关于各国依照联合国宪章建立友好关系及合作之国际法原则之宣言》重申了自决权原则。从此,自决不仅作为一项国际法律原则,而且作为一项集体权利被提出来。民族自决原则成为一项世界公认的国际法基本原则和重要的人权。

(二)国际法中的自决权

国际法中的自决权包括以下特定内容:第一,在国际事务中,民族自决权原则是处理国际关系的原则,而不是处理一国内部民族关系的原则。第二,民族自决权作为民族整体的一项集体权利而存在,不能把民族自决权解释为个人的权利。第三,要以发展的眼光对待民族自决权。外部自决权指被压迫民族,包括殖民地人民和其他在外国统治下的民族,摆脱被压迫的地位,获得独立的权利。外部自决主要涉及人民或民族在国际上的地位问题,或者说外部自决原则主要调整一国人民或民族与其他人民或民族之间的关系。外部自决权主要包括三个方面:其一,被压迫民族获得独立的权利;其二,被外国占领和剥削的人民的自决权;其三,一国整个人民不受他国干涉地自由决定其政治地位和经济、社会和文化发展的权利。在非殖民化运动接近尾声时,人们开始怀疑自决权是否只剩其历史意义,提出一些诸如内部自决之类的理论。

内部自决,即真正自治的权利 self-government 的权利,即人民真正自由地选择其自己的政治和经济体制。1975 年《赫尔辛基宣言》,即《欧洲安全与合作会议最后文件》的第 8 条写道:"本着平等权利和民族自决的原则,各民族始终有权在他们愿意的时候,按照他们的愿望,在没有外来干涉的情况下,完全自由地决定他们的内外政治地位,并且根据他们的愿望,实行政治、经济、社会和文化的发展。"1970 年《关于各国根据联合国宪章建立友好关系及合作之国际法原则之宣言》强调,根据联合国宪章所尊崇之各民族享有平等权利及自决权之原则,各民族一律有权自由决定其政治地位,不受外界之干涉,并追求其经济、社会及文化之发展,且每一国均有义务遵照宪章规定尊重此种权利。

民族区域自治制度是我国的一项基本政治制度,是指在国家的统一领导下,各少数民族聚居地方实行区域自治,设立自治机关,行使自治权。中国实行民族区域自治,对于加强各民族平等、团结、互助的关系,维护国家统一,加快民族自治地方发展,促进少数民族进步,起到了巨大的作用。[①] 与国外其他国家的民族自治比较,我国实行的民族区域自治具有鲜明的中国特色,是马克思主义民族政策理论和民族法制理论与中国的民族状况实际情况相结合的产物。

## 第二节 民族自治的实践

### 一、美国特色的印第安民族自治

(一) 美国印第安人自治的基本历程

美国是一个移民国家,也是一个多民族、多种族的国家,曾一度有"民族大熔炉"的称号。但历史上,印第安人、非裔、亚裔和拉丁裔等所谓"有色人种",都曾遭受到各种各样的种族歧视,特别是对非洲黑裔的奴隶制度和隔离制度,对土著印第安人大规模的屠杀和灭绝政策,都是美国民族和种族政策史上永远难以抹去的污点。建国以来,美国的民族政策一直在不断地调整,伴随着各民族的不断抗争,美国的民族政策在20世纪中期以来发生了比较大的变化,这期间以对印第安人实施的民族自治制度尤为成功,比较顺利地处理了和印第安民族之间的关系。

美国印第安部落的自治之路漫长而曲折,但大致可以以20世纪为界分为两个阶段:20世纪以前印第安人主权逐渐沦丧,自治无从谈起,但19世纪初期马歇尔大法官三位一体的司法判决肯定了美国印第安诸部落具有内在的主权,同时排除了州权在印第安保留地上的效力;20世纪以后,尽管美国的印第安人政策和法制多有反复,但基本大势是,印第安部落的自治权不断得到法律的保障,先有罗斯福的印第安人新政为印第安诸部落建立西方式民主政府的尝试,后有70年代兴起的部落主权复兴运动,几任美国总统的印第安人政策重归自治正轨。印第安民族自治的法制进程或可为其他多民族国家少数族裔的权利保障提供可资借鉴的蓝本。

(二) 美国印第安人民族自治权的法律依据

马歇尔在宪政框架下,通过三大涉及印第安部落的判决,发挥法院的功能,

---

① 摘自国务院新闻办公室2005年发布的《中国的民族区域自治》白皮书。

首次明确了对于印第安人民族的法律地位问题。这三大教科书式的判例仍然被今天的最高法院奉为皋圭，三大判例所确立的基本原则成为以后美国联邦印第安人法律的基石，构建了美国印第安部落的法律属性，划定了联邦和州权在印第安事务上的权限划分。①

总体上，马歇尔的判决书体现了三项基本原则：第一，凭借其早就存在的政治和地理身份，印第安部落拥有某些既存的主权。第二，这种主权只可能被联邦而不能被各州所削减。第三，诸部落有限的内在的主权和他们为了寻求保护而依附于美国使得给后者强加了一种信托责任。兹后，这些原则在联邦普通法中得到适用。

尽管美国最高法院的判决在法律上对印第安人有一定益处，但整个19世纪的美国带给印第安人的滋味无疑是非常苦涩的。20世纪30年代罗斯福上台后，本着求真务实的态度，美国政府对印第安人的经济和社会现状进行了广泛深入的调查研究，印第安人凄惨的境遇引起了高层的广泛关注，在这样的背景下，所谓印第安部落的"罗斯福新政"来临。罗斯福新政成果丰硕，最重要的一个方面是，依据《印第安重建法》，大量的部落以西方三权分立为样板建立起了部落自治政府。然而好景不长，1953年，美国第83届国会通过了《108号两院共同决议》，政府对印第安人推行所谓"终结政策"，印第安人的民族自治几近消亡。20世纪60年代，"终结政策"终止，美国的印第安人政策重新归到自治的轨道上来。约翰逊、尼克松和里根等几届美国政府先后通过了一系列有关印第安人的立法，其中包括《印第安人教育法》、《全面就业和职业培训法》、《印第安人财政法》、《印第安人自决和教育援助法》、《印第安人健康法》、《美国印第安人宗教自由法》和《印第安人儿童福利法》。这些法律从多个侧面丰富和保障了美国印第安人的自治权。同一个时期，美国最高法院所出台的司法判决里，代表性的意见多数同情印第安人利益，支持印第安人自治。正是国会通过的这些法律法规和联邦法院通过的一系列涉及印第安人的司法判决，合起来构成了美国"联邦印第安人法"②，成为保障印第安民族自治的法律依据。

美国印第安人法涵盖面非常广泛，对印第安人自治可能涉及的政治、经济、文化、生活、社会、娱乐等多个方面都有明确细致的规定。根据这些规定，印第安部落政府和印第安人享有自治权，行使美国宪法和印第安人法框架内的部落立法权、司法权、行政权等。使用非范围广阔，全体印第安人，居住在保留地内的，都适用。

---

① 这三大判例是1823年的Johnson v. McIntosh案，1831年马歇尔在Cherokee Nation v. Georgia案，1832年Worcester v. Georgia案。
② 美国法典里，专门有一编题目为"联邦印第安人法"，包括具有法律效力的法律和判例等，并即时更新。

### （三）美国印第安人自治权

美国有系统的关于印第安人的国家法律、最高法院判决、各州法律和司法判决，大家合成一体构成所谓的"美国印第安人法"，对美国印第安人的方方面面进行调整和规制。这些法律的一个基本特点，是保障印第安人自治权的真正贯彻和落实。美国印第安人自治权的内涵非常丰富。主要有以下几点：

第一，政治方面：印第安部落主权豁免。部落政府拥有一种类似地方政府、州政府和联邦政府的豁免权。与联邦政府一样，部落政府保留了优先的豁免权以便保护政府资金和维系部落政府的日常运转。各部落提供保证和有限的主权豁免放弃，为部落雇员的行为负责。为了处理好部落主权豁免问题，许多部落都已经形成了比较成熟的风险管理机制。这些部落和保险公司以及部落法庭联手以给部落每一个成员提供一个公平公正的体制，以防止部落成员声称其权利被部落政府的行为所损害时得到救济。有相当的州政府仍然声称其拥有几近完全的豁免权，只有在州立法机关同意的情况下，州政府才能成为被告。相较之下，许多部落政府所涉及的面比地方和州政府大很多。因为如果放弃了主权豁免，则印第安部落政府将陷于风险之中。

如同联邦和州政府一样，许多部落也自愿放弃了部分豁免权，并且让保险公司来为他们的潜在责任和风险买单。这是一个日趋增加的趋势，因为部落法庭接到的索赔越来越多。部落和部落官员也因部落主权豁免的诸多例外而不得不接受司法管辖。部落主权豁免也受到法院的多方限制。

第二，经济方面。印第安部落享受大量的优惠待遇。以征税为例，正如州和地方政府，联邦不向部落政府的收入征税，这是一项由来已久的有宪法依据的惯例。利用这些收入，部落政府给其辖区里的人们提供重要的服务。与州政府不同，部落政府不征收财产税或所得税。地方政府也不能直接向部落政府征税。最高法院裁定州政府可以征收国内税向部落领域内的非部落成员，只要不是直接针对部落政府。诸州和部落之间已经形成了一套行之有效的征收税收的方法。

作为个体的美国印第安人和阿拉斯加本地人和他们的企业和其他任何一个美国人一样，要交纳联邦所得税。只有一种例外，即如果一个印第安人直接从一个协定或信托资源比如捕渔或木材资源那里的收入，联邦将不征税。州政府也不向那些生活在部落土地上且靠土地生活的部落成员征税。还有其他很多优惠，比如准许一些印第安部落开设赌场。

第三，文化方面。对于印第安人宗教信仰、传统文化的保留、艺术舞蹈等，都有明确的法律条款加以明示保护。也有大量的司法判例做支撑。

## 二、俄罗斯特色的民族文化自治

### (一) 民族文化自治缘起

民族文化自治的理论最早在19世纪由奥地利政治理论家卡尔·伦纳和奥托·鲍威尔提出,将其作为解决无产阶级革命成功后社会主义国家民族问题的纲领和方案。① 后在20世纪又增加了新的内容,要求坚持发展每个民族的文化,在宪法中不强迫每个民族参政,不要求为了夺取政权而斗争。但这种观点在俄国遭到了列宁和斯大林的严厉批判,此后理论界一直将"民族文化自治"作为讨伐目标,使得民族文化自治成为禁区。民族文化自治是20世纪初在欧洲一些国家的社会民主党人中广泛流行的民族纲领。1899年,奥地利社会民主党在布隆代表大会上通过一个民族纲领,这个纲领中谈到为消除奥国的民族纠纷,"……四,少数民族的权利由帝国国会颁布特别的法律加以保障。"这个纲领得到第二国际和奥国社会民主党理论家奥·鲍威尔和卡·伦纳的热烈赞同,不过鲍威尔为了更明确起见,又提议把上面第四条改为"把自治区域内的少数民族组成公法团体"来掌管学校及其他文化事宜。这便是民族文化自治的由来。② 民族文化自治纲领在奥国并没有实现,可在当时却带来了负面影响:原来统一的奥国社会民主党从1897年的维也纳代表大会起开始分裂为几个单独的党。从1899年布隆代表大会采纳了民族自治以后,分裂程度更加加深,分成了六个民族政党。③

在俄国无产阶级政党领导各民族工人阶级和劳动人民反对沙皇专制制度和进行社会主义革命,以及前苏联建立过程中,列宁是反对实行民族文化自治的,而是主张承认民族自决权和实行民族区域自治。列宁揭露了民族文化自治的反动实质,指出这是最精致因而也是最有害的民族主义,他是这样来概括民族文化自治的:"每一个民族,不管属于它的任何一个人住在什么地方(不分地域:超地域的,非地域的自治这个名称即由此而来),组成一个统一的得到国家承认的联盟,管理民族文化事业。其中主要的是教育事业。用每个公民自由登记(不分居住地点)的办法来确定民族成分,使他们参加一个民族联盟。"④ 该理论宣扬要把散在各处的少数民族重新登记入册组成一个民族联盟,这样来摆脱民族冲突,消除民族纠纷。这个理论的出发点之一,就是认为民族是和固定的地域无关的

---

① 陈云生:《民族文化自治的历史命运及价值内涵》,中国法学会民族法学研究会2009年年会论文集,第2页。
② 斯大林:《马克思主义与民族、殖民地问题》,第50—51页,转引自华辛芝:《列宁民族问题理论研究》,内蒙古人民出版社1987年版,第210—211页。
③ 朱伦:《民族共治论》,载《中国社会科学》2001年第4期。
④ 斯大林:《马克思主义与民族、殖民地问题》,第50—51页,转引自华辛芝:《列宁民族问题理论研究》,内蒙古人民出版社1987年版,第212页。

人们的联盟。民族如果没有统一的赖以居住的地域,也就无所谓有统一的民族市场,更谈不上建立民族共同的经济联系。① 此后,在前苏联时期,一直把这一理论作为批判对象。

西方发达国家的社会党继承了这一纲领。在 1951 年社会党国际第一次代表大会上通过的纲领性文件《民主社会主义的目标和任务》中规定:"任何群体有用他们自己的语言实行文化自治的权利。"第二次世界大战结束以来,随着社会党在一些国家上台执政,民族文化自治逐渐变成了国家的政策。以民族文化自治理论的发源地奥地利为例。战后社会党长期在这个国家里执政,实施民族文化自治政策。这项政策的具体内容是:首先,虽然 5 个少数民族(克罗地亚人、匈牙利人、斯洛文尼亚人、捷克人、斯洛伐克人)的人数之和占不到全国人口的 1%,但是他们有权在国民小学里用本民族语言上课,并且可拥有一定数量的用少数民族语言授课的中学。在某一少数民族的人口相对集中的州,广播电台可开办该民族语的节目,出版该民族语的报刊。其次,少数民族可以成立自己的民族机构,这种机构的职能是保存和发展本族的语言和文化。② 民族文化自治的理论与政策实施的结果,使奥地利比较成功地调整和处理好了民族之间的关系,特别是多数民族与少数民族之间的关系日趋和谐,缓解了民族矛盾,使国家长期处于民族和睦、社会安定的发展态势。

自前苏联解体后,俄罗斯理论界认为民族文化自治是实现民族权利和民族利益的有效形式之一,世界上其他许多民主国家把民族文化自治作为实行联邦制的一种补充措施。他们认为实行民族文化自治对妥善处理民族关系很有好处:

其一,鉴于俄罗斯联邦多数人口没有生活在本民族自治实体中,民族文化自治容易被接受,也便于克服民族国家的局限性;

其二,民族文化自治的实质是针对民族关系问题的,还容易满足各个民族特别是小民族对民族语言和精神上的需求,也是发展民族传统、文化教育、艺术和民族自我意识的有效方式;

其三,民族文化自治不是通过上层官僚行政命令方式实现的,而是通过基层民间组织的主动性、自我组织和广大普通居民广泛参与来实现的;

其四,民族文化自治不损害其他民族集团的利益,实行起来比较方便和容易,是保障各个民族特别是分散居住的少数民族和小民族权利的有效形式。③

20 世纪 90 年代,民族文化自治在俄罗斯的命运发生转折。苏联的解体引

---

① 华辛芝:《列宁民族问题理论研究》,内蒙古人民出版社 1987 年版,第 14 页。
② 宁骚:《民族与国家》,北京大学出版社 1995 年版,第 391 页。
③ 陈联璧:《俄罗斯民族关系理论和政策的变化》,载《东欧中亚研究》1999 年第 1 期。

起了俄罗斯政府和理论界对前苏联时期民族政策和法制的深刻反思,"民族文化自治"理论被重新提起,到20世纪90年代中期,民族文化自治终于走上前台,在俄罗斯得到实践。1993年12月12日,《俄罗斯宪法》经全民公决得到批准,其第44条规定了对基本文化权利的保障和政府保障公民基本文化权利的责任:(1)保障每个人的文学、艺术、科学、技术和其他种类的创作和教学等自由。知识产权受法律保护。(2)每个人都有权参加文化生活,利用文化机构,文化财富对一切人开放。(3)每个人都必须对保留历史和文化遗产表示关注,并爱护历史和文化遗迹。① 1996年先后通过了《俄罗斯联邦民族文化自治法》和《俄罗斯联邦国家民族政策纲领》。这标志着俄罗斯联邦政府以立法的形式确认了民族文化自治,民族文化自治从思想、从一个争论的对象变成了法律制度,在俄罗斯的发展进入了全新的时代。

(二) 俄罗斯民族文化自治的基本内容

当对民族文化自治三个核心词进行了逐一分析后,我们可以得出这样的结论:所谓民族文化自治,就是具有同一国籍的公民身份的族群在科学、艺术、意识形态、道德、信息和宣传、法律、政治、教育、宗教、语言等文化方面所进行的独立地对自己内部事务的管理。②

关于民族文化自治权的内容,在《俄罗斯联邦民族文化自治法》中列举了民族文化自治组织享有的权利:获得国家权力机关和地方机关必要的支持,以便开展保护民族独特风格、发展民族语言和文化的活动;向国家立法机关、权力执行机关和地方管理机关提出自己民族文化利益的要求;按照法律规定的程序创办大众传播媒体,获准使用民族语言传播信息;保护和丰富民族历史和文化遗产,自由利用民族文化财富;尊重民族传统和风俗习惯,恢复和发展民间艺术、手工艺;创办教育和科研、文化机构,依法保障这些机构功能的发挥;通过自己的全权代表参加非政府组织的国际活动;根据俄罗斯联邦法律建立并维持与外国公民、社会团体无任何歧视的人文联系。联邦法律、宪法(章程)、俄罗斯联邦各主体的法律可以为民族文化自治组织赋予在教育和文化领域内的其他权利。

在民族文化自治权当中,最重要的两项权利是保障语言权利和文化权利。这些权利国家用各种手段来保障,其中最主要就是法律手段。民族文化自治组织有权向国家司法机关寻求保护防止非法侵害,通过向法院诉讼捍卫自己的合法权益,并在法庭上代表该民族成员的利益。

同时,民族文化自治机构的活动得到国家和地方自治机构的财政上的资助,

---

① 〔瑞典〕格德门德尔·阿尔弗雷德松、〔挪威〕阿斯布佐恩·艾德:《〈世界人权宣言〉努力实现的共同标准》,中国人权研究会组织翻译,四川人民出版社1999年版,第607页。
② 阿茹罕:《俄罗斯民族文化自治法研究》,中央民族大学2010年博士学位论文,第52页。

为此,将成立联邦、地区和地方的基金会。民族文化自治权力并不是民族区域自治权力,行使民族文化自治权力不能损害其他民族共同体的利益。因此,参与或不参与民族文化自治活动不能作为限制公民权利的理由,民族属性也不能作为参与或不参与民族文化自治活动的理由。这些规定都是在尊重并承认现有国家政治体制的前提下进行的,正确而灵活地处理了国家与民族之间的关系。

(三)《俄罗斯民族文化自治法》的基本原则

俄罗斯联邦民族文化自治法规定,民族文化自治是由属于同一民族的俄罗斯联邦共和国公民所组成的社会团体,独立自主地解决保护和发展民族语言、文化教育和艺术等文化方面的事项。民族文化自治的组织系统由俄罗斯联邦民族文化自治章程规定,可以建立村、乡镇、区、市、地区和联邦的民族文化自治机构。

《俄罗斯联邦民族文化自治法》第2条规定了民族文化自治的原则,民族文化自治有以下六条原则:公民选择自己隶属于哪个民族共同体的意志自由表示原则;自我组织和自我管理原则;民族文化自治内部组织形式多样性原则;社会积极投入与国家支持相结合的原则;尊重各民族公民语言、文化、传统和风俗习惯的原则;合法性原则。在这些原则指导下民族文化自治组织开展活动、实现目的。

### 三、意大利特色的民族自治

(一)意大利的民族状况与自治制度

意大利主体民族是意大利人,占全部人口的95%,其他民族是撒丁人、弗留利人、法兰西人、阿尔巴尼亚人等。第二次世界大战以后,1946年6月2日,意大利举行了全民公决,从此宣告了意大利王国及其君主立宪制度的结束,迎来了共和国的诞生。经当日选举产生的立宪会议也随即开始了共和国宪法的起草和审议工作,由此,地区自治问题进入人们的视线,成为立宪会议所关注的中心议题之一。分权原则和地方自治在意大利宪法中得到确认。1947年12月22日,立宪会议通过共和国《宪法》,其第5条规定:"统一而不可分割的共和国,承认并鼓励地方自治;在国家各项公职方面实行最广泛的行政上的地方分权;并使自己的立法原则和立法方法以满足自治权和地方分权的要求作为方针。"[1]《宪法》第114条规定:"共和国划分为区、省、市(镇)",将全国划分为20个区,并在第115条明确规定:"根据宪法规定的原则,区为具有自主权利和职能的自治单位。"[2]

如上,意大利对20个区实行普遍的地域性的自治。但最为引人注目的是,对于边疆地区或少数民族居住比较集中的地区,政府对其实行了更加特殊的自

---

[1] 杨侯第主编:《世界民族约法总览》,中国法制出版社1996年版,第67页。
[2] 毛公宁:《民族问题新论》,民族出版社2009年版,第369页。

治政策。意大利将上述 20 个区中的特伦蒂诺—南蒂罗尔地区等五个区规定为特别自治区,享受更加广泛的自治权利。

(二) 意大利特伦蒂诺—南蒂罗尔地区的民族自治

1972 年,意大利通过新《宪法》,正式建立了这两个自治省,大大增加了它们的自治权限。该《宪法》成为意大利特伦蒂诺—南蒂罗尔地区自治的最新法律依据。意大利特伦蒂诺—南蒂罗尔地区由特伦蒂诺自治省和博尔扎诺自治省组成。特伦蒂诺自治省的居民基本都讲意大利语,博尔扎诺自治省的大多数居民讲德语。这种特殊的自治有如下几个明显的特点:

1. 对民族语言权利的尊重

《宪法》第 6 条明文规定:"共和国以特殊规范保护各少数民族语言。"在学校教育方面,《民族区域自治法》第 19.1 条规定:"在博尔扎诺省的幼儿园、小学和中学中,母语是意大利语或德语的学生应由与其相同的教师进行教学。该省法律规定,依据具有约束力的相关语言群体的建议,在小学的二、三年级开始和中学由母语是该种语言的老师教授第二种语言是强制性的。"在公共场合语言使用权方面《民族区域自治法》第 100.1 条规定:"博尔扎诺省讲德语的公民,在与司法部门以及位于该省的公共行政机关和部门或行使地区权利并被允许在该省提供公共服务的部门交往时可以使用他们自己的语言。"①

2. 体现为配额的民族优惠政策

《自治法》规定,凡是公共部门的职位,必须按照比例原则分配名额。要根据语言群体之间的人口比例进行调整和安排。《民族区域自治法》第 89.1 条规定:"在博尔扎诺省,应为在该省国家各行政部门具有职位的雇员按照不同的岗位分类建立公务人员名录。这些名录应基于相关职位的人员情况来确定,并在必要时进行恰当的调整。"第 36.3 条规定:"地区政府的组成必须反映在地区议会中所代表的语言群体的情况,一名副的行政首长,应由属于讲意大利语的群体的成员担任。另一位则由属于讲德语的群体的成员担任。"

3. 广泛的自治立法权

为了结合当地实际情况,制定符合当地实际的法律法规,自治法赋予该地区在一些重要领域的自治立法权。比如,《民族区域自治法》第 4 条规定,该地区享有调整对该地方权威机构、商会、医疗卫生机构和医院促进合作以及监督等事务方面排他的立法权。第 8 条规定,在城乡规划、环境保护、公共工程、道路交通、社会福利等方面,自治省也享有排他的立法权能。第 10 条规定,为了更好地贯彻实施国家法律,自治省有权制定一些相关的变通条例。

---

① 〔意大利〕马格里诺·科戈:《不同民族间的和平共处与合作——意大利特伦蒂诺—南蒂罗尔地区的个案》,转引自王铁志主编:《国际视野中的民族区域自治》,民族出版社 2002 年版,第 297 页。

### 四、挪威的萨米人文化自治

(一) 挪威的民族状况与萨米人自治的历程

1974年,挪威的考托克诺成立了北欧萨米人研究所,对萨米人的历史、经济、文化等问题进行了深入研究,目前世界上用各种文字出版的关于这个民族的书籍约有1000多种。中国学者自20世纪下半叶起对萨米人问题开始有所关注,但时至今日国内的学术研究还多停留在对国外资料和研究成果的翻译汇编上,尚无相关专著对其历史脉络和文化特征进行完整明晰地表述。[①]

目前世界上的萨米人大约有8万人左右,分布在挪威、瑞典、芬兰和俄罗斯等4个国家,他们以放养驯鹿作为他们主要的生活方式,与他们生活的北极圈地区相适应。在1751年达成和平协议之前,人们没有在极地冰冠的萨米聚居区内发展有明确划定的国家界限,好几个国家对萨米地区征税,当各国划定边界时,不得不把萨米生活方式考虑在内。各国又签订了Lappekodicillen协议,堪称"萨米人的大宪章",这是驯鹿驯养者受到的早期的法律保护。目前,北欧三国在其国内都建立了一套保护萨米人权益的政策措施,都设立了萨米人议会,1988年,挪威宪法修改,规定了国家有保护萨米人的义务,瑞典在1971年专门制定了《驯鹿放牧法》。北欧三国在萨米人问题的合作上具有优良的传统,目前在法律合作方面又前进一步。2002年,三国政府与三国的萨米人议会的代表共同组成一个委员会起草《萨米人公约》,已经于2005年完成,目前正在审议。这是一个针对跨界民族制定的国际公约,对其他国家的跨界民族权利保护可能会有所启发。[②]

萨米人是获得欧盟成员国正式承认的唯一的土著民族,萨米语在北欧的一些学校中已获得教学语言的地位。芬兰和挪威还通过了《萨米语言法》;成立了代表萨米人权益的官方机构——萨米议会,它作为一个专门机构,就与芬兰、挪威和瑞典的萨米人的利益相关的问题,提出维护萨米人权益的各种动议。在芬兰和挪威,萨米人及其语言和文化作为本国国民的组成部分(as components of the nations of these countries)已被宪法所确认。[③]

当前萨米人的权利要求主要集中在以下几个问题上:第一,要求承认萨米人为少数民族(a national minority)并通过修改宪法使这种承认得到体现。第二,1972年,芬兰萨米人选举产生了代表芬兰萨米人民的机构,即人们通常所说的"芬兰萨米人议会"。第三,对萨米人居住地区的生态环境的破坏还在继续,因

---

[①] 程秋棠:《透视北欧萨米人的发展历史与生存根基》,载《民族论坛》2008年第5期。
[②] 田艳:《中国少数民族基本文化权利法律保障研究》,中央民族大学出版社2008年版,第151—152页。
[③] 佩卡·萨马拉蒂、周旭芳译:《历史上的萨米人与芬兰人》,载《世界民族》1999年第3期。

此,他们要对诸如水电站及其他工程建设项目、森林开发计划、旅游业发展规划等有可能损害萨米人利益的各种开发项目拥有否决权。①

挪威1992年颁布的《萨米语言法》,是北欧诸国中第一部旨在保护和发展萨米人语言权利和文化权利的国家级行政法令。该法的颁布,结束了挪威歧视萨米语言和萨米文化的旧时代,开辟了一个保护并发展萨米语言和萨米文化的新纪元,可为当前我国正在进行的少数民族语言立法工作提供一定的参考。②

1953年,在瑞典约克莫克会议上,第一次提出斯堪的纳维亚各国的萨米人进行合作的主张。1956年,挪威的卡拉绍克会议上同意成立斯堪的纳维亚各国萨米人委员会。萨米人是挪威最大的少数民族,也是与挪威联系最紧密的少数民族。世界上萨米人总数约为6至10万人,其中生活在挪威的萨米人约有1.5至2.5万人。挪威的少数民族自治模式不同于世界许多国家和地区的区域自治模式,是一种典型的文化自治模式。

目前,北欧三国在其国内都建立了一套保护萨米人权益的政策措施,都设立了萨米人议会,1988年,挪威宪法修改,规定了国家有保护萨米人的义务,瑞典在1971年专门制定了《驯鹿放牧法》。斯堪的纳维亚各国的萨米族人携手合作是萨米族人议会活动的中心。1992年,萨米议会要求斯堪的纳维亚各国着手成立斯堪的纳维亚各国萨米族人常设机构的工作。1996年,斯堪的纳维亚工作组宣告成立,其职责是调查是否有必要成立这种常设机构。同年,挪威、瑞典和芬兰的萨米族人议会决定成立一个特殊的议会委员会,以便协同工作。

萨米人自治的法律依据有两个:一个是《宪法》;另一个是《公约》。1988年,《挪威宪法》补充规定,国家有义务为萨米人创造必要的环境,使他们能够支持和发展自己的文化、语言和生活方式。

《萨米人语言法案》确立于20世纪90年代,给予萨米人居住区的人们用书面的或口头的萨米语与地方当局交流的权利,必要的情况下可以通过翻译进行交流。

2001年挪威最高法院有两个重要判决,使得萨米人的权利和习惯得到进一步尊重。第一个判决具有里程碑意义,法院判定萨米放养驯鹿的权利需要得到尊重。第二个判决是,萨米人的社群长期使用的土地被确认享有这个土地的所有权。

(二)萨米人文化自治模式

萨米人主要通过萨米人议会行使自治权。萨米人议会负责萨米组织、文化、经济和语言计划的款项分配,也可以就其责任范围内的任何事务主动提出一项

---

① 高原:《斯堪的纳维亚半岛的跨界民族——萨米人》,载《世界民族》1997年第2期。
② 周庆生:《挪威的萨米语言立法》,载《世界民族》2001年第2期。

议题或发表某种观点。此外，一些对萨米文化具有特殊重要性的责任已由各个政府部门转交给萨米议会。根据《萨米民族法》的条款，萨米议会在处理这些问题时享有很大的自治权和决定权。萨米议会是政府制定萨米民族政策的主要信息来源和对话渠道。萨米议会也负责一些领域的行政管理和政策措施的实施。

挪威政府通过多种措施鼓励萨米语的推广和使用，如通过多种措施鼓励萨米语成为学校的教学课程，在某些特定地区还可以成为教育的媒介，并鼓励和资助萨米文化、艺术等。挪威政府以法律的形式保持和发展萨米民族语言、文化与生活方式，其法律依据是《挪威宪法》第110条和《萨米民族法》的相关条款。在挪威北部萨米人为主体的自治市，萨米语作为学校教学语言和当地官方语言的权利早已得到法律的确认。目前，萨米语在法庭上以及有关驯鹿放牧问题的年度谈判中也得到了使用。通过改进电脑操作系统，萨米语也在电脑操作系统及其相关网站信息中得到应用。

各民族热爱祖国的感情和热爱本民族的感情结合起来。

（三）北欧《萨米人公约》

不仅如此，北欧三国在萨米人问题的合作上具有优良的传统，目前在法律合作方面又前进一步。国家的边界把民族的社区分割开来，政府更多的是从国家利益、政治利益进行考虑，没有关注到少数人社区的利益，为了纠正过去在这方面的不足，2002年，三国政府与三国的萨米人议会代表共同组成一个委员会起草《萨米人公约》，已经于2005年完成，目前正在审议。这是一个针对跨界民族制定的国际公约，对其他国家的跨界民族权利保护可能会有所启发。

《萨米人公约》的主要内容包括如下几个方面：自决原则在萨米人内部事务管理方面的应用有新的拓展，萨米人能够在政治、经济、文化方面享有自决和发展的权利；国家有义务保证萨米人之间的交流不受国家的阻挠和限制，萨米旗帜和标志等的使用可以被认为是跨越三国的认同的表达，萨米人的社区可以自然延伸；萨米议会有与国家议会联系的渠道，使他们的利益能够得到充分的表达；政府不得使萨米文化受到实质性破坏或损害，在涉及萨米文化的问题上，萨米议会享有否决权，在未来某个时期，三国的萨米议会可以联合起来；萨米人传统的对土地和水等自然资源的使用权应该被尊重，未经其同意不得改变，即不仅是萨米人放养驯鹿的习惯得到尊重，而且萨米人传统的生活方式所赖以依存的物质基础同样得到尊重。[①] 总之，这个公约的主要内容包括萨米人的组织和管理、语言和文化、对于土地和水的权力、萨米人的生活方式、国内实施这个公约的程序等方面。这个公约使一个跨境的民族社区的交流不受国家的阻挠和局限，而且国家要采取措施帮助和促进萨米人作为一个跨国界的社区在文化等方面交往的实现。

---

① 该材料引自2006年8月28日Rose Smith教授在国家民委三楼会议室所作的报告。

# 后　　记

　　国内民族法理论研究历经二十余年,有一定的学术积累,产生了一批有影响的成果,形成了专业学术队伍。中国已经初步建立起以具有中国特色的民族区域自治法为核心的民族法理论体系,目前我们面临着在全球化、现代化背景下如何应对发展与创新的挑战。通过推出高水平的研究成果,宣传党的民族政策,增进世界各国对中国民族法制的了解,是民族法学研究的重要任务。与此同时,顺应民族地区法治建设以及国家对少数民族事务管理法治化的需求,培养出一批民族法制理论研究和应用的高级人才是整个民族法学学科的核心任务。当前,在民族法学人才培养方面的一个瓶颈问题是理论性与应用性都很强的教材过少,参考资料十分有限。因而,在中央民族大学"211工程"三期建设的支持之下,在法治政府与地方制度研究中心主任熊文钊教授的主持下,我们从2010年元旦开始了本书的策划与提纲讨论工作,经过课题组全体成员的多次集体讨论,我们于2010年3月底最终确定了本书的写作大纲并进入具体写作阶段。

　　经过为期二年多的艰苦创作,编写组的成员终于在今年年初完成了本书的初稿,并由熊文钊教授和田艳博士进行最终统稿和审定。本书的写作分工如下:

　　绪论:熊文钊

　　第一章:熊文钊

　　第二章:舒华

　　第三章:田艳

　　第四章:刘振宇

　　第五章:柳杨

　　第六章:李小华

　　第七章:文晖

　　第八章:沈寿文

　　第九章:于家富

　　第十章:方文霖

　　第十一章:郭友旭

　　第十二章:李钰

　　第十三章:黄娅琴

　　第十四章:郑毅

　　第十五章:陈小艳

第十六章:陈小艳

第十七章:陈小艳

第十八章:冯广林

第十九章:张利俊

第二十章:汤洁

第二十一章:冯广林

第二十二章:杨光明

第二十三章:杨光明

由于我们多为初涉民族法学学科的晚辈学人,对我国整个民族法制之路了解不够全面,所阅读的资料也还不够完备,对民族法这个综合性学科的内涵和意蕴还把握得不是很准确,对我国政府的民族法制工作历史和前辈学者所付出的努力的梳理工作也还有待深入,因而疏漏之处,在所难免。因此,我们特别希望各位学者和朋友能给予批评和指正,那将是对本书最大的赞美和最高的礼遇。

作为民族法律学人,我们愿意挥洒汗水与热情,为中国民族法制的发展尽一分绵薄之力。在此,我们还要特别地感谢北京大学出版社,没有他们的辛勤努力和艰苦付出,本书是难以问世的。喧嚣的尘世生活弥漫在天地之间,使我们不经意间忽略了许多真诚而美好的东西,但我们不会忽略民族法制在天空中划过而留下的彩虹,也不会忽略那些曾经帮助过我们一路走来的朋友。

主编<br>2012 年 5 月

# 21世纪法学系列教材书目

"21世纪法学系列教材"是北京大学出版社继"面向21世纪课程教材"(即"大红皮"系列)之后,出版的又一精品法学系列教科书。本系列丛书以白色为封面底色,并冠以"未名·法律"的图标,因此也被称为"大白皮"系列教材。"大白皮"系列是法学全系列教材,目前有15个子系列。本系列教材延续"大红皮"图书的精良品质,皆由国内各大法学院优秀学者撰写,既有理论深度又贴合教学实践,是国内法学专业开展全系列课程教学的最佳选择。

- **法学基础理论系列**

    法律方法阶梯 　　　　　　　　　　　　　　郑永流
    英美法概论:法律文化与法律传统 　　　　　　彭　勃

- **法律史系列**

    中国法制史 　　　　　　　　　　　　　　　赵昆坡
    中国法制史 　　　　　　　　　　　　　　　朱苏人
    中国法律思想史(第二版) 　　　　　李贵连　李启成
    外国法制史(第三版) 　　　　　　　　　　　由　嵘
    西方法律思想史(第二版) 　　　　　徐爱国　李桂林
    外国法制史 　　　　　　　　　　　　　　　李秀清

- **民商法系列**

    民法总论(第三版) 　　　　　　　　　　　　刘凯湘
    债法总论 　　　　　　　　　　　　　　　　刘凯湘
    物权法论 　　　　　　　　　　　　　　　　郑云瑞
    英美侵权行为法学 　　　　　　　　　　　　徐爱国
    商法学——原理·图解·实例(第三版) 　　　　朱羿锟
    商法学 　　　　　　　　　　　　　　　　　郭　瑜
    保险法(第三版) 　　　　　　　　　　　　　陈　欣
    保险法 　　　　　　　　　　　　　　　　　樊启荣
    海商法教程(第二版) 　　　　　　　　　　　郭　瑜
    票据法教程(第二版) 　　　　　　　　　　　王小能
    票据法学 　　　　　　　　　　　　　　　　吕来明
    房地产法(第四版) 　　　　　　　　　　　　房绍坤
    物权法原理与案例研究 　　　　　　　　　　王连合
    破产法(待出) 　　　　　　　　　　　　　　许德风

- **知识产权法系列**

  | | |
  |---|---|
  | 知识产权法学(第五版) | 吴汉东 |
  | 商标法 | 杜　颖 |
  | 著作权法(待出) | 刘春田 |
  | 专利法(待出) | 郭　禾 |
  | 电子商务法 | 李双元　王海浪 |

- **宪法行政法系列**

  | | |
  |---|---|
  | 宪法学概论(第三版) | 肖蔚云 |
  | 宪法学(第三版) | 甘超英　傅思明　魏定仁 |
  | 行政法学(第二版) | 罗豪才　湛中乐 |
  | 外国宪法(待出) | 甘超英 |
  | 国家赔偿法学(第二版) | 房绍坤　毕可志 |

- **刑事法系列**

  | | |
  |---|---|
  | 中国刑法论(第五版) | 杨春洗　杨敦先　郭自力 |
  | 现代刑法学(总论) | 王世洲 |
  | 外国刑法学概论 | 李春雷　张鸿巍 |
  | 犯罪学(第三版) | 康树华　张小虎 |
  | 犯罪预防理论与实务 | 李春雷　靳高风 |
  | 监狱法学(第二版) | 杨殿升 |
  | 刑法学各论(第二版) | 刘艳红 |
  | 刑法学总论(第二版) | 刘艳红 |
  | 刑事侦查学(第二版) | 杨殿升 |
  | 刑事政策学 | 李卫红 |
  | 国际刑事实体法原论 | 王　新 |
  | 美国刑法(第四版) | 储槐植　江　溯 |

- **经济法系列**

  | | |
  |---|---|
  | 经济法学(第六版) | 杨紫烜　徐　杰 |
  | 经济法原理(第三版) | 刘瑞复 |
  | 经济法概论(第七版) | 刘隆亨 |
  | 企业法学通论 | 刘瑞复 |
  | 企业与公司法学(第六版) | 甘培忠 |
  | 商事组织法 | 董学立 |

| 金融法概论(第五版) | | 吴志攀 |
| --- | --- | --- |
| 银行金融法学(第六版) | | 刘隆亨 |
| 证券法学(第三版) | | 朱锦清 |
| 金融监管学原理 | 丁邦开 | 周仲飞 |
| 会计法(第二版) | | 刘　燕 |
| 税法原理(第五版) | | 张守文 |
| 劳动法学 | | 贾俊玲 |
| 社会保障法 | | 林　嘉 |
| 房地产法(第二版) | 程信和 | 刘国臻 |
| 环境法学(第二版) | | 金瑞林 |
| 反垄断法 | | 孟雁北 |

- **财税法系列**

| 财政法学 | 刘剑文 |
| --- | --- |
| 税法学(第四版) | 刘剑文 |
| 国际税法学(第二版) | 刘剑文 |
| 财税法专题研究(第二版) | 刘剑文 |

- **国际法系列**

| 国际法(第二版) | | 白桂梅 |
| --- | --- | --- |
| 国际经济法学(第五版) | | 陈　安 |
| 国际私法学(第二版) | | 李双元 |
| 国际贸易法 | | 冯大同 |
| 国际贸易法 | | 王贵国 |
| 国际贸易法 | | 郭　瑜 |
| 国际贸易法原理 | | 王　慧 |
| 国际投资法 | | 王贵国 |
| 国际货币金融法(第二版) | | 王贵国 |
| 国际经济组织法教程(第二版) | | 饶戈平 |

- **诉讼法系列**

| 民事诉讼法学教程(第三版) | 刘家兴 | 潘剑锋 |
| --- | --- | --- |
| 民事诉讼法 | | 汤维建 |
| 刑事诉讼法学(第四版) | | 王国枢 |
| 外国刑事诉讼法教程(新编本) | 王以真 | 宋英辉 |
| 外国刑事诉讼法 | | 宋英辉 |

| 民事执行法学(第二版) | | | 谭秋桂 |
| 仲裁法学(第二版) | | | 蔡　虹 |
| 外国刑事诉讼法 | 宋英辉 | 孙长永 | 朴宗根 |

- **特色课系列**

| 世界遗产法 | | | 刘红婴 |
| 医事法学 | | 古津贤 | 强美英 |
| 法律语言学(第二版) | | | 刘红婴 |
| 模拟审判：原理、剧本与技巧 | 廖永安 | 唐东楚 | 陈文曲 |
| 民族法学 | | | 熊文钊 |

- **双语系列**

普通法系合同法与侵权法导论　　　　　张新娟
Learning Anglo-American Law: A Thematic
　　Introduction(英美法导论)(第二版)　　李国利

- **专业通选课系列**

| 法律英语 | | 郭义贵 |
| 法律文书学 | 卓朝君 | 邓晓静 |
| 法律文献检索 | | 于丽英 |
| 英美法入门——法学资料与研究方法 | | 杨　帧 |

- **通选课系列**

| 法学通识九讲 | | | 吕忠梅 |
| 法学概论(第三版) | | | 张云秀 |
| 法律基础教程(第三版)(待出) | | | 夏利民 |
| 经济法理论与实务(第三版) | 於向平 | 邱　艳 | 赵敏燕 |
| 人权法学 | | | 白桂梅 |

- **原理与案例系列**

国家赔偿法：原理与案例　　　　　　　沈　岿
专利法：案例、学说和原理(待出)　　　崔国斌

**2012 年 8 月更新**

# 教师反馈及教材、课件申请表

尊敬的老师：

您好！感谢您一直以来对北大出版社图书的关爱。北京大学出版社以"教材优先、学术为本"为宗旨，主要为广大高等院校师生服务。为了更有针对性地为广大教师服务，满足教师的教学需要、提升教学质量，在您确认将本书作为教学用书后，请您填好以下表格并经系主任签字盖章后寄回，我们将免费向您提供相关的教材、思考练习题答案及教学课件。在您教学过程中，若有任何建议也都可以和我们联系。

| | |
|---|---|
| 书号/书名 | |
| 所需要的教材及教学课件 | |
| 您的姓名 | |
| 系 | |
| 院校 | |
| 您所主授课程的名称 | |
| 每学期学生人数 | 学时 |
| 您目前采用的教材 | 书名_____ <br> 作者_____ <br> 出版社_____ |
| 您的联系地址 | |
| 联系电话 | |
| E-mail | |
| 您对北大出版社及本书的建议： | 系主任签字 <br> 盖章 |

我们的联系方式：

**北京大学出版社法律事业部**

地　　址：北京市海淀区成府路205号　　联系人：李铎
电　　话：010-62752027　　传　真：010-62556201
电子邮件：bjdxcbs1979@163.com
网　　址：http://www.pup.cn
北大出版社市场营销中心网站：www.pupbook.com